平罗年鉴

2017 PINGLUO YEARBOOK

平罗县地方志编纂委员会办公室 编

黄河出版传媒集团
宁夏人民出版社

图书在版编目（CIP）数据

平罗年鉴.2017 / 平罗县地方志编纂委员会办公室编.
—银川：宁夏人民出版社，2018.4
ISBN 978-7-227-06886-0

I.①平… II.①平… III.①平罗县— 2017—年鉴
IV.① Z524.34

中国版本图书馆 CIP 数据核字(2018)第 074239 号

平罗年鉴 2017	平罗县地方志编纂委员会办公室　编

责任编辑　周淑芸
责任校对　王　艳
封面设计　王　丽
责任印制　肖　艳

黄河出版传媒集团
宁夏人民出版社　出版发行

地　　址　宁夏银川市北京东路 139 号出版大厦(750001)
网　　址　http://www.yrpubm.com
网上书店　http://www.hh-book.com
电子信箱　nxrmcbs@126.com
邮购电话　0951—5052104　5052106
经　　销　全国新华书店
印刷装订　宁夏凤鸣彩印广告有限公司
印刷委托书号　（宁）0009107

开　本　889 mm×1194 mm　1/16
印　张　29　　字　数　600 千字
版　次　2018 年 4 月第 1 版
印　次　2018 年 4 月第 1 次印刷
书　号　ISBN 978-7-227-06886-0
定　价　198.00 元

版权所有　侵权必究

平罗县地方志编纂委员会

主　　任	马莉方	县人民政府县长
副 主 任	蒋新录	县人民政府副县长
成　　员	姚东海	县委办公室主任
	贾学军	县人大常委会办公室主任
	魏振国	县政府办公室主任
	尤建民	县政协办公室主任
	徐明忠	县委宣传部副部长
	张万青	县发展科技局局长
	王宗贵	县文化旅游广播电视局局长
	罗少荣	县宗教局局长
	刘彦龙	县档案局局长、地方志办公室主任

《平罗年鉴(2017)》编务组成人员

主　　编　刘彦龙
副 主 编　周　阳
总　　纂　王跃荣
编　　辑　刘彦龙　邢宏亮　李兴文　周　阳　田梅玲　王跃荣
　　　　　柴秀珍　马　斌　张　怡　陈淑琴　谢建锋　崔宁霞
　　　　　苏　静
审稿人员　（以姓氏笔画为序）
　　　　　丁光林　丁志军　马海桥　万晓山　万慧军　王　霞
　　　　　王占宏　王金才　王建华　王继萍　王新民　刘兴鹏
　　　　　刘德军　任生虎　闫志强　张　斌　张银军　吴成宁
　　　　　吴忠山　余建明　李俊杰　李晓佳　周　洋　陈小龙
　　　　　陈东升　陈东华　金自云　庞尊法　赵　虎　赵满平
　　　　　姚　农　骆玉琴　钱　丽　郭　军　郭　琦　郭玉福
　　　　　徐明忠　昝树诚　黄　理　黄　浦　黄学梅　温大为
　　　　　彭小华　蒋海龙　路占利　谭　润　谭生奇　薛　斌
摄　　影　周　阳　吴　军　岳昌鸿

证 书

《平罗年鉴（2016）》：

在第四届全国地方志优秀成果（年鉴类）质量评审中，被评为一等年鉴。特发此证。

中国地方志指导小组
中国地方志学会
二〇一七年八月

2016年9月27日,中国共产党平罗县第十四次代表大会召开

2016年9月29日,中国共产党平罗县第十四届纪律检查委员会第一次全体会议召开

2016年10月30日，平罗县第十七届人民代表大会第一次会议召开

2016年10月29日，政协平罗县第十一届委员会第一次会议召开

2017年6月30日，全国人大常委会环资委委员来平罗检查指导工作

2016年12月1日，国家信访局领导到平罗县调研信访工作

2016年4月13日，国家督查组到平罗县城关一小检查"两纲"落实情况

2017年6月30日，国土资源部领导到平罗县督查农村土地制度改革三项试点工作

2016年5月30日，水利部领导到头闸镇视察水利产权制度改革工作

2016年10月14日，国家卫计委疾控局检查平罗县结核病防治重点工作汇报会召开

2016年6月,自治区党委领导在姚伏镇社区调研

2017年2月7日,自治区党委常委到平罗县企业调研指导工作

2016年11月16日,自治区人民检察院领导到平罗县检察院调研指导工作

2016年3月3日，自治区政府督察员督查县政务服务中心工作

2016年8月5日，自治区教育厅领导到平罗县调研民生实事和"全面改薄"落实情况

2016年10月29日，自治区政务服务中心督查组一行到平罗县视察指导工作

2016年8月3日,市委、市政府主要领导到石嘴山生态经济区指导工作

2017年7月10日,石嘴山市市领导到平罗企业调研指导工作

2016年8月3日,市委、市政府领导带领机关干部及武警官兵到石嘴山生态经济区义务植树

2017年7月10日,石嘴山市直机关干部到平罗县参加义务劳动

2016年8月11日，中共平罗县委主要领导调研宁夏宁平碳素有限公司生产经营情况

2016年5月24日，平罗县政府主要领导在姚伏镇调研美丽村庄建设

2016年6月28日，县人大常委会领导在姚伏镇调研供港蔬菜基地

2016年5月26日，县委领导在姚伏镇上桥村调研村级民主治理工作

宁夏大地循环发展股份有限公司年产10万吨钢帘线及8万吨炭黑项目生产线

宁夏吉元冶金集团有限公司

宁夏晟晏实业集团能源循环经济有限公司

企业电力设施

宁夏大生生物科技有限公司

大地公司现代化子午线轮胎生产线

宁夏吉元矿岩棉生产线

企业污水处理设施

2017年7月12日,石嘴山市首届沙漠西瓜节开幕式在平罗县高仁乡举行

中国·宁夏·石嘴山(平罗)第四届种业博览会现代种业发展论坛开幕

种业基地品种试验

大棚西瓜

黑帅圆茄

红天湖101辣椒

娇龙8号辣椒

生物防治飞行器

现代农业机械

黄河二期治理项目施工现场

整治后的第三排水沟

昌润渠砌护

抗旱机井维修

项目区平田整地

装配式建筑物

沟道治理

机械清淤

渠道砌护

机械挖沟

农渠砌护

农沟建筑物

国土整治项目

滨河大道绿化

工业园区绿化

通伏乡美丽村庄建设

乡村道路绿化

惠民公园

惠民公园音乐喷泉

惠民公园晚霞

庙庙湖旅游景点

执法人员检查农残公示牌

宁夏银晨太阳能科技有限公司职工书屋

执法人员检查药品

惠景苑小区（34号地块）施工现场

平罗县城热电联产施工现场

"明厨亮灶"全区观摩会

2017年5月25日,"大地杯"2017年李宁全国青年男子篮球锦标赛(平罗赛区)开赛

2017年5月26日，平罗县第五届道德模范暨最美家庭、最美人物颁奖典礼

2017年9月8日，平罗县召开第33个教师节表彰大会

开展中国梦·义工情活动

民族团结月启动仪式

黄渠桥镇威风锣鼓

陶乐镇社火表演

现场剪纸人像

老年书画剪纸作品展

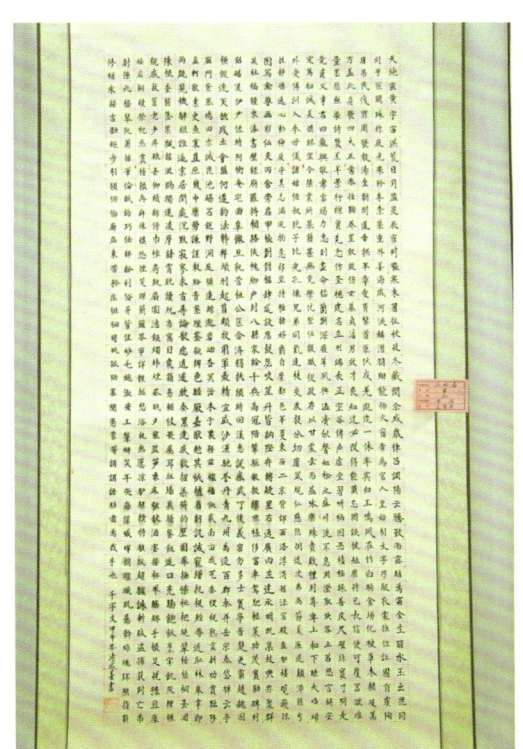
沟成善水楷隶书

中国梦义工情

王洪喜绘画——中国梦·义工情

国际档案日宣传

《地方志条例》宣传，向群众发放《平罗县志》《平罗年鉴》

档案宣传图展

2016年7月27日，自治区卫计委领导督导调研平罗县中医馆建设情况

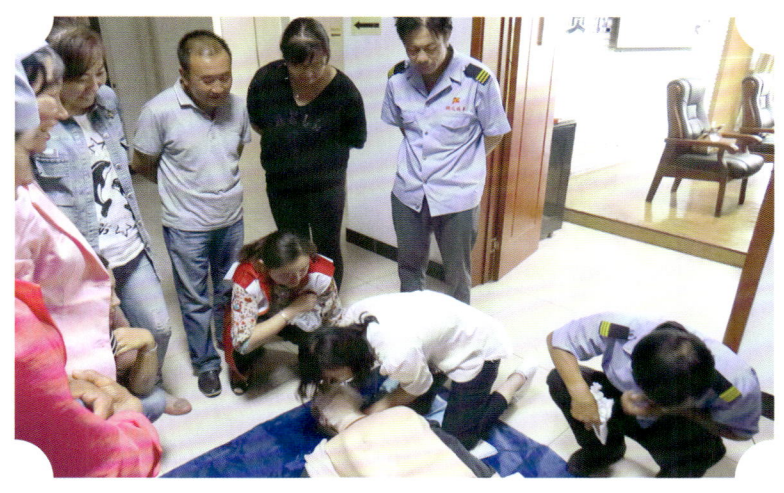

2016年8月28日，鹏达驾校开展应急演练

2017年5月31日，平罗县妇女第十五次代表大会召开

农村电子商务——为农民致富搭建桥梁

编 辑 说 明

一、《平罗年鉴》是中共平罗县委、平罗县人民政府主办，平罗县地方志办公室承办，《平罗年鉴》编辑部编辑出版的一部资料性地方综合年鉴。

二、《平罗年鉴》编纂是以马列主义、毛泽东思想、邓小平理论、"三个代表"重要思想、科学发展观和习近平新时代中国特色社会主义思想为指导，坚持辩证唯物主义与历史唯物主义观点，做到存真求实、实事求是，强化正史观念、信史观念、全史观念，努力为建设开放富裕和谐美丽平罗发展服务。

三、《平罗年鉴 2017》系统汇集 2016 年各项事业发展状况、重大事件和新成就、新经验，具有"资治、存史、教化"价值，为各级领导和社会各界人士了解平罗、建设平罗提供信息服务。

四、本年鉴采用分类编辑法，坚持年度性、全面性、系统性、层次性原则，以类目、分目、条目组成主体框架。条目是年鉴的基本表现形式。全书条目标题统一用黑体字加"【】"表示。所有条目均排在目录之中，作为检索系统，便于读者查阅。

五、本年鉴表现形式以记述为主，并穿插表格、图片。图片分公益彩页和插图（插图来源于各单位提供）。力争做到图文并茂，相得益彰。

六、本年鉴体裁以编年体为主，少部分内容采用纪事本末体。

七、本年鉴设专载、大事记、组织机构及领导名录、平罗综览、党委、人大、政府、政协、民主党派与工商业联合会、群众团体、司法·公安、社会管理、财政·税务、综合经济与经济管理、农业·水务·林业、工业·电力、交通信息产业、商业·贸易、金融·保险、城乡建设与市政产业、国土·环境·气象、教育·体育·卫生、文化·旅游·广电·档案·史志、民族宗教、乡镇、先进名录、重要文献共 28 个类目。

八、本年鉴"组织机构及领导名录"收录行政、事业单位以及驻平自治区、市属单位 2016 年在岗的副科级实职以上领导干部。

九、本年鉴资料来源，主要由平罗县属单位及辖区内有关单位提供，县年鉴编辑部撰稿总纂成书。成稿后经提供单位领导审阅，最后由县年鉴编辑部委员会审定，报自治区年鉴部门审批出版。

十、本年鉴所收录数据,由各有关单位负责提供,并经主管部门审核。国民经济和社会发展的重要数据,均采用平罗统计公报数据。

十一、本年鉴严格实行出版物汉字使用管理规定、法定计量单位、出版物上数字用法的规定、标点符号用法等规定,力求规范化。

十二、《平罗年鉴》是一项系统工程,需要各方面的配合,由于编辑人员紧缺,出现纰漏在所难免,恳请广大读者批评指正。对提供资料的单位,审阅年鉴稿的领导、专家学者,致以诚挚的谢意。

平罗县年鉴编辑部

2017年12月

目 录

专 载

继续奋力前行　决胜全面小康
　　为加快建设开放富裕和谐美丽平罗而努力奋斗
　　——在中国共产党平罗县第十四次代表大会上的报告 …………………………… 001
政府工作报告
　　——在平罗县第十七届人民代表大会第一次会议上 ………………………… 015
平罗县人大常委会工作报告
　　——在平罗县第十七届人民代表大会第一次会议上 ………………………… 032
中国人民政治协商会议平罗县第十届委员会常务委员会工作报告
　　——在政协平罗县十一届一次会议上 …………………………………………… 038
平罗县2016年民生实事执行情况 ……… 045

大 事 记

…………………………………………… 049

组织机构及领导名录

………………………………………… 078

平罗综览

人文地理 ………………………………… 093
　　地理位置 …………………………… 093
　　自然资源 …………………………… 093
　　建置沿革 …………………………… 093
　　人口变化 …………………………… 094
经济建设 ………………………………… 094
　　概况 ………………………………… 094
　　综合实力 …………………………… 094
　　产业结构 …………………………… 094
　　对外开放 …………………………… 095
社会建设 ………………………………… 095
　　城乡建设 …………………………… 095
　　内生动力 …………………………… 096
　　发展成果 …………………………… 096
　　脱贫攻坚 …………………………… 096
　　社会和谐 …………………………… 097
　　政府效能 …………………………… 097

中国共产党平罗县委员会

综述 …………………………………… 98
 概况 …………………………………… 98
 结构调整 ……………………………… 98
 对外开放 ……………………………… 98
 城乡面貌 ……………………………… 99
 群众生活 ……………………………… 99
 社会和谐 ……………………………… 99
 发展动力 …………………………… 100
 党的建设 …………………………… 100
重要会议 ……………………………… 100
 县委全体扩大会议 ………………… 100
 代表大会 …………………………… 101
 县委常委会议 ……………………… 101
 书记办公会议 ……………………… 109
 专题会议 …………………………… 109
纪检监察 ……………………………… 109
 概况 ………………………………… 109
 重要会议 …………………………… 109
 主体责任 …………………………… 110
 执纪问责 …………………………… 110
 纠正不正之风 ……………………… 110
 教育预防 …………………………… 111
 履职能力 …………………………… 111
组织工作 ……………………………… 112
 概况 ………………………………… 112
 县乡领导班子换届 ………………… 112
 干部队伍 …………………………… 112
 干部能力 …………………………… 112
 干部监督管理 ……………………… 113
 政治生态 …………………………… 113
 强化责任 …………………………… 114
 优化组织 …………………………… 114
 提升服务能力 ……………………… 114
 强化基础保障 ……………………… 115
 脱贫攻坚 …………………………… 115
 完善人才工作制度机制 …………… 115
 建设县域人才集聚地 ……………… 115
 搭建人才平台 ……………………… 116
 两学一做 …………………………… 116
党史工作 ……………………………… 117
 概况 ………………………………… 117
 管理体系 …………………………… 117
 党史党建研究 ……………………… 117
 党史教育 …………………………… 118
 党史宣传 …………………………… 118
宣传、精神文明建设 ………………… 118
 概况 ………………………………… 118
 理论学习 …………………………… 119
 落实工作责任制 …………………… 119
 舆论宣传 …………………………… 119
 网络舆情处置 ……………………… 120
 主题实践活动 ……………………… 120
 精神文明创建 ……………………… 120
 文明创建 …………………………… 120
 文化事业发展 ……………………… 121
 队伍素质提升 ……………………… 121
统战工作 ……………………………… 121
 概况 ………………………………… 121
 综合素质 …………………………… 122
 政治协商 …………………………… 122
 "同心+"行动 ……………………… 122
 民族团结 …………………………… 122

| 政法·社会管理综合治理 …………… 122 | 党校工作 ……………………………… 131 |

政法·社会管理综合治理 …………… 122
　概况 ………………………………… 122
　服务型窗口 ………………………… 123
　专项行动 …………………………… 123
　反邪教工作 ………………………… 123
　发挥职能 …………………………… 124
　排查矛盾纠纷 ……………………… 124
　防控体系建设 ……………………… 124
　重点领域防控 ……………………… 125
　创建"平安铁路示范县" …………… 125
　两个中心 …………………………… 126
　社区（村）自治能力建设 ………… 126
　网格化管理 ………………………… 126
政策研究 ……………………………… 127
　概况 ………………………………… 127
　调查研究 …………………………… 127
　农业农村工作 ……………………… 127
　绩效考核 …………………………… 128
　深化改革 …………………………… 128
　自身建设 …………………………… 128
老干部工作 …………………………… 128
　概况 ………………………………… 128
　"两学一做" ………………………… 128
　纪念建党95周年活动 ……………… 129
　"创先争优"活动 …………………… 129
　老干部活动 ………………………… 129
　共建活动 …………………………… 129
　下基层 ……………………………… 130
　党员教育 …………………………… 130
　党组织建设 ………………………… 130
　思想政治建设 ……………………… 130
　联系制度 …………………………… 131

党校工作 ……………………………… 131
　概况 ………………………………… 131
　干部培训 …………………………… 131
　对外宣讲 …………………………… 131
　科研调研 …………………………… 132
　师资队伍建设 ……………………… 132
　干部队伍建设 ……………………… 132
　联合办学 …………………………… 132
　自身建设 …………………………… 132
　其他工作 …………………………… 133

平罗县人大常委会

综　述 ………………………………… 134
　概况 ………………………………… 134
　财政监督 …………………………… 134
　产业转型监督 ……………………… 134
　综合改革监督 ……………………… 134
　法律监督 …………………………… 134
　民生福祉 …………………………… 135
　干部任免、监督 …………………… 135
　代表工作 …………………………… 135
　自身建设 …………………………… 136
重要会议 ………………………………
　县第十六届人民代表大会第四次会议
　　……………………………………… 136
　县第十七届人民代表大会第一次会议
　　……………………………………… 139
　常委会会议 ………………………… 137
　重要活动 …………………………… 138

平罗县人民政府

综　述 ………………………………… 139
　概况 ………………………………… 139

转型升级	139	重要会议	156
"两优"环境	140	全体委员会议	156
推进城乡建设	140	第十届常务委员会议	157
改革创新	140	专门委员会	158
民生实事	141	重要活动	158
精准扶贫	141		
社会和谐稳定	141		
自身建设	142		

民主党派与工商业联合会

重要会议 …… 142
    第十六届政府常务会议 …… 142
    第十七届政府常务会议 …… 151
    县长办公会议 …… 152
    专题会议 …… 152

民革平罗支部 …… 161
    概况 …… 161
    思想建设 …… 161
    组织建设 …… 161
    制度建设 …… 161
    建言献策 …… 162
    参政议政 …… 162
    调查研究 …… 162
    党员活动 …… 162
    送温暖活动 …… 163
    送技术送服务 …… 163

政协平罗县委员会

综　述 …… 154
    概况 …… 154
    全面协商 …… 154
    专题协商 …… 154
    重点协商 …… 154
    民主监督 …… 154
    专项视察 …… 155
    行风评议 …… 155
    参与中心工作 …… 155
    提高提案质量 …… 155
    民意直通渠道 …… 155
    共筑和谐 …… 155
    广泛交流 …… 156
    文史资料征集 …… 156
    思想建设 …… 156
    制度建设 …… 156
    作风建设 …… 156

民盟平罗县总支 …… 163
    概况 …… 163
    思想建设 …… 163
    组织建设 …… 163
    组织生活 …… 163
    参政议政 …… 164
    树立良好形象 …… 164
    社会服务 …… 164
民建平罗县支部 …… 164
    概况 …… 164
    自身建设 …… 164
    组织活动 …… 164
民进平罗县支部 …… 165
    概况 …… 165

思想建设 …………………………… 165
　　组织建设 …………………………… 165
　　社会服务 …………………………… 165
　　参政议政 …………………………… 165
农工党平罗县支部 …………………… 166
　　概况 ………………………………… 166
　　思想建设 …………………………… 166
　　组织建设 …………………………… 166
　　参政议政 …………………………… 166
　　社会服务 …………………………… 167
　　工作成果 …………………………… 167
九三学社平罗县委员会 ……………… 167
　　概况 ………………………………… 167
　　思想建设 …………………………… 168
　　基层组织换届 ……………………… 168
　　新社员发展 ………………………… 168
　　培训与交流 ………………………… 168
　　社务活动 …………………………… 168
　　建言献策 …………………………… 168
　　社会调研 …………………………… 168
平罗县工商业联合会 ………………… 169
　　概况 ………………………………… 169
　　光彩事业 …………………………… 169
　　理想信念教育 ……………………… 169
　　教育与培训 ………………………… 169
　　服务非公企业 ……………………… 169
　　基层商会建设 ……………………… 170
　　换届工作 …………………………… 170
　　法律服务 …………………………… 170

群众团体

平罗县总工会 ………………………… 171
　　概况 ………………………………… 171
　　提升职工素质 ……………………… 171
　　职工建功立业 ……………………… 172
　　职工权益维护 ……………………… 172
　　帮扶救助 …………………………… 172
　　自身建设 …………………………… 172
共青团平罗县委员 …………………… 172
　　概况 ………………………………… 172
　　青少年思想政治 …………………… 172
　　农村青年就业创业 ………………… 173
　　"青"字号 …………………………… 173
　　希望工程 …………………………… 173
　　志愿服务 …………………………… 173
　　青春扶贫 …………………………… 174
　　"网上共青团"工程 ………………… 174
　　队伍管理 …………………………… 174
　　团干部联系青年制度 ……………… 175
平罗县妇女联合会 …………………… 175
　　概况 ………………………………… 175
　　基层组织建设 ……………………… 175
　　巾帼维权 …………………………… 175
　　家庭文明建设 ……………………… 176
　　小额担保贷款 ……………………… 176
　　巾帼脱贫行动 ……………………… 176
　　实施"两规划" ……………………… 177
科学技术协会 ………………………… 177
　　概况 ………………………………… 177
　　科协建设 …………………………… 178
　　科普活动 …………………………… 178
　　网络知识竞赛 ……………………… 178
　　首届青少年系列活动 ……………… 178
　　防范邪教宣传月 …………………… 179

创新驱动助力工程 …………… 179	自身建设 ………………………… 185
科普信息化建设 ………………… 179	

司法·公安

残疾人联合会 ……………………… 179

  概况 ……………………………… 179

康复中心 ………………………… 180	审 判 ……………………………… 186
听力视力精神康复 ……………… 180	概况 ……………………………… 186
辅具配发 ………………………… 180	刑事犯罪 ………………………… 186
康复室建设 ……………………… 180	化解民事纠纷 …………………… 186
残疾人教育 ……………………… 180	处理行政争议 …………………… 186
职业技能培训 …………………… 180	创新执行机制 …………………… 187
征缴就业保障金 ………………… 181	涉诉信访改革 …………………… 187
社会保障 ………………………… 181	立案登记制度改革 ……………… 187
扶贫工作 ………………………… 181	审判机制改革 …………………… 187
残疾人维权 ……………………… 182	繁简分流制度 …………………… 187
组织建设 ………………………… 183	多元解纷机制 …………………… 187

平罗县归国华侨联合会 …………… 183

	拓展司法公开领域 ……………… 188
概况 ……………………………… 183	服务型窗口 ……………………… 188
学习教育 ………………………… 183	服务辖区旅游发展 ……………… 188
参加活动 ………………………… 183	保障农村改革 …………………… 188
参政议政 ………………………… 183	监督联络 ………………………… 188
联欢联谊 ………………………… 183	基层基础保障 …………………… 188

台湾同胞联谊会平罗县小组 ……… 184	检 察 ……………………………… 189
概况 ……………………………… 184	概况 ……………………………… 189
思想教育 ………………………… 184	惩防并举 ………………………… 189
联谊活动 ………………………… 184	宽严相济 ………………………… 189
参政议政 ………………………… 184	法律监督 ………………………… 189
自身活动 ………………………… 184	规范执法行为 …………………… 190
平罗县无党派知识分子联谊会 …… 184	队伍建设 ………………………… 190
概况 ……………………………… 184	检务公开 ………………………… 190
主题教育和培训 ………………… 185	公 安 ……………………………… 191
建言献策 ………………………… 185	概况 ……………………………… 191
社会实践 ………………………… 185	常态化维稳 ……………………… 191
	打击犯罪 ………………………… 191

防控体系建设 …………………… 191
执法办案体系建设 ……………… 192
基础保障 ………………………… 192
服务管理体系建设 ……………… 192
队伍管理体系建设 ……………… 192
消　防 ……………………………… 192
概况 ……………………………… 192
火灾抢救 ………………………… 193
专项行动 ………………………… 193
整治火灾隐患 …………………… 193
消防安全 ………………………… 193
基础设施建设 …………………… 193
司法行政 …………………………… 194
概况 ……………………………… 194
队伍建设 ………………………… 194
矛盾纠纷排查 …………………… 194
矫正管理 ………………………… 194
法治宣传教育 …………………… 195
星级司法所 ……………………… 195
法律服务 ………………………… 195

社会管理

政务服务中心 ……………………… 197
概况 ……………………………… 197
优化服务 ………………………… 197
多规合一 ………………………… 197
政务云 …………………………… 198
云惠宁夏·服务城乡 …………… 198
服务方式 ………………………… 199
信访督办 …………………………… 199
概况 ……………………………… 199
非正常上访 ……………………… 199

越级上访 ………………………… 199
化解积案 ………………………… 199
来信来访 ………………………… 199
主体责任 ………………………… 200
基础设施 ………………………… 200
信访程序 ………………………… 200
完善机制 ………………………… 200
机构编制 …………………………… 201
概况 ……………………………… 201
机构编制 ………………………… 201
行政审批改革 …………………… 201
权力清单制度 …………………… 201
空间规划 ………………………… 202
事业单位分类改革 ……………… 202
专项改革 ………………………… 203
体制改革 ………………………… 203
保障能力 ………………………… 203
机构编制管理 …………………… 203
人力资源和社会保障 ……………… 204
概况 ……………………………… 204
就业创业 ………………………… 204
社会保障 ………………………… 205
人才队伍 ………………………… 205
人事制度改革 …………………… 206
劳动关系 ………………………… 206
民　政 ……………………………… 206
概况 ……………………………… 206
村级民主治理 …………………… 206
和谐社区 ………………………… 207
民政保障 ………………………… 207
社会保障 ………………………… 207
合法权益 ………………………… 208

基础设施建设	208	畜禽监测	214
双拥优抚安置	208	劳动力调查	214
丧葬治理	209	监测调查	214
救灾减灾	209	业务培训	214
社会组织	209	调查工作信息化	214
社会福利和慈善事业	209	依法治统	214
婚姻登记管理	209	农业网格化管理	214
全国地名普查	209	队伍管理	214

审 计 …………………………………… 210
 概况 …………………………………… 210
 监督职责 ……………………………… 210
 财政预算审计 ………………………… 210
 经济责任审计 ………………………… 210
 政府投资审计 ………………………… 210
 专项资金审计和审计调查 …………… 210
 审计工作重点 ………………………… 211
 审计质量 ……………………………… 211
 强化审计整改落实 …………………… 211
 干部教育培训 ………………………… 211
 信息调研 ……………………………… 211
统 计 …………………………………… 211
 概况 …………………………………… 211
 专业常规统计 ………………………… 212
 专项统计调查及监测 ………………… 212
 主要经济指标预警监测 ……………… 212
 基层统计 ……………………………… 212
 法律法规宣传 ………………………… 213
 第三次全国农业普查 ………………… 213
国家统计局平罗调查队 ………………… 213
 概况 …………………………………… 213
 常规调查 ……………………………… 213
 第三次全国农业普查遥感测量 ……… 214
 统计信息分析 ………………………… 215
 统计宣传 ……………………………… 215
平罗县城镇居民可支配收入 …………… 215
平罗县农村居民人均可支配收入 ……… 216

财政·税务

财 政 …………………………………… 220
 概况 …………………………………… 220
 财源建设 ……………………………… 220
 资金争取 ……………………………… 220
 支出结构 ……………………………… 220
 财政监督 ……………………………… 221
 债务监管 ……………………………… 221
 财政改革 ……………………………… 222
国家税务 ………………………………… 222
 概况 …………………………………… 222
 税收收入 ……………………………… 222
 税收改革 ……………………………… 222
 依法治税 ……………………………… 222
 纳税服务 ……………………………… 223
 队伍建设 ……………………………… 223
 学习教育 ……………………………… 223
 党风廉政建设 ………………………… 223
地方税务 ………………………………… 224

概况	224
入库收入	224
税收改革	224
便民办税	224
夯实基础	225
队伍建设	225
党的建设	225

综合经济与经济管理

综合经济 …………………………………… 227
 概况 …………………………………… 227
 项目建设 ……………………………… 227
 转型升级 ……………………………… 227
 项目管理 ……………………………… 227
 专项改革 ……………………………… 227
 科技创新 ……………………………… 228
 小微企业 ……………………………… 228
价格监督检查 …………………………… 228
 概况 …………………………………… 228
 价格改革 ……………………………… 228
 价格监测和预警 ……………………… 229
 蔬菜政策性价格保险 ………………… 229
 平价商店 ……………………………… 229
 平价农贸市场 ………………………… 229
 民生服务 ……………………………… 229
 价格监督检查 ………………………… 230
 收费管理 ……………………………… 230
 价格认定 ……………………………… 230
 农产品成本调查 ……………………… 230
 价格宣传 ……………………………… 230
安全生产监督管理 ……………………… 231
 概况 …………………………………… 231
 安全生产 ……………………………… 231
 指标控制 ……………………………… 231
 政府监管责任 ………………………… 231
 企业主体责任 ………………………… 231
 专项整治 ……………………………… 232
 基础保障 ……………………………… 232
 安全宣传教育培训 …………………… 232
市场监督管理 …………………………… 232
 概况 …………………………………… 233
 商事制度改革 ………………………… 233
 以服务促经济提升 …………………… 233
 网格化监管 …………………………… 233
 食品安全监管 ………………………… 233
 药品、医疗器械市场监管 …………… 234
 特种设备安全监管 …………………… 234
 执法监管 ……………………………… 234
 计量监管 ……………………………… 235
 依法行政 ……………………………… 235
 消费维权 ……………………………… 235

农业·水务·林业

农业 ……………………………………… 236
 概况 …………………………………… 236
 粮食生产 ……………………………… 236
 "一优四特"产业 …………………… 236
 平罗沙漠西瓜 ………………………… 237
 平罗西红柿 …………………………… 237
 平罗沙漠枸杞 ………………………… 237
 农业产业化发展 ……………………… 238
 农业产业 ……………………………… 238
 国家农业科技示范园区建设 ………… 238
 粮食高产创建项目 …………………… 238

玉米绿色增产模式攻关项目	239	农村土地规范化流转机制	246
蔬菜产业建设	239	农村产权抵押贷款机制	246
农村能源建设	239	农村产权自愿有偿退出转让机制	247
耕地保护与质量提升项目	239	农村土地制度改革三项试点	247
农机装备总量和作业水平	240	农业综合开发	247
农机购置补贴	240	概况	247
全程机械化推进	240	2015年度土地治理项目	247
农机作业补助项目	241	2015年度农业综合开发产业化经营项目	247
实施草畜产业农业财政项目	241	银北地区百万亩盐碱地改良骨干排水工程	247
草畜产业发展	241		
清真牛羊肉一二三产业融合项目	241	2016年度高标准农田建设项目	247
畜产品质量安全	241	2016年度产业化经营项目	248
肉羊核心区建设	241	银北地区百万亩盐碱地改良骨干排水工程	248
动物产地、屠宰检疫	242		
流通环节监管	242	实施利用亚洲开发银行贷款农业综合开发项目	248
畜禽规模场监管	242		
兽药、饲料投入品监管	242	加强领导	248
动物防疫	243	统筹规划突出重点	248
疫情监测处置	243	强化监督	248
渔业高产高效示范基地	243	生态移民安置及扶贫开发	249
名优水产品养殖	243	概况	249
水产苗种繁育和检疫	244	协调部署	249
水产养殖物联网技术应用示范基地建设	244	产业脱贫	249
		就业脱贫	249
休闲农业	244	自主创业脱贫	250
农村改革	244	社会保障脱贫	250
重点项目建设	244	基础设施	250
突破性工作	244	金融扶贫	250
农村土地经营管理制度改革	245	教育扶贫	250
概况	245	社会帮扶	251
农村产权确权登记	245	提升素质	251
农村产权流转交易市场建设	246		

"十三五"易地扶贫搬迁	251	优质服务	258
建档立卡贫困户脱贫退出	251	石嘴山生态经济开发区	259
水 务	252	概况	259
概况	252	提升园区发展层次	259
重点水利工程项目	252	园区招商投资	260
农田水利基本建设	252	园区基础设施建设	260
防洪减灾	252	优化园区发展环境	260
抗旱应急保灌	253	园区对外合作	261
林 业	253	提高园区服务水平	261
概况	253	石嘴山生态经济开发区规上企业	261
农村造林绿化	253	宁夏精细化工基地	263
城市绿化	254	概况	263
森林资源管理	254	招商引资	263
森林抚育和有害生物防控	254	重点项目	263
湿地资源保护与恢复	255	基础设施	263
国有林场改革	255	安全生产	263
林业体制改革	255	基层组织	264
2017年重点项目谋划	255	平罗县煤炭集中区	266
		概况	266

工业·电力

		提升服务企业水平	266
工 业	256	基础设施	266
概况	256	封闭运行管理	267
推进项目	256	环境综合治理	267
推进存量	256	水源地巡察监管	267
惠企政策	256	招商引资	267
增强服务能力	257	安全生产	267
电 力	257	组织建设	267
概况	257		

交通信息产业

安全生产	257		
配网运维	257	交通运输	269
电网建设	258	概况	269
营销管理	258	项目建设	269

农村公路建设	269	成本费用控制	277
治超检测站建设	269	安全生产	277
同城化公路建设	269	电　信	277
危桥改造项目	269	概况	277
重点项目建设协调	269	提升店面销售	277
公路养管	270	融合业务	278
道路运输管理	270	农村市场发展	278
概况	270	校园、商客市场	278
行政管理	270	公众客户维系	278
行政处罚	271	网建设维护	278
安全监管	271	移动通信	279
客运管理	271	概况	279
货运管理	272	4G 运营发展	279
维修管理	272	拓展家宽市场	279
驾培管理	272	新增市场	280
党建工作	273	4G 转换	280
精神文明建设	273	4G 套餐占比	280
天豹公司平罗汽车站（客运九分公司）	274	联通通信	280
概况	274	概况	280
考核管理	274	农村专项营销	280
组织运力	274	光纤宽带	280
开拓市场	274	用户保有	280
安全管理	275	渠道建设	280
客运服务	275	联合促销	281
社会治安综合治理	275	岁末冲刺	281
邮　政	276		
概况	276	**商业·贸易**	
转型发展	276	商务经济合作	282
集邮业务	276	概况	282
报刊收订	276	项目对接	282
电商进农村	276	节会招商	282
效能建设	277	专项招商	282

项目跟踪 …………………… 282
健全考核机制 ………………… 283
市场运行监测 ………………… 283
市场保障供应 ………………… 283
消费结构 …………………… 283
物流业 ……………………… 283
电子商务 …………………… 283
粮食购销监管 ……………………… 284
概况 ………………………… 284
粮食流通 …………………… 284
基础设施 …………………… 284
市场监管 …………………… 284
粮油收储 …………………… 284
安全生产 …………………… 285
供　销 ……………………………… 285
概况 ………………………… 285
供销社综合改革 ……………… 285
农业社会化服务体系建设 …… 286
项目建设 …………………… 286
提升改造 …………………… 286
电子商务服务平台建设 ……… 286
经销网络 …………………… 286
烟草专卖 …………………………… 286
概况 ………………………… 286
卷烟营销 …………………… 286
客户服务 …………………… 287
市场监管 …………………… 287
卷烟打假 …………………… 287
盐业专营 …………………………… 287
概况 ………………………… 287
调结构促销售 ……………… 287
盐业市场 …………………… 288

非盐经营发展 ………………… 288
提质增效 …………………… 288

金融保险业

人民银行平罗支行 ………………… 289
概况 ………………………… 289
沟通协调 …………………… 289
农村产权抵押贷款 …………… 289
农村信用体系 ………………… 289
金融精准扶贫 ………………… 289
便民支付＋农村电商 ………… 290
农村电子国债 ………………… 290
人民币反假 …………………… 290
金融知识宣传 ………………… 290
货币信贷 …………………… 290
金融稳定 …………………… 290
征信管理 …………………… 290
国库核算 …………………… 290
账户管理 …………………… 290
反洗钱工作 ………………… 290
优化支付 …………………… 290
调研信息 …………………… 291
建设银行平罗支行 ………………… 291
农业银行平罗支行 ………………… 291
概况 ………………………… 291
拓市场促发展 ………………… 291
个贷业务 …………………… 291
不良贷款双控 ………………… 291
服务三农 …………………… 291
支持小微企业 ………………… 292
农村支付 …………………… 292
内控管理 …………………… 292

履行社会责任	292	基础管理	298
工商银行平罗支行	292	党的建设	298
概况	292	平罗农村商业银行	298
内控案防和服务管理	293	概况	298
新型业务发展	293	存款基础	298
完善营销体系	293	信贷政策	298
队伍建设	293	金融扶贫	299
内控管理	293	服务水平	299
农业发展银行平罗支行	294	宁夏银行平罗支行	299
概况	294	概况	299
粮食收储资金供应	294	信贷结构	299
扶持地方经济	294	支付结算	300
存款组织营销	294	合规文化建设	300
项目基金	294	社会责任	300
中国银行平罗支行	294	石嘴山银行平罗支行	300
概况	294	概况	300
代发薪客户营销	295	内控案防和服务管理	300
中高端客户	295	新型业务	301
拓展客户	295	经营效益	301
电子银行	295	营销体系	301
银行卡业务	295	内控管理	301
其他业务	295	队伍建设	301
全员营销	296	沙湖村镇银行	301
不良贷款清收	296	概况	301
邮政储蓄银行平罗支行	296	经营指标	301
概况	296	信贷结构调节	302
业务转型升级	296	支农支小	302
中间业务	297	存款产品	302
增长点培育	297	不良贷款	302
银政合作	297	风控能力	303
不良贷款清收	297	人力资源管理	303
风险管控	298		

石嘴山市住房公积金管理中心平罗县管理部
　………………………………………… 303
　　概况 ………………………………… 303
　　政策宣传 …………………………… 303
　　住房公积金归集 …………………… 303
　　贷款业务 …………………………… 304
　　贷款管理 …………………………… 304
中国人民财产保险公司平罗支公司 …… 304
　　概况 ………………………………… 304
　　拓展渠道 …………………………… 304
　　发展农村业务 ……………………… 304
　　提升服务意识 ……………………… 304
中国人寿保险公司平罗支公司 ………… 304
　　概况 ………………………………… 304
　　个险销售 …………………………… 304
　　银保渠道 …………………………… 305
　　团险渠道 …………………………… 305
　　风险防范 …………………………… 305
　　履行企业职责 ……………………… 305
安邦保险平罗支公司 …………………… 305

城乡建设与市政产业

住房和城乡建设 ………………………… 306
　　概况 ………………………………… 306
　　空间规划改革试点 ………………… 306
　　村庄布局规划 ……………………… 307
　　新型城镇化 ………………………… 307
　　市政基础设施 ……………………… 308
　　城市生态景观设施 ………………… 308
　　棚户区改造 ………………………… 308
　　旧城改造建设项目 ………………… 309
　　房地产开发建设项目 ……………… 309

　　特色小城镇建设项目 ……………… 309
　　美丽村庄建设项目 ………………… 309
　　农村危房改造工程 ………………… 310
　　城市环境卫生 ……………………… 310
　　市政公共设施 ……………………… 310
　　城市综合管理 ……………………… 310
城市供热 ………………………………… 311
　　概况 ………………………………… 311
　　热电联产项目建设 ………………… 311
　　供热基础设施建设 ………………… 311
　　供热收费 …………………………… 312
　　供用热稽查 ………………………… 312
　　企业基础管理 ……………………… 312
　　争取国家项目资金 ………………… 312
城市供水与污水处理 …………………… 312
　　概况 ………………………………… 312
　　安全供水 …………………………… 313
　　服务用户 …………………………… 313
　　营销管理 …………………………… 313
　　污水处理 …………………………… 314
　　稽查管理 …………………………… 315
　　精准扶贫 …………………………… 315
天然气输配 ……………………………… 315
　　概况 ………………………………… 315
　　安全生产 …………………………… 315
　　管网管理 …………………………… 315
　　阀井管理 …………………………… 315
　　设备管理 …………………………… 315
　　计量管理 …………………………… 315
　　应急管理及日常抢维修 …………… 316
　　安全隐患消除 ……………………… 316
　　安全意识 …………………………… 316

| 市场拓展 …………………… 316 | 制度修改 …………………… 321 |
| 工程建设 …………………… 316 | 业务培训 …………………… 322 |

国土·环境·气象

国土资源管理 ………………………… 317
 概况 ……………………………… 317
 耕地保护 ………………………… 317
 土地征收 ………………………… 317
 用地保障 ………………………… 317
 国有土地出让 …………………… 317
 土地、不动产登记 ……………… 317
 资源节约集约利用 ……………… 317
 国土资源执法监察 ……………… 317
 农村土地制度三项改革 ………… 318
 土地整治和高标准农田建设 …… 318
 永久性基本农田划定和土地利用总体
 规划调整 ………………………… 319
环境保护 …………………………… 319
 概况 ……………………………… 319
 大气污染防治 …………………… 319
 水污染治理 ……………………… 319
 农村环保 ………………………… 320
 落实中央环境督察问题 ………… 320
 水源地保护 ……………………… 320
 环保执法监管 …………………… 320
 环评审批 ………………………… 320
 招商引资 ………………………… 321
气象服务 …………………………… 321
 概况 ……………………………… 321
 气象观测 ………………………… 321
 气象服务 ………………………… 321
 涉农服务 ………………………… 321

教育·体育·卫生

教育 ………………………………… 323
 概况 ……………………………… 323
 教育教学质量 …………………… 323
 项目建设 ………………………… 323
 教育公众形象 …………………… 323
 农村教师队伍 …………………… 324
 教育投资 ………………………… 324
 教育协调发展 …………………… 324
 教育扶贫 ………………………… 325
 规范办学行为 …………………… 325
 教师队伍 ………………………… 325
 教育投入 ………………………… 325
 安全管理 ………………………… 325
体育 ………………………………… 325
 概况 ……………………………… 325
 全民健身 ………………………… 326
 基础建设 ………………………… 326
 特色体育产业 …………………… 326
 全国体育产业普查 ……………… 327
 社会体育指导员 ………………… 327
 社区及健身站点 ………………… 327
 教练员队伍 ……………………… 327
 后备人才培养 …………………… 327
 学校体育 ………………………… 328
平罗中学 …………………………… 328
 概况 ……………………………… 328
 教师队伍 ………………………… 328
 后勤队伍 ………………………… 328

后勤保障 …………………………… 329	文　　化 …………………………… 336
财务管理 …………………………… 329	文化阵地 …………………………… 336
饮食卫生安全 ……………………… 329	文化活动器材 ……………………… 336
工程项目建设 ……………………… 329	文化信息资源共享 ………………… 336
校园绿化 …………………………… 329	群众文化活动 ……………………… 336
平罗职业教育中心 …………………… 330	广场文化 …………………………… 337
概况 ………………………………… 330	"三下乡" …………………………… 337
招生 ………………………………… 330	送戏下乡 …………………………… 337
学生实习 …………………………… 330	文化赛事 …………………………… 337
学生毕业、就业 …………………… 330	文物旅游 ……………………………… 337
学生资助 …………………………… 330	文物保护 …………………………… 337
教学秩序 …………………………… 330	可移动文物普查 …………………… 337
教学质量 …………………………… 331	古建筑重大险情排查 ……………… 337
教师培训 …………………………… 331	文化遗产保护 ……………………… 338
示范校建设 ………………………… 331	全域旅游 …………………………… 338
技能培训 …………………………… 331	基础设施 …………………………… 338
财务管理 …………………………… 331	旅游培训 …………………………… 338
财产管理 …………………………… 332	旅游活动 …………………………… 338
后勤服务 …………………………… 332	广播电视 ……………………………… 338
学校安全 …………………………… 332	新闻宣传 …………………………… 338
硬件设施 …………………………… 332	对外宣传 …………………………… 339
卫生计生 ………………………………… 333	专栏专题 …………………………… 339
概况 ………………………………… 333	广播电台开播 ……………………… 339
计划生育 …………………………… 333	微信公众平台 ……………………… 339
妇幼保健 …………………………… 333	安全播出 …………………………… 339
公共服务 …………………………… 333	图　　书 …………………………… 339
县级公立医院综合改革 …………… 334	读者服务 …………………………… 339
卫生环境 …………………………… 334	营造书香氛围 ……………………… 340
基础设施建设 ……………………… 335	数字化阅读 ………………………… 340
	寒暑期文化 ………………………… 340
文化·旅游·广电·档案·史志	4·23世界读书日 …………………… 340
综　　述 …………………………… 336	文化活动 …………………………… 340

读书用书活动	340	中心工作	346
送文化机顶盒	341	伊斯兰教协会	346
卫星数字农家书屋	341	规范会、法制化	346
农家书屋	341	桥梁和纽带	347
图书环流	341	民主管理	347

档案、史志 …………………………………… 341
 概况 ………………………………………… 341
 档案整理培训 ……………………………… 341
 农村土地承包经营权确权登记档案
 …………………………………………… 341
 执法检查 …………………………………… 342
 重大活动档案资料收集 …………………… 342
 档案接收 …………………………………… 342
 档案编研 …………………………………… 342
 档案信息化建设 …………………………… 343
 查档服务 …………………………………… 343
 库馆安全管理 ……………………………… 343
 《平罗县志》（重修） ………………………… 343
 《影像平罗》 ………………………………… 343
 《平罗年鉴2016》 …………………………… 344
 脱贫攻坚 …………………………………… 344

民族宗教

民族宗教管理 ………………………………… 345
 概况 ………………………………………… 345
 少数民族发展资金项目 …………………… 345
 清真食品管理 ……………………………… 345
 少数民族流动人口服务 …………………… 345
 宗教事务管理 ……………………………… 345
 矛盾纠纷排查化解 ………………………… 346
 桥梁和纽带 ………………………………… 346
 民主管理 …………………………………… 346
 矛盾纠纷排查 ……………………………… 347
 移民村宗教工作 …………………………… 347
平罗县佛教协会 ……………………………… 347
平罗县道教协会 ……………………………… 348
平罗县基督教协会 …………………………… 348
平罗县天主教协会 …………………………… 348

乡　镇

城　关　镇 …………………………………… 349
 概况 ………………………………………… 349
 农业转型升级 ……………………………… 349
 养殖业 ……………………………………… 349
 农村综合改革 ……………………………… 349
 市场体系建设 ……………………………… 350
 农业基础设施 ……………………………… 350
 城乡人居环境 ……………………………… 350
 民生服务 …………………………………… 350
 社区服务 …………………………………… 350
 基层组织建设 ……………………………… 350
 社会治理 …………………………………… 351
陶　乐　镇 …………………………………… 351
 概况 ………………………………………… 351
 农业农村工作 ……………………………… 351
 小城镇建设 ………………………………… 352
 民生事业 …………………………………… 352
 移民扶贫 …………………………………… 352
 社会管理 …………………………………… 352

社会治理 …… 353	头闸镇 …… 358
文化惠农 …… 353	概况 …… 358
黄渠桥镇 …… 353	特色优势产业 …… 358
概况 …… 353	小城镇建设 …… 358
农业生产 …… 353	农田水利 …… 358
畜牧养殖 …… 354	"一事一议"项目 …… 359
生态林业 …… 354	脱贫攻坚 …… 359
特色旅游 …… 354	社会服务 …… 359
基础建设 …… 354	平安建设 …… 359
环境整治 …… 354	党的建设 …… 359
农村综合改革 …… 354	镇、村党组织换届 …… 359
社会保障 …… 355	**崇岗镇** …… 360
计划生育 …… 355	概况 …… 360
平安建设 …… 355	规范煤炭集中区 …… 360
民族宗教 …… 355	农业生产 …… 360
创业就业 …… 355	生态林业 …… 360
招商引资 …… 355	农水建设 …… 361
姚伏镇 …… 355	环境整治 …… 361
概况 …… 355	农村综合改革 …… 361
优势特色产业发展 …… 356	小城镇建设 …… 361
农村改革 …… 356	计划生育 …… 361
美丽村庄建设 …… 356	社会保障 …… 361
招商引资 …… 356	社会治安综合治理 …… 362
农水建设 …… 356	文化教育 …… 362
惠农政策 …… 357	招商引资 …… 362
精准扶贫 …… 357	**宝丰镇** …… 363
民生工程 …… 357	概况 …… 363
创业就业 …… 357	清真牛羊肉 …… 363
安全维稳 …… 357	蔬菜基地建设 …… 363
星级服务型党组织 …… 357	基础设施建设 …… 363
基层基础建设 …… 357	农田水利 …… 364
"两学一做"学习教育 …… 358	林业生产 …… 364

农村土地经营改革 …………… 364	美丽乡村建设 ………………… 371
招商引资 ……………………… 364	农村改革 ……………………… 371
农村人居环境 ………………… 364	教育卫生 ……………………… 371
社会事业 ……………………… 365	农民文化活动 ………………… 372
平安建设 ……………………… 365	就业创业服务 ………………… 372
党的建设 ……………………… 366	社会保障 ……………………… 372
党风廉政建设 ………………… 366	生态移民 ……………………… 372
换届选举 ……………………… 367	服务型党组织星级创建 ……… 372
通伏乡 ………………………… 367	民主政治 ……………………… 372
概况 …………………………… 367	农村普法 ……………………… 372
农村基层服务型党组织建设 … 367	高庄乡 ………………………… 372
培育优势产业 ………………… 367	概况 …………………………… 372
农村综合改革 ………………… 367	特色农业 ……………………… 373
农田水利建设 ………………… 368	基础设施 ……………………… 373
生态林业 ……………………… 368	新农村建设 …………………… 373
动物疫病防控 ………………… 368	精准扶贫 ……………………… 373
基础设施 ……………………… 368	农村改革 ……………………… 373
美丽乡村 ……………………… 368	社会管理 ……………………… 374
农村公共服务 ………………… 368	公共服务 ……………………… 374
精准扶贫 ……………………… 369	文化事业 ……………………… 374
农村社会治理 ………………… 369	党的建设 ……………………… 374
招商引资 ……………………… 369	灵沙乡 ………………………… 374
高仁乡 ………………………… 370	概况 …………………………… 374
概况 …………………………… 370	特色养殖 ……………………… 374
特色产业 ……………………… 370	农业产业化 …………………… 374
园区建设 ……………………… 370	农民创业 ……………………… 374
服务体系 ……………………… 370	城乡环境整治 ………………… 374
农产品质量安全监管 ………… 370	新农村建设 …………………… 375
农机安全生产 ………………… 370	危旧房屋改造 ………………… 375
农田水利 ……………………… 370	农田水利 ……………………… 375
农村道路 ……………………… 371	文化惠民 ……………………… 375
农村生态环境 ………………… 371	村级公益事业 ………………… 375

社会保障 …………………………… 375

　　党的建设 …………………………… 375

渠　口　乡 ……………………………… 375

　　概况 ………………………………… 375

　　种植业 ……………………………… 376

　　畜牧业 ……………………………… 376

　　土地经营管理制度改革 …………… 376

　　农田水利建设 ……………………… 376

　　生态绿化 …………………………… 376

　　基础设施建设 ……………………… 377

　　美丽村庄建设 ……………………… 377

　　环境综合整治 ……………………… 377

　　招商引资 …………………………… 377

　　民生保障 …………………………… 377

　　计生、文化、妇女 ………………… 377

　　思想道德教育 ……………………… 377

　　社会管理 …………………………… 377

　　党的建设 …………………………… 378

红崖子乡 ………………………………… 378

　　概况 ………………………………… 378

　　龙头企业 …………………………… 378

　　庭院经济 …………………………… 378

　　就业创业 …………………………… 379

　　社会保障 …………………………… 379

　　教育与素质 ………………………… 379

　　基层组织建设 ……………………… 380

　　治理与服务机制 …………………… 380

　　基础设施建设 ……………………… 380

　　生态林业 …………………………… 381

先进名录

先进集体 ………………………………… 382

　　国家级 ……………………………… 382

　　省部级 ……………………………… 382

　　地市级 ……………………………… 383

先进个人 ………………………………… 388

　　省部级 ……………………………… 388

　　地市级 ……………………………… 388

石嘴山市"五一"劳动奖状获得者 …… 390

石嘴山市"五一"劳动奖章获得者 …… 390

重要文献

平罗县2016年国民经济和社会发展统计

　　公报 ………………………………… 391

关于印发《关于加强领导干部思想理论建设

　　的意见》和《关于加强全县各级党委

　　（党组）中心组学习工作的意见》的

　　通知 ………………………………… 395

关于印发《中共平罗县委履行党风廉政建设

　　主体责任清单》的通知 …………… 401

关于印发《关于加强政党协商的实施意见》的

　　通知 ………………………………… 409

关于印发《平罗县2016年农村综合改革工作

　　要点》的通知 ……………………… 412

关于印发《平罗县空间规划（多规合一）改革

　　试点工作实施方案》的通知 ……… 416

关于印发《关于健全完善社会治安防控体系

　　进一步深化平安平罗建设的意见》的

　　通知 ………………………………… 421

二十四节气 ……………………………… 427

专 载

继续奋力前行 决胜全面小康
为加快建设开放富裕和谐美丽平罗而努力奋斗

——在中国共产党平罗县第十四次代表大会上的报告

中共平罗县委书记 朱 剑

（2016年9月28日）

各位代表、同志们：

现在，我代表中共平罗县第十三届委员会向大会作报告，请审议。

中国共产党平罗县第十四次代表大会，是在全县上下深入实施"十三五"规划、决胜全面建成小康社会的关键时期，召开的一次十分重要的会议。大会的主题是：高举中国特色社会主义伟大旗帜，以马克思列宁主义、毛泽东思想、邓小平理论、"三个代表"重要思想、科学发展观为指导，深入学习贯彻习近平总书记系列重要讲话精神，动员全县各级党组织和广大党员干部群众，继续奋力前行，决胜全面小康，为加快建设开放富裕和谐美丽平罗而努力奋斗。

回顾五年：坚持砥砺奋进，夯实发展基础

县第十三次党代会以来的五年，是平罗改革发展进程中很不平凡的五年，是应对严峻挑战、经受重大考验的五年，也是经济社会发展取得新成就的五年。五年来，我们深入学习贯彻落实党的十八大，十八届三中、四中、五中全会，习近平总书记系列重要讲话精神，团结带领全县广大党员干部群众，解放思想、开拓创新，求真务实、奋力攻坚，圆满完成了第十三次党代会确定的目标任务，为全面建成小康社会打下了坚实基础。

坚持稳中求进，综合实力稳步提升。坚持把发展作为第一要务，面对前所未有的经济下行压力，科学研判，综合施策，精准发力，全力以赴保运行、上项目、促转型，千方百计破解土地、融资、用电、审批等难题，一批打基础、利长远、增后劲的项目落地生根、开花结果，经济增长保持在合理区间，实现了新常态下的新发展。预计到2016年底，全县地区生产总值、地方公共财政预算收入分别达到150亿元、8.75亿元，分别是2011年的1.5倍、1.3倍；实现规上工业增加值70亿元，是2011年的1.4倍；五年累计完成固定资产投资715亿元，是上一个五年的2.6倍；城乡居民人均可支配收入分别达到22590元、12140元，分别是2011年的1.5倍、1.6倍。连续五年荣获全国双拥模范县，先后获评国家园林县城、全国休闲农业与乡村旅游示范县、国土资源节约集约模范县、全区民族团结模范集体、自治区文明县城、卫生县城等荣誉称号。

加快转型升级，结构调整取得实效。坚持把加快转变经济发展方式作为主线，大力改造提升传统产业，加快培育壮大特色产业，形成了多元发展、多极支撑的产业格局。工业"4+4"产业链条延伸、循环发展、加速转型，五年累计实施循环化改造企业26家，大地循环、晟晏能源等骨干企业规模扩张、效益提升，成为支撑工业发展的主要力量，丽珠药业、格瑞化工等一批新兴产业项目投产达效，大地轮胎二期、大唐平罗火电等一批战略性项目开工建设，全县规上工业企业达94家，预计规上工业总产值达到370亿元，是2011年的2倍，新型工业化迈出实质步伐。农业"一优四特"产业布局优化、特色显现、提质增效，国家农业科技园区核心区基本形成，河东现代农业示范区初具规模，建成盛华阳光、天源復藏等草畜一体化产业园，华泰农、中青等沙漠瓜菜产业园，培育家庭农场等新型经营主体356个，成功举办三届种业博览会，农业适度规模经营比重达40%，特色优势产业比重达89%，农业现代化水平明显提升。现代服务业多元发展、活力增强、比重提高，建成石嘴山国际建材城、宏泰商业广场、汇融新天地、沙湖水镇等商业综合体，红星美凯龙、宁夏国际皮革城等知名商家落户平罗，中阿物流园启动建设，国家全域旅游示范县稳步推进，全国电子商务进农村示范县成效明显，三产对经济增长贡献率达到29%。认真落实"三去一降一补"①五大任务，以壮士断腕的决心，淘汰落后产能企业42家，兼并重组"僵尸企业"②95家，依法取缔搬迁涉煤企业201家，化解过剩产能494万吨，消化存量商品房4002套43.93万平方米。

优化服务环境，对外开放逐步扩大。坚持把园区作为引领经济发展的重要引擎，科学调整完善发展规划，加快水、电、路、气等基础设施建设，五年累计投资32.7亿元，建设园区道路117千米，供排水管网112千米，天然气管网38千米，实施沙湖750千伏变电站、污水处理厂、黄河水厂等一批重大项目，提升了园区承载大项目、大企业能力，企业全部入园发展，为加快发展奠定了坚实基础，石嘴山生态经济开发区经济总量跃居全区31个工业园区第二位，仅次于宁东能源化工基地。深入开展"三争双招"活动，围绕主导产业、特色产业，突出产业链招商、以商招商、以企招商，支持企业与央企、行业龙头企业开展战略合作，五年引进招商项目542个，完成投资595亿元，是上一个五年的3.2倍，连续四年荣获全区招商工作先进县。加大争资金力度，争取中央和区市各类资金162亿元，是上一个五年的2.9倍。

统筹协调发展，城乡面貌显著变化。全面推进新型城镇化，县城建成区面积扩展到15.3平方千米，全县常住人口城镇化率达到53.5%。空间布局逐步优化，完成镇村体系规划编制，城乡总体规划暨"三规合一"取得重要成果，获批全区首批空间规划（多规合一）改革试点县。城市功能日趋完善，五年累计投入40亿元实施62项城建工程，改造棚户区、城中村93万平方米，改造整治老旧小区72万平方米，老城区人居环境明显改善；新修城市道路19千米，打通了一批断头路,居民出行更加方便快捷;实施热电联产集中供热、天然气入户、饮水安全等项目,建设唐徕渠—饮马湖、惠民文化健身公园等市民休闲场所,提高了居民生活质量。推进美丽乡村建设,新建农村公路291千米,建设美丽村庄示范点25个,农村人居环境显著改善。实施国土整治、盐碱地改良、高标准农田建设等工程,改良盐碱地2.8万顷,新增耕地8800公顷,农业综合生产能力明显提高,连续三年荣获全区"黄河杯"特等奖。实施主干道路大整治大绿化等造林绿化工程,新增造林6266.67公顷,森林覆盖率达12.5%,城市绿化覆盖率达40.1%,人均公共绿地面积达10.2平方米,城乡环境质量明显提高。

加大民生投入,群众生活持续改善。坚持惠民利民导向,在财政收入增速放缓、支出压力加大的情况下,财政支出75%用于民生事业,每年办好十件民生实事,一批民生热点难点问题得到有效解决。全面打响脱贫攻坚战,搬迁安置生态移民4213户22128人,实施四项脱贫计划、五项助力行动,出台脱贫攻坚"20条"扶持政策,贫困人口生活水平稳步提高。推进大众创业万众创新,新增城镇就业1.68万人,转移农村劳动力16.9万人次,城镇登记失业率控制在3.9%以内。促进城乡教育优质均衡发展,累计投入2.9亿元,新建改建中小学校、幼儿园31所,成功创建国家义务教育发展基本均衡县,承接宁夏卫生学校,实现独立招生、独立办学。健全完善社会保障体系,城乡居民基本养老、医疗、大病保险实现全覆盖,城乡低保惠及困难群众1.45万人,建设城乡养老服务机构40家,累计投入19.75亿元建设保障房、安置房1.18万套98.88万平方米,解决6010户低收入家庭住房问题。深化医药卫生体制改革,推进县级公立医院改革,全部取消药品加成,推行"先住院后付费"服务模式,为老百姓节省医药费用8600万元。实施文化惠民工程,国家公共文化服务体系示范区通过验收。

创新社会治理,社会保持和谐稳定。创新社会治理模式,"两个中心"规范运行,城乡网格化服务管理全覆盖,和谐社区创建稳步推进。平安建设成效显著,投资5627万元建成智能图控系统点位163处、智能交通系统点位2905处,社会治安立体防控体系日趋完善,公众安全感持续提升,平安建设经验在全区交流,获评全区"平安县"称号。推进法治平罗建设,大力推行检务、警务公开,执法司法公信力日益提高,"六五"普法顺利通过国家验收。高度重视信访工作,健全矛盾纠纷排查调处机制,推行领导干部开门接访、包案化解等制度,信访工作连续五年保持"四下降一好转"态势,全区信访工作规范化建设现场会在县召开。落实安全生产"党政同责、一岗双责、失职追责",安全生产形势总体稳定。深化民族团结进步创建,巩固了民族团结、宗教和顺的良好局面。

锐意深化改革,发展动力不断增强。坚持把深化改革作为推动发展的根本之策,主动承接国家和自治区赋予的改革试点任务,重点领域和关键环节改革形成了一批制度性成果。顺利完成政府机构改革,公布实施"两个清单"③,推行"一门受理、多证联办"审批服务,行政审批事项减少51%。推行"三证合一、一照一码",新增各类市场主体4523个,新增注册资本165亿元。创新投融资机制,争取国家专项建设基金项目16个6.94亿元,引导支持60家企业直接融资36亿元,融资难问题逐步缓解。扎实推进七项国家级农村改革试点④,农村土地经营管理制度改革创造了"平罗经验",在全区推广、全国交流,实现农村产权抵押贷款6.93亿元,流转交易额12.53亿元,老百姓真正享受到了改革带来的红利,农村宅基地制度改革、新型城镇化综合试点、农村信用体系建设、国有林场改革、供销社综合改革等稳步有序推进。

全面从严治党,党的建设切实加强。落实全面从严治党主体责任,深入开展党的群众路线教育实践活动、"三严三实"专题教育、"两学一做"学习教育,严格贯彻中央"八项规定"精神,驰而不息纠治"四风",强化了宗旨意识,改进了干部作风,密切了党群干群关系。坚持正确的选人用人导向,注重在基层一线选拔任用干部,积极推进领导干部能上能下,顺利完成乡镇领导班子换届工作,激发了干部队伍的生机和活力。实施"强基创优"工程,整顿软弱涣散党组织28个,非公经济党组织覆盖率达78.2%,夯实了基层基础。妥善处置不合格党员,保持了党员队伍的纯洁性。全面落实党风廉政建设"两个责任",建立健全责任清单、述责述廉、纪律审查协作区、巡察工作等制度机制,坚定不移惩治腐败,严肃查处了一批违纪违法案件,营造了风清气正、干净干事的良好从政环境。支持人大及其常委会依法履职,支持政协认真履行参政议政职能,统战、人武、群团、老干部等工作取得新进展,为推进改革发展稳定做出了积极贡献。

各位代表,同志们。五年的奋斗凝聚艰辛,五年的变化有目共睹,五年的成绩来之不易。这是区市党委正确领导、亲切关怀、大力支持的结果,是全县上下团结拼搏、锐意进取、扎实工作的结果,是历届县委传承接力、离退休老同志关心支持和社会各界共同努力的结果。在此,我代表十三届县委,向全县广大党员干部群众,向所有关心、支持平罗改革发展的同志们,表示衷心的感谢和崇高的敬意!

五年砥砺奋进,困难比预料的多,结果比预想的好,奠定的加快发展的物质基础更加雄厚,创造的干事创业的精神值得倍加珍惜,我们要一以贯之地继承和发扬。回顾五年的工作,我们深深体会到:

必须坚持党的领导,不断凝聚发展合力。五年来,我们坚决落实全面从严治党要求,切实加强反腐倡廉建设,着力抓好班子、带好队伍,以严的标准要求干部、严的措施管理干部、严的纪律约束干部,营造了政通人和、风清气正的发展环境,形成了团结一心干事业、群策群力促发展的创业氛围。实践证明,改革发展稳定任务越繁重,越要加强党的建设,这是事业发展的根本保证。

必须坚持科学发展,加快转型升级步伐。五年来,我们面对前所未有的困难和压力,统筹环保、资源等要素制约,注重抓存量促升级、抓增量调结构,努力构建现代产业体系,既保持了经济平稳增长,又实现了发展质量提升。实践证明,必须牢固树立"五大发展理念",以提高经济发展质量和效益为中心,以"功成不必在我"的境界,多做打基础、利长远的工作,全面建成小康社会才有坚实基础和强劲支撑。

必须坚持共享发展,着力增加群众福祉。五年来,我们始终坚持执政为民,大幅增加民生投入,社会保障体系不断完善,社会事业全面发展,在共建共享中提升群众幸福感,赢得了老百姓的真心拥护。实践证明，只有心中装着群众、凡事依靠群众、一切为了群众，让全县人民共享改革发展的成果，我们的事业才有凝聚力、号召力。

必须坚持改革创新，有效释放发展动力。五年来，我们坚持向改革要动力，向开放要活力，围绕农村综合改革、行政审批制度、投融资体制、优化发展环境等方面，先行先试，大胆探索，最大限度激发市场活力、释放改革红利，推动了新型工业转型升级、现代农业提质增效、现代服务业活力显现。实践证明，只有敢于突破常规，善于借力发展，突出问题导向深化改革，依托资源优势招商引资，发展的活力才得以充分迸发。

必须坚持依法治县，营造和谐发展环境。五年来，我们始终把维护稳定作为硬任务，加快法治平罗建设，全面实施"六五"普法，深入推进平安建设，落实领导干部接访、包案等制度，提高社会治理水平，保证了人民安居乐业、社会安定有序。实践证明，只有正确处理好改革发展稳定的关系，发展才能行稳致远，社会才能长治久安。

各位代表、同志们。在看到成绩的同时，也要清醒认识到，我们的工作与区市党委的要求和人民群众的期望还有差距，发展中还面临不少困难和问题。一是经济下行压力持续加大，资源环境约束加剧，投资拉动后劲不足，创新驱动尚未成为发展的主引擎，发展步入改革开放以来最为艰难的转型阵痛期，继续保持中高速增长难度加大；二是产业转型升级成效还不明显，服务业发展相对滞后，新兴产业支撑不足，龙头企业数量少、带动能力不强；三是深化改革进入攻坚期，重点领域和关键环节的改革步伐还不快，市场的活力还没有得到充分释放，改革的力度和深度还需进一步加大；四是城乡居民收入不高、增速下降，财政收支矛盾越来越突出；五是基层社会治理有待加强，维护社会稳定压力不断加大；六是全面从严治党仍须加强，少数干部不作为、慢作为和违规违纪等现象还时有发生，干部作风有待进一步改进等。对此，我们要积极面对、切实解决。

展望五年：继续奋力前行，建成全面小康

未来五年，是全面转型的关键期，也是全面建成小康社会的决胜期。综合研判国内外形势，我们仍然处于可以大有作为的战略机遇期，但也面临着诸多矛盾叠加、风险增多的严峻挑战。

未来五年将是充满机遇的五年。国家"一带一路"等重大战略的深入实施，宁夏"两区"建设的纵深推进，中阿物流园的加快建设，为我们扩大开放合作拓展了新空间；中国制造2025、"互联网+"行动计划、供给侧结构性改革、电力体制改革等一系列重大举措，为我们加快产业转型升级和结构调整提供了新机遇；国家对西部地区的一系列倾斜政策，为我们加快基础设施建设、生态环境保护和社会事业发展带来了新动力；东部地区产业转移步伐加快，为我们招商引资创造了有利条件。只要我们抓住机遇、主动作为，就一定能够赢得更好更快的发展。

未来五年将是充满挑战的五年。从宏观经济形势看，经济发展进入新常态，传统产业产能过剩的矛盾将长期存在，产业结构调整的阵痛仍在加剧，我们面临着加快结构调整与保持经济稳定增长、产业转型升级与创新动力不足等诸多矛盾和问题，经济下行压力不容忽视。从全面建成小康社会看，我们的总体实现程度为79.89%，其

中5项指标实现程度不到60%,部分指标差距还比较大。我们必须增强机遇意识、忧患意识、担当意识、争先意识,奋力开创改革发展新局面。

未来五年将是大有作为的五年。经过多年努力,我县经济转型步伐加快,基础设施日趋完善,"四化同步"优势显现,改革红利正在释放,开放空间正在拓展,新的增长点和增长动力正在培育,全县上下形成了思发展、谋发展、抓发展的浓厚氛围,加快建设"四个平罗"的信心更加坚定。只要我们解放思想、务实苦干,就一定能实现全面小康目标。

今后五年的指导思想是:高举中国特色社会主义伟大旗帜,以马克思列宁主义、毛泽东思想、邓小平理论、"三个代表"重要思想、科学发展观为指导,深入贯彻落实习近平总书记系列重要讲话,特别是来宁视察重要讲话精神,按照"五位一体"总体布局和"四个全面"战略布局要求,积极践行"五大发展理念",以提高经济发展质量和效益为中心,以供给侧结构性改革为主线,坚定不移推进"三大转型",全力推动"四化同步"发展,加快建设开放富裕和谐美丽平罗,实现全面建成小康社会目标。

今后五年的奋斗目标是:

——经济更加繁荣。经济保持中高速增长,现代产业体系基本形成,三次产业结构不断优化,地区生产总值年均增长7.5%以上,规模以上工业增加值年均增长8.5%以上,全社会固定资产投资年均增长10%以上,财政收入增长与经济增长同步。

——社会更加和谐。覆盖城乡的基本公共服务更加均衡,社会治理水平明显提升,民主法治建设全面深化,社会主义核心价值观深入人心,群众的思想道德、文化素养、健康水平、法治意识明显提高,民族团结、宗教和顺的良好局面进一步巩固。

——环境更加优美。空间发展布局持续优化,以人为核心的新型城镇化加快推进,常住人口城镇化率达到60%;生态文明建设持续推进,绿色低碳的生产生活方式水平显著提升,森林覆盖率达到13.4%,人民群众对生态环境的满意度不断提高。

——人民更加富裕。人民生活持续改善,就业创业更加充分,文化事业更加繁荣,社会保障体系更加完善,社会事业长足进步,人民群众的获得感、归属感、幸福感持续增强。城乡居民人均可支配收入年均分别增长8.5%和9.5%。

——党风更加清明。党员干部理想信念更加坚定,各级领导班子坚强有力,基层服务型党组织建设成效明显,干部作风持续改进,党的建设制度体系更加健全,党风廉政建设和反腐败斗争取得新成效。

实现上述目标,要突出一个主题,贯穿一条主线,把握三个着力。

突出一个主题,即全面建成小康社会,加快建设开放富裕和谐美丽平罗。

贯穿一条主线,即坚持"五大发展理念"。把"五大发展理念"贯穿到经济社会发展全过程,落实到全面建成小康社会各个方面,通过创新发展解决发展动力不足的问题,通过协调发展解决城乡发展不平衡的问题,通过绿色发展解决人与自然和谐的问题,通过开放发展解决发展空间的问题,通过共享发展解决社会公平正义的问题。

把握三个着力,即着力推进经济持续健康发展。始终坚持发展第一要务不动摇,把握好稳增长和促转型的平衡点,既要保持一定的增速,也要努力实现有质量、有效益的发展,推进经济发展再上新台阶。着力保持社会和谐稳定。切实履行好保基本、保底线、保民生的兜底责任,坚持做大"蛋糕"与分好"蛋糕"并重,让群众在共建共享中得到更多获得感。着力巩固和发展党的执政基础。切实履行全面从严治党政治责任,统筹抓好党的思想、组织、作风、反腐倡廉和制度建设,为加快"四个平罗"建设提供坚强保障。

奋进五年:推进三大转型,建设四个平罗

未来五年,要牢固树立和践行"五大发展理念",突出重点,创新举措,优化经济结构,转变发展方式,着力在关系全局和长远发展的重大问题上取得突破。

(一)突出创新驱动,加快建设开放平罗

牢固树立开放发展理念,以更大的决心深化改革、以更大的魄力创业创新、以更广的胸怀开放发展。

全面推进各项改革。坚持以改革统揽全局,率先在重点领域引领示范,关键环节探索攻坚,最大程度释放改革红利。扎实推进供给侧结构性改革,全面落实"三去一降一补"五大重点任务。继续推进行政审批制度改革,抓好"两个清单"落实,完善"政务云"⑤平台,推行"互联网+政务服务",让居民和企业少跑腿、好办事、不添堵。实施"五证合一、一照一码"⑥登记制度改革,推动大众创业万众创新。深化投融资体制改革,鼓励融资担保、融资租赁等新业态发展,支持有条件的企业上市融资,积极推广运用PPP模式⑦,形成多元化投资渠道,切实降低企业融资成本。深化农村综合改革,全力推进七项国家级改革试点,全面落实自治区"4+2"⑧改革任务,努力形成更多可复制、可推广的"平罗经验"。加快供销社、国有林场、国有企业等改革,统筹教育、医疗、文化、社会保障等民生领域改革,切实改出成果、作出示范。

努力扩大对外开放。坚持引资金、引技术、引管理、引人才并重,加快构建有活力、高水平、深层次、宽领域的开放体系。畅通开放通道。推动京藏高速改扩建、石银高速连接线、红崖子黄河大桥等重大工程建设,构建内畅外联的交通网络体系。加强区域合作。主动融入"一带一路"战略,推动经贸合作、人才培养、产业发展、园区合作共建等领域的对外开放与合作,引导有一定技术水平和市场开拓能力的企业,走出去参与国际产能合作。培育开放产业。突出产业链招商、园区招商、以商招商、以企招商,围绕优势特色产业,加强与京津冀、长三角、珠三角等发达地区经济合作,深化与央企、行业龙头企业对接合作,主动承接产业、资金、技术转移,引进一批投资额大、产业关联度高的优质项目,建设一批特色鲜明、带动力强的专业园区和园中园。

加快园区提档升级。着力构建园区配套服务保障体系,夯实产业发展载体。提升园区承载能力。加快完善水、电、路、气、暖、通讯等基础设施,积极推进污水处理厂、黄河水厂、土地平整等重点项目,有效降低企业投入,打造服务到位、功能齐全、承载力强的低成本园区。优化园区产业定位。石嘴山生态经济开发区重点发展电石化工、生物制药、装备制造、农产品精深加工等产业,

打造国家循环经济示范园区和优质绿色农产品精深加工基地;宁夏精细化工基地重点发展精细化工、特色冶金、新型煤化工、能源电力等产业,打造西电东送电源点和宁夏重要的煤化工基地;平罗煤炭集中区充分利用"太西煤"资源,大力发展高附加值环保型煤、石墨电极、石墨烯等新材料,打造西部地区重要的碳基材料精深加工区。提升园区服务水平。积极推进园区管理体制改革,规范机构设置,建立"一站式"审批通道,优化投资发展环境。坚持节约集约利用土地,实行差别化土地使用税政策,加强闲置土地清查处置力度,盘活存量用地和低效用地。

大力推进科技创新。实施创新驱动发展战略,增强科技创新引领作用。突出政府创新引导。建立科技投入稳定增长机制,设立科技成果转化引导基金,建设众创孵化空间和创新创业投融资平台,支持高校、科研院所和龙头企业合作共建科技创新服务平台,为产业发展提供技术支撑。突出企业创新主体。落实高新技术企业扶持、科技专利奖励、创新后补助等激励机制,引导企业自主研发,围绕主导产业组建科技创新联盟,联合开展重点领域和关键技术攻关,实施一批关系转型发展的重大科技项目,促进产业向中高端迈进。突出人才创新支撑。依托职教中心、宁夏卫校平台,深化校企合作、产教融合,大力培养维修、制造等技术人才,护理、药剂等专业人才;加强企业家队伍建设,鼓励组建平罗企业家协会,搭建交流平台,注重学习身边企业技术、管理、融资等方面先进经验,培养造就一批创新型企业家队伍。健全人才激励机制,积极引进高层次人才,大力开展职业技能竞赛、优秀企业家评选等活动,大力表彰宣传优秀企业家和高技能人才。

(二)突出产业转型,加快建设富裕平罗

始终把调整产业结构作为关键抓手,把供给侧结构性改革作为重要路径,把项目建设作为有力支撑,调优存量、做优增量、提升质量,推动经济持续健康发展。

做强新型工业。坚持工业强县战略不动摇,建立完善产业扶持政策,培育壮大"4+4"产业集群,大力发展接续替代产业,加快构建新型工业体系。实施升级改造工程。加大技改资金、资源配置、融资担保、以奖代补等政策支持力度,开展"百家企业技改行动计划",每年实施一批增链补链延链项目,力争五年内工业企业完成新一轮技术改造,推动精细化工、特色冶金、碳基材料、能源电力四大传统优势产业集群全产业链发展,提高产业集中度、产品附加值和行业竞争力。实施增量培育工程。大力培育发展生物制药、新型煤化工、装备制造、轻工四大特色产业,引进实施一批医药中间体、煤制油、精密铸件等重大项目,打造新的经济增长极。实施龙头带动工程。强化政策引导和扶持,鼓励支持企业整合重组、集团化发展,重点支持大地循环、晟晏能源、吉元冶金、丽珠药业等骨干企业发展协作配套产业;帮助经营陷入困境的骨干企业,引入战略投资者实施并购重组、转型发展,培育一批核心竞争力强的大企业大集团。五年内全县规上工业企业达到110家,其中产值10亿元以上企业8家,20亿元以上企业4家,50亿元以上企业2家,百亿元以上企业1家。实施主动减量工程。充分运用市场机制、经济手段、法治办法,倒逼电石、铁合金、煤炭等行业过剩产能和落后产能退出,支持龙头企业兼并重组"僵尸企业",妥善做好职工安置。

做精现代农业。坚持用工业化的理念发展现代农业,着力构建现代农业产业体系、生产体系、经营体系,推动一、二、三产业融合发展,实现农业增效、农民增收、农村繁荣。实施农业科技园区示范工程。按照"一带三路"布局,加快"八个示范园区"建设,推动"一优四特"产业向绿色、精品、高端发展,优质水稻产业突出品质提升,重点打造姚通路、周滨路两侧优质水稻示范园区;制种产业突出提质扩面,重点打造制种科技产业园和以头闸、黄渠桥为核心的蔬菜制种示范园区;草畜产业突出扩量增效,重点打造河东现代农业示范区和河西优质清真牛羊肉示范园区;瓜菜产业突出设施与露地并重,重点打造河东沙漠瓜菜和沿109国道高端蔬菜示范园区;生态水产突出名优特新,重点打造京藏高速两侧精养水产示范园区。实施农业产业化提升工程。制定工商资本投入农业产业管理办法,发挥农业产业发展基金引导作用,支持乐牧高仁、华泰农瓜菜等企业做大做强,规范发展家庭农场等新型经营主体,推动农业规模化、标准化生产,形成集研发、种植、加工、营销、生态于一体的现代农业产业链,五年内农产品加工转化率达到61.8%。实施社会化服务提升工程。健全农业"六大保障体系"⑨,支持新型农业服务主体开展联耕联种、代耕代种、统种分管等社会化服务,鼓励发展"家庭农场+社会化服务"经营模式,提升农业社会化服务水平。实施耕地质量提升工程。严格落实基本农田保护制度,积极推进高效节水灌溉、农业综合开发、盐碱地改良和高标准农田建设,切实改善农业生产条件,提高农业综合生产能力。

做活现代服务业。实施服务业提升行动,推动生产性服务业向专业化和价值链高端延伸,生活性服务业向精细化、便利化转变,实现发展提速、比重提高、水平提升,五年内服务业增加值比重提高到31%。活跃商贸服务业。强化政策扶持,引进一批经营业态新、品牌影响力大的企业,盘活沙湖水镇、宏泰商业广场、汇融新天地等商业综合体,打造以特色商贸、文化体验、购物娱乐、休闲旅游为主题的特色商业街区,活跃消费市场,促进消费升级。壮大现代物流业。依托铁路优势,加快中阿物流园建设,抓好晟晏铁路专用线建设,积极发展工业物流、保税物流、冷链物流、电商物流,打造辐射周边、功能完善的区域物流中心。全面实施全域旅游发展三年行动计划,加强与农垦集团合作,推进县域旅游资源综合开发,建设以沙湖、瀚泉海、惠民文化健身公园、唐徕渠—饮马湖市民休闲公园为节点的城市慢行系统,构建"大沙湖"旅游区;积极培育各具特色的乡村旅游示范村镇,重点打造陶乐休闲、养生、乡趣、慢城市为主题的度假旅游基地;加快西线景观廊道、游客集散中心等公共服务体系建设,支持发展农家乐、自驾游营地设施和配套服务,组建文化旅游产业集团,推动景区开发、旅游交通、服务体系、宣传营销一体化,建成国家全域旅游示范县。发展电商产业。实施"村村通"电商行动,加快电商创业孵化园建设,促进电商产业成长壮大。推动房地产业健康发展。按照需求供给土地,控制新建商品房,结合棚户区改造,继续实施房地产去库存。

(三)突出民生转型,加快建设和谐平罗

牢固树立共享发展理念,努力让全县人民有更稳定的工作、更满意的收入、更可靠的社会保障，推动民生由保基本向提质量转变。

坚决打赢脱贫攻坚战。按照"一户一业、一户一策"精准脱贫到户到人的要求，深入实施四项脱贫计划、五项助力行动，认真落实脱贫攻坚"20条"扶持政策。实施产业脱贫工程。加快推进沙荒地资源开发，全部用于发展脱贫产业。支持贫困家庭发展小群多户养殖和特色种植，让有能力的家庭都有一个适宜的致富产业；支持移民区农业产业化企业，大力发展沙漠瓜菜、草畜一体化等特色产业，就近就地吸纳贫困家庭就业增收。着力促进就业创业。加强就业创业技能培训，积极引进吸纳就业能力强的脱贫项目，鼓励县域企业优先吸纳贫困人口就业，着力增加贫困人口工资性收入。推进金融精准扶贫。扩大扶贫互助基金规模，加强信用体系建设，加大创业担保贷款支持力度，助力脱贫攻坚工作。积极做好社保兜底。坚持应保尽保，落实最低生活保障、教育卫生等扶贫政策，提升基本生活保障水平。全面落实攻坚责任。建立完善脱贫攻坚责任落实、社会帮扶、投入保障、督查考核等机制，确保完成脱贫任务。

着力提高城乡居民收入。把富民增收作为最大的民生实事，建立完善城乡居民收入较快增长机制，推动居民收入增长与经济增长同步。实施就业优先行动。建立健全政府扶持、技能培训、就业服务"三位一体"机制，通过政府购买公益岗位、援企稳岗等途径，创造更多就业岗位，促进群众充分就业。实施大众创业行动。落实创业扶持政策，依托创客大厦、众力科技产业园、大学生创业孵化园等平台，鼓励支持高校毕业生、新生代农民、城镇困难人员、退役军人等群体自主创业，促进创业带动就业。实施农民增收行动。落实强农惠农富农政策，充分挖掘农业增收潜能，增加经营性收入；推行合作社、资产入股等模式，盘活土地等资产，增加财产性收入；出台鼓励农民进城政策措施，推动农村劳动力向二三产业和城镇转移，增加工资性收入。提升社会保障水平。全面落实城乡居民基本养老、医疗、大病保险制度，扩大被征地农民养老保险覆盖面，努力解决好人民群众后顾之忧。加快发展养老事业。构建多层次养老保障服务体系，推进"医养结合"，更好地保障老有所医、老有所养。完善社会救助服务体系，使困难群众求助有门、受助及时、急难有救，确保基本生活得到保障。健全农村留守儿童、老人和妇女关爱服务体系，积极开展扶老、助残、救孤、济困活动。

推动公共服务优质均衡。扩大公共产品和公共服务供给是群众最关注的民生需求。实施教育质量提升工程。加大教育投入，合理布局优质教育资源，推进教育信息化建设，着力改善办学条件，加强教师队伍建设，逐步提高乡村教师待遇，增加普惠性幼儿园供给，全面提高义务教育均衡发展质量，推动高中教育优质特色发展，打造特色职业教育品牌，让每个孩子公平接受优质教育，努力办好人民满意教育。推进健康平罗建设。深化医药卫生体制改革，加快公立医院综合改革，加强中医医疗服务体系建设，鼓励支持社会办医，推进医疗卫生信息化建设，完善分级诊疗制度和"先诊疗后付费"服务模式，开展家庭医生签约服务，深化医疗联合体建设，支持县级医院与国内知名医院开展合作，打造更加安全方便的公共卫生服务体系，加强疾病防治防控，让群众少得病，看病少花钱。加快文化事业发展。加大公共文化设施投入，建立政府向社会购买公共文化服务机制，支持社会文艺团体创作群众喜闻乐见、具有地方特色的优秀文艺作品，建成标准化图书馆，推进"书香平罗"建设，广泛开展群众性精神文明创建活动，让群众物质生活富足、精神生活富有。

促进社会和谐稳定。始终牢记稳定第一责任，切实维护社会大局和谐稳定，进一步增强人民群众安全感。创新社会治理方式。推进乡镇"两个中心"、96110民生服务中心规范建设，优化城乡社区网格化服务管理，深化星级和谐社区创建，落实"权随责走、费随事转"，切实把能够在基层办理的服务事项全部下放，提高办事服务效率。完善村级民主治理机制。做实村民代表会议制度，强化村务监督委员会职责，推进村级自治制度化、规范化、程序化。加强社会治安综合治理。深化平安平罗建设，加快构建立体化社会治安防控体系，严密防范和依法惩治违法犯罪活动；加强协勤员队伍管理，逐步提高工资待遇；加强网络与信息安全保障工作，科学应对网络与信息安全突发事件。加强法治平罗建设。组织实施"七五"普法，健全完善公共法律服务体系，推进依法行政、公正司法、公民守法，建设公平正义的法治环境。推进信访工作规范化建设。加强重大决策社会稳定风险评估，完善社会矛盾调处和预警机制，落实领导干部接访、包案化解等制度，依法处置扰乱信访秩序的人和事，严厉打击非法上访、恶意讨薪、骗保医闹等行为。做好民族宗教工作。深化民族团结教育，依法加强宗教事务管理，坚决维护现有宗教格局，防止"清真"概念泛化，促进民族团结、宗教和顺。提升安全生产保障能力。落实安全生产"党政同责、一岗双责、失职追责"，加强隐患排查治理体系建设，提高灾害事故应急保障能力，强化食品药品安全监管，有效预防各类安全事故发生。

（四）突出生态转型，加快建设美丽平罗

牢固树立绿色发展理念，坚定不移走绿色低碳新型城镇化道路，着力建设天蓝、地绿、水美的美丽平罗。

坚持规划引领。突出规划先行、全域规划、规划即法，用规划引领发展。优化空间发展格局。加快推进空间规划（多规合一）改革试点，整合经济社会发展、土地利用、城乡建设、环境保护等规划，高标准编制《县域空间规划》，构筑"一城四镇、一轴一廊、东西生态"空间发展格局，促进生产空间集约高效、生活空间宜居适度、生态空间山清水秀。提高城市设计水平。坚持把城市设计与城市总体规划、控制性详规编制等工作结合起来，充分挖掘平罗历史文化内涵，统筹建筑布局，协调景观风貌，形成具有县域特色的城市风格。严格依法执行规划。强化规划的法治力和执行力，严肃查处各类违反规划的行为，切实维护规划的权威性和严肃性，做到一张蓝图绘到底、一任接着一任干。

统筹城乡建设。坚持完善功能与宜居宜业相结合，努力让广大老百姓生活得更方便、更舒适、更美好。打造美丽县城。按照"提升东城、繁荣西区、同步推进、融合互动"的总体要求，东城围绕更新改造，加快棚户区、城中村、旧小区、旧街区改造步伐，科学做好拆迁地块规划设计，合理布局休闲广场、小微游园、公共绿地、停车场等公共设施，坚守老城区建筑红线，进一步改善老城区人居环境；西区重点推动居住、工作、休闲功能有机结合，优化提升文化教育、医疗卫生、金融商贸、公共交通等服务功能，聚集人气商气；统筹城市地上地下基础设施规划建设管理，争取实施水、电、气、暖、通讯等综合管廊建设，切实解决管线无序混乱等问题；加快老旧市场改造，坚决关停环境差、安全隐患突出的市场。加快建设海绵城市。完成唐徕渠—饮马湖、惠民文化健身公园等市民休闲场所建设，实施县城南域湖泊水系连通工程，建设五湖四海生态公园，让城市成为"自然海绵"。加强城市精细化管理。推进智慧政务、智慧交通、智慧城管、智慧环保等领域信息共享应用，切实加强和规范小区物业管理，全面提升城市治理水平。推动城市管理向乡村延伸。以村容村貌整治为重点，逐步完善农村集中供暖、垃圾回收、厕所改造、生活污水处理等公共设施，建立长效管理机制，促进城乡管理同质提升。加快建设美丽乡村。落实镇村体系规划，继续抓好美丽乡村示范点建设，逐步消除零散村庄、空心村庄，到2020年，把乡镇、中心村建成田园美、村庄美、生活美、风尚美的美丽乡村。

　　加强生态建设。坚持治、管、防并举，持续改善环境质量。着力构建绿色屏障。实施灌区绿网、天然林保护、防沙治沙、湿地保护恢复等工程，积极推进农田防护林、黄河护岸林、城市绿廊绿道等生态林网建设，加强沙湖、瀚泉海、天河湾等各类湿地资源保护，打造引黄灌区平原绿洲生态区。实施大气污染治理行动。严格环保准入和污染排放标准，落实重点行业、企业污染减排任务，实施城市和园区集中供暖，坚决淘汰燃煤锅炉和黄标车，推进"四尘"①同治，努力让空气更清新。实施水污染治理行动。加快县城污水处理设施提标改造，推进工业污水无害化处理，抓好三排等水域集中整治；加强城乡饮用水源保护，实施西区水厂水质处理工艺改造工程，逐步关闭企业自备井，保护利用好有限的水资源。实施土壤污染防治行动。全面开展土壤环境质量调查，加大农业面源污染治理力度，切实保护好土壤环境。实行最严格的资源环境保护制度。严格落实生态环境损害责任追究制度、生态环境损害赔偿制度，健全完善生态环境监管、资源环境监测预警、企业环境信用评价等制度，把生态环保纳入制度化、法治化轨道。

决胜五年：全面从严治党，提供坚强保障

　　全面建成小康，关键在党，关键在人。坚持全面从严治党，引领广大党员干部不忘初心、继续前进，凝聚起全面建成小康社会的强大合力。

　　从严从实加强思想政治建设。思想建党是全面从严治党的首要任务，必须久久为功，持续用力。突出理想信念教育，强化各级党委（党组）中心组理论学习，充分发挥党校主阵地作用，开展经常性干部培训和学习教育，深入学习习近平总书记系列重要讲话精神，牢固树立"四个意识"，坚定"四个自信"①，始终做到心中有党、心中有民、心中有责、心中有戒。巩固扩大党的群众路线教育实践活动、"三严三实"专题教育、"两学一做"学习教育成果，严肃党内政治生活，教育引导党员自觉尊崇党章，严守党的政治纪律和政治规矩，争做"四讲四有"合格党员。落实党委（党组）意识形态工作责任制，培育和践行社会主义核心价值观，大力弘扬"不到长城非好汉"的宁夏精神，深化"诚信平罗"建设，传递社会正能量。

　　从严从实加强干部队伍建设。全面从严治

党重点是从严治吏。始终坚持党管干部不动摇，严格执行《干部选拔任用条例》，选优配强各级领导班子，打造"四个铁一般"⑫的干部队伍。树立正确的选人用人导向，坚持在脱贫攻坚、项目建设、改革创新一线锤炼选拔干部，做到为事业选人、靠实绩用人。加大干部交流力度，注重优秀年轻干部、民族干部、女干部、党外干部培养使用，充分调动各年龄段干部的积极性。高度重视老干部工作。坚持从严管理监督干部，按照"五个要"⑬新要求，建立有效管用的干部监管体系，让干部能干事、干成事、不出事。进一步完善干部考核评价体系，形成能者上、庸者下、劣者汰的从政环境。建立容错纠错机制，为干事担当者撑腰鼓劲，营造鼓励创新、支持担当、宽容失误的干事创业氛围。

从严从实加强基层组织建设。党的基层组织是党的全部工作和战斗力的基础。牢固树立抓实基层的鲜明导向，建立完善基层党组织抓党建工作"四个清单"⑭，推动基层党建工作责任落地生根。完善"党建项目化"推进机制，深入实施"三建一创"⑮工程，创新党组织设置形式、工作方式、活动载体和活动内容，推进党的组织和党的工作全覆盖，五年内全县三星级以上农村、社区基层党组织达到65%以上。全面推进非公企业党建区域化网格化管理，深入实施党员创业创新"先锋工程"，提升非公党建工作水平。加强党员队伍建设，建立完善党员教育管理服务长效机制，提高发展党员质量，妥善处置不合格党员，保持党员队伍先进性和纯洁性。实施"互联网+党建"工程，推进基层党建工作信息互通、资源共享。深化"双培养一加强"活动，落实村级办公经费、为民服务资金等专项经费，逐步提高村组干部待遇，发展壮大村集体经济，增强农村基层党组织的服务能力。

从严从实加强作风建设。作风建设永远在路上，作风正则事业兴。发扬艰苦奋斗的作风，严格贯彻中央"八项规定"精神和区市县若干规定，从严从紧加强对重点领域、关键环节、重要节点的监督检查，及时查处顶风违规违纪行为，始终保持严查严管态势。发扬敢于担当的作风，牢记责任重于泰山，面对任务不推不让，面对矛盾挺身而出，面对难题想方设法，勇为改革担风险，勇为发展挑重担，勇为事业做奉献，以强烈的责任感推动各项事业奋力前进。发扬真抓实干的作风，着力培养各级党员干部细思善谋、科学决策的能力，主动谋事，用心做事，尽力成事，确保各项工作落地见效。大力推行一线工作法，坚持问题导向，强化领导干部包抓责任制，带头深入一线，靠前指挥，及时发现问题，解决问题。

从严从实加强反腐倡廉建设。党风廉政建设是民心所向、事业所需，决不能有丝毫懈怠。强化党风廉政建设"两个责任"清单化管理，压紧压实责任，做到守土有责、守土负责、守土尽责。始终把纪律规矩挺在前面，严格执行《廉洁自律准则》《纪律处分条例》和《问责条例》，用好监督执纪"四种形态"，引导各级党员干部依法依规依纪秉公用权、干净用权，筑牢拒腐防变的防线。深化廉政教育，健全监督体系，扎紧制度笼子，完善不敢腐、不能腐、不想腐的制度机制。推动巡察工作全覆盖，严查群众身边的不正之风。深化"三不为"整治，持续治理懒政怠政。始终以零容忍的态度惩治腐败，坚持有案必查、有腐必惩，努力实现干部清正、政府清廉、政治清明。

从严从实加强民主政治建设。加强县委班

子自身建设，不断完善全委会、常委会议事规则，提高决策科学化、民主化、法治化水平。支持人大及其常委会依法履行职能，保障人大代表依法行使职权，提高议事决策和整体工作水平。支持政协围绕团结和民主两大主题履行职能，推进政治协商、民主监督、参政议政等制度建设，不断提高政协工作科学化水平。加强党对统一战线工作的领导，积极为各民主党派、工商联、无党派人士发挥作用搭建平台，广泛凝聚社会各界智慧和力量。加强和改进党的群团工作，更好发挥组织群众、引导群众、维护群众合法权益的作用。加强党管武装工作，扎实开展双拥共建活动，推动军民深度融合发展。

各位代表，同志们！宏伟蓝图已经绘就，新的征程即将开启。让我们紧密团结在以习近平同志为总书记的党中央周围，在区·市党委的坚强领导下，以更加饱满的激情、更加昂扬的斗志、更加务实的作风，团结拼搏，锐意进取，扎实工作，为全面建成小康社会、加快建设开放富裕和谐美丽平罗而努力奋斗！

名词解释

①三去一降一补：去产能、去库存、去杠杆、降成本、补短板。

②僵尸企业：指已停产、半停产、连年亏损、资不抵债，主要靠政府补贴和银行续贷维持经营的企业。

③两个清单：政府权力清单、责任清单。

④七项国家级农村改革试点：农村土地经营管理制度改革、农村产权流转交易市场建设、农村宅基地制度改革、农村"两权"抵押贷款、农村小型水利工程经营管理改革、农村信用体系示范区建设、新型城镇化综合试点。

⑤政务云：运用云计算技术搭建的政务服务平台，以此为依托优化整合政府管理和服务职能，实现政府各部门信息互联互通，提高行政服务效率。

⑥五证合一、一照一码：营业执照的注册号、组织机构代码证号、税务登记证号、统计证号及社保登记证号统一为一个登记码，标注在营业执照上。

⑦PPP模式：即公私合作模式，在该模式下，鼓励私营企业、民营资本与政府合作，参与公共基础设施建设。

⑧"4+2"：全面推行4项改革：农村土地经营管理制度改革、农村金融改革创新、扩大农村产权确权登记发证范围、农村小型水利工程经营管理改革；扩大2项改革试点：农村产权自愿有偿退出、农村集体资产股份权能改革。

⑨六大保障体系：农业质量标准体系、动植物疫病防控体系、农产品市场流通体系、农业社会化服务体系、农业气象服务和农村气象灾害防御体系、金融支撑体系。

⑩四尘：煤尘、烟尘、汽尘、扬尘。

⑪四个意识、四个自信：政治意识、大局意识、核心意识、看齐意识；道路自信、理论自信、制度自信、文化自信。

⑫四个铁一般：铁一般信仰、铁一般信念、铁一般纪律、铁一般担当的干部队伍。

⑬五个要：管理要全面、标准要严格、环节要衔接、措施要配套、责任要分明。

⑭四个清单：责任清单、问题清单、任务清单、成绩清单。

⑮三建一创：辖区共驻共建、部门包扶帮建、干部包点促建和星级党组织创建。

政府工作报告

——在平罗县第十七届人民代表大会第一次会议上

平罗县人民政府县长 马莉方

（2016年10月30日）

各位代表：

现在，我代表县人民政府向大会作政府工作报告，请予审议，并请政协委员和列席人员提出意见。

回顾过去：迎难而上，倾力夯实发展基础

县十六届人大一次会议以来的四年，是我县沉着应对挑战、经受重大考验的四年，也是经济社会科学发展、取得新成就的四年。四年来，在自治区、市党委、政府和县委的坚强领导下，县人民政府始终坚定信心、保持定力，团结带领全县各族干部群众凝心聚力谋发展、砥砺奋进谱新篇，圆满完成了本届政府各项目标任务，为全面建成小康社会奠定了坚实基础。

坚持多措并举，综合实力显著增强。四年来，面对经济持续下行的压力和挑战，我们主动适应新常态，强化对经济工作的领导，干部包抓规上企业和中小企业实现全覆盖，逐月分析研判形势，精准施策，千方百计扩增量、抑减量，力促经济增长保持在合理区间。预计到2016年底，全县完成地区生产总值150亿元，是2012年的1.3倍，年均增长8.7%；地方财政公共预算收入8.75亿元，是2012年的1.1倍，年均增长3.3%；地方财政公共支出29亿元，是2012年的1.3倍，年均增长6.3%；累计完成固定资产投资612.3亿元，年均增长14.3%；城乡居民人均可支配收入分别达22590元和12140元，年均增长7.8%和9.4%。先后荣获国家园林县城、国土资源节约集约模范县和自治区文明县城、卫生县城等荣誉称号，三次跻身全国最具投资潜力中小城市百强县。

加快转型升级，产业结构不断优化。四年来，面对产业结构调整任务重、转型升级难度大的形势，我们坚持把加快转变经济发展方式作为主线，改造提升传统产业与培育壮大新兴产业并重，质量效益明显提高，产业结构不断优化，三次产业比重由2012年的14.5:58.8:26.7调整到2016年的14:57:29。"4+4"产业[①]引领工业转型升级。累计实施循环化改造企业26家，大地、晟晏、吉元等企业成为循环发展的典范，凌云化工、恒利冶金等企业成功转型、实现多元发展。累计实施新兴产业项目26个，丽珠药业、德信恒通管业等一批项目投产达效，成为新的经济增长点。大力推进企业组团发展、产业集群发展，中钢与滨河碳化硅、中煤与金海永和泰开展战略合作。格瑞化工、森源重工等30家中小企业成长为全区"专精特新"②企业，银晨太阳能被评为国家高新技术企业。预计2016年全县规上工业实现增加值70亿元，是2012年的1.3倍，年均增长11.1%。"4+4"产业占工业经济比重达67%，骨干企业成为支撑工业发展的主要力量。"一优四特"产业③带动农业扩规增效。"一带三路"④、八个示范园区产业发展格局基本形成，粮食实现"十三连丰"，被国务院授予全国粮食生产先进县。制种面积达1万公顷，成功举办三届种业博览会。草畜产业稳步发展，规模养殖场达128个，牛羊肉产量年均稳定在1.5万吨和2万吨。瓜菜面积稳定在1.2万公顷以上，年均产量达100万吨。生态水产面积稳定在6666.67公顷以上，"一优四特"产业占农业经济比重达89%。实施银北百万亩盐碱地改良、中低产田改造、国土整治等项目，改良盐碱地2.8万公顷，新增耕地7千公顷，连续三年荣获自治区农田水利基本建设"黄河杯"竞赛特等奖，现代农业发展水平不断提高。多元业态助推现代服务业活跃发展。建成石嘴山国际建材城、宏泰商业广场、汇融新天地等商业综合体，24家社区蔬菜直销店投用，红星美凯龙、宁夏国际皮革城等知名商家落户平罗，中阿物流园开工建设，全国电子商务进农村和全域旅游创建扎实推进，消化存量商品房4002套43.9万平方米，金融保险、中介服务等新兴业态日益活跃。预计2016年全县实现社会消费品零售总额23.6亿元，同比增长6%，三产对经济增长贡献率逐年提升。

打造"两优"环境，对外开放步伐加快。四年来，面对产业集群发展和打造经济发展重要引擎的新要求，我们持续加强园区建设，增强园区承载能力，扩大对外开放。累计投资30亿元，实施了沙湖750千伏变电站、红陶公路、污水处理厂、黄河水厂等项目，建设园区道路117千米、供排水管网112千米、天然气管道38千米。建立园区按耗能标准退出机制，化解过剩产能494万吨，淘汰落后产能企业42家，兼并重组"僵尸企业"⑤95家。打赢规范发展煤炭市场攻坚战，依法取缔搬迁涉煤企业201家。石嘴山生态经济开发区晋升为自治区级经济开发区，经济总量跃居全区32个工业园区第二位，增速位于全区"五大十特"园区⑥之首，被列入国家循环化改造示范试点园区，宁夏精细化工基地、平罗煤炭集中区发展环境持续改善。大力开展"三争双招"活动，累计引进招商项目427个，投资505.6亿元，连续三年荣获全区招商工作先进县。累计争取中央、自治区、市各类资金148.5亿元，年均增长6.3%。

注重协调发展，城乡建设统筹推进。四年来，面对城乡均衡发展短板，我们坚持规划引领，完成镇村体系规划编制，城乡总体规划暨"三规合一"取得重要成果，控制性详细规划覆盖率达92%。加快城乡建设、产业发展、公共服务等一体化进程，县城建成区面积达15.3平方千米，常住人口城镇化率达53.5%。投资40亿元实施城建项目62个，改造棚户区、城中村93万平方米10447户，综合整治老旧小区72万平方米

7860户，惠及群众2.8万人。新修城市道路19千米，铺设供水、供热、供气管网43.1千米，实施唐徕渠带状公园二期、惠民生态健身公园、县城区热电联产集中供热等一批项目，居民生活质量得到改善。加快智慧城市建设，供水、供暖、供电"一卡通"工程启动，数字平罗地理空间信息实现共享，智能交通及智慧城管系统投用。实施美丽乡村"八大工程"，建设农村公路291千米，农村安全饮水、垃圾集中处理、村级柏油路、班线车通行基本实现全覆盖，城乡基础设施不断完善。建成特色小城镇6个、美丽村庄示范点25个，崇岗镇、姚伏镇、黄渠桥镇被列为全国重点镇。实施县城区、园区及企业、主干道路、生态移民区等绿化工程，新增造林7.7万亩，森林覆盖率达12.5%，城市绿化覆盖率达40.1%，人均公共绿地面积达10.2平方米。实施滨河大道两侧、天河湾湿地公园等水系工程，新增湖泊湿地1.3万亩。开展大气、水、土壤污染协同防治和环境保护行动计划，提标改造第一污水厂，治理恢复贺兰山东麓生态环境，完成自治区、市下达污染减排目标任务，城乡环境质量明显提升。

深化改革创新，内生动力持续增强。四年来，面对深化改革、推动发展的双重任务，我们坚持体制机制创新，改革红利有效释放。围绕简政放权、放管结合、优化服务，深入推进行政审批制度改革，行政审批事项减少51%，审批办结时限总体压缩50%。推行"三证合一、一照一码"登记制度，新增各类市场主体4523个，新增注册资本165亿元。完成机关事业单位养老保险制度改革。创新投融资体制机制，争取国家专项建设基金项目16个6.9亿元，引导和支持60多家企业融资36亿元。参股石嘴山市鑫鼎担保公司和宁夏永华宝来助贷基金中心，成立助贷过桥基金，帮助企业实现融资5.7亿元。扎实推进国家和自治区赋予的改革试点任务，农村土地经营管理制度改革创造了"平罗经验"，在全区推广、全国交流。积极推进农村"两权"[⑦]抵押贷款试点，累计办理抵押贷款7亿元，农村产权流转交易市场交易额达12.6亿元。探索开展农村宅基地制度改革，完成宅基地确权登记60557户，在超占有偿使用、新增有偿取得、审批县域统筹、转让政府补贴方面实现了突破。完成农村小型水利工程管理制度改革，国家级农村信用体系示范区基本建立，全区深化农村改革现场推进会在我县召开。全国新型城镇化综合改革试点和全区空间规划（多规合一）改革试点全面展开，国有林场、供销社、国有企业等领域改革稳步推进。

回应群众期盼，发展成果普惠于民。四年来，面对群众的新期待，我们坚持民生优先，着力增加人民群众福祉。每年办好10件民生实事，财政支出的78%用于民生事业，一大批群众关心、社会关注的热点难点问题得到有效解决。全力推进大众创业、万众创新，新增城镇就业1.33万人，转移农村劳动力14.1万人，城镇登记失业率控制在3.9%以内。发放5.2亿元小额贷款，助力农村妇女、高校毕业生、退役军人、城镇困难人员等群体创业就业。城乡居民医疗、养老、大病保险实现全覆盖，城乡低保惠及困难群众1.45万人。投资3.2亿元完善养老服务体系，建成老年活动中心、农村老饭桌、城乡社区服务站等养老服务机构131个（所），建成启用残疾人康复中心。投资19.75亿元建成各类保障房、安置房11804套，解决6010户低收入家庭住房问题。投资1.8亿元新建改造中小学、幼儿园23

所，政府购买校车服务保障农村学生安全上学，进一步提高乡村教师待遇，成功创建国家义务教育发展基本均衡县，职教中心顺利承接宁夏卫校，实现独立办学。加快公共卫生服务体系建设，公共卫生服务中心、县医院外科大楼和传染病区等建成投用，改扩建乡镇卫生院8个，新建村级卫生室73个，县乡村三级公共卫生服务体系基本形成。县级公立医院综合改革稳步推进，全面取消药品加成，为群众节省医药费用8600万元。推行先住院后付费等服务模式，实施分级诊疗和医师多点执业，方便群众就医看病。实施文化惠民工程，县文化馆荣获全国文化科技卫生"三下乡"先进集体，黄渠桥镇文化站荣膺全国优秀文化站，国家公共文化服务体系示范区创建通过验收。

实施精准扶贫，脱贫攻坚扎实有效。四年来，面对全面决胜小康的重大使命，我们坚持精准扶贫、精准脱贫，坚定不移打赢脱贫攻坚战，决不让一个群众在建成小康路上掉队。按照"搬得出、稳得住、管得好、逐步能致富"目标要求，通过生态移民、插花移民和劳务移民三种模式，超额完成"十二五"生态移民搬迁任务，搬迁安置移民4213户22128人，插花移民经验全区推广。全面部署脱贫攻坚工作，将1951户10454名建档立卡人口脱贫任务分解到市、县159个部门，压实责任，结对帮扶。大力实施四项脱贫计划⑨，开展五个助力行动⑩，出台产业发展、就业创业、教育脱贫、金融脱贫等扶持办法，增强贫困人口自我脱贫能力。设立400万元风险补偿金，发放各类贴息贷款1634万元，为876户贫困户发放互助借款787万元，实施庙庙湖集中养殖园区、构树种植基地等13个脱贫项目，发展牛羊、獭兔、肉鸽养殖692户，庭院拱棚种植3200户，实现劳务就业4878人，289户在运输、销售、餐饮等三产领域自主创业，实现户均增收近万元。

创新治理模式，社会保持和谐稳定。四年来，面对改革发展稳定的艰巨任务，我们坚持创新社会治理与经济发展同步，着力提升社会治理水平。加快推进社会治理现代化，"两个中心"规范运行，城乡网格化服务管理全覆盖，和谐社区创建稳步推进，畅通服务群众"最后一千米"。投资6000万元建成智能图控系统及红崖子消防站、派出所等设施，社会治安立体化防控体系日趋完善，群众安全感持续提升，平安建设经验在全区交流，连续两年被自治区命名为平安县。深入开展法治平罗建设，检务警务公开透明，执法司法公信力日益提高，"六五"普法通过国家验收。落实安全生产"党政同责、一岗双责、失职追责"，开展政府购买安全生产专业服务试点，安全生产形势总体稳定。食品安全网格化监管成效明显，荣获自治区食品安全先进县。信访工作保持"四下降一好转"⑩态势，全区信访工作规范化建设现场会在我县召开。荣获全国人民防空先进单位、防震减灾示范县，连续8次荣获全区双拥模范县、全区民族团结进步模范集体、全县民族团结、宗教和顺、社会稳定。

强化自身建设，政府效能明显提升。四年来，面对依法治县、建设法治政府新要求，我们坚持自我革命和效能提升相结合，依法行政能力明显提高。完成政府机构改革，政府部门、乡镇权力和责任"两个清单"公布实施，"政务云"⑪平台上线运行，行政审批效率大幅提升。严格按制度办事，修订完善政府重要会议议事规则和职权目录，成立政府法律顾问团，政府决策更加规范、民主、科学。完善政府重大事项向县委报告制度，自觉接受县人大及其常委会法律监督和县政协民主监督，累计办理自治区、市、县人代会议案、代表建议和政协提案745件，办结率95.8%。认真听取各民主党派、工商联、无党派人士意见建议，大力支持工会、共青团、妇联、科协等人民团体依法开展工作。认真贯彻中央八项规定及自治区、市、县若干规定，扎实开展党的群众路线教育实践活动、"三严三实"专题教育、"两学一做"学习教育，推动作风持续改进和工作有效落实。坚持把纪律和规矩挺在前面，严格履行党风廉政建设"党政同责、一岗双责"，加大财政资金绩效评价、审计监督和行政监察力度，干部队伍廉政建设不断加强，政府公信力和执行力进一步提升。

各位代表，回顾过去四年，我们看到，平罗的发展思路更加清晰，步伐更加坚实，经济更具活力，城乡更加协调，社会更加和谐，人民生活更加殷实。在面对复杂形势和诸多困难的情况下，取得这样的成绩实属不易。这是自治区、市党委、政府和县委坚强领导的结果，是历届政府扎实工作、县人大及其常委会加强监督、县政协鼎力支持的结果，是县直各部门、各乡镇和全县各族干部群众团结一致、奋力拼搏的结果，是社会各界人士真诚帮助和大力支持的结果。在此，我代表县人民政府，向奋战在各行各业、各条战线的广大干部群众，向全体人大代表、政协委员，向各民主党派、工商联、人民团体、各界人士和离退休老同志，向驻平部队、武警官兵和政法干警，向关心支持平罗改革发展的区、市驻平单位及各界朋友们，表示崇高的敬意和衷心的感谢！

各位代表，回顾本届政府工作，取得的成绩有目共睹，积累的经验弥足珍贵，干部群众干事创业的精神值得传承和发扬。在总结成绩的同时，也要更加清醒地认识到，我们的工作与自治区、市党委、政府要求和人民群众期望还有差距，发展中还存在一些困难和问题。一是经济下行压力持续加大，资源环境约束加剧，创新驱动尚未成为发展的主引擎，投资拉动后劲不足，继续保持中高速增长难度加大；二是三次产业发展还不协调，产业转型的力度与产业升级的要求还存在差距，企业自主创新能力不足，竞争力和抗风险能力不强；三是重点领域和关键环节改革难度增加，改革力度须不断加大；四是全面建成小康社会仍存在诸多短板，单位GDP能耗、城乡居民人均收入等指标实现难度较大，尤其是农民增收渠道不宽，脱贫解困任务艰巨；五是创新社会治理模式还需大力探索，基层民主自治能力有待提高，维护社会稳定压力不断加大；六是政府自身建设仍需加强，干部创新能力不足、担当不够、工作落实不到位等现象依然存在，违规违纪违法行为时有发生。对此，我们必须认真对待，切实加以解决。

展望未来：奋力前行，全面建成小康社会

今后五年，是平罗县全面建成小康社会的决胜期，更是深化改革、全面转型、创新突破的关键期。总体工作思路是：高举中国特色社会主义伟大旗帜，以马克思列宁主义、毛泽东思想、邓小平理论、"三个代表"重要思想、科学发展观为指导，深入贯彻落实习近平总书记系列重要

讲话,特别是来宁视察重要讲话精神,按照"五位一体"总体布局和"四个全面"战略布局要求,积极践行"五大发展理念",以提高经济发展质量和效益为中心,以供给侧结构性改革为主线,坚定不移推进"三大转型",全力推动"四化同步"发展,加快建设开放富裕和谐美丽平罗,实现全面建成小康社会目标。

今后五年预期目标是:

——综合实力再上新台阶。经济保持中高速增长,现代产业体系基本形成,三次产业结构不断优化,地区生产总值年均增长7.5%以上,规上工业增加值年均增长8.5%以上,全社会固定资产投资年均增长10%以上,财政收入增长与经济增长同步,努力实现经济更加繁荣。

——城乡统筹实现新发展。编制实施空间规划,加快推进以人为核心的新型城镇化,常住人口城镇化率达到60%。生态文明建设持续推进,绿色低碳发展水平持续提升,森林覆盖率达到13.4%,城市人均绿地面积达到12平方米,县城生活垃圾无害化处理率达到98%,不断提高人民群众对生态环境满意度,努力实现环境更加优美。

——社会发展取得新进步。覆盖城乡的基本公共服务更加均衡,社会治理水平明显提升,民主法治建设全面加强,社会主义核心价值观深入人心,群众的思想道德、文化素养、健康水平、法治意识明显提高,民族团结进步取得新进展,努力实现社会更加和谐。

——人民生活达到新水平。群众生活持续改善,就业创业更加充分,文化事业更加繁荣,社会保障体系更加完善,社会事业长足进步,人民群众获得感、归属感、幸福感持续增强。城乡居民人均可支配收入年均分别增长8.5%和9.5%,努力实现人民更加富裕。

——发展活力得到新提升。改革开放持续扩大,市场体系逐步健全,创新能力和科技贡献率显著提高,全民创业活力得到有效激发,干部作风持续改进,政府执行力显著提升,发展环境持续优化,努力实现发展活力持续增强。

实现上述目标,我们将突出"全面建成小康社会、加快建设开放富裕和谐美丽平罗"这个主题,贯穿"五大发展理念"这条主线,牢牢把握"三个着力"⑫,重点在以下几个方面取得新成效:

(一)坚持开放发展,加快推进开放平罗建设。

牢固树立大开放推动大发展理念,深化改革开放,着力构建有活力、高水平、深层次、宽领域开放体系。主动融入"一带一路"战略,积极推进内陆开放型经济试验区和开放大通道、大环境建设,主动寻求与中东部发达地区开展合作,加快建设一批特色鲜明、功能各异的专业园区和园中园。加快完善园区基础设施,建立完善园区配套服务保障体系,夯实产业发展基础,打造服务到位、功能齐全、承载能力强的低成本园区。坚持"引进来"和"走出去",大力开展"三争双招"活动,提升借力发展能力。加快供给侧结构性改革,全面落实"三去一降一补"五大任务,鼓励市场主体通过科技、产品和商业模式创新,提高供给质量和效益,扩大新产品和服务有效供给。推进"放管服"改革和"互联网+政务服务",加强"两个清单"动态管理,加快政府职能转变,提供高效便民服务。深化农村综合改革,为全国农村改革提供可复制、可推广的经验和模式,打造全国农村改革典范,统筹推进其他领域改革。

（二）坚持创新发展，加快推进富裕平罗建设。

始终坚持把创新驱动作为推动产业转型升级的重要引擎，助推三次产业融合发展和结构优化，全力打造平罗经济升级版。助推工业转型升级，大力实施升级改造、增量培育、龙头带动、主动减量"四大工程"，提高传统产业集群化和行业竞争力，培育新兴产业成为新的经济增长极，构建产业特色鲜明、辐射带动力强的"4+4"产业集群和高端高效特色产业新体系。助推农业提质增效，坚持走"一特三高"⑬发展路子，实施科技园区示范、产业化提升、社会化服务提升、耕地质量提升"四大工程"，推动"一优四特"产业向绿色、精品、高端发展，打造全区优质粮基地、制种之乡、肉羊之乡、蔬菜之乡、水产之乡，加快构建集生产、加工和服务为一体的现代农业产业体系、生产体系、经营体系，着力提高农业发展质量和竞争力，加快由农业大县向农业强县转变。助推服务业扩规提档，实施商贸物流提升、全域旅游开发、电子商务突破"三大工程"，积极发展各类物流和城乡配送，培育发展有特色、上规模区域物流中心，推进商贸物流业集聚发展。围绕自治区"一核、两带、三廊、七板块"全域旅游空间布局和"百点支撑"全域旅游形态，充分利用沙湖的资源禀赋和品牌效应，加快推进全域旅游示范县建设。借助农村电子商务及"互联网+"等平台，推进传统产业与互联网深度融合发展。到2021年，三次产业结构比重调整为13:55:32。

（三）坚持共享发展，加快推进和谐平罗建设

坚持顺应人民群众新期待，大力实施共建共享战略，推动民生由保基本向提质量转变。坚决打赢脱贫攻坚战，确保建档立卡贫困户全部脱贫，3个贫困村全部销号。实施就业优先、大众创业、农民增收行动，建立健全城乡居民收入较快增长机制。完善覆盖城乡的社会保障、社区服务、公共就业和社会救助"四大体系"，不断提高社会保障水平。发挥平罗中学品牌效应，持续加大教育投入，合理布局优质教育资源，加快推进教育信息化发展，深入推进学前教育规范化、义务教育均衡化、高中教育优质化、职业教育品牌化，促进教育公平和质量提升。落实《"健康中国2030"规划纲要》，实施健康平罗工程，抓好县级公立医院综合改革，构建安全便捷公共卫生服务体系。巩固国家公共文化服务体系示范区创建成果，实施文化惠民工程，丰富群众精神文化生活。加强和创新社会治理，健全公共安全防控和保障体系，推进社会信用体系建设，加快法治政府、法治社会一体化建设。持续发展民族团结进步事业，巩固民族团结、宗教和顺、社会稳定的大好局面。

（四）坚持绿色发展，加快推进美丽平罗建设

牢固树立绿色发展理念，扎实推进空间规划（多规合一）改革和新型城镇化综合改革，促进城乡一体协调发展。按照"提升东城、繁荣西区、同步推进、融合互动"总体要求，统筹历史文化、地域风情、民族特色等元素，提升乡设计、建设、管理和经营水平，优化县城地上地下空间布局，配套完善基础设施，打造设施齐全、功能完备、主题鲜明的特色街区。实施城乡水系连通工程，加快建设海绵城市。严格落实镇村体系规划，继续抓好特色小城镇、美丽村庄示范点建

设。推动城市管理和城镇公共服务向农村延伸，促进城乡管理同质提升。实行最严格的资源环境保护制度，把生态环保纳入制度化、法治化轨道，持续开展生态林网建设，全面落实大气、水、土壤污染防治计划，推进企业循环生产、产业循环闭合、园区循环改造，打造国家循环化发展示范县和全国新型城镇化典范。

（五）坚持协调发展，确保全面建成小康社会

坚持用协调发展理念，统筹推进县级小康社会5大类25项考核指标全部达标，全面建成小康社会。根据统计初步测算，2015年我县小康综合指数为81.9%，11项指标实现程度达到100%，7项指标实现程度在75%~100%，七项指标实现程度在75%以下，其中：三项指标实现程度低于60%。全面完成小康考核指标的艰巨任务促使我们咬定目标不放松，抓住关键环节，明确工作重点，建立全面小康社会年度监测机制，全面巩固基层民主参选率、城乡居民人均住房面积、农村自来水普及率、城乡生活垃圾无害化处理率等11项指标，坚决不能下滑。着力提升人均GDP、基本社会保险覆盖率、人均地方公共财政预算收入、卫生发展指数等7项指标，力促提前达标。奋力攻坚人均公共文化财政支出、城乡居民收入比、第三产业增加值占GDP比重、城市空气质量达标率等7项指标，确保按期达标，全面完成各项指标任务，努力让小康福祉惠及全县各族群众。

立足当前：真抓实干，全力实现开局良好

2017年，是承上启下的关键之年。做好全年工作，对新一届政府工作起好步、开好局具有重要意义。全年工作主要预期目标是：地区生产总值增长7.5%，其中：一产增长5%以上，二产增长8.5%以上，三产增长6%以上；固定资产投资增长10%以上，财政收入增长与经济增长同步，城乡居民人均可支配收入分别增长8%和9%左右。

（一）强化项目支撑，扩大有效投资，增强发展新动力

坚持发挥项目投资对稳定经济增长的关键作用，组织实施一批补短板、促转型、扩投资、惠民生项目，为打造平罗经济升级版提供发展新动力。

强力推进项目建设。把项目储备和建设作为保投资、稳增长、增后劲的重要支撑。围绕产业转型升级、产品结构优化、创新能力提升、基础设施完善等内容，抢抓扩大开放、政策调整等机遇，谋划、储备、申报一批利长远、打基础的好项目，争取更多项目列入国家、自治区、市资金扶持项目库，强化项目和资金支持，全力推进重点项目建设。严格落实领导包抓、部门帮扶、督查问责等制度，积极协调解决项目审批、供电、用地等问题，确保项目按计划落地开工、投产达效。重点抓好大唐火电、大地轮胎二期等重大项目建设，力促华泰农瓜菜产业园、天源复藏草畜一体化等农业项目提质增效，松海盛华枸杞葡萄籽加工、参进宁宇达硅锰矿热炉等工业项目投产达效，西线景观廊道、中阿物流园等服务业项目加速推进，惠民生态健身公园、银北医养结合养老院等民生项目建成投用，天华纺织、中钢产业园等项目落地开工。

强力推进招商引资。瞄准装备制造、文化旅

游、现代物流等特色产业配套协作、规模扩张、拓展空间等趋向,推动招商工作实现新突破。主动走出去,开展组团招商、小分队招商、节会招商,加强与京津冀、珠三角等重点区域行业领军企业或央企对接,推动企业间产能合作或实施产业联盟,实现优势互补,加快形成产业集聚效应。积极引进来,开展以商招商、产业招商、企业招商,鼓励支持本地骨干、优势企业通过招商新上技改扩建项目,加快形成新的经济增长点。主动联系对接,加强协调服务,力促中加化工产业园、河北路坤环保汽车等重点意向性项目早日落地。借助全国工商联助推宁夏创新发展大会平台,推进企业间经贸合作,扩大有效投资。力争全年储备招商项目投资额达270亿元,到位资金150亿元。紧盯国家、自治区"十三五"投资方向和重点领域,围绕基础设施、社会事业、产业培育、品牌建设、改革创新等领域,精心策划包装项目,积极争取更多政策和专项资金支持,力争全年落实各类资金40亿元。

强力推进金融创新。落实国家促进民间投资健康发展26条政策,探索建立多元投融资体制,推广运用PPP模式[14],推动地方政府与央企或区内外知名企业合作共建。引导社会资本参与重大项目和公益事业建设,进一步优化投资结构,建成石嘴山生态经济开发区污水处理厂等项目。支持晟晏、吉元等企业通过私募债券、股权转让、合资合作、新三板上市等方式,加大与国内外各类经营实体开展合作,吸引外资和直接融资,多渠道破解融资难题。充分发挥国家专项基金撬动作用,用好助贷担保过桥基金,强化金融风险防控和处置,开展企业委托贷款和融资担保贷款。深化国地税征管体制改革,以"营改增"税制改革为契机,将企业新增不动产纳入抵扣范围,落实国家降低制造业增值税率等税收优惠政策,打通二三产抵扣链条,降低企业税费负担。

(二)着力调整结构,加快产业升级,提升发展新实力

坚持"转型升级、提质增效、扩规提档"产业发展导向,积极推进产业转型和结构调整,力促经济发展质量和效益提升。

加速工业转型升级。坚持工业强县战略不动摇,培育壮大"4+4"产业集群发展,着力构建新型工业体系。持续做优存量,实施升级改造工程。落实"百家企业技改行动"计划,把改造提升传统产业作为工业转型升级最直接、最有效的办法和途径,鼓励支持20家以上工业企业实施技改,重点抓好万顺硅锰矿热炉尾气综合利用、滨河供热站等项目建设,加快推动精细化工、特色冶金、碳基材料、能源电力四大传统产业集群化、全产业链发展。持续做大增量,实施培育增量工程。培育壮大新兴产业,重点抓好格瑞三期、昌隆高分子材料等项目推进,加快推动生物制药、新型煤化工、装备制造、轻工四大新兴产业向高端化、品牌化发展,年内新增进规入库企业5家以上。持续扶优培强,实施龙头带动工程。强化政策引导和资金扶持,鼓励企业开展自主创新,加强技术研发和成果应用,重点支持大地循环、晟晏能源、德信恒通、丽珠药业等优势企业做强做精,切实发挥示范带动作用,培育产值过亿元企业30家以上。实施主动减量工程。充分运用市场机制、经济手段和法治办法,倒逼电石、铁合金、煤炭等行业过剩产能化解和落后产能退出,置换出产能指标,支持龙头企业兼并

重组、集团化发展。力争规上工业增加值增长8.5%以上。

加速农业提质增效。坚持用工业化理念发展现代农业。实施科技园区示范工程。突出优质水稻品质提升,打造姚通路、周滨路两侧优质水稻示范园区,水稻面积稳定在1.07万公顷以上。突出制种产业提质扩面,打造以头闸、黄渠桥为核心的蔬菜制种示范园区,落实制种园区15个,制种面积稳定在1万公顷以上。突出草畜产业扩量增效,打造河东现代农业示范园区和河西优质清真牛羊肉示范园区,扩大牛羊养殖规模。突出设施和露地并重,打造河东沙漠瓜菜和沿109国道高端蔬菜示范园区,瓜菜面积稳定在1.27万公顷以上。突出生态水产名优特新,打造京藏高速两侧精养水产示范园区,水产面积稳定在6666.67公顷以上,力争"一优四特"产业比重达90%以上。实施产业化提升工程。积极推进土地规范流转和产业规模发展,加大农产品品牌培育力度,支持沙湖辣椒、华泰农、上海西繁、马兰花等龙头企业发展壮大。依托乐牧高仁、长湖实业等企业和田园风光、乡土文化等资源,推进农业与文化旅游产业融合,构建集种植、加工、营销、服务于一体的现代农业全产业链,农产品加工转化率达60%以上。实施社会化服务提升工程。积极培育家庭农场、专业大户、农民合作社等新型经营主体,支持开展联耕联种、土地托管、统防统治等专业化规模化服务,鼓励发展"家庭农场+社会化服务"经营模式,探索政府购买农业公益性服务机制,健全农业社会化服务体系。实施耕地质量提升工程。落实最严格的耕地保护制度,大力开展引黄灌区盐碱地改良、农业综合开发、高标准基本农田建设,启动河东总干渠项目,推广暗管、滴灌等排灌技术,发展高效节水农业,提高土地产出率和资源利用率。

加速三产扩规提档。以创建国家全域旅游示范县为引领,全面开展服务业提升行动,实现服务业发展提速、比重提高、水平提升。实施全域旅游产业强基工程,按照"一心两带三廊四区五镇"⑮发展格局,加快推进西线景观廊道、游客集散中心等项目建设,实施塞上江南博物馆、陶乐黄河大桥等景点亮化工程,完善沙湖、玉皇阁、庙庙湖等景区基础设施,开工建设旅游标识牌、停车场、充电桩、游客服务中心等,夯实全域旅游发展基础。全面落实全域旅游发展三年行动计划,依托沙湖5A级景区,积极与农垦集团开展合作,引进实力型旅游开发企业,着力推进瀚泉海等景点旅游资源综合开发,培育精品旅游线路,构建以沙湖、瀚泉海、惠民生态健身公园、唐徕渠—饮马湖市民休闲公园为节点的城市慢行系统,构建"大沙湖休闲度假板块"。盘活农村资产资源,重点实施陶乐休闲养生慢城市度假旅游基地、黄渠桥清真特色美食名镇、姚伏特色商贸旅游重镇和崇岗贺兰山文化小镇等项目,因地制宜发展休闲观光农业和乡村旅游,丰富旅游业态,规范旅游市场。组建文化旅游产业集团,推动景区开发、宣传营销、产业培育、服务体系建设等一体化。推进"旅游+"产业融合发展模式,强化政策扶持,激活商贸消费市场,做活阳光商业广场、沙湖水镇、汇融新天地等商业综合体,扩大红星美凯龙、宁夏国际皮革城等知名品牌消费影响力,打造以特色商贸、文化体验、购物娱乐、休闲旅游为主题的特色商贸街区,规范发展灵沙、宝丰等乡镇集贸市场,建成红崖子农贸市场,完善城乡商贸服务体系。加快中阿物流园建设,支持晟晏能源等企业建设铁路物流专线,依托天津港发展第三方物流,推进在本地分拨拣结算,加快现代物流业发展。实施"村村通"电商行动,引导特色产品开拓网上市场,带动电子商务在工业、商贸企业和大宗商品市场的应用。鼓励农村转移人口进城务工购房,控制新建商品房,扩大政府回购存量商品房,着力化解房地产库存,推动房地产业健康发展。鼓励支持健康养老、家政服务等新兴业态快速发展。

(三)深化改革开放,实施创新驱动,激发发展新活力

坚持问题和目标导向,以深化改革开放、扩大创新为突破口,推动供给侧结构性改革,向改革开放要活力,以创新增动力,持续培育发展新动能。

突出关键领域改革。着力抓好7项国家级改革试点,努力使农村综合改革走在全区全国前列。巩固扩大农村土地经营管理制度改革成果,拓展完善农村产权抵押贷款等机制。提升农村产权流转交易市场功能,扩大交易范围。加快农村宅基地制度改革,健全农村产权自愿有偿退出和新增审批取得等制度,统筹做好农村集体土地征收制度改革、农村集体经营性建设用地入市制度改革。深化农村小型水利工程管理体制改革,做好林权、水权改革试点工作,努力形成更多可复制、可推广的"平罗经验"。全力推进新型城镇化改革试点,不断完善户籍管理、土地管理、公共服务等保障机制,促进农民进城落户并享受优质公共服务。全面推行"五证合一、一照一码"[16]登记制度,简化市场准入手续,加强事中事后监管,实现企业信用信息互通共享,促进企业投资便利化。继续开展不动产统一登记,加快推进国有林场、供销社、国有企业等改革。

全面推进科技创新。深入实施创新驱动战略,激发经济发展活力。推进体制创新,加强政府创新引导,探索建立科技投入稳定增长机制,设立科技成果转化引导基金,引导企业和社会增加科技创新投入,支持培育更多创新主体。推进产业创新,依托石嘴山生态经济开发区轻工产业园、现代装备制造产业园、精细化工产业园,大力发展农产品加工、装备制造、新型煤化工产业,推动产业创新集聚。推进技术创新,深化校(院)企合作,鼓励支持银晨太阳能、宁平碳素、滨河碳化硅等企业与各类院校联合建立研发中心、技术中心,不断增强科技研发和转化能力,推进科研成果在县域产业应用。落实高新技术企业扶持、创新后补助、高级人才引进等激励政策,引导企业自主研发或联合开发重点领域和关键技术攻坚,提升科技创新实力。加强企业家队伍建设,支持组建平罗企业家协会,培养创新型企业家。力争全年研发投入增长2个百分点,培育高新技术企业2家、科技型中小企业27家、自治区级企业技术创新中心6家,落实校(院)企合作项目38个。

着力优化开放平台。主动融入"一带一路"战略,推动经贸合作、人才培养、产业发展、园区共建等领域的对外开放。大力推动开放通道建设,加快京藏高速改扩建、石银高速连接线、国道244改扩建、红崖子黄河公路大桥等重大项目建设。优化园区产业定位。石嘴山生态经济开发区重点发展电石化工、生物制药、装备制造、农产品精深加工等产业,打造国家循环化改造

示范园区和优质绿色农产品精深加工基地。宁夏精细化工基地重点发展精细化工、特色冶金、新型煤化工、能源电力等产业,打造西电东送电源点和宁夏重要的煤化工基地。平罗煤炭集中区充分利用"太西煤"资源,大力发展高附加值环保型煤、石墨电极、石墨烯等新材料,打造西部地区重要的碳基材料精深加工区。依据园区发展定位和总体规划,编制基础设施、产业布局等专项规划。积极争取专项资金和政策,加快完善水、路、电、气等基础设施,依托大唐火电电力优势,合理安排上下游产业就近布局,促进关联产业就近入园,为打造低成本园区创造条件。实施石嘴山生态经济开发区热电联产集中供热、供排水管网、污水处理厂及道路亮化等项目建设。加快宁夏精细化工基地土地平整二期、道路、黄河水厂等项目建设,建成污水处理厂等设施。规范发展煤炭交易市场,持续改善园区生态环境,提升承载服务能力。探索园区管理体制改革,规范职能和机构设置,畅通审批绿色通道,优化投资环境。执行建设用地标准控制制度,盘活存量用地和低效用地,提高土地利用效率。

(四)注重协调发展,统筹城乡建设,挖掘发展新潜力

坚持规划引领,全面推进新型城镇化综合改革试点,大力推动城乡发展一体化进程。

提升城市功能。全面完成空间规划(多规合一)改革试点任务,按照"一城四镇、一轴一廊、东西生态"⑰空间发展格局,统筹经济发展、土地利用、城乡建设、环境保护等专项规划,编制完成县级空间规划,严格建设用地空间管制,强化城乡建设用地"三界四区"⑱管理,做到一张蓝图绘到底、一个规划管全局。坚持完善城市功能与宜居宜业相结合,打造美丽县城。加快改造东城,完成和平八队、玉皇阁市场沿怀通街段等3个片区523户改造工程,实施古城新苑、四中南侧片区等14个老旧小区节能改造,规划建设生态小游园5个、早市及停车场3个,启动水、电、气、暖、通讯等综合管廊建设,推进生活垃圾无害化处理、天然气户户通等项目建设,切实改善老城区人居环境。着力完善西区,启用公共服务中心、社会保障大楼,打造景观小游园5个,建成保字路、文昌路等道路,打通萧公大街南延伸段、永安东路西延伸段等断头路,增强西区服务和保障能力。加强城市精细化管理,深入开展城市管理提升年活动,实施公共服务设施、市民休闲广场、特色街区等亮化提升工程,打造2~3三条功能完善、风格迥异的特色街区,推进智慧政务、智慧治安、智慧城管、智慧医疗等领域信息共享,规范小区物业管理,加快智慧城市建设。开展城市环境集中治理,继续实施爱国卫生日全民行动,巩固自治区文明县城、卫生县城创建成果。

建设美丽乡村。加大农村人居环境治理力度,严格落实镇村规划体系,继续实施"八大工程",加快美丽乡村建设。重点实施陶乐特色小城镇建设,巩固提升宝丰、灵沙小城镇建设成果,完善集中供暖、垃圾回收、厕所改造等基础设施,实施国道109黄渠桥段改线等道路工程,探索农村垃圾处理设施第三方服务模式,建立长效保洁机制,确保85%以上的行政村生活垃圾实现有效处理。推进宝丰镇新渠村、姚伏镇沙渠村等4个美丽村庄改造,着力抓好中心村巷道硬化、上下水、绿化亮化、电网改造等配套建设。完成300户农村危房改造任务,保障困难群

众居住安全。支持姚伏、高仁等乡镇培育壮大特色农业、优势产业，鼓励头闸、宝丰等乡镇深入挖掘本地特色，培育以地域文化、商贸集镇等为特点的特色乡镇。

优化生态环境。围绕打造引黄灌区平原绿洲生态区，着力做实造林绿化、水系优化、城市美化"三篇文章"，巩固国家园林县城创建成果。大力加强绿色屏障建设，实施农田生态保护、灌区绿网、湿地保护恢复、天然林保护等重点生态林业工程，组织实施城关镇关渠村和农牧场闲置土地以育代植、国道109等主干道路补植补造，广泛开展绿色进社区、进校园、进企业、进园区活动，完成造林面积4100亩。启动"蓝天碧水·绿色城乡"三年行动计划，开展大气、水、土壤污染协同防治，严格落实重点行业、企业污染减排任务，严禁秸秆焚烧。实施生活垃圾填埋场二期工程，推进县城与园区集中供暖。落实最严格水资源管理制度，编制县域饮用水源地中长期规划，合理配置水资源。提标改造第二污水厂，狠抓工业污水无害化处理，完成威镇湖截流净化工程建设，有效提升三排水质。开展土壤环境质量调查，加快污泥处理设施建设，推进"四尘"[19]同治。加强森林、水系、湿地、草原等核心生态区域保护，启动县城南域湖泊水系连通工程，规划建设五湖四海公园，加强天河湾、瀚泉海、镇朔湖等湿地资源及城乡饮用水源地保护，增强水源涵养功能。严格落实生态环境损害责任追究和赔偿制度，完善环境预测、监管、查处机制，加强环境保护协调执法检查，持续改善生态环境，巩固提升中央第八环境保护督察组督察整改成果，让天蓝、地绿、水美成为常态。

（五）顺应群众期待，加快民生改善，凝聚发展新合力

牢固树立共享发展理念，持续加大民生投入，努力让全县人民有更稳定的工作、更满意的收入、更可靠的社会保障。

坚决完成脱贫攻坚任务。按照"一户一业、一户一策"精准扶贫到户到人的要求，集中力量精准扶贫、精准脱贫。大力夯实贫困村农业基础设施，投资1.15亿元实施万亩沙荒地资源开发、黄土梁泵站扩容改造、庙庙湖B区7500亩黄土压沙和80万立方米调蓄补灌水库等项目。依托天源馥藏、华泰农等种养园区，建立完善龙头企业、专业合作社与贫困户利益联结机制，认真落实扶持产业发展政策措施"20条"，支持移民发展特色种养业，增强移民自我脱贫能力。用好用活互助资金和风险补偿金，创新"征信+信贷"金融扶贫模式，解决建档立卡贫困户发展资金需求问题。推动贫困人口就业技能培训实现全覆盖，开展建档立卡贫困人口"五进"[20]就业活动，加快实施"双到"和小额信贷等项目，帮助支持贫困户创业就业脱贫。加大教育扶贫力度，免除建档立卡贫困户普通高中生学费，支持宁夏卫校、平罗职教中心优先招收贫困家庭学生，对全县建档立卡贫困家庭子女实行费用补贴。健全兜底脱贫政策，对因病因灾致贫返贫户提供医疗救助保障，把丧失劳动能力的建档立卡贫困人口全部纳入最低生活保障，提高低保线，实现低保、贫困"两线合一"，确保贫困人口应保尽保。鼓励支持民营企业、社会组织、个人参与社会救济和社会互助、志愿服务活动，广泛凝聚社会力量推动脱贫攻坚，年内至少实现5000人脱贫。全面完成"十三五"328户1590人

易地搬迁安置任务。

力促公共服务均等化。把人民健康放在优先发展的战略地位，大力推进健康平罗建设，努力提供全生命周期的卫生与健康服务。全面推进县级公立医院综合改革，完善医疗信息化建设，强化医疗、医保、医药三医联动，破除以药补医机制，健全分级诊疗、双向转诊和医师多点执业制度。鼓励支持社会办医，建立完善现代医疗服务体系。扎实推进国家健康促进县创建，深入开展12类52项基本公共卫生服务，实施红崖子、高庄卫生院改扩建工程，更加重视少年儿童健康，加大财政投入，实现农村在校生营养早餐全覆盖。改革完善计划生育服务管理，全县人口出生率控制在11‰以下，出生政策符合率95%以上。深入实施学前教育三年行动计划，巩固提升义务教育均衡发展水平，完成崇岗九年制学校搬迁，建成头闸中心幼儿园和庙庙湖幼儿园，加快推进集实训基地、特色专业、精品课程等为一体的现代职业教育发展。举办全县全民健身运动会，全力备战自治区第十五届全民运动会。深入开展"书香平罗·全民阅读"系列活动，开展书香机关、书香家庭、书香校园、书香企业、书香社区、书香乡村等活动，使全民阅读覆盖各个社会阶层。建成5500平方米图书馆，完成泥哇呜非物质文化遗产传承保护基地建设。广泛开展文化下乡、广场文艺演出等群众性精神文化活动，鼓励支持文艺精品创作，对优秀作品加大奖励，开展第五届道德模范评选，用先进典型引领社会主义核心价值观建设，打牢全民文化自信基础。

狠抓城乡居民收入增长。细化落实《关于激发重点群体活力带动城乡居民增收的实施意见》，对技能人才、新型职业农民、小微创业者、基层干部队伍等七大重点群体，实施有针对性的激励计划，带动城乡居民实现总体增收。建立健全政府扶持、技能培训、就业服务"三位一体"机制，通过政府购买公益性岗位、援企稳岗等途径，创造更多就业岗位，促进群众充分就业，城镇登记失业率控制在4.5%以内。推动校企合作，开展定向定岗定员培训，着力培养维修、制造、护理、药剂等专业技术人才，依托大学生创业孵化园、众力科技产业园、创客大厦等载体，鼓励支持高校毕业生、新生代农民工、城镇困难人员、退役军人等群体自主创业，促进多渠道就业，带动居民增收。落实政策性农业保险等各项强农惠农富农政策，充分挖掘农业增收潜能，有效增加农民经营性收入。推行合作社、资产入股等模式，盘活土地等资产，增加农民财产性收入。出台鼓励农民进城政策措施，推动农村劳动力向二、三产业和城镇转移，增加农民工资性收入。

强化社会保障体系建设。全面完成"五险合一"②经办体制改革，推进全民参保登记，完成建筑领域农民工参加工伤保险"同舟计划"任务，落实被征地农民养老保险和新征地"先保后征"政策，努力解决好人民群众后顾之忧。统筹城乡最低生活保障对象等特困人员供养制度和救助制度，健全农村留守儿童、老人、妇女和残疾人关爱机制，建成残疾人托养中心和光荣院。继续完善养老服务体系，实施中心敬老院改扩建项目，建成城乡养老服务照料中心2个。支持民营资本兴办养老服务机构，推动医疗卫生和养老服务融合发展，银北养老院建成投用，努力满足多样化养老服务需求。实行工程款与农民工工资分账管理，严格落实农民工工资保证金和银行代发农民工工资等制度，严厉打击各类恶意欠薪和恶意讨薪行为,切实保障农民工和企业合法权益。

深化平安平罗建设。牢固树立安全发展理念,健全公共安全体系。创新社会治安综合治理机制,加快构建以信息化为支撑的立体化社会治安防控体系,加强特殊群体服务管理和网络安全与舆情监管引导,依法惩治和严厉打击违法犯罪行为,坚决打赢人民禁毒战争。严格落实安全生产"党政同责、一岗双责、失职追责",完善企业安全风险防控和应急救援体系,坚决遏制较大以上安全事故发生。健全食品药品、农产品无缝监管体系和安全责任追溯机制,全面推行餐饮业"明厨亮灶"和后厨远程监控,增强人民群众安全感。深入推进"七五"普法,扎实开展依法治理,健全社会法律服务体系,营造尊法学法守法用法良好法治环境。深入推进信访工作规范化建设,落实领导干部接访、下访、包案化解等制度,开展信访"五无"乡镇(部门)和"无访村(社区)"创建活动,畅通群众正常诉求表达渠道,依法处置扰乱信访秩序的人和事,严厉打击非法上访、骗保医闹等行为。提升城乡网格化管理、社会化服务水平,发挥乡规民约的积极作用,提高基层自治能力,扎实开展社会信用体系建设、和谐家庭创建,深入开展民族团结进步创建活动,依法加强宗教事务管理,规范清真标识,防止"清真"概念泛化,巩固发展民族团结、宗教和顺、社会和谐的大好局面。

不忘初心:恪尽职守,建设人民满意政府

面对异常艰巨的改革发展稳定任务,我们要牢固树立"弯道超车"意识,发扬负重拼搏的精神,牢记使命,不忘初心,把全面建成小康社会使命扛在肩上,把万家忧乐放在心头,扎实推进政府自身建设。

强化责任担当,努力建设责任政府。深入开展"不忘初心、继续前进,走好新的长征路"主题活动,教育领导干部强化宗旨意识、责任意识、担当意识,牢记责任重于泰山、使命高于一切,始终做到守土有责、守土负责、守土尽责,用担当的行动诠释对党和人民的忠诚。健全完善领导干部履职尽责监管机制,加强责任清单落实管理,深化领导干部经济责任审计,突出一把手和重要岗位干部履职监督,认真落实提醒、函询、诫勉制度,全方位压紧压实责任。巩固"两学一做"学习教育成果,健全激励机制和容错纠错机制,为干事担当者撑腰鼓劲,激发各级干部干事创业激情,鼓励支持干部面对任务敢于担当、面对矛盾挺身而出、面对难题想方设法,以强烈的责任感奋发有为、干事创业。

坚持依法行政,努力建设法治政府。牢固树立法治意识,坚持将政府工作全面纳入法治轨道,建立领导干部学法用法常态化机制,自觉运用法治思维和法治手段推动工作。加强"两个清单"动态管理,做到"清单之内必尽责,清单之外无职权",推进政府依法履职和服务群众。强化决策法定程序刚性约束,认真落实行政决策规则,抓好信息公开、决策公开、程序公开,切实规范行政权力运行。大力推行政府法律顾问团参与信访接待、招商引资、现场调研等活动,为政府依法决策提供法律服务。探索建立"互联网+"政府监管机制,推行综合监管模式,增强监管实效性。严格执行县人大及其常委会决议决定,依法接受其法律监督和工作监督,积极支持

县政协参政议政，自觉接受其民主监督。主动接受社会监督和媒体监督，及时回应社会关切，切实提高依法行政水平。

加强廉政建设，努力建设清廉政府。始终把纪律和规矩挺在前面，严格执行廉洁自律准则和纪律处分条例及问责条例，强化党纪法规威慑力和约束力，确保各项纪律规矩真正成为刚性约束。认真落实党风廉政建设"党政同责、一岗双责"，推动廉洁教育经常化，让领导干部时刻心存敬畏、手握戒尺。严格贯彻中央八项规定和自治区、市、县若干规定，牢固树立过紧日子的思想，严控行政经费和一般性支出，真正把财政资金用到发展最需要、群众最受益的地方。加大财政监管、审计监督和行政监察力度，加强重点领域、关键环节、重要节点及重大资金使用的监督检查，确保资金安全使用。强化权力运行制约和监督，严肃查处违纪违法行为和腐败案件，确保干部清正、政府清廉、政治清明。

持续优化环境，努力建设效能政府。深化"简政放权、放管结合、优化服务"改革，完善提升"政务云"平台，提高行政审批效率，最大限度减少审批事项、简化审批环节、优化审批流程，方便群众、企业办事。鼓励支持中介机构发展，提升社会服务功能。推进乡镇"两个中心"、96110民生服务中心规范化建设，优化城乡社区网格化服务管理，深化星级和谐社区创建，下放能够在基层办理的服务事项，落实"权随事走、费随事转"。持续改进作风，大力推行一线工作法，强化领导干部包抓责任制落实，深入一线，靠前指挥、现场办公、化解矛盾、解决问题。加强学习实践，提升素质能力，强化督查问责和绩效考核，整肃庸政懒政怠政行为，确保政令畅通、政策落地、执行有效。

各位代表，困难和挑战考验着我们，责任和使命激励着我们，让我们在县委的坚强领导下，大力弘扬"不到长城非好汉"的精神，紧紧依靠全县人民，以更加饱满的热情、更加昂扬的斗志、更加务实的作风，团结拼搏，锐意进取，苦干实干，为全面建成小康社会、加快建设开放富裕和谐美丽平罗而努力奋斗！

名词解释

①"4+4"产业：精细化工、特色冶金、碳基材料、能源电力四大传统产业，生物制药、新型煤化工、装备制造、轻工四大新兴产业。

②专精特新：专业化、精细化、特色化、新颖化。

③"一优四特"产业：优质粮食和制种、草畜、瓜菜、生态水产产业。

④一带三路：河东地区以草畜一体化、沙漠瓜菜、休闲观光为重点的现代农业产业带，滨河大道两侧优质水稻、优质清真牛羊肉产业带，109国道两侧蔬菜制种、高端蔬菜产业带，京藏高速公路两侧生态水产产业带。

⑤僵尸企业：已停产、半停产、连年亏损、资不抵债，主要靠政府补贴和银行续贷维持经营的企业。

⑥"五大十特"园区：五大：宁东能源化工基地、银川经济技术开发区、石嘴山陆港经济区、中卫工业园区和太阳山工业园区；十特：灵武羊绒、永宁生物制药、平罗循环经济、青铜峡新材料、中宁冶金、石嘴山机械装备、固原特色农产品加工和盐化工循环经济扶贫示范等特色园区。

⑦两权：农村土地承包经营权和农民住房财产权。

⑧四项脱贫计划：产业带动脱贫计划、就业脱贫计划、自主创业脱贫计划、社会保障脱贫计划。

⑨五个助力行动：基础设施助力行动、金融扶贫助力行动、教育扶贫助力行动、社会帮扶助力行动、素质提升助力行动。

⑩四下降一好转：信访总量明显下降、集体上访量明显下降、重信重访率明显下降、进京非正常上访量大幅度下降、信访秩序进一步好转。

⑪政务云：运用云计算技术搭建的政务服务平台，以此为依托优化整合政府管理和服务职能，实现政府各部门信息互联互通，提高行政服务效率。

⑫三个着力：着力推进经济持续健康发展、着力保持社会和谐稳定、着力巩固和发展党的执政基础。

⑬一特三高：特色产业、高品质、高端市场、高效益。

⑭PPP模式：即公私合作模式，在该模式下，鼓励私营企业、民营资本与政府合作，参与公共基础设施建设。

⑮一心两带三廊四区五镇：大沙湖生态休闲度假核心区，滨河黄金休憩带（沿滨河大道）、健身休闲观光带（沿城滨大道），黄河生态文化旅游长廊（沿244国道）、历史文化体验长廊（沿110国道）、生态农业观光长廊（沿109国道），历史文化探秘区（110国道及西贺兰山区域）、塞上江南体验区（110国道以东、109国道以西区域）、特色农业生态旅游区（109国道以东、滨河大道以西区域）、黄河大漠观光体验区（滨河大道以东区域），陶乐、黄渠桥、姚伏、崇岗、灵沙五个特色旅游乡镇。

⑯五证合一、一照一码：营业执照的注册号、组织机构代码证号、税务登记证号、统计证号及社保登记证号统一为一个登记码，标注在营业执照上。

⑰一城四镇、一轴一廊、东西生态：构建大县城，提升县城的核心服务功能；强化姚伏、崇岗、陶乐、黄渠桥四个重点镇，打造新的增长极；以山水大道为主轴，依托石嘴山生态经济开发区、平罗煤炭集中区、平罗县城、石嘴山火车站，推进与大武口城区产业、基础设施、生态环境和公共服务一体化，使山水大道轴带成为平罗产业转型升级、提升经济实力的发展轴；以黄河为走廊，依托宁夏精细化工基地、陶乐镇、红崖子乡、高仁乡，改扩建平罗—银川滨河新区203省道一级公路，推进与银川滨河新区、银川综合保税区无缝对接，将其建成为观光休闲农业带、招商引资隆起带，黄河文化旅游带，把平罗沿黄走廊建成为对外开放金走廊；以黄河两岸和贺兰山东麓为主体，构建东西生态走廊，即东部的平罗段黄河生态走廊和惠农—盐池防沙治沙生态走廊，西部的平罗段贺兰山—沙坡头防沙治沙生态走廊。

⑱三界四区：规划边界、扩展边界、禁建边界，允许建设区、有条件建设区、禁止建设区、限制建设区。

⑲四尘：煤尘、烟尘、汽尘、扬尘。

⑳五进：进工厂、进工地、进商场、进家政、进餐馆。

㉑五险合一：城镇职工基本养老保险、城镇职工医疗保险、失业保险、工伤保险和生育保险五项保险（统称"社会保险"）实行统一登记、统一基数、统一征缴和统一稽核。

平罗县人大常委会工作报告

——在平罗县第十七届人民代表大会第一次会议上

县人大常委会主任 马长青

(2016年10月31日)

各位代表：

我受县第十六届人民代表大会常务委员会委托，向大会报告工作，请审议。并请列席会议的同志提出意见。

县十六届人大常委会工作回顾

四年来，县第十六届人大常委会在县委的坚强领导和区市人大的精心指导下，坚持以改革创新精神推动新时期人大工作，坚持党的领导、人民当家做主和依法治国有机统一，认真履行宪法法律赋予的职责，圆满完成了各项工作任务，较好地发挥了地方国家权力机关的作用，为加强民主法制建设、促进全县经济社会健康平稳发展做出了积极贡献。

一、坚持服务大局，全力推动经济健康发展

过去四年，全县经济工作面临艰巨的挑战，是近年来经济下行压力最大的四年。面对严峻复杂的形势，常委会牢固树立大局意识，坚持把推进经济平稳健康发展作为首要任务，抓住关键环节，注重监督实效，在履职尽责中发挥重要推动作用。

加强计划预算监督。常委会每年听取和审议县人民政府国民经济和社会发展计划执行情况的报告、财政决算及预算执行情况的报告、县本级预算执行及其他财政收支情况的审计工作报告，及时做出决议，确保保增长工作扎实推进，财政预算更加科学规范。对审计查出问题整改情况进行跟踪监督，听取县人民政府处理结果报告，推动审计查出问题得到及时纠正。审查批准地方政府债券资金安排、超收收入支出和预备费动用方案，有力保障了全县重点工程项目建设资金需求。率先在全区成立县级人大常委会财政预决算审查咨询委员会，强化对政府全口径预决算的审查监督，实现了预决算审查监督由程序性向实质性转变。加强对"十二五"规划完成及"十三五"规划编制情况的监督，审查批准"十三五"规划。

促进产业转型升级。常委会紧紧围绕事关产业转型升级的重大问题，深入重点项目建设、大型骨干企业、农业特色产业、农业节水、商贸流通业和电子商务等领域进行视察调研，全面了解真实情况，客观指出存在问题，提出了加大招商引资力度、以增量优化促存量调整、大力发展新型特色产业等建议，并形成调研报告转交有关部门落实，为促进产业结构调整和转型升级做出积极努力。

推动农村综合改革。常委会持续关注农村综合改革试点工作，专题调研农村土地经营管理和农村宅基地制度改革推进情况，针对改革工作中存在的突出问题，提出意见建议，推动县人民政府加大政策扶持力度、编制完善村级土地利用总体规划、开展"两证合一"试点工作，切实保障农民合法权益，我县农村土地经营管理制度改革顺利通过国家中期验收，农村宅基地制度改革工作扎实推进。

二、深化法律监督，扎实推进依法治县进程

常委会认真贯彻依法治县方略，不断促进依法行政与公正司法，努力为经济社会健康发展营造良好的法治环境。

围绕依法行政开展监督。常委会组成人员深入乡镇和部分执法部门，分组调研全县依法行政工作，并听取和审议县人民政府关于推进依法行政工作情况的报告，从国家行政机关及其工作人员增强依法行政意识、提高行政效能、简化办事程序等方面提出意见建议，有效推动执法部门更好地服务经济社会发展。

围绕公正司法开展监督。常委会先后视察、调研全县禁毒工作，县人民法院刑事附带民事诉讼、执行工作、多元化纠纷解决机制改革运行、行政审判工作，县人民检察院民事行政检察、刑事诉讼监督、查办和预防职务犯罪、规范司法行为专项整治等工作，听取和审议"法检"两院工作报告，督促司法机关坚持法律效果和社会效果的统一，提高办案质量，公正司法，保护公民与法人的合法权益，为全县经济发展、社会和谐稳定提供强有力的司法保障。

围绕普法宣传开展监督。常委会坚持把全民普法守法作为推动法治建设的重要抓手，专题视察全县"六五"普法工作，认真听取和审议"六五"普法工作报告，建议县人民政府坚持效果至上，抓住重点人群，创新完善机制，实施精准普法，力求普法宣传教育取得实效。对全县实施"七五"普法规划及时做出决议，确保"七五"普法顺利开局。

围绕法律实施开展监督。常委会对事关人民群众切身利益的社会保险法、环境保护法、道路交通安全法、食品安全法等6部法律法规贯彻实施情况开展执法检查，针对检查中发现的问题提出意见建议，并在常委会上听取审议执法检查报告，抓好整改落实，促进了法律法规在全县的贯彻执行。

三、关注民生福祉，切实保障社会和谐稳定

常委会始终坚持民生优先、以人为本，把保障和改善民生摆到更加突出的位置，通过专题视察调研，推动民生问题得到有效落实和解决。

突出政府民生工程开展专项监督。加大对政府十项民生工程的监督力度，坚持把跟踪督办重点民生工程作为推动民生事业发展的重要抓手，紧盯工程施工进度，组织常委会组成人员和人大代表视察工程办理情况，及时指出民生实事办理过程中存在的问题，并跟踪问效，推动民生工程顺利实施。

着眼群众民生改善开展常规监督。积极回

应人民群众关切，先后对全县职业教育发展、县城住宅小区物业管理、老城区居民供热、水源地保护、义务教育均衡发展、村级民主治理、脱贫攻坚等工作开展视察、调研，听取相关工作报告，提出针对性较强的意见建议，督促政府完善增补措施，创造良好宜居环境，使群众在共建共享中提升幸福感。

针对百姓关注焦点开展询问监督。全面启动专题询问监督机制，将评议与询问两种监督方式相结合，与百姓心声"同频共振"，聚焦城乡居民养老保险、食品安全、安全生产等群众普遍关注的民生问题，先后对人社局、市场监管局、安监局等5个政府组成部门履行工作职责情况开展现场专题询问，抓住关键，问出要害和深度，并通过媒体进行报道，促进政府部门工作的改进提高和民生问题的有效解决。

四、依法任免干部，着力强化干部任后监督

常委会始终坚持党管干部与人大依法任免干部有机统一，严格任前了解情况、任后公开履职承诺和向宪法宣誓程序，干部任免工作更加科学、规范。四年来依法任命国家机关工作人员225名，并在通过任命后，组织向宪法庄严宣誓，新任命人员的宪法观念和责任意识得到强化。始终坚持将依法行使任免权与干部任后监督有机衔接，不断完善干部任后监督方式，把对"人"的监督融入对"事"的监督之中，全面了解被任命干部遵守宪法法律、贯彻县人大常委会决议决定、办理代表建议和履行职责等情况。先后对县水务局、教体局等6个部门履行工作职责情况开展评议，向社会公开评议全过程，及时将形成的评议意见反馈给被评议部门进行整改，适时听取整改落实情况报告，强化了被任命干部主动接受监督和依法行政意识，增强了干部任后监督的实效性。

五、突出履职尽责，积极搭建代表活动平台

常委会牢固树立代表主体意识，始终坚持把支持、保障、规范代表依法履职作为加强和改进代表工作的重要抓手，不断完善服务保障机制，进一步推进代表工作创新发展。

完善代表履职平台。率先在全区建成县级人大代表联络工作室。在全县2个工业园区、13个乡镇、部分村和社区建立68个"两代表一委员"联系群众工作室，并打造灵沙乡等代表工作室示范点，构建了县、乡、村（居）三级工作室网络，架起了"两代表一委员"了解社情民意的连心桥，促进群众反映的民生问题及时得到解决。扎实开展常委会组成人员联系代表、代表联系选民"双联"活动，倾听人民呼声，回应人民期待，取得了较好的效果。

开辟网络联系平台。改版扩容平罗人大网站，新增人大代表风采录、建议意见收集反馈和网络问政板块，开发了人大代表建议意见网上办理系统，及时受理转办代表和群众意见建议，探索建立闭会期间建议意见受理转办的新机制，拓宽了代表和群众反映社情民意的新渠道。

提高建议办理质量。研究出台了《代表议案和建议意见办理办法》，采取常委会领导领衔督办、"一府两院"分管领导领办、常委会各委办跟踪督办的工作机制，通过召开协调会、新闻媒体追踪报道等方式，努力提高议案和建议意见办理效果。四年来，常委会对人代会确定的137件议案和代表建议意见办理情况进行督办，保证议案和代表建议意见办理的时效和质量。特别是代表提出的关于解决农村学生上下学乘车、对县城东区进行整体改造、建设唐徕渠带状公园和在城区实施热电联产集中供热等议案，得到了较好的办理和落实。

六、加强自身建设，努力提高依法履职水平

常委会坚持与时俱进，把加强自身建设放在重要位置。深入开展党的群众路线教育实践活动、"三严三实""两学一做"主题教育，认真落实整改措施，贯彻中央八项规定，整治"四风"、不严不实等突出问题，加强改进干部作风。以提高依法履职能力和工作水平为目标，切实加强思想、组织、作风和制度建设，全面落实党风廉政建设责任制，从严从实抓好干部队伍。把深入开展"学习型、服务型、创新型、和谐型"机关创建活动作为改进机关作风的有效抓手，有力推动人大各项工作再上新水平。结合人大工作实际，修订了常委会审议意见办理办法。认真履行信访职责，完善了信访督办机制，一些事关群众切身利益的信访案件得到有效化解。认真开展包抓项目和包扶企业工作。密切与乡镇人大的联系，切实加强对乡镇人大工作的指导，支持和帮助乡镇人大提升履职能力。

县十六届人大常委会工作的主要体会

各位代表，四年的工作实践，使我们对坚持和完善人民代表大会制度、做好人大工作有了更加深刻的体会。

必须坚持党的领导，确保正确的政治方向。坚持党的领导是做好人大工作的基本原则和根本保证。常委会必须坚持围绕全县发展大局和县委决策部署思考问题、谋划工作，确定人大常委会工作思路和履职重点，主动支持大局、服务大局。坚持重大事项向县委请示汇报，自觉把人大工作置于县委领导之下，使人大工作的总体安排、部署能更好地体现县委要求，并通过法定程序变为全县人民的意志。实践证明，只有始终坚持正确的政治方向，紧紧依靠县委的坚强领导，人大工作才能有所作为、有所贡献。

必须坚持以人为本，大力促进民生改善。做好人大工作，要始终牢记尊重群众、依靠群众、深入群众，做到权为民所用、情为民所系、利为民所谋。常委会必须紧紧围绕人民群众关心关注和影响社会稳定的突出问题，通过视察调研、执法检查、工作评议等方式，依法督促相关部门破解各类民生问题，回应人民群众新期待。必须紧紧围绕保护人民民主权利和促进社会公平正义，高度重视人民群众来信来访，确保人民群众合法权益得到有效保护，社会公平正义得到有效维护。只有这样，人大行使职权才能有坚实的基础，人大工作才能赢得最广泛的信任和支持。

必须坚持代表主体地位，强化代表履职保障。人大代表是人民代表大会的主体。常委会必须努力提高代表素质，为代表依法充分履职奠定坚实的基础。必须通过加强与代表的联系，邀请代表列席常委会会议和参加常委会各类重大履职活动，经常向代表通报"一府两院"重要工作情况等，保证代表及时、全面地知情知政。必须切实做好代表议案、建议意见办理工作，充分发挥代表在管理国家和社会事务中的主体地位和作用。必须努力加强服务保障工作，建立健全代表履职档案，深入开展"双联"等活动，进一步激发代表的履职热情。

必须坚持与时俱进，探索创新工作方法。探索创新是人大工作不断前进和有所成就的有效途径和重要保障。只有坚持创新发展，人大工作才能形成合力，充满活力。县十六届人大常委会始终按照与时俱进的要求，结合自身工作实际，在强化监督、代表履职、常委会自身建设等方面注重研究新情况、积极探索新方式、及时总结新经验，创造性地开展工作评议、专题询问、财政预决算审查等工作，增强了常委会履职效果，积累了宝贵的工作经验，保持了人大工作旺盛的生机与活力。

各位代表，县人大常委会所取得的成绩，是县委正确领导的结果，是全体人大代表共同努力的结果，是"一府两院"密切配合的结果，是各乡（镇）和社会各界大力支持的结果。在这里，我代表县第十六届人大常委会，表示崇高的敬意和衷心的感谢！

在总结成绩的同时，我们也清醒地看到，常委会围绕中心服务大局意识还不强，监督工作的实效性还需进一步增强；代表作用发挥还不够，代表履职的内容和形式还需进一步拓展；对干部的任后监督还缺乏有力措施等。这些问题都需要我们在今后的工作中引起重视，认真解决。

对县十七届人大常委会工作的建议

新一届县人大常委会，要在县委的坚强领导下，以履行宪法法律赋予的职责为己任，以促进发展为主题，以保障民生为核心，以增强监督实效为抓手，坚持"四个全面"战略布局，牢固树立"五大发展"理念，不断加强人大自身建设，为推动平罗科学发展和民主法治建设做出新的更大贡献。

一、围绕发展大局，在大力服务经济建设上主动作为

要紧紧围绕推进县委重大决策部署的贯彻落实，把助推经济发展作为工作的重中之重，依法及时有效地行使各项法定职权，主动融入、积极作为。要聚焦经济领域、生态环境、资源保护和民生问题开展监督，特别要围绕县委确定的中心工作，围绕保增长、调结构、促转型工作，围绕脱贫攻坚、农村改革、全域旅游示范县等工作开展视察、调研，使人大工作围绕中心更紧密，服务大局更有效。对"十三五"规划实施进行跟踪监督，确保规划项目有序推进。深化财政工作监督，充分发挥财政预决算审查咨询委员会的作用，认真审查年度财政预决算，选择政府组成部门，对其预算编制、执行、调整等情况实施全过程监督。审查批准我县《县域空间规划》。

二、运用多种方式，在切实增强监督实效上主动作为

要进一步贯彻落实好监督法，围绕促进"一府两院"工作，创新监督机制，找准监督议题，注重工作成效。综合运用执法检查、听取工作报告、工作评议、视察调研、专题询问等方式，妥善处理好敢于监督与善于监督、依法监督与工作支持、加大监督力度与把握监督节奏的关系，既司监督之责，又尽支持之力，达到监督方式与监督效果的统一。要切实抓好审议意见落实，对执法检查、视察调研中发现的问题以及常委会审议提出的意见落实情况，加强跟踪问效，督促整改落实，努力增强监督的针对性和实效性。

三、密切联系群众，在着力促进民生改善上主动作为

密切联系群众是人大工作的必然要求。要

始终从维护和发展最广大人民群众的根本利益出发，把人民群众放在心中最高位置，依法推动民生问题得到落实和解决，努力让人民群众享受到更多的改革发展成果。要加大对政府民生工程的监督力度，把人民群众关注的就业、社保、教育、医疗、住房等重点难点问题纳入人大监督的重要内容，及时反映和督促解决人民群众的合理诉求，使人大工作更加符合人民群众的愿望。

四、强化代表履职，在充分发挥代表作用上主动作为

采取多种方式，加强对新一届人大代表的学习培训，努力提升代表政治和业务素质，增强代表履职的责任感和使命感。健全完善各项制度，积极探索保障和服务代表依法履职的有效途径，丰富代表联络工作室的活动，搭建更加有利于代表作用发挥的平台。加强对闭会期间代表活动的组织和指导，深化"双联"活动，增强代表主体意识，更好地发挥人大代表在推进经济社会发展中的重要作用。认真抓好代表建议意见督办工作，及时掌握代表建议意见的办理进度，督促代表建议意见办理工作的有效落实。

五、完善任免机制，在强化干部履职尽责上主动作为

要依法做好干部任免工作，始终坚持党管干部的原则，正确处理党委推荐与人大及其常委会依法选举、任免干部的关系。创新干部监督机制，强化干部权力运行监督，加强对常委会任命的国家机关工作人员遵守宪法法律、履行职责、勤政廉洁情况的监督，了解干部的工作业绩和存在问题，督促任命干部运用好手中的权力。坚持常委会任命干部向宪法宣誓和履职承诺制，积极开展政府部门工作评议，切实使干部任后监督刚性化、常态化、制度化。

六、加强自身建设，在着力提升履职能力上主动作为

要着眼于主动适应新形势、新任务和新要求，从严从实抓好机关队伍建设，不断提高服务质量和工作水平。注重工作的规范性和实效性，进一步建立健全适应新常态、体现地方国家权力机关特点的运行和管理机制，促进人大工作在创新中发展、在完善中提高。密切联系群众，深入开展调查研究，听民声、察民情、解民困。深入开展"学习型、服务型、创新型、和谐型"人大机关创建活动，推动机关作风建设。从健全工作制度、规范运行机制、提高履职能力入手，全面提升乡镇人大工作水平。

各位代表，今后五年，是全面实施"十三五"规划的重要时期，也是决胜全面建成小康社会的关键时期。让我们在县委的坚强领导下，始终把坚持和完善人民代表大会制度作为光荣使命，进一步增强做好人大工作的责任感和使命感，认真行使好重大事项决定权、监督权和人事任免权，切实把握人大工作的规律和特点，坚定信心，与时俱进，恪尽职守，依法履职，为加快建设开放富裕和谐美丽平罗而努力奋斗！

中国人民政治协商会议平罗县第十届委员会常务委员会工作报告

——在政协平罗县十一届一次会议上

政协平罗县委员会党组书记 毛精明

（2016年10月29日）

各位委员、同志们：

我受政协平罗县第十届委员会常务委员会委托，向大会报告工作，请审议。并请列席会议的同志提出意见。

十届政协工作回顾

政协平罗县第十届委员会任期的四年，是平罗县应对复杂多变宏观经济形势严峻挑战、向着全面建成小康社会目标奋力前行的四年，也是平罗县民主政治建设全面推进，人民政协事业深入发展的四年。四年来，区、市党委、政府、政协和县委、政府对我县政协工作高度重视、大力支持，自治区政协主席齐同生亲自联系平罗，多次深入基层、讲党课、办实事、解难题；市委、政府、政协领导经常深入我县开展政协调研、指导政协工作；县委、政府主要领导亲自联系政协、专题研究工作、领衔督办提案。这一切，使我们深受鼓舞，倍感振奋！

回顾过去的四年，在中共平罗县委的坚强领导和区、市政协的精心指导下，在县人民政府的大力支持和社会各界的密切配合下，县政协常委会牢牢把握团结和民主两大主题，组织带领政协各参加单位和广大委员，紧紧围绕全县中心工作，认真践行"亲民协政、为民履职"工作定位，扎实履行政治协商、民主监督、参政议政职能，齐心协力谋发展，尽心竭力惠民生，凝心聚力促和谐，为推动全县经济社会持续健康发展做出了重要贡献。

一、围绕中心，竭诚建言，政治协商富有成效

四年来，常委会认真贯彻《中共中央关于加强社会主义协商民主建设的意见》，紧紧围绕事关我县发展全局的重大问题制定协商计划，规范协商活动，提高协商实效。

全面协商广泛深入。全委会是政协最全面、最集中履行政治协商职能的重要形式。十届政协历次全委会，委员们都以分组讨论、撰写提案、反映社情民意、大会发言等形式，围绕县委、政府年度工作报告，以及全县经济、政治、文化、社会和生态文明建设中的热点、难点问题建言献策，共向县委、政府提出建设性意见建议300余条；组织开展了4次全委会大会发言，共提交发言材料94篇，许多发言一语中的、见解独到，引起与会人员共鸣，经办理落实后，对党政科学决策、部门改进工作，起到了积极推动作用。

专题协商成果丰硕。十届政协共召开常委会议27次，先后听取了全县经济运行形势、环保、综治、信访、保障性安居工程建设等12项工作情况通报；围绕社会化养老服务体系建设、物流业发展、农村集体"三资"管理、工业企业项目扶持资金使用情况、脱贫攻坚等11项课题，制定专题协商计划，组织政协委员深入调研、多方论证，形成了高质量的调研报告，县委、政府主要领导全部作了批示，大部分意见得到了落实。如，针对脱贫攻坚工作进行专题协商，提出"着力发展特色种养业，培育稳定增收的生产经营模式；着力解决就业创业问题，拓宽移民增收渠道"等建议，有关部门认真研究，结合移民实际，分别出台了产业扶持和就业创业扶持政策20条，为推进脱贫攻坚工作注入了活力。

重点协商效果明显。十届政协共召开主席会议29次，其中开展重点协商12次，收到明显效果。如，2014年对"平罗县城乡环境综合整治情况"进行重点协商，提出"进一步完善县城功能区划；加大公共环卫设施建设及资金投入力度；大力推进农村垃圾无害化处理；健全运行机制提供经费保障"等10余条建议，县委朱剑书记作出批示："问题很到位，建议转建设、财政、环保、各乡镇阅，建设牵头制订方案。"相关部门按照批示，提出了具体意见，落实了各项经费，配套了相关设施，推动了环境整治。

二、创新方式，多措并举，民主监督扎实有效

四年来，常委会积极践行俞正声主席提出的"要有计划、有目的、有载体地加强政协民主监督"要求，不断创新民主监督形式，将监督寓于专项视察、行风评议等经常性工作之中，使民主监督更加扎实有效。

以创新载体强化民主监督。积极组织政协委员参与"两代表一委员"活动，参与党政部门政务公开，参与电视问政、事业单位人员招聘、重点案件审理情况通报、干部考核测评、经济适用房公开摇号等活动，不断创新政协委员民主监督载体，使民主监督组织化程度不断提高，监督力度不断加大，监督渠道不断拓宽，监督效果不断提升。

以专项视察强化民主监督。围绕"三大转型""四个平罗"建设及民生实事组织视察，是十届政协的工作重点。四年来，组织政协各主席、常委和委员对创建自治区卫生县城、棚户区改造、食品安全、新型农业经营主体培育、妇女儿童"两纲规划"执行情况以及每年十件民生实事和提案办理情况等，开展视察42次，向县委、政府报送视察报告20余篇，提出意见建议100余条，全部得到整改落实。

以行风评议强化民主监督。在积极配合上级单位开展群众评议机关工作的同时，进一步创新民主监督机制，先后组织部分区、市、县政协委员、基层群众代表，对县法院、水务局和崇岗镇等9个单位进行了民主评议，充分肯定了取得成绩，认真查找了存在问题，明确提出了整改建议，并及时跟踪督查，有力促进了被评议单位工作落实、作风转变、能力提升。

三、服务大局，竭力尽智，参政议政有力有为

常委会在组织参与全县重点工作的同时，牢固树立精品意识、实效意识，充分运用提案、调研、反映社情民意等方式，倾心建言，参政议政，为推动全县改革发展贡献了力量。

积极参与中心工作。按照县委、政府安排，政协领导班子成员分别承担了全县重点工作督查、农村改革、包抓重点项目、招商引资等工作。每年牵头组织对全县农田水利建设等开展专项督查，促进了重点工作顺利落实。直接参与全县农村综合改革，七项国家级农村改革试点全面推进，农村土地经营管理制度改革创造了"平罗经验"，在全区推广、全国交流。主动做好重点项目包抓、重点企业服务工作，共计承担了24个重点项目和重点企业，及时帮助协调、解决实际问题，推进了项目落实。主动开展招商引资工作，四年共引进招商项目10个，完成投资10.34亿元。充分发挥各党派、界别和委员优势，积极支持经济社会发展，如，农工党为平罗县医疗机构捐赠200万元医疗设备；尤兆云委员捐资助学，与县教体局联合举办少年儿童歌咏绘画比赛等社会公益活动；部分工商联、经济界委员捐资扶贫等，赢得了社会好评。

着力提高提案质量。坚持把做好提案工作作为参政议政的重要抓手。一方面，在提高提案质量上下工夫，通过举办提案培训班、印发提案征集指南、严格立案审查等活动，引导委员围绕中心选题，解决了委员"写什么"和"怎样写"的难题，提高了委员提案撰写质量和以提案参政议政的能力。另一方面，不断创新提案督办方式，实行县委、政府、政协主要领导领衔督办重点提案制；与县电视台创新推出《提案追踪》系列报道；对跨年度办理的提案开展"回头看"活动等，促进了提案的有效落实。四年来，共收到提案613件，审查立案281件。截至目前，所有提案均已办复，为促进县委、政府科学决策，推动全县改革发展稳定发挥了重要作用。

广辟民意直通渠道。积极开展区、市、县三级政协委员联系基层活动，将分布在我县的15个基层联系点建设成为收集民意的"直通车"和委员履职的"新阵地"。四年来，共接待群众2000余人次，走访群众600余人次，开展便民为民服务活动5次。同时，对委员在下基层活动中收集到的意见和建议，一方面通过《社情民意反映》向区、市政协和县委、政府报送，畅通群众诉求渠道；另一方面积极协调有关部门，竭尽所能地为基层群众解难题、办实事。如，2015年针对灵沙乡何家村提出的一、二队道路修建的意见，经协调争取县上"一事一议"项目资金97万元，对该队道路进行了硬化，解决了困扰群众多年的出行难问题。

四、把握主题，广泛联谊，凝心聚力共筑和谐

常委会牢牢把握团结和民主两大主题，坚持大团结、大联合方针，积极凝聚各方智慧和力量，不断巩固和发展爱国统一战线。

加强团结，共筑和谐。认真贯彻《中共中央关于进一步加强中国共产党领导的多党合作和政治协商制度建设的意见》，尊重和保障民主党派、无党派代表人士在政协中的各项民主权利。通过联合开展调研、办理提案和大会发言等方式，为民主党派、党外人士参政议政搭建了平台；加强与各界别委员的团结合作，多次组织工商联和经济界委员召开座谈会，针对改革发展重点议题进行座谈，努力营造求同存异的履职氛围；关注民族宗教工作，专题调研视察全县宗教场所建设与管理等问题，定期慰问宗教界委员，促进了民族团结、宗教和顺。

深化联谊，广泛交流。坚持上下联动、左右协同，多领域、多形式、多渠道开展对外交流活动。配合自治区政协开展平罗县公立医院综合改革、环保节能产业等情况的调研；配合市政协开展农业产业化、养老服务体系、商贸物流产业发展等情况的调研；接待兄弟市县区政协来平学习、考察团体25批300余人次；组织女委员、教育界委员、政协退休老干部开展视察、书法美术摄影展等活动；做好政协会议、调研视察以及重大活动的宣传报道工作，共计在新闻媒体发表信息200余篇。其中，国家级媒体1篇，自治区级媒体46篇，扩大了平罗县政协的影响。

传承文化，存史资政。按照亲历、亲见、亲闻的"三亲"原则，认真做好文史资料征集和文化传承工作。积极协助全国政协、自治区政协做好《西部大开发》《回族百年实录》等文史材料征稿工作；积极参加石嘴山市政协组织的各类征文活动，机关干部和委员多篇征文入选《读书让生活更美好》书籍；组织完成了《平罗县政协简史》和《政协平罗县第十届委员会要事汇编》两本文史书籍的编辑出版工作，有效发挥了政协文史工作"存史、资政、团结、育人"作用。

五、转变作风，强基固本，自身建设不断加强

常委会着眼于人民政协事业的长远发展，以打造"学习型、和谐型、创新型、服务型"机关为目标，全面加强自身建设，进一步提升政协工作科学化水平。

着力加强思想建设。坚持把强化领导班子和委员的学习培训作为首要任务。先后邀请多名专家学者和自治区政协领导，就"深入学习贯彻政协新章程""加强协商民主广泛多层制度化发展"等专题，对全体委员进行集中学习辅导；组织参加全国、区、市、县政协委员培训班、党派培训班，系统学习党的统战政策、人民政协理论、法律法规和时事政治，提高了政协委员的理论政策水平；连续四年为全体委员订送自治区政协主办的《华兴时报》，结合实事重点，编发《学习资料》50期，增强了学习效果。

着力加强制度建设。坚持把完善规章制度作为政协"制度化、规范化、程序化"建设的基础性工作，用科学的方法推进政协工作，用健全的制度保障政协工作。先后修订完善了《常委会议工作规则》《主席会议工作学习规则》《专门委员会工作职责和工作制度》《关于加强委员管理工作的意见》和《提案工作办法》等九项会议制度和工作制度，形成较完备的制度体系，保证了各项工作有序开展。

着力加强作风建设。坚决落实中央"八项规定"，严格执行区、市、县相关规定，清退办公用房，规范车辆管理，严格执行接待标准，强化"三公"经费管理；扎实开展"党的群众路线教育实践活动""守纪律、讲规矩""三严三实"等专题教育活动和"两学一做"学习教育，突出问题导向，着力解决问题，教育成效不断显现；全面落实党风廉政建设主体责任和领导班子成员"一岗双责"，将党风廉政建设和政协工作紧密结合，领导班子务实勤政的意识明显增强；深入学习贯彻《中国共产党廉洁自律准则》和《中国共产党纪律处分条例》，把党纪党规转化为日常行为规范，广大政协委员和政协机关干部的作风明显好转。

各位委员，县十届政协所取得的成绩，是坚持中国共产党领导的多党合作和政治协商制度的结果，是县委坚强领导和社会各界大力支持的结果，也是全体政协委员和机关干部职工共同努力的结果。在此，我代表县政协十届常委会向所有关心、支持政协工作的各位领导、各界人士表示衷心的感谢，致以崇高的敬意！

回顾过去四年的工作，我们深刻体会到：政协工作要有力有为，必须坚持中国共产党的领导，这是做好人民政协工作的根本保证；必须紧紧围绕中心服务大局，这是做好人民政协工作的首要任务；必须牢牢把握团结和民主两大主题，这是做好人民政协工作的基本原则；必须充分发挥委员主体作用，这是做好人民政协工作的重要保障；必须注重工作方法和制度创新，这是做好人民政协工作的不竭动力；必须不断加强自身建设，这是做好人民政协工作的内在要求。这些体会，既是过去工作的基本经验，也是今后工作的基本遵循。

回顾几年来的履职实践，我们也清醒地认识到，我们的工作还存在很多不足。比如，协商民主广泛多层制度化发展需要深入推进，民主监督工作还较薄弱，协商议政成果落实机制还不够完善，团结联谊活动还不够丰富，深入基层服务群众的覆盖面还不够宽，等等。真诚欢迎各位委员提出批评和建议，帮助我们改进工作。

对十一届政协工作的建议

各位委员，今后五年，是我县加快转型发展的关键期，也是全面建成小康社会的决胜期。刚刚闭幕的中共平罗县第十四次代表大会，提出了今后五年的奋斗目标和战略任务，对政协工作提出了新的更高的要求。站在新的历史起点上，我们要认真贯彻落实中共十八大及十八届各次全会精神，深入贯彻落实习近平总书记系列重要讲话特别是来宁视察重要讲话精神，按照中共平罗县第十四次代表大会决策部署，牢牢把握团结和民主两大主题，认真履行政治协商、民主监督、参政议政职能，努力做到协商民主有新加强、民主监督有新举措、参政议政有新突破、制度建设有新进展，为全面建成小康社会、加快建设开放富裕和谐美丽平罗做出新的更大贡献。为此，我们建议：

一、聚焦创新驱动，在加快建设开放平罗上有新突破

要牢固树立和践行开放发展理念，在全面推进供给侧结构性改革、投融资体制改革、农村综合改革、国有企业改革以及民生领域改革中多做宣传推介、释疑解惑、增进理解和扩大共识的工作。抢抓"一带一路"战略机遇，深化各级政协间交流往来，在推动经贸合作、人才培养、产业发展、园区共建等领域多做牵线搭桥的工作，把更多外商投资企业"请进来"，帮助有实力的企业"走出去"，吸引更多的人才和资金向我县聚集。着眼园区提档升级，在提升园区承载能力、优化园区产业定位、提升园区服务水平上开展专项视察。大力推进科技创新，充分发挥政协委员骨干作用，在企业创新、人才培养、加强企业家队伍建设上多做引导，鼓励企业家自主创新、开放发展。

二、聚焦产业转型，在加快建设富裕平罗上有新作为

要不断强化中心意识和大局观念，准确把握"十三五"时期经济社会发展的主题和主线。按照第十四次党代会提出的各项奋斗目标，紧紧围绕做强新型工业、做精现代农业和做活现代服务业要求，针对"产业转型发展""核心企业培育""加快'八个示范园区'建设，推动'一优四特'产业发展""实施耕地质量提升工程""全域旅游发展""现代物流业""电商"等事关平罗发展的重大问题和关键环节，深入开展调研，认真组织协商议政，多建睿智之言，多献务实之策，多聚发展之力，为圆满完成"十三五"确立的各项目标任务、全面建成小康社会做出应有的贡献。

三、聚焦民生转型，在加快建设和谐平罗上有新贡献

要坚持把关注民生、保障民生、改善民生作为履行职能的出发点和落脚点。围绕"打赢脱贫攻坚战""提高城乡居民收入""推动公共服务优质均衡""促进社会和谐稳定"等问题开展调研视察，提出意见建议，促进制度健全、政策完善和相关问题的解决。倡导和组织广大委员深入基层、深入群众，采取提案、反映社情民意等方式积极建言，努力为民解忧。加强与政协各参加单位、各界人士的团结联谊，大力开展民族团结宣传教育，自觉把促进社会和谐稳定作为义不容辞的责任，努力培育理性、包容、平和的社会心态，最大限度增加和谐因素。

四、聚焦生态转型，在加快建设美丽平罗上有新举措

要坚持在全局中准确把握绿色发展理念的丰富内涵和具体要求，借助委员汇集四方的力量，充分调动社会各阶层参与生态保护。结合"三级政协委员下基层"活动，弘扬县委"着力建设天蓝、地绿、水美的美丽平罗"理念，引导基层群众牢固树立生态文明价值观，依法维护环境权利、自觉履行环保义务。围绕"推进空间规划（多规合一）""打造美丽县城""生态林网建设""打造引黄灌区平原绿洲生态区"等课题开展视察，为县委在优化空间发展格局、统筹城乡建设、加强生态建设上提供智力支持。加大对优势节能环保企业的帮扶力度，关注大气污染治理、土壤污染防治等课题，助力县委走绿色低碳新型城镇化道路，努力为建设美丽平罗凝聚人心、汇聚力量。

五、聚焦自身发展，在加快建设"四型"机关上有新提升

要深入研究政协工作面临的新情况、新问题，坚持好经验、好做法，扎实推进政协工作制度化、规范化、程序化建设，着力打造"学习型、和谐型、创新型、服务型"组织，不断提升政协科学化服务水平。要切实加强县政协领导班子建设，充分发挥政协党组的领导核心作用，努力把政协领导班子建设成为团结民主、清正廉洁、委员信任的领导集体。要针对换届后新委员增加的特点，强化委员培训和管理，积极做好组织委员、关心委员、服务委员的工作，鼓励和引导广大委员在履职实践中施展才华、建功立业。要突出政协界别特色，完善界别活动机制，丰富界别活动形式，搭建界别活动平台，提高界别活动的质量和成效。要加强专委会建设,规范专委会工作,完善专委会考核管理办法,使专委会各项工作科学、高效开展。要加强政协机关建设,不断提高干部队伍素质,努力做到懂政协、会协商、善议政。

2017年,是县十一届政协的开启之年,全县政协工作要"围绕一个目标""把握一个重点""抓好三项协商""开展四项评议""组织五项视察",即围绕建成小康社会目标,把握政协提案工作重点,抓好三项专题协商,开展对四个部门、乡镇的民主评议,组织做好五项视察,全面开创政协工作新局面。

各位委员、同志们,回顾过去,我们为取得的成绩深感欣慰;展望未来,我们对平罗县的美好愿景充满信心。让我们紧密地团结在以习近平同志为总书记的党中央周围,在中共平罗县委的坚强领导下,以更加强烈的责任意识建言献策,以更加亲民的工作作风履行职能,以更加严谨的履职态度破难攻坚,为全面建成小康社会、加快建设开放富裕和谐美丽平罗而努力奋斗!

平罗县2016年民生实事执行情况

一、2016年民生实事执行情况

2016年,在区、市党委、政府和县委的正确领导下,在县人大、政协的监督、支持下,县人民政府深入贯彻落实党的十八大及十八届三中、四中、五中全会精神,坚持把保障和改善民生作为重中之重,围绕群众最关心、反映最强烈、关系切身利益的就业创业、医疗卫生、养老服务等问题,在广泛征求社会意见、政府班子集体研究的基础上,确定了2016年10件民生实事。10件民生实事35个子项任务已完成或基本完成25项(占71%),其他子项年底全部完成建设任务,累计完成投资15.11亿元,占计划投资的86%。

促进创业就业:近年来,县政府高度重视大学生、复退军人、农村妇女等群体创业就业工作,通过制定优惠政策、落实贴息贷款、实施创业指导等措施,不断促进全社会各阶层创业就业。一是精准落实税收优惠、社保补贴、援企稳岗等就业政策,开展订单、定向技能培训、转岗培训、创业培训,促进多渠道就业创业,累计实现城镇新增就业3485人(完成计划116%),城镇困难人员实现再就业233人,失业再就业2945人,城镇登记失业率控制在3.8%以内。转移农村劳动力27451人,实现劳务收入2.73亿元。二是积极推动大众创业、万众创新,开展党员带头创业、巾帼创业、青年创业、复转军人创业、移民创业等专项行动,投资100万元,改造大学生创业孵化园一期工程并投用,入驻创业项目19个,带动就业150人。三是大力提升众力科技创业园、宏泰商业广场等创业基地孵化功能,为高校毕业生等就业群体提供创业平台,已入驻各类创业实体20家,带动就业300人。四是扎实推进农村电子商务示范县创建,巩固提升了20个村级电商服务站,投资452万元建成农村电子商务公共服务中心,实现线上销售4500万元,线下销售8600万元。五是充分发挥创业担保贷款撬动作用,落实支持创办小微企业各项税收政策,为小微企业和个人创业提供支持,发放农村妇女创业小额担保贷款1876笔8236万元,发放创业贴息贷款180笔1604万元,办理农村各类抵押贷款2327笔1.23亿元,培育小企业237个、小老板495个,带动就业5590人。

改善居民生活条件:一是投资近亿元,实施惠民生态健身公园项目。假山、沉砂池、2.1千米慢步跑道、3.2千米小油路、观景平台基本完成,绿化工程完成总量的85%,近期正在实施景观湖周边配套设施、绿化等工作,完成投资6500万元。二是投资1100万元,建设唐徕渠带状公园二期工程,已完成灌溉管道铺设、树木种植、园路铺设、广场硬化等建设内容,完成工程总量的95%。三是投资6500万元,实施热电联产二期工程，供热管网已定制、沟槽开挖5.5千米、铺设管网4千米，预计10月底投用。四是投资8亿多元，实施旧城改造工程，已签订棚户区改造征收补偿安置协议1629户，征收房屋面积22.5万平方米；投资2800万元，实施老旧住宅小区综合整治提升工程，8个标段已全面开工，10月底完成整治任务。

加强养老助残体系建设：2017年来，县政府进一步抓实养老服务设施建设，强化残疾人康复训练工作，解决残疾人及高龄老人生活困难问题，着力提升全县养老助残服务水平。一是投资2141万元，实施平罗县第三敬老院、平罗县老年活动中心项目，主体工程完工，进行室内外装修，设置床位250张；撬动民间投资1.5亿元，实施银北医药结合养老院工程，正在进行室内外装饰，预计2017年上半年投入运行。二是投资801万元，启动平罗县残疾人托养中心项目，设置床位120张，已完成选址，招标公告已发布；投资217万元，补充完善平罗县残疾人康复中心康复训练器材，并依托石嘴山市阳光康复特教托养中心开展康复训练，训练人数160人。三是为2666名困难残疾人、3338名重度残疾人累计发放困难补贴211万元、护理补贴214万元；为1159名高龄老人发放高龄津贴35万元，实施医疗救助3575人次366万元，实施临时生活救助2756人次166万元。

促进城乡教育均衡发展：着力提高农村学前教育办学条件，扩大家庭困难学生帮困救助范围。一是投资700万元，实施庙庙湖和头闸两个幼儿园工程，正在进行二次结构砌筑和粉刷；投资1000万元，实施崇岗九年制学校迁建一期工程，教学楼、综合楼、宿舍楼一层已封顶。二是进一步整合优化教育资源，新建改造城乡学校27个，累计撤并规模较小农村中小学16所，光纤网络校校通达100%，多媒体班班通达70%，教育资源公共服务平台和教育管理公共服务平台全面运行，中小学信息技术教育开课率达100%。三是积极开展教育精准扶贫工作，为200名建档立卡家庭困难学生清退学费13.2万元，为4635名困难家庭寄宿生发放生活补助228.39万元，为952名普通高中学生发放助学金92.5万元，为1305名学前困难家庭幼儿发放政府助学金65.25万元，为307名家庭困难大学生发放助学金115.6万元。四是将进城务工人员随迁子女就学纳入全县教育发展规划，4023名进城务工人员随迁子女均就近按时入学，并享受"三免一补"政策；制订《平罗县留守儿童关爱行动实施方案》，建立了学校、社会、家庭等各方面广泛参与的留守儿童关爱体系，全县义务教育阶段969名留守儿童均能正常就学。

提升公共卫生服务能力：严格落实县级公立医院综合改革"4+4"配套政策，深化"三医联动"，以医联体为载体的分级诊疗服务体系初见成效，基本药物制度实现全覆盖，先住院后付费、医联体等服务模式普惠群众。一是投资241万元，采购两所社区卫生服务站业务用房并投用。二是投资402万元，实施崇岗镇卫生院门诊楼、陶乐镇卫生院综合楼工程，11月底建成投用。三是投资472万元，建成县医院传染病区，解决全县传染病人隔离治疗需要，可有效应对突发公共卫生事件。四是投资536万元，对县人民医院信息化模块进行升级改造，安装服务模块21个，为患者提供服务达33万人次，实现自助挂号、缴费、取片等，解决排队与看病时间倒置问题。五是提高公共卫生补助经费标准,从2006年的人均8元提高到2016年的人均45元,基本公共卫生服务经费财政补助人均达36.36元(80%),城乡居民基本医保财政补助人均标准达459元(97%)。

实施农村惠民工程:一是投资1160万元,在高庄乡、黄渠桥镇等10个乡镇实施阳光沐浴工程,安装太阳能热水器12300台,群众生活条件进一步改善。二是投资680万元,实施农村路桥安保工程,改造农村公路危桥3座;投资100万元,安装道路标识标牌174个;投资1038万元,实施农村公路11.4千米,群众出行条件有效改善。

抓好"菜篮子"工程:大力实施"鲜活农产品体系建设"和"万村千乡市场工程",有效缓解市场供需矛盾。投资2500万元,新建1个占地4180平方米平价农贸市场,设计摊位100个,配套建设了附属用房、疏散广场及水冲式公厕,年底交付使用。建成乡镇农贸市场14个,改建农资农家店357家、社区蔬菜直销店24家、社区便利店25家,15家平价农副产品超市米、面、油低于市场价格5%,28种蔬菜低于市场价格25%进行销售,让利群众102万元。

完善公共文化服务体系:一是投资71万元,为黄渠桥等12个乡镇文化站补充了活动器材;投资7万元,为城关镇和平社区、陶乐镇东街社区配送了投影仪等文化活动设备;投资4万元,为崇岗镇等3个乡村大舞台、姚伏镇周城村等8个美丽村庄、沙湖社区等12个社区配送便携式拉杆音响35个。二是丰富群众文化生活,普及疾病预防、科学种养等知识,组织文化、卫生、科技等部门开展"三下乡"、广场文化等活动259场次。

搭建公共服务平台:投资2900万元,完成公共服务大楼1~3层天花造型及隔墙、4~17层隔断玻璃及不锈钢安装,附属工程已完成地下供排水等,占装修总量的80%。新公共服务中心完成搬迁后,各部门办公资源将进一步整合,办事流程将进一步优化,办事时限将进一步压缩,公共服务水平将有效提升。

开展法律援助免费服务活动:加强法制政府建设,初步建立以公证、法律援助为一体的法律服务体系,办理法律援助案件458件,免费为群众代写法律文书311份,免费为5030人提供法律咨询服务,化解各类矛盾纠纷2120件。为群众挽回经济损失1120万元。

二、主要做法

(一)高度重视,落实责任

县政府高度重视民生实事办理工作,对10件民生实事实行目标责任制,落实了包抓领导、承办单位和责任人,细化任务,明确时限,倒排工期,将完成情况作为目标考核主要内容。建立了分工负责、齐抓共管的工作机制,对涉及多个部门的事项和实施难度较大、群众关切度较高的工程,由包抓领导组织协调,各部门密切协作,集中人力、物力、财力,抢时间、赶进度,确保任务按时完成。

(二)强化保障,增加投入

面对投资增长放缓、经济下行压力持续增大、财政资金紧张的严峻考验,县政府坚持民生财政的理念,克服财政增收困难,注重发动承办单位自筹资金的积极性,整合利用各类资金、项目、政策,保证民生实事资金需求。同时,将民生实事办理与落实全县重点项目、重点工作、办理人大代表建议意见、政协提案等工作有机结合，与项目有效捆绑，确保了民生实事的顺利办理。

（三）加强督查，确保实效

县政府主要领导和分管领导多次深入一线调查研究，现场督办，对影响和制约办理工作的一些关键问题，通过现场办公、集体会诊等方式，分析原因、研究措施，并主动邀请人大代表、政协委员对民生实事办理进行督查，诚恳接纳代表、委员意见，及时反馈责任单位进行整改，提升办理质量。县政府督查室每月对民生实事办理情况开展一次督查，及时掌握民生实事的进度及实施过程中的困难和问题，定期编发督查通报，点明问题，提出要求，提升了办理实效。

大事记

1月

为全面推进公立医院综合改革,理顺医疗服务价格,实现医疗机构不亏损和患者负担不增加的"双赢"目标,平罗县医院、中医院两家公立医院从1月1日起,全面执行调整后的医疗服务价格。

5日 县委书记朱剑主持召开县委2016年度第一次常委会议,县四套班子全体领导,其他县处级领导,各乡镇、县直各部门和部分驻平区(市)属单位负责人,基层党代表参加会议。

6日 县委书记朱剑主持召开县委常委班子"三严三实"专题民主生活会。石嘴山市委副书记、政法委书记蒋文龄及市纪委、市委组织部相关领导到会指导,县委常委班子成员参加会议,县人大常委会、政协主要领导,部分离退休老干部代表,党代表和党员干部代表列席会议。

同日 中央铁路护路办检查平罗县铁路护路联防工作,检查组对平罗县铁路护路联防工作给予肯定,希望继续加大铁路护路联防工作力度,引导群众珍爱生命、重视安全、自觉爱路护路,全力维护铁路安全,确保辖区内铁路大动脉安全畅通。

8日 县委书记朱剑主持召开全县扶贫工作领导小组会议,马莉方、毛精明等县领导参加会议。

9日 全县维稳工作会议召开,传达学习区市维稳工作会议精神,安排部署平罗县矛盾纠纷排查化解工作及"两会""两节"期间维稳工作。

11日 举行2016年全县机关干部"扶贫帮困送温暖"捐助仪式,县四套班子领导及各单位干部职工参加捐助仪式。

12日 自治区妇女儿童两"规划"中期评估组对平罗县妇女儿童两"规划"工作进行中期评估,实地考察姚伏镇中心卫生院、县妇幼保健所、计划生育服务中心、城关一小。

13日 举办县委理论学习中心组(扩大)会议暨自治区党委十一届七次全会精神宣讲报告会,县四套班子全体领导及其他县处级领导,各乡镇、县直各部门部分副科以上实职领导干部,部分驻平区(市)属单位负责人参加会议。

15日 全县扶贫攻坚会议召开,安排部署全县贫困人口普查工作。

18日 全县兽药使用管理专项整治工作会议召开。

18—23日 举办全县农村、社区党组织书记示范培训班,提升基层党组织书记的政治意识和组织观念,提高服务能力。

20日 全县"爱国卫生日"活动工作会议召开,安排部署"爱国卫生日"活动。

21日 自治区党委常委、组织部部长傅兴国来平罗县开展慰问活动，慰问宁夏吉元冶金集团、县中心敬老院、城关镇和平社区、红崖子乡红瑞村及部分困难职工、残疾人、困难老党员等，详细了解基层服务型党组织建设以及脱贫攻坚工作开展情况。

24日 邮乐农品·平罗馆正式上线运行，由平罗邮政分公司代理运行企业6家，特色农产品30余种，收集县域内龙头企业13家，特色农产品50余种。

26日 自治区党委常委、副主席李锐带领专项督查组对平罗县保障农民工工资支付工作及"回头看"情况进行督查，听取工作情况汇报。

同日 自治区卫计委副主任田丰年一行督查平罗县人感染禽流感和布病防控工作，对县人民医院、城关镇利民活禽交易市场、万嘉羊业有限公司、宝丰镇伊源羊场、黄渠桥镇前光种禽养殖专业合作社实地查看。

同日 自治区物价局检查平罗县节日市场价格监管工作，实地检查阳光乐购、塞上春蔬菜配送中心、天源好又多农副产品平价超市，详细了解粮油、肉禽蛋奶、蔬菜等群众生活必需品节日市场供应情况。

26—29日 政协平罗县第十届委员会第四次会议和第十六届平罗县人民代表大会第四次会议召开。

27日 彭友东、王永耀、蒋文龄、姚立新、王生林、李生成等石嘴山市领导调研平罗县庙庙湖村、红瑞村、红翔村脱贫工作。

28日 石嘴山市领导王永耀、蒋文龄、李春兴一行来平罗县开展春节前夕慰问活动，慰问道德模范张慧玲、困难党员梁梅兰、困难职工马少林、高级人才张孝德、全国拥军模范刘玉玺，致以新春的问候和节日的祝福。

同月 全国"百县千乡"分类示范创建活动评选出100个农村基层团建示范县，平罗县荣获"全国农村基层团建示范县"，成为宁夏两个全国农村基层团建示范县之一；高仁乡荣获"全国农村基层团建示范乡镇"，城关镇和平村团支部创业孵化器项目荣获"全国农村基层团建创新项目"。

同月 为迎接春节前夕市场消费高峰，平罗县在6个商业网点投放300吨政府储备菜。县商务局会同价格监督检查所对各供应点进行检查，要求各投放点设置储备菜投放专区或专柜，在门店醒目位置悬挂公示牌，加强市场监测，确保节日期间市场供应和价格稳定。

同月 在自治区召开的农村、农业和水利工作会上，平罗县荣获社会主义新农村建设先进集体二等奖，获得以奖代补资金150万元；荣获2015年度全区农业特色优势产业发展先进县二等奖，获得以奖代补资金100万元；荣获2015年度全区农田水利基本建设黄河杯竞赛盐碱地改良和中低产田改造先进县，获得以奖代补资金260万元。

2月

2日 全县2015年度服务型党组织建设总结暨"强基进位·星级创优"工程动员会议召开，表彰奖励2015年度服务型党组织建设先进基层党组织、优秀党组织书记、优秀党务工作者。

3日 中共平罗县十三届纪律检查委员会第七次全体（扩大）会议召开。县四套班子全体领导、法检两长和其他县处级领导，县纪委委员，各乡镇、县直各部门副科级以上实职领导干部，部分驻平区（市）属单位主要负责人参加会议。

3—5日 县四套班子领导分组开展"春节"走访慰问活动，慰问驻地官兵及部分骨干企业、职能部门、养老院。

4日 石嘴山市委副书记、市长王永耀带领市有关部门负责人来平罗县检查春节期间安全生产、市场供应和食品安全工作。

5日 全县2015年度效能目标管理考核总结表彰会召开。县四套班子全体领导，其他县处级领导，各乡镇、县直各部门和部分驻平区（市）属单位负责人参加会议。

同日 全县2016年春节团拜会召开。县四套班子全体领导，其他县处级领导，县级离（退）休干部代表，各乡镇、县直各部门主要负责人，部分驻平区（市）属单位主要负责人，企业界、宗教界及其他各界人士代表参加会议。

14日 全县禁毒工作会议召开，安排部署禁毒工作，签订2016年目标责任书。

16日 中央农村工作领导小组办公室二局局长吴宏耀一行来平罗县调研农村改革工作。

17日 石嘴山市政协副主席杨占龙、李生成带领调研组调研平罗县脱贫攻坚工作，召集相关部门与镇村负责人召开座谈会，听取脱贫工作相关进展情况汇报，围绕脱贫攻坚工作进展、存在困难和突出问题进行分析研究和深入探讨。

18日 全县组织宣传统战工作会议召开。县四套班子全体领导，法检两长，其他县处级领导，各乡镇、县直各部门、驻平区（市）属单位主要负责人，各民主党派、宗教团体负责人，各村、社区党组织书记参加会议。

19日 石嘴山市委书记彭友东带领市有关部门负责人一行到宁夏格瑞精细化工有限公司、宁夏吉元冶金有限公司、宁夏大地循环发展股份有限公司、宁夏阳光焦化有限公司、宁夏蓝白黑化工股份有限公司调研平罗县企业生产经营和重点项目建设情况。

22日 全县农村工作暨脱贫攻坚会议召开，县四套班子全体领导，法检两长，其他县处级领导，县直各部门、驻平区（市）属单位主要负责人，各乡镇领导班子成员及各村党支部书记、部分农产品加工企业、专业合作经济组织负责人参加。

23日 县委书记朱剑到灵沙乡、宝丰镇实地调研特色小城镇建设工作。

同日 县长马莉方带领相关部门负责人调研石嘴山生态经济开发区基础设施建设情况，实地了解开发区污水处理现状及污水处理厂选址、规划等情况及宁顺路、亲水大道道路建设及排水工程等项目建设规划情况。

24日 石嘴山市委副书记、市长王永耀调研平罗县春耕备耕工作。

同日 由自治区发改委、水利厅、环保厅等相关部门组成的考核组对平罗县2015年最严格水资源管理和节水型社会建设工作进行考核，实地检查中医院节水型公共机构建设、污水处理厂运营情况、宁夏新安科技有限公司节水型企业建设、大水沟水源地保护情况。

同日 县委书记朱剑到体育公园改造项目、德渊路选址规划点调研城市建设项目。

同日 固原市考察团考察学习平罗县农村

改革试点工作，实地考察县农改中心、城关镇小兴墩村盈丰专业合作社，详细了解农村改革进展、下一步改革思路等情况。

24—26日 国土资源部调控和检测司巡视员董祚继一行调研平罗县农村土地退出有关工作，实地调研姚伏镇宅基地超占用地有偿使用、小店子村有偿退出、灵沙乡富贵村整队退出、西灵村插花移民安置、胜利村异地养老以权养老项目以及河东地区生态移民安置情况。

26日 全县安全生产工作会议召开，总结全县2015年安全生产工作，安排部署2016年工作，兑现2015年度目标责任奖，表彰2015年度安全生产先进单位、先进企业、先进个人。

同日 全县卫生和计划生育工作会议召开。

29日 自治区公安厅厅长许尔锋到渠口派出所、交警大队、宁夏大地循环发展股份有限公司、沙湖消防中队调研平罗县公安工作。

同日 石嘴山市"巾帼脱贫在行动"活动在红崖子乡红瑞村正式启动。

同日 县长马莉方带领相关部门负责人，到县城区热电联产二期、德渊路以及灵沙乡、宝丰镇，调研城市建设项目和特色小城镇建设项目。

同月 平罗县为2324位城乡老人发放高龄津贴177万余元，其中城市高龄老人67人，发放高龄津贴8万余元；农村高龄老人2257人，发放高龄津贴169万余元。

同月 平罗县农商行将信贷支农工作放在首位，计划投放4亿元春耕备耕贷款专项资金支持春耕备耕生产，优先支持种、养殖大户及新型农业经营主体，发挥"背包银行"作用。组织信贷客户经理深入田间地头，及时掌握农户资金需求，及时调整信贷投向，保证春耕生产信贷资金供给。开辟春耕信贷"绿色通道"，优先办理农户所需化肥、种子、农膜资金需求；优先支持特色农业项目和涉农企业生产经营贷款。

3月

1—3日 国家土地督察西安局副专员唐正国一行调研平罗县农村宅基地制度改革试点进展情况，实地调研灵沙乡富贵村整队退出，胜利村以地养老、以权养老，姚伏镇小店子村宅基地有偿退出，高路村宅基地超占用地有偿使用。

2日 平罗县召开迎接国家公共文化服务体系示范区创建验收工作会议，对创建工作进行再安排。

3日 自治区党委政研室副主任刘雨一行到惠民生态健身公园、数字化智慧城管建设、体育公园片区旧城改造、唐徕渠—饮马湖市民休闲森林公园等重点建设项目调研平罗县城市工作。

同日 自治区体育局局长张柏森一行到县回民初级中学、体育健身中心调研平罗县体育工作。

同日 自治区政府参事吴建国一行调研平罗县政务服务工作，听取相关工作情况汇报。

4日 自治区副主席曾一春到姚伏镇祥盛家庭农场、永胜村盐碱地改良项目区、渠口乡农贸市场农资配送中心调研平罗县农业农村工作。

同日 举办县委理论学习中心组（扩大）会议暨供给侧改革专题辅导讲座，邀请自治区党校副校长郝彤围绕供给侧改革进行专题辅导。县四套班子全体领导及其他县处级领导，各乡镇、县直各部门部分副科级以上实职领导干部，部分驻平区（市）属单位负责人聆听讲座。

同日　自治区扶贫办党组书记梁积裕一行调研平罗县"十三五"易地扶贫搬迁前期准备工作，实地调研黄渠桥镇、灵沙乡、头闸镇"十三五"易地扶贫搬迁前期规划情况。

7日　石嘴山市副市长王生林一行调研平罗县义务教育均衡发展情况，到灵沙九年制义务学校、黄渠桥九年制义务学校、五中、七中、城关一小等学校，详细了解学校基础设施建设、师资培训等方面情况以及存在的困难和问题。

8日　石嘴山市人大常委会检查组对平罗县贯彻实施《中华人民共和国环境保护法》情况进行检查，到第二污水处理厂、阳光焦化、宁夏天瑞热能制供公司了解平罗县贯彻落实《环境保护法》情况。

同日　自治区扶贫办党组书记梁积裕一行到黄渠桥镇、灵沙乡、头闸镇，调研平罗县调研"十三五"易地扶贫搬迁前期规划情况。

9日　自治区环保厅厅长赵旭辉一行到宁夏大地化工热电联产、阳光焦化烟气治理、宁夏森源重工环保设备项目调研平罗县环境保护工作。

10日　自治区党委副秘书长李文华带领自治区党委办公厅、自治区国家保密局工作人员来平罗县开展下基层活动，实地调研高庄乡东胜村。

同日　自治区卫计委副主任黄涌一行调研平罗县"卫生云"建设工作。

11日　全县党员教育积分制工作动员暨党务干部能力素质提升培训会召开。

14日　县委书记朱剑调研铁路物流中心项目房屋征收补偿工作。

同日　自治区医改办专职副主任刘秀丽一行调研平罗县公立医院综合改革工作，实地查看县人民医院医疗服务价格调整、信息化建设等工作，召开座谈会听取平罗县公立医院综合改革情况汇报。

14—16日　香港中加化工控股集团董事长刘东平、董事长助理高云飞一行考察石嘴山生态经济开发区、宁夏精细化工基地。

15日　石嘴山市委书记彭友东调研城关镇和平村公益性综合市场建设情况，实地了解综合市场建设和融资等方面情况。

同日　自治区非公有制企业发展问题调研组对平罗县非公有制企业发展情况进行调研，实地调研丽珠集团宁夏新北江、福兴制药、文顺新型碳材、德信恒通管业、森源重工、龙江化工等企业，详细了解平罗县煤基碳材、冶金、化工、医药、装备制造、建筑、商贸流通企业经营发展状况和存在的困难，与部分民营企业家座谈交流。

同日　平罗县召开"权责清单"专家评审会，邀请区、市有关专家对全县权力和责任清单评审论证。

16日　自治区党委副书记崔波一行调研平罗县农村改革工作，到姚伏镇民生服务中心、姚伏社区、农村商业银行姚伏支行、农行姚伏分理处、城关镇盈丰植保专业合作社、县农村综合改革服务中心，详细了解农村产权抵押贷款、新型农业经营主体培育、农村产权流转、农村宅基地制度改革等工作进展情况，召开座谈会，听取农村产权确权颁证、土地流转、农村产权抵押贷款、农村产权自愿有偿退出、宅基地制度改革等工作情况汇报。

同日　石嘴山市委书记彭友东到宁夏昊帅米业、县鱼种场、中粮米业等企业调研平罗县农业产业化水平提升工程。

17日 自治区编办、自治区法治办联合督查组对平罗县权力清单和责任清单制度建设情况进行督查，听取编制权力清单和责任清单情况汇报，并座谈交流。

18日 举行全县2016年第一批重点项目暨滨河碳化硅供热站项目开工仪式。县四套班子主要领导和分管领导，县直各部门、各乡镇主要负责人参加开工仪式。

21日 自治区政协副主席张乐琴一行调研平罗县电力体制改革工作，深入宁夏晟晏实业集团有限公司了解现行电力体制、工业用电优惠政策执行情况，与部分企业负责人座谈交流。

22日 全县2016年经济金融运行分析暨政银企融资需求推介会召开，朱剑等县领导参加会议。

23日 石嘴山市政协主席陆军带领调研组就全市脱贫攻坚工作调研报告征求平罗县意见建议，听取平罗县相关部门、乡镇脱贫攻坚工作进展情况汇报，与有关部门、乡镇、村负责人围绕平罗县脱贫攻坚工作、存在困难和突出问题进行分析和座谈交流。

同日 石嘴山市政协副主席赵学芝、姚新闻调研平罗县三级政协委员联系基层工作情况。

同日 县委书记朱剑主持召开全县脱贫攻坚扶贫解困工作汇报会，听取有关部门、乡镇推进脱贫攻坚工作情况汇报，分析工作中存在问题，对下一步工作进行再部署。

同日 自治区卫计委副主任、中医药管理局局长田丰年一行，对平罗县基层中医药服务能力提升工程进行终期检查评估。

同日 石嘴山市人大常委会调研平罗县国家公共文化示范区创建情况。

24日 自治区党委督查室到宁夏丽珠制药有限公司、宁夏晟晏实业集团能源循环经济有限公司、宁夏大地循环发展股份有限公司督查平罗县一季度经济运行和项目建设情况。

同日 石嘴山市市长王永耀带领市直相关部门负责人调研平罗县丽珠集团新北江药业公司和宁夏鑫昊缘特种合金公司2×25500千伏安硅锰矿热炉及余热发电等重点项目建设情况。

同日 自治区民政厅党组副书记、副厅长陈红缨一行，调研平罗县2016年民政重点工作进展情况。

26日 石嘴山市委书记彭友东调研平罗县脱贫攻坚工作，实地调研红崖子乡红瑞村手套加工厂、红瑞村小群多户养殖户、构树种植育苗基地、红崖子乡草畜一体化建设项目、红翔新村枸杞番茄基地。

28日 自治区党委书记李建华，自治区政协主席齐同生，自治区党委常委、副主席张超超一行到宁夏大地循环发展股份有限公司轮胎项目、宁夏大生生物科技有限公司、宁夏晟晏实业集团福华冶金有限公司调研平罗县重点项目建设和企业运行情况。

30日 自治区副主席姚爱兴到中钢宁夏耐研滨河新材料科技有限公司、宁夏蓝白黑活性炭科技有限公司调研平罗县科技创新工作。

同日 石嘴山市委常委、常务副市长吴万俊到宁夏华泰农农业科技有限公司、陶乐镇庙庙湖村，调研督导平罗县第三次全国农业普查综合试点前期准备工作。

同日　由石嘴山市农领办、市委组织部、市农牧局组成督查组，督查平罗县"下农村 送政策 促发展"活动，听取活动开展情况汇报，到高仁乡实地了解活动推进情况以及存在问题。

31日　石嘴山市市长王永耀一行调研平罗县脱贫攻坚及重点项目建设工作，深入上海西繁种植基地、宁夏中青农业科技有限公司、天源復藏草畜一体化、陶乐镇庙庙湖村集中养殖园区及部分移民群众家中，了解项目建设和生产经营情况。

同日　县委书记朱剑主持召开全县农村宅基地制度改革情况汇报会，听取全县农村宅基地制度改革及宅基地确权登记颁证工作进展情况汇报，对下一步工作提出明确要求。自治区国土厅规划与调控处处长周泓、副调研员张建平参加会议。

同日　县委书记朱剑带领住建、财政等相关部门和金融机构负责人调研沙湖水镇建设项目，协调解决项目建设中存在问题。

同月　平罗县被国家发改委等十部门确定为全国90个结合新型城镇化开展支持农民工等人员返乡创业试点县(市、区)。

同月　自治区综治委公布2015年全区公众安全感调查结果，平罗县得分在川区县中居第一位。

同月　平罗县第一批村级公益事业财政奖补项目经审批下达资金计划2119万元，共40个项目，其中排水项目2个、农渠砌护项目3个、村庄环境整治5个、道路硬化30个，惠及全县20万农户。

4月

1日　县委书记朱剑到城关镇设施农业示范园区、渠口乡高标准蔬菜园区、宝丰镇永久性蔬菜生产基地、高庄乡节能日光温室蔬菜生产基地，调研全县蔬菜产业发展情况，详细了解全县蔬菜产业发展情况及存在困难和问题。

5日　县委书记朱剑带领有关部门负责人调研宁夏精细化工基地企业运行情况，实地调研宁夏思科达生物科技有限公司、宁夏金海新科化工有限公司、宁夏金海峰晟超阳化工有限公司、宁夏金海永和泰冶化有限公司、宁夏凯添能源开发有限公司、宁夏大唐国际2×660兆瓦火电、污水处理厂、黄河水厂等企业和项目情况。

同日　县委书记朱剑到山水大道、京藏高速姚伏出口、黄河湿地林场、唐徕渠两侧等重点绿化区域调研春季绿化工作。

6日　县委书记朱剑到县人民会堂影院有限公司、电影公司、影剧院、县苗木繁育中心、绿平园林绿化有限公司、平园种苗公司、陶乐治沙林场、陶乐吉兴水利水电工程有限责任公司及陶乐供排水站调研县属国有企业运行情况。

同日　全县打击治理电信网络新型违法犯罪联席会议召开，对打击治理电信网络诈骗工作进行安排部署。

同日　自治区安监局局长曹志斌一行对宁夏大地循环发展股份有限公司安全生产现状进行评审。

7日　石嘴山市市长王永耀一行到宁夏格瑞精细化工有限公司、宁夏精细化工基地污水处理厂、宁夏宁平碳素有限公司调研平罗县工业企业发展情况,详细了解企业在生产经营、技术创新、项目建设等方面的情况和需要协调解决的问题。

11日 自治区副主席刘可为一行到宁夏大地循环发展股份有限公司循环经济项目调研平罗县经济社会发展情况及农村综合改革工作进展情况。

同日 中宁县委书记赵建新、县长陈宏带领中宁县党政考察团到姚伏镇农村产权流转交易服务站、渠口乡众源家庭农场和县农村综合改革服务中心考察农村改革工作。

同日 宁夏第三次全国农业普查综合试点现场会在平罗县召开。

12日 县委书记朱剑等四套班子领导在"乐牧高仁"草畜林一体化项目区与各机关单位干部职工一同参加义务植树活动。

同日 自治区国土资源厅党组成员宋艳萍一行调研平罗县国土资源管理工作,通过实地查看、听取汇报、询问交流等方式,详细了解平罗县土地利用总体规划、土地整治项目、土地资源节约集约利用等工作开展情况及存在的问题。

同日 自治区防汛工作检查组检查平罗县防汛准备工作,现场查看汝箕沟加水点、文革沟水毁、岁修、险工隐患及下庙防汛物资储备等情况。

13日 石嘴山市委书记彭友东、市长王永耀、市政协主席陆军、市人大常委会副主任马平安等四套班子领导带领市直机关干部职工到平罗县天河湾国家湿地公园开展义务植树活动。

同日 市、县领导彭友东、王永耀、陆军、马平安、朱剑一行前往红崖子乡草畜林一体化项目防沙治沙造林区看望慰问参加义务植树活动的宁夏武警总队1000余名官兵。

同日 县委书记朱剑到县鱼种场、农牧场、水利工程建筑公司和平罗县智农农业科技有限公司调研部分国有企业。

同日 国务院妇儿工委督导组对平罗县《中国妇女发展纲要(2011—2020年)》《中国儿童发展纲要(2011—2020年)》实施情况开展中期评估督导,到县医院、县疾病预防控制中心、县妇幼保健院、城关一小、县一幼分园,对妇女儿童健康、妇女儿童教育领域相关工作进行实地检查评估,提出指导性意见和建议。

同日 自治区旅游局巡视员、纪检组长庞俊海一行检查平罗县旅游专项资金使用情况,到永乐生态农庄、塞上江南博物馆、拉巴湖景区进行实地检查。

14日 石嘴山市委副书记蒋文龄一行到陶乐镇庙庙湖村集中养殖园区,红崖子乡红瑞新村手套加工项目、草畜一体化项目,华泰农育苗中心及瓜菜种植基地调研平罗县贫困村产业发展工作,详细了解贫困村产业发展情况及项目建设、用工情况。

同日 石嘴山市委常委、纪委书记王政敏一行来平督查党风廉政建设重点工作,通过听取汇报、现场提问、民主测评等方式,详细了解落实党风廉政建设重点工作情况。

同日 自治区统计局局长贾红邦一行来平检查全区第三次农业普查试点工作,并实地到高庄乡东胜村4户农户家中进行入户登记。

15日 全区深化农村改革现场推进会在平罗县召开。与会人员到姚伏镇、渠口乡、灵沙乡和县农村改革服务中心进行现场观摩,详细了解农村"两权"抵押贷款试点和农村小型水利工程改革、"产权"自愿有偿退出机制运行等情况。自治区党委副书记、自治区农村工作领导小组组长崔波，自治区副主席曾一春做重要讲话。

18日 自治区主席刘慧，自治区党委常委、常务副主席张超超一行到宁夏宁平碳素有限责任公司、宁夏吉元冶金有限公司、宁夏格瑞精细化工有限公司等企业调研平罗县工业经济运行情况，详细了解企业生产经营情况。

同日 全区农业综合开发暗管排水技术现场观摩会在陶乐镇马太沟村暗管排水项目区召开。

19日 吉林省政协主席黄燕明一行考察平罗县资源型城市转型示范及循环利用项目，实地考察宁夏大地循环经济股份有限公司。

20日 举办全县"两学一做"学习教育动员会暨学党章党规、学系列讲话，做合格党员专题讲座。

同日 自治区党委统战部调研组到高庄大寺、灵沙西大寺、城关东大寺等6个宗教场所调研平罗县宗教事务管理工作。

20—22日 县委书记朱剑到崇岗镇、姚伏镇和红崖子乡调研乡镇工作。

21日 自治区工商联副主席范瑜一行调研平罗县工商联工作，听取相关工作情况汇报。

25日 石嘴山市委书记彭友东带领市有关领导到平罗县的宁夏泰金种业有限公司、马兰花生态农业开发有限公司调研创新驱动助力工程实施情况。

同日 石嘴山市领导吴万俊、强伟、李斌一行到滨河碳化硅供热站、阳光焦化天然气、宁夏银北养老院、惠民文化健身公园、玉皇阁市场沿线路段旧城改造等项目现场，对平罗县承担的市级重点项目建设情况进行督查，详细了解项目建设进展情况。

26日 石嘴山市副市长王生林带领市直有关部门负责人调研平罗县2016年农业重点项目，实地调研县鱼种场标准化池塘改造提升和设施渔业新品种引进示范项目、宁夏科丰种业公司水稻插秧园区育苗大棚建设、宁夏谷稻香现代农业有限公司稻田鱼养殖、平罗县乐海山西瓜协会综合服务站建设等重点项目实施进度、规划建设等情况。

同日 自治区卫生计生委副主任宋晨阳一行督导调研平罗县卫生计生工作，实地调研姚伏镇团庄村卫生室、妇幼保健和计划生育服务中心、县人民医院、城关镇中心卫生院。

27日 自治区人大常委会副主任袁进琳带领自治区人大常委会食品安全执法检查组检查平罗县食品安全监管工作。

同日 石嘴山市青春扶贫助力行动启动暨"光华书海工程"富龙集团爱心书屋捐赠仪式在红崖子乡红瑞新村举行。

同日 国土资源部土地利用管理司副巡视员张辉一行督查平罗县农村宅基地制度改革试点工作，实地督查姚伏镇大兴墩村有偿使用收费和插花移民安置、小店子村宅基地有偿退出及全县农村宅基地制度改革进展情况。

同日 全县精神文明建设推进会暨市县级文明单位、文明村镇命名、表彰大会召开。

28—29日 县委书记朱剑到高庄乡和城关镇调研乡镇工作。

同月 平罗县举行农村产权抵押贷款签约仪式，县农村综合改革服务中心与人民银行平罗支行、平罗农商行、石嘴山银行等8家金融部门签订抵押贷款合作协议，中国邮政储蓄银行平罗支行与宁夏华泰农农业科技发展有限公司签订抵押贷款协议。拓宽农民和家庭农场等新型农业经营主体融资渠道，盘活农村资产、资源，推动农业产业化进程。

同月　春耕期间，平罗县农商行坚持服务"三农"经营理念，加大春耕贷款资金投入力度，支持春耕生产。一季度发放春耕贷款6.29亿元，超计划0.79亿元，满足农户春耕资金需求。

5月

3—6日　县委书记朱剑到通伏乡、头闸镇、渠口乡、灵沙乡、黄渠桥镇和宝丰镇调研乡镇工作，详细了解6个乡镇工作情况及下一步思路。

3日　自治区新闻出版广电局副局长李宝宁一行调研平罗县农家书屋建设、正版软件推广及部分印刷出版企业工作情况。调研组到姚伏镇团庄村、大兴墩村、城关镇合作村农家书屋了解书屋建设管理运行情况，并实地查看正版软件推进工作情况。

4日　自治区副主席马力调研平罗县医改和安全生产工作，深入县人民医院、宁夏格瑞精细化工有限公司和丽珠集团宁夏新北江制药有限公司，实地了解医院经营成本、运行机制和群众就诊费用报销等情况，以及企业生产工艺、重点危险源储存管理和安全生产措施。

同日　石嘴山市委书记彭友东一行到陶乐镇庙庙湖村和红崖子乡红瑞村调研平罗县基层党建促脱贫攻坚工作，详细了解相关工作开展情况。

5日　石嘴山市市长王永耀一行来平调研"双创"工作，实地调研宁夏众力科技园有限公司综合管廊技术装备制造情况。

6日　全县春季造林绿化暨林木抚育现场观摩会召开。观摩组到高庄乡、头闸镇、黄渠桥镇、灵沙乡、陶乐治沙林场、高仁乡草畜林一体化项目区等13个观摩点进行现场观摩。

9—10日　县委书记朱剑到陶乐镇和高仁乡调研乡镇工作，详细了解两个乡镇工作情况及下一步思路。

10日　自治区妇联党组副书记、副主席魏艳华一行到陶乐镇庙庙湖村华泰农农业科技发展有限公司调研平罗县农村妇女创业小额担保贷款工作，详细了解项目基地建设进展、蔬菜种植、销售和用工情况及基地就业妇女家庭经济状况。

同日　自治区新闻出版广电局副局长李宝宁一行来平罗县参加石嘴山市卫星数字农家书屋推进会。

同日　自治区督查组到宁夏红瑞丰肉牛规模化养殖场、中青种苗科技示范园、华泰农瓜菜产业园、上海西繁种业基地、盛华阳光清真牛羊肉生态养殖基地、乐牧·高仁草畜林一体化养殖示范基地、众农蔬菜专业合作社、宁夏泰金种业瓜菜种子产业园，实地督查平罗县农业招商引资工作。

10—13日　石嘴山市第八产业发展工作推进组来平调研，对2015年全市确定枸杞、酿酒葡萄、草畜、生态水产等33个产业示范点及2016年新建项目实地调研，详细了解各产业发展状况及新建项目存在问题和困难。

11日　2016年中华环保世纪行宁夏行动检查组来平检查环保工作，对宁夏新安科技有限公司污水处理厂整改情况和城区热电联产集中供热项目进行检查。检查组对平罗县环保工作取得成绩给予肯定,并要求在加强环境保护工作中谋求发展,在加快发展中注重环境保护,努力促进生态保护和经济建设协调发展,坚持不懈地打好环保持久战和攻坚战。

同日　经济日报驻宁站站长徐凌一行到平罗县调研农村改革工作。

同日　全区红十字会志愿者先进事迹报告会在平罗县举行,各乡镇、县直机关及事业单位主要领导和干部职工300余人参加报告会。

12日　国家土地督察西安局副局长吴昌洋一行在自治区国土资源厅党组成员、总规划师宋艳萍等陪同下,调研平罗县农村宅基地制度改革工作,并召开座谈会。

13日　召开县委理论学习中心组(扩大)会议暨"两学一做"学习教育专题辅导讲座。县四套班子领导、全县副科级以上实职领导干部及部分区(市)属单位负责人聆听讲座。

同日　半月谈杂志社党委副书记、纪委书记、总编室主任王永前带领"中关村走进宁夏"项目调研组来平调研脱贫攻坚工作。实地调研陶乐镇庙庙湖村华泰农育苗基地、红崖子乡红瑞村手套加工厂及草畜一体化项目。

16日　农业部经管总站站长王乐君一行到姚伏镇、灵沙乡和县农村综合改革服务中心调研平罗县农村改革工作,实地了解农村土地承包经营权、集体收益分配权有偿转让(退出)等工作开展情况。

同日　中卫市沙坡头区党工委副书记、政府筹备领导小组组长童刚一行来平考察学习农村改革工作。

17日　青海省政府副秘书长张文华一行考察平罗县国土整治项目,实地考察陶乐镇庙庙湖生态移民区国土整治及姚伏镇高标准基本农田建设项目。

同日　石嘴山市金融机构和农业经营主体支持脱贫工作座谈会在平罗县召开。

19日　县委书记朱剑主持召开全县农村信用体系建设与新型城镇化结合试点工作汇报会,人行平罗支行、县农改办分别汇报相关工作情况。

20日　中粮福临门水稻开耕文化节开耕仪式在平罗县举行,活动以"寻华夏稻源、享舌尖好米"为主题,邀请来自政府、企业、媒体和消费者等三百余名嘉宾共同学习农耕文化,体验农耕劳作。

同日　全县创建国家全域旅游示范县动员会召开,安排部署平罗县创建国家全域旅游示范县相关工作。

23日　自治区副主席姚爱兴一行到红崖子乡红瑞村构树种植基地调研平罗县杂交构树产业支持脱贫攻坚工作,详细了解构树产业发展情况。

同日　县委书记朱剑调研县财政局、发改科技局工作,详细了解两个部门近期有关工作情况及下一步工作思路。

24日　县委书记朱剑主持召开全县2016年重点项目建设情况汇报会,会议听取县四套班子领导及其他县处级领导分别对各自包抓的重点项目和企业工作进展情况进行汇报,听取县发改科技局、工信局、财政局、商务局就1—5月固定资产投资和重点项目建设、工业经济运行及招商引资等工作汇报。

25日　石嘴山市规模以上工业企业支持脱贫工作座谈会在陶乐镇庙庙湖村召开,市扶贫办、工信局通报全市贫困户就业需求、工业企业支持脱贫工作进展情况及企业岗位用工情况。

26日 自治区水利厅副厅长郭浩一行来平检查2015年度银北地区百万亩盐碱地改良骨干排水工程建设情况,实地查看第五排水沟上段治理工程及艾依河银川至平罗段二期治理工程进展情况。

同日 全县建设项目"多规合一"并联审批工作和政务云平台启动推进会召开,通报全县"多规合一"并联审批和政务云平台各项建设工作推进情况。

26—27日 浙江省嘉兴市平湖市市委常委、组织部长梁晓英一行来平考察学习,实地考察石嘴山生态经济开发区重点产业发展情况和平罗县城市规划建设工作,并看望交流挂职干部。

27日 中国扶贫发展中心主任陈武明一行调研平罗县脱贫攻坚及产业扶贫工作,实地调研红崖子乡红瑞村构树种植基地,详细了解基地建设情况及全县产业扶贫工作进展。

30日 自治区人大常委会副主任王儒贵一行来平检查《中华人民共和国水法》贯彻执行情况,深入到平罗县头闸镇和渠口乡,实地检查小型农田水利设施产权制度改革、农村饮水安全整治、节水技术推广及盐碱地治理工程等相关工作进展情况。

31日 自治区农牧厅副厅长杨明红一行调研平罗县农民收入情况,到姚伏镇、渠口乡、城关镇、头闸镇对农民务工情况、增收亮点、存在的困难和各项惠农政策落实情况进行调研,实地查看头闸镇制种基地及宝丰镇万只羊场生产和销售情况。

同日 石嘴山市委联合调研组到宁夏格瑞化工有限公司、晟晏福华冶金有限公司、精细化工基地污水处理厂等地调研平罗县经济社会发展情况,详细了解工业经济运行情况及经济社会发展现状。

同日 石嘴山市人大常委会副主任张文阁一行督查平罗县基层社会治理重点工作,实地查看渠口乡和城关镇"两个中心"建设、社区减负增效、网格化服务管理等工作。

同月 平罗县农村土地承包经营权确权登记颁证总体成果顺利通过自治区确权办评估验收。验收组采取听取汇报、查阅资料、核对影像图、走访农户的方式对平罗县农村土地承包经营权确权登记颁证工作进行检查,验收评分92.4分,位于全自治区前列。

同月 县政务服务中心启动第六轮政务服务事项及公共服务事项清理清查工作,行政许可事项由215项精简保留到181项,包括住房城乡建设、环境保护、消防等23个部门的行政许可事项及服务事项按照要求全部做到"应进必进"。

同月 平罗县全面启动黄河水资源使用权确权登记工作。分宣传动员、实施、评估验收三个阶段开展,9月底全面完成。

同月 全县6个民主党派总支、支部召开换届选举会议,各民主党派分别听取并审议各自的工作报告,选举产生新一届领导班子。

同月 平罗县出台《平罗县领导干部任前廉政考试办法(试行)》,规定对拟提拔的干部和竞争性选拔的干部分别在任职前、组织考察时集中进行考试,成绩记入个人廉政档案并作为干部任用依据。

同月　平罗县纪委第一轮巡察工作正式启动。此次巡察将利用一个月的时间，对县住建局及其下属单位党风廉政建设主体责任和监督责任落实情况、领导班子及成员遵守"六大纪律"情况、贯彻执行民主集中制情况等进行综合巡察，并对各乡镇及有关单位债务化解资金管理使用情况进行专项巡察。

同月　平罗县确定实施32个政府投资类重点建设项目已开工21个，投资3.77亿元，占年度投资计划18.45%。其中5个政府投资项目启动PPP模式融资。

同月　自治区质检部门验收组对平罗县2013—2014年农村饮水安全续建和农村饮用自来水入户扩建工程进行竣工验收。该工程解决全县2.16万农村群众的饮水安全问题，工程受益范围涉及8个乡镇的近60个行政村。

同月　黄渠桥镇、头闸镇、姚伏镇三家中心卫生院顺利通过自治区2015年第二批"建设群众满意乡镇卫生院"创建工作审核验收。

6月

1日　石嘴山市领导马平安、王政敏、王生林、李斌一行到城关六小、金水湖畔幼儿园、平罗二幼走访慰问，市人大常委会副主任马平安代表市四套班子向广大少年儿童致以节日祝贺，为师生们送上节日礼物和慰问金。

同日　举办全县"认清形势　积极防范"保密专题培训会。自治区国家保密局宣教法规处副处长赵家敏以"国家利益高于一切、保密责任重于泰山"为主题，为科级领导干部和保密专干进行专题授课。

2—3日　重庆市巴南区党政考察团来平考察学习农村改革工作，实地考察灵沙乡西灵村产权自愿有偿退出与插花安置移民、众源家庭农场、盈丰植保专业合作社、姚伏镇农村产权流转交易服务站，详细了解农村产权确权、产权抵押贷款、产权自愿有偿退出及插花安置移民、新型农业经营主体培育方面的主要做法和经验。

3日　全县脱贫攻坚、帮扶解困工作推进会召开。

同日　自治区党委统战部副部长、工商联党组书记杨锦明一行到宁夏宏昌汇容林业科技有限公司、宁夏天源復藏农业开发有限公司、宁夏华泰农农业科技发展有限公司、宁夏大地循环发展有限公司及城关东大寺调研平罗县统战工作。

6日　石嘴山市委副书记蒋文龄一行到陶乐镇庙庙湖村、红崖子乡红瑞村和红翔村督查平罗县贫困村务工就业、结对帮扶工作，详细了解建档立卡贫困户务工就业、结对帮扶工作开展情况。

7日　石嘴山市委书记彭友东带领市、县有关领导到高庄乡、宝丰镇调研平罗县乡镇领导班子换届工作，详细了解两个乡镇领导班子换届工作进展情况。

同日　自治区教育厅副厅长撒承贤带领巡视组检查平罗县高考保障工作，实地检查平罗中学考点的考场组织保障工作，并通过视频监控察看考场情况。

8日　自治区副主席马力一行检查平罗县沙湖旅游景区安全生产工作，实地检查景区救援预案制定及各项安全防护设备配备情况。

13日　石嘴山市市长王永耀到高庄乡毒

品预防教育基地、城关镇戒毒康复工作站调研平罗县禁毒工作，实地了解禁毒工作开展情况。

14日　县委书记朱剑主持召开县处级党员领导干部"两学一做"学习教育专题研讨会，各乡镇、县直各部门主要负责人参加会议。

同日　北方国际集团总裁孙占军一行考察平罗县中阿物流园项目，实地了解项目规划建设和运营情况。

16日　全国人大内务司法委员会副主任委员秦光荣一行到陶乐镇养老服务中心调研平罗县养老工作，详细了解养老保险和医疗保险工作实施情况、医养结合、居家养老机构建设和专业化养老服务护理人才队伍建设情况。

同日　召开县委理论学习中心组（扩大）会议暨网络舆情应对与新媒体运用专题辅导讲座，部分县处级领导，全县副科级以上实职领导干部和部分区（市）属单位负责人聆听专题讲座。

20日　县委书记朱剑主持召开全县土地利用总体规划调整完善成果汇报会，听取县国土局及设计单位相关工作情况汇报，详细了解土地利用现状与潜力、战略与目标、结构调整与布局以及规划调整中存在的困难和问题和下一步工作思路。

同日　自治区农牧厅调研组调研平罗县盐碱地农艺改良示范区工作开展情况，实地调研姚伏镇永胜村、渠口乡分水闸村、黄渠桥通润村三个盐碱地改良综合示范区。

21日　县委书记朱剑主持召开中共平罗县第十三届委员会第十一次全体会议。县委全体委员参加会议，其他县处级领导及县纪委全体委员列席会议。

同日　创建全区食品安全先进县工作动员会召开，对创建全区食品安全先进县相关工作进行安排部署。

同日　自治区统计局副局长徐秀梅一行调研平罗县上半年工业经济发展情况，深入宁夏大地循环发展股份有限公司、宁夏吉元冶金集团有限公司，详细了解企业生产经营、产能利用、产品库存等情况，以及劳动用工与资金等方面存在的问题与困难，就企业如何正确判断经济走势、制定科学的规划和策略等问题与企业负责人进行座谈交流。

22日　石嘴山市政协主席陆军一行到陶乐镇庙庙湖村，围绕法律法规、平安建设、反腐倡廉等主题进行宣传教育。

同日　县委书记朱剑调研全区产业发展和重点项目现场交流会培育观摩项目，到宁夏格瑞精细化工有限公司年产1000吨敌稗等系列产品、宁夏吉元冶金集团有限公司冶金废渣综合利用年产18万吨矿棉生产线、宁夏大生生物科技有限公司年产60万吨生物柴油等项目现场，详细了解企业生产经营情况及发展中存在的困难和问题，并就如何进一步加快企业发展提出意见建议。

同日　上海电气（集团）总公司副总裁吕亚臣一行来平考察投资合作事宜，深入宁夏平川化工有限公司、宁夏晟晏实业集团能源循环经济有限公司，详细了解工业企业产品结构及相关产业政策、优惠措施等情况。

23日　自治区国家保密局总工程师雍宁生一行督查平罗县保密工作，到县检察院、公安局，对信息公开保密审查制度建设与落实、互联网门户网站、微博、微信、办公自动化系统和政务邮箱保密管理、保密自查自评制度建立与执行等情况进行督查。

27日　县委书记朱剑主持召开县委2016年度第十一次常委会议。县四套班子主要领导，县委各常委、各相关部门主要负责人参加会议。

同日　石嘴山市政协主席陆军，市委常委、统战部部长刘建军一行看望慰问平罗县部分建国前老党员。

同日　县委书记朱剑参加全县纪念建党95周年慰问活动，走访慰问部分建国前老党员、困难党员、卸任村支书和建档立卡贫困户党员。

28日　自治区副主席刘可为一行调研平罗县农村宅基地制度改革试点工作，深入灵沙乡富贵村、姚伏镇高路村，实地了解宅基地整队退出复垦项目、宅基地有偿使用收费工作及生态移民插花安置情况。

29日　自治区副主席王和山一行到大生生物柴油及中阿物流园建设项目工地，调研平罗县经济运行情况。

同日　平罗县庆祝中国共产党成立95周年大会召开，县委书记朱剑做重要讲话。

同日　平罗县举行"两证合一"不动产权证书颁发仪式，自治区国土资源厅总规划师宋艳萍、自治区住房和城乡建设厅副巡视员郭强共同向陶乐镇庙庙湖村村民姚建业颁发第一本不动产权证书，标志着平罗县不动产统一登记发证工作正式启动。

同日　自治区供销社理事会副主任董万军一行调研平罗县农业社会化综合服务工作，实地调研姚伏供销社农业综合服务中心和渠口农资配送中心。

30日　县委书记朱剑调研全域旅游示范县创建工作，实地查看西线景观廊道规划建设情况，详细了解创建工作中存在的问题及下一步工作思路。

同月　中国移动慈善基金会、自治区民政厅、宁夏慈善总会联合天津泰达国际心血管病医院，开展贫困先天性心脏病儿童救助行动，免费为平罗县71名患有先天性心脏病儿童进行心脏检查，对13名儿童免费进行手术治疗。

同月　平罗县2016年度骨干排水工程被列入银北地区百万亩盐碱地改良项目，计划投资6680万元，治理主干沟道16条70.8千米、面上盐碱地6片4333.33公顷。

同月　平罗县上调高龄低收入老年人基本生活津贴发放标准，具体为：80~89周岁城市高龄津贴标准由每人每月400元提高到450元；80~89周岁农村高龄津贴标准由每人每月220元提高到270元；90周岁以上城乡高龄津贴标准由每人每月450元提高到500元。

同月　全国绿化委员会对在国土绿化事业中做出突出成绩的单位和个人予以表彰，平罗中学荣获全国绿化模范单位。

同月　全区首家风云三号气象卫星地面数据接收系统省级利用站在平罗县建成，7月1日正式投入使用。

7月

1日　县委理论学习中心组成员集中收看庆祝中国共产党成立95周年大会电视直播，聆听习近平总书记在大会上的重要讲话。全县各级党组织近13 000名党员干部通过电视或网络收看大会实况。

3日　县安委会第三次全体(扩大)会议暨百日专项整治行动动员会召开,通报上半年安全生产工作情况,对安全生产百日专项整治行动进行安排部署。

4日　石嘴山市委、政府督查室对平罗县上半年招商引资和争资金工作进行专项督查,听取县人民政府、石嘴山生态经济区、宁夏精细化工基地招商引资和争资金工作情况汇报,实地查看宁夏银北养老院、宁夏松海盛华农林科技开发有限公司枸杞及葡萄籽深加工等项目进展情况。

同日　惠农区党政考察团来平考察企业运行、农村土地改革、特色农业等情况,实地考察宁夏德信恒通管业有限公司管件及法兰项目、宁夏大地循环发展有限公司轮胎生产线及县农村综合改革服务中心、宁夏华泰农农业科技有限公司庙庙湖瓜菜基地等。

11日　石嘴山市产业发展和重点工作现场观摩会与会人员到河东现代农业示范园区、宁夏银北养老院、惠民文化健身公园、宁夏格瑞化工有限公司年产1000吨敌稗等系列产品、宁夏吉元冶金集团有限公司年产18万吨矿棉生产线、宁夏大生生物科技有限公司年产60万吨生物柴油、宁夏晟晏循环经济有限公司循环化改造项目现场,观摩平罗县重点项目建设情况。

同日　江西省余江县委副书记金建华一行调研平罗县农村宅基地制度改革工作情况。

13日　共青团中央"青年之声·点亮未来·守护健康"羚锐小羚羊爱心万里行公益活动在红崖子乡红瑞燕宝小学举行。

13—15日　农业部农村改革试验区试验任务中期评估专家组调研平罗县农村产权流转交易市场建设情况。

14日　自治区副主席曾一春一行来平罗调研"三夏"农业生产工作,实地调研宁夏泰金种业蔬菜制种基地、头闸镇头闸村春小麦机收现场及华泰农沙漠瓜菜产业园。

同日　自治区空间规划(多规合一)第二督导组督查平罗县空间规划试点改革工作进展情况,听取相关工作情况汇报。

同日　自治区推进新型城镇化工作组对平罗县美丽乡村建设工作开展中期督查,实地走访灵沙乡、宝丰镇两个美丽小城镇及姚伏镇周城村、通伏乡金堂桥村等6个美丽村庄。

同日　县委书记朱剑主持召开全县维稳工作会议,全面部署近期维稳相关工作。

14—15日　自治区食品药品监督管理局副局长马如林一行来平考核验收食品安全先进县创建工作,通过听取汇报、审阅资料、实地查看等方式进行综合考评与量化打分。

15日　县委书记朱剑主持召开县委2016年度第十二次常委会议,听取县纪委常委会2016上半年全县党风廉政建设和反腐败工作情况汇报,对第二季度县处级领导干部"干事档案"进行述职测评,研究近期相关工作议题。

同日　石嘴山市委副书记蒋文龄调研平罗县贫困村产业发展情况,实地查看陶乐镇庙庙湖村集中养殖园区,深入庙庙湖村、红翔村、红瑞村开展入户调研,召开座谈会。

18日　石嘴山市市长王永耀一行来平调研贺兰山自然保护区平罗段清理整治工作。

同日　石嘴山市依法治市领导小组来平督查依法治县工作,实地查看渠口乡司法所、石嘴山生态经济开发区"警司调解"示范点、平罗县廉政教育暨公职人员法治教育基地，并召开座谈会。

19日 县委书记朱剑主持召开全县城乡规划建设审批委员会2016年第二次会议，研究泰金种业产业园等建设项目规划方案。

同日 石嘴山市副市长王生林一行检查平罗县教育重点工程建设情况，实地查看平罗县第八中学及头闸镇中心幼儿园施工现场。

20日 全县新型经营主体观摩交流会召开，对宁夏佰青源草业有限公司、盈丰植保专业合作社、众源家庭农场等进行观摩。

同日 全县2016年禁毒工作推进会召开，通报上半年全县禁毒工作情况，对下半年禁毒工作进行安排部署。

20—21日 自治区督察组督察平罗县工程建设领域突出问题专项整治工作情况，听取相关工作情况汇报，实地查看惠民生态健身公园、陶乐一小教师周转房、平罗县2015年农村公路(续建)工程等建设情况，并召开全区工程建设领域突出问题专项整治督察反馈会议。

21日 自治区副主席姚爱兴一行调研平罗县肉羊良种繁育体系建设工作，实地调研宁夏宇泊科技有限公司瀚泉海肉羊繁育基地、通伏乡罗家庄羊场。

同日 泛华集团董事长杨天举一行考察平罗县中阿物流园平罗铁路综合货场项目。

25日 县委书记朱剑主持召开2016年度第十三次常委会议，研究县政府党组、县目标管理考核领导小组办公室、县委统战部、县委组织部相关议题。

同日 上海市农委副主任殷欧一行来平调研上海种业西繁基地建设情况，实地察看渠口乡红旗村玉米制种基地、陶乐镇西繁基地种子加工中心。

同日 农业部市场与经济信息司副司长杜建辉、自治区农牧厅副厅长赖伟利一行来平考察华泰农沙漠瓜菜产业园，了解平罗县蔬菜种植、市场销售、产业发展等情况。

25—26日 国家土地督察武汉局副局长石一连、西安局副专员姚青林一行来平调研农村宅基地制度改革试点工作，听取平罗县农村宅基地制度改革试点工作推进情况汇报，实地察看头闸镇西永惠村、灵沙乡富贵村、陶乐镇庙庙湖村、姚伏镇小店子村和高路村农村宅基地制度改革试点工作开展情况。

26日 石嘴山市副市长刘庆萍一行检查平罗县贯彻落实中央八项规定精神"回头看"活动及整治查处侵害群众利益不正之风和腐败问题工作开展情况。

同日 平罗县2016年群众评议机关作风活动推进会召开，对2015年相关工作情况进行总结，安排部署2016年全县群众评议机关作风活动。

同日 平罗县"七五"普法规划编制座谈会召开，听取"六五"普法决议执行情况和"七五"普法规划编制情况汇报，对《关于在全县公民中开展第七个五年法治宣传教育 全面推进依法治县进程的实施意见》初稿进行讨论。

同日 山西省人社厅副厅长刘海芸一行调研平罗县被征地农民养老保险工作，实地察看县社保局、城关镇民生服务中心相关工作开展情况，深入部分农户家中开展入户调研。

同日 石嘴山市委副书记蒋文龄、副市长武裕国一行来平调研电子商务进农村示范县工作,实地调研农村电子商务公共服务中心、电子商务孵化园(培训中心)、宁夏沙湖辣酱电商服务站和阳光城市花园智慧社区服务站。

27日 自治区空间规划(多规合一)改革试点领导小组调研平罗县空间规划(多规合一)改革试点工作,听取相关工作情况汇报。

同日 中国残联组联部主任、全国动态更新办主任曹跃进一行督查平罗县残疾人基本服务状况和需求信息数据动态更新工作,深入城关镇明月社区、渠口乡渠口村,详细了解信息数据动态更新工作开展情况、存在问题及意见建议。

28日 县委书记朱剑主持召开2016年度第十四次常委会议,研究县政府党组、县委组织部相关议题。

29日 平罗县开展八一慰问活动,县四套班子领导分别走访慰问石嘴山军分区、石嘴山市预备役工兵团、武警石嘴山市支队、县消防大队等驻石部队官兵及部分优抚对象,向他们表示节日的问候。

同日 石嘴山市老干部观摩团考察平罗县产业发展和重点项目建设情况,到宁夏大生生物科技有限公司年产60万吨生物柴油、宁夏大地循环发展股份有限公司一期年产240万条高性能子午线轮胎、宁夏吉元冶金集团有限公司年产18万吨矿棉生产线、惠民文化健身公园等项目现场实地观摩。

同月 自治区统计局对2016年全区大中型企业进行重新核定,全区大中型工业企业共172户,其中平罗县12户,包括大型工业企业4户,分别是宁夏吉元冶金集团有限公司、宁夏大地循环发展股份有限公司、宁夏晟晏实业集团能源循环经济有限公司、宁夏金海永和泰煤化有限责任公司。

同月 平安保险宁夏分公司对姚伏镇团庄村83户菜农的51.47公顷6个品种设施蔬菜进行价格保险赔付,赔付金额169.76万元,发挥价格保险"兜底"作用,让菜农吃上"定心丸"。全县有119户菜农投保62.93公顷政策性蔬菜获赔,赔付金额197.02万元。

同月 平罗县投入30余万元,为10861名符合投保条件农村五保、城镇"三无"、残疾、重点优抚、城乡低保等困难老人购买意外伤害保险,提升困难老年人及其家庭抵御意外伤害能力。

同月 平罗县高考再创佳绩,文理科二本以上上线总人数744人,比上年增加129人,其中一本上线351人。平罗中学吴效晋以673分的成绩居全市理科应届生第一名,被清华大学录取。

8月

1日 自治区代主席咸辉调研平罗县经济社会发展情况,实地调研宁夏大地循环发展股份有限公司轮胎项目和农村综合改革服务中心。

2日 自治区副主席刘可为一行来平督查中央第八环境保护督察组转办事项办理情况,实地察看贺兰山自然保护区平罗段清理整治工作。

同日 自治区纪委常委雍万祥一行调研平罗县纪检监察机关"三转"情况,深入县纪委和城关镇,实地了解"三转"落实情况。

同日 人社部农村社会保险司副司长董英申一行调研平罗县被征地农民和城乡居民养老保险工作,听取相关工作情况汇报,实地调研县社保局、城关镇民生服务中心,深入部分农户家中开展入户调查。

3日　自治区政协副主席安纯人一行来平调研企业科技创新能力提升工作，深入宁夏德信恒通管业有限公司，实地了解企业科技创新现状、科研投入及人才队伍建设等情况。

同日　石嘴山市委书记彭友东、市长王永耀、市政协主席陆军一行调研平罗县金融工作，深入石嘴山生态经济开发区企业家财富沙龙活动现场、平罗农村商业银行和宁夏永华宝来中小企业助贷中心，详细了解金融机构支持地方经济发展情况。

同日　民进中央妇女儿童委员会主任、全国妇联执委、北京大学社会学系教授佟新一行来平调研巾帼脱贫工作，实地调研渠口乡金桥村小群多户养殖基地、华泰农巾帼创业瓜菜种植基地、庙庙湖村"儿童快乐家园"等。

同日　县委中心组理论学习（扩大）会议暨党的民族宗教理论政策培训班召开，邀请自治区讲师团马惠兰教授就党的民族宗教理论政策进行专题辅导。

4日　自治区人大常委会副主任肖云刚一行来平联系督导信访事项，听取平罗县上半年信访工作及重点信访事项情况汇报。

5日　全区引黄灌区盐碱地改良现场推进会在平罗县召开，自治区党委副书记崔波、自治区副主席曾一春一行实地察看第三排水沟姚伏镇张家墩村段。

8日　县委书记朱剑主持召开县委2016年度第十五次常委会议，传达学习区、市上半年经济形势分析会议、自治区城市工作会议、《自治区党委办公厅关于进一步落实全面从严治党主体责任的通知》《自治区党委办公厅 人民政府办公厅关于印发〈党委、政府及有关部门环境保护责任〉的通知》等会议、文件精神，听取县环保局关于中央第八环境保护督察组转办事项办理情况的汇报，研究相关工作议题。

同日　自治区财政厅副厅长吴汉宝一行来平调研财政工作，听取预算执行、国库暂付款规模压缩、政府债券资金使用等情况汇报。

9日　县委书记朱剑调研乐牧·高仁草畜林一体化项目和高仁乡清真牛羊肉生态产业园，了解项目建设情况及存在的困难和问题。

10日　石嘴山市人大常委会副主任余占国、副市长武裕国一行来平视察精准扶贫工作，深入华泰农瓜菜种植基地、庙庙湖村集中养殖园区、红崖子乡红瑞手套加工厂等，了解精准扶贫工作进展情况及取得的成效，并深入部分农户家中开展入户调研。

10—11日　县委书记朱剑调研工业企业，到宁夏银晨太阳能科技有限公司、宁夏宝马化工集团有限公司、平罗县国宁活性炭有限公司、宁夏森源重工设备有限公司等，实地了解企业生产运行情况、存在的困难和问题。

12日　全县空间规划（多规合一）改革试点工作推进会暨改革试点工作领导小组第一次会议召开，传达学习区、市空间规划（多规合一）改革试点工作推进会精神，对相关工作进行安排部署，县住建局、国土局、发改科技局等汇报工作进展情况及下一步工作打算。

13日　县委书记朱剑主持召开县委2016年度第十七次常委会议，研究县人大常委会党组、县纪委、通伏乡党委相关议题。

15日，石嘴山市副市长武裕国一行来平检查防汛工作，深入崇岗镇下庙防汛物资储备库、镇朔湖拦洪库北大闸和黄河二期治理点，实地检查防汛物资储备、拦洪库安全度汛、防洪工程修复等情况。

同日　国家发展改革委国际合作中心调研组对平罗县新型城镇化综合试点工作进行调研评估，深入姚伏镇高路村、惠民生态健身公园及县农村改革服务中心，了解相关工作开展情况。

15—17日　县委书记朱剑到宁夏绿能环保型煤有限公司、太西第三洗煤厂、宁夏金海永和泰冶化有限公司等企业实地调研工业企业运行情况，了解企业生产经营、新项目储备及存在的困难和问题等情况。

16日　县委书记朱剑主持召开县委2016年度第十八次常委会议，组织观看警示教育片《镜鉴》，听取换届工作进展情况及考察工作筹备情况汇报，市委考察组组长刘建军对换届考察工作进行说明。

17日　人社部工伤保险司副司长王宇飞一行督查调研平罗县建筑企业参加工伤保险工作，深入县老年活动中心、桥馨家园B区，了解建筑企业参加工伤保险工作开展及各项政策执行等情况。

19日　县委书记朱剑主持召开中共平罗县第十三届委员会第十二次全体（扩大）会议，市委考察组组长刘建军做动员讲话，全体参会人员对县委、人大、政府、政协领导班子和班子成员、法检"两长"进行民主测评，对遵守换届纪律情况进行问卷调查，投票推荐新一届县四套班子领导成员和法检两长人选。

同日　全县"两学一做"学习教育工作推进会召开，传达学习自治区相关会议精神，对全县"两学一做"学习教育督查情况进行通报。

22—24日　自治区农业农村工作督查组对平罗县农业农村工作开展中期督查，召开座谈会，听取2016年农业农村工作进展情况汇报，深入县农村改革服务中心、盈丰植保专业合作社、乐海山西瓜专业合作社、宁夏华泰农农业科技发展有限公司等进行实地查看，了解农业农村重点工作推进情况及存在的问题。

24日　自治区政协主席齐同生来平讲"两学一做"专题党课，以"坚定理想信念是共产党人高尚的政治品格"为主题，从理想信念是共产党人的精神支柱、坚定理想信念塑造共产党员高尚政治品格、自觉将理想信念内化为人生追求和实践准则三个方面进行阐述。

同日　石嘴山市委书记彭友东一行调研平罗县防汛救灾工作，到崇岗镇二农场渠和一号山洪沟连接段、镇朔湖滞洪区，详细了解受灾及救灾情况。

同日　自治区国土资源厅总规划师宋艳萍一行督查平罗县土地管理领域突出问题专项整治工作，通过听取汇报、座谈交流、查阅资料等方式，对土地管理领域突出问题专项整治及耕地占补平衡项目实施等情况进行检查。

25日　石嘴山市委常委、宣传部部长薛文斌一行到阳光商业广场文化产业城、玉皇阁、宁夏盛夏文化产业有限公司、庙庙湖生态旅游景区及拉巴湖休闲旅游度假村调研平罗县文化旅游产业发展情况。

同日　县委书记朱剑主持召开县委2016年度第二十次常委会议。传达学习《自治区党委办公厅 政府办公厅〈关于中央环保督察组抽查发现永宁县查处首峰公司与事实严重不符有关问题〉的通报》等文件精神，研究县政府党组、县委组织部相关议题，听取全县公务用车制度改革工作情况汇报。

26日 农业部种子管理局局长、中国种子协会会长张延秋一行调研平罗县现代制种产业发展情况，深入宁夏绿荫种业有限公司农作物新品种展示园区、宁夏泰金种业有限公司头闸镇、黄渠桥镇制种示范基地、平罗县兴隆种子有限公司和宁夏兴农蔬菜种苗有限公司蔬菜制种示范基地进行实地调研。

30日 石嘴山市市长王永耀、副市长常晋宏一行来平督查中央第八环境保护督察组转办事项办理情况，实地查看恒辉活性炭厂、阳光焦化有限公司及西大滩两家洗渣厂整改情况，听取转办事项办理情况汇报。

同日 石嘴山市副市长马全，市政协副主席李春兴、李树岩一行视察平罗县住宅小区物业服务管理工作，实地调研府邸金源、阳光城市花园、星海北苑等小区，了解物业运营、服务收费、小区治安、环境维护等情况。

同日 全县工业经济大会召开，传达学习自治区和市人民政府《关于促进工业经济平稳增长的意见》精神，安排部署下一阶段全县工业经济重点工作，兑现县委、政府"培育工业大企业发展企业集团""金鹿工程"及2015年工业企业增产和进规入库奖励政策。

同日 全国农村土地经营权流转相关试点工作培训班学员观摩平罗县农村综合改革试点工作，深入姚伏镇农村产权流转交易服务站、姚伏镇高路村5队、渠口乡众源家庭农场、县农村改革服务中心，了解农村产权抵押贷款、产权自愿有偿退出与插花安置移民、新型农业经营主体培育等工作情况。

31日 全区农办主任观摩组来平观摩农村综合改革试点工作，对姚伏镇祥盛家庭家场、县农村改革服务中心进行实地观摩。

同月 全县13个乡镇党委换届选举工作圆满完成。各乡镇分别召开党员代表大会，审议乡镇党委工作报告和纪委工作报告，采用无记名投票、差额选举产生新一届乡镇党委班子、纪委班子和出席中共平罗县第十四次代表大会代表。

同月 县扶贫办与平罗农村商业银行签订《金扶工程·互助资金》协议，将县财政配套的400万元扶贫小额信贷风险补偿金注入平罗农村商业银行专项基金账户，为全县建档立卡贫困户提供5万元以下免担保、免抵押扶贫小额贷款。

同月 平罗县被自治区命名为首批"食品安全先进县（区）"。

同月 幸福天使美丽中国行"以爱育爱扶贫计划"项目启动仪式在平罗县召开，中国红十字基金会向石嘴山市捐赠总价值150万元的贝因美奶粉，其中平罗县60万元。

同月 县财政局、民政局按照接收安置条件，对2015年121名城乡退役士兵发放自主就业一次性经济补助金492万元，解决城乡退役士兵安置问题。

同月 平罗县积极筹措资金，按每人每年1842元的补助标准，对368名村干部缴纳2015年度养老保险进行补贴，68万元补贴资金全部兑现，保障参加养老保险村干部的切身利益。

9月

1日 自治区政府办公厅副秘书长、信访局

局长蒋元德一行来平督导信访积案化解工作，召开座谈会，听取信访积案化解工作情况汇报。

2日 石嘴山市委书记彭友东一行来平调研文化旅游业工作，实地调研阳光商业广场文化产业城，并召开全市推进文化旅游业发展工作座谈会。

6日 县委书记朱剑调研城市管理工作，实地调研西园街早市、工农东路垃圾压缩中转站、东方明珠早市等地。

同日 全区非公企业和社会组织"两优一先"巡回宣讲活动在平罗县举行。

7日 石嘴山市委副书记蒋文龄一行督查调研平罗县贫困村"五通八有"工作，实地调研红崖子乡红瑞村断头路施工现场、互助资金互助社运行情况及村卫生室。

同日 县委书记朱剑主持召开县委2016年度第二十二次常委会议，研究县人大常委会党组、县政府党组、县委统战部、县委组织部相关议题。

8日 石嘴山市委常委、副市长马志伟带领惠农区政法系统观摩组观摩平罗县政法机关服务型窗口单位建设工作，对县公安局城关派出所社区警务站、黄渠桥司法所、陶乐人民法庭等实地观摩。

9日 石嘴山市领导彭友东、马志伟、陆秀兰、李生成一行来平开展教师节、古尔邦节慰问活动。

同日 全区五市劳动争议调解工作观摩团来平观摩劳动争议调解工作，对宁夏大地循环发展股份有限公司进行实地观摩。

10日 全县教师节表彰大会召开，对100名"教坛新秀"、100名"优秀教师"予以表彰，对全县中高考成绩突出的学校进行奖励。

同月 平罗县与北京鼎元亨泰投资有限公司签订《中韩科技产业园项目投资协议书》，该公司计划在平罗县投资25亿元，建设占地23.33公顷大型中韩科技产业园，主要有新型管材制作、枸杞深加工、饮料加工制作等。

同月 平罗县第八中学正式投入使用。第八中学位于县城32号地块内，占地面积6公顷，总建筑面积1.8万平方米，概算总投资6200万元，可满足1800余名学生、100余名教职工学习、工作需要。

同月 黄渠桥镇、姚伏镇、崇岗镇入选全国重点乡镇。获评后，在政策、土地以及项目安排上将得到国家政策、资金支持，为3个乡镇的发展带来新的机遇。

同月 全县13个乡镇人大和政府换届选举工作圆满完成。各乡镇召开人民代表大会，审议乡镇政府工作报告、人大主席团工作报告，选举产生新一届人大主席团成员和政府班子组成人员。

10月

8日 石嘴山市贫困村发展观光农业启动会在平罗县举行，市委副书记蒋文龄，市委常委、副市长姚立新一行现场观摩"葫芦娃"南瓜等观光农产品，了解种植过程、生长周期及保存期等，听取平罗县贫困村发展观光农业情况汇报。

9日 石嘴山市人大常委会副主任马平安、副市长金花、市政协副主席李斌一行来平开展重阳节慰问活动。

12日 全区产业发展和重点工作现场交

流会与会人员观摩平罗县重点项目建设情况，到宁夏晟晏实业集团重组并购暨循环经济产业园、宁夏大生物科技有限公司生物柴油、宁夏吉元冶金集团资源综合利用、宁夏格瑞化工有限公司精细化工项目现场进行实地观摩。

同日 全县平安建设暨命案防控工作会议召开，传达学习石嘴山市信访联席工作会议精神，通报1—9月全县信访工作及社会治安情况。

14日 石嘴山市人大常委会副主任余占国、副市长金花一行调研平罗县宗教活动场所安全管理情况，深入玉皇阁、高庄清真大寺，了解宗教场所安全管理制度上墙、消防器材配备、电线电缆铺设等情况。

17日 举办县委中心组理论学习（扩大）会议暨"长征精神与宁夏精神"报告会，邀请宁夏军区党史军史办公室顾问、大校曹益民以"长征—永远的丰碑"为主题进行专题辅导。

18日 县委书记朱剑主持召开十四届县委2016年度第一次常委会议，研究县政府党组、县人大常委会党组、县政协党组、县委统战部、县人民法院党组、县人民检察院党组、县机构编制委员会、县纪委相关议题。

19日 自治区副主席曾一春一行调研平罗县秋粮收购、储存工作，实地调研姚伏镇豫强社会化粮食烘干服务站、通伏乡通城村"大农户"科学储粮仓实验点和宁夏储备粮管理公司平罗储备库，了解粮食烘干设备运行、秋粮收购储存等情况。

同日 石嘴山市委副书记蒋文龄一行来平督查市级部门帮扶脱贫工作，对庙庙湖村、红瑞村部分贫困户进行实地走访，了解家庭收入、致富产业发展、部门帮扶等情况，并召开座谈会。

同日 移民村工会成立暨脱贫攻坚爱心助学仪式在陶乐镇庙庙湖村举行。石嘴山市委副书记蒋文龄、市人大常委会副主任张文阁、市政协副主席李生成为新成立陶乐镇庙庙湖村、红崖子乡红瑞村和红翔新村工会授牌，为3个贫困村30名受助学生家长代表每人发放爱心助学金2000元。

同日 中卫市沙坡头区副区长张振宇一行观摩平罗县农村改革工作，对农村综合改革服务中心进行实地观摩，了解平罗县承担的农村宅基地制度改革、农村产权流转交易市场建设等国家级改革试验任务进展情况、主要做法及取得成效。

20日 自治区供销社党组书记桂福田一行来平调研供销社综合改革工作，实地调研渠口供销社现代农业综合服务中心、城关供销社植保土地流转综合服务中心、姚伏供销社农资综合服务中心及电商服务平台。

同日 自治区水利厅副厅长郭浩一行调研平罗县秋季农田水利基本建设工作，实地调研姚伏镇许家桥村、城关镇步口桥村、渠口乡红阳村千亿斤粮食生产能力建设项目和盐碱地改良田间工程。

同日 县委书记朱剑主持召开县处级党员领导干部"两学一做"学习教育第二专题学习讨论会，观看从严治党专题教育片《筑梦路上》，传达学习《中国共产党问责条例》，部分县处级领导围绕"查纪律规矩严不严，树崇严尚实言行准则"做交流发言。

21日 安徽省阜阳市政协副主席李进一行来平观摩农村改革工作，实地观摩姚伏镇高路村五队农村产权自愿有偿退出转让与插花安置移民、渠口乡众农蔬菜种植基地及农村综合改革服务中心。

同日　县委书记朱剑主持召开全县脱贫攻坚工作专题会议，听取陶乐镇、红崖子乡、农牧局、水务局等相关单位情况汇报。

同日　固原市原州区区委副书记米广，区委常委、常务副区长张世贤一行来平考察农村综合改革工作，对农村综合改革服务中心、渠口乡众源家庭农场、姚伏镇高路村五队农村产权自愿有偿退出转让与插花安置移民进行实地考察，了解农村土地承包经营权确权登记颁证、农村产权抵押贷款、农村宅基地制度改革等工作情况。

25日　石嘴山市人大常委会副主任马平安一行来平视察市十三届人大四次会议代表建议和市政府2016年十件民生实事办理情况，实地视察惠民生态健身公园和百万亩盐碱地骨干沟道治理工程。

26日　中央党校宁夏小组调研平罗县基层社会治理工作，对城关镇信访工作规范化建设、金顺社区和谐创建、黄渠桥镇"综治中心"建设进行实地调研。

27日　国家督导组来平督导检查"消除婴幼儿贫血行动"项目实施情况，查阅县妇联、妇幼保健计划生育服务中心相关资料，对头闸镇卫生院进行实地督查，并入户走访部分受益儿童家庭，了解婴幼儿营养包储存、发放及使用等情况。

28日　县委书记朱剑主持召开城乡规划建设审查委员会2016年第四次会议，研究全域旅游西线景观廊道一期和庙庙湖生态旅游区基础设施建设项目。

28日—11月1日　政协平罗县第十一届委员会第一次会议和平罗县第十七届人民代表大会第一次会议召开。

同月，自10月1日"五证合一、一照一码"登记制度改革运行以来，平罗县以"三证合一"工作机制为基础，实行"一套材料、一表登记、一窗受理"工作模式，推行"五证合一"申请、核查、公示等全程电子化登记管理，利用自治区电子政务云平台，实现"数据网上行""企业少跑路"，有效降低创业准入成本，优化营商环境，激发企业活力。

同月　全县孝亲敬老表彰大会召开，对城关镇中心卫生院、县老年大学等7家单位授予2016年度"孝亲敬老模范单位"称号，表彰白琴、许宗庭等10名"孝亲敬老之星""最美老人"。

同月　陶乐镇被授予"中国慢生活休闲体验村镇"称号，是宁夏唯一获此殊荣的乡镇。

11月

1日　自治区党委副书记崔波一行来平调研秋冬季农田水利基本建设工作，深入通伏乡通城村、城关镇步口桥村盐碱地改良项目区实地调研，了解项目区沟道清淤整治及周边农田基础设施建设等情况。

同日　自治区纪委副书记殷学儒一行调研平罗县查处侵害群众利益不正之风和腐败问题暨扶贫领域专项整治工作，对渠口乡党风廉政建设和涉农惠农资金"三级审核""三级备案"机制建设情况实地调研，并召开全市纪检监察工作座谈会，观看《平罗县查处侵害群众利益不正之风工作纪实片》和《王明海违纪违法案件警示录》。

2日　农业部产业政策与法规司司长张天佐一行来平观摩农村综合改革工作,对姚伏镇农村产权流转交易服务站及高路村农村产权自愿有偿退出转让、县农业综合执法大队、县农村综合改革服务中心进行实地观摩。

同日　县委书记朱剑主持召开全县2016年第二次工业项目审查审批会,审查宁夏兴业新型材料有限公司、宁夏昌隆高分子材料有限公司、宁夏格瑞精细化工有限公司等30家企业31个工业项目。

3日　自治区国土厅厅长王政一行督导调研平罗县土地管理领域突出问题专项整治工作,对中阿铁路物流园建设项目、宁夏华益冠益高分子科技有限公司、宁夏富龙房地产开发有限公司等闲置土地处置情况实地查看。

同日　自治区团委副书记丁聘一行来平开展全区共青团工作互比互学活动,对陶乐镇庙庙湖村"七彩小屋""微善之家"建设和"青春扶贫 关爱留守儿童"志愿服务活动开展情况进行实地观摩。

4日　中阿物流园(平罗铁路综合货场)开工暨中亚国际货运班列石嘴山—哈萨克斯坦开行仪式在平罗县举行。

8日　石嘴山市脱贫攻坚(市直部门单位)帮扶工作现场观摩推进会在平罗县召开,市委书记彭友东、市委副书记蒋文龄分别带队深入红瑞村、庙庙湖村,入户走访部分建档立卡贫困户,了解部门帮扶工作实施情况、被帮扶家庭脱贫情况及下一步工作措施。

9日　全县农村综合改革暨统筹推进农村土地制度改革三项试点工作会议召开,宣读《平罗县统筹协调推进农村土地制度改革三项试点工作方案》,通报全县农村综合改革及宅基地制度改革进展情况,对相关工作进行安排部署。

同日　自治区督查组来平督查2016年大气、水污染防治工作,实地查看平罗县众鑫冶炼有限公司矿热炉除尘改造、第一污水处理厂提标改造和威镇湖人工湿地建设等项目。

10日　自治区工商局局长马汉文一行调研平罗县工商行政管理重点工作,实地调研城关市场监督管理所,了解机构整合后市场监管部门各项工作履职情况及存在的问题。

同日　县委书记朱剑主持召开十四届县委2016年度第二次常委会议,传达学习《中国共产党第十八届中央委员会第六次全体会议公报》《关于新形势下党内政治生活的若干准则》《中国共产党党内监督条例》《自治区党委办公厅 人民政府办公厅关于国务院第三次大督查全区自查情况的通报》文件精神及全区产业发展和重点工作现场交流会精神,研究县政府党组、县农村改革工作领导小组、县依法治县领导小组、县委统战部、县委组织部、县纪委相关议题。

14日　自治区党委督查组来平督查乡镇建设工作,召开座谈会了解乡镇机构和干部岗位设置、工作经费保障、干部队伍建设和综治工作力量整合等情况,实地督查渠口乡、黄渠桥镇。

16日　全县脱贫攻坚结对帮扶工作现场观摩推进会召开,由县委、人大、政府、政协相关领导带队,分成两组深入庙庙湖村和红瑞村,入户走访部分移民群众,了解部门帮扶、项目实施、被帮扶家庭脱贫等情况，并召开通报点评会。

同日　自治区信访局副局长邵宁一行来平督查2016年信访工作，召开座谈会听取信访工作开展情况汇报，查阅相关档案资料。

17日　举办县委理论学习中心组（扩大）会议暨党的十八届六中全会精神宣讲报告会，邀请自治区党校副校长郝彤就全会意义、习近平总书记重要讲话精神及《关于新形势下党内政治生活的若干准则》《中国共产党党内监督条例》等方面进行专题讲授。

同日　浙江省慈溪苏博国际贸易有限公司董事长徐金明、山东东阿阿胶股份有限公司副总经理张连伟一行就高端轴承、"阿胶+枸杞"保健品生产项目来平考察，实地考察石嘴山生态经济开发区、中阿物流园、县城西区城市建设和县职业教育中心。

同日　全区残疾人工作现场观摩会与会人员来平观摩残疾人基层组织建设及康复工作，实地观摩渠口乡民生服务中心和石嘴山市阳光启智儿童康复中心，并召开点评会。

同日　县委书记朱剑主持召开全县空间规划（多规合一）改革试点工作领导小组第二次会议，通报县空间规划（多规合一）改革试点工作进展情况，听取县国土局、发改科技局、林业城管局、住建局等部门资源承载能力评价及专题研究成果情况汇报，广州市城市规划勘测设计研究院对《平罗县空间规划大纲初步成果》进行说明。

17日　国务院安委办安全生产专项督查组督查平罗县危险化学品、道路交通领域安全生产工作，深入宁夏格瑞精细化工有限公司和平罗县汽车运输公司，了解企业履行安全生产主体责任、执行安全生产规章制度、隐患排查整改、重大危险源监控及冬季安全防范措施等情况。

同日　全县安全生产会暨2016年县安委会第四次全体（扩大）会议召开，传达学习自治区相关会议精神，通报全县安全生产情况，对下一阶段安全生产工作进行安排部署。

18日　全县"六五"普法总结表彰暨"七五"普法动员大会召开，传达学习全国、全区、全市"七五"普法动员大会精神，表彰"六五"普法先进集体和先进个人，对全县"七五"普法工作进行安排部署。

22日　石嘴山市委副书记蒋文龄来平调研残疾人贫困户脱贫工作，实地调研庙庙湖村、红瑞村，入户走访部分建档立卡贫困残疾人家庭，了解社会救助、家庭收入、部门帮扶等情况，了解盛夏文化产业有限公司移民残疾人手工刺绣情况。

23日　县委书记朱剑主持召开县处级党员领导干部"两学一做"学习教育第三专题学习讨论会，观看专题片《永远在路上》，部分县处级领导围绕"查履职尽责好不好，树担当奉献先锋形象"作交流发言。

24日　自治区食品药品监管局副局长王生礼一行观摩平罗县"明厨亮灶"工作，对平罗中学、阳光盛宴酒店、怡香园食府和县市场监管局餐饮食品监管平台进行实地观摩。

25日　自治区主席咸辉一行来平调研环境保护工作，深入宁夏大地循环发展股份有限公司和宁夏新安科技有限公司，了解热电联产集中供热、燃煤锅炉淘汰和生物医药产业园污水处理情况。

同日 自治区空间规划（多规合一）改革试点工作领导小组督查平罗县空间规划（多规合一）改革试点工作,召开座谈会听取相关工作情况汇报。

同日 全县综治工作会议召开,传达学习全市综治工作会议精神,通报全县信访维稳、矛盾纠纷排查化解工作情况,对综治、平安建设、信访维稳工作进行再部署、再安排。

同月 《人民日报》和《2016中国中小城市发展报告·绿皮书》联合发布第十二届中国中小城市科学发展指数研究成果,平罗县荣登"2016中国最具投资潜力中小城市百强县市"第75位。

同月 平罗县举行2016年"希望工程·圆梦行动"助学金发放仪式,为全县284名贫困大学生和85名建档立卡贫困高中生发放130余万元助学金。

同月 平罗县为符合条件的1321名肢体残疾人发放残疾人机动轮椅车燃油补助34.35万元。

同月 自治区金融改革专项小组对全区2015年金融支持地方经济社会发展先进单位进行表彰奖励,平罗县农村"两权"抵押贷款荣获"金融创新奖"二等奖。

同月 自治区非公局公布第一批自治区级中小企业创业创新梯队企业名单,平罗县44家企业入选。德信恒通管业、银晨太阳能等4家企业被评为创业创新梯队"行业之星",森源重工、立达尔生物等18家企业被评为创业创新梯队"成长之星",大生生物科技、立志耐磨机械制造等22家企业入选创业创新梯队"创业之星"。

同月 平罗县为民政保障对象发放生活补助资金及取暖补贴1556万元,惠及18709人次。

12月

1日 国务院副秘书长、国家信访局局长舒晓琴一行来平调研信访工作,实地调研城关镇综治服务中心和县信访接待大厅。

2日 中央文明办秘书局巡视员王建民一行来平调研社会主义核心价值观和精神文明建设工作,对黄渠桥镇社会主义核心价值观教育实践基地、县国税局廉政教育基地和沙湖爱国主义教育基地进行实地调研。

同日 自治区国土厅总规划师宋艳萍一行调研平罗县农村改革工作,听取农村土地三项制度改革、农村土地确权及插花移民安置土地收储情况汇报,实地查看灵沙乡胜利村和黄渠桥镇四渠村生态移民安置工作。

2—3日 自治区水利厅副厅长郭浩一行来平开展全区农田水利基本建设"黄河杯"竞赛考核评比验收工作,实地查看中小河治理艾依河银川至平罗段二期工程、通伏乡通城盐碱地改良项目区、城关镇步口桥农田水利基本建设项目等,召开考核汇报和验收反馈会议。

5日 县委书记朱剑主持召开十四届县委2016年度第三次常委会议,传达学习石嘴山市第十次党代会及全区科技创新大会精神,对第三季度县处级领导干部"干事档案"进行述职测评,研究县政府党组、县机构编制委员会、县委组织部相关议题。

6日 石嘴山市代市长沈左权来平调研经济社会事业发展情况,实地调研中阿物流园(平罗综合货场)、宁夏松海盛华阳光枸杞葡萄籽加工、惠民生态健身公园项目及县农村综合改革服务中心。

同日　全县村"两委"换届选举动员暨培训工作会议召开，对村"两委"换届选举工作进行安排部署，开展业务知识培训。

7日　石嘴山市委常委、公安局局长徐耀一行来平督查校园周边治安环境整治工作，对平罗中学、城关一小、县回民初级中学和城关回民小学周边治安环境整治情况进行实地检查。

8日　自治区党委政法委副秘书长、综治办专职副主任张佑昌一行调研平罗县加强和创新社会治理工作，召开座谈会听取加强和创新社会治理工作情况汇报，实地调研黄渠桥镇五星村。

9日　国务院食安办来平督查农村食品安全治理工作，实地检查汇源集团平罗有限公司、平罗县第六中学食堂、鑫伟辉农牧开发有限公司、黄渠桥镇小胡百货商店和吴忠馒头店，并召开座谈会。

10日　国家质检总局产品质量监督司副司长孙会川一行督查平罗县特种设备和危险化学品安全监管工作，实地督查宁夏格瑞精细化工有限公司安全生产大检查开展情况，了解特种设备安全隐患排查整治、危险化学品标准化管理、应急预案的制定和落实等情况，并召开座谈会。

13日　县委书记朱剑调研2017年拟建基础设施项目，实地调研石嘴山生态经济开发区和宁夏精细化工基地，了解两个园区2017年拟建项目的规划、选址、布局等情况。

同日　举办县委中心组理论学习（扩大）会议，邀请自治区党校法学部主任、教授周晓军就推进法治政府建设进行专题辅导。

15日　自治区党委常委、副主席李锐一行调研沙湖环保治理工作，实地查看第三排水沟沙湖段治理情况及沙湖内循环系统净化氧化塘，并参加沙湖环保治理及生态修复工程启动仪式。

同日　自治区副主席马力一行来平调研卫生计生和安全生产工作，实地查看新安科技化工有限公司、城关镇卫生院、县妇幼保健院、石银高速公路石嘴山至平罗连接线工程。

同日　石嘴山市委副书记蒋文龄，市委常委、副市长常晋宏一行督查平罗县无冬闲工作情况，实地查看中阿物流园平罗站改扩建、第三排水沟平罗段水污染治理威镇湖节流净化、宁夏松海盛华农林科技开发有限公司5000吨葡萄籽和5000吨枸杞干果深加工项目，召开座谈会听取无冬闲工作情况汇报。

同日　县委书记朱剑调研2017年城市道路建设情况，到纬二路、鼓楼大街南延伸段、纬八路等地，了解2017年城市道路规划、设计、建设等情况。

16日　自治区副主席刘可为一行督导平罗县空间规划（多规合一）改革试点工作，召开座谈会听取工作进展及空间规划编制框架思路等情况汇报。

21日　自治区人社厅副厅长张宏伟一行来平开展治理拖欠农民工工资问题年终督查考核，实地查看县老年活动中心和银北养老院，了解农民工实名制管理、工资支付、清理拖欠农民工工资突出问题等情况，并召开督查反馈会议。

同日　全县首届"我最喜爱的人民警察"颁奖典礼举行，对获得"我最喜爱的人民警察"荣誉称号的10名警察进行表彰奖励。

22日　石嘴山市委副书记蒋文龄一行来平调研劳动争议调解工作，实地查看宁夏大地循环发展股份有限公司，了解劳动争议调解室运行、"工字号"劳动争议调解专项行动开展等情况。

同日　自治区工商局副局长王为民一行来平开展2016年度打击传销暨创建"无传销县（区）"工作考评验收，对星海社区实地检查，了解社区开展打击传销工作的做法及成绩，现场查阅相关资料。

同月　由县扶贫办牵头，会同农牧、人社等部门组成8个验收组，对全县建档立卡贫困户及移民脱贫攻坚产业发展、就业创业情况全面验收，根据《平罗县脱贫攻坚产业发展扶持办法（试行）》《平罗县脱贫攻坚就业创业扶持办法（试行）》兑现补助资金364.255万元，增加移民群众收入，帮助其尽快实现脱贫致富。

同月　平罗县11家企业被认定为自治区科技型中小企业，经认定的企业科技创新后补助标准将提高到30%～40%。全县有27家企业通过自治区科技型中小企业认定。

同月　平罗县举行"爱心企业资助幸福"惠民行动捐赠仪式，平罗县巴黎皇室慈善影楼、新百电器、赛菲尔黄金为45名困难群众捐赠价值12000余元物资，为全县13个乡镇发放爱心卡4000份，优惠价值近40万元。

同月　平罗县盐碱地造林树种"盐柳1号""鲁桎1号"引种繁育及造林试验项目通过自治区林业厅验收。

同月　平罗县举办第三次全国农业普查培训班，对镇村两级普查人员就农户普查各项指标进行专题培训，确保全县第三次全国农业普查工作顺利开展。

同月　水利部黄委会主任石玉金一行来平检查考核2016年水利安全生产工作，实地检查头闸水厂，查阅相关资料。

同月　平罗县争取到2016年中央财政湿地保护奖励和补贴资金800万元，主要用于天河湾国家湿地公园建设，建设内容包括湿地保护与恢复、科研与监测、宣传教育、基础设施及配套工程建设等。

同月　《平罗县永久基本农田划定方案》经自治区国土厅、农牧厅审核通过，批准实施。

同月　县市场监管局行政审批窗口被国家工商总局授予全国"商事制度改革企业登记工作成绩突出窗口单位"荣誉称号。

同月　平罗县为13个乡镇拨付540万元临时救助资金，解决城乡居民因遭遇突发事件、意外伤害、重大疾病或其他特殊原因导致基本生活难以维持问题，确保城乡困难群众顺利过冬。

1—12月　平罗县加强高龄老人津贴发放管理工作，为全县2007名高龄老人发放高龄津贴、困难生活补贴和取暖费858万元，将党和政府的惠民政策落到实处，确保高龄老人享受到改革发展成果。

组织机构及领导名录

中国共产党平罗县委员会

书　记　朱　剑
副书记　马莉方　毛精明（8月离任）
　　　　李彦炜（8月任）
常　委　朱　剑　马莉方　李彦炜（8月任）
　　　　李　刚　杨　超　全明亮　任　杰
　　　　谢　丽（8月任）　吴永福
　　　　王彦锋（8月任）　刘　超（8月任）
　　　　代　彬（2015年9月挂任）
　　　　邵剑波（2月挂任）　李宇华（9月挂任）
　　　　毛精明（8月离任）　周学斌（8月离任）
　　　　李建龙（8月离任）　李春平（5月离任）
　　　　马　路（2月离任）　李金泉（8月离任）

平罗县第十六届人大常委会

（2012年10月—2016年10月）

主任、党组书记　马长青
党组副书记　李治民（8月离任）
　　　　　　岳阳春（11月离任）
副主任　李治民（8月离任）　金凤霞
　　　　杨连银　李维元
办公室主任　贾学军
　　副主任　王建军
财经委主任　尹志明（6月离任）
　　　　　　骆根川（6月任）
教委主任　郑惠贤（6月离任）
　　　　　张善君（6月任，9月离任）
　　　　　马海忠（9月任）
法工委主任　黄善清（6月离任）
　　　　　　刘仲富（6月任）
选委主任　李志听（6月任）

平罗县第十七届人大常委会

主任、党组书记　马长青
党组副书记　岳阳春（11月离任）
　　　　　　顾自军（11月任）
副主任　顾自军　金凤霞　杨连银　李维元
办公室主任　贾学军
　　副主任　王建军
教委主任　马海忠
财经委主任　骆根川
法工委主任　刘仲富
选委主任　李志听

平罗县人民政府

县长、党组书记　马莉方
党组副书记　杨　超
副县长　杨　超　代　彬（挂任）
　　　　邵剑波（2月挂任）　李宇华（9月挂任）
　　　　蒋新录　周福祯　李晓坤
　　　　郭建军（11月任）　马瑞娟（5月离任）

　　　　李春平(5月离任)　马　路(2月离任)

政协第十届平罗县委员会

（2012年10月—2016年10月）

主　席　马占金(10月离任)
　　　　毛精明(8月提名为主席候选人)
党组书记　马占金(8月离任)
　　　　毛精明(8月任)
党组副书记　唐志宏(2月离任)
　　　　顾自军(2月任)
副主席　唐志宏(2月离任)　顾自军　张建丽
　　　　杨树仁(8月提名为副主席候选人)
秘书长　姜　峰(6月离任)　王玉林(6月任)
办公室主任　尤建民
　　　　副主任　李惠霞(6月离任)
　　　　　　　白　云(8月离任)
县政协专委会办公室主任　李惠霞(6月任)

政协第十一届平罗县委员会

（2016年10—12月）

主席、党组书记　毛精明
党组副书记　顾自军(11月离任)
　　　　杨树仁(11月任)
　　　副主席　杨树仁　张建丽　张宝华
　　　秘书长　王玉林
办公室主任　尤建民
县政协专委会办公室主任　李惠霞

中共平罗县纪律检查委员会

书　记　全明亮
副书记　班学忠(6月离任)　王　志　梁海霞
办公室主任　王学军

党风政风监督室主任　雍海威(6月任)
案件审理室主任　刘君芹
案件监督管理室(信访室)主任　马宝红(6月任)
信访室主任　马宝红(6月离任)
宣教中心主任　沈红建
纪检监察一室主任　王　轩(6月任)
第一纪检监察室主任　周建锋(6月任)
纪检监察二室主任　田学东(6月任)
第二纪检监察室主任　田学东(6月离任)

平罗县人民武装部

部　长　李　刚
政　委　赵登科

平罗县人民法院

党组书记、院长　王德俊(8月离任)
　　　　杨光明(8月任)
副院长　梁宁平　龚明胜　张宁喜
执行局局长　童占海
纪检监察室主任　杨国林
政工科长　王　强
办公室主任　林　森
司法警察大队队长　路泽宁
立案庭庭长　孙永凯
刑事审判庭庭长　杨惠琴
民事审判一庭庭长　何志兵
民事审判二庭庭长　魏香玲
审判监督庭庭长　吴莉红
行政审判庭庭长　赵文琴
执行一庭庭长　燕　峰
执行二庭庭长　吴建军(7月任)
陶乐人民法庭庭长　王华勇

姚伏人民法庭庭长 王学宗
头闸人民法庭庭长 李 蕾(7月任)
沙湖人民法庭庭长 左 军(7月任)
黄渠桥人民法庭庭长 马瑞玲(7月任)

平罗县人民检察院

党组书记、检察长 高 勇(8月离任)
　　　　　　　　 李 洁(8月任)
副检察长 张 钢 路 联 范秀红
纪检组长、检务督察室主任 吴进祥(7月离任)
政工(纪检)室主任 丁建国
反贪污贿赂局局长 王 卫
　　专职检委 杨雪峰
　　办公室主任 田 巍
公诉科科长 王建胜(7月离任) 李 伟(7月任)
侦查监督科科长 杨国海(7月离任)
　　　　　　　 姚 涛(7月任)
反渎职侵权局局长 马淑珍(7月离任)
　　　　　　　　 虎桂花(7月任)
控告申诉检察科科长 王克林(7月离任)
　　　　　　　　　 王建胜(7月任)
民事行政检察科科长 王华燕(7月任)
检察技术科科长 张 莉(7月离任)
　　　　　　　 高云峰(7月任)
司法警察大队队长 化 亮(7月离任)
　　　　　　　　 李 磊(7月任)
政 委 孙 亮

县委工作部门

【县委办公室】
主 任 郭建军
副主任 马学军 王立刚 刘万宗(6月离任)
　　　 杨占斌(6月任)
县委机要局局长 郭建军
县委保密办主任 郭建军
县档案局局长、县志办公室主任 邢宏亮
副局长 田梅玲

【组织部】
部 长 吴永福
副部长 徐 峰(6月离任) 姚东海 樊利军
　　　 简 军(4月任) 姜 峰(6月任)
县直机关工委书记 姚东海
　　　　　　　　 副书记 李志听(5月离任)
　　　　　　　　　　　　 张 川(6月任)
非公有制经济组织党工委副书记
　　　　　　　 简 军(4月离任) 陈晓亮(9月任)
老干部局局长 徐 锋(6月离任)
　　　　　　 姜 峰(6月任)
副局长 强永清

【宣传部】
部 长 李建龙(8月离任) 谢 丽(8月任)
常务副部长 许立辉
副部长 王 军 赵燕萍(5月任)

【政法委员会】
书 记 毛精明(8月离任) 李彦炜(8月任)
常务副书记 罗占华
副书记 王占宏 杨春玲

【统战部】
部 长 周学斌(8月离任) 刘 超(8月任)
常务副部长 吴会军
副部长 马建忠 骆根川(5月离任)
　　　 代正礼(5月任)

【政策研究室】
主 任 王玉林(6月离任) 徐明忠(6月任)

副主任 李生泰(6月离任) 耿　锋
　　　　征自武(6月任)

【编办】

主　任 张善君(5月离任)　周　洋(5月任)

副主任 解永忠　毛秀梅(4月离任)

事业登记管理局局长 郭华利(5月任)

【党校】

校　长 吴永福(12月离任) 李彦炜(12月任)

党支部书记、常务副校长 万慧军

党支部副书记、副校长 包进平(4月离任)

副校长 周志文

【网络安全和信息化办公室】

主　任 叶荣宏(2月任)

副主任 岳　荣(2月任)　陆平安(2月任)

群众团体

【总工会】

主　席 杨连银

常务副主席 吴成宁

　　副主席 赵冬梅

工会经费审查委员会主任 许瑞民

【共青团平罗县委员会】

书　记 郭兆芹(6月离任)

副书记 杨立刚(6月离任)　郭　琦(6月任)

　　　　谷　亮(8月任,主持工作)

【妇联】

主席、党支部书记 张国瑛(5月离任)

　　　　　　　　黄学梅(5月任)

副主席、县妇儿工委办主任 吴银涛(5月离任)

副主席 马树新

【残疾人联合会】

理事长、党支部书记 丁光林

副理事长 陆　波(6月离任)　白海涛

【工商联】

主席、党组书记 骆根川(5月离任)

党组书记、副主席 代正礼(5月离任)

　　　　副主席 李晓佳　王银和(6月离任)

【科学技术协会】

主　席 刘德军

【伊斯兰教协会】

秘书长 吴忠明

【文联】

主　席 岳昌鸿

政府工作部门

【政府办公室】

党支部书记、主任 魏振国

副主任 吴忠山　徐明忠(6月离任)

　　　　李自军(6月离任)　王宗涛(4月任)

　　　　王　林(6月任)　　黄　飞(6月任)

　　　　张燕萍(8月任)

信息中心主任 叶荣宏(2月任)

　　　　副主任 贺　波(2月任)

政务服务中心主任 童海军

　　　　副主任 李宁娣　马英才

机关事务管理中心主任 任　娟

　　　　　　副主任 翟淑娟　白　岗

【信访督办局】

局　长 吴忠山

副局长 张燕萍(8月离任)　赵燕萍(5月离任)

　　　　路建宁　牛慧强(5月任)

　　　　马凤斌(8月任)

【公安局】

局长、党委书记、督察长 任　杰

政委、党委副书记 陈东升
党委副书记 马增贵
纪委书记 范怀志
纪委副书记 崔　超
副局长 马增贵　王宏伟　贺立兵　张志祥
指挥中心主任 刘志明
警务保障室主任 林　云(7月离任)
政工监督室主任 秦建平
法制大队队长 杨　梅
　　　教导员 郭　锐
国内安全保卫大队大队长 马学林
　　　　教导员 何耀华
治安管理大队队长 吴宝清(7月离任)
　　　教导员 刘勇鸿
刑侦大队队长 杨怀斌(7月离任)
　　　教导员 王彦峰
禁毒大队队长 何文东
　　　教导员 王彦宁
经侦大队队长 杨　兵
　　　教导员 王志维
网络安全保卫大队队长 马瑞芳
　　　　教导员 苏建平
交警大队队长 李学磊
　　　教导员 刘　冬
汝箕沟分局局长 郭志力
　　　教导员 征海峰
城关南街派出所所长 李长青
　　　教导员 李学虎
　　　　副所长 顾海涛　吴军平
城关北街派出所所长 骆文卿
　　　　教导员 朱登利(7月离任)
　　　　　　　陈维义(7月任)

副所长 雍　杰　马保英
沙湖派出所所长 胡新华
　　　教导员 王经宇(7月离任)
　　　　　　吴宝清(7月任)
　　　副所长 赵金豹
太沙派出所所长 马建红
　　　教导员 何兆军
　　　副所长 张　军　闫生旗
崇岗派出所所长 吴建国
　　　教导员 李国宝(7月离任)
　　　　　　杨怀斌(7月任)
　　　副所长 朱　杰　樊爱平(7月任)
姚伏派出所所长 徐文川
　　　教导员 余宏亮
　　　副所长 王　鹏　李　仁(7月任)
黄渠桥派出所所长 朱进峰
　　　教导员 李学章
　　　副所长 马学峰　岳建国(7月任)
宝丰派出所所长 陈维义(7月离任)
　　　　　　　朱登利(7月任)
　　　教导员 李万靖
　　　副所长 丁海军
渠口派出所所长 王洪兵
　　　教导员 汪立平
　　　副所长 高吉业、王爱林
陶乐派出所所长 骆幸福(7月离任)
　　　教导员 马宏瑞(7月离任)
　　　　　　马洪杰(7月任)
　　　副所长 马建荣　张　宏(7月任)
红崖子派出所所长 无
　　　教导员 贺金云
　　　副所长 张星宁

森林派出所所长 孔 军
　　教导员 郭永平
　　副所长 马海珍
草原派出所所长 杨 成
　　教导员 李晓云
　　副所长 王 飞
高庄派出所所长 张学利
　　教导员 刘 宁
　　副所长 吴会民
灵沙派出所所长 范怀志
　　教导员 徐 红
　　副所长 李小龙(7月任)
高仁派出所所长 贺立兵(兼任)
　　副所长 郭新惠
通伏派出所所长 张志祥(兼任)
　　教导员 薛 玲
　　副所长 马少军
交通治安派出所所长 王学惠(7月离任)
　　　　　　　林 云(7月任)
　　教导员 王尚海
　　副所长 王秉政
头闸派出所所长 马学兵
　　教导员 马桂军
　　副所长 刘学平

【监察局】
局　长 班学忠(6月离任) 王 志(12月任)
副局长 雍海威(6月离任) 周建锋(6月任)

【发展改革和科学技术局】
党委书记、局长 闫志强
党委副书记 马淑华(5月离任)
　　　　　吴伏龙(8月任)
副局长 马淑华(5月离任) 许宗信 刘建忠
　　　 吴伏龙 温新兵
国民经济动员办公室专职副主任 罗 鹏
统计普查中心主任 征自武(6月离任)

【财政局】
党总支书记、局长 张宝华
党总支副书记、副局长 彭小华
副局长 王志娟 沙占友
　　　 刘 洋(9月离任,财政厅挂职)
国库支付中心主任 刘俊荣
副主任 苏万龙(5月离任)

【农业综合开发办公室】
主　任 赵 虎(5月离任) 苏万龙(5月任)
副主任 张建忠 李自斌 朱 瑾

【审计局】
局长、党支部书记 谭 润
党支部副书记 殷月星
副局长 殷月星 王建文 王东芳

【人力资源和社会保障局】
局长、党总支书记 岳存山(5月离任)
　　　　　　　　赵 军(5月任)
党总支副书记 金 宝(6月离任)
　　　　　　 刘彦龙(6月任)
副局长 金 宝(6月离任) 刘彦龙 王鑫荣
　　　 黄志刚(7月任) 许 峰(7月任)
就业创业服务局局长 李兴文
　　副局长 吴国权
社会保险事业管理局局长 王新国
　　党支部书记 张 鸿
　　副局长 王 娟
医疗保险事务管理中心主任 邹 韬
　　党支部书记 张 伟
　　副主任 顾永华 王梅花

劳动保障监察大队队长 解银锁
　　　　副队长 冯明宏
人才交流服务中心副主任 陈晓亮(9月离任)
劳动人事争议仲裁院院长 马春霞

【民政局】

局长、党支部书记、县社会组织工委书记 姚 农
党支部副书记、副局长 张建荣
副局长 马少华 王艳霞
县社会组织工委专职副书记 马晓华
县老龄工作委员会办公室主任 陈桂香

【司法局】

局长、党总支书记 罗少荣
党总支副书记 张 梅
副局长 张 梅 王雪梅 杨 彦(6月任)
　　　 刘海荣(6月离任)
公证处主任 李继军

【工业和信息化局】

局长、党委书记 陈晓燕
党委副书记 张银军
副局长 张银军 徐建军 李志强
　　　 杨 坚(4月挂任)
　　　 赵水法(浙江挂职,2月离任)

【安全生产监督管理局】

局长、党支部书记 马建虎
副局长 张爱娟(6月离任) 呼志军 马海龙
　　　 王银和(6月任)

【交通运输局】

局长、党委书记 李 杰
党委副书记、纪委书记 周广喜
副局长 周广喜 徐 敬 王新林(4月离任)
县交通战备办公室专职副主任
　　　 李振华(4月离任) 王新林(4月任)

公路管理段段长 张宝臻(3月离任)
　　　　　　　 万随山(3月任)

【国土资源局】

党支部书记、局长 昝树诚
纪检组长 欧月英(7月离任)
副局长 陈学华(8月离任) 张立川
　　　 王占全(7月任)
土地收购储备中心主任 沈海国

【住房和城乡建设局】

党委书记、局长 赵 军(5月离任)
　　　　　　　 马志明(5月任)
党委副书记 张 斌
副局长 张 斌 吴学贵 代国忠(4月离任)
　　　 杨立升 王德军(5月离任)
　　　 施明龙(2月离任) 王晓波(7月离任)
　　　 郜秀蓉(4月任) 章 声(4月挂任)
纪委书记 郜秀蓉(4月任)
建设工程质量监督站长 夏振崇
房屋产权产籍管理所所长 王晓波(7月离任)
　　　　　　　　　　　 王新龙(7月任)
党支部书记 贾金林
副所长 贾金林 王新龙(7月任)
　　　 毛建民
建筑管理站站长 刘金虎(7月离任)
城市建设规划站站长 贾新利
　　　　　　　副站长 王金荣
供热公司经理 韩会荣
　　　　副经理 杨 勇 段学仁

【环境保护局】

党支部书记、局长 谭生奇
党支部副书记 曹广正
　　　副局长 曹广正 闫学锋

　　　　　　　　　王　林（5月离任）

环境监测站副站长　范　敏　曹学芝

【农牧局】

党委书记、局长　马立军

党委副书记、纪委书记　王平胜

副局长　王平胜　杨万里　黄　霄　王兴民

移民工作办公室主任　李金泉（2月离任）

常务副主任　闫生俊（2月离任）

副主任　陈新荣　吴光贤（2月离任）

扶贫开发办公室主任　樊　燕

　　　　　副主任　吴光贤（2月任）　王　波

农业技术推广服务中心主任　马建平

　　　　　党支部书记　张光和

农业机械化推广服务中心主任　赵俊平

　　　　　党支部书记　付惠玲

　　　　　副主任　李金潮　申金和

　　　　　　　　　王玉林

农业综合执法大队队长　刘金华

动物卫生监督所所长

　　　　　马建勤（4月离任）　谭　俊（4月任）

动物疾病预防控制中心主任

　　　　　朱学荣（4月离任）　任永斌（4月任）

畜牧技术推广服务中心主任

　　　　　谭　俊（4月离任）　朱学荣（4月任）

农副产品加工流通中心主任　王万银

　　　　　副主任　马兆平　史建宁

水产技术推广中心主任

　　　　　任永斌（4月离任）　马建勤（4月任）

农村合作经济经营管理站站长　王　云

　　　　　副站长　关尚德　白惠敏

　　　　　　　　　徐春霞（2月离任）

草原管理站站长　苏凤军

副站长　李金星　张建新

农牧场场长　戎建华（6月任）

　　　副场长　余翠萍　田学保

良种繁殖场场长　孙　伟

鱼种场场长　董建平

【农村土地经营管理制度改革办公室】

主　任　顾自军

副主任　徐春霞

【农村综合改革服务中心】

主　任　徐春霞（2月任）

副主任　贺　波（2月任）　周学忠（2月任）

【林业和城市管理局】

局长、党委书记　代正礼（5月离任）

　　　　　卢军国（5月任）

党委副书记　路占利

副局长　路占利　杨占斌（6月离任）

　　　王月兰（4月离任）　王建宝　杨学军

　　　陆　波（6月任）

林业技术推广服务中心主任　戴新义

　　　　　党支部书记　杨玉宝

　　　　　副主任　杨金荣

苗木繁育中心副主任　王洪鸣　张建宁

陶乐治沙林场场长、党支部书记　贺永春

副场长　牛　钟

黄河湿地保护林场党支部书记、场长　王　华

城市公共事业管理所所长　哈建国

　　　　　副所长　马新福（6月离任）

　　　　　　　　　张鸿军　李鹏伟

　　　　　　　　　王文龙（6月任，8月离任）

城市管理大队队长　李建军

　　　　　副队长　王万新　桂　斌

　　　　　　　　　王晓东（8月离任）

【平罗中学】

校长、党总支副书记　马新民

党总支书记、副校长　温大为

　　　　副校长　杨国保　李占龙　王胜利

办公室主任　张振华(4月任)

　　　副主任　李　鲲(4月任)

教导处主任　马吉元

　　　副主任　丁晓军(4月任)　赵永亮(4月任)

德育处主任　王保定

　　　副主任　魏学军(4月任)

总务处主任　王宗明(4月任)

　　　副主任　马占锋(4月任)

保卫处主任　项　飞(4月任)

【职业教育中心】

主　任　史旭东(3月离任)　徐学红(3月任)

常务副主任　李佳铭(3月离任)

党总支书记　崔利华

党总支副书记　胡文忠(3月离任)

　　　副主任　刘　鹏　李雪峰

　　　　　　　周　茜(4月任)

　　　　　　　史　涛(4月任)

【教育体育局】

局长、党委书记　许东铭

党委副书记　马海忠(8月离任)张善君(8月任)

　　　副局长　马海忠(8月离任)　张玉琴

　　　　　　　徐学红(3月离任)　蒋海龙

　　　　　　　艾治东(6月离任)　张宏旗

　　　　　　　胡淑娟(5月任)　胡新华(7月挂任)

　　　　　　　张善君(8月任)

教育考试中心主任　雍文林

　　　副主任　杭改英

教育教学研究室副主任　徐万江

县政府教育督导室主任　莫惠珍(4月任)

　　　副主任　莫惠珍(4月离任)

　　　　　　　李佳铭(4月任)

　　　　　　　吴国杰(4月任)　徐　敏

【文化旅游广电局】

局长、党委书记　王宗贵

　党委副书记　李冬梅

　　　副局长　李冬梅　张　宇(4月离任)

　　　　　　　梁海涛　张永春(4月挂任)

　　　　　　　张学林(11月任)

广播电视台台长　程宁红

　　　　副台长　马文燕　邢海敏

文化馆馆长　田金霖

党支部书记　蔡自荣

图书馆馆长　戚桂萍

　　　副馆长　李　娜

电影公司经理　韩晓明

【卫生和计划生育局】

局长、党委书记　刘永红(4月离任)

　党委书记　钱　丽(5月任)

　党委副书记　刘瑞武

　　　副局长　刘瑞武　曹学华　余春梅

　　　　　　　高金梅　王金立

　　　　　　　钱　丽(5月任,主持工作)

石嘴山市第三人民医院(平罗县人民医院)

院长、党总支书记　王久林

　　　副院长　钱　丽(5月离任)　王金立

　　　　　　　孙建勤　杨生堂

平罗县中医院

院长、党总支书记　冯奇刚

　　　副院长　叶尚聪　张洪侠　何建富

疾病预防控制中心主任 王利忠
   党支部书记 佘桂香
    副主任 佘桂香 李 蓉
      樊宗元(8月离任)
妇幼保健计划生育服务中心主任 丁明福
   党支部书记 段进成
    副主任 段进成
      王宁馨
卫生监督所所长 王玉林
  副所长 林海亮 赵丽华

【民族宗教事务局】
局　长 马建忠
副局长 徐新荣(6月离任)
清真食品管理办公室主任 郭学龙

【水务局】
局长、党委书记 李志高
党委副书记 陈小龙
副局长 陈小龙 董绍兵 黄青锁
   闫建军
水利灌溉管理中心主任 毛建军
   副主任 郭跃进 杨学斌
防汛指挥部办公室主任 李占清
   副主任 马鹤鸣 黄晓菊
水土保持工作站站长 丁建明
   党支部书记 段学平
    副站长 李爱梅 罗 祥
宁夏水投平罗水务有限公司监事会主席
    胡　明(8月任)

【商务和经济技术合作局】
党支部书记、局长 王新民
副局长 路 双 胡雪君 谈静涛
  屠孝忠(4月挂任) 岳振武(11月任)

【市场监督管理局】
党委书记、局长 李志杰
党委副书记 胡兴斌
副局长 胡兴斌 余建明 曹 军
   安存秀
县食品安全委员会办公室专职副主任 李雪斌
稽查大队队长 李树强
城关市场监督管理所所长 汤东尧
城郊市场监督管理所所长 吴 哲
崇岗市场监督管理所所长 杜兴华
沙湖市场监督管理所所长 杨 轲
姚伏市场监督管理所所长 薛 军
陶乐市场监督管理所所长 杨立峰
黄渠桥市场监督管理所所长 杨学文

【供销社】
党委书记、主任 王建华
副主任 王怀东

【石嘴山生态经济开发区】
党工委书记、管委会主任 郭玉福
管委会副主任 谭新山
办公室主任 张国立
   副主任 许 峰(7月离任)
经济发展局局长 孙 涛
   副局长 丁颜兵
资源利用和规划建设局局长 冯 瑞(5月任)
     副局长 冯 瑞(5月离任)
      范建军
      田婷婷(11月任)
产业促进局局长 赵生瑞
   副局长 杨 静

【宁夏精细化工基地管委会】
党工委书记 赵 虎(5月任)

管委会主任 郭 忠(9月离任)
党工委副书记 刘学林(6月任)
　　　　副主任 达江峰(5月任) 刘学林
　办公室主任 吴保利
经济发展和产业促进科科长 骆 红
资源利用和规划建设科科长 姜艳涛

【煤炭集中区服务中心】
主　　任 黄 理
党总支书记 代洪山
　　　副主任 代洪山　李宗明　郭俊峰

【崇耀煤炭经营管理有限公司】
董事长 黄 理
总经理 代洪山

【德渊市政产业(集团)有限公司】
董事长、总经理 段学平
副总经理 李 斌　马锦波　陆学智
　　　　王晓波(7月任)

乡　镇

【城关镇】
党委书记 李金泉(8月离任)　王彦锋(8月任)
党委副书记、镇长 冯 斌
人大主席 李金泉(6月离任)　张爱娟(5月任)
党委副书记 梁 静(5月任)
　　　　蔡少峰(5月离任)
　　　　李长青(6月离任)
　　　　徐忠庆(6月离任)
　　　　刘仲富(5月离任)
纪委书记 王建虎
副镇长 牛惠强(5月离任)　徐忠庆(6月离任)
　　　王会文(5月离任)　郭建广(6月离任)
　　　余 燕(5月任)　　张 瑞(5月任)

组织委员 龚 潇(7月任)
武装部长 尚建亭

【陶乐镇】
党委书记 周 洋(5月离任)　张万青(5月任)
党委副书记、镇长 丁志军(4月任)
人大主席 王凤岐(5月任)
党委副书记 王凤岐(5月离任) 靳桂琴
纪委书记 路漪冰
副镇长 张立东(5月离任)　王丽萍(5月离任)
　　　宁建军　王玉林(5月离任)
　　　闫占清(5月任)　张书涵(5月任)
组织委员 王 慧(7月任)
武装部长 王明海(3月离任)　丁光山(5月任)

【姚伏镇】
党委书记、人大主席 张万青(5月离任)
党委书记 吕占林(5月任)
党委副书记、镇长 吕占林(5月离任)
　　　　　　　郭兆芹(5月任)
人大主席 艾治东(5月任)
党委副书记 贾华荣(5月离任)
　　　　王继萍(5月任)
纪委书记 靳贵军
副镇长 王继萍(5月离任)　李志听(5月离任)
　　　刘万俊(5月任)　　刘 逵(5月任)
组织委员 杨巧凤(7月任)
武装部长 丁光山(5月离任)　刘 逵(5月任)

【黄渠桥镇】
党委书记、人大主席 马志明(5月离任)
党委书记 雍珍善(5月任)
党委副书记、镇长 任生虎
人大主席 石德文(5月任)
党委副书记 张素玲

纪委书记 魏学敏(5月离任) 何立明(5月任)
副镇长 石德文(5月离任) 孙　涛
　　　 李　波(5月任) 张　蕾(5月任)
组织委员 杨建华(9月任)
武装部长 杨洪军(5月离任) 李　波(5月任)

【崇岗镇】

党委书记 谢生良
党委副书记、镇长 李长林
人大主席 谢生良(5月离任) 刘海荣(5月任)
党委副书记 王银平(5月离任)
　　　　　 黄　理(5月离任) 梁　迈
纪委书记 吕永红
副镇长 王文龙(5月离任) 王　浩
　　　 杜　涛(5月任) 郑海秀(5月任)
组织委员 杨金莲(7月任)
武装部长 李　明(5月离任) 关尚升(5月任)

【宝丰镇】

党委书记 王金才
党委副书记、镇长 杨自飞
人大主席 王金才(5月离任) 吴银涛(5月任)
党委副书记 王利民
纪 委 书 记 宁玉军(5月离任) 陈永虎(5月任)
　　　副镇长 余　燕(5月离任) 王建兵
　　　　　　 闫晓庆(5月任) 王　萍(5月任)
人大副主席 仇学文(5月离任)
组织委员 胡亚萍(9月任)
武装部长 刘万俊(5月离任) 程瑞军(5月任)

【头闸镇】

党委书记、人大主席 卢军国(5月离任)
党委书记 杨安青(5月任)
党委副书记、镇长 李　刚(5月离任)
　　　　　　　　 贾华荣(5月任)

党委副书记 黄小亮(5月离任)
　　　　　 王　霞(5月任)
纪委书记 王　霞(5月离任)
　　　　 丁海军(5月任)
副镇长 丁海军(5月离任)
　　　 王　显(5月任) 吴　磊(5月任)
　　　 田生元(5月任)
组织委员 杨　静(7月任)
武装部长 黄立峰(5月离任)
　　　　 王　显(5月任)

【高庄乡】

党委书记 马海桥
党委副书记、乡长 刘桂莲
人大主席 马海桥(5月离任) 闻立峰(5月任)
党委副书记 苏万龙(5月离任)
　　　　　 王生林(5月任)
纪委书记 梁建华
副乡长 岳文艳　王生林(5月离任)
　　　 王建武(5月任) 周　惠(5月任)
组织委员 王　鑫(9月任)
武装部长 李建宁(5月离任) 吴晓亮(5月任)

【灵沙乡】

党委书记 马春朝
党委副书记、乡长 陈东华
人大主席 马春朝(5月离任) 李文忠(5月任)
党委副书记 闻立峰(5月离任)
　　　　　 仇学文(5月任)
纪委书记 何立明(5月离任) 王　娜(5月任)
人大副主席 李建军(5月离任)
副乡长 王　娜(5月离任) 赵桂萍(5月任)
　　　 马学荣(5月任) 马佳佳(5月任)
组织委员 潘建熙(7月任)

武装部长 李 波(5月离任) 全 志(5月任)

【渠口乡】

党委书记 黄学梅(5月离任) 刘学军(5月任)

党委副书记、乡长 刘学军(5月离任)
　　　　　　　　祁振发(5月任)

人大主席 黄学梅(5月离任)
　　　　 李生泰(5月任)

党委副书记 孟 超(5月离任)
　　　　　 桂学利(5月任)

纪委书记 桂学利(5月离任)
　　　　 王丽萍(5月任)

副乡长 张妍华(5月离任) 李志超
　　　 李 明(5月任)
　　　 高婷婷(5月任)

组织委员 汤 玲(7月任)

武装部长 戎建华(5月离任) 李志超(5月任)

【通伏乡】

党委书记 方志斌

党委副书记、乡长 杨安青(5月离任)
　　　　　　　　李自军(5月任)

人大主席 方志斌(5月离任) 张妍华(5月任)

党委副书记 吴少兵

纪委书记 李志圣

副乡长 何建如(5月离任) 李晓军
　　　 赵学琼(5月任) 刘 刚(5月任)

组织委员 梁伟超(9月任)

武装部长 沙光鑫(5月任)

【红崖子乡】

党委书记 周 浩

党委副书记、乡长 王少贵(4月离任)
　　　　　　　　李生华(5月任)

人大主席 周 浩(5月离任)
　　　　 刘万宗(5月任)

党委副书记 张学利(5月离任)
　　　　　 吴万忠(5月离任)
　　　　　 何建如(5月任)

纪委书记 陈永虎(5月离任) 李 菊(5月任)

副乡长 金自云(5月离任)
　　　 叶荣宏(2月离任)
　　　 白 超(5月任) 杜艳红(5月任)
　　　 马仲武(5月任)

组织委员 张凤丽(7月任)

武装部长 白 超(5月离任) 杨洪军(5月任)

【高仁乡】

党委书记、乡长 雍珍善(5月离任)

党委书记 李 刚(5月任)

党委副书记、乡长 万晓山(5月任)

人大主席 万晓山(5月离任)
　　　　 吴瑞刚(5月任)

党委副书记 仇学勇(5月离任)
　　　　　 焦 峰(5月任)

纪委书记 董彩霞

副乡长 杜 涛(5月离任)
　　　 焦 峰(5月离任)
　　　 余 冬(5月任) 赵 雪(5月任)

组织委员 杨 涛(7月任)

武装部长 罗 祥(5月离任)
　　　　 余 冬(5月任)

驻平区、市属单位

【国税局】

局 长 杜尚礼(6月离任) 马克己(6月任)

副局长 王永强 吴良晖 孙 伟
　　　 李 波(6月离任) 李鼎陶

纪检组长 李 波(6月任)

【地税局】

党组书记、局长 焦宏斌(11月离任)
　　　　　　　孙　岸(11月任)
　党组副书记 刘建国(6月离任)
　　　　　　 马生勋(6月任)
　　副局长 马生勋(6月离任)
　　　　　 刘　华(8月离任)
　　　　　 谢文军(8月离任)
　　　　　 俞行利(8月任)　张庆生(8月任)
纪检组长 俞行利(8月离任)　贺云飞(8月任)

【国网平罗县供电公司】

经理 岳东明
党支部书记 马崇伟
　副经理 张红武　张　骞

【国家统计局平罗调查队】

队　长 贾晓军(3月离任)　李俊杰(3月任)
副队长 俞海宁　李俊杰(3月离任)
纪检员 李　燕
队长助理 丁成玉(3月任)

【烟草专卖局、石嘴山市烟草公司平罗分公司】

局长、经理 白玉强(9月离任)
副局长、副经理 白　涛(9月任,主持工作)
副局长 白　涛(9月离任)　贾　勇(9月任)
副经理 吕学芳(9月离任)　甄文鹏(9月任)

【气象局】

局　长 舒志亮
副局长 李学斌　王忠娃

【中国人民银行平罗县支行】

行　长 姚宗华
副行长 苗　向
纪检组长 侯西虎

【中国农业银行平罗县支行】

行　长 黄　浦
副行长 朱永明　王世汝　海建忠

【中国建设银行股份有限公司平罗支行】

行　长 范卫平(5月离任)
副行长 吴　瑛(6月任) 孙　华　巩文武

【中国工商银行平罗支行】

行　长 魏　刚
副行长 李　建　王艳军

【农业发展银行平罗支行】

行　长 薛　斌
副行长 周海燕　马旺升

【邮政储蓄银行平罗支行】

行　长 徐永江
副行长 何春霞

【中国银行平罗支行】

行　长 苗福来
副行长 何　立　黄　婧

【宁夏平罗农村商业银行】

董事长 苏义学
行　长 王立银
监事长 王亚萍
副行长 刘　杰　杨　胜　周东海
董事会秘书 雪永鹏

【宁夏银行平罗支行】

行　长 郭　军
副行长 吴文平(8月离任)
行长助理 陈国宏(3月离任)　朱新荣(8月任)
　　　　 贺　勇(10月任)

【沙湖村镇银行】

董事长 赵满平
行　长 张　震(9月离任)

监事长 杨晓明

副行长 吕国强

财务总监 李尚坤

行长助理 徐新明

工会主席 蔡　旭（7月离任）

　　　　　吕国强（7月任，9月离任）

　　　　　杨晓明（10月任）

【石嘴山银行】

行　　长 王丽娟

行长助理 王雅娟　马　瑞

【中国人保财险平罗支公司】

副 经 理 高永春

经理助理 冯建宇

【中国人寿保险股份有限公司平罗支公司】

总经理 李宏学

副总经理 郭　军

总经理助理 杨学军

【安邦保险平罗支公司】

负责人 全玉萍

【石嘴山市住房公积金管理中心平罗县管理部】

主　任 刘　旭

【移动公司平罗分公司】

经　理 李晓华

副经理 袁培龙

【联通公司平罗分公司】

总经理 庞尊法

营销服务部经理 李　进

【平罗电信分公司】

总经理 陈　枫

副总经理 叶红霞

工会主席 赵立军

【平罗县邮政局】

局　长 周　红

副局长 陈学江

【平罗县道路运输管理所】

所　长 张兴和

党支部书记 吴少明

副所长 徐　杰　田　雷

【石嘴山市星泽燃气有限公司平罗分公司】

经　理 任　军

党支部书记 高宝龙

经理助理 高宝龙　商广宁

平罗综览

人文地理

【地理位置】

平罗县位于宁夏回族自治区北部,黄河青铜峡灌区下游。地处东经 $105°57'42''\sim106°58'2''$,北纬 $38°36'8''\sim39°5'13''$。东、西分别连接内蒙古自治区鄂托克旗和阿拉善左旗,南邻贺兰县,北与石嘴山市大武口区、惠农区接壤。南北宽约 55 千米,东西长约 84.5 千米。黄河从平罗穿越八乡镇,县境内长 9.5 千米,年径流量 1408 万立方米。西边的贺兰山阻隔腾格里沙漠,是银川平原的自然屏障。全县土地总面积 2060.84 平方千米。主要种植春小麦和水稻。水稻品质优良,享誉全国。县域湖泊广布,植被丰茂。被誉为"西部百强县、塞上小江南"。

【自然资源】

黄河从县境穿越,县境黄河以西地区有干、支渠 7 条,其中干渠有唐徕渠,县境内长 51.8 千米;惠农渠县境内长 46.1 千米;西干渠、县境内长 3.5 千米;县境内贺兰山区和黄河东岸陶乐地区储有丰富的煤炭资源,"太西"煤(无烟煤)产地汝箕沟矿区总面积 26.6 平方千米。煤炭资源基础储量 40194.3 万吨,探明储量 23702.9 万吨。太西煤(无烟煤)煤质素以"三低六高"著称,即灰分低、低硫、低磷、发热量高、比电阻率高、机械强度高、精煤回收率高、块煤率高、化学活性高。贺兰山东麓洪积扇地区储有大量的天然建筑用砂。蕴藏大量的天然矿石。其中分布在大、小水沟内的辉绿岩详查储量达 720 万吨。岩石主要为沉积岩,品种有:砂砾岩、石英岩、炭质页岩、砂质页岩、泥浆岩等。砖用黏土主要分布在西大滩地区和河东台地地区。

【建置沿革】

先秦,为少数民族戎狄部落游牧之地。汉武帝元朔至元狩年间,在今崇岗镇建廉县,属北地郡辖。三国两晋,为羌族、匈奴族及鲜卑族乞伏部落游牧之地。北魏,孝昌二年(526 年)后,属灵州。西魏,隶属灵州普郡回乐县。北周,属怀远郡怀远县辖。唐代初,属关内道灵州怀远县;先天二年(713 年)属关内道定远军(今姚伏镇东)辖;开元九年(721 年),为朔方节度使定远军辖;后为定远县,景福元年(892 年)改为警州。西夏,属定州、定远县(今姚伏镇东)辖。元代末,属甘肃行中书省及宁夏行省定州辖。明代,嘉靖三十年(1551 年),改设平虏守御千户所,直隶陕西都司,辖今银川以北地区。清代,初沿清制;雍正二年(1724 年)改平虏守御千户为平罗县,隶属宁夏府辖。民国 18 年(1929 年),隶属宁夏省。中华人民共和国成立初,属宁夏省;1954 年属甘肃省银川专署;1958 年属宁夏回族自治区辖;1972 年属银北地区,1975 年属石嘴山市辖至今。

【人口变化】

明嘉靖二十一年(1542年)县境有人口707户3486人。清雍正年间，从宁夏、宁朔、中卫、灵州、固原等地招民到平罗落户。至乾隆四年(1739年)，平罗人口增至16490户158360人。到清末，因天灾人祸，民国30年(1941年)人口为60894人，后因河南难民流入，1949年，全县人口增至87547人。建国后，各地支边人员逐步流入，人口自然增长较快，1953年第一次人口普查时，人口增至120163人。1956年后，河南、陕西、浙江等地移民迁入8031人，1964年第二次人口普查，县人口138986人。1972年中宁县枣园公社移民迁入1167人，1982年第三次人口普查，全县人口229957人。1990年第四次人口普查，全县人口245626人。2000年第五次人口普查，全县人口266599人。2004年原陶乐县三乡镇合入平罗县，全县总人口为288372人。2010年第六次人口普查，全县人口253010人。自2011年至"十二五"末，全县共搬迁安置移民5364户27134人，其中生态移民3764户18045人，插花移民1300户7956人，劳务移民300户1133人。2016年末，全县户籍总人口310282人，其中汉族191433人，占总人口的61.696%，回族118032人，占总人口的38.04%，其他少数民族817人，占总人口的0.264%。

经济建设

【概况】

2016年，全县地区生产总值150.11亿元，同比增长7.3%；地方财政公共预算收入8.02亿元，同比下降6.9%；地方财政公共支出33.53亿元，同比增长7.5%；固定资产投资165.41亿元，同比增长3.6%；城镇居民人均可支配收入分别达22739元，增长7.2%；农村居民人均可支配收入12196元，增长7.6%。平罗县先后荣获国家园林县城、国土资源节约集约模范县和自治区文明县城、卫生县城等荣誉称号，三次跻身"全国最具投资潜力中小城市百强县"。

【综合实力】

2016年，全县地区生产总值150.11亿元，同比增长7.3%；地方财政公共预算收入8.02亿元，同比下降6.9%；地方财政公共支出33.53亿元，同比增长7.5%；固定资产投资165.41亿元，同比增长3.6%；城镇居民人均可支配收入分别达22739元，增长7.2%；农村居民人均可支配收入12196元，增长7.6%。

【产业结构】

2016年，产业结构不断优化，三次产业比重由2012年的14.5:58.8:26.7调整到12.9:58.1:29，对经济增长贡献率分别为8.3%、64.2%、27.5。"4+4"产业引领工业转型升级。实施循环化改造企业26家，大地、晟晏、吉元等企业成为循环发展的典范，凌云化工、恒利冶金等企业成功转型、实现多元发展。累计实施新兴产业项目26个，丽珠药业、德信恒通管业等一批项目投产达效，成为新的经济增长点。推进企业组团发展、产业集群发展，中钢与滨河碳化硅、中煤与金海永和泰开展战略合作。格瑞化工、森源重工等30家中小企业成长为全区"专精特新"企业，银晨太阳能被评为国家高新技术企业。2016年，全县规上工业实现增加值71.7亿元，增长8.2%。"4+4"产业占工业经济比重达67%，骨干企业成为支撑工业发展的主要力量。"一优四特"产业带动农业扩规增效。"一带三路"八个示范园区产业发展格局基本形成，粮食实现"十三连丰"，被国务院授予全国粮食生产先进县。制种面积达1万公顷，成功举办三届种业博览会。草畜产业稳步发展，规模养殖场达128个，牛羊肉产量年均稳定在1.5万吨和2万吨。瓜菜面积稳定在1.2万公顷以上，年均产量达100万吨。生态水产面积稳定在6666.67公顷以上，"一优四特"产业占农业经济比重达89%。实施银北百万亩盐碱地改良、中低产田改造、国土整治等项目，改良盐碱地2.81万公顷，新增耕地0.7万公顷，连续三年荣获自治区农田水利基本建设"黄河杯"竞赛特等奖，提高现代农业发展水平。多元业态助推现代服务业活跃发展。建成石嘴山国际建材城、宏泰商业广场、汇融新天地等商业综合体，24家社区蔬菜直销店投用，红星美凯龙、宁夏国际皮革城等知名商家落户平罗，中阿物流园开工建设，全国电子商务进农村和全域旅游创建扎实推进，消化存量商品房4002套43.9万平方米，金融保险、中介服务等新兴业态日益活跃。2016年，全县实现社会消费品零售总额23.88亿元，同比增长6.9%，三产对经济增长贡献率逐年提升。

【对外开放】

累计投资30亿元，实施沙湖750千伏变电站、红陶公路、污水处理厂、黄河水厂等项目，建设园区道路117千米、供排水管网112千米、天然气管道38千米。建立园区按耗能标准退出机制，化解过剩产能494万吨，淘汰落后产能企业42家，兼并重组"僵尸企业"95家。打赢规范发展煤炭市场攻坚战，依法取缔搬迁涉煤企业201家。石嘴山生态经济开发区晋升为自治区级经济开发区，经济总量跃居全区32个工业园区第二位，增速位于全区"五大十特"园区之首，被列入国家循环化改造示范试点园区，改善宁夏精细化工基地、平罗煤炭集中区发展环境。开展"三争双招"活动，累计引进招商项目427个，完成投资505.6亿元，连续三年荣获全区招商工作先进县。累计争取中央、自治区、市各类资金148.5亿元，年均增长6.3%。

社会建设

【城乡建设】

2016年，县城建成区面积达15.3平方千米，常住人口城镇化率达47.88%。投资40亿元实施城建项目62个，改造棚户区、城中村93万平方米10447户，综合整治老旧小区72万平方米7860户，惠及群众2.8万人。新修城市道路19千米，铺设供水、供热、供气管网43.1千米，实施唐徕渠带状公园二期、惠民生态健身公园、县城区热电联产集中供热等一批项目，提高居民生活质量。加快智慧城市建设，供水、供暖、供电"一卡通"工程启动，数字平罗地理空间信息实现共享，智能交通及智慧城管系统投用。实施美丽乡村"八大工程"，建设农村公路291千米，实现农村安全饮水、垃圾集中处理、村级柏油路、班线车通行全覆盖，完善城乡基础设施。建成特色小城镇6个、美丽村庄示范点25个，崇岗、姚伏、黄渠桥镇被列为全国重点镇。实施县城区、园区及企业、主干道路、生态移民区等绿化工程，新增造林5133.33公顷，森林覆盖率达12.5%，城市绿化覆盖率达40.1%，人均公共绿地面积达10.2平方米。实施滨河大道两侧、天河湾湿地公园等水系工程，新增湖泊湿地866.67公顷。开展大气、水、土壤污染协同防治和环境保护行动计划，提标改造第一污水厂，治理恢复贺兰山东麓生态环境，提升城乡环境质量。

【内生动力】

2016年，深入推进行政审批制度改革，行政审批事项减少51%，审批办结时限总体压缩50%。推行"三证合一、一照一码"登记制度，新增各类市场主体4523个，新增注册资本165亿元。实施机关事业单位养老保险制度改革。创新投融资体制机制，争取国家专项建设基金项目16个6.9亿元，引导和支持60多家企业融资36亿元。参股石嘴山市鑫鼎担保公司和宁夏永华宝来助贷基金中心，成立助贷过桥基金，帮助企业实现融资5.7亿元。推进国家和自治区赋予的改革试点任务，农村土地经营管理制度改革创造"平罗经验"，在全区推广、全国交流。推进农村"两权"抵押贷款试点，办理抵押贷款7亿元，农村产权流转交易市场交易额达12.6亿元。探索开展农村宅基地制度改革，宅基地确权登记60557户，在超占有偿使用、新增有偿取得、审批县域统筹、转让政府补贴方面实现突破。实施农村小型水利工程管理制度改革，国家级农村信用体系示范区基本建立，全区深化农村改革现场推进会在平罗县召开。全国新型城镇化综合改革试点和全区空间规划（多规合一）改革试点全面展开，推进国有林场、供销社、国有企业等领域改革。

【发展成果】

推进大众创业、万众创新，新增城镇就业1.33万人，转移农村劳动力14.1万人，城镇登记失业率控制在3.9%以内。发放5.2亿元小额贷款，助力农村妇女、高校毕业生、退役军人、城镇困难人员等群体创业就业。实现城乡居民医疗、养老、大病保险全覆盖，城乡低保惠及困难群众1.45万人。投资3.2亿元完善养老服务体系，建成老年活动中心、农村老饭桌、城乡社区服务站等养老服务机构131个（所），建成启用残疾人康复中心。投资19.75亿元建成各类保障房、安置房11804套，解决6010户低收入家庭住房问题。投资1.8亿元新建改造中小学、幼儿园23所，政府购买校车服务，保障农村学生安全上学，提高乡村教师待遇，成功创建国家义务教育发展基本均衡县，职教中心顺利承接宁夏卫校，实现独立办学。加快公共卫生服务体系建设，公共卫生服务中心、县医院外科大楼和传染病区等建成投用，改扩建乡镇卫生院8个，新建村级卫生室73个，县乡村三级公共卫生服务体系基本形成。推进县级公立医院综合改革，全面取消药品加成，为群众节省医药费用8600万元。推行先住院后付费等服务模式，实施分级诊疗和医师多点执业，方便群众就医看病。实施文化惠民工程，县文化馆荣获全国文化科技卫生"三下乡"先进集体，黄渠桥镇文化站荣膺全国优秀文化站，国家公共文化服务体系示范区创建通过验收。

【脱贫攻坚】

2016年，搬迁安置移民4213户22128人，插花移民经验全区推广。全面部署脱贫攻坚工作，将1951户10454名建档立卡人口脱贫任务分解到市县159个部门，压实责任，结对帮扶。实施四项脱贫计划，开展五个助力行动，出台产业发展、就业创业、教育脱贫、金融脱贫等扶持办法，增强贫困人口自我脱贫能力。设立400万元风险补偿金，发放各类贴息贷款1634万元，为876户贫困户发放互助借款787万元，实施庙庙湖集中养殖园区、构树种植基地等13个脱贫项目，发展牛羊、獭兔、肉鸽养殖692户，庭院拱棚种植3200户，实现劳务就业4878人，289户在运输、销售、餐饮等三产领域自主创业，实现户均增收近万元。

【社会和谐】

投资6000万元建成智能图控系统及红崖子消防站、派出所等设施，完善社会治安立体化防控体系，提升群众安全感，平安建设经验在全区交流，连续两年被自治区命名为平安县。开展法治平罗建设，检务警务公开透明，提高执法司法公信力，"六五"普法通过国家验收。落实安全生产"党政同责、一岗双责、失职追责"，开展政府购买安全生产专业服务试点，安全生产形势总体稳定。食品安全网格化监管成效明显，荣获自治区食品安全先进县。信访工作保持"四下降一好转"态势，全区信访工作规范化建设现场会在平罗县召开。荣获全国人民防空先进单位、防震减灾示范县，连续8次荣获全区双拥模范县，全区民族团结进步模范集体，全县民族团结、宗教和顺、社会稳定。

【政府效能】

完成政府机构改革，政府部门、乡镇权力和责任"两个清单"公布实施，"政务云"平台上线运行，提升行政审批效率。严格按制度办事，修订完善政府重要会议议事规则和职权目录，成立政府法律顾问团，政府决策更加规范、民主、科学。完善政府重大事项向县委报告制度，自觉接受县人大及其常委会法律监督和县政协民主监督，办理自治区、市、县人代会议案、代表建议和政协提案745件，办结率95.8%。认真听取各民主党派、工商联、无党派人士意见建议，支持工会、共青团、妇联、科协等人民团体依法开展工作。认真贯彻中央八项规定及自治区、市、县若干规定，开展党的群众路线教育实践活动、"三严三实"专题教育、"两学一做"学习教育，推动作风持续改进和工作有效落实。坚持把纪律和规矩挺在前面，严格履行党风廉政建设"党政同责、一岗双责"，加大财政资金绩效评价、审计监督和行政监察力度，加强干部队伍廉政建设，提升政府公信力和执行力。

中国共产党平罗县委员会

综　述

【概况】

2016年，全县地区生产总值、地方公共财政预算收入分别是150.11亿元、8.02亿元；实现规上工业增加值71.7亿元，增长8.2%；城乡居民人均可支配收入分别达到22736元、12196元。连续五年荣获全国双拥模范县，先后获评国家园林县城、全国休闲农业与乡村旅游示范县、国土资源节约集约模范县、全区民族团结模范集体、自治区文明县城、卫生县城等荣誉称号。

【结构调整】

坚持把加快转变经济发展方式作为主线，改造提升传统产业，加快培育壮大特色产业，形成多元发展、多极支撑的产业格局。工业"4+4"产业链条延伸、循环发展、加速转型，五年来实施循环化改造企业26家，大地循环、晟晏能源等骨干企业规模扩张、效益提升，成为支撑工业发展的主要力量，丽珠药业、格瑞化工等一批新兴产业项目投产达效，大地轮胎二期、大唐平罗火电等一批战略性项目开工建设，新型工业化迈出实质步伐。农业"一优四特"产业布局优化、特色显现、提质增效，国家农业科技园区核心区基本形成，河东现代农业示范区初具规模，建成盛华阳光、天源復藏等草畜一体化产业园，华泰农、中青等沙漠瓜菜产业园，培育家庭农场等新型经营主体356个，成功举办三届种业博览会，农业适度规模经营比重达40%，特色优势产业比重达89%，提升农业现代化水平。提高现代服务业多元发展活力和比重，建成石嘴山国际建材城、宏泰商业广场、汇融新天地、沙湖水镇等商业综合体，红星美凯龙、宁夏国际皮革城等知名商家落户平罗，中阿物流园启动建设，推进国家全域旅游示范县、全国电子商务进农村示范县，三产对经济增长贡献率达到29%。落实"三去一降一补"五大任务，以壮士断腕的决心，淘汰落后产能企业42家，兼并重组"僵尸企业"95家，依法取缔搬迁涉煤企业201家，化解过剩产能494万吨，消化存量商品房4002套43.93万平方米。

【对外开放】

坚持把园区作为引领经济发展的重要引擎，科学调整完善发展规划，加快水、电、路、气等基础设施建设，五年累计投资32.7亿元，建设园区道路117千米，供排水管网112千米，天然气管网38千米，实施沙湖750千伏变电站、污水处理厂、黄河水厂等一批重大项目，提升园区承载大项目、大企业能力，企业全部入园发展，为加快发展奠定坚实基础，石嘴山生态经济开发区经济总量跃居全区31个工业园区第二位,仅次于宁东能源化工基地。开展"三争双招"活动,围绕主导产业、特色产业,突出产业链招商、以商招商、以企招商,支持企业与央企、行业龙头企业开展战略合作,五年引进招商项目542个,投资595亿元,是上一个五年的3.2倍,连续四年荣获全区招商工作先进县。加大争资金力度,争取中央和区市各类资金162亿元,是上一个五年的2.9倍。

【城乡面貌】

全面推进新型城镇化,县城建成区面积扩展到15.3平方千米,全县常住人口城镇化率达到47.88%。空间布局逐步优化,实施镇村体系规划编制,城乡总体规划暨"三规合一"取得重要成果,获批全区首批空间规划(多规合一)改革试点县。完善城市功能,五年投入40亿元实施62项城建工程,改造棚户区、城中村93万平方米,改造整治老旧小区72万平方米,改善老城区人居环境;新修城市道路19千米,打通一批断头路,居民出行更加方便快捷;实施热电联产集中供热、天然气入户、饮水安全等项目,建设唐徕渠、饮马湖、惠民文化健身公园等市民休闲场所,提高居民生活质量。推进美丽乡村建设,新建农村公路291千米,建设美丽村庄示范点25个,改善农村人居环境。实施国土整治、盐碱地改良、高标准农田建设等工程,改良盐碱地28133.33公顷,新增耕地8800公顷,提高农业综合生产能力,连续三年荣获全区"黄河杯"特等奖。实施主干道路大整治大绿化等造林绿化工程,新增造林6266.67公顷,森林覆盖率12.5%,城市绿化覆盖率40.1%,人均公共绿地面积10.2平方米,提高城乡环境质量。

【群众生活】

坚持惠民利民导向,在财政收入增速放缓、支出压力加大的情况下,财政支出75%用于民生事业,每年办好十件民生实事,解决民生热点难点问题。全面打响脱贫攻坚战,搬迁安置生态移民4213户22128人,实施四项脱贫计划、五项助力行动,出台脱贫攻坚"20条"扶持政策,提高贫困人口生活水平。推进大众创业万众创新,新增城镇就业1.68万人,转移农村劳动力16.9万人次,城镇登记失业率控制在3.9%以内。促进城乡教育优质均衡发展,投入2.9亿元,新建改建中小学校、幼儿园31所,成功创建国家义务教育发展基本均衡县,承接宁夏卫生学校,实现独立招生、独立办学。健全完善社会保障体系,城乡居民基本养老、医疗、大病保险实现全覆盖,城乡低保惠及困难群众1.45万人,建设城乡养老服务机构40家,投入19.75亿元建设保障房、安置房1.18万套98.88万平方米,解决6010户低收入家庭住房问题。深化医药卫生体制改革,推进县级公立医院改革,全部取消药品加成,推行"先住院后付费"服务模式,为老百姓节省医药费用8600万元。实施文化惠民工程,国家公共文化服务体系示范区通过验收。

【社会和谐】

创新社会治理模式,"两个中心"规范运行,城乡网格化服务管理全覆盖,推进和谐社区创建。平安建设成效显著,投资5627万元建成智能图控系统点位163处、智能交通系统点位2905处,完善社会治安立体防控体系,提升公众安全感,平安建设经验在全区交流,获评全区"平安县"称号。推进法治平罗建设,推行检务、警务公开,提高执法司法公信力,"六五"普法顺利通过国家验收。高度重视信访工作，健全矛盾纠纷排查调处机制，推行领导干部开门接访、包案化解等制度，信访工作连续五年保持"四下降一好转"态势，全区信访工作规范化建设现场会在平罗县召开。落实安全生产"党政同责、一岗双责、失职追责"，安全生产形势总体稳定。深化民族团结进步创建，巩固民族团结、宗教和顺的良好局面。

【发展动力】

坚持把深化改革作为推动发展的根本之策，主动承接国家和自治区赋予的改革试点任务，重点领域和关键环节改革形成一批制度性成果。实施政府机构改革，实施"两个清单"，推行"一门受理、多证联办"审批服务，行政审批事项减少51%。推行"三证合一、一照一码"，新增各类市场主体4523个，新增注册资本165亿元。创新投融资机制，争取国家专项建设基金项目16个6.94亿元，引导支持60家企业直接融资36亿元，融资难问题逐步缓解。推进七项国家级农村改革试点，农村土地经营管理制度改革创造"平罗经验"，在全区推广、全国交流，实现农村产权抵押贷款6.93亿元，流转交易额12.53亿元，老百姓真正享受到改革带来的红利，推进农村宅基地制度改革、新型城镇化综合试点、农村信用体系建设、国有林场改革、供销社综合改革等。

【党的建设】

落实全面从严治党主体责任，开展党的群众路线教育实践活动、"三严三实"专题教育、"两学一做"学习教育，严格贯彻中央"八项规定"精神，驰而不息纠治"四风"，强化宗旨意识，改进干部作风，密切党群干群关系。坚持正确的选人用人导向，注重在基层一线选拔任用干部，推进领导干部能上能下，落实乡镇领导班子换届工作，激发干部队伍生机和活力。实施"强基创优"工程，整顿软弱涣散党组织28个，非公经济党组织覆盖率达78.2%，夯实基层基础。妥善处置不合格党员，保持党员队伍的纯洁性。全面落实党风廉政建设"两个责任"，建立健全责任清单、述责述廉、纪律审查协作区、巡察工作等制度机制，坚定不移惩治腐败，严肃查处一批违纪违法案件，营造风清气正、干净干事的良好从政环境。支持人大及其常委会依法履职，支持政协认真履行参政议政职能，统战、人武、群团、老干部等工作取得新进展，为推进改革发展稳定做出积极贡献。

重要会议

【县委全体扩大会议】

县委十三届十一次全体会议　6月21日召开，县委书记朱剑主持会议。会议审议通过《关于召开中国共产党平罗县第十四次代表大会的决议（草案）》。

县委十三届十二次全体会议　8月19日召开，县委书记朱剑主持会议。石嘴山市委考察组组长刘建军作动员讲话，全体参会人员对县委、人大、政府、政协领导班子和班子成员、法检"两长"进行民主测评，对遵守换届纪律情况进行问卷调查，投票推荐新一届县四套班子领导成员和法检"两长"人选。

县委十三届十三次全体会议　9月23日召开，县委书记朱剑主持会议。会议审议通过《中共平罗县第十三届委员会工作报告》（讨论稿）、《纪律检查委员会工作报告》（讨论稿）；研究中共平罗县第十四次代表大会有关事宜。

【代表大会】

第十四次代表大会　9月27—29日召开。会议听取和审查县委书记朱剑题为《坚持五大发展理念　加快"四个平罗"建设　为与全市同步全面建成小康社会而努力奋斗》的中国共产党平罗县第十三届委员会工作报告；听取和审查中国共产党平罗县纪律检查委员会工作报告；选举中国共产党平罗县第十四届委员会；选举中国共产党平罗县纪律检查委员会；选举平罗县出席中国共产党石嘴山市第十次代表大会代表。

【县委常委会议】

十三届县委常委会议

第一次会议　1月5日，县委书记朱剑主持召开第十三届县委2016年度第一次常委会议。会议传达学习中央经济工作会议精神，自治区党委十一届七次全会及经济工作会议精神，石嘴山市委九届第六次全体会议及经济工作会议精神，《崔波同志在自治区落实党委（党组）意识形态工作责任制会议上的讲话》精神；研究县政府党组《关于呈报〈平罗县2016年固定资产投资及市县重点项目计划〉的请示》《关于解决农村老放映员生活补贴的请示》《关于解决大水沟水源地退出煤炭经营户养老保险有关问题的请示》；听取《关于县财政近期大额资金支付情况的报告》；研究《关于呈报〈县委常委班子"三严三实"专题民主生活会对照检查材料〉的请示》《关于呈报〈县委常委班子2014年度专题民主生活会整改方案落实情况通报〉的请示》。

第二次会议　1月18日召开。会议传达学习自治区第十一届人大第五次会议精神，自治区政协第十届第四次会议精神；研究县"两会"相关材料：县政府党组《关于呈报〈政府工作报告〉（送审稿）的请示》、县政府党组《关于呈报〈平罗县国民经济和社会发展第十三个五年规划纲要（草案）〉（送审稿）的请示》《关于呈报〈平罗县2015年国民经济和社会发展计划执行情况及2016年国民经济和社会发展计划（草案）的报告〉（送审稿）的请示》《关于呈报〈平罗县2015年财政预算执行情况和2016年财政预算（草案）的报告〉（送审稿）的请示》《关于呈报〈关于2015年十件民生实事执行情况和2016年10件民生实事（草案）的报告〉（送审稿）的请示》；县人大常委会党组《关于召开平罗县第十六届人民代表大会第四次会议有关事宜的请示》《关于呈〈县人大常委会工作报告〉（送审稿）的请示》《关于建议补选县第十六届人大常委会副主任和委员的请示》；县政协党组《关于召开政协平罗县第十届委员会第四次会议有关事宜的请示》《关于呈报〈政协平罗县第十届委员会常务委员会工作报告〉和〈政协平罗县第十届委员会常务委员会关于十届三次会议以来提案工作情况的报告〉（送审稿）的请示》，县人民法院党组《关于呈报〈平罗县人民法院工作报告〉（送审稿）的请示》；县人民检察院党组《关于呈报〈平罗县人民检察院工作报告〉（送审稿）的请示》；研究县政府党组《关于呈报〈平罗县农村新增宅基地取得审批管理办法（试行）〉的请示》；研究县委统战部《关于成立平罗县委统一战线工作领导小组的请示》；研究县妇联《关于推荐石嘴山市"三八"红旗手（集体）的请示》；研究县委组织部《关于批复部门党组织换届选举结果的请示》。

第三次会议　1月29日召开。会议传达学

习十八届中央纪委六次全会主要精神,全国、全区组织部长会议精神,全国、全区宣传部长会议精神,全国、全区统战部长会议精神;传达自治区党委书记李建华、自治区主席刘慧在自治区脱贫攻坚誓师大会上的讲话精神,石嘴山市第十三届人民代表大会第四次会议精神,石嘴山市政协十届四次会议精神;研究县委组织部《关于呈报2016年全县组织工作要点的请示》,县委宣传部《关于呈报2016年全县宣传思想文化工作要点的请示》,县委统战部《关于呈报2016年全县统战工作要点的请示》,县委政法委《关于呈报2016年全县政法综治工作要点的请示》,县妇联《关于推荐自治区维护妇女儿童权益先进集体和先进个人的请示》;研究县纪委《关于召开中共平罗县第十三届纪律检查委员会第七次全体(扩大)会议的请示》《关于呈报〈中共平罗县第十三届纪律检查委员会第七次全体(扩大)会议工作报告(审议稿)〉的请示》;研究县考核办《关于审定2015年度县直部门、乡镇和驻平区(市)属单位效能目标管理考核结果的请示》《关于审定全县2015年度县直部门、乡镇和驻平区(市)属单位效能目标管理考核综合奖、单项奖的请示》《关于召开全县2015年度总结表彰大会的请示》;研究县委组织部《关于解决县法检机关石良玉等11名新录用硕士研究生学历公务员任职定级遗留问题的请示》。

第四次会议 2月18日召开。会议研究县政府党组《关于实施2015年度平罗县崇岗镇耕地占补平衡项目的请示》《关于宁夏乐牧高仁草畜林一体化项目建设有关事宜的请示》,研究县委组织部《关于召开全县组织宣传统战工作会议的请示》,研究县委政法委《关于召开全县政法综治信访工作会议的请示》,研究县委政法委《关于召开全县政法综治信访工作会议的请示》,研究县编办《关于核增部分部门领导职数的请示》,研究县委办公室《关于县委书记、副书记和常委工作分工的请示》,研究干部事宜。

第五次会议 3月23日召开。会议传达学习《中共中央办公厅 国务院办公厅转发〈中央统战部 国家宗教局关于做好民间信仰工作的意见〉的通知》,全区推进整治和查处侵害群众利益不正之风和腐败问题电视电话会议精神;通报《自治区党委办公厅 人民政府办公厅关于2015年度市县(区)和自治区机关效能目标管理考核结果的通报》;研究县政府党组《关于呈报平罗县国有企业改革工作方案的请示》《关于拨付平罗县国家农发重点建设基金的请示》《关于分解全县2016年争取资金任务的请示》《关于分解全县2016年招商工作指导性目标任务的请示》《关于调整平罗县棚户区改造指挥部成员的请示》《关于呈报〈平罗县2016年棚户区改造实施方案〉的请示》《关于呈报石嘴山铁路物流园房屋征收补偿安置方案的请示》《关于增加新利新村三期经济适用房等9个项目工程量及投资的请示》《关于亲水大道等绿化工程竣工验收相关问题处理意见的请示》《关于呈报〈平罗县2016年城乡绿化实施方案〉的请示》《关于建设2016年平罗县智能交通智能图控系统的请示》《关于呈报平罗县县直部门乡镇推进公务用车制度改革实施方案及配套文件的请示》《关于追加平罗县文博会展中心投资的请示》《关于追加平罗县文体中心投资的请示》《关于呈报平罗县庙庙湖和头闸镇中心幼儿园建设方案的请示》《关于变更平罗县煤炭集中区计量站建设工程量的请示》；研究县委组织部《关于呈报〈平罗县领导干部个人有关事项报告抽查核实实施细则(试行)〉的请示》；研究县纪委《关于在全县开展党风廉政建设大约谈活动的请示》；研究干部事宜。

第六次会议 4月1日召开。会议传达学习全区市县乡领导班子换届工作会议精神；研究县政府党组《关于呈报平罗县社会保险"五险合一"经办机构职能整合工作方案的请示》《关于宁夏泰金种业有限公司种子育繁推一体化项目征地有关事宜的请示》《关于给予宁夏益昇农业有限公司2016年高端蔬菜示范项目"以奖代补"资金的请示》《关于2015年度区市县考核奖励资金使用的请示》；研究县委政研室《关于呈报〈平罗县2016年农业农村工作要点(送审稿)〉的请示》《关于报送2016年度重点业务工作的请示》；研究县委统战部《关于呈报〈关于协助民主党派做好换届工作的实施意见〉的请示》《关于呈报〈关于加强政党协商的实施意见〉的请示》；研究县委办公室《关于呈报〈中共平罗县委履行党风廉政建设主体责任清单〉的请示》《关于呈报〈2016年全县党风廉政建设和反腐败主要任务分工〉的请示》《关于呈报〈县委领导包抓基层党风廉政建设工作责任制〉的请示》；研究县委组织部《关于县直部门领导班子和领导干部综合分析研判工作情况的报告》《关于呈报科级后备干部推荐考察工作情况的报告》。

第七次会议 4月23日召开。会议传达学习自治区、市2016年第一季度经济形势分析会议精神，全区深化农村改革现场推进会会议精神，《中共中央关于加强和改进保密工作的意见》《宁夏回族自治区党政领导干部保密工作责任制实施办法》和自治区党委书记李建华重要批示精神，《自治区党委办公厅印发〈关于在全体党员中开展"学党章党规、学系列讲话，做合格党员"学习教育实施方案〉的通知》文件精神；听取平罗县瓜菜产业发展情况汇报；对第一季度县处级领导干部"干事档案"进行述职测评；研究政府党组《关于归还2016年金融机构项目贷款本息的请示》《关于呈报2016年农发行融资计划的请示》《关于呈报平罗县2016年市政道路及排水工程建设实施方案的请示》《关于呈报石嘴山生态经济开发区创客大厦改造装修工程实施方案的请示》《关于呈报石嘴山生态经济开发区医药产业园格瑞排水工程建设方案的请示》《关于呈报石嘴山生态经济开发区排水主管网工程建设方案的请示》《关于呈报石嘴山生态经济开发区宁顺路经二路道路工程建设方案的请示》《关于呈报宁夏精细化工基地滨河东路等四条道路工程建设方案的请示》《关于呈报宁夏精细化工基地滨河东路等四条道路工程建设方案的请示》《关于公布平罗县政府部门及乡镇权力清单和责任清单的请示》；研究县编办《关于呈报〈平罗县网络安全和信息化办公室主要职责内设岗位和人员编制方案〉的请示》；研究县委政研室《关于呈报〈平罗县深化改革领导小组2016年工作要点(送审稿)〉的请示》；研究县委组织部《关于呈报〈关于在全县党员中开展"学党章党规、学系列讲话，做合格党员"学习教育实施方案〉的请示》；研究县纪委《关于给予刘永红开除党籍处分的请示》《关于给予岳存山同志撤销党内职务处分的请示》；研究干部事宜。

第八次会议 5月11日召开。会议传达学习宁夏回族自治区社区建设工作领导小组《关于印发2016年全区城乡社区治理全面提升年工作方案的通知》文件精神；听取平罗县县级公立医院综合改革情况汇报，县安委会关于全县安全生产工作情况的汇报；研究县政府党组《关于增加农村妇女创业小额担保贷款基金的请示》《关于呈报〈平罗县羊产业发展贷款风险基金管理办法（试行）〉的请示》《关于呈报平罗县沙湖小学等三所学校体育运动场改造实施方案的请示》《关于呈报平罗县2016年老旧小区综合整治改造工程实施方案的请示》《关于调整平罗县村庄布局规划（2014—2030）的请示》《关于呈报宝丰镇小城镇基础设施建设方案的请示》《关于呈报灵沙乡小城镇基础设施建设方案的请示》《关于呈报平罗县创建国家全域旅游示范县三年（2016—2018年）行动计划的请示》《关于成立平罗县旅游产业发展委员会的请示》；研究县委组织部《关于呈报〈平罗县县乡领导班子换届工作实施方案〉的请示》《关于成立平罗县县乡领导班子换届工作领导小组及其工作机构的请示》；研究县委统战部《关于各民主党派平罗总支、支部换届选举的请示》；研究县纪委《关于呈报〈中共平罗县委员会巡察工作办法（试行）〉的请示》《关于呈报〈平罗县领导干部任前廉政考试办法（试行）〉的请示》《关于给予马建虎同志党内严重警告处分的请示》《关于给予马淑华同志党内严重警告处分的请示》。

第九次会议 5月26日召开。会议传达学习习近平总书记在农村改革座谈会上的讲话精神，学习毛泽东同志《党委会的工作方法》；朱剑书记讲《党委会的工作方法》专题党课；研究县政府党组《关于呈报平罗县2016年"一优四特"产业推进方案的请示》《关于呈报平罗县2016年农田水利基本建设实施方案的请示》《关于呈报2016年平罗县农村改革工作要点的请示》《关于呈报平罗县农村"两权"抵押贷款试点工作实施方案的请示》《关于呈报平罗县2016年农村阳光沐浴工程项目实施方案的请示》《关于呈报平罗县"十三五"易地扶贫搬迁安置工作方案的请示》《关于配套风险补偿金支持贫困村互助资金的请示》《关于成立平罗县脱贫攻坚帮扶解困领导小组的请示》《关于兑现上海种业（集团）有限公司2016年土地流转费用的请示》《关于呈报平罗县大兴墩粮库"粮安工程"危仓老库维修改造项目建设方案的请示》《关于呈报平罗县污水处理厂提标改造工程建设实施方案的请示》《关于拨付2015年棚户区改造项目第一批发展基金的请示》；研究平罗县信访工作联席会议办公室《关于呈报〈2016年市、县、乡（部门）领导包案化解信访积案和重点信访问题〉的请示》；研究县委办公室《关于上报自治区考核的影响平罗县长远发展突出问题的请示》；研究县委组织部《关于呈报〈平罗县纪念中国共产党成立95周年系列活动方案〉的请示》《关于推荐表彰先进基层党组织、优秀共产党员和优秀党务工作者有关事宜的请示》；研究干部事宜。

第十次会议 6月16日召开。会议传达学习宁夏党办通报第三十五期李建华同志的批示和崔波同志的讲话精神，自治区党委办公厅印发《关于加强社会组织党的建设工作的实施意见（试行）》通知文件精神，自治区党委组织部关于印发《关于加强乡镇建设的若干意见》通知文件精神；研究县政府党组《关于拨付2015年城市棚户区改造项目国开行贷款的请示》《关于成立平罗县国有林场改革工作领导小组的请示》《关于呈报平罗县民生综合服务平台建设方案的请示》《关于呈报平罗县学校布局规划调整实施方案（2016—2020年）的请示》《关于呈报平罗县进一步加强乡村医生队伍建设实施方案的请示》《关于被征地农民参加养老保险有关事宜的请示》《关于退出领导岗位人员享受应休未休年休假报酬及乡镇工作补贴的请示》；研究县委政法委《关于呈报〈关于进一步完善矛盾纠纷多元化解机制的意见〉的请示》《关于呈报〈平罗县全面治理拖欠农民工工资问题的实施意见〉的请示》《关于呈报〈关于健全完善社会治安防控体系进一步深化平安平罗建设的意见〉的请示》；研究县委组织部《关于各乡镇召开党代表大会有关问题的请示》《关于召开中共平罗县第十三届委员会第十一次全体会议的请示》；研究干部事宜。

第十一次会议 6月27日召开。会议研究县人大常委会党组《关于成立平罗县选举委员会的请示》《关于呈报〈中共平罗县人大常委会党组关于做好县乡两级人民代表大会换届选举工作方案〉的请示》《关于县第十七届人民代表大会代表名额分配原则及有关问题的请示》；研究县委组织部《关于呈报〈平罗县纪念中国共产党成立95周年表彰大会实施方案〉的请示》；研究县信访工作联席会议办公室《关于呈报进一步加强和规范联合接访工作相关事宜的请示》《关于呈报建立县级领导联系督办乡镇重点信访事项工作机制相关事宜的请示》。

第十二次会议 7月15日召开。会议传达学习《中共中央 国务院关于加强和改进新形势下宗教工作的意见》文件精神；听取县纪委常委会2016上半年全县党风廉政建设和反腐败工作情况汇报；对第二季度县处级领导干部"干事档案"进行述职测评；研究县政府党组《关于拨付平罗县城区热电联产集中供热项目国家专项建设基金的请示》《关于调整使用2014年保障性住房资金的请示》《关于变更国家开发银行一期贷款项目建设内容的请示》《关于拨付2014年棚户区改造安置房资金的请示》《关于拨付2016年棚户区改造农发行一期贷款资金的请示》《关于成立中央第八环保督察组平罗县协调联络工作组的请示》《关于成立平罗县环境保护督导工作组的请示》《关于呈报中央第八环境保护督察组来平督察工作方案的请示》；研究县政协党组《关于呈报〈中共平罗县政协党组关于做好县政协换届选举工作实施意见〉的请示》；研究县纪委《关于呈报〈平罗县落实党风廉政建设责任制情况抄告办法（试行）〉的请示》；研究县委组织部《关于呈报〈平罗县选派2016—2018年度非公企业党建指导员相关事宜〉的请示》；研究干部事宜。

第十三次会议 7月25日召开。会议研究县政府党组《关于追加平罗县看守所和行政拘留所工程概算投资的请示》《关于平罗县国有资产经营有限公司向宁夏水投平罗水务有限公司注入资金的请示》《关于拨付2016年棚户区改造第一批重点项目建设基金的请示》《关于成立平罗县空间规划（多规合一）改革试点工作领导小组的请示》《关于呈报平罗县空间规划（多规合一）改革试点工作实施方案的请示》《关于呈报平罗县水权试点工作方案的请示》《关于呈报平罗县水权试点工作方案的请示》；研究县目标管理考核领导小组办公室《关于呈报〈平罗县2016年度乡镇、县直部门、驻平区（市）属单位效能目标管理考核办法〉的请示》；研究县委统战部《关于呈报〈平罗县政协委员协商提名工作方案〉的请示》；研究县委组织部《关于做好中共平罗县第十四次代表大会代表选举工作有关事宜的请示》《关于各乡镇领导班子换届人事安排问题的请示》。

第十四次会议　7月28日召开。会议研究县政府党组《关于呈报平罗县2016年招生工作计划的请示》《关于呈报红赛公路道路养护费资金使用计划的请示》《关于平罗县国有资产经营有限公司增资国家重点建设基金股权的请示》；研究县委组织部《关于各乡镇出席县第十四次党代会代表候选人预备人选的请示》。

第十五次会议　8月8日召开。会议传达学习《自治区党委办公厅关于学习贯彻习近平总书记来宁视察重要讲话精神的通知》文件精神，《关于深入贯彻落实习近平总书记视察宁夏重要讲话精神的决定》精神，自治区党委十一届第八次全会精神，自治区、市上半年经济形势分析会议精神，自治区城市工作会议精神，自治区全域旅游发展推进大会精神，《自治区党委办公厅关于进一步落实全面从严治党主体责任的通知》文件精神，《自治区党委办公厅　人民政府办公厅关于印发〈党委、政府及有关部门环境保护责任〉的通知》，部分省区"两学一做"学习教育工作座谈会精神；听取县环保局关于中央第八环境保护督察组转办事项办理情况的汇报；研究县人大常委会党组《关于调整新一届县乡（镇）人民代表大会换届选举时间的请示》；研究县政府党组《关于召开全县工业经济工作会议的请示》；研究县委组织部《关于呈报〈平罗县非公企业党建工作指导员管理办法（试行）〉的请示》

《关于呈报〈平罗县选派企业挂职干部管理办法〉的请示》《关于各乡镇党委、纪委班子换届选举结果的请示》。

第十六次会议　研究内容不宜公布。

第十七次会议　8月13日召开。会议研究县人大常委会党组《关于呈报县十七届人大代表候选人初步人选的请示》；研究县纪委《关于呈报〈平罗县委巡察工作报告〉的请示》；研究通伏乡党委《关于给予吴保俊留党察看（二年）处分的请示》；研究干部事宜。

第十八次会议　研究内容不宜公布。

第十九次会议　研究内容不宜公布。

第二十次会议　8月25日召开。会议传达学习《中共中央办公厅　国务院办公厅印发〈关于2016年上半年贯彻执行中央八项规定情况的报告〉的通知》文件精神，宁党办通报第四十四期自治区党委副书记崔波在综治信访维稳工作推进会上的讲话精神，《自治区党委办公厅　政府办公厅〈关于中央环保督察组抽查发现永宁县查处首峰公司与事实严重不符有关问题〉的通报》文件精神；研究县政府党组《关于呈报平罗县劳动保障行政执法与刑事司法衔接工作机制实施细则的请示》《关于呈报平罗县供销合作社综合改革实施方案的请示》《关于呈报〈平罗县农业特色优势产业发展基金管理办法（试行）〉的请示》《关于明确土地征收补偿标准的请示》；研究县委组织部《关于各部门出席县第十四次党代会代表候选人预备人选的请示》；听取全县公务用车制度改革工作汇报。

第二十一次会议　8月29日召开。会议研究县委组织部《关于平罗县领导班子换届人事安排问题的请示》，研究中共平罗县委员会委员、候补委员,常务委员会委员,书记、副书记候选人预备人选;中共平罗县纪律检查委员会委员、常务委员会委员,书记、副书记候选人预备人选;县人大常委会主任、副主任候选人预备人选;县政府县长、副县长候选人预备人选;县政协主席、副主席候选人预备人选;县法院院长、检察院检察长候选人预备人选。

第二十二次会议 9月7日召开。会议传达中共石嘴山市委员会《关于平罗县领导班子换届候选人的批复》;研究县人大常委会党组《关于呈报县第十七届人大代表选举结果的请示》;研究县政府党组《关于拨付热电联产集中供热项目征收城关镇集体土地所需补偿费的请示》《关于拨付德渊路建设项目征收城关镇和高庄乡集体土地所需补偿费的请示》《关于呈报〈在义务教育阶段移民学生中开展"营养早餐计划"实施方案〉的请示》;研究县委统战部《关于召开平罗县工商业联合会第十二次暨民间商会第三次会员代表大会的请示》;研究县委组织部《关于呈报〈关于选举产生出席中国共产党平罗县第十四次代表大会代表情况报告〉的请示》《关于中国共产党平罗县第十四次代表大会代表编团的请示》《关于呈报〈中国共产党平罗县第十四次代表大会列席人员和邀请人员建议名单〉的请示》《关于中国共产党平罗县第十四次代表大会议程(草案)和日程(草案)的请示》;研究干部事宜。

第二十三次会议 9月20日召开。会议传达学习《中共中央关于辽宁拉票贿选案查处情况及其教训警示的通报》;研究"两委"工作报告:《关于呈报〈中共平罗县第十三届委员会工作报告(讨论稿)〉的请示》《关于呈报〈中共平罗县纪律检查委员会在县第十四次党代会上的报告(讨论稿)〉的请示》;研究县委统战部《关于呈报县政协十一届委员会委员提名人选名单的请示》;研究县委组织部《关于中国共产党平罗县第十四次代表大会代表出缺不再补选的请示》《关于呈报〈中国共产党平罗县第十四次代表大会主席团等建议名单〉的请示》《关于中国共产党平罗县第十四次代表大会有关选举办法(草案)的请示》《关于呈报〈关于全县党费收缴、使用和管理情况的报告〉的请示》《关于平罗县出席中共石嘴山市第十次代表大会代表候选人初步人选的请示》;研究县委办公室《关于召开中国共产党平罗县第十三届委员会第十三次全体会议的请示》《关于成立中共平罗县第十四次代表大会秘书处工作机构的请示》。

第十四届县委常委会议

第一次会议 10月18日召开。会议研究县政府党组《关于呈报在全县公民中开展第七个五年法制宣传教育 全面推进依法治县进程实施意见的请示》《关于呈报平罗县推进新型城镇化综合试点工作实施方案的请示》《关于调整平罗县推进新型城镇化工作领导小组成员的请示》《关于拨付51#地块安置补偿费的请示》《关于呈报〈平罗县创建信访工作"五无"乡(镇)部门、无上访村(社区)实施意见〉的请示》《关于呈报平罗县2016年度信访工作责任目标管理考核细则的请示》;研究县"两会"相关议题:县政府党组《关于呈报〈政府工作报告〉(送审稿)的请示》《关于2016年10件民生实事执行情况和2017年10件民生实事(草案)的报告》《关于呈报〈平罗县2016年财政预算执行情况和2017年财政预算(草案)的报告〉(送审稿)的请示》

《关于呈报〈平罗县2017年财政预算(草案)〉的请示》《关于呈报〈平罗县2016年国民经济和社会发展计划执行情况及2017年国民经济和社会发展计划(草案)的报告〉(送审稿)的请示》,县人大常委会党组《关于呈报〈县人大常委会工作报告〉的请示》《关于召开平罗县第十七届人民代表大会第一次会议有关事宜的请示》《关于呈报平罗县第十七届人大常委会组成人员初步候选人建议名单的请示》《关于呈报平罗县出席石嘴山市第十四届人民代表大会代表初步候选人建议名单的请示》,县政协党组《关于呈报〈政协平罗县第十届委员会常务委员会工作报告〉和〈政协平罗县第十届委员会常务委员会关于提案工作情况的报告〉的请示》《关于呈报召开政协平罗县第十一届委员会第一次会议有关事宜的请示》《关于呈报〈政协平罗县第十一届委员会第一次会议选举办法(草案)〉的请示》《关于呈报〈政协平罗县第十一届委员会常务委员会组成人员候选人建议名单〉的请示》,县委统战部《关于调整县政协十一届委员会委员个别提名人选的请示》,县人民法院党组《关于呈报〈平罗县人民法院工作报告〉的请示》,县人民检察院党组《关于呈报〈平罗县人民检察院工作报告〉的请示》;研究县机构编制委员会《关于呈报〈关于规范县政协机构设置和领导职数核定等有关事项的意见〉的请示》;研究县纪委《关于给予闫生俊留党察看(一年)处分的请示》;研究干部事宜。

第二次会议 11月10日召开。会议传达学习《中共中央办公厅关于认真学习宣传党的十八届六中全会精神的通知》《中国共产党第十八届中央委员会第六次全体会议公报》《关于新形势下党内政治生活的若干准则》《中国共产党党内监督条例》《自治区党委办公厅 人民政府办公厅关于国务院第三次大督查全区自查情况的通报》和全区产业发展和重点工作现场交流会议精神;研究县政府党组《关于呈报平罗县城乡社区治理"全面提升年"工作方案的请示》《关于呈报平罗县帮扶解困工作实施方案的请示》;研究县农村改革工作领导小组《关于呈报平罗县工商资本租赁土地从事农业生产经营准入监管暂行办法的请示》;研究县依法治县领导小组《关于召开全县"六五"普法总结表彰暨"七五"普法动员大会有关事宜的请示》;研究县委统战部《关于召开平罗县工商业联合会第十二次暨民间商会第三次会员代表大会的请示》;研究县委组织部《关于平罗县出席自治区第十二次党代会代表候选人推荐人选的请示》;研究县纪委《关于给予王明海开除公职处分的请示》。

第三次会议 12月5日召开。会议传达学习石嘴山市第十次党代会精神、全区科技创新大会精神;对第三季度县处级领导干部"干事档案"进行述职测评;研究县政府党组《关于呈报平罗县法治政府建设实施方案(2016—2020年)的请示》《关于呈报〈平罗县关于进一步加强信访工作规范化建设的实施意见〉的请示》《关于呈报〈关于加快构建现代公共文化服务体系的实施意见〉的请示》《关于2016年秋季农田水利基本建设资金有关事宜的请示》《关于增加创业扶持小额担保贷款担保基金的请示》;研究县机构编制委员会《关于呈报〈关于整合平罗县社会保险经办机构有关问题的意见〉的请示》;研究县委组织部《关于呈报〈平罗县村"两委"换届选举工作实施方案〉的请示》《关于成立中国共产党平罗县非公有制经济组织和社会组织工作委员会的请示》《关于呈报县以下机关执行公务员职务与职级并行制度拟晋升职级工资待遇人员情况的请示》；研究干部事宜。

第四次会议 12月21日召开。会议研究县委组织部《关于出席党的十九大代表候选人推荐人选的请示》；研究县委办公室《关于县委（含原陶乐县委）规范性文件清理工作有关情况的请示》；研究县政府党组《关于呈报平罗县农牧场和城关镇关渠村闲置土地生态恢复工程实施方案的请示》《关于陶乐派出所业务及附属用房建设工程立项的请示》《关于县公安局车辆管理所及民警训练基地项目建设的请示》。

【书记办公会议】

第一次会议 3月31日，县委书记朱剑带领县委分管领导和相关部门、乡镇、金融机构负责人，实地调研沙湖水镇建设项目，并协调解决有关事宜。

第二次会议 4月5日，县委书记朱剑带领县委、政府分管领导及相关部门负责人调研园林绿化工作，协调解决相关问题。

第三次会议 5月13日，县委书记朱剑带领县委、政府分管领导和相关部门负责人，实地调研2016年老旧小区综合整治改造及城市建设项目，并协调解决有关事宜。

【专题会议】

第一次会议 1月8日，县委书记朱剑、县长马莉方召集县委、政府、政协分管领导及相关部门、乡镇、村负责人召开专题会议，传达学习自治区脱贫攻坚誓师大会精神，研究平罗县脱贫攻坚相关事宜。

第二次会议 3月23日，县委书记朱剑召集县人大、政府、政协分管领导及相关部门、乡镇负责人召开专题会议，听取脱贫攻坚扶贫解困情况汇报，研究解决相关事宜。

第三次会议 3月31日，县委书记朱剑召集县委、人大、政府、政协分管领导及相关部门、乡镇负责人召开专题会议，听取全县农村宅基地制度改革情况汇报，研究解决相关事宜。

纪检监察

【概况】

2016年，围绕中心任务，聚焦监督执纪问责，全面落实"两个责任"，努力践行"四种形态"，党风廉政建设和反腐败工作取得显著成效。受理来信来访160件，立案78件，给予党政纪处分81人，移送司法机关5人，收缴违纪资金129万元。

【重要会议】

2月3日，中共平罗县第十三届纪律检查委员会第七次全体（扩大）会议召开。会议书面传达学习十八届中央纪委六次全会、自治区纪委十一次全会和市纪委九届六次全会精神；书面通报2015年群众评议机关和干部作风结果；县委常委、县纪律检查委员会书记全明亮代表县纪委常委会作题为《坚持全面从严治党 聚焦监督执纪问责 为加快"四个平罗"建设提供坚强纪律保证》的工作报告；县委书记朱剑与人大、政府、政协党组以及乡镇和部门代表（农牧局、城关镇）负责人签订《2016年党风廉政建设责任书》；乡科级党政领导干部公开述廉述责；对述廉述责对象进行测评；审议通过县纪委工作报告。县委书记朱剑在会议上讲话。

【主体责任】

县委率先垂范落实主体责任,制定《关于落实党风廉政建设党委主体责任和纪委监督责任的实施意见》,全面推行"两个责任"清单制度;县委主要领导

平罗县科级领导干部任前廉政考试现场

认真履行"第一责任人"职责,重要工作亲自部署、重大问题亲自过问、重点环节亲自协调、重要案件亲自督办,班子成员坚持"一岗双责",各负其责,定期研究、部署、检查和报告分管范围内的党风廉政建设工作情况,对全县65个基层党组织党风廉政建设和反腐败工作进行全面督查,形成一级抓一级,层层抓落实的良好局面。县纪委认真履行监督职责,以"三书两报告一督查"为抓手,采取定期报告、述廉述责、廉政约谈、明察暗访、通报曝光和监督检查等方式,推动责任落实,12名乡镇部门党政负责人在县纪委全会上述责述廉,13个乡镇纪委书记在纪委常委会上述责述廉;严格责任追究,坚持"一案双查",对履行主体责任不力党组织负责人2名责任追究,释放失责必问、问责必严强烈信号。各级党组织形成履行主体责任,抓本级、带下级,构建"齐抓共管"工作格局。

【执纪问责】

把落实中央八项规定精神作为严肃的政治问题,在坚持中深化,在深化中坚持,坚决贯彻落实八项规定精神"回头看",组织组织部、财政局、审计局等单位通过明察暗访、实地查看、查阅票据等方式,对各乡镇、部门干部作风等制度执行情况进行专项检查,整治庸、懒、散、软等行为。对全县各单位贯彻落实中央八项规定精神及区市若干规定督查6次,开展专项检查4次,对公开通报11个单位,立案调查违反中央八项规定案件5起,给予党政纪处分21人,诫勉谈话1人。创新监督方法,依托科技手段精准监督,借助"平罗纪检监察网""活力平罗"手机客户端、"勤廉平罗"微信公众号等平台,开展"四风"问题"随手拍",手机举报"一键通",发挥社会监督和群众监督作用,形成无处不在的监督网。严格党和国家工作人员操办婚丧等事宜报告制度,通过签订承诺书,提醒谈话,跟踪检查,核查申报事宜,遏制违规操办婚丧喜庆等事宜借机敛财歪风。对申报婚丧嫁娶等事宜党员领导干部18名谈话提醒,签字背书。

【纠正不正之风】

坚持力度不减、节奏不变,强化"不敢腐"震慑作用。准确运用监督执纪"四种形态",坚持挺纪在前。受理来信来访160件,立案78件,给予党政纪处分81人,移送司法机关5人,收缴违纪资金

以案释教警示教育活动

129万元。查处侵害群众利益不正之风和腐败问题21起,给予党政纪处分15人,查处王少贵、王明海2起发生在群众身边腐败案件,涉嫌犯罪问题线索移交司法机关依法处理。创新纪律审查方式,推行乡镇、部门纪委纪律审查协作

区工作模式,被编入《2016年宁夏反腐倡廉蓝皮书》,经验在全区复制推广,全县乡镇部门纪律审查协作区办结初核问题线索31件,给予党纪处分16人,乡镇纪委70%有自办案件。建立巡察工作五项清单机制,采取专项巡察和分类巡察方式,对县住建局和13个乡镇开展首轮巡察,发现问题176个,移交问题线索39个,给予党政纪处分19人,诫勉谈话6人。制定纪检监察信访举报受理处理办法和纪检监察机关案件监督办法,推行信访举报问题线索集体评估机制,定期召开问题线索评估分析会议,及时登记并处置问题线索127件,谈话函询33件,实施诫勉谈话49人。全年通报典型案例49件,下发《检查建议书》《监察建议书》27份,制作《光环下的双面人生》《气正风清,民心所向》《以案释教,警钟长鸣》3部警示教育片。

【教育预防】

把政治纪律和政治规矩摆在突出位置,以"两学一做"学习教育为主题开展纪律教育学习活动,增强党员干部廉洁从政意识。创新党风廉政建设"一横四纵"大约谈工作机制,对存在苗头性、倾向性问题的领导干部及时提醒,对发现"小问题"及时纠正,全县各级党组织共约谈党员干部2132人次,做到人人见面、个个约谈。全面推进各级党组织权力公开透明运行机制,建立健全党政主要领导"五不直接分管"、个人有关事项报告、政府投资项目审计抽审、党风廉政建设抄告等制度,强化党员领导干部职责,规范管权管人管事。打造党员干部和公职人员法治教育基地、预防职务犯罪警示教育基地,组织参观廉政警示教育基地8600人次、旁听案件庭审1110人次、发放《准则》《条例》3000余册,发挥纪律审查治本作用,开展"以案释教"活动13场次,受教育人数达3000人次。出台《领导干部任前廉政考试办法》,对拟提拔科级领导干部82名廉政考试,对科级领导干部110名任前廉政谈话,让广大党员干部受警醒、明底线、知敬畏。开展"勤廉平罗"征文摄影比赛活动,将活动成果编印为《勤廉平罗征文摄影作品集》,通过摄影作品、家规家训、文学作品等多种形式传承和弘扬优秀廉洁文化。

【履职能力】

以深化"三转"(转职能、转方式、转作风)为纲,构建纪检监察工作新格局,把转职能作为核心。推进纪律检查体制改革,将县级纪检监察机关内设机构优化整合为6个,增加行政编制3名,加强监督执纪问责人员力量,监督执纪人员占总人数75%;全面清理议事协调机构,将牵头、参与44个议事协调机构调整清理为9个;落实"两为主"要求,配齐配强乡镇纪委书记,在12个设有党委的部门设立纪委,把转方式作为关键。监督执纪侧重点从"盯违法"转向"盯违纪",坚持抓早抓小,治病救人,对倾向性苗头性问题及时约谈、函询;建立健全乡镇、部门纪委工作报告、定期述职、约谈汇报、目标考核和县纪委监察局领导班子成员联系基层纪委工作等制度,提升监督执纪水平,把转作风作为保障。从严教育监督管理,通过学习培训、挂职交流、以案代训、轮岗锻炼等方式,提升纪检监察干部综合素质和履职能力;完善绩效管理考核办法和宣传报道、信息调研工作考评奖励办法,以"干事档案"评定为抓手,实行"周记、月报、季评、年考",制定《关于县纪委委员进一步履行职责发挥作用的意见》和查办案件"十不准"纪律,开展

"四个能手"评选等活动,建设忠诚干净担当的纪检监察干部队伍。

组织工作

【概况】

2016年,严格选人用人,加强领导班子和干部队伍建设;围绕服务型党组织建设,提升基层党建工作活力;做好引育用文章,打造区域人才智力高地;开展"两学一做"学习教育活动,促进全县各项工作保持良好发展态势。

【县乡领导班子换届】

逐级成立换届领导机构和工作机构,印发实施方案,加强对换届工作的领导和指导。县委主要领导和县委组织部对乡镇换届工作进行专题调研,全面摸排乡镇、分析乡镇干部队伍现状和换届风险点。在全县开展科级领导班子和领导干部综合分析研判及后备干部推荐工作,为换届人事安排工作打基础、做准备。开展乡镇领导班子换届考察工作,确定换届提名建议人选。根据换届职数配备和班子结构要求,配备乡镇科级领导干部124名,其中乡镇人大主席单设进乡镇党委班子,新配备乡镇组织委员13名充实基层,抓党建工作力量。择优选拔乡镇优秀"三类人员"20名进入乡镇领导班子,从机关选拔优秀干部25名充实乡镇班子。统筹推进换届工作,7月底、9月初对乡镇领导班子换届,9月底、11月初对县领导班子换届,优化县乡领导班子结构。做好"两代表一委员"提名人选考察工作,严把选人质量关,选举提名产生县党代表276名、县人大代表190名、县政协委员163名、市人大代表101名、市党代表102名。开展换届纪律宣传、知识测试、发放学习资料、观看《镜鉴》警示教育片、选聘换届风气监督员等方式,强化换届风气监督。

【干部队伍】

贯彻《干部任用条例》,按照"好干部"标准、"三严三实"和"四有"要求选贤任能,把好动议提名关、考察考核关、程序步骤关,选准用好干部。推进干部交流,部门之间交流干部51名,部门与乡镇之间交流干部46名,乡镇之间交流干部26名,提拔交流公检法内设派出机构干部20名,对农牧、教体、交通、林业等部门事业单位负责人28名聘任交流。推进竞争性选拔干部,对平罗中学中层科级领导职位8个实行公开竞聘上岗,拿出部门副科级领导职位3个面向全市范围进行公开选拔。注重干部队伍培养接续,建立"35岁以下年轻干部+后备干部"信息库,采集各领域、各专业年轻干部1697名,择优选拔后备干部199名,实行动态管理,储备优秀人才。落实公务员职务与职级并行制度,全县晋升调研员职级2名、副调研员职级86名、主任科员职级33名、副主任科员职级286名,激发干部工作积极性。解决干部"三不为"问题,推动领导干部能上能下。因工作能力弱、健康原因、违纪违法等,调整干部34人。

县委书记朱剑(右二)调研基层组织建设

【干部能力】

贯彻落实《干部教育培训工作条例》,紧扣

理想信念、工业转型、脱贫攻坚等特色主题办班,举办领导干部、党务干部、村居干部培训班30余期,培训党政干部6000余人次,举办各类专业技术人员培训班60余场次,培训9000余人次。县财政每年安排50万元用于干部教育培训工作,实行专款专用。落实领导干部上讲台制度,结合"两学一做"学习教育,县处级领导24名以普通党员身份参加所在党支部集体学习,到分管或联系单位讲党课120余次,为全体党员作出表率。推行干部教育积分制管理,把学分完成情况作为评价干部的重要内容和选拔使用干部的依据,实行量化评分,督促干部由"零散学习"向"常态学习"转变。建立干部上派下挂工作机制,推荐领导干部2名到上级部门挂职锻炼、优秀年轻干部2名到市直部门跟班学习,选派机关事业单位干部8名到非公企业或重点项目一线挂职锻炼,领导干部3名和选调生3名挂任贫困村书记助理,抽调优秀机关干部7名参与全县脱贫攻坚、空间规划改革试点工作,帮助干部增强才干、锤炼作风。注重学用结合,深化"下基层""三同锻炼"等活动,1600余名干部到联系点开展调研230余次,落实帮扶资金151万元,争取帮扶项目38个,解决群众困难250件。

【干部监督管理】

强化任前把关,建立领导干部任前廉政考试制度,对拟提拔领导干部82名在任职前集中考试,将考试成绩与任职资格直接挂钩。将"四凡四必"作为干部选拔任用必经程序和基本要求,对拟提拔使用干部人事档案、个人有关重大事项、廉洁自律、遵纪守法和生育情况严格审核把关,防止带病提拔。开展群众评议机关作风活动,推动全县机关干部作风转变。

全面对1380名干部人事档案专项审核并通过自治区验收。出台《平罗县领导干部个人有关事项报告抽查核实实施细则(试行)》,对领导干部个人有关事项核查175名。严格落实领导干部经济责任审计制度,对领导干部经济责任审计7名,对领导干部离任经济责任事项交接14名。加大干部超职数配备专项整治力度,通过转任、交流等措施,消化存量、控制增量,落实整改。强化干部日常管理考核,制定出台《关于严格机关事业单位工作人员日常管理有关问题的通知》,对机关事业单位工作人员日常出勤管理、考核、退出、责任追究等有关要求作出明确规定,严格规范管理。规范"干事档案"积分管理工作,细化"基本称职""不称职"等10种具体表现,将干事档案季度考评结果与年度考核、绩效考核、评先评优直接挂钩,激励干部干事创业。

【政治生态】

开展以"送党章、学党规,送党徽、亮身份,送党课、强党性,加强党员教育管理"为主要内容的"三送一加强"活动,向全县党员赠送党章、党徽1.4万份,下基层送党课320场次,培训党员2.5万人次。采取领导干部"领学"、组织关怀"送学"、创新途径"引学"、实地体验"促学"、完善制度"督学"等

县委书记朱剑为全县党员干部讲党课

形式,引导党员干部学在深处、走在前列。县处级领导率先开展"三查三树"专题学习讨论,带

动全体党员对照"四讲四有"合格党员标准,细照自身,触动内心,拧紧思想总开关,自觉做政治上的"明白人",全县开展专题讨论810场次。推进"抓工作、促发展、作表率"主题实践活动,开设"服务基层群众宗旨教育、严守纪律规矩典型教育、推动改革发展实践教育"三大课堂,把学习"课堂"搬到全县民生实事和重点项目、重点工程第一线,凝聚推动发展的正能量。

【强化责任】

县处级领导干部带头建立22个党建工作联系点,深入35个部门、乡镇、村、社区和企业开展党建大调研活动,把抓党建工作压力传导到基层。实行党建工作"四个清单",建立"平时督查、季度述职、半年评估、年度考核"工作模式,定期开展党建工作观摩评比活动。建立13个乡镇党建工作室,约谈党建工作考核末位10名党组织负责人,构建抓党建工作的责任体系和督导机制。建立以考促建的抓党建工作模式,实施以星级服务型党组织评定为主要内容的"强基进位·星级创优"工程,全县评定一星级党组织85个、二星级55个、三星级13个。

【优化组织】

适应农业产业化发展需求,在农村专业经济协会建立党组织11个,拓展和延伸党组织服务功能。全县社区25个与机关事业单位125家、非公企业和社会组织党组织17家建立"联合党委",在职党员社区报到2100余名,"承包"社区服务岗位583个,实现群众微心愿900余个。引导各级党组织依托县政务服务中心、乡镇民生服务中心、村级便民服务站开展活动,推行值班服务、错时服务、结对服务,农村无职党员4200名认岗定责开展志愿服务,完善县乡村三级党员服务网络。实施非公企业和社会组织党建工作网格化管理,建立商圈、工业园区等4个党群活动服务中心,选派专职非公企业党建指导员10名,每人配备2万元保障经费,采取"3+N"联系服务模式,构建党建工作扁平化指导体系,提升非公企业和社会组织党组织覆盖率。

【提升服务能力】

深化"双培养一加强"活动,建立农村优秀青年库1700多人,搭建农村骨干队伍"三级成长阶梯"。开展"三带三满意"活动,发放"两个基金"250万元,扶持创业党员120名,党组织和党员成为大众创业、万众创新"桥头堡"和"生力军",自治区党委常委傅兴国就城关镇农村党组织和党员创业行动经验做法做重要批示。深化机关干部"驻百村、走千企、访万户"活动,县领导接待来访群众58批299人次,各级干部争取各类项目41个,落实帮扶资金161万元,解决群众实际困难和具体问题259件。非公企业和社会组织普遍开展"亮身份、作表率、争一流、促发展"活动,基层党组织通过建立"党员先锋岗竞赛"奖励制度,设立"党员职工风采展示台",引导企业党员带头搞研发、领项目、拓市场、当先锋。建立党员教育积分制,对党员参加学习教育和实践锻炼积分量化,作为民主评议党员重要依据,探索新形势下加强党员教育管理的新机制、新方法、新途径。开展庆祝建党95周年系列活动,表彰先进基

召开庆祝建党95周年表彰大会

层党组织57个、优秀个人112名,营造干事创业、创先争优浓厚氛围。

【强化基础保障】

开展党员组织关系排查工作,找回23名口袋党员、994名失联党员,查找率97.5%。开展不合格党员组织处置工作,处置不合格党员26名,做到事实清楚、处置恰当、手续完备。开展党费收缴工作专项检查,对各基层党组织上缴党费的党员人数、缴费基数和缴费金额逐一审核,1680名党员补交党费18.13万元。针对部分农村(社区)活动场所建设面积狭小、功能作用发挥不到位问题,投入资金231万元,撬动各项资金980余万元,对40个农村(社区)活动场所新建和维修、改造。县财政每年安排100万元用于农村基层组织建设,将村级办公经费由6000元/年增加到2万元/年,红瑞村、庙庙湖村2个贫困村增加到9万元/年,解决基层无钱办事问题。强化待遇保障,村干部人均补贴达到23849元/年,村民小组长工作补贴由100元/月增加到200元/月,落实非公企业和社会组织党务工作者津贴52.9万元,调动基层工作积极性。实施村干部学历提升工程,对取得大专、本科学历的,分别一次性补贴3000元、5000元学费。

【脱贫攻坚】

建强基层组织,助力脱贫攻坚。将红崖子乡红瑞村、陶乐镇庙庙湖村2个贫困村由党支部分别升格为党委、党总支,提升基层党组织工作能力。选调优秀干部6名脱产担任3个贫困村第一书记、副书记,将干部"干事档案"积分管理延伸到村一级,每季度对干部履职情况进行考核,对在脱贫攻坚中不能有效履职、出现较大失误的干部严肃问责。组织全县63个单位对建档立卡贫困户1951户定项帮扶,培养党员致富能手25名。实施书记大讲堂、党建大课堂等教育活动,开展"菜单式"脱贫攻坚技能培训,举办培训班12期,培

黄渠桥镇渠中村党支部走访困难群众

训党员4400余人次,引导党员在脱贫攻坚中发挥先锋模范带头作用。

【完善人才工作制度机制】

建立县处级领导干部人才工作联系点,每名县处级领导干部直接联系高层次人才2名,听取意见建议,帮助解决工作、生活等方面困难和问题。实行人才工作积分管理考评制度,紧扣年度人才工作方向和重点,采取季度考评和年度积分相结合方式考评责任单位人才工作,促使组织部门牵头抓总职责从"使不上劲"向"牵得住线"转变。发挥协会服务人才的作用,依托人才协会、青年英才联谊会等协会组织,凝聚吸引优秀人才800余名。在骨干企业建立人才工作站1家,搭建企业人才工作平台。

【建设县域人才集聚地】

实施"1+N"一揽子产业人才壮大计划,即1个现代产业人才支撑工程和科技创新人才孵化、新型职业农民培育、电商人才"蒲公英"等N个分领域人才培养子计划,在精细化工、特色冶金、装备制造等工业支柱产业集聚管理人才150名、研发人才330名;培养生产经营型、专业技能型、社会服务型职业农民2200多人;成功孵化天容海色电商团队获得自治区"筑梦计

划"奖励。按行业布点建成培训机构15所,以县职教中心、阳光育才职业技能培训学校等为主阵地开展技能技术人才培训;以开放式农村实用人才培训学校、肉羊养殖实用人才教育孵化基地等为主阵地加强新型职业农民培训;以"创客大厦"、电子商务孵化园等为主阵地开展电商人才培训,形成新人才"催化炉"。将招商引资与招才引智责任相捆绑,采取提供创业资助、住房公寓等措施吸引优秀人才来平创业,引进带技术、带项目、带资金创业的领军人才78人,引进创新创业人才430人。鼓励企业通过聘请"技术顾问""客座教授"等形式柔性引才,国家第二批"万人计划"冯锡鸿、农科院三级岗位杰出人才张德权等著名学者专家来平开展项目、技术合作。

【搭建人才平台】

创新"一企一载体"建设模式,支持骨干企业建成自治区级技术创新中心5家,帮助高新技术企业设立研究生工作站2个,支持中小企业组建人才工作室4家。各类人才载体吸附核心技术人才150多人,实施国家、区、市科技项目135个,全县主导产业拥有自主知识产权110项。帮助28家企业与清华大学、北京化工大学等高校、科研院所建立稳定的产学研合作关系,合作各方打破单位、专业界限组建创新团队18个。其中宁夏滨河碳化硅人才创新团队与中钢集团、洛阳耐火材料研究院联合取得国家专利6项,实现生产工艺国内领先的良好业绩。农业专家基层服务站成立14家,安排农业技术骨干驻站培训职业农民、强化技术支持,形成农业专业人才常态化服务群众机制。遴选由30名专家、培训学校教师、农民企业家组成的催化师队伍,为每一名职业农民"量身定制"个性化发展方案,培养农业企业家、家庭农场主、种养大户200多人,带动农业产业向绿色、精品、高端发展。

【"两学一做"】

县处级领导带头落实双重组织生活,到分管或联系单位上党课,带动各级党组织负责人讲党课450场次。根据党员学习需求,分类提供学习服务,确保参学党员"一个都不少"。开展"两学一做"知识竞赛、演讲比赛和"不忘初心、继续前进"主题研讨等活动,由先进典型8名组成报告团,巡回作报告23场次,受众6200多人次,党员撰写心得体会3300余篇。开办"两学一做"掌上微学堂,7100余名党员关注,为党员随时随地学习提供方便。开展党员干部"体验学习",到红色革命传统文化教育基地、反腐倡廉职务犯罪预防教育基地等实地参观学习63场2100多人次。实施党员干部理想信念"补钙工程",开展党员干部"三同"锻炼600余名。将深学、细照贯穿学习教育始终,把准脉搏、聚焦病灶,找准找实突出问题。对照"四讲四有"合格党员标准,细照自身,触动内心,自觉做政治上的"明白人",全县开展专题讨论810场次。深化"驻百村、走千企、访万户"活动,党员干部随身携带"民情日记",深入农村、社区和企业,听民声、察民情。基层党组织通过公开栏、意见箱、监督台等形式征求意见建议,开展"两学一做"大家谈、老党员寄语、"学习先进、见贤

2016年12月4日,平罗县"两学一做"学习教育培训班在中央新闻联播播出

思齐"讨论会等,群众对党组织和党员提出各类意见建议1500多条。对查找出来问题,主动改、立即改。集中整顿软弱涣散党组织分类施策,调整不能胜任现职党组织班子6个,撤并党组织2个,整顿转化17个软弱涣散基层党组织。对新提拔任用科级领导干部50名廉政考试,对乡镇领导干部124名逐一谈话,确保换届工作风清气正。贯彻落实中央八项规定精神及区市若干规定情况6次督查,函询谈话25人,诫勉谈话6人。开展群众评议机关作风活动,党员干部主动作为,为基层争取项目149个,实现群众微心愿820个,解决安全隐患、卫生治理等方面问题2600多个。通过在平罗政府信息网开设"群众评议机关作风专栏",在平罗电视台开通机关作风热线,借助公开栏、意见箱、监督台等形式征求意见建议,开展"群众评议机关作风活动"大家谈等活动,群众对各参评单位提出各类意见建议1000余条。聚焦脱贫攻坚,全县党员干部按照"1+N"帮扶模式,与贫困户建成帮扶对子,为贫困户送政策,谋划脱贫路子。62个单位采取菜单式帮助、组团式服务等办法进行重点帮扶,落实庙庙湖集中养殖、红瑞手套加工厂、华泰农瓜果基地等13个扶贫项目,培育小群多户养殖户692户、庭院小拱棚种植户1900户,实施就地务工3261人,转移输出劳动力1617人。开展各类技能培训20期2074人,解决移民就业8890人,争取互助资金借款826万元,为脱贫攻坚提供有力保障。强化领导包抓、现场办公、月度通报、督查问责等措施,实行挂图作战、清单管理,倒排工期,力促62个重大项目建设有序推进。晟晏能源改造配套矿热炉、格瑞化工医药中间体等12个产业项目投产,大唐平罗2×660兆瓦、大地轮胎二期、银北养老院、国道244改扩建、县城热电联产二期等50项重点工程建设,全县经济保持良好发展态势。

党史工作

【概况】

2016年,坚持以围绕中心、服务大局为根本方向,以"资政、存史、育人"为根本任务,结合"两学一做"学习教育和建党95周年系列活动,推进党史研究、资料征编、党史宣传和党史队伍建设工作,为促进全县经济社会平稳较快发展提供应有支持。

【管理体系】

按照"健全机构、稳定队伍、充实力量、提高素质"工作要求,完善党史工作推进体系,强化工作力量。构建由县委常委、组织部长领导,县委组织部副部长具体分管,县委组织部具体承担,县委宣传部、县委党校、县地方志办公室、县延安精神研究会共同推动党史工作体系。构建党史信息网络,各乡镇、县直各部门明确由分管党建工作副书记分管党史工作,办公室主任兼职党史工作联络员;聘请3名社会阅历丰富,对党史研究有经验,有较好文字功底且热心党史工作的人员作为信息员,参加党史征编和研究工作,完善党史工作体系。强化党史工作力量。县委党校聘请客座教授和兼职教师22位,开展"两学一做"学习教育和党史宣讲工作;县延安精神研究会新发展会员19人,强化延安精神研究力量,为平罗县党史研究、宣讲工作提供源头活水。

【党史党建研究】

加强对平罗县革命、建设和改革开放历史研究,做好党建工作研究,撰写党建调研文章8

篇，其中《乡镇换届后领导班子思想政治建设问题研究》获自治区党建研究会调研奖二等奖，《推行社区"联合党委"全面做好社区工作》《非公企业党建工作项目化研究》获自治区党建研究会调研奖三等奖。《加强非公企业党员教育管理工作研究——以宁夏新安科技有限公司为例》被《宁夏非公企业党建工作研究成果选编》收录。

【党史教育】结合"两学一做"学习教育，开展以"送党章、学党规、送党徽、亮身份、送党课、强党性，加强党员教育管理"为主要内容"三送一加强"活动，向各基层党组织送党徽1.2万枚、党章1万余本，组织党校讲师和道德模范、先进个人深入各乡镇（村）、部门、社区、企业、学校送党课和进行主题宣讲，宣传党的十八届五中、六中全会精神和党章党规、党纪党史以及习近平总书记系列重要讲话精神，讲党课180场次，受众万人以上。开展以"两学一做"学习教育、纪念建党95周年和纪念长征胜利80周年为主要内容"三大主题"宣讲活动，向各机关单位送党课61场次，受众3000多人次。举办纪念红军长征胜利80周年座谈会和"纪念红军长征胜利80周年，弘扬长征精神"报告会，县有关单位领导、代表及部分延研会理事、会员170余人参与会议。办好延安精神研究会刊，编印6期1800份，分发到部门、乡镇、学校、社区、部分企业和全体会员，宣传延安精神，提升基层群众拥党、爱党之情。

【党史宣传】结合庆祝建党95周年，开展庆祝建党系列活动，通过报告会、座谈会、知识竞赛、专场文艺演出、赠送图书音像制品等形式，推动党史"进机关、进社区、进矿区、进农村、进学校"活动，营造关心党史、学习党史、宣传党史的社会氛围。挖掘历史文化资源，强化党员干部教育基地、黄渠桥镇党史党建教育基地、党员干部廉政教育基地、文化展览中心、"塞上江南"博物馆等党史党建教育基地建设，加强黄二完小、绥宁师范等重要党史遗址保护。利用全县党员干部培训基地、反腐倡廉职务犯罪预防教育基地、党员文化教育基地、黄渠桥镇党史党建教育基地等进行实地培训，开展党员教育210余批8400余人次，深化党员干部对党史、国史、区史和反腐倡廉认识。组织全县党员观看中共党史题材3D动画故事片《冲锋号》、文献纪录片《没有共产党就没有新中国》，通过下发文件、QQ群通知、党建网公告等形式对组织收看情况作安排。利用平罗党建网、平罗党建微信平台、远程教育终端站点等渠道对党史工作加大宣传，督促指导有关部门结合"三会一课"，集中开展党史学习教育，通过座谈交流和撰写心得体会等多种形式巩固拓展学习成效。

宣传、精神文明建设

【概况】2016年，坚持围绕中心、服务大局、高举旗帜、改革创新的总要求，以学习贯彻习近平总书记系列重要讲话精神为主线，以壮大舆论声音，凝聚思想共识为重点，做好理论武装、舆论引导、精神文明创建、文化繁荣工作和队伍建设。县委宣传部被评为全区实施《全民科学素质行动计划计划纲要》"十二五"工作先进集体、全区"六五"普法先进集体、新华客户端先进集体、2016年度党报发行先进单位。

【理论学习】

完善各级党委（党组）理论学习中心组学习机制。把学习贯彻习近平总书记系列重要讲话精神作为理论武装的中心内容，以"十三五"规划、供给侧改革、"两学一做"等为主题，举办13期专题辅导讲座和专题讨论会，开展"三大主题"宣讲活动，开展"形势政策基层巡讲"、区市县"两会"精神和十八届六中全会精神宣讲130余场次，受众1万余人次，增强广大干部改革创新意识。

中心组理论学习

制定印发《关于加强领导干部思想理论建设的意见》和《关于加强全县各级党委（党组）中心组学习工作的意见》，修改出台中心组理论学习7项制度，按照中心组学习主题，编印辅导资料，征订《习近平总书记系列重要讲话读本》《胡锦涛文选》等理论书籍，强化学习效果。加强对基层理论学习监督和指导。印发理论学习年度安排，明确上、下半年学习重点内容和形式，重点对乡镇、部门党委中心组学习、理论学习开展专项督查，推进理论学习制度化和常态化。

【落实工作责任制】

以县委常委会、扩大会等形式，及时传达学习中央、自治区党委（党组）意识形态工作责任制座谈会精神和《实施办法》及自治区出台《实施细则》，将意识形态工作列入县委年度工作计划，把意识形态工作作为党的建设和政权建设重要内容，纳入重要议事日程，与各领域工作紧密结合，一同部署、一同考核。

【舆论宣传】

围绕县委、政府中心工作，分阶段、有步骤地开展一系列主题新闻宣传活动，重点开展全国和区市县"两会"为主题宣传活动，开展平罗农村综合改革系列采访、重点项目开工、民生实事在行动、乡镇亮点工作、纪念建党95周年活动、全区产业发展和重点项目现场观摩会等重大宣传活动10多次，开展宁夏精神宣传工作，为经济社会各项事业持续健康发展营造良好舆论氛围。邀请中央和区市媒体对平罗县土地经营管理制度改革、转型升级、重点项目建设、脱贫攻坚、"两学一做"学习教育等亮点工作开展专题采访活动。全年接待中央、自治区、市媒体80多批近700人次，"两学一做"学习教育在中央电视台新闻联播中专题报道，《宁夏平罗：环境好了 候鸟来了》《宁夏平罗县以"加"促"减"去产能》《宁夏平罗："两学一做"学在平时 做在基层》图片、稿件新闻分别在《人民日报》美丽中国版和新华社内参选编，新华网、新华社客户端刊发；《宁夏日报》刊登头版头条和报眼7篇、专版5个，刊发理论文章4篇，在中央和自治区媒体刊登稿件200多篇，《石嘴山日报》刊登稿件600多篇，《平罗"五项权属"激活土地资本》《平罗招商引资勇夺"三连冠"》等在《宁夏日报》头版头条刊发，《宁夏日

我们的中国梦 文化进万家文化扶贫演出活动

报》重要版面推出平罗县脱贫攻坚系列报道，与石嘴山电视台合作推出《记者下基层·平罗乡镇行》系列报道，在宁夏新闻网开辟《塞上明珠·多彩平罗》专栏。

【网络舆情处置】

做好突发事件舆情应对工作，处置突发事件重大敏感舆情十多起，转办处置微博、微信政务舆情134条，办结134条，办结率100%；石嘴山议政网收到各类投贴1005条，办结995条，办结率99%。及时处置宁夏大地公司职工断指、众泰思源合同纠纷、宁夏新加源公司随意排污等重大突发事件和敏感问题舆情，为事件处置赢得宝贵时间和空间。配齐配强网宣队伍，建立完善工作机制，强化政府信息网、活力平罗手机客户端内容建设，"活力平罗"手机客户端发布各类稿件近4000余篇，启动"平罗发布"微信公众号，打造网站、微博、微信、移动客户端的网络宣传阵地。

【主题实践活动】

突出部门行业特点，创新开展"我们的价值观"每月主题实践活动，分行业、分月份推进，与部门工作、重点活动深度融合，推动社会主义核心价值观落细落小落实。编发"文明石嘴山"微信公众号（平罗板块）53期，印发《平罗县精神文明建设》内刊7期。设置宣传栏2500余块，宣传展板300余块，户外大型广告牌15块，全县

"德耀宁夏·道德模范在身边"基层巡讲活动

建成社会主义核心价值观主题广场53个，建设宣传长廊文化墙58个。中央文明办领导一行来平调研社会主义核心价值观工作，观摩黄渠桥镇社会主义核心价值观教育实践基地、国税局精神文明创建工作等，充分肯定平罗县在社会主义核心价值观和精神文明建设工作方面各项工作。开展美丽乡村文明创建和乡镇"最美农家"评选活动，以通伏乡新丰村为代表的乡镇"最美农家""最美人物"评选表彰工作得到自治区文明办领导肯定。指导建成通伏乡新丰村、灵沙乡东润村、黄渠桥镇万家营村、宝丰镇吴家湾村、高仁乡高仁村等"美丽乡村"文明创建示范点。平罗县农村精神文明做法被宁夏电视台、宁夏日报专题报道。

【精神文明创建】

以督查指导、观摩交流、以奖代补等方法，评选表彰14个全县文明单位、文明村镇、文明社区先进典型，推动文明创建向乡镇、村队、社区、学校延伸。强化道德建设，开展全县第五届道德模范和"最美人物"系列评选活动，征集道德模范候选人115名，最美人物122名，进入网络投票的道德模范25人，最美人物33人。协调组织公安、妇联、残联、市场监管等部门，开展"我最喜爱的人民警察""最美媳妇""助残好人""诚信商户（企业）"等评选活动。

【文明创建】

以石嘴山市创建全国文明城市为抓手，以巩固自治区文明县城为契机，开展"文明交通""道德讲堂""网络文明传播""志愿服务"等各项道德实践活动，推进志愿服务工作，推动25个机关志愿者服务队与明珠社区（红马甲）向日葵等多个民间志愿服务组织开展活动。举办社会

主义核心价值观演讲比赛、知识竞赛2场次,在全县开展"践行社会主义核心价值观 做彬彬有礼的石嘴山人"征文活动,上报征文200余篇。开展区市道德模范事迹报告会、全区红十字志愿者先进事迹报告会、全区最美医务工作者事迹报告会、最美家庭基层宣讲等大型宣讲活动7场次。开展"德耀宁夏·道德模范在身边"基层巡讲活动,宣讲3场次。拍摄《孝道》《在路上》等4部主旋律微电影。

【文化事业发展】

全县26个社区建有文化活动室,各乡镇综合文化站、社区文化活动室和村文化活动室统一挂牌工作,通过国家对公共文化服务体系示范区创建工作检查验收。对全县各类民间艺术社团、社区群众性文化活动

庆祝建党95周年文艺演出

规范管理并提供辅导服务,年均开展各类文化艺术培训1600多人次。县图书馆、文化馆每周免费开放时间均在56小时以上。以传统节日为重点,以"广场文化艺术节""我为乡亲送戏来""舞动石嘴山·百姓健康舞培训"三大文化品牌活动为抓手,以政府购买公益性演出为主体,以社团文化活动为补充,组织、承办、举办各类群众文化活动287场次,其中广场文化活动30场次、基层文化活动16场次、文化科技卫生"三下乡"15场次,"自治区文化惠民——送戏下乡"及石嘴山市"送戏下乡"暨"我为乡亲送戏来"活动46场,全县10个民间社团演出180场次。文化馆被评为国家一级馆。农村电影放映1786场次,协调宁夏京剧院"送戏下乡"14场次,丰富城乡群众精神文化生活。邀请中国广播艺术团到红崖子乡红瑞村举办"我的中国梦·文化进万家"文化精准扶贫慰问演出活动,3000余名移民群众观看演出。在3个移民村开展文艺演出11场次,电影放映35场次,争取各类文化资金在3个移民村建设农家书屋和文化活动广场,配送图书3317册、电子音像制品79种,配备电视机、DVD、拉杆音响等设备,为移民群众送去精神食粮。

【队伍素质提升】

加大宣传思想队伍培训力度,选派优秀干部和业务骨干参加区市各类培训班,提升干部队伍素质。开展"两学一做"学习教育,严明政治纪律和政治规矩,坚持从严教育、从严管理、从严监督,教育引导干部严格遵守政治纪律、组织纪律、廉洁纪律、群众纪律、工作纪律和生活纪律,抓好作风建设。开展"雷锋饺子计划",慰问困难家庭400户,开展干部下基层、社区报到及脱贫攻坚帮扶工作,调查走访困难家庭40多户,慰问帮扶移民和联系村队资金5万元,转变工作作风,提升干部服务基层意识。

统战工作

【概况】

2016年,以"两学一做"学习教育为抓手,加强政治思想引领,提升党外人士综合素质,做好民族工作;实施统一战线"同心+"行动,落实各民主党派、工商联开展社会实践活动;推进政党协商,落实民主党派与政府相关部门对口联系制度;协助民主党派和工商联换届工作,实现

民主党派、工商联领导班子成员新老交替。

【综合素质】

引导统一战线广大成员学习党的十八届三中、四中、五中、六中全会，习近平系列重要讲话，中央统战工作、全区统战部长会议精神和《中国共产党统一战线工作条例》(试行)。坚持重大事项通报制度，定期向党外人士通报区、市、县委、政府重要决策部署，举办党外干部培训班，加强对《中国共产党统一战线工作条例》(试行)和《实施办法》的学习。

【政治协商】

统一战线工作领导小组成立，制定《关于加强政治协商工作的实施意见》和《2016年度政治协商计划》，协商确定年度调研课题，将调研成果纳入协商内容。建立《县级党员领导与党外人士联系交友制度》和民主党派与政府相关部门对口联系制度。做好市、县政协换届工作和政协委员提名工作。支持民主党派成员参加统一战线考察调研、建言献策等社会服务等活动。2016年各民主党派提交调研报告11篇，政协组织民主党派委员开展视察活动3次，调研活动3次。

【"同心+"行动】

各民主党派、工商联和无党派人士开展"企业帮扶""教育支持"等多种形式助力脱贫活动。打造"同心·红翔"和"同心·宝丰"基地，争取资金，整合统战资源，经

8月19日平罗县召开政协委员协商提名工作推进会

营成区、市、县各党派活动基地。组织各民主党派、工商联开展社会实践活动，实施科技入户、文化进村、卫生健康、环境美化、扶贫帮困、民族团结六大行动，开展党外知识分子实施助力脱贫攻坚行动，帮助基层解决实际困难。全年发放各类宣传资料3000多份；开展免费医疗、农业技术等服务6次；捐资100多万元，慰问困难户200多户。联系和动员宁夏大地循环有限公司等企业参与为贫困大学生捐资115万元，帮扶226名考入高等学校贫困学生，助其圆大学梦。

【民族团结】

创建县级民族团结示范点23个，推荐申报自治区级民族团结示范单位6个、市级民族团结示范单位9个。办好"民族团结月"和"两节"系列活动。举行第十七个"民族团结月"活动启动仪式，制作民族团结宣传片，宣传报道在民族团结进步事业方面做出突出贡献的模范集体和模范人物事迹；购置民族团结标语宣传围裙、手提袋5000个；开展"三下乡""送温暖、献爱心"等文艺演出等活动；举办全县中小学生演讲比赛、手抄报展评、征文等活动；结合"两学一做"学习教育实际，为群众办实事、办好事。

政法·社会管理综合治理

【概况】

2016年，履行维护稳定、服务发展的工作职能，以政法工作、平安建设、加强和创新社会治理为抓手，全面推进政法综治工作，为县域经济发展保驾护航。平罗县被自治区综治委命名为"平安县"，被自治区护路办评为"平安铁路示

范县"。

【服务型窗口】

加强领导,从严督导,深化窗口建设。出台《全县政法机关服务型窗口单位建设专项行动方案》,专项行动领导小组每季度对全县政法窗口明察暗访2次以上,下发督查通报3期,对存在问题,跟踪整改落实。注重创新,拓展服务。鼓励政法机关窗口大胆创新,打造亮点。县法院建立全区首家旅游景区巡回法庭,建立"导诉、立案、调裁、执行"快速立案机制和一站式便民服务机制。县检察院制定"五心四声四到位"服务制度("接待来访热心,记录问题细心,解答问题耐心,处理问题公心,为民办事诚心""进门有迎声、问话有答声、走时有送声、事后有回声,确保窗口服务工作热情到位、答复到位、解释到位、处理到位")。县公安局建立"村警联建"机制,在渠口乡渠口村、通伏乡马场村建立警务工作室,落实"日排查、周调度、月汇总、季分析"工作制,将派出所户籍业务拓展至村居。县司法局开展"星级司法所"创建活动,建成五星级司法所3个,四星级司法所2个。研究《2015年度全区公众安全感调查对象对各市、县(市、区)政法工作的意见建议》,针对公众对平罗县政法工作提出意见和建议,要求政法机关对问题主动认领、对号入座。通过公布监督投诉电话、设置意见箱、安放评价器等方式建立内部监督和外部监督机制。县公安局落实派出所带班领导督查责任制,每日带班领导为第一责任人,负责对所内环境卫生、警容警纪、工作作风监管,确保干警服务意识和作风有明显转变。县司法局落实季度内部通报制度,通过定期明察暗访,发现、整改存在问题。

【专项行动】

高度重视,严格执法。制订《全县吸毒人员管控大收戒专项行动方案》,县公安局召开专题会议研究,定人、定岗、定责任。破获涉毒刑事犯罪案件13.5起(与其他单位配合侦办1起),抓获犯罪嫌疑人14人,查获吸毒人员124人,强制隔离戒毒51人,社区戒毒23人,行政处罚50人,收缴毒品24.82克,使禁毒执法四项指标达到50%、36.9%、46.4%、6.2%。全县在册吸毒人员959人(死亡20人),全部按照规定分级分类管理,见面核查702人,见面核查率73.2%;网上信息核实669人,网上信息准确率69.7%。应到社区报到的社区

加强基层网格化建设

戒毒、社区康复人员252人,实际报到236人,社区戒毒康复执行率93.6%。在各乡镇(社区)开展"3+X"网格化工作模式,即每个网格至少配备1名禁毒专干、1名网格员、1名社区民警,X为吸毒人员家属的综合帮教模式。全县13个乡镇(社区)划分网格213个,配备禁毒专干44人,网格助理员293人,社区民警54人,实现全县各乡镇(社区)全覆盖。

【反邪教工作】

在"两节""两会"等重要节点全面梳理排查可能影响社会政治稳定因素,综合研判后加大巡防打击力度,挤压和遏制邪教组织生存空间。在县城七一广场开展国家安全及反邪教宣传教育活动2次,在乡村开展签订"家庭拒绝

邪教承诺卡"和"防邪知识进家庭"活动,提高妇女儿童等弱势群体抵制邪教能力。联合县宗教局、公安局对全县宗教人士开展反邪教育培训1次,建设城关镇星海社区、姚伏镇沙湖社区和渠口乡交际村等10处警示教育宣传阵地。利用元旦、春节等节假日走访慰问"门徒会""全能神"等邪教组织已转化家庭困难人员,协调乡镇为其申请生活困难临时救助,定期回访、座谈,随时掌握其思想动向和现实表现。

【发挥职能】

贯彻落实自治区综治委平安建设有关文件精神提出意见和建议,得到县委主要领导首肯和支持。充分征求乡镇、部门意见,注重具体措施的可操作性,制定全县平安建设贯彻落实意见和措施,确保重点工作7项、深化工作13项在基层落实。整理汇编《2016年平罗县平安建设实施方案汇编》,方便各级领导参阅。县综治办每季度对乡镇和相关单位督导1~2次,并下发督查通报,指出存在的问题,要求有关单位立即整改。在工作整体推进中,以矛盾问题排查化解、吸毒人员管控大收戒、政法机关服务型窗口单位建设三大专项行动为突破口,将玉皇阁市场、平罗中学周边列为治安重点地区,解决突出问题,以点带面推动政法综治整体工作。在综治宣传月中,全县各乡镇、各部门开展大型宣传活动2次,发放宣传单6万余份,宣传册11000余册。5月下旬,在县文化展览中心展出社会治安、安全生产、防震减灾、寄递物流、环境保护、出行安全、森林防火等内容,采取摆放展板和消防器材实物、消防通道逃生演练、发放宣传资料、现场讲解等多种方式,为期半个月全县公共安全警示教育巡展,全县党政机关干部、在校中小师生、企业职工、社区干部、居民3万余人参观展览,发放《公共安全警示教育手册》3000余册。

2016年9月14日,政法广场举办"平安平罗""和谐平罗"专场文艺演出

【排查矛盾纠纷】

制定《关于推行矛盾纠纷多元化解机制的实施意见》《平罗县矛盾问题排查化解工作方案》和《全县矛盾问题排查化解专项行动方案》,建立"任务清单""问题清单"和"责任清单",落实"周报告""零报告"和销号制度。形成矛盾问题层层分解、责任层层落实、问题层层化解工作格局。梳理、分流、督办全县各类矛盾问题535件,化解矛盾问题337件,化解率62.9%,各基层调解组织化解各类矛盾纠纷973件。集中开展易爆寄递物流清理整顿专项行动,消除矛盾隐患。公安、商务、市场监管、安监、教体等部门组成联合检查组,对寄递业、物流企业和商场超市、网吧、校园周边、客运企业、公交运营等单位人员密集场所联合检查。把旅馆业、金融业、歌舞娱乐场所、加油加气站点作为重点场所监管巡查,查办治安案件852起,黄赌案件15起,打击处理313人次,整改安全隐患265处,处罚违规经营场所30家(吊销特行证4家,停业整顿8家)。对矛盾问题排查化解专项行动工作推进情况督查,对督查情况全县通报。

【防控体系建设】

制定《关于健全完善社会治安防控体系进

一步深化平安平罗县建设的实施意见》。加强治安防控视频监控网、交通管控网、武装联勤网建设建设。利用2560路视频监控点位和900路高清监控点位,实现城镇道路交叉口无死角、主要道路关键节点无盲区、人员密集区域无遗漏。在县城划定6个武装巡逻区域和10个必巡点,武警官兵携带装备开展巡逻,保持武装威慑,提升应急处理突发事件能力。在全县开展"村警联建""警企联防"工作。在各行政村(社区)设立警务工作室,建立派出所民警挂任"村官"及村(社区)干部兼任"警务助理员"两项工作机制,"民警村官""警务助理员"开展矛盾纠纷排查、社情民意搜集、法律服务宣传、群防群治队伍建设、服务事项代办等工作,提升乡村治安防控能力。在平罗工业园区内实施"路、地、企、民"联合联动,建立县级联防领导小组、园区联防大队、联防中队三级警企联防网络,制定"1+1+2"(正式民警1名、协警1名、企业安保人员2名组成警企联防巡逻队)联勤联巡制度,以车巡、步巡相结合方式,预防各类治安隐患问题发生。

【重点领域防控】

县综治委召开全县平安建设暨加强命案防控工作会议,与各乡镇、各部门签订《平罗县命案防控目标管理责任书》,对重度精神障碍患者管控、矛盾问题排查化解、食品药物安全事故、道路交通事故、火灾事故、公共安全事故防范工作安排部署,做到领导、人员、措施、责任到位,形成一级抓一级,层层抓落实工作局面。加强严重精神障碍患者服务管理工作。筛查严重精神障碍患者1129例,规范管理严重精神障碍患者734例,建立专项管理档案,每季度对病人随访及信息录入。免费药物治疗55例,开展严重精神障碍患者家属护理教育121例。对全县738名精神病

2016年10月12日,由县综治委主任李彦炜主持召开全县平安建设暨命案防控工作会议

人动态管理,梳理评估具有肇事肇祸倾向重性精神病人59人,逐人建立工作档案,录入"两实"系统,落实管控措施,救助11人。常态化开展投资理财类公司摸排,及时发现涉嫌非法集资犯罪等涉众性经济犯罪的线索和苗头,追回涉案赃款247万元。成功侦破闫某某、海某非法吸收公众存款案,为68名群众追回涉案赃款207万元,损失挽回率100%,侦破武某某等4人票据诈骗案,为1家金融单位追回涉案赃款40万元。

【创建"平安铁路示范县"】

将铁路护路联防工作纳入全县目标考核体系,把平安铁路示范县、乡镇、村(居)、学校创建活动与全县平安建设相结合,同安排、同实施、同检查、同考核,共创共促,共同提高。健全完善护路联系点制度建设,出台《关于建立平罗县铁路护路联防工作联系点的通知》,各成员单位与铁路沿线城关镇、姚伏镇、崇岗镇对接,确定护路联系点,明确分管领导1名抓好联系点工作,确定工作人员1名负责日常与联系点对接。帮助城关镇建设颐馨护路园、教育基地,帮助姚伏镇、崇岗镇完善护路大院、护路家园、护路警示教育园、护路便民服务站等工作。抓好乡村铁路承包,提高铁路治安防控能力。按照区段和重点

部位,定责任单位、责任领导,量化承包任务,规范考核兑现程序、细化责任分工。实行县护路办与涉路乡镇、乡镇与涉路村(居)、村(居)与承包人逐级签订《乡村铁路承包责任书》。乡村铁路承包人排查出铁路安全隐患8起、涉路矛盾纠纷2起、及时上报隐患信息8起,全部得到化解处置,走访沿线农户500余家,发放宣传材料20000余份,为铁路运输安全畅通和社会健康稳定做出贡献。

【两个中心】

落实石嘴山市委《关于进一步加强乡镇(街道)民生服务中心,综治服务中心建设的意见》,通过分别召开社会管理工作推进会、乡镇"两个中心"规范化建设观摩会、现场督查指导等方式狠抓落实。实行综治中心前台受理,后台办理服务机制。整合乡镇综治、司法资源进驻综治中心统一办公,将原先多个窗口整合为2个,负责统一受理分流督办各类群众服务事项。探索个性化服务,如灵沙乡"人大综治合署办公"、姚伏镇"一体化服务、规范化管理"、城关镇"六联动"纵深服务维权服务等模式。修订"两个中心"管理运行制度,公开办事服务流程、服务事项和咨询服务、监督电话,全面推行A、B岗工作模式,落实节假日值班服务制度和延时服务措施,方便群众办理各类事项。

2016年11月4日,召开"96110"指挥中心授牌仪式暨第一次协调工作会议

【社区(村)自治能力建设】

落实石嘴山市委《关于进一步减轻社区负担,强化社区自治能力建设的意见》,统一公开社区职责和社区准入事项,组织清理规范社区出具证明、介绍信、加盖印章等。全面公开办事流程、咨询服务电话,建立社区QQ群号、社区微信等方式,规范服务语言、落实首问负责制、限时办结制等服务制度,让社区工作人员走出办公室,做好上下联动、居民互动活动,实现社区"自我管理、自我教育、自我服务、自我监督"。如城关镇唐徕社区、星海社区、金顺社区等10个社区推行"四民"社区创建活动,推行咨询必受理、受理必告知、委托必代办、结果必反馈、反馈必回访"五必工作法";阳光社区、太西社区、东苑社区公开针对居民的各类服务事项、办事流程、咨询服务电话等,向居民公开推荐服务信誉良好、收费合理的各类家政服务商户,使居民只需一个电话就能解决所需,方便居民办事。

【网格化管理】

落实《石嘴山市城乡社区网格工作人员管理办法(试行)》文件精神,明确"网格五员"工作职责,完善管理考评制度,加强培训,提升网格化管理服务能力,推进网格信息化工作。县委社工部深入17个

基层网格化建设网格图

社区和13个乡镇举办网格人员培训班,讲解登录信息平台程序,规范信息采集流程,注重

网格化工作人员聊天式入户随访技巧培训,提高网格化管理信息服务系统使用能力。为城关镇17个社区119名网格员统一配置手机终端,方便网格员入户采集信息和反映社情民意。完善网格服务监督管理制度,激发网格"五员"工作积极性。推行"四必进"网格化工作服务模式(网格员正常家庭一年必须入户1次,单亲家庭、外来租房户每季度必须入户1次,社会矫正人员、残疾家庭、困难家庭每月必须入户1次,老弱病残、鳏寡孤独家庭每周必须入户1次)。社区委员协助网格助理员撰写电子民情日志,通过电话回访核实信息,实现信息登记格不漏户,户不漏人,对网格住户做到情况清,底子明,社区人、情、地、事、物全掌握。

政策研究

【概况】

2016年,聚焦服务重大决策,开展调查研究,推动深化改革和农业农村工作,紧抓效能目标管理考核工作,把"严"和"实"标准和要求贯穿各项工作,谋事实、干实事、抓落实、求实效,发挥党委智囊助手作用。获得全区农业全面小康建设先进集体(二等奖)、全市效能目标管理考核综合一等奖、全市深化改革奖。

【调查研究】

把调查研究作为"当参谋、献良策"核心工作来抓。适应改革发展新形势、新要求,开展"十三五"深化改革、新农村建设、公共文化服务体系建设等重点课题研究,对经济结构调整、农村土地改革、"一优四特"产业发展、农业规模化经营、户籍制度改革等工作调研活动,形成有价值、有分量调研报告和理论文章,供相关领导参阅。

【农业农村工作】

制定《平罗县2016年农业农村工作要点》《关于加快发展农业"一优四特"产业的实施意见》《平罗县推进农业"一优四特"产业发展扶持暂行办法》等政策性文件,举办全县2016年度农业农村工作会议和农业农村工作观摩会。发挥农领办督查协调职能,不定期对各乡镇、部门落实农业农村工作重点任务情况开展督查和考评,推动农业农村重点工作以及"一优四特"产业落实。按照做精"一优四特"产业,优化"一带三路"布局(一带指河东地区,三路指滨河大道、109国道、京藏高速),建设"八个特色示范园区"(重点打造姚通路、周滨路两侧两个优质水稻示范园区;打造制种科技产业园和以头闸、黄渠桥为核心的蔬菜制种示范园区;打造河东现代农业示范区和河西优质清真牛羊肉示范园区;打造河东沙漠瓜菜和沿109国道高端蔬菜示范园区;打造京藏高速两侧精养水产示范园区)总体要求,推动示范园区建设。开展"下农村、送政策、促发展"活动,区、市、县、乡四级干部1495人下基层联系群众,各级干部走访农户1万户,召开各类宣传培训会214场次,参加培训人数1.9万人,发放宣传资料7万份,编辑《送政策》简报30期,其中16期被石嘴山市《送政策》简报采用。

全县精准脱贫现场观摩

【绩效考核】

在调查研究的基础上,围绕县委、政府确定的2016年全县中心工作、重点工作,结合区、市效能目标管理考核办法中确定考核重点,修订完善全县2016年度效能目标管理考核办法,改革考核方法,精简考核内容,简化考核程序,使考核办法更加科学合理,体现考核公平、公正以及考核指挥棒引领作用。召开年度考核动员会议,开展县级目标考核工作。

【深化改革】

制定《平罗县2016年全面深化改革工作要点》等相关文件,明确各项改革重点任务时间表、路线图、责任单位和责任人。建立完善《平罗县深化改革重大事项备案制度》《平罗县深化改革工作督查制度》《平罗县深化改革信息调研工作制度》三项制度和"一月一统计一汇总,一季度一督查一通报,半年一总结一考评"督查通报机制,确保改革任务取得实效。全年开展"改革事项"专项督查3次,下发督查通报3期,编辑改革动态25期,被《宁夏改革动态》采用2期。督促各专项小组制定各自承担重点领域改革实施方案,每季度开展一次专项督查和考评。全年45项改革事项全面启动,进展顺利。

【自身建设】

以开展"两学一做"专题教育为载体,健全完善各项规章制度,加强对党员教育、管理和监督,增强全体干部职工遵守各项纪律规定自觉性。严格控制"三公"经费,规范财务管理,严格控制行政成本,最大限度压缩机关支出,"三公"经费支出大幅度下降。严格执行《平罗县乡镇、部门"一把手"议事决策制度(试行)》和"五不直接分管"制度,及时调整领导班子成员分工,坚持重大决策、大额资金使用问题集中研究决定。加强政治和业务学习,坚持每周学习日活动,及时传达有关文件和会议精神,学习党和国家各项方针政策,提高干部政治理论素质,增强其贯彻党的路线、方针、政策主动性和自觉性。狠抓"八项规定"和内部管理制度落实,强化对干部管理、教育、监督、考核,提高干部综合素质,确保政研室发挥好参谋部、智囊团作用。

老干部工作

【概况】

2016年,开展"两学一做"学习教育活动,开展纪念建党95周年、"创先争优"活动,与社区"联合党委"开展共建活动,为离退休干部发挥作用搭建平台,加强离退休干部党组织建设、思想政治建设,做好离退休干部服务工作,把老干部工作部门建设成为"老干部之家"。

政研室全体干部职工集中学习

【"两学一做"】

把"学党章党规,学系列讲话,做合格党员"学习教育作为党建工作龙头任务,参加县委开展"两学一做"学习教育动员会以及县党校"两学一做"教育辅导;坚持每周一党员学习活动,重点学习党章党规、系列讲话、《中国共产党纪律处分条例》等内容;开展"三查三树"领导讲党课活动;开展党员教育积分制管理制度,通过集中学习和实践活动予以赋分,积分结果参与年终绩效考评；购买党章、党徽各 100 件，开展"三送一加强"活动；开展"三个课堂"（服务基层群众宗旨教育课堂，严守纪律规矩典型课堂，推动改革发展实践教育课堂）。

【纪念建党 95 周年活动】

到银川、大武口及各乡镇，慰问 15 名建国前入党的老党员，送去党和政府对建国前老党员关怀。与县委宣传部、县文广局、民政局共同举办庆祝建党 95 周年"唱红歌，爱中华"中老年歌咏比赛，8 支代表队参加，组织老年大学代表队演唱的《井冈山的月亮》《红旗颂》《六盘山高黄河水宽》荣获一等奖。参加城关镇星海社区"两学一做"知识竞赛；集中收看中央建党 95 周年庆祝大会，重温入党誓词，聆听总书记讲话，观看《复兴之路》；组织离退休干部参加区、市、县庆祝建党 95 周年征文及演讲活动，退休教师任登全荣获全区征文比赛一等奖，俞安民荣获全区征文比赛优秀奖，退休干部王宝琴荣获全市离退休干部演讲比赛二等奖。

【"创先争优"活动】

宣传离退休干部中先进人物和事迹，参与区、市、县先进基层党组织、优秀党务工作者、优秀党员评选。县供销社离退休支部被区组织部、区离退休干部党工委、区老干部局评为全区"五好"离退休干部支部，周志远、任登全被评为全区离退休干部优秀党员；许宗廷被石嘴山市委评为离退休干部优秀党员；公安局离退休干部支部、财政局离退休干部支部被市委组织部、离退休干部党工委、老干部局评为"五好"离退休干部党支部，周守宽、何子江、盖贵被评为全市离退休干部优秀党员，沙占友、杨连杰被评为全市离退休干部优秀党务工作者。

【老干部活动】

4 月，老干部局与县老龄委组织离退休干部和老年大学 100 多人开展"观家乡变化，赏桃共美景"一日游活动。6 月，组织县处级退休干部和机关党员参观平罗华泰农瓜菜基地、大生生物科技有限公司、大地循环发展公司、惠民生态健身公园、34 号地块棚户区改造安置住房配套附属设施工程，让老干部及时了解社会经济发展情况。9 月，举办老年大学开学典礼，请党校老师宣讲长征精神，齐唱长征歌曲，宣传习总书记的新思想、新理念。10 月，组织离退休干部代表参加县委党代会工作报告、纪委工作报告征求意见会、人代会政府工作报告征求意见会、开展纪念红军长征胜利 80 周年宣讲座谈。部分老干部参加县委、人大、政府、政协换届大会。让老干部感受到社会发展，感受到自身价值，增强建设祖国、服务社会、做合格党员荣誉感。

【共建活动】

挖掘内部潜力，利用延安精神宣讲等契机，在星海社区开展延安精神和红军长征胜利 80 周年宣讲活动 2 期，80 余人参加活动。参加社区开展"防诈骗宣传讲座"和"两学一做"知识竞赛。9 月，县老年大学开学邀请社区老年人参加老年大学开学典礼。举办延安精神座谈会，邀请各社区负责人及部分社区委员共同开展纪念红军长征胜利 90 周年座谈会，增进社区居民对老干部工作了解。深入社区调查，摸清星海社区困难学生、困难离休干部遗孀、困难离退休干部情况。六一期间，为星海社区 5 名困难学生送去慰问金 2500 元。七一期间，慰问辖区困难离休党员贾金海。对辖区 6 名离休干部遗孀交纳医疗保险，"两节"慰问星海社区离休干部遗孀10名。看望慰问星海社区离休干部5人次，慰问物品及金额2000元。协助星海社区1名去世离休干部亲属办理丧事。资助星海社区共建经费6000元，支持社区开展离退休干部服务工作。

【下基层】组织党员到灵沙乡先锋村走访农户、了解民情，主要以解决群众最突出、最实际问题为抓手，开展调查研究，讲解"三农"政策，征求意见建议，了解和掌握村情民意。给先锋村购置电脑1台、打印机1台，总价值7000元，改善先锋村办公条件。儿童节资助村上困难学生。对村民中需要办理医保、养老、贷款方面问题，帮助咨询。与广大农民群众面对面宣传中央和区、市、县各项强农惠农富农政策，让农民群众做政策的明白人。

【党员教育】加强学习型机关建设，完善党支部中心组、"五个一"学习制度。开展党员讲党课活动，党组织班子成员带头讲，普通党员轮流讲。组织干部参加宁夏教育培训网络学院学习。举办党员干部培训学习班，加强对党员干部政策理论、业务知识学习。结合"下基层"活动，组织干部深入灵沙乡先锋村农户家中，了解群众生产、生活，与农民交朋友，到一线长见识，到基层"接地气"，到干部群众中学知识、增才干。组织干部参加秋季农田水利基本建设，让干部身心得到锻炼，增强他们肯干苦干的意志品质。

【党组织建设】指导离退休干部党支部建设，配齐配强离退休干部党支部班子，督查指导各支部开展离退休干部"两学一做"教育。深入各党委、总支调研执行县委《关于印发〈关于进一步加强和改进新形势下离退休干部党组织建设工作的实施意见〉的通知》情况，了解各党委、总支离退休支部建设、思想政治教育方面情况。与县委组织部共同下发《关于贯彻落实平党办发〔2015〕42号文件情况督查的通知》文件，督查各党委、总支离退休党支部建设进展和离退休干部"两学一做"开展情况。县卫生局和县中医院离退休支部成立。完善离退休干部支部"三会一课"制度，对能够参加组织生活和各种活动的离退休干部党员，按照党章要求组织参加。改进离退休干部党组织活动方式和活动内容，建立党支部委员联系党员制度，对参加各项活动和组织生活确有困难老党员，离退休党支部委员定期上门走访看望，通报有关情况，使老党员知晓政策，了解形势。经过争取，县委、政府将县水务局办公大楼划拨给老干部局用于离退休干部教育及老年大学教学。

【思想政治建设】加强离退休干部思想政治学习。以老年大学和基层社区为依托，组织离退休干部进行政治学习，在老年大学和各社区组织离退休干部开展学习活动20场次，就所学内容开展讨论，让离退休干部了解政治形势和大政方针，牢记中国历史，做好党的方针政策宣传工作，增强党性修养，注意道德品德，引导广大离退休干部政治坚定，思想常新，理想永存。坚持联系老干部工作制度。定期走访离退休干部，将走访工作与"两学一做"教育实践活动结合起来，采取座谈、谈心谈话、上门走访等形式，听取离退休干部意见，了解离退休干部思想状况，向离退休干部讲解老干部工作等情况，引导离退休干部遵守党的政治纪律和组织纪律,自觉执行党的路线方针政策,在思想上与党中央保持一致。

【联系制度】

落实《老干部工作联系制度》,老干部局在职干部与离退休老干部结成对子,定期保持沟通,一对一的联系、交流、互帮互助;督查各单位离退休干部服务工作,落实"两项"待遇,全面建立"五必访"离退休干部制度,开展"六送"亲情服务活动,帮助离退休干部解决实际困难。发放离退休干部亲情服务联系卡,将干部姓名、电话、各类社会服务机构联系方式向离退休干部进行公布,便于离退休干部日常联系。做好离退休干部来信来访工作,通过协调进行答复。利用社区资源做好"四就近"服务,开展"八个一"活动。为40余名行政事业单位离休干部发放2016年生活补贴及艰边津贴。"两节"前对100名离退休干部和100名离休干部遗孀进行慰问。七一前后,看望慰问15名建国前老党员。以老年大学、延安精神研究会、老年活动室为平台,组织离休干部举办书画展、文体活动、延安精神理论研究、诗歌、论文创作等活动,使老干部老有所学、老有所乐。10月,为62名无固定收入的离休干部遗孀交纳2017年医疗保险。

党校工作

【概况】

2016年,贯彻落实党的十八届五中、六中全会精神和习近平总书记系列讲话精神及县委第十三届第十次全体(扩大)会议精神,执行《中国共产党党校工作条例》,探索新形势下党校发展新思路、新方法,圆满完成各项工作任务。被石嘴山市文明委授予"市级文明单位",被县委、政府授予"全县六五普法先进单位"。

【干部培训】

贯彻《关于印发〈贯彻落实县委十三届十次全体会议精神分工方案〉的通知》文件精神,落实县委中心组理论学习安排和关于印发《2016年全县干部教育培训计划》通知要求,发挥干部教育培训主渠道作用,围绕中心,服务大局,配合宣传部抓好县

全县社区干部能力提升培训

委中心组理论学习,配合县委组织部抓好各级干部教育培训工作。全年举办学习和培训班20期。其中,与宣传部联合举办专题讲座8次,与组织部等联合举办各类培训班12次。做好2016年全县401位领导干部网络培训工作,领导干部参学率达100%,协助部门举办培训班20场次以上。

【对外宣讲】

深入部门、乡镇(村)、社区、学校、企业宣传党的十八届五中、六中全会精神和党章党规党纪以及习近平总书记系列重要讲话精神,全面落实百场宣讲任务,全年讲党课180场次,受众总数达万人以上。其中,开展以"两学一做"学习教育、纪念建党95周年和纪念长征胜利80周年为主要内容"三大主题"宣讲活动,宣传《党章》《中国共产党廉洁自律准则》《中国共产党纪律处分条例》等党内法规和习近平总书记系列重要讲话精神,开展全县"两学一做"学习教育。与各基层单位开展纪念建党95周年和纪念长征胜利80周年系列庆祝活动。送党课61场次,受众3000多人次。发挥党校学科优势、人才优

势,与县电视台联合制作专题节目13期,对县委十三届十次、十四届一次会议精神和县十七届人大一次会议精神深入解读。

【科研调研】

坚持为县委、县政府决策服务、为教学服务、为社会服务的方向,围绕全县经济社会发展情况开展调研。引导教职工参加理论学习和开展调研活动,撰写理论文章和调研报告。参加区党校、县相关部门开展"以五大发展理念统领'四个宁夏'建设"为主题征文活动、"纪念建党95周年"主题征文活动和纪念红军长征胜利80周年等征文活动。上报理论文章11篇,发表理论文章4篇,获区级奖励文章1篇。其中,《平罗县人才外流问题研究与对策》《突出问题导向 加强党的思想作风建设》《廉政文化促清廉平罗建设的几点思考》3篇论文分别在石嘴山论坛2016年第一、四、五期发表,《弘扬长征精神 实现民族复兴》在《宁夏党建研究》第九期发表;论文《坚持五大发展理念 统领"四个宁夏"建设》获得自治区党校"以五大发展理念统领'四个宁夏'建设"主题征文活动优秀论文奖。围绕县委十三届十次全体会议精神确定调研课题,撰写调研报告2篇,分别是《民族地区法治建设探析——以平罗县依法治县为例》《平罗县农村老人养老方式探索》。

【师资队伍建设】

学校送课下基培训农村党员

加强师资力量培养。针对教师外出培训机会少、眼界不宽等问题,创造机会,采取"走出去"等方式,组织教师参加国家行政学院送教下基层(内蒙古鄂尔多斯)师资培训班等各类培训班8期15人次,使教师更新培训理念,掌握现代培训方法,提高教学能力和水平。鼓励支持教师攻读硕士研究生和中高级职称评聘,有在读研究生1名,评聘为中高级教师2名。

【干部队伍建设】

创新教师队伍建设方式,开展集体备课和人才讲坛活动。全年开展集体备课8次和人才讲坛活动10次。打

学校教师集中学习备课

造和培育全区党校系统党性教育精品课1个,参加"全区党校系统精品课"比赛。完善专兼职教师队伍,聘请客座教授和兼职教师22位。其中客座教授16人,既有区市党校和社会主义学院的知名教授,也有本县部门领导和干部。壮大师资队伍,为大规模培训干部奠定坚实基础。全年师资库客座教授承担教学任务17次。

【联合办学】

做好与中国人民大学农业推广硕士研究生的联合办学工作,抓好在职学员的管理和服务,年内组织学员集中辅导2次。1月1—4日,组织38位学员在本校参加函授学习,邀请人大常委会相关人员和宁大教授为学员进行专题讲授和论文写作辅导,组织新入学8位学员到人民大学参加函授学习,并做好服务工作。

【自身建设】

开展"两学一做"活动、下基层活动等活动,

改进校风、学风、教风,树立"窗口"形象。坚持不懈抓好党建工作。围绕"两学一做"主题,抓学习教育不放松,引导党员自觉遵守党章党规、维护党章党规。开展领导干部讲党课活动,支部班子成员讲党课6场次。做好星级服务型党支部创建工作。开展精神文明创建活动。开展党员进社区志愿服务活动,与明月社区联合党委开设"道德讲堂",传递正能量,举办学习班2期60余人参加。以各类文化活动为载体,联合党校综合楼内9个单位,开展"党校综合楼纪念建党95周年文体活动",丰富教职工精神文化生活。结合"纪念红军长征胜利80周年"主题活动,组织党员到六盘山红军长征纪念馆和蒋台堡等地,缅怀革命先烈,弘扬长征精神,通过感悟红色革命教育,坚定党员的理想信念。开展"下基层"活动。组织教职工到陶乐镇东园村、红瑞新村等走访农户、了解民情,为困难农户送去化肥、慰问金等,力所能及地帮助他们的生产、生活。

【其他工作】

落实脱贫攻坚工作任务。对红崖子乡红瑞村贫困人口建档立卡15户34人,建立精准脱贫分户台账,以教育扶贫为抓手,帮扶贫困家庭学生31人,帮扶教育扶贫资金1.79万元,捐衣捐物66件。与廷远活性炭、华昌煤化工等企业联系对接,落实招商9000万元,引资24万元。

精准扶贫平罗中学学生2名

平罗县人大常委会

综 述

【概况】

四年来，县第十六届人大常委会在县委坚强领导和区市人大精心指导下，坚持以改革创新精神推动新时期人大工作，坚持党的领导、人民当家做主和依法治国有机统一，认真履行宪法法律赋予职责，发挥地方国家权力机关作用，为加强民主法制建设、促进全县经济社会健康平稳发展做出积极贡献。

【财政监督】

常委会每年听取和审议县人民政府国民经济和社会发展计划执行情况报告、财政决算及预算执行情况报告、县本级预算执行及其他财政收支情况审计工作报告，并做出决议，确保保增长工作扎实推进，财政预算更加科学规范。对审计查出问题整改情况进行跟踪监督，听取县人民政府处理结果报告，推动审计查出问题得到纠正。审查批准地方政府债券资金安排、超收收入支出和预备费动用方案，保障全县重点工程项目建设资金需求。在全区率先成立县级人大常委会财政预决算审查咨询委员会，强化对政府全口径预决算审查监督，实现预决算审查监督由程序性向实质性转变。

【产业转型监督】

加强对"十二五"规划执行情况及"十三五"规划编制情况监督，审查批准"十三五"规划。围绕事关产业转型升级的重大问题，对重点项目建设、大型骨干企业、农业特色产业、农业节水、商贸流通业和电子商务等领域视察调研，全面了解真实情况，指出存在问题，提出加大招商引资力度、以增量优化促存量调整、发展新型特色产业等建议，撰写调研报告转交有关部门落实，为促进产业结构调整和转型升级做出努力。

【综合改革监督】

推动农村综合改革。关注农村综合改革试点工作，专题调研农村土地经营管理和农村宅基地制度改革推进情况，针对改革工作中存在突出问题，提出意见建议，推动县人民政府加大政策扶持力度、编制完善村级土地利用总体规划、开展"两证合一"试点工作，保障农民合法权益，平罗县农村土地经营管理制度改革通过国家中期验收，推进农村宅基地制度改革工作。

【法律监督】

围绕依法行政开展监督。常委会组成人员对乡镇和部分执法部门依法行政工作调研，听取和审议县人民政府关于推进依法行政工作情况报告，增强国家行政机关及其工作人员依法行政意识、提高行政效能、简化办事程序等方面提出意见建议，推动执法部门服务经济社会发展。

围绕公正司法开展监督。视察、调研全县禁毒工作，县人民法院刑事附带民事诉讼、执行工作，多元化纠纷解决机制改革运行、行政审判工作，县人民检察院民事行政检察、刑事诉讼监督、查办和预防职务犯罪、规范司法行为专项整治等工作，听取和审议"法检"两院工作报告，督促司法机关坚持法律效果和社会效果统一，提高办案质量，公正司法，保护公民与法人的合法权益，为全县经济发展、社会和谐稳定提供司法保障。

围绕普法宣传开展监督。把全民普法守法作为推动法治建设重要抓手，专题视察全县"六五"普法工作，听取和审议"六五"普法工作报告，建议县人民政府坚持效果至上，抓住重点人群，创新完善机制，实施精准普法，力求普法宣传教育取得实效。对全县实施"七五"普法规划做出决议，确保"七五"普法开展。

围绕法律实施开展监督。对事关人民群众切身利益的社会保险法、环境保护法、道路交通安全法、食品安全法等6部法律法规贯彻实施情况开展执法检查，对检查中发现的问题提出意见建议，听取审议执法检查报告，抓好整改落实，促进法律法规在全县的贯彻执行。

【民生福祉】

突出政府民生工程开展专项监督。对政府十项民生工程实施监督，紧盯工程施工进度，指出民生实事办理过程中存在问题，跟踪问效，推动民生工程实施。开展群众民生改善常规监督，对全县职业教育发展、县城住宅小区物业管理、老城区居民供热、水源地保护、义务教育均衡发展、村级民主治理、脱贫攻坚等工作开展视察、调研，听取相关工作报告，提出针对性强的意见建议，督促政府完善增补措施，创造良好宜居环境，使群众在共建共享中提升幸福感。对百姓关注焦点开展询问监督。全面启动专题询问监督机制，将评议与询问两种监督方式相结合，与百姓心声"同频共振"，聚焦城乡居民养老保险、食品安全、安全生产等群众普遍关注的民生问题，对人社局、市场监管局、安监局等5个政府组成部门履行工作职责情况开展现场专题询问，抓住关键，问出要害和深度，通过媒体报道，促进政府部门工作改进，解决民生问题。

【干部任免、监督】

常委会坚持党管干部与人大依法任免干部有机统一，严格任前了解情况、任后公开履职承诺和向宪法宣誓程序，干部任免工作更加科学、规范。四年来，依法任命国家机关工作人员225名并向宪法庄严宣誓，增强新任命人员宪法观念和责任意识。坚持依法行使任免权与干部任后监督有机衔接，完善干部任后监督方式，把对"人"的监督融入对"事"的监督之中，全面了解被任命干部遵守宪法法律、贯彻县人大常委会决议决定、办理代表建议和履行职责等情况。对县水务局、教体局等6个部门履行工作职责情况开展评议，向社会公开评议全过程，将评议意见反馈给被评议部门进行整改，听取整改落实情况报告，强化被任命干部主动接受监督和依法行政意识，增强干部任后监督实效性。

【代表工作】

完善代表履职平台。率先在全区建成县级人大代表联络工作室。在全县工业园区2个、乡镇13个、部分村和社区建立"两代表一委员"联系群众工作室68个，打造灵沙乡等代表工作室示范点，构建县、乡、村（居）三级工作室网络，架起"两代表一委员"了解社情民意连心桥,解决群众反映民生问题。开展常委会组成人员联系代表、代表联系选民的"双联"活动,倾听人民呼声,回应人民期待。开辟网络联系平台。改版扩容平罗人大网站,新增人大代表风采录、建议意见收集反馈和网络问政板块,开发人大代表建议意见网上办理系统,及时受理转办代表和群众意见建议,探索建立闭会期间建议意见受理转办的新机制,拓宽代表和群众反映社情民意新渠道。提高建议办理质量。研究出台《代表议案和建议意见办理办法》,采取常委会领导领衔督办、"一府两院"分管领导领办、常委会各委办跟踪督办工作机制,通过召开协调会、新闻媒体追踪报道等方式,提高议案和建议意见办理效果。四年来,常委会对人代会确定议案4件和133件代表建议意见办理情况进行督办,保证议案和代表建议意见办理时效和质量。

【自身建设】

常委会坚持与时俱进,把加强自身建设放在重要位置。开展党的群众路线教育实践活动、"三严三实""两学一做"主题教育,落实整改措施,贯彻中央八项规定,整治"四风"、不严不实等突出问题,加强改进干部作风。以提高依法履职能力和工作水平为目标,加强思想、组织、作风和制度建设,落实党风廉政建设责任制,从严从实抓好干部队伍。把开展"学习型、服务型、创新型、和谐型"机关创建活动作为改进机关作风有效途径,推动人大各项工作再上新水平。修订常委会审议意见办理办法。履行信访职责,完善信访督办机制,化解事关群众切身利益的信访案件。开展包抓项目和包扶企业工作。密切与乡镇人大的联系,加强对乡镇人大工作指导,提升乡镇人大履职能力。

重要会议

【县第十六届人民代表大会第四次会议】

1月27—29日召开。会议听取和审查平罗县人民政府工作报告;审查和批准平罗县国民经济和社会发展第十三个五年规划纲要草案;审查和批准平罗县2015年国民经济和社会发展计划执行情况及2016年国民经济和社会发展计划草案的报告,批准平罗县2016年国民经济和社会发展计划;审查和批准平罗县2015年财政预算执行情况和2016年财政预算草案的报告,批准平罗县2016年财政预算;审查和批准平罗县人民政府关于2015年10件民生实事执行情况和2016年10件民生实事草案的报告,批准平罗县2016年民生实事;听取和审查平罗县人大常委会工作报告;听取和审查平罗县人民法院工作报告;听取和审查平罗县人民检察院工作报告;补选平罗县人大常委会副主任和委员。

【县第十七届人民代表大会第一次会议】

10月30日—11月1日召开。会议听取和审查平罗县人民政府工作报告;审查和批准平罗县2016年国民经济和社会发展计划执行情况及2017年国民经济和社会发展计划(草案)的报告,批准平罗县2017年国民经济和社会发展计划;审查和批准平罗县2016年财政预算执行情况和2017年财政预算(草案)的报告,批准平罗县2017年财政预算;审查平罗县人民政府2017年10件民生实事执行情况和2017年民生实事草案的报告,批准平罗县

2017年民生实事；听取和审查平罗县人大常委会工作报告；听取和审查平罗县人民法院工作报告；听取和审查平罗县人民检察院工作报告。会议选举马长青为平罗县第十七届人民代表大会常务委员会主任，顾自军、金凤霞、杨连银、李维元为副主任；马莉方为平罗县人民政府县长，杨超、李晓坤、蒋新录、周福祯、郭建军为副县长；杨光明为平罗县人民法院院长；李洁为平罗县人民检察院检察长。会议选举平罗县出席石嘴山市第十四届人民代表大会代表101名。

【常委会会议】

县第十六届人大常委会

第二十六次会议　3月28日召开。会议通报县人大常委会2016年工作要点；听取和审议县人民法院多元化纠纷解决机制改革工作情况报告、县人民检察院关于开展规范司法行为专项整治工作情况报告；审议县人大常委会主任会议关于许可对县第十六届人大代表刘永红采取强制措施的批复给予确认的议案；审议县人民政府有关人事任免议案。

第二十七次会议　6月6日召开。会议听取和审议县人民政府关于全县安全生产工作情况报告、关于全县农村宅基地制度改革试点工作情况报告；听取县人大常委会执法检查组关于检查《中华人民共和国环境保护法》贯彻实施情况报告；审议县人大常委会主任会议关于接受刘永红辞去平罗县第十六届人大代表职务请求议案；审议县人民政府有关人事任免议案；对全县安全生产工作专题询问。

第二十八次会议　7月19日召开。会议听取和审议县人民政府关于全县禁毒工作情况报告、关于全县特色农业发展情况报告；评议县水务局、教体局工作；审议县乡两级人大换届选举有关议案；审议有关人事任免议案。

第二十九次会议　8月10日召开。会议听取和审议县人民政府关于2015年财政决算（草案）及2016年上半年财政预算执行情况报告、关于2015年财政预算执行和其他预算收支情况的审计工作报告、关于2016年上半年国民经济和社会发展计划执行情况报告、关于"六五"普法决议执行情况报告；审议县人民政府关于提请批准平罗县2016年第一、二批地方政府置换债券资金使用计划议案、关于提请批准2016年新增地方政府债券资金使用计划议案；通过县人大常委会关于深入开展第七个五年法治宣传教育决议；审议县人大常委会主任会议关于提请调整变更新一届县乡（镇）人民代表大会换届选举时间议案；审议有关人事任免议案。

第三十次会议　9月5日召开。会议听取和审议县人民政府关于全县公务用车制度改革工作情况报告、关于全县脱贫攻坚工作情况报告；审议县人大常委会主任会议关于接受李治民辞去平罗县第十六届人大常委会副主任职务请求议案；听取和审议县人大常委会代表资格审查委员会关于平罗县第十七届人民代表大会代表资格审查报告（草案）；通过县人大常委会关于召开平罗县第十七届人民代表大会第一次会议决定（草案）；审议有关人事任免议案；审议县人大常委会主任会议关于接受王德俊辞去平罗县人民法院院长职务请求的议案、关于接受高勇辞去平罗县人民检察院检察长职务请求议案；审议县人大常委会主任会议关于提名杨光明副院长为平罗县人民法院代理院长议案、关于提名李洁副检察长为平罗县人民检察院代理检察长议案。

县第十七届人大常委会

第一次会议　12月16日召开。会议集中学习党的十八届六中全会精神要点、《中华人民共和国各级人民代表大会常务委员会监督法》（摘要）；审议县人大常委会主任会议关于提请审议设立平罗县第十七届人大常委会代表资格审查委员会议案；审议县人大常委会主任会议关于接受刘立群等辞去石嘴山市第十四届人民代表大会代表职务请求议案；审议县人大常委会主任会议关于提请审议补选石嘴山市第十四届人民代表大会代表议案；审议人事任免议案。

【重要活动】

执法检查　常委会对《中华人民共和国环境保护法》贯彻实施情况开展执法检查，在常委会上听取审议执法检查报告，提出审议意见。

视察调研　常委会综合运用多种监督方式，开展对全县农业用水、村级民主治理、农村宅基地制度改革试点、农业产业化发展、安全生产、公安、禁毒等工作的视察调研。常委会在听取和审议相关工作报告的基础上，针对存在问题，提出建议意见24条。

司法监督　常委会对县人民法院多元化纠结解决机制工作、县人民检察院规范司法行为专项整治工作调研，在常委会会议上听取和审议法检两院专项工作报告，提出建议意见6条。

平罗县人民政府

综 述

【概况】

县十六届人大一次会议以来的四年，是平罗县沉着应对挑战、经受重大考验的四年，也是经济社会科学发展、取得新成就的四年。县人民政府坚定信心、保持定力，团结带领全县各族干部群众凝心聚力谋发展、砥砺奋进谱新篇，为全面建成小康社会奠定坚实基础。面对经济持续下行压力和挑战，主动适应新常态，强化对经济工作领导，干部包抓规上企业和中小企业实现全覆盖，逐月分析研判形势，精准施策，千方百计扩增量、抑减量，使经济增长保持在合理区间。2016年，全县地区生产总值150.11亿元，增长7.3%；地方财政公共预算收入8.02亿元，下降6.9%；地方财政公共支出33.53亿元，增长7.5%；固定资产投资165.4亿元，增长3.6%；城乡居民人均可支配收入分别达22739元和12196元，年均增长7.2%和7.6%。四年间，荣获国家园林县城、国土资源节约集约模范县和自治区文明县城、卫生县城等荣誉称号，三次跻身"全国最具投资潜力中小城市百强县"。

【转型升级】

把加快转变经济发展方式作为主线，改造提升传统产业与培育壮大新兴产业并重，提高质量效益，优化产业结构，三次产业比重由2012年的14.5∶58.8∶26.7调整到2016年的12.9∶58.1∶29。"4+4"产业引领工业转型升级。实施循环化改造企业26家，大地、晟晏、吉元等企业成为循环发展的典范，凌云化工、恒利冶金等企业成功转型、实现多元发展。实施新兴产业项目26个，丽珠药业、德信恒通管业等一批项目投产达效，成为经济增长点。推进企业组团发展、产业集群发展，中钢与滨河碳化硅、中煤与金海永和泰开展战略合作。格瑞化工、森源重工等30家中小企业成为全区"专精特新"企业，银晨太阳能被评为国家高新技术企业。2016年，全县规上工业实现增加值71.7亿元，增长8.2%。"4+4"产业占工业经济比重达67%，骨干企业成为支撑工业发展的主要力量。"一优四特"产业带动农业扩规增效。"一带三路"、八个示范园区产业发展格局基本形成，粮食实现"十三连丰"，被国务院授予全国粮食生产先进县。制种面积1万公顷，成功举办三届种业博览会。草畜产业稳步发展，规模养殖场128个，牛羊肉产量年均稳定在1.5万吨和2万吨。瓜菜面积稳定在1.2万公顷以上，年均产量100万吨。生态水产面积稳定在6666.67公顷以上，"一优四特"产业占农业经济比重89%。实施银北百万亩盐碱地改良、中低产田改造、国土整治等项目，改良盐碱地2.8万公顷，新增耕地7千公顷，连续三年荣获自治区农田水利基本建设"黄河杯"竞赛特等奖,多元业态助推现代服务业活跃发展。建成石嘴山国际建材城、宏泰商业广场、汇融新天地等商业综合体,投用社区蔬菜直销店24家,红星美凯龙、宁夏国际皮革城等知名商家落户平罗,中阿物流园开工建设,推进全国电子商务进农村和全域旅游创建工作,消化存量商品房4002套43.9万平方米,金融保险、中介服务等新兴业态日益活跃。2016年,全县实现社会消费品零售总额23.88亿元,同比增长6.9%,提升三产对经济增长贡献率。

【"两优"环境】

投资30亿元,实施沙湖750千伏变电站、红陶公路、污水处理厂、黄河水厂等项目,建设园区道路117千米、供排水管网112千米、天然气管道38千米。建立园区按耗能标准退出机制,化解过剩产能494万吨,淘汰落后产能企业42家,兼并重组"僵尸企业"95家。打赢规范发展煤炭市场攻坚战,依法取缔搬迁涉煤企业201家。石嘴山生态经济开发区晋升为自治区级经济开发区,经济总量跃居全区32个工业园区第二位,增速位于全区"五大十特"园区之首,被列入国家循环化改造示范试点园区,改善宁夏精细化工基地、平罗煤炭集中区发展环境。开展"三争双招"活动,引进招商项目427个,投资505.6亿元,连续三年荣获全区招商工作先进县。争取中央、自治区、市各类资金148.5亿元,年均增长6.3%。

【推进城乡建设】

加快城乡建设、产业发展、公共服务等一体化进程,县城建成区面积15.3平方千米,常住人口城镇化率53.5%。投资40亿元实施城建项目62个,改造棚户区、城中村93万平方米10447户,综合整治老旧小区72万平方米7860户,惠及群众2.8万人。新修城市道路19千米,铺设供水、供热、供气管网43.1千米,实施唐徕渠带状公园二期、惠民生态健身公园、县城区热电联产集中供热等一批项目,提高居民生活质量。加快智慧城市建设,供水、供暖、供电"一卡通"工程启动,数字平罗地理空间信息实现共享,落实智能交通及智慧城管系统。实施美丽乡村"八大工程",建设农村公路291千米,农村安全饮水、垃圾集中处理、村级柏油路、班线车通行基本实现全覆盖,完善城乡基础设施。建成特色小城镇6个、美丽村庄示范点25个,崇岗、姚伏、黄渠桥镇被列为全国重点镇。实施县城区、园区及企业、主干道路、生态移民区等绿化工程,新增造林5133.33公顷,森林覆盖率12.5%,城市绿化覆盖率40.1%,人均公共绿地面积10.2平方米。实施滨河大道两侧、天河湾湿地公园等水系工程,新增湖泊湿地866.7公顷。开展大气、水、土壤污染协同防治和环境保护行动计划,提标改造第一污水厂,治理恢复贺兰山东麓生态环境,加大污染减排工作力度,提升城乡环境质量。

【改革创新】

围绕简政放权、放管结合、优化服务,推进行政审批制度改革,行政审批事项减少51%,审批办结时限总体压缩50%。推行"三证合一、一照一码"登记制度,新增各类市场主体4523个,新增注册资本165亿元。实施机关事业单位养老保险制度改革。创新投融资体制机制,争取国家专项建设基金项目16个6.9亿元,引导和支持60多家企业融资36亿元。参股石嘴山市鑫鼎担保公司和宁夏永华宝来助贷基金中心,成立助贷过桥基金，帮助企业实现融资5.7亿元。推进国家和自治区赋予改革试点任务，农村土地经营管理制度改革创造"平罗经验"，在全区推广、全国交流。推进农村"两权"抵押贷款试点，办理抵押贷款7亿元，农村产权流转交易市场交易额达12.6亿元。开展农村宅基地制度改革，落实宅基地确权登记60557户，在超占有偿使用、新增有偿取得、审批县域统筹、转让政府补贴方面实现突破。实施农村小型水利工程管理制度改革，国家级农村信用体系示范区基本建立，全区深化农村改革现场推进会在平罗县召开。全国新型城镇化综合改革试点和全区空间规划（多规合一）改革试点全面展开，推进国有林场、供销社、国有企业等领域改革。

【民生实事】

每年办好10件民生实事，财政支出78%用于民生事业，解决群众关心、社会关注的热点难点问题。推进大众创业、万众创新，新增城镇就业1.33万人，转移农村劳动力14.1万人，城镇登记失业率控制在3.9%以内。发放5.2亿元小额贷款，助力农村妇女、高校毕业生、退役军人、城镇困难人员等群体创业就业。城乡居民医疗、养老、大病保险实现全覆盖，城乡低保惠及困难群众1.45万人。投资3.2亿元完善养老服务体系，建成老年活动中心、农村老饭桌、城乡社区服务站等养老服务机构131个（所），建成启用残疾人康复中心。投资19.75亿元建成各类保障房、安置房11804套，解决6010户低收入家庭住房问题。投资1.8亿元新建改造中小学、幼儿园23所，政府购买校车服务保障农村学生安全上学，提高乡村教师待遇，创建国家义务教育发展基本均衡县，职教中心承接宁夏卫校，实现独立办学。加快公共卫生服务体系建设，建成公共卫生服务中心、县医院外科大楼和传染病区，改扩建乡镇卫生院8个，新建村级卫生室73个，形成县乡村三级公共卫生服务体系。推进县级公立医院综合改革，全面取消药品加成，为群众节省医药费用8600万元。推行先住院后付费等服务模式，实施分级诊疗和医师多点执业，方便群众就医看病。实施文化惠民工程，县文化馆荣获全国文化科技卫生"三下乡"先进集体，黄渠桥镇文化站荣膺全国优秀文化站，国家公共文化服务体系示范区创建通过验收。

【精准扶贫】

实施"十二五"生态移民搬迁任务，安置移民4213户22128人，插花移民经验全区推广。全面部署脱贫攻坚工作，将1951户10454名建档立卡人口脱贫任务分解到市县159个部门，压实责任，结对帮扶。实施四项脱贫计划，开展5个助力行动，出台产业发展、就业创业、教育脱贫、金融脱贫等扶持办法，增强贫困人口自我脱贫能力。设立400万元风险补偿金，发放各类贴息贷款1634万元，为876户贫困户发放互助借款787万元，实施庙庙湖集中养殖园区、构树种植基地等13个脱贫项目，发展牛羊、獭兔、肉鸽养殖692户，庭院拱棚种植3200户，实现劳务就业4878人，289户在运输、销售、餐饮等三产领域自主创业，实现户均增收近万元。

【社会和谐稳定】

加快推进社会治理现代化，"两个中心"规范运行，城乡网格化服务管理全覆盖，推进和谐社区创建，畅通服务群众"最后一公里"。投资6000万元建成智能图控系统及红崖子消防站、派出所等设施，社会治安立体化防控体系日趋完善，提升群众安全感，平安建设经验在全区交流，连续两年被自治区命名为平安县。开展法治平罗建设，检务警务公开透明，提高执法司法公信力，"六五"普法通过国家验收。落实安全生产"党政同责、一岗双责、失职追责"，开展政府购买安全生产专业服务试点，安全生产形势总体稳定。食品安全网格化监管成效明显，荣获自治区食品安全先进县。信访工作保持"四下降一好转"态势，全区信访工作规范化建设现场会在平罗县召开。平罗县荣获全国人民防空先进单位、防震减灾示范县，连续8次荣获全区双拥模范县，全区民族团结进步模范集体，全县民族团结、宗教和顺、社会稳定。

【自身建设】

实施政府机构改革，落实政府部门、乡镇权力和责任"两个清单""政务云"平台上线运行，提升行政审批效率。严格按制度办事，修订完善政府重要会议议事规则和职权目录，成立政府法律顾问团，政府决策更加规范、民主、科学。完善政府重大事项向县委报告制度，自觉接受县人大及其常委会法律监督和县政协民主监督，办理自治区、市、县人代会议案、代表建议和政协提案745件，办结率95.8%。听取各民主党派、工商联、无党派人士意见建议，支持工会、共青团、妇联、科协等人民团体依法开展工作。贯彻中央八项规定及自治区、市、县若干规定，开展党的群众路线教育实践活动、"三严三实"专题教育、"两学一做"学习教育，推动作风持续改进和工作有效落实。坚持把纪律和规矩挺在前面，严格履行党风廉政建设"党政同责、一岗双责"，加大财政资金绩效评价、审计监督和行政监察力度，加强干部队伍廉政建设，提升政府公信力和执行力。

重要会议

【第十六届政府常务会议】

第六十二次会议 2015年12月29日召开。会议传达学习自治区安全生产委员会办公室《关于学习贯彻〈自治区安全生产条例（修订）〉的通知》，自治区纪委《关于2016年元旦、春节期间严格落实中央八项规定精神的通知》；研究县国土资源局《关于批准实施2015年度平罗县崇岗镇兰丰村和跃进村土地整治占补平衡项目请示》；研究县发展改革和科学技术局《关于呈报〈平罗县2016年重点建设项目〉请示》；研究县农村宅基地制度改革试点工作领导小组办公室《关于呈报〈平罗县农村新增宅基地取得审批管理暂行办法（试行）〉的请示》；研究县农村工作领导小组办公室《关于呈报〈平罗县2015年农业产业化资金使用方案〉的请示》，研究县政务服务中心《关于呈报〈平罗县建设项目"多规合一"并联审批办法（试行）〉的请示》；研究高仁乡人民政府《关于呈报〈宁夏平罗县乐牧高仁草畜林一体化项目实施方案〉的报告》；研究全县公务用车改革相关事宜；研究国家专项建设基金申报相关事宜；研究干部事宜。

第六十三次会议 1月8日召开。会议研究县人民政府办公室关于呈报《政府工作报告》（征求意见稿）的请示；关于呈报《平罗县2016年十件民生实事》（征求意见稿）请示；研究县发展改革和科学技术局关于呈报《平罗县2015年国民经济和社会发展计划执行情况与2016年国民经济和社会发展计划（草案）》报告；关于呈报《平罗县国民经济和社会发展第十三个五年规划纲要》请示；研究县财政局关于呈报《2016年财政预算（草案）》请示；关于呈报《2015年财政预算执行情况和2016年财政预算（草案）》报告，关于向石嘴山市鑫鼎担保公司增资请示；研究县林业和城市管理局关于给予马维林开除公职处分请示；关于给予石菊香开除公职处分请示；研究县民政局《关于呈报〈平罗县实施宁夏回族自治区医疗救助办法补充规定〉的请示》。

第六十四次会议 1月17日召开。会议研究县人民政府办公室关于呈报《政府工作报告》（送审稿）请示；关于2015年10件民生实事执行情况和2016年10件民生实事（草案）报告；关于县第十六届人大第三次会议议案和代表建议意见办理情况报告；研究县发展改革和科学技术局关于平罗县2015年国民经济和社会发展执行情况与2016年国民经济和社会发展计划（草案）报告；平罗县国民经济和社会发展第十三个五年规划纲要；研究县财政局关于2015年财政预算执行情况和2016年财政预算（草案）报告；关于呈报《平罗县国家重点专项建设基金管理办法》请示。

第六十五次会议 1月31日召开。会议传达关于七起违反中央八项规定精神问题的通报精神，宁夏回族自治区人民代表大会常务委员会公告、全国安全生产工作会议主要精神，听取全县安全生产工作汇报，自治区人民政府关于进一步加大督查问责力度确保工作落实的意见，自治区人民政府关于公布宁夏回族自治区征地补偿标准通知，住房城乡建设部关于2015年国家生态园林城市园林城市园林县城和园林城镇通报，自治区人民政府主席办公会议纪要和自治区人民政府办公厅关于进一步做好保障农民工工资支付工作通知，自治区主席刘慧在全区第四次全体（扩大）会议上讲话；研究县农田水利指挥部办公室《关于对2015年度农田水利基本建设先进乡镇表彰奖励的请示》；研究县农牧局《关于拨付2015年农作物种业发展资金的请示》；研究县国土资源局《关于拨付2012年度平罗县崇岗镇高标准基本农田建设项目配套资金的请示》；研究县教育体育局《关于呈报平罗县学校布局调整规划实施方案（2016—2020年）请示》；关于解决锦涛公交公司接送城关一小学生上下学交通补助遗留问题请示；研究头闸镇人民政府《关于头闸镇2014年美丽村庄建设项目签证变更请示》；研究县公安局《关于立项建设2016年平罗县智能交通智能图控系统请示》；研究县林业和城市管理局关于呈报平罗县2016年城乡绿化实施方案请示；关于呈报平罗县唐渠—饮马湖市民休闲森林公园景观绿化工程实施方案请示；研究县住房和城乡建设局《关于呈报平罗县2016年棚户区改造实施方案请示》；研究县人民政府县长、副县长分工事宜。

第六十六次会议 2月5日召开。会议传达学习自治区人民政府办公厅关于国务院大督查第三批问责情况通报；听取县发展改革和科学技术局关于国家预算内资金项目专项督查情况汇报；研究县发展改革和科学技术局关于宁夏精细化工基地土地整理项目审批请示。

第六十七次会议 2月24日召开。会议研究县人口和计划生育领导小组《关于召开全县2016年度卫生和计划生育工作会议的请示》；研究县卫生和计划生育局《关于平罗县2015年饮用水水质卫生监测工作情况的报告》；研究县国土资源局《关于呈报〈数字平罗地理空间框架建设项目实施方案〉请示》；研究崇岗镇人民政府《关于大水沟水源地退出煤炭经营户发展特色优势产业扶持政策有关问题请示》；研究县农牧局《关于征收农牧场一队、二队国有土地请示》；研究石嘴山生态经济开发区管委会《关于呈报石嘴山生态经济开发区宁顺路经二路道路工程建设方案请示》《关于呈报石嘴山生态经济开发区亲水大道道路修补工程方案请示》；研究县住房和城乡建设局《关于呈报石嘴山生态经济开发区创客大厦改造装修工程实施方案请示》；关于解决公共卫生服务大楼换热机组及管网安装费请示；研究县审计局《关于县公安局道路交通管理调度指挥中心工程决算审计的情况报告》；研究县人力资源和社会保障局《关于减免石嘴山农村电力服务公司农电职工养老保险滞纳金请示》；研究县涉农资金专项整治行动领导小组办公室《关于平罗县涉农资金专项整治工作开展情况报告》；研究县安全生产委员会《关于召开全县安全生产大会请示》；研究县教育体育局《关于呈报平罗县头闸镇中心幼儿园建设方案请示》；关于呈报平罗县庙庙湖小学幼儿园建设方案请示；研究县长、副县长分工事宜；研究近期资金相关事宜。

第六十八次会议　3月4日召开。会议听取县发展改革和科学技术局关于全县2016年一季度开工重点项目筹备情况汇报；县扶贫办关于全县脱贫攻坚工作情况汇报；研究县发展改革和科学技术局《关于审定〈平罗县县直部门、乡镇推进公务用车制度改革实施方案及配套文件〉请示》；研究县住房和城乡建设局 关于调整平罗县村庄布局规划（2014—2030）请示；关于调整平罗县棚户区改造指挥部人员请示；关于呈报《石嘴山铁路物流园房屋征收补偿安置方案》请示；研究县财政局关于呈报《平罗县国有企业改革工作方案》请示；关于拨付平罗县国家农发重点建设基金请示；关于分解2016年各乡镇、县直部门争取资金任务计划请示；研究县商务和经济技术合作局《关于分解全县2016年度招商工作指导性目标任务的请示》；研究宁夏精细化工基地管委会《关于宁夏精细化工基地黄河东路工业供水管网工程立项的请示》；研究石嘴山生态经济开发区管委会《关于呈报石嘴山生态经济开发区蒸汽主管网工程建设方案的请示》；研究县人力资源和社会保障局关于拨付2015年度失业保险支持企业稳定岗位补贴资金请示；关于召开2016年全县人力资源和社会保障工作会议请示；研究县残疾人联合会《关于调整大石头煤矿人员护理补贴的请示》；研究县妇女儿童工作委员会《关于平罗县2015年妇女儿童发展规划实施情况的报告》；研究县机构编制委员会《关于呈报平罗县农村综合改革服务中心主要职责内设岗位和人员编制方案的请示》；研究干部相关事宜。

第六十九次会议　3月19日召开。会议研究灵沙乡人民政府《关于呈报灵沙乡小城镇建设方案的请示》；研究宝丰镇人民政府《关于呈报宝丰镇小城镇建设方案的请示》；研究县地方税务局《关于城镇土地使用税征收范围部分规划区域四至的请示》；研究县国土资源局《关于中卫市人民政府购买平罗县耕地占补平衡指标相关事宜的请示》；研究相关乡镇人民政府申请划拨闲置学校议题；研究县目标管理考核办公室《关于2015年度区市县考核奖励资金使用意见的请示》；研究县农村领导小组办公室《关于解决宁夏益昇农业有限公司五星蔬菜种植示范基地有关事项的请示》；研究县发展改革和科学技术局《关于呈报〈关于贯彻落实宁夏参与丝绸之路经济带和21世纪海上丝绸之路建设战略规划重要政策举措分工方案〉的请示》；研究县财政局关于上报2016年农发行融资计划请示，关于归还2016年金融机构项目贷款本息请示；平罗县国有资产经营有限公司变更增加经营范围请示；关于调整平罗县国有资产经营有限公司管理人员请示；研究县农牧局《关于泰金种业合作协议及核心区建设征地有关事宜的请示》；研究县文化旅游广电局关于高伏沟岩画申报县级文物保护单位请示；关于成立平罗县全域旅游发展工作委员会请示；关于呈报《平罗县创建国家全域旅游示范县三年（2016—2018年）行动计划》；研究县水务局关于呈报《宁夏精细化工基地生活供水（三期）加压工程实施方案》；研究县城市棚户区改造指挥部办公室《关于解决中阿铁路物流园房屋征收有关问题的请示》。

第七十次会议 4月6日召开。会议听取县国家税务局关于全面推开"营改增"试点工作汇报；研究县住房和城乡建设局《关于呈报平罗县2016年老旧小区综合整治改造工程实施方案请示》《关于呈报平罗县2016年市政道路及排水工程建设实施方案请示》；研究石嘴山生态经济开发区管委会《关于呈报石嘴山生态经济开发区排水主管网工程建设方案的请示》《关于呈报石嘴山生态经济开发区医药产业园格瑞排水工程建设方案的请示》；研究宁夏精细化工基地管委会关于建设宁夏精细化工基地滨河东路等四条道路请示；关于建设宁夏精细化工基地排水收集管网工程请示；关于增加宁夏精细化工基地管委会工作经费请示；研究县教育体育局《关于呈报平罗县沙湖小学等三所学校体育运动场改造方案的请示》；研究县文化旅游广电局《关于追加平罗县塞上江南博物馆布展施工工程经费的请示》；研究县政府权力清单责任清单制度建设工作领导小组办公室《关于公布平罗县政府部门及乡（镇）权力清单和责任清单的请示》；研究县农牧局《关于呈报〈平罗县羊产业发展贷款风险基金管理办法（试行）〉的请示》；研究县妇女联合会《关于增加农村妇女创业小额贷款担保基金的请示》；研究县工业和信息化局《关于县处级领导和部门包抓规模以上工业企业责任分工相关事宜的请示》；研究陶乐镇人民政府《关于将吉兴水利水电工程有限公司办公楼调配为镇政府办公场所的请示》；研究县信访工作联席会议办公室《关于呈报〈平罗县驻京劝返工作暂行办法〉的请示》；研究干部相关事宜。

第七十一次会议 4月22日召开。会议传达学习自治区主席刘慧在自治区政府廉政工作会议上讲话，关于2015年度市县（区）和自治区机关效能目标管理考核结果通报，关于全区检察机关扶贫部门联合开展在扶贫领域集中整治和预防职务犯罪专项工作电视电话会议主要精神报告；研究县农村工作领导小组办公室《关于呈报平罗县2016年"一优四特"产业推进方案的请示》；研究县国土资源局《关于开展红崖子乡生态移民脱贫攻坚耕地占补平衡项目前期工作的请示》；研究县扶贫开发办公室关于成立平罗县脱贫攻坚帮扶解困领导小组请示、关于呈报平罗县"金扶工程互助资金"实施方案请示、关于配套风险补偿金支持贫困村互助资金请示、关于呈报平罗县"十三五"易地扶贫搬迁2016年实施方案请示、关于分解落实石嘴山市脱贫攻坚行动计划责任分工请示；研究陶乐镇人民政府《关于拨付上海西繁种业有限公司土地流转费用的请示》；研究县人力资源和社会保障局《关于被征地农民参加养老保险有关事宜的请示》；研究县交通运输局《关于核准周城至滨河大道连接线工程新增工程量的请示》；研究县农牧局《关于呈报平罗县2016年农村阳光沐浴工程项目实施方案的请示》；研究县发展改革和科学技术局《关于呈报平罗县粮食局大兴墩粮库"粮安工程"危仓老库维修改造项目建设方案的请示》；研究县水务局关于呈报平罗县水权试点方案请示；关于呈报平罗县2016年农田水利基本建设实施方案请示；关于呈报平罗县2016年抗旱救灾应急预案请示；研究县农村改革工作领导小组办公室《关于呈报平罗县农村"两权"抵押试点工作实施方案的请示》；研究县财政局《关于处置闲置国有资产的请示》；研究全县公务用车制度改革有关事宜；研究近期资金相关事宜。

第七十二次会议 4月28日召开。会议听取县安委会一季度全县安全生产工作情况汇报；研究县财政局关于呈报平罗县处置非法集资联席会议制度请示；关于呈报平罗县应对非法集资专项应急预案请示；研究县政务服务中心关于成立平罗县建设项目并联审批办公室请示；关于呈报平罗县简化公共服务流程方便基层群众办事创业工作方案请示；研究县卫生和计划生育局《关于呈报平罗县进一步加强乡村医生队伍建设实施方案的请示》；研究县人力资源和社会保障局《关于退出领导岗位人员享受应休未休年休假报酬及乡镇工作补贴的请示》；研究县市场监督管理局《关于拨付市场监管行政执法服装经费的请示》；研究石嘴山生态经济开发区管委会《关于申请将福泉南路部分路段移交给宁夏晟晏实业集团能源循环经济公司使用的请示》；研究县监察局《关于给予岳存山行政撤职处分的请示》。

第七十三次会议 5月8日召开。会议听取全县政府投资类重点项目开工建设进展缓慢和未开工项目责任单位汇报；县财政局关于国家专项建设基金争取及拨付情况汇报；研究县国土资源局《关于移交宁夏"十二五"生态移民土地整治项目（一期）2013年度平罗县庙庙湖项目（C区）的请示》；研究县扶贫开发办公室《关于呈报平罗县"十三五"易地扶贫搬迁2016年实施方案的请示》；研究县农村改革服务中心《关于呈报平罗县2016年农村改革工作要点的请示》；研究县德渊市政产业有限公司《关于呈报平罗县污水处理厂提标改造工程建设实施方案的请示》；研究县公安局关于立项改造建设基层派出所社区警务工作站请示；关于呈报平罗县"民生110"综合服务中心设计方案请示；研究县住房和城乡建设局《关于拨付2015年棚户区改造项目第一批发展基金的请示》；研究县林业和城市管理局《关于成立平罗县国有林场改革工作领导小组的请示》；研究干部相关议题。

第七十四次会议 5月25日召开。会议听取各乡镇人民政府及县政府各组成部门上半年党风廉政建设工作情况汇报；研究县国土资源局关于开展平罗县不动产登记数据整合建库工作请示；关于平罗县国有资产经营有限公司办理国有土地使用证相关事宜请示；关于平罗县农村商业银行办理金融大厦用地手续有关问题请示;研究县林业和城市管理局《关于在石银高速公路石嘴山至平罗联络线两侧征用土地建设绿化带的请示》;研究城关镇人民政府《关于呈报关停平罗县城关镇合作村利民市场工作方案的请示》《关于呈报城关镇玉皇阁市场环境卫生和安全隐患整治工作方案的请示》;研究县环境保护局关于呈报平罗县2016年农村环境整治项目实施方案请示、关于拨付2016年农村环境综合整治专项资金请示、关于增加2015年环境整治工程降水井和沟槽支护工程量请示;研究县教育体育局关于解决平罗县第八中学新建换热站资金请示;关于呈报平罗县教育扶贫工作实施方案请示;关于呈报平罗县学校布局调整规划实施方案(2016—2020年)请示;研究县住房和城乡建设局关于平罗县城区热电联产集中供热项目工程量变更请示,关于申请对生态园D段、萧公大街等城市景观绿化项目工程量及投资进行变更请示,关于呈报平罗县2016年美丽村庄建设整治规划请示,关于拨付2015年城市棚户区改造项目国开行贷款请示,关于呈报石嘴山生态经济区蒸汽主管网工程建设方案请示;研究县审计局关于开展退出议事协调机构的有关事宜;研究县财政局《关于呈报平罗县校舍资产使用和处置管理暂行办法的请示》;研究县人力资源和社会保障局《关于新建平罗县实训基地实训中心项目的请示》;研究干部事宜;研究县人民政府县长、副县长工作分工事宜。

第七十五次会议 6月17日召开。会议研究县民政局关于划拨县水务局办公楼用于建设老年活动中心请示;关于开工建设2016年城乡社区服务站请示;研究县住房和城乡建设局关于调整使用2014年保障性住房资金请示;关于拨付2014年棚户区改造安置房资金请示;关于变更国家开发银行一期贷款项目建设内容请示;关于拨付2016年棚户区改造农发行一期贷款资金请示;关于划拨平罗县城区热电联产集中供热项目国家专项建设基金请示;关于惠民生态健身公园征用土地请示;研究县国土资源局关于拨付宁夏安家房地产开发有限公司行政赔偿款请示;关于呈报宁夏贺兰山国家级自然保护区平罗段清理整顿实施方案请示;研究陶乐镇人民政府《关于呈报平罗县陶乐镇基层政权建设项目建设方案的请示》;研究县安全生产委员会《关于解决三个工业园区安全生产专职机构的请示》;研究县环境保护局《关于呈报平罗县轻工业园区排水管网工程建设方案的请示》;研究宁夏精细化工基地管委会关于红赛公路道路养护费资金使用计划请示、关于变更石嘴山黄河水厂工程实施主体请示;研究县财政局关于平罗县国有资产经营有限公司向宁夏水投平罗水务有限公司注入资金请示、关于平罗县国有资产经营有限公司增资国家重点建设基金股权请示;研究县审计局《关于平罗县看守所和行政拘留所工程决算审计情况的报告》;听取县政务服务中心关于"政务云"平台建设及并联审批工作进展情况汇报;研究近期资金事宜;研究干部事宜。

第七十六次会议 7月13日召开。会议传达学习区、市党委政府关于做好中央第八环境保护督察组来宁督察相关工作会议精神并听取2016年上半年全县环境保护工作汇报;研究县环保局关于配合做好中央第八环境保护督察组来平督察工作方案请示、关于成立平罗县迎接中央第八环保督察组来宁督查协调联络工作组请示、关于成立平罗县环境保护督导工作组请示、听取2016年上半年全县安全生产工作汇报；研究县扶贫办《关于呈报平罗县精准扶贫"脱贫保"工作实施方案(实行)的请示》；研究县住建局关于拨付2016年棚户区改造农发行第一批国家发展基金请示、关于呈报平罗县空间规划(多规合一)改革试点工作实施方案请示、关于成立平罗县空间规划(多规合一)改革试点工作领导小组请示；研究县环保局关于呈报平罗县(2016—2020年)水污染防治工作方案请示、关于呈报平罗县2016年度水污染防治工作方案请示、关于农村乡镇集中式饮水水源地保护区划定范围请示、关于呈报平罗县2016年度大气污染防治工作方案请示、关于呈报平罗县农村环境基础设施运行管理办法请示；研究石嘴山生态经济开发区《关于石嘴山生态经济区吉利大道道路工程增加投资概算的请示》；研究县市场监管局关于呈报平罗县2016年食品药品安全工作要点请示、关于解决人员编制及特岗人员工资待遇请示；研究县民政局《关于划拨社会福利事业建设用地的请示》；研究县供销社《关于呈报平罗县供销合作社综合改革实施方案的请示》。

第七十七次会议 7月22日召开。会议研究县审计局《关于2015年度县本级预算执行及其他财政收支情况的审计结果报告》；研究县财政局关于2015年财政决算(草案)及2016年上半年财政预算执行情况报告，关于2016年第一、二批地方政府置换债券资金使用计划请示，关于平罗县2016年新增地方政府债券资金使用计划请示；研究县发展改革和科学技术局关于呈报平罗县2016年上半年国民经济和社会发展计划执行情况请示；关于呈报平罗县粮食安全行政首长责任制考核办法请示；研究县教育体育局《关于呈报平罗县2016年招生工作计划的请示》；研究县国土资源局关于石银高速公路石嘴山至平罗县联络线项目占用石银高速公路绿化带土地补偿费处理意见请示、关于呈报平罗县打击非法开采盗采矿产资源专项行动实施方案请示、关于明确土地征收补偿标准请示；研究县扶贫开发办公室关于核拨"十二五"生态移民取暖费及水费请示、关于呈报《平罗县脱贫攻坚产业发展扶持办法(试行)》《平罗县脱贫攻坚就业创业扶持办法(试行)》请示；研究县农牧局关于呈报2016年平罗县农机深松作业补助项目实施方案请示；关于呈报《平罗县农业特色优势产业发展基金管理办法(实行)》请示；研究县民政局《关于调整迁坟补助标准的请示》；研究县人力资源和社会保障局《关于2016年度政府购买公益性岗位的请示》；通报2016年第45期气象信息专报；研究干部相关事宜。

第七十八次会议 8月9日召开。会议传达学习中纪委关于十三起侵害群众利益不正之风和腐败问题典型案例通报，《中共中央、国务院关于加强和改进新形势下宗教工作的意见》和自治区党委办公厅《关于认真学习贯彻加强和改进新形势下宗教工作意见通知》，自治区党委办公厅关于《学习贯彻习近平总书记来宁视察重要讲话精神的通知》和《关于深入贯彻落实习近平总书记视察宁夏重要讲话精神决定》，自治区上半年经济形势分析会议精神，自治区城市工作会议精神，自治区全域旅游发展推进大会精神；研究县农村改革工作领导小组办公室

《关于呈报平罗县农村产权抵押贷款管理暂行办法的请示》；研究县水务局《关于将黄河金岸景观水系移交管理的请示》；研究县公务用车制度改革领导小组办公室《关于呈报平罗县县直部门乡镇推进公务用车制度改革实施方案及配套文件的请示》；研究县教育体育局《关于呈报平罗县生态移民学生享受"营养早餐"实施方案的请示》；研究县住房和城乡建设局关于呈报平罗县推进国家新型城镇化综合试点工作实施方案请示；关于调整平罗县新型城镇化领导小组成员请示；研究县国土资源局关于核拨平罗县热电联产集中供热项目征收城关镇前进村新民村集体土地所需补偿费请示，关于核拨德渊路建设项目征收城关镇二闸村、三闸村，高庄乡威镇村集体土地所需补偿费请示，关于二宗土地使用权协议出让请示，关于退还宁夏宏森房地产开发有限公司土地出让金有关问题请示；研究头闸镇人民政府《关于建设休闲游园续建工程的请示》。

第七十九次会议 8月19日召开。会议听取县发展改革和科学技术局全县"十三五"重点专项规划编制工作进展情况汇报；研究关于确立平罗县国有资产经营有限公司为中阿物流园平罗现代物流中心项目实施主体请示；研究县财政局《关于中阿物流园平罗现代物流中心项目农发行国家重点专项基金使用相关事宜的请示》；研究石嘴山生态经济开发区管委会关于石嘴山生态经济开发区科技产业园一期道路工程变更请示和关于石嘴山生态经济开发区科技产业园二期道路工程变更请示；关于呈报太沙110千伏变电站搬迁规划方案请示；研究县民政局《关于呈报平罗县帮扶解困工作实施方案

的请示》；研究县和谐社区建设领导小组办公室《关于呈报平罗县城乡社区治理"全面提升年"工作方案的请示》；研究县水务局关于呈报平罗县陶乐镇庙庙湖生态移民项目区抗旱补灌水库工程实施方案请示、关于呈报平罗县陶乐镇庙庙湖生态移民项目区抗旱补灌黄土梁泵站改造工程实施方案请示；研究县道路交通安全领导小组办公室《关于呈报平罗县2016年道路交通安全隐患治理工程建设方案的请示》；研究县住房和城乡建设局《关于解决杨丽芳房屋征收信访问题的请示》；研究红崖子乡人民政府关于呈报签订草畜一体化养殖示范园区用地合同请示；关于呈报签订红翔新村枸杞番茄种植基地和枸杞番茄加工厂用地合同请示；研究县司法局《关于呈报在全县公民中开展第七个五年法治宣传教育全面推进依法治县进程实施意见的请示》；研究通伏乡人民政府《关于购买通伏乡原新潮小学用于年加工6万吨农副产品延伸产业链项目建设的请示》；研究干部议题。

第八十次会议 8月31日召开。会议听取县发展改革和科学技术局关于全县8月固定资产投资任务分解及项目入库落实情况通报；研究县商务和经济技术合作局《关于呈报全国工商联十一届十次常委会暨民营企业助推宁夏创新发展大会平罗县招商引资任务分解落实方案的请示》；研究县工业和信息化局《关于呈报促进工业经济平稳增长的意见的请示》；研究县残疾人联合会关于呈报平罗县加快推进残疾人小康进程实施方案请示；关于平罗县公共卫生大楼残疾人康复和就业服务中心部分场地用于阳光康复特教托养中心请示；研究县信访督办局关于呈报平罗县2016年度信访工作责任目标

管理考核细则请示；关于呈报平罗县创建信访工作"五无"乡镇部门无上访村（社区）实施意见请示；研究县民政局关于呈报平罗县生活困难优扶对象临时救助实施办法请示；关于建设平罗县光荣院请示；关于建设平罗县救灾仓库请示；研究县教育体育局关于呈报平罗县进一步完善城乡义务教育经费保障实施方案请示；关于认真落实《自治区财政厅 教育厅关于实施公办学前教育生均公用经费保障奖补机制的通知》有关事宜请示；关于开展2016年教师节系列活动请示；研究县住房和城乡建设局关于呈报平罗县电、水、热"三表"一体化采集建设试点实施方案请示；关于拨付51号地块安置补偿费请示；研究县国土资源局关于宁夏三元碳素有限责任公司变更国有土地使用权有关问题请示；关于呈报石银高速公路联络线项目征收海中国等三户承包开发国有土地补偿方案请示；研究干部议题。

第八十一次会议 9月2日召开，会议就全面做好国务院第三次大督查迎检工作进行专题研究部署。会议听取县民政局、卫生和计划生育局、文化旅游广电局、残疾人联合会关于全县中央预算内投资未开工项目进展情况汇报；传达学习石嘴山市审计局关于平罗县2015年度保障性住房安居工程跟踪审计审计报告精神；听取县财政局关于全县中央预算资金使用情况汇报；研究县林业和城市管理局《平罗县草畜一体化等项目占用林地情况报告》。

第八十二次会议 9月30日召开。会议听取县发展改革和科学技术局通报全县下半年新增政府投资项目建设情况；研究关于呈报平罗县2016年全国新增千亿斤粮食生产能力规划田间工程建设任务分工方案请示；研究县水务局关于呈报平罗县2016年秋冬农田水利基本建设实施方案请示；关于解决2016年秋季农田水利基本建设所需资金请示；关于征收渠口农村饮水安全供水服务大厅建设用地请示；研究县扶贫开发办公室关于收取"十三五"易地扶贫搬迁移民住房超面积资金请示；关于调整使用"十二五"生态移民插花安置结余资金请示；研究县公安局《关于全县老旧小区物业管理有关情况的报告》；研究县残疾人联合会《关于建设平罗县残疾人托养中心的请示》；研究县司法局《关于呈报全县"六五"普法总结表彰工作方案的请示》；研究县环境保护局《关于呈报平罗县2016年燃煤锅炉（茶）炉综合整治方案的请示》；研究县林业和城市管理局关于呈报平罗县2016年林地变更调查工作方案请示；关于呈报平罗县城区破损黑色路面（2016—2018年）维修计划请示；关于呈报平罗县城市管理提升年活动实施方案请示；研究县国土资源局《关于置换农发行抵押贷款担保物的请示》；研究县人力资源和社会保障局关于增加创业扶持小额担保基金请示；关于姚利等5名农村电影放映员参加企业职工养老保险请示；研究县文化旅游广电局关于呈报平罗县基层综合性文化服务中心建设实施方案请示；关于呈报加快构建现代公共文化服务体系实施意见请示；研究县信访督办局《关于呈报平罗县进一步推进信访工作规范化建设的实施意见》；研究了县人民政府办公室关于呈报《政府工作报告》（征求意见稿）请示；研究干部事宜。

第八十三次会议 10月17日召开。会议传达学习中共中央纪委关于五起执纪审查中发现的中管干部违反中央八项规定精神问题的通报和中共宁夏区纪委关于三起违反中央八项规定精神典型问题通报；全区产业发展和重点工作现场观摩交流会精神；研究县人民政府办公室关于呈报《政府工作报告》（送审稿）请示；关于2016年10件民生实事执行情况和2017年10件民生实事（草案）报告；关于县十六届人大四次会议议案和代表建议意见办理情况报告；研究县财政局《关于呈报2016年财政预算执行情况和2017年财政预算（草案）报告》；研究县发展改革和科学技术局《关于平罗县2016年国民经济和社会发展计划执行情况》与《2017年国民经济和社会发展计划（草案）报告》；关于核定平罗县城市生活垃圾处理费征收标准请示；研究县林业和城市管理局《关于呈报县农牧场和城关镇关渠村闲置土地生态恢复工作建设方案的请示》；研究县民政局《关于为转业士官任维涛安置工作的请示》；研究县人力资源和社会保障局《关于对2013—2015年度考核中连续三年获得优秀等次公务员进行表彰奖励的请示》；研究县住房和城乡建设局关于马克龙、程吉庆执行房改有关政策请示；关于安置36号和39号地块被征收户请示；研究县国土资源局关于收回十九宗国有土地使用权请示；关于呈报精细化工基地土地平整项目收回苏金成承包国有草原地请示。

第八十四次会议　10月27日召开。会议研究县国土资源局关于收回宁夏石嘴山市东方市政房地产开发有限公司两宗国有土地使用权请示；关于永宁县人民政府置换及购买平罗县耕地占补平衡指标相关事宜请示；关于呈报国家土地督察西安局例行督察发现问题整改方案请示；研究县农村工作领导小组《关于呈报加快发展农业"一优四特"产业实施意见的请示》；研究县环境保护局《关于落实全县水污染防治重点工作安排的请示》；研究县交通运输局关于建设同城化平罗至石嘴山（银川公路）主线段道路中央分隔波形梁护栏工程请示；关于呈报平罗县推进"四好农村路"建设方案请示；研究近期资金相关事宜。

【第十七届政府常务会议】

第一次会议　11月21日召开。会议传达学习《中国共产党第十八届中央委员会第六次全体会议公报》《关于新形势下党内政治生活的若干准则》《中国共产党党内监督条例》，自治区党委办公厅、人民政府办公厅《关于国务院第三次大督查全区自查情况的通报》《自治区主席咸辉在安全生产专题会议上的讲话精神》，全区产业发展和重点工作现场交流会精神；传达学习《宁夏回族自治区法治政府建设实施方案（2016—2020年）》，研究县人民政府法制办公室《关于呈报平罗县法治政府建设实施方案（2016—2020年）请示》；研究县国土资源局关于收回孙登山国有土地使用权补偿费予以裁决请示；关于批准实施2016年度平罗县黄渠桥镇耕地占补平衡项目请示；研究县农牧局《关于移民村配备村级防疫员的请示》；研究县监察局《关于给予刘永红开除公职处分的请示》；研究县住房和城乡建设局《关于回购104套公共租赁住房的请示》；研究干部事宜。

第二次会议　12月4日召开。会议传达学习自治区党委办公厅政府办公厅《关于印发宁夏回族自治区党政领导干部生态环境损害责任追究实施细则》，自治区人民政府办公厅《关于在政务公开工作中进一步做好政务舆情回应的通知》，自治区人民政府办公厅《关于加强今冬明春火灾防控工作的通知》；听取县发展改革和科学技术局关于全县2016年固定资产投资统计入库分配任务完成暨2017年固定资产投资项目编制情况汇报；县环境保护局关于中央环保督察组反馈问题及整改落实情况汇报；各乡镇人民政府及县政府各组成部门2016年下半年党风廉政建设工作情况汇报；研究县环境保护局《关于呈报平罗县"碧水蓝天·绿色城乡"专项行动方案的请示》；研究县农牧局《关于变更病死动物无害化掩埋场用地的请示》；研究县住房和城乡建设局关于呈报平罗县和平八队片区旧城改造项目实施方案请示、关于解决县空间规划（多规合一）改革试点工作经费请示、关于安置36号和39号地块被征收户请示、关于拨付36号地块安置补偿费请示、关于拨付39号地块安置补偿费请示，关于拨付2014—2016年棚户区改造项目国开行贷款资金（二期）请示和关于拨付2015—2016年棚户区改造项目国开行贷款资金（四期）请示；研究县公安局关于车辆管理所及民警训练基地项目建设请示；关于陶乐派出所业务及附属用房建设工程立项请示；关于建设技侦工作站项目请示。

【县长办公会议】

第一次会议　1月17日召开，专题研究全县政府类投资项目工程款支付相关事宜。

第二次会议　5月6日召开，专题听取县文广局关于创建国家全域旅游示范县工作进展情况的汇报，并对创建工作有关事宜进行研究。

第三次会议　7月21日召开，专题研究部署全面做好中央第八环境保护督察组来平督查工作。

第四次会议　8月29日召开，专题研究陈学花上访有关问题。

【专题会议】

第一次会议　3月1日，副县长周福祯召集县水务局、发改科技局、财政局、交通局、审计局、通伏乡负责人，专题研究黄河平罗段通伏乡四排口22~25号坝垛之间治河工程滑坡坍塌情况及实施抢险工程有关事宜。

第二次会议　3月28日，副县长周福祯召集县发改科技局、审计局、农发办、高庄乡负责人召开会议，专题研究高庄乡永海家庭农场高标准农田建设项目有关事宜。

第三次会议　4月29日，县委常委、常务副县长杨超主持召开会议，专题研究宁夏水投平罗水务有限公司借用原陶乐县撤县后闲置公房作为办公用房事宜。

第四次会议　7月29日，副县长周福祯主持召开会议，专题研究庙庙湖生态移民安置区A区（生活区）巷道硬化及排水管道工程有关事宜。

第五次会议　8月15日，县委常委、副县长杨超会同市工信局局长杨志国在宁夏格瑞精细化工有限公司召开现场办公会议，协调解决220千伏步兰甲乙线20~23号塔基线路迁改工作。

第六次会议　9月5日，副县长蒋新录召集县交通局、发改科技局、财政局、审计局、交警大队、公路段相关负责人在滨河大道平罗段召开专题会议，听取县交通局、交警大队关于滨河大道平罗段交通安全隐患排查治理工作进展情况，并研究相关问题。

第七次会议 9月22日,副县长蒋新录集县人民法院、人民检察院、人社局、安监局、信访局、公安局、司法局、工信局、国土局、环保局、市场监管局、红崖子乡负责人及县政府法律顾问,召开专题会议,研究部署关于妥善解决平罗县吉庆机砖厂拖欠农民工工资相关工作。

第八次会议 11月8日,副县长蒋新录召集县交通局、发改科技局、财政局、审计局相关负责人召开专题会议,听取交通局关于滨河大道平罗段交通安全隐患排查治理工作进展情况,研究相关问题。

第九次会议 11月11日,副县长蒋新录召集县委组织部、财政局、教体局、民政局、卫生计生局、人社局、市场监管局、残联、妇联、团委、供电公司相关负责人,在石嘴山市阳光启智康复中心召开专题会议,听取县残联关于全县残疾儿童康复工作情况汇报,研究阳光启智康复中心运行及帮扶相关事宜。

政协平罗县委员会

综述

【概况】

政协平罗县第十届委员会任期的四年来，常委会把握团结和民主两大主题，组织带领政协各参加单位和广大委员，围绕全县中心工作，践行"亲民协政、为民履职"工作定位，履行政治协商、民主监督、参政议政职能，齐心协力谋发展，尽心竭力惠民生，凝心聚力促和谐，为推动全县经济社会持续健康发展做出重要贡献。

【全面协商】

十届政协历次全委会，委员以分组讨论、撰写提案、反映社情民意、大会发言等形式，围绕县委、政府年度工作报告，全县经济、政治、文化、社会和生态文明建设中热点、难点问题建言献策，向县委、政府提出建设性意见建议300余条；全委会大会发言4次，提交发言材料94篇，经办理落实后，对党政科学决策、部门改进工作，起到积极推动作用。

【专题协商】

十届政协召开常委会议27次，听取全县经济运行形势、环保、综治、信访、保障性安居工程建设等12项工作情况通报；围绕社会化养老服务体系建设、物流业发展、农村集体"三资"管理、工业企业项目扶持资金使用情况、脱贫攻坚等11项课题，制订专题协商计划，组织政协委员深入调研、多方论证，形成高质量调研报告，县委、政府主要领导全部作批示，大部分意见得到落实。如针对脱贫攻坚工作进行专题协商，提出"着力发展特色种养业，培育稳定增收的生产经营模式；解决就业创业问题，拓宽移民增收渠道"等建议，有关部门认真研究，结合移民实际，分别出台产业扶持和就业创业扶持政策20条，为推进脱贫攻坚工作注入活力。

【重点协商】

十届政协召开主席会议29次，其中开展重点协商12次。如对"平罗县城乡环境综合整治情况"重点协商，提出"进一步完善县城功能区划；加大公共环卫设施建设及资金投入力度；大力推进农村垃圾无害化处理；健全运行机制提供经费保障"等10余条建议，县委书记朱剑作出批示："问题很到位，建议转建设、财政、环保、各乡镇阅，建设牵头制订方案。"相关部门按照批示，提出具体意见，落实各项经费，配套相关设施，推动环境整治。

【民主监督】

组织政协委员参与"两代表一委员"活动，参与党政部门政务公开，参与电视问政、事业单位人员招聘、重点案件审理情况通报、干部考核测评、经济适用房公开摇号等活动，创新政协委员民主监督载体，提高民主监督组织化程度，加大监督力度，拓宽监督渠道，提升监督效果。

【专项视察】

组织政协各主席、常委和委员对创建自治区卫生县城、棚户区改造、食品安全、新型农业经营主体培育、妇女儿童"两纲规划"执行情况以及每年10件民生实事和提案办理情况等,开展视察42次,向县委、政府报送视察报告20余篇,提出意见建议100余条,全部得到整改落实。

【行风评议】

在配合上级单位开展群众评议机关工作同时,创新民主监督机制,组织部分区、市、县政协委员、基层群众代表,对县法院、水务局和崇岗镇等9个单位进行民主评议,肯定取得成绩,查找存在问题,提出整改建议,及时跟踪督查,落实被评议单位工作、作风转变、提升能力。

【参与中心工作】

政协领导班子成员分别承担全县重点工作督查、农村改革、包抓重点项目、招商引资等工作。每年牵头组织对全县农田水利建设等开展专项督查,促进重点工作顺利落实。直接参与全县农村综合改革,七项国家级农村改革试点全面推进,农村土地经营管理制度改革创造"平罗经验",在全区推广、全国交流。主动做好重点项目包抓、重点企业服务工作,承担24个重点项目和重点企业,帮助协调、解决实际问题,推进项目落实。主动开展招商引资工作,四年引进招商项目10个,投资10.34亿元。发挥各党派、界别和委员优势,支持经济社会发展,赢得社会好评。

【提高提案质量】

把做好提案工作作为参政议政的重要抓手。在提高提案质量上下工夫,通过举办提案培训班、印发提案征集指南、严格立案审查等活动,引导委员围绕中心选题,解决委员"写什么"和"怎样写"难题,提高委员提案撰写质量和以提案参政议政的能力。创新提案督办方式,实行县委、政府、政协主要领导领衔督办重点提案制;与县电视台创新推出《提案追踪》系列报道;对跨年度办理的提案开展"回头看"活动等,促进提案落实。四年收到提案613件,审查立案281件。所有提案均已办复,为促进县委、政府科学决策,推动全县改革发展稳定发挥重要作用。

【民意直通渠道】

开展区、市、县三级政协委员联系基层活动,将分布在全县的15个基层联系点建设成为收集民意"直通车"和委员履职"新阵地"。四年接待群众2000余人次,走访群众600余人次,开展便民为民服务活动5次。对委员在下基层活动中收集到的意见和建议,通过《社情民意反映》向区、市政协和县委、政府报送,畅通群众诉求渠道;协调有关部门,竭尽所能地为基层群众解难题、办实事。

【共筑和谐】

贯彻《中共中央关于进一步加强中国共产党领导的多党合作和政治协商制度建设的意见》,尊重和保障民主党派、无党派人士在政协中的各项民主权利。通过联合开展调研、办理提案和大会发言等方式,为民主党派、党外人士参政议政搭建平台;加强与各界别委员团结合作,多次组织工商联和经济界委员召开座谈会,针对改革发展重点议题进行座谈,营造求同存异履职氛围;关注民族宗教工作,专题调研视察全县宗教场所建设与管理等问题,定期慰问宗教界委员,促进民族团结、宗教和顺。

【广泛交流】

坚持上下联动、左右协同，多领域、多形式、多渠道开展对外交流活动。配合自治区政协开展平罗县公立医院综合改革、环保节能产业等情况调研；配合市政协开展农业产业化、养老服务体系、商贸物流产业发展等情况调研；接待兄弟市县区政协来平学习、考察团体25批300余人次；组织女委员、教育界委员、政协退休老干部开展视察、书法美术摄影展等活动；做好政协会议、调研视察以及重大活动的宣传报道工作，在新闻媒体发表信息200余篇。其中，国家级媒体1篇，自治区级媒体46篇，扩大平罗县政协的影响。

【文史资料征集】

按照亲历、亲见、亲闻"三亲"原则，做好文史资料征集和文化传承工作。协助全国政协、自治区政协做好《西部大开发》《回族百年实录》等文史材料征稿工作；参加石嘴山市政协组织各类征文活动，机关干部和委员多篇征文入选《读书让生活更美好》书籍；编辑《平罗县政协简史》和《政协平罗县第十届委员会要事汇编》文史书籍出版工作，发挥政协文史工作"存史、资政、团结、育人"作用。

【思想建设】

把强化领导班子和委员学习培训作为首要任务。邀请专家学者和自治区政协领导，就"深入学习贯彻政协新章程""加强协商民主广泛多层制度化发展"等专题，对全体委员进行集中学习辅导；参加全国、区、市、县政协委员培训班、党派培训班，系统学习党的统战政策、人民政协理论、法律法规和时事政治，提高政协委员理论政策水平；连续四年为全体委员订送自治区政协主办的《华兴时报》，结合实事重点，编发《学习资料》50期，增强学习效果。

【制度建设】

把完善规章制度作为政协"制度化、规范化、程序化"建设的基础性工作，用科学的方法推进政协工作，用健全的制度保障政协工作。修订完善《常委会议工作规则》《主席会议工作学习规则》《专门委员会工作职责和工作制度》《关于加强委员管理工作的意见》和《提案工作办法》等九项会议制度和工作制度，形成较完备制度体系，保证各项工作有序开展。

【作风建设】

落实中央八项规定，严格执行区、市、县相关规定，清退办公用房，规范车辆管理，严格执行接待标准，强化"三公"经费管理；开展"党的群众路线教育实践活动""守纪律、讲规矩""三严三实"等专题教育活动和"两学一做"学习教育，突出问题导向，着力解决问题，教育成效显现；全面落实党风廉政建设主体责任和领导班子成员"一岗双责"，将党风廉政建设和政协工作紧密结合，领导班子务实勤政意识明显增强；学习贯彻《中国共产党廉洁自律准则》和《中国共产党纪律处分条例》，把党纪党规转化为日常行为规范，广大政协委员和政协机关干部作风明显好转。

重要会议

【全体委员会议】

十一届一次会议 10月29—31日召开。县委、人大、政府全体领导参加开幕、闭幕会议，县委、政府全体领导听取委员大会发言，县委、政府主要领导分别参加联组讨论，听取委员建议,与委员共商全县发展大计。会议听取并审议县政协党组书记毛精明代表政协平罗县第十届委员会常务委员会所作的工作报告;听取并审议县政协副主席张建丽代表政协平罗县第十届委员会常务委员会所作的关于提案工作情况报告。全体委员列席平罗县第十七届人民代表大会第一次会议,听取并讨论县人民政府县长马莉方所作的《政府工作报告》,讨论《平罗县2016年国民经济和社会发展计划执行情况及2017年国民经济和社会发展计划(草案)的报告》《平罗县2016年财政预算执行情况和2017年财政预算(草案)的报告》《平罗县2016年10件民生实事执行情况和2017年10件民生实事(草案)报告》《平罗县人民法院工作报告》《平罗县人民检察院工作报告》。会议选举产生政协平罗县第十一届委员会常务委员会委员31名,主席1人、副主席3人、秘书长1人、常务委员26人。

【第十届常务委员会议】

第二十一次会议 1月15日召开,应到29人,实到19人。县政协主席马占金主持会议。会议协商讨论"一府两院"工作报告;审议通过相关委员变动事宜;审议通过优秀委员建议名单;审议通过县政协十届三次会议有关事项;审议通过增补委员决定和同意部分委员辞职决定。审议通过《平罗县政协优秀委员评选办法》;审议通过《平罗县政协常委会2015年工作要点》。马占金在会议结束时做了讲话。

第二十二次会议 1月27日召开,应到29人,实到21人。会议由县政协主席马占金主持。会议听取全委会期间各分组关于政协常委会工作报告讨论情况;听取各组关于政协常委会提案工作报告讨论情况;听取并审议通过平罗县政协2016年协商工作计划(草案);听取各组关于《县人民政府工作报告》及其他报告讨论情况;协商通过政协平罗县第十届委员会第四次会议决议(草案)。

第二十三次会议 1月28日召开,应到29人,实到19人。会议由县政协主席马占金主持。会议听取并审议通过政协平罗县第十届委员会提案法制委员会关于提案审查情况报告(草案);听取并审议通过政协平罗县第十届委员会第四次会议决议(草案)。

第二十四次会议 5月17日召开,应到29人,实到24人。会议由县政协主席马占金主持。会议书面传达学习全国政协第十二届第四次会议精神;审议通过撤销相关政协委员资格事宜;听取全县环保工作情况通报;专题协商平罗县脱贫攻坚工作,马占金在会议结束时做讲话。

第二十五次会议 8月3日召开,应到29人,实到21人。会议由县政协副主席顾自军主持。会议通过有关人事任免事项,撤销相关委员资格,任命李惠霞为县政协专门委员会办公室主任,免去县政协办公室副主任职务;听取平罗县2016年上半年全县经济社会发展情况通报;专题协商平罗县草畜一体化产业发展调研报告。顾自军副主席在会议结束时做讲话。

第二十六次会议 9月22日召开,应到29人,实到21人。会议由县政协主席马占金主持。会议听取县人民政府关于全县信访工作情况通报;听取县政协2016年关于民主监督评议县交通运输局、宝丰镇、陶乐镇的报告;协商通过县政协第十一届委员会委员提名人选名单。马占金在会议结束时做了讲话。

第二十七次会议 10月21日召开,应到

29人,实到24人。会议由县政协副主席顾自军主持。会议传达学习相关文件精神;协商"一府两院"工作报告;听取县人民政府关于县政协十届四次会议提案办理情况和县人民政府2016年10件民生实事办理情况通报;协商通过政协平罗县第十一届委员会第一次会议大会主席团、常务主席及主席团各次会议主持人建议名单(草案);审议通过《政协平罗县第十一届委员会第一次会议选举办法(草案)》;审议通过县政协十一届一次会议有关事项。顾自军在会议结束时做讲话。

【专门委员会】

提案法制委员会 十届四次会议以来,提交提案136件,立案76件,对未予立案提案均书面通知提案者,并分别做出解释说明。提案办复率100%,办结58件,办结率76%。提案法制委员会加强服务引导,创新督办方式,健全工作机制,全面提升提案工作水平。印发《征集提案通知》《学习参考》《提案征集指南》,引导委员撰写精品提案积极参政;完善县委、政府主要领导领衔督办重点提案、提案办理"回头看"活动、委员视察督办、媒体跟踪督办等机制,促进提案成果转化;改进提案征集和审查立案工作方式,建立提案预审机制;围绕草畜一体化产业发展情况开展专题调研,形成调研报告提交县委、政府;对全县农村产权流转交易市场建设情况开展专题视察;对交通局全年工作进行民主评议监督,政协委员通过广泛参与,深入调研,知情明政,提高参政议政水平,促进部门转变作风,推动工作。

经济环境保护委员会 组织部分委员围绕移民精准扶贫、精准脱贫进行专题调研;围绕草畜一体化产业发展情况进行专题调研;组织部分委员召开政协经济界及工商联界委员招商引资、对外经济合作座谈会;对2016年全县重点工程建设及10件民生工程工作进行专项视察;对宝丰镇全年工作进行民主监督评议,配合区、市政协开展各项调研、视察工作。

教科文卫联络委员会 编辑重要活动会议精神《学习参考资料》8期。开展区、市、县三级政协委员联系基层活动。将区、市、县三级政协委员237人分布到各联系点,按照"十个有"标准,建立乡镇基层委员联系活动室15个,确保三级政协委员进点开展活动"全参与"和"广覆盖"。开展委员培训活动,在十一届一次会议期间邀请自治区政协原秘书长朱玉华来平培训全体委员。做好联谊交流服务工作,接待区、市政协和乌海市海南区政协、安徽省肥西县政协、新疆布尔津县政协等调研考察组,通过实地调研、查阅资料、听取汇报和召开座谈会等形式,交流双方工作。

【重要活动】

推进三级政协委员联系基层活动,制定委员基层联系点活动方案,实行领导干部包片负责制,引导委员为增进民生福祉力所能及地做好事、干实事。三级政协委员237名在全县15个联系点开展各类活动近百次,走访农户130余户,接访群众500人次。全年收集整理上报意见建议233条,解决群众困难问题50余件。开展下乡服务活动3次,扩大委员履职空间,使委员履职更接地气、更贴民心、更解民忧。

3月,县政协会同市政协并组织部分委员及相关单位成立调研组,开展脱贫攻坚工作专项调研。调研组走访5个新老移民村和部分插花移民乡镇,召开不同层级座谈会9场次,访谈县乡村各级干部、移民和建档立卡贫困户代表200余人次。通过实地考察、座谈讨论和数据收集,详细了解全县脱贫攻坚工作基本情况,深入分析面临的形势和存在问题,结合实际提出具体对策和建议。经主席会议研究讨论、常委会议专题协商后,形成《平罗县农脱贫攻坚工作调研报告》,为县委、政府科学决策提供参考依据。

4月上旬,县政协召开经济界及工商联界委员招商引资、对外经济合作座谈会。部分经济界和工商联界政协委员、发改局等相关部门负责人参加会议。与会委员听取县发改和科技局、商务局介绍全县经济发展情况及招商政策,提出促进全县经济发展和招商引资工作的意见、建议。

5月,由提案委牵头,县政协副主席带队,组织相关部门负责人及各民主党派、部分农林界、科技界、特邀界等委员,视察县农村产权流转交易服务中心、高庄乡农村产权流转交易服务站、通伏乡农村产权流转交易服务站等地,进行座谈交流。

6月,县政协主席马占金带领调研组深入红崖子乡草畜一体化园区、乐牧高仁草畜一体化养殖区、头闸镇永惠村冉冉肉羊繁育合作社等园区,对全县草畜产业发展情况实地调研并召开座谈会。县农牧局汇报全县草畜产业发展情况,调研组成员及各园区负责人围绕草畜一体化产业发展中存在的问题提出具有针对性意见和建议。经主席会议研究讨论、常委会议专题协商后,形成《平罗县草畜一体化产业发展情况调研报告》,为县委、政府科学决策提供参考依据。

7月,县政协副主席顾自军、张建丽率常委会组成人员就全县基层医疗卫生及民营医院工作情况视察。视察组到头闸镇中心卫生院、平罗协和医院、城关镇中心卫生院,详细了解医保报销情况、基础设施建设、医疗器械配备、专业技术人员配备、实行国家基本药物制度等情况。召开座谈会,委员及相关部门负责人对如何找准目标定位,讨论如何提高全县卫生工作水平进行交流。

按照县委《关于印发〈关于在全体党员中开展"学党章党规、学系列讲话,做合格党员"学习教育实施方案〉的通知》及相关要求,县政协组织开展"两学一做"学习教育。5月17日召开县政协机关支部"两学一做"学习教育动员会,针对县政协开展"两学一做"教育活动前期准备工作作出安排。成立由党组书记、政协主席马占金任组长,政协副主席顾自军任副组长,秘书长姜峰、办公室主任尤建民任委员的党组班子"两学一做"学习教育领导小组;成立由党支部书记、政协办公室主任尤建民任组长、支部委员及各岗位负责人为成员党支部班子"两学一做"学习教育领导小组。结合政协实际,制定政协平罗县委员会党组和党支部《平罗县政协"两学一做"学习教育实施方案》,组织党员干部开展各专题交流发言、书记讲党课、"三送一加强"、下基层等活动。

8月,对交通运输局、陶乐镇、宝丰镇开展民主评议监督。评议活动从8月下旬开始到9月上旬结束,评议分为宣传动员、自查自纠、调研座谈、整改落实四个阶段。对交通运输局承担交通重点工程建设、项目资金争取和管控、制度建设、公路管护、道路运输安全服务水平、干部队伍作风建设、县政协十届四次会议提案办理等9个方面评议监督。对陶乐镇和宝丰镇评议内容包括深化农村改革、新型农业经营主体培育、优势特色产业发展、农业产业结构调整、农田水利设施建设、民生社会保障、党风廉政建设、移民和插花移民精准脱贫、干部队伍作风建设等方面。

3月,自治区政协副主席张乐琴带领部分政协委员来平罗县调研电力体制改革工作。

4月,石嘴山市政协调研组来平罗县调研平罗县商贸流通业发展情况。到县电子商务服务中心、阳光商业广场等地,详细了解企业规模、发展思路、信息化建设等情况。

6月,石嘴山市政协调研组对平罗县旅游业发展情况调研。调研组到宏泰商业广场、塞上春休闲农业观光园、拉巴湖以及庙庙湖等地,对平罗县旅游业发展情况详细了解。

8月,自治区政协主席齐同生来平罗县为领导干部讲授"两学一做"专题党课。齐同生以《坚定理想信念是共产党人高尚的政治品格》为主题,结合中国共产党发展历史,从理想信念是共产党人的精神支柱、坚定理想信念塑造共产党员高尚政治品格、自觉将理想信念内化为人生追求和实践准则,为全面建成小康社会不懈奋斗三个方面做深入浅出阐述。

10月,政协平罗县第十一届委员会第一次会议对新一届政协委员进行集中学习培训,就"如何当好一名政协委员"和"如何撰写好提案"作专题讲解。全国政协委员、自治区政协原秘书长朱玉华结合自身工作经历,就如何当好一名政协委员、抓好自身学习、注重个人修养、认真履行职责、树立良好形象等方面作深入浅出讲解;石嘴山市政协提案委主任汪吉森就政协提案工作的发展历程到地位架构,再到提案主要内容和撰写方法,从理论和实践经验阐述。通过培训,新一届政协委员对学习掌握政协工作基本理论、基本知识、基本方法以及今后如何履职认识明确。

民主党派与工商业联合会

民革平罗支部

【概况】

2016年，围绕县委政府中心工作，把握参政议政工作重心，加强自身建设，提高履职能力，全面完成各项工作任务，取得较好成绩。

【思想建设】

坚持每季度例会学习制度，组织党员深入学习贯彻中共十八届五中、六中全会精神，习近平总书记系列重要讲话精神，区、市、县重要会议精神及民革区、市委员会等文件精神。全年组织召开支委班子会议3次、提案专委会1次、全体党员大会3次。组织骨干党员走出去学习。支部副主委王秀娟、王颖分别赴四川省社会主义学院和湖南社会主义学院参加民革委会和市委统战部组织的"宁夏民革2016年骨干党员培训班""石嘴山市少数民族科级干部培训班"学习培训。通过外出学习充电，开阔党员眼界，增长见识，提升班子成员综合素质。创新学习方法，发挥手机QQ群、微信等信息平台作用，加大党员日常交流沟通学习。通过建立手机QQ群、微信群等方式，及时向党员传达学习中央统战部、区市统战部以及区市民革等重要文件精神，让党员在第一时间掌握了解学习中央区市会议精神新动态，提升广大党员政治理论水平和参政意识。通过微信平台，加强党员之间相互交流，增进彼此之间友谊。加大对外宣传工作力度，把做好信息工作，建言献策作为对外宣传主要途径。全年上报信息22篇，社情民意15篇，理论调研文章7篇。加大《团结报》征订工作，为60岁以上老党员和19名在职党员每人征订一份《团结报》，为党员送上一份精神大餐。

【组织建设】

把加强党员自身建设作为工作突破口，吸纳热爱民革工作的有志青年加入民革组织。在发展党员中注重发展精品党员，优化党员年龄结构和知识机构，党员年龄结构趋于年轻化。2016年考察期拟发展党员1人，吴凤等3名入党积极分子，经组织考察后正式加入民革队伍，为支部注入新鲜血液，增添新活力。2016年5月中旬，组织召开民革支部第十九届党员大会，会议选举产生民革平罗支部新一届班子成员。班子成员年龄结构趋于年轻化，平均年龄39岁，均为大学本科以上学历。2016年是民革支部成立以来，党员担任县级以上人大代表、政协委员数最多一年，支部有12名党员分别任市、县级人大代表和政协委员，占总人数41%。其中：担任石嘴山市第十四届人民代表大会代表2人，担任石嘴山市第十一届委员会委员代表2人；担任平罗县十一届委员会委员7人，代表1人。

【制度建设】

根据区、市委员会"活力"支部建设要求，从建立健全工作规章制度入手,加强自身建设。召开专题会议研究制定支委班子职责分工,重新调整提案专委会人员,发挥好提案专委会作用。修改完善《支部领导成员联系制度》《支部提案专委会制度》和《党员参政议政激励机制》等相关制度,支部工作制度化、规范化,为做好参政议政工作提供制度保障。

【建言献策】

按照"围绕中心、服务大局、注重质量、讲求实效"提案工作方针,狠抓提案工作,注重撰写精品提案,提升党员撰写提案水平。在2016年政协平罗县第十届委员会第五次会议上,提升委员提交大会发言数量和质量。上报提案20余件,立案11件,其中集体提案4件,个人7件。提案《关于对平罗县电子商务建设的探索及建议》被列为重点提案。上报大会发言6篇,被大会采用4篇,其中,副主委王秀娟撰写的《关于对平罗县电子商务建设的探索及建议》《关于加强平罗县移民创业技能培训的思考与建议》《关于我县加强学前教育管理的建议》。党员赵杰撰写的《关于推进我县农村一二三产业融合发展的建议》,分别以口头交流和书面形式进行采用,副主委王秀娟的《关于对平罗县电子商务建设的探索及建议》在政协第十届第五次会议上,以书面形式和交流形成口头大会。

【参政议政】

加大对党员参政议政激励机制,激励党员积极撰写社情民意,让有能力党员充分施展才能。全年支部给区市县政协、民革区委会、市委会上报各类社情民意、信息30余条,被民革区委会采用社情民意3条。其中李成撰写《对乙肝化验及疫苗注射实行免费的建议》《关于深化我区县级公立医院改革的建议》被自治区政协以社情民意形式采用。民革平罗支部被民革市委会授予2016年度"全市社会服务工作先进集体";党员马建军、李成分别荣获民革区委会"提案工作先进个人"和"反映社情民意信息先进人"荣誉称号。"支部主委樊燕荣获"县委统战部先进工作者荣誉称号",王秀娟的《关于平罗县特岗教师发展现状的调研报告》被县委统战部评为统战理论文章二等奖。

【调查研究】

支部负责人陪同民革宁夏区委会副主任李良等一行5人,调研陶乐生态移民安置工作。围绕县委政府中心工作,以脱贫攻坚工作为载体,确定调研课题,研究拟定"如何加强移民创业技能培训"和"如何创新精准扶贫帮扶机制"调研课题,成立调研领导小组,组织党员深入红崖子移民村实地调查研究3次,重点围绕移民创业就业等方面调研,形成调研报告《关于加强平罗县移民创业技能培训的思考与建议》,被县政协十届五次会议以书面形式采用。《关于加快推进就业扶贫,提升贫困人口自我发展能力的建议》《关于建立移民创业就业基地的建议》作为集体提案被县政协第十届第五次会议采纳并立案。

【党员活动】

开展学习实践活动,组织骨干党员到鄂尔多斯实地考察学习,学习观摩城市发展和旅游业发展,增强党员自觉履行参政履职使命感和责任感,传承民革优良传统,增强党员政党意识。在民革宁夏区委会举办开展纪念孙中山诞辰150周年系列活动中,副主委王秀娟撰写《我的先生孙文》荣获"纪念孙中山诞辰150周年活动征文"活动三等奖;党员吴凤在"纪念孙中山诞辰150周年主题演讲比赛活动"中,荣获优秀奖。

【送温暖活动】

重视党员人文关怀,利用春节、古尔邦节、中秋节、重阳节等重大节日,开展走访慰问党员活动。为老党员及困难党员送去价值2000元慰问品。在中秋节走访慰问退休党员安玉萍;重阳节看望慰问老党员胡家奎、闫清廉,为每人送去价值300元米、面、油;古尔邦节走访看望九旬老党员杨启荣和困难党员王雪琴,送上支部及全体党员节日祝福,将组织关爱和温暖送到党员家中。

【送技术送服务】

农技专家马建军发挥自身特长,多次深入陶乐移民村开展送技术、送服务、送农业科技进乡村活动,为群众举办农业技术专题讲座3次,讲解科学种植农业技术,深入田间地头现场指导种植,受到移民群众好评。

民盟平罗县总支

【概况】

2016年,围绕平罗县委、政府中心工作,认真履行参政党职能,提升自身建设,为推动县域经济社会发展做出应有贡献。

【思想建设】

坚持把学习中国共产党的各项方针、政策,学习盟史、盟章作为民盟组织学习活动主要内容,把提高盟员思想素质作为开展民盟各项盟务工作导向。组织盟员学习习近平总书记系列讲话,中共十八届五中、六中全会精神,民盟区委会、市委会重要会议精神。安排盟员参加民盟宁夏区委会、市委会、市县统战部组织开展盟史、统战理论、参政议政等知识培训。9月,组织总支盟员20余人到延安革命教育基地参观学习,感受伟大"延安精神"。夯实盟员多党合作思想政治基础,增强盟员的政治责任感和使命感,提升盟员政治理论素养。

【组织建设】

5月,民盟平罗总支换届选举大会召开,按照选举办法选举产生新一届总支委员会。将政治上坚定可靠、作风务实、公认度高的优秀盟员选拔到新一届总支班子中。推进"人才强盟"战略。在新盟员吸收发展过程中,贯彻落实《民盟中央关于进一步加强基层组织建设的意见》精神,在严格程序前提下,吸收政治素质好、学有专长、富有朝气中青年入盟。2016年吸收新盟员2名,均为本科学历,1名具有高级职称,1名具有中级职称。

【组织生活】

1月,组织迎新年联欢活动,对上年工作进行总结,结合市委会和平罗县委政府中心工作,对新一年盟务工作作出具体要求,鼓励大家再接再厉,在做好本职工作前提下,多体察民情民意,积极建言献策。在"三八"国际妇女节来临之际,盟总支班子成员和女盟员共同庆祝节日,给女盟员送去祝福和关爱。鼓励女盟员积极参加社会活动,热心支部事务,乐于奉献,积极参政议政。在教师节来临之际,民盟平罗中学支部的所有盟员召开座谈会,大家畅所欲言,交流思想,交流工作,交流生活,谈成绩,谈困难,谈烦恼,一人快乐大家分享,一人烦恼大家分担,增强盟总支凝聚力。为重温革命历史,学习延安精神,践行社会主义核心价值观,9月11—13日,组织20余名盟员赴革命圣地延安参观学习。在延安革命纪念馆,盟员们重温20世纪三四十年代，民盟早期领导人黄炎培、李公朴、梁漱溟等到延安考察访问时的光辉足迹。通过参观学习，盟员们在思想上、心灵上受到极大震撼，对艰苦奋斗、实事求是、全心全意为人民服务延安精神认识深刻。盟总支将逢年过节慰问退休老盟员，及时慰问生病住院盟员形成制度。全年慰问生病住院盟员4人。在盟员直系亲属去世时，盟总支班子成员均登门吊唁和慰问，表达组织关怀，让盟员切身感受到组织关心和温暖，加强盟组织向心力。

【参政议政】

把参政议政工作作为履行职能的重点来抓，坚持参政参到点子上，议政议到关键处，做好参政调研、提案和社情民意反映工作。盟总支围绕县委政府中心工作和县域经济社会发展参政议政，认真调查研究，提交《关于推动我县文化旅游产业发展的建议》调研报告1篇，提交提案及社情民意15件。盟员杨国宝、何良荣、王燕霞、李静、路对、戴会荣6人被民盟市委会评为优秀盟员；何良荣、王燕霞、路对3人被县十届政协委员会授予"优秀政协委员"荣誉称号。

【树立良好形象】

盟员立足岗位，踏实工作，树立盟员良好形象，为盟组织增添光彩。老盟员杨作枢退休后仍关心盟务发展和文化事业，编写《黄渠桥史话》一书，参编《平罗新八景》诗词选和平罗城关一小校志第三集，出版诗集《平罗新咏》，文字总量达200多万字。盟员王燕霞撰写论文《浅谈数学实践活动促进学生能力全面发展》和盟员李静撰写论文《创建品牌学校特色的理论与实践》，参加民盟区委会第三届教育论坛，被收集到论文集中。盟员路对、戴会荣被县人民政府授予优秀教师荣誉称号；盟员李静、陈宗山、蒋翠英被平罗中学授予优秀教师荣誉称号。

【社会服务】

社会服务工作是民主党派参政议政工作拓展和延伸，盟总支把关注民生、服务社会作为主要内容来抓，把开展社会服务活动与"活力支部"建设相结合，组织盟员参加市委会组织"保护贺兰山 环保一起走"活动，感受大自然，收集归德沟内垃圾，保护贺兰山环境。承办"烛光行动"，邀请民盟常州市委会5位高级教师对平罗中学100余位老师培训，对提高本地区教学水平起到积极促进作用。

民建平罗县支部

【概况】

2016年，学习贯彻中共十八大和民建十大会议精神，围绕党派中心工作积极履行参政职能，提高参政议政的质量和实效，做好总支各项工作。

【自身建设】

抓好思想建设，开展理论学习，定期不定期召开总支会议，每季度组织会员学习中共十八大及民建有关会议精神，提高会员理论水平。推进基层组织建设，做好新会员发展工作，坚持"注重质量，注重数量"组织发展方针，发展新会员2人。其中，行政事业单位1人，中级以上职称1人。

【组织活动】

组织全体会员植树、赴社区开展关爱失独老人活动。响应统战部号召，落实民主党派进社区共建活动，与结对社区从法律援助、济困助学、医疗保健、心理咨询、防范金融诈骗等方面开展各具特色系列活动；开展有针对性调研活动；参与庆祝民建中央成立70周年系列活动；上报社情民意及各类活动报道；参加统战部组织各项文体活动，取得优异成绩。

民进平罗县支部

【概况】

2016年，民进平罗支部在自治区、市委会正确领导和关心支持下，在县委统战部指导下，学习贯彻党中央统战工作会议精神，加强思想建设、组织建设，积极参政议政、建言献策，推动支部整体工作再上新台阶。

【思想建设】

坚持政治学习，结合"活力支部"创建活动，组织会员学习中共十八大，十八届三中、四中、五中、六中全会精神，习近平总书记系列重要讲话精神，统一战线和多党合作理论，提高会员思想政治觉悟和理论素质。每月安排集中思想政治学习1次，主要学习中央统战工作会议精神、同心理论、民进宁夏区委会及石嘴山市委会有关会议和文件精神等，提高会员政治思想认识。坚持培训学习，组织骨干会员两名参加区委会举办会员暑期培训班，组织班子成员3名参加石嘴山市委统战部举办学习培训班，通过培训学习，使会员深入了解政治、经济形势，为今后工作提供方法，明确目标。

【组织建设】

根据县委统战部关于做好民主党派组织换届工作的统一部署，结合实际、及早研究、周密部署，严格按照选人用人制度选出政治素质强、工作能力强、团结协作强的新一届领导班子。开展新会员发展工作，与无党派人士联络沟通，严格按组织发展原则发展新会员，从政治素质、业务水平、年龄、学历、职称等方面，严把新会员入会考察关，发展新会员1名。开展"双岗建功"活动。鼓励会员在履行民进会员职责同时，立足本职工作职责，支部会员基本上都成为各自单位"顶梁柱"。会员潘东因工作成绩突出，被司法部评为全国模范司法所长，其书法作品获自治区、市、县各类表彰5次；会员张红艳被评为2016年度平罗县优秀护理工作者；会员李娜被民进区委会评为信息工作先进个人；杨锐等4人被民进市委会评为参政议政先进个人，支部被评为先进基层组织。参加平罗县统战部举办民主党派冬季运动会，参加拔河、羽毛球、投篮等项目比赛，获得女子个人投篮第一名好成绩。参加民进市委会年终总结会，选送节目两个，受到大家好评。

【社会服务】

9月21日，组织部分会员到红瑞新村开展送法律、送医疗下乡活动。向当地群众发放法律援助条例知识小册页、公民常用法律知识读本、公正指南等法律知识，同时向群众发放高血压、糖尿病等疾病防治小常识以及居民卫生常识宣传单，为群众免费量血压36人次，向群众解答医学方面问题30人次，发放各类宣传材料2000余份，开展法律知识有奖问答，受到群众欢迎。会员杨锐创办的七彩艺术培训学校每年为贫困学生减免学费3万余元，减免各项费用近10万元。

【参政议政】

参与区、市、县课题调研，撰写提案和社情民意信息，参加党外代表人士座谈会、重点项目推进情况通报会等活动上建言献策。组织会员召开议政会，围绕全县中心工作和群众关心的热点难点问题，开展调查研究，为建言献策奠定基础。调研报告《平罗县旅游产业发展的建议》在政协大会上做交流发言，《关于加强我县乡镇卫生院及村卫生室医院感染管理的建议》等3篇作为书面交流。全年上报提案建议9件，政协立案4件。

农工党平罗县支部

【概况】

2016年，加强自身建设，围绕县委、政府中心工作，立足党派特点、发挥自身优势，全面开展各项工作。

【思想建设】

围绕市委会工作要求，组织党员学习党章和农工党党史及农工党优良传统教育活动，开展"两学一做"等专题教育活动。组织党员集中学习，全年召集党员学习4次，及时传达市委会有关文件精神，要求党员自学党的十八届五中、六中全会精神，全国"两会"精神，习近平总书记来宁讲话，县党代会、人代会和政协大会报告等会议精神，"十三五"规划、统一战线及多党合作等内容。结合各岗位特点，要求农工党员认真学习，撰写心得体会。撰写心得体会21篇，每人书写读书笔记1万字，提高党员政治思想素质。征订党刊《前进论坛》。按规定及时收缴党费。

【组织建设】

加强农工党平罗县支部委员会基层组织建设，履行参政议政职能，更好地服务于社会。根据《中国农工民主党章程》规定，于5月15日，召开人民医院支部和综合支部成立大会。5月17日，召开总支换届大会，选举产生新一届总支领导班子成员。做好新党员考察和发展工作。注重推荐优秀人才，严把素质关。考察推荐新党员1人。加大党员培训力度，安排党员两名到区外考察学习，安排参加市委会和市党校培训学习12人次，安排自治区民主党派党员参加"走进基层、贴近党员5人次，培育和践行社会主义核心价值观"百场主题宣讲活动。及时将工作动态以信息简讯方式上报县委统战部、市委会和区委会，全年上报工作简讯8期。拓宽党员交流工作。在元旦、新春佳节、"三八"妇女节、国庆节等重大节日里，组织党员开展丰富多彩的联系联谊活动。建立总支党员微信群、统战党派之家微信群及政协委员微信群，通过微信平台交流新时期加强自身建设、参政议政、社会服务等方面工作和体会，通过不定期交流和联系，增进党员凝聚力。总支坚持送温暖活动，春节、古尔邦节及教师节前走访慰问退休老党员4人，为他们送去慰问品、慰问金3500元，探望患病住院党员，与退休党员们电话交流，增进党员之间感情。

【参政议政】

发挥医药卫生界人才优势，建言献策。在1月县政协十届四次会议上，向大会提交集体提案两件，提交个人提案8件，立案8件。在县政协十一届一次会议上，提交《构建医保诚信体系，推进医保规范化管理的提案》《关于加强重性精神疾病患者管理工作的提案》等集体提案4件，提交个人提案12件，立案提案9件，其中集体提案3件，个人提案6件。上报农工界别大会发言稿2篇，赵丽华主委的《卫生监督工作存在的问题与对策》文稿在大会上书面交流。在理论学习、实践调研与专业结合基础上，开展课题调研，撰写调查报告，及时向县委统战部上报重点调研文章《我县高龄孕产妇再生育现状调查及对策》。

【社会服务】

把社会服务工作作为本党派一项重要工作来抓，引导、鼓励和支持本党党员立足本职工作岗位，以实际行动服务社会。医院支部和综合支部党员发挥医疗卫生方面的人才智力优势，开展各类培训、卫生知识讲座、科研教学、带教等多种形式社会服务活动：县妇幼保健院副院长张丽萍结合自身工作，从妇女常见病、免费孕期优生健康知识、全面二孩政策等方面，通过面授和远程教学开展培训6场次。县医院心内科主任孙学芝作为首批"医联体"医疗专家，每周四到陶乐镇中心卫生院坐诊、带教，向基层传授医学知识，让患者就近享受优质便捷医疗服务，在推广"医联体"和"分级诊疗"。卫生监督所副所长赵丽华组织举办培训班讲解卫生法律法规，受邀对全县学校负责人讲授传染病防治知识，陆永华、牛金凤举办"包虫病、碘缺乏病监测技术培训""性病、艾滋病防治"讲座，为在平罗县普及卫生法律法规及包虫病、碘缺乏病、性病、艾滋病防治知识工作。医院支部党员田利华、路玲、紫永萍等5人承担职教中心学生教学任务。退休老党员王忠厚受聘于老年大学免费教学，受到老年群体赞赏和欢迎。12月22日，农工党平罗总支和陶乐中心卫生院联合行动，医疗专家及农工党党员10名在陶乐庙庙湖开展义诊咨询和卫生知识宣传活动，增强移民健康意识，预防疾病。全年开展培训活动14场次，培训群众4350人次，开展义诊咨询宣传活动1场次，发放慢性病防治、碘缺乏病、高血压等防治知识折页1500册、食品安全宣传画600张，发放卫生知识宣传读本450本、手提袋500个并发放价值约1500元控油壶、毛巾等生活用品。

【工作成果】

2016年，总支分别荣获农工党中央先进基层组织称号、农工党宁夏区委会2015年度基层组织建设年活动先进集体、县委统战部2015年度统战系统目标管理考核一等奖。张丽萍撰写《民主党派基层组织建设的建议》理论文章和赵丽华撰写《平罗县吸毒人员现状调查及对策》调研文章荣获县委统战部2015年度统战理论研究优秀成果篇目一等奖。农工党员在各自工作岗位上做出积极贡献，荣获区市县奖项18人次，其中陆永华荣获全国"十二五"地方病防治工作先进个人，赵丽华荣获农工党宁夏区委会基层组织建设年先进个人；张丽萍被农工党石嘴山市委会评为先进党务工作者和优秀党员。孙学芝、路玲被市卫计局评为石嘴山市卫生"三名工程"学科带头人，吴晓慧荣获全县卫生工作先进个人，祁燕、杨玉金等3名党员被农工党石嘴山市委会评为社情民意信息先进个人，3名党员被县政协评为十届优秀政协委员。

九三学社平罗县委员会

【概况】

2016年，坚持以中共十八大，十八届四中、五中全会，习近平主席系列重要讲话精神为指导，践行社会主义核心价值体系，履行参政党职能，加强自身建设，做好社会服务，为促进全县经济社会发展做出积极贡献。

【思想建设】

以基层组织换届为契机,开展支社集中学习4次,内容包括社史社章、统战理论,学习贯彻中共十八大、十八届五中、六中全会精神,坚持和发展中国特色社会主义等。组织社员参加市、县统战部学习相关理论知识,总结活动开展阶段性情况。在支社换届和思想学习活动中,收集掌握社员思想动态。通过集中学习,提高全体社员政治素养和理论水平,更加坚定走中国特色社会主义道路信心和决心。

【基层组织换届】

成立工作机构,推进基层组织换届工作。按照社市委工作要求,制订实施方案,落实工作任务和人员责任。社市委对指导平罗支社基层组织换届工作,保证5月17日平罗支社换届。全面完成组织换届。平罗支社升格为九三学社平罗县委员会,下设文教支社和科卫支社。经过换届整合,新当选班子具有参政议政能力、年轻化。

【新社员发展】

贯彻社中央关于发展社员规定,正确处理发展数量与质量关系,科学制订发展计划,严格社员发展审批程序,优化社员结构,做好优秀人才发展工作,确保把优秀人才吸引到社内来。发展新社员3名,涉及科教人事部门,呈现出社员行业分布更广的良好趋势。社员年龄结构更趋年轻化、更具活力。

【培训与交流】

2016年6月,韩晓莉等5名社员到市党校参加市统战部组织的民主党派干部培训;6月,主委曾黎生、石艳红参加市政协组织青岛培训班;7月,主委曾黎生、社员袁莉赴广西南宁参加县统战部组织统战理论培训。通过学习培训和交流,提高机关专干和社员思想政治素质和履职能力。

【社务活动】

1月,在京都宾馆举行2015年年终总结会,向全体社员发出学习中共十八届四中全会精神倡议。10月1日,举办庆祝国庆采摘游园联谊活动,社员与部分家属齐聚一堂共贺节日。各项社务活动增进社员间联系和感情,增强平罗九三学社凝聚力。

【建言献策】

支社主委曾黎生,陈淑香、叶美霞、韩晓莉、石艳红等社员作为市第十届政协委员、平罗县第十届委员,参加政协石嘴山市十届四次会议,履行审议报告、参与讨论、提交提案等各项职能。10月底,陈淑香、韩晓莉、苏顺军3位社员当选为平罗县政协委员,参加中国人民政治协商会议平罗县第十一届委员会第一次会议,为平罗发展建言献策,其中苏顺军代表九三学社做大会发言。陈淑香、韩晓莉、苏顺军提交提案立案5件。

【社会调研】

开展社市委、区委专项调研课题招投标和课题评审工作,曾黎生撰写《发展劳务经济 促进移民增收》上报县政协、市统战部,韩晓莉撰写《关于全区非物质文化遗产保护的调研》上报区委会。组织社员撰写统战理论研究文章,参加社中央、社区委各项征文活动,收集并上报统战理论研究论文、思想建设年活动学习心得,发动社员开展社会调研、撰写社情民意信息,完成社区委和社市委社情民意工作相关要求。

平罗县工商业联合会

【概况】

2016年,确定四项职能目标任务,采取多种形式,推进各项工作,取得较好成绩,通过全国工商联"五好县级工商联"验收,被确定为"全国五好县级工商联"。

【光彩事业】

贯彻落实全国工商联、国务院扶贫办、中国光彩会召开"关于推进'万企帮万村'精准扶贫行动全国电视电话会议"精神及区、市、县扶贫攻坚工作要求,引导全县非公经济人士参与到帮扶移民群众活动中来,推进精准扶贫工作。开展千企帮百村扶贫活动。动员宁夏星源建筑安装公司、宁夏金都建筑公司雍明林项目部、宁夏汇融房地产公司平罗分公司、丽珠集团新北江、福兴制药公司、平罗县佳和春天超市、宁夏跃江建设发展公司、平罗通源驾驶职业培训中心、平罗县三惠百货超市有限公司9家企业购买价值5万元米、面、油等节日生活用品,对红瑞村130户贫困群众走访慰问。开展"希望工程"捐资助学活动。动员宁夏大地循环经济有限公司、宁夏吉元冶金(集团)有限公司等企业参与贫困大学生"希望工程"活动,捐资60万元,帮扶考入高等学校贫困学生120名,助其圆大学梦。动员和引导非公企业参与"迎新春送温暖""同心·红翔""同心·宝丰"建设、"百企帮百村""捐资助学""希望工程"等形式多样社会公益活动。

【理想信念教育】

开展以守法诚信、坚定信心为重点理想信念教育实践活动制订《关于深入开展以"守法诚信、坚定信心"为重点的理想信念教育实践活动的实施方案》,推进教育实践活动。印制《促进非公有制经济发展政策文件汇编》宣传册,将习近平总书记参加全国政协十二届四次会议民建、工商联界委员联组会讲话精神和区、市、县促进企业发展优惠政策文件收录宣传册,发放到非公企业,为非公有制经济人士答疑解惑,提振发展信心。

【教育与培训】

结合全县非公经济人士思想状况和非公有制企业生产经济实际,把理想信念教育实践活动与依法维权、营造良好法治环境结合起来,发挥各职能部门优势。注重非公经济人士教育与培训,开展法律培训、讲座,送法进企。组织非公经济人士参加区工商联举办"宁夏非公经济人士上海培训班",县上举办"服务县域经济转型升级能力培训班""安全生产专题讲座"等专题培训。组织装饰行业协会等商协会开展会员法律知识培训班,强化会员法律意识。

【服务非公企业】

将理想信念教育实践活动融入到实际工作中,将开展活动作为工商联服务企业的抓手,与深化机关干部"下基层"活动相结合,健全和巩固工商联机关干部与非公经济人士"亲""清"关系。实行机关干部联系非公企业和包抓帮扶移民脱贫工作责任制。将全县100家规上非公企业和100家小微企业分解落实到全体机关干部,通过深入企业调查,了解和掌握企业生产状况、存在困难等,协助企业办理项目申报、土地报批、开工许可、资金筹措等工作,将企业所求所盼及时反映给有关部门协助解决,为非公企业服务。开展上规模民营企业调研,宣传本县民营企业发展成就。推荐全县科技创新型企业加入宁夏民营企业科技创新联盟,增进合作交流,激发民营企业创新动力和创造活力。全县有13家企业入选联盟,7家企业负责人当选为理事。

【基层商会建设】

抓基层商会建设,健全完善基层组织体系。引导基层商(协)会完善管理结构、依照法律和章程开展活动,指导和协助基层商会健全和完善行规会约,加强会员队伍建设,发挥行业自律作用,为会员搭建法律援助、维权服务平台,扩大基层商(协)会的影响力和凝聚力。

【换届工作】

做好换届各项筹备工作。与县委统战部沟通,明确换届时间、基本原则等,对各个时间段任务细化安排,做到分工明确、稳步推进。做好选届人选摸底工作。深入全县企业进行调研走访,根据换届要求,做好换届推荐人选的考察、综合评价工作。对推荐人选调查摸底,落实民主推荐、提名工作。同时,做好市工商联换届代表提名推荐工作。与县委统战部配合,联系协调相关部门,了解掌握各会员企业经营发展、利税上缴、企业转型升级、参与社会公益事业等情况,拟定工商联新一届执行委员会成员候选人名单,确保换届工作。按照换届有关要求及县委批复,于2016年12月2日召开平罗县工商联第十二次暨总商会第三次会员代表大会,选举产生新一届工商联暨总商会领导班子。石嘴山银行平罗支行行长王丽娟当选为平罗县工商联第十二届主席、总商会第三届会长,代正礼等28人当选为第十二届副主席,李晓佳当选为秘书长,马学林等18人当选为总商会第三届副会长。

【法律服务】

搭建服务平台,做好法律服务工作。拓展工商联职能,联系接洽,与大潮人律师事务所协调配合,为非公企业、基层商协会开展法律服务工作。由律师事务所具备法律知识、提供法律服务的专业人员,为商会和会员依法维权、合法经营、健康发展提供可靠法律支持和保障,维护非公企业和非公人士合法权益。引导宁夏新安科技有限公司等5家公司聘请法律顾问。深入民营企业进行法律宣传,送法进企业,引导企业坚定发展信心,帮助企业提高防范经营风险能力。与宁夏大潮人律师事务所协调配合,为非公企业开展法律咨询、上门宣传国家政策法规和法律风险防范等服务。协助基层商(协)会建立、健全各项制度,指导其做好会员维权服务工作。

群众团体

平罗县总工会

【概况】

2016年，围绕建设开放富裕和谐美丽新平罗目标，在服务经济发展、维护职工权益中主动作为，创新亮点工作和实名录入工作，受到自治区总工会办公室通报表扬，劳动争议调解工作获得全市先进集体，被授予石嘴山市文明单位，全市工会效能考核获得一等奖。

【提升职工素质】

落实职工素质提升工程，新开通"平罗县总工会微信公众号""政务微博"等信息平台，通过工会信息、宣传栏、电子屏、企业宣传栏及平罗电视台主力军栏目等多种渠道，开展核心价值观、禁毒宣传、法律八进等宣传教育。新建县级职工书屋8家，举办大型文体活动5场次。实行校企联合，采取订单式、项目化培训方式，在万顺、滨河等企业开展电工、冶炼工等工种技能培训11期，培训职工1230人，其中取得技能等级证书311人。举办家政服务、物业管理员培训各1期，培训人员154人，全面提升职工素质。

【职工建功立业】

开展"学技术、比技能、提素质，在转型升级和结构调整中建功立业"主题劳动竞赛，服务县域经济发展，在大地轮胎、晟晏福华供热站开展重点项目劳动竞赛；在教育、农牧、卫生和公安系统分别开展业务技能竞赛；在服务行业开展收银员"六步法"劳动竞赛；在生产经营企业开展电工、冶炼工等8个工种的职业技能大赛。推进职工群众性科技创新活动，建立"五小"成果科技创新奖励机制企业31家，评选优秀"五小"成果35项。评选全国、区、市级"五一"劳动奖章7名，市级奖状1个、工人先锋号4个。加强劳模创新工作室建设，银晨太阳能、贝利特化分别被评为区级和市级劳模创新工作室。为134名劳模发放三金、补差59.36万元，组织劳模疗养，免费为劳模征订党报党刊。

【职工权益维护】

健全职工权益维护机制，依法保障职工合法权益。在企业开展"公开解难题，民主促发展"合理化建议活动和"厂务公开示范单位创建活动"，厂务公开建制率92%，职代会建制率93%。将工资集体协商作为推动平安建设的重要内容，签订单项工资集体协商217家，签订区域行业性7家，涵盖企业340家，签订率93.2%。在非公企业推行工龄工资，扩大到43家。平罗县工会劳动保障法律监督大队成立，被列为2016年全区亮点工作。建立平罗县流动仲裁庭，现场仲裁调解，提供便民维权服务。开展"工字号"劳动争议调解专项行动，在全县13个乡镇、16个社区、3个工业园区、146家企业建立劳动争议调解委员会。培育12家基层示范点，1家全区工会观摩点。健全劳动保护监督检查"三级网络"，建立基层劳动保护监督检查委员会126家，开展"安康杯"竞赛，"安全生产月""安全隐患排查"活动，活动面达75%以上。

【帮扶救助】

争取上级工会帮扶资金150万元，救助困难职工3591人次，大病患者29人，金秋助学91人，帮扶慰问困难企业12家。举办"春风行动""就业援助月活动"专场招聘会2场次，提供岗位用工信息240余条，解决就业119人。扶持创业带头人21人。规范帮扶资金发放，全部实行银行卡发放。通过就业介绍、技能培训等造血方式，困难职工脱困解困255人。新设立"职工爱心服务驿站"15家，配备饮水机、微波炉等物品。开展就业扶持、教育扶贫，帮扶移民10户，帮助解决就业21人，为3个移民村396名在读大学、高职的农民工子女发放爱心助学金79.4万元。

【自身建设】

新组建工会51家，发展会员5196人，其中农民工会员3347人。在红瑞、红翔、庙庙湖3个移民村组建工会，吸纳农民工会会员2855人。对324家基层工会30033名会员信息录入。督查指导14个乡镇、街道办工会规范化建设。新命名县级先进职工之家15家，申报市级先进职工之家5家。选派职业化工会干部22人常驻园区、企业，指导基层工会换届24家、补选工会主席。建立干部下基层制度和联系点制度，排查化解矛盾纠纷31起，解决问题69件，落实帮扶资金3.2万元，配送文体器材3.7万元，为33家建设工地送去9.3万元防暑慰问品。启动职业化干部素质提升工程，采取"十项措施"，补齐干部"四个短板"，提高"四项能力"，该项工作被区总工会肯定，被《工人日报》刊登。加强财务规范化建设，规范工会经费管理与使用，连续五年被自治区总工会评为经审工作先进单位。

共青团平罗县委员会

【概况】

2016年，围绕党政中心工作，落实"七项行动"，构建"凝聚青年、服务大局、当好桥梁、从严治团"思维工作格局。

【青少年思想政治】

抓住建党95周年、长征胜利80周年等重大契机，注重精准引导，以举办系列主题活动为抓手，引导广大青少年听党话、跟党走。"三五"前后，开展"鲜花朵朵送雷锋"活动，选树学雷锋典型。在五四之前开展"两红两优"评选推荐工作，在六一之前开展优秀少先队员、优秀少队辅导员、优秀少先队集体评选活动，通过榜样力量影响和号召广大团员青年，立足岗位，锐意进取，向先进学习。在"十·一三"中国少先队建队日期间，开展全县各小学少先队"红领巾相约中国梦"及"听党话做好少年"主题队日活动，在清明节开展"网上祭英烈 共铸中华魂"主题活动，深化爱国主义情怀，覆盖青少年500余人。开展"心向阳光"公益骑行、步行活动，引导青年回到城市中行走，

平罗县团委2016年希望工程助学金发放仪

感受"心向阳光"快乐,体会公益服务幸福。在七夕、双十一期间,开展"情定生态区""爱在阳光"相亲交友派对2次,搭建青年友好真诚的交友平台。

【农村青年就业创业】

发挥广大团员青年生力军和突击队作用,在团县委微信公众平台专门开设就业信息专栏,发布岗位信息、就业服务和政策法律信息,通过送信息、送岗位帮助待业青年和用人单位实现有效对接。举办"创青春 创未来"创业故事分享会,邀请电商行业青年杰出代表蒲薪仲、张辉,互联网创新科技运用者杨伟红分享个人创业故事,邀请平罗县就业创业服务局就青年就业创业政策专题解读,组织农村青年、返乡务工青年、返乡大学生、创业青年、农村党员,开展青春创富故事会、青年政策宣讲会30余场次,参与青年人数944人。在红崖子乡组织专场招聘会2次,提供免费服务1560人,成功介绍农村劳动者就业110人,发放宣传资料2000余份。

平罗团县委举办"创青春·创未来"创业故事分享会

【"青"字号】

经过择优遴选、严格考核、集中公示,经2014—2015年度县创建青年文明号活动领导小组检查验收,命名石嘴山市住房公积金管理中心平罗县管理部、平罗沙湖村镇银行团结支行、宁夏壹康源大药房连锁有限公司平罗县步行街店、上海红星美凯龙品牌管理有限公司平罗分公司为2014—2015年度县级青年文明号。选送平罗县农村商业银行营业部参与自治区级青年文明号评选。组织平罗县"青年文明号"参与公益宣传活动,广泛征求群众对"青年文明号"服务窗口的工作意见和建议,提升"青年文明号"服务窗口形象。

【希望工程】

争取区、市团委政策支持,争取助学金61.7万元,资助学生163人。其中,黄河银行助学金28万元(70个名额,每人4000元),香港爱心人士助学金7.2万元(18个名额,每人4000元)和"国之栋梁国酒茅台"助学金10万元(20个名额,每人5000元),石嘴山银行助学金10.5万元(35个名额,每人3000元)和石嘴山市自筹助学金6万元(20个名额,每人3000元)。募集县域内5家企业捐款62.11万元,资助学生120人,实现建档立卡贫困家庭大学新生和高中学生全覆盖资助。

【志愿服务】

乡镇、社区、各部门及学校基层团组织组织形式多样的学雷锋活动26次,参与数1200人次。选送志愿服务队13个参与全市优秀志愿服务项目大赛评比,平罗县心连心爱心协会阳光助残志愿服务项目获得银奖,平罗县城关镇古城社区五点半学校志愿服务等4个项目获得铜奖。五四活动月期间,县团委"共青团邀你做公益"大型公益集市活动荣获全区最佳创意奖。推荐平罗县职教中心向日葵志愿服务项目参加全区志愿服务大赛,荣获三等奖。7—8月暑假期间,组织招募具有奉献精神、服务能力较强的青年返乡大学生志愿者,深入乡镇3个、社区3个、便民服务中心4个,依托关爱行动七彩小屋、青年之家等各类青少年综合服务平台,以"结对+接力"服务方式,为留守儿童提供为期一个月"七彩假期"关爱农村留守儿童志愿服务活动,参与儿童604名。12·5国际志愿者日当天,组织志愿服务社会组织、县直机关志愿者、爱心联盟艺术团等300余人开展"12·5国际志愿者日——志愿者在行动"主题系列志愿服务活动,通过文艺会演、宣传展示、爱心义卖、理发义诊、助残结对等形式扩大志愿服务的影响力。

平罗团县委开展高考志愿服务活动

【青春扶贫】

围绕全县脱贫攻坚工作,组织动员广大青年投入到青春扶贫工作中。争取区、市项目支持,为移民村贫困学生发放书籍、文具、衣物、常备药品等物资,计193万元。依托3个贫困村小学,按照"每个微善之家5万元、七彩小屋2万元"标准,各援建"希望工程·微善之家"积分超市1个和共青团关爱农民工子女"七彩小屋",在平罗县红瑞小学、庙庙湖小学、灵沙九年制学校建立"光华书海工程"富龙集团爱心书屋3所,总价值100万元。坚持扶贫和扶志相结合,动员志愿者参与脱贫攻坚工作。暑假期间,在移民村开展"七彩假期"关爱留守儿童志愿服务活动,通过一帮一、多帮一等形式,围绕亲情陪伴、课业辅导等项目组织短期特色精品课程,通过志愿服务活动与移民村孩子结对子,参与活动儿童604人次。根据教育扶贫帮扶标准,为教育帮扶任务内17名学生按照学龄前儿童每人每年1000元,义务教育阶段学生每人每年500元,高中阶段每人每年1000元标准发放帮扶款1.3万元。开展"微心愿"认领活动,在移民村各中小学、贫困家庭征集微心愿79个,发动爱心人士认领,为贫困学生和家庭圆梦想。

【"网上共青团"工程】

以"平罗团委"官方微信公众号、微博、"青年之声"为重点,实现团网深度融合、团青充分互动、线上线下一体化运行。通过微博微信发布就业信息、工作动态、惠民政策等图文信息。推动"青年之声"平台建设,建立创业就业服务联盟、志愿服务联盟、成长护航服务联盟、心理咨询服务联盟、婚恋交友服务联盟5个,入驻专家11人。截至2016年年末,平罗县"青年之声"互动社交平台总问题数2215条,答复2256条,点赞数824,总浏览量432.67万次,平台服务团队专家数达114人。

【队伍管理】

落实发展团员编号制度,引导新入团团员网络注册同步成为注册志愿者,并在《入团志愿书》对应栏中予以体现。2016年,发展新团员1340人,每新发展团员1名都落实专属编号,全县初中、高中阶段毕业班团青比例,分别控制在30%和60%。

平罗县少先队规范化建设工作推进会

【团干部联系青年制度】

按照共青团改革相关要求，落实"4+1""1+100"等工作，建立团干部直接联系青年和基层联系点工作制度，团县委机关干部每人确定至少4个基层联系点，经常性联系不少于100名不同领域的团员青年，结合全县干部下基层活动，承担联系点干部每月深入每个联系点不少于2次。其他各基层团组织兼职团干部经常性联系不少于20名不同领域的团员青年。结合平罗县人事调整和乡镇换届工作，整合团资源，按照"1+3+X"优化乡镇团委人员配备，明确由35岁以下班子成员兼任团委书记，为发挥共青团作用提供组织保障、人才保障。

链接

1+100："1+100"工作制度就是要求团干部去和各行各业的青年交朋友。共青团中央下发的《关于建立团干部直接联系青年制度的通知》，决定在全团建立团干部直接联系青年制度（简称"1+100"制度），从团中央做起，各级团的领导班子成员带头，每名专职团干部、挂职团干部、县级（含）以上团的领导机关兼职干部经常性直接联系不少于100名不同领域的团员青年，其他兼职团干部每人联系不少于10名团员青年。在这项工作中，微信、QQ、微博等新媒体都将成为联系青年的方式，因为那里聚集着最多的青少年群体。对于团干来说，联系100名青年只不过是一个最低的标准。

4+1：团中央机关及各级团的领导班子开展了"向基层服务对象报到"工作，即：机关全体团干部除每周在机关工作4天外，还至少拿出1天的时间到基层报到（简称"4+1"模式），到青年数量较多的企业、农村、机关、学校、社会组织等直接指导、帮助基层团组织开展工作，直接联系服务团员青年。

1+3+X："1+3+X"模式，即在各镇选派1名专职镇团委书记，在镇、学校、企业等领域中选配3名兼职团委副书记，选配若干名兼职团委委员，重点解决基层团组织工作力量不足，激发基层团的工作活力。

平罗县妇女联合会

【概况】

2016年，以联系妇女、服务妇女、引导妇女、维护妇女儿童合法权益为根本任务，开展巾帼维权、家庭文明和巾帼建功三大主体活动，创新工作思路，多措并举，实现妇女工作有威信、有发展，团结带领全县妇女为构建和谐、富裕、文明、幸福、新平罗做出贡献。被全国妇联、人社部评为全国妇联系统先进集体；被中国妇女报社评为2016年度全国妇女新闻宣传阵地建设"先进单位"。

【基层组织建设】

做好村妇代会与村"两委"同步换届工作，将25个自治区级示范妇女之家妇代会改建为妇女联合会，为提高村两委女性比例打下基础。利用县、乡领导班子换届契机，做好优秀女干部推荐工作，实现在县、乡领导班子中至少各有1名以上女干部；分级分类开展妇联干部培训工作，对换届后村妇代会主任培训；开展"下基层、访妇情、办实事"活动，党员干部帮扶村渠口乡分水闸村，为5名6~12个月婴儿送去价值8000元100盒的营养包；为9名贫困儿童送去书包、文具、书籍及青蛙王子洗护液；为30余名老饭桌的老人送去慰问金5000元。

【巾帼维权】

开展以"建设法治平罗·巾帼在行动——维权服务进社区、进乡村、进家庭、到身边"为主题的妇女维权集中宣传活动。向广大群众宣传发放《婚姻法》《反家庭暴力法》等妇女维权相关法律知识资料2万余份,接待群众咨询130人次。在城关镇社区举办"我健康我快乐"知识讲座,200余名社区妇女参加讲座。邀请县禁毒办人员在13个乡镇开展禁毒知识宣讲活动,现场发放《禁毒法》宣传材料2000多份。利用基层妇女维权服务站(点)阵地,落实"三调联动"工作机制,把矛盾消灭在基层、钝化在家庭、解决在萌芽,全年接待来访来电31人次,办结率100%。

【家庭文明建设】

弘扬和践行社会主义核心价值观,传播家庭文明正能量,召开专项会议,制定相关方案,提高活动参与率,发动群众参与寻找"最美家庭"活动。寻找"最美家庭"114户,评选表彰"最美家庭"29户、"最美母亲"27名,推荐上报自治区妇联10户、市妇联20户,其中荣获"全国文明家庭"称号1户,荣获"自治区文明家庭"称号2户。选出最美家庭代表5位组成报告团,在13个乡镇巡回宣讲14场次,1800余人聆听报告;将"最美家庭"事迹以表演唱形式编排成节目,作为全县广场文化"送戏下乡"演出重要内容,600多人观看演出,在全县掀起弘扬家庭美德和文明家风热潮。开展"康乃馨"关爱单亲母亲行动。将全县13个乡镇、16个城市社区2160名单亲母亲信息档案纳入网格化管理网络系统或信息档案,实现单亲母亲信息动态管理。实施惠及妇女儿童民生项目,向自治区和谐家庭建设试点社区单亲母亲家庭倾斜。召开联席会、网络文明微博传播、发放宣传画、智慧妇联微信、广场电子屏幕播放、举办培训班、座谈会讨论等形式,宣传"和谐家庭"典型,调动广大家庭和妇女参与"和谐家庭"创建的积极性和创造性。开展"护航春蕾"暨家庭教育知识宣讲活动。实现"护航春蕾"宣讲活动"双覆盖",家长和学生1900名聆听讲座。推荐老师参加青岛家庭教育培训,为"护航春蕾"教学更加科学化、智能化奠定基础;深化未成年人思想道德建设工作,开展丰富多彩庆"六一"及道德实践活动。

【小额担保贷款】

全年发放农村妇女创业小额担保贷款2036笔9130.4万元。回收贷款1398笔5790万元,回收率100%。中央、自治区、县财政贴息1949笔638.6万元。创新推行放贷方式,推行联户联保、财产抵押、公务员担保、探索"三权"抵押担保等多种形式并存担保方式。优化妇女小额贷款审核流程,实行"一站式"审核,提高工作效率。利用"下基层 送政策""春风行动"等活动,集中小贷惠民政策宣传活动。评选表彰巾帼建功先进集体10个、巾帼文明岗14个、巾帼建功标兵18人、农村科技致富女能手9人。在县电视台开设《巾帼风采》专题栏目,制作巾帼创业能手短片,对创业致富带头人先进事迹进行报道。将小贷与乡镇确定重点项目、设施农业和畜牧养殖紧密结合,采取"协会+基地+农户+女能人"生产模式,贷款资金注重向大户、能人、产业、具有引领示范作用的妇女和项目倾斜,扶持大户带动小户,形成良性循环,推动主导产业开发,使贷款使用发挥最大效益。

【巾帼脱贫行动】

在红瑞村启动"巾帼脱贫行动",制订《关于做好农村妇女创业小额担保贷款扶贫工作的方案》和《平罗县巾帼脱贫行动落实办法》,对2016—2017年扶贫攻坚提出明确要求,安排部署以参与扶贫开发为重点的巾帼脱贫行动各项工作,明确目标任务,强化保障措施。印制《小额

贷款架金桥 妇女创业好帮手》宣传折页和《妇女维权法律知识手册》6000份，利用"春风行动"等宣传活动，在移民村、乡镇集贸市场发放资料，解答妇女提出相关问题。推进"资金"扶贫。在1140万元担保基金的基础上，争取区、县财政注入担保基金954.5万元。与县残联联合养殖企业对残疾家庭开办"奶牛托管"业务，由养殖企业提供反担保，建立奶牛托养基地，集中用贷款购买奶牛扩大养殖规模，通过养殖企业饲养经营，每年向贷款贫困妇女提供2000元收益金，本息由养殖企业偿还。给5个乡镇贫困残疾妇女家庭户218户中140户各送去2000元收益金，78户各送去1000元收益金。帮扶移民妇女贷款，在移民妇女中发放贷款122笔333万元（生态移民111笔292万元，插花移民11笔41万元）。实施项目扶贫。争取妇代会创收基地项目资金15万元，帮助陶乐镇庙庙湖妇代会、高仁乡六顷地村壮大集体经济收入。争取母亲小额循环项目资金130万元，扶持135户农村妇女（其中扶持移民妇女35户，户均1万元）发展生产，增加收入。争取中国儿童基金会公益项目资金20万元，在庙庙湖村、红瑞村建立"儿童快乐家园"，优化儿童成长环境。实施"消除婴幼儿贫血行动"项目。对全县6~24月龄7500名儿童提供600万元营养包，0~36个月龄900名儿童提供60万元奶粉，提高婴幼儿健康水平。争取自治区妇联精准扶贫项目循环资金30万元，扶持陶乐镇庙庙湖村30名妇女发展生产。发动女企业家慰问移民村患病女童，送去救助金2.1万元。多方筹措资金17万元，走访慰问275户贫困留守妇女儿童、孤寡老人、贫困老党员等。组织移民村妇女37名观摩学习。在移民村举办4期巾帼脱贫"扫盲培训班"和"扫盲提升班"；举办手工制作技能培训班2期100人结业。慰问对接移民54户，为每户送去价值300元米面油和200元现金。为建档立卡户6户送去价值近5000元"扶贫鸡苗"180只、价值3000元的营养包及价值4800元奶粉，帮助2户销售30只鸡，收入3000元。

【实施"两规划"】

代表自治区迎国妇工委"两规划"中期评估，成立中期评估领导小组，制定具体工作方案，撰写座谈汇报材料，安排好考察点各项工作，按时上报有关资料，做好参会发言准备，获得有关领导和部门好评。

链接

"护航春蕾"：针对宁夏实际情况，从源头上预防早婚，引导农村初中女生坚持学业、励志成才。实现农村九年制学校和城市学校的农村女生"双覆盖"。

"春风行动"：活动主题：搭建供需平台，促进转移就业。服务对象：有劳动能力和就业意愿的建档立卡农村贫困人口；有转移就业意愿、创业愿望的农村劳动者；有用人需求的企业和各类单位；其他有就业创业意愿的劳动者。活动目标：在春风行动期间，各地要通过集中开展就业服务活动，让有转移就业意愿的农村劳动者特别是农村贫困人口得到有效的政策咨询、岗位信息、职业指导和职业介绍；有技能提升愿望的得到免费技能培训；有创业愿望的得到创业培训、创业服务和相应的政策扶持；有用人需求的企业和各类单位得到便捷有效的就业服务。

科学技术协会

【概况】

2016年，制定下发《全民科学素质行动计划纲要》实施意见，成立全民科学素质工作领导小组。以"四有"标准促进农技协会健康发展,全县农技协会13个,开展以"有科普基地、有科普服务站、有品牌、有效果"四有农技协会创建活动;组建科普志愿者队伍340人,在乡镇、社区开展科技宣传活动;举办平罗县首届青少年科学节系列活动;参与全县文化科技卫生"三下乡"等活动,现场发放科普图书、宣传彩页8000余份;争取、筹措资金加大科普设施投入,全县建成农村中学科技馆6所,实现农村中学科技馆全覆盖。县科协荣获自治区科协"第31届宁夏青少年科技创新大赛""基层优秀组织单位奖"和"优秀组织单位"称号,石嘴山市《全民科学素质行动计划纲要》"十二五"先进集体和2016年全国科普日特色活动优秀单位。

【科协建设】

调整全县全民科学素质行动工作领导小组成员单位,明确各成员单位科技创新和科学普及工作职责,形成主要领导负总责,分管领导具体抓,一级抓一级,层层抓落实工作格局。县委专题安排研究科协工作2次,县委、政府分管领导多次到科协调研,专题听取科协工作汇报2次,参加科协组织的科普活动周、科普活动日、科技创新大赛等活动3次。全县有乡镇科协13个、街道科协1个、企业科协6个、学会10个、农技协会13个等43个科协组织。召开乡镇科协工作联席会议,完善各乡镇、街道办科普设施,开展系列科普活动。县科协通过下乡(村)、听取汇报、座谈、开展活动等形式,对各乡镇、街道进行指导帮扶。加强科普示范乡镇、科普教育基地、科普示范学校、科普示范社区建设,全年荣获市科协命名科普示范乡镇2个、科普示范村3个;创建科普教育基地1个、科普示范学校3个、科普示范社区3个。

【科普活动】

在科技周、科普日、会员日、"三下乡"活动时间段内,印发相关方案、文件,联合各成员单位、各乡镇,开展一系列形式多样、内容丰富的活动,发放各类科普材料

平罗县首届青少年科学节系列活动航模展示

8000余份,参与人数4.6万人次,提升公众参与科普意识和热情。

【网络知识竞赛】

根据《中国科协办公厅、农业部办公厅等五部门关于开展2016年全国农民科学素质网络知识竞赛活动的通知》精神,下发《关于组织参加全国农民科学素质网络知识竞赛活动的通知》,要求各乡镇、各有关部门统一思想,高度重视,层层部署,加强规范答题,争先评优,按步骤实施,确保此项工作开展。全县13个乡镇参加答题1096人,收回答题图片67张,乡镇参与此项活动总结11份。

【首届青少年系列活动】

在全国科普日期间,举办平罗县首届科学节系列活动。在平罗卫校举办全县中小学科技辅导员培训班;在平罗四中召开平罗县首届科学节系列活动启动仪式,现场进行航模对空发射表演及各类航模展演、四驱车模型展示、组织代表学生放飞纸鸽及纸飞机等;开展科普大篷车进乡

镇、进校园活动。全年组织学校13所老师21名参加机器人竞赛教练员培训班，获得自治区机器人大赛53个奖项。在全县各中小学开展"科学梦、青春梦"科普剧竞赛，上报市科协科普剧3部，其中获得石嘴山市科协奖项2部，获得自治区科协三等奖1部。

【防范邪教宣传月】

印发《平罗县科协2013—2016年反邪教教育转化决战实施方案》等文件，开展反邪教教育警示活动。自编自演反邪教文艺演出和短剧。10月13日，联合自治区反邪教协会在黄渠桥镇举办以"珍爱生命、防范邪教"为主题的专题现场会。自编自演《害人仙灵草》《老太太批邪教》等节目，在群众中引起强烈反响，收到很好社会效果，受到自治区反邪教协会高度评价。

【创新驱动助力工程】

把"科技信息企业推广应用服务项目"作为创新驱动助力工程一项重要工作来抓，做到"时间、任务、质量、效果"四落实。通过石嘴山生态经济开发区、宁夏精细化工基地、崇岗煤炭集中区、县发改科技局、商务经合局、农牧局、农产品加工流通服务中心、工商局等单位协作配合，收集企业信息3700余家，筛选后储备727家，上门推广服务实地收集资料607家，对符合条件企业登记注册216家。对注册企业回访和跟踪指导，安装Ukey120个，召开培训会3次，培训专利应用工程师152名，培育典型示范企业形成成果应用报告16家，组织专家对接帮扶企业21家。通过转化应用科技信息，平罗县阳光焦化有限公司等7家企业产生新技术8项，宁夏格瑞精细化工有限公司等9家企业产生新产品20项，贝利特化学股份有限公司等9家企业产生新专利85项。企业通过转化应用科技信息，产生直接经济效益2395万元、间接经济效益3500万元。

【科普信息化建设】

根据区、市科协关于做好科普中国V视快递落地应用工作文件精神，借助打包县信息中心平台，按照"五有五统一"标准，依托全县各乡镇、社区、新农村信息服务站、农家书屋、农村电商服务站，建设科普中国乡村e站。同时接入科普中国官方门户网站、科普中国服务云的服务端口，主要包含前沿科技、健康生活、应急避险、科普乐园、V视快递、实用技术、玩转科学、乡村e站、社区e站、校园e站等进行重点科普落地服务。

链接

UKey是一种通过USB（通用串行总线接口）直接与计算机相连，具有密码验证功能，可靠高速的小型存储设备。UKey是对现行的网络安全体系极为有力的一个补充，通过中国信息安全测评认证中心认证的网络安全产品。基于可信计算基及智能卡技术把易用性、便携性和最高级别的安全性带给了使用Microsoft IE或Netscape Navigator进行Web访问、在线交易（购物、付款）、收发电子邮件、在线聊天交友及表单签名、文件数字签名等操作的用户，保证用户在UKey下的操作不可篡改和抵赖。UKey最大的特点就是安全性高、技术规范一致性强、操作系统兼容性好、携带使用灵活。

残疾人联合会

【概况】

2016年，以加快推进残疾人小康进程为主线，从脱贫增收和健全保障入手，提高残疾人生活品质和幸福指数，全面实施残疾人康复、就业、教育、扶贫、助学、维权等工作,攻坚克难,砥砺奋进,推动残疾人事业快速发展。被自治区残联评为"全区残疾人工作一等奖","2015年度全区残疾人事业统计工作先进单位";被石嘴山市残联评为"全市残疾人工作一等奖"。

【康复中心】

落实贫困残疾儿童抢救性康复项目和七彩梦行动计划以及政府购买智力残疾儿童康复救助项目。实施残疾人儿童抢救性康复项目。争取项目资金146.4万元,救助康复0~7周岁脑瘫、智力、孤独症儿童130名。规范残疾人儿童康复训练。石嘴山市阳光启智康复中心师资38人,设置社会认知、感觉统合训练、多感官训练、个体训练、引导式训练等科目,系统康复训练脑瘫、孤独症、智力发育迟缓儿童,残疾儿童康复有效率89%。强化残疾人儿童康复资金管理。会同县财政、社会第三方机构,对阳光启智康复中心历年项目资金专项检查,规范资金收支,强化财务管理,建立健全财务制度。加强残疾儿童康复设施。石嘴山市阳光启智中心落成,总建筑面积2600平方米,投入资金70万元,购置安装儿童康复训练"多感官训练系统""感觉统合训练系统",配备儿童康复教学用具,加装安全软体护墙、地垫,改善残疾儿童康复训练环境,为残疾人儿童科学康复提供技术支撑,为全面康复训练创造条件,全区残疾人工作会议到平罗县观摩。

【听力视力精神康复】

挖掘听力视力等残疾人代偿机能,"魏基成天籁列车"为平罗县赠送教学机3台,价值30万元;听障残疾人70名获赠助听器70台,价值54.4万元。发挥县低视力康复站作用,对青少年开展视力筛查、视力保健宣传,筛查学校18所,筛查学生1.56万人次。筛查眼疾患者670名,实施PNT无创青光眼手术105例,实施白内障手术190人植入人工晶体218例,盲人定向行走训练43名,发放盲人无障碍器具148套,为精神残疾人300名补贴药费27万元,补助精神病患者50名住院治疗费7.9万元。

【辅具配发】

执行按需适配及抢救补偿原则,做好残疾人辅助器具全覆盖工作,通过采购、区市配发、集中发放、临时配发,为残疾人配发轮椅310辆,其他各类辅具838件,受益675人。筛查残疾人假肢89人,安装假肢15人19例,矫形器21人36例。

【康复室建设】

以社区为基础,以家庭为依托,将乡镇卫生院社区服务中心等现有机构、设施、人员资源共享,为残疾人提供就近便利康复服务。新建社区康复站2个、通过全区验收2个。全年开展社区康复员培训47名,开展社区成人肢体康复训练140人次,社区残疾儿童、少年康复训练180人、家长培训209人次。

【残疾人教育】

落实扶残助学政策,不让1名残疾学生因贫失学,为学前教育残疾儿童23名发放补助资金2.3万元,为义务教育235名(就读中小学)残疾学生发放补助资金9.4万元,为高中残疾学生22名发放补助资金1.76万元,为大中专残疾人学生及残疾家庭大中专学生42名发放补助资金13.2万元。

【职业技能培训】

提高残疾人职业技能水平,帮助残疾人掌

握科技致富本领,鼓励残疾人自主创业、自谋职业,促进残疾人脱贫致富。政府购买残疾人职业技能培训服务,制定《平罗县残联购买残疾人职业技能培训服务方案》,

规范化盲人按摩为残疾人义务按摩

举办残疾人计算机培训班两期,培训残疾人45人,提高残疾人掌握操作计算机水平;参加市残联淘宝"云客服"残疾人培训班43人,经过培训取得上岗工号许可残疾人22人,参加区市盲人按摩培训班视力残疾人3人,推进盲人按摩店规范化建设,统一全县6家盲人按摩店门牌、制度、价目表、消毒柜、床单、按摩巾,提高盲人按摩店市场竞争力。打造残疾人规范化就业机构,规范残疾人职业指导、职业能力评估等服务,提升残疾人就业服务能力。调动残疾人创业积极性,为残疾人个体工商户101名补贴养老保险22.95万元,为残疾人42名个体创业户补助资金8.4万元。由农业技术专家对种植扶持户335户开展油葵、玉米种植技术及病虫害预防等农村实用技术培训。

【征缴就业保障金】

落实《残疾人就业条例》,宣传《残疾人保障法》,依法征缴残疾人就业保障金,审核征缴数额,企、事业单位800家缴纳残疾人就业保障金500.86万元,为残疾人工作提供资金保障。

【社会保障】

按照"两项补贴"办法要求,对申报"两项补贴"残疾人严格审核,全年发放补贴资金649.55万元,其中困难残疾人生活补贴2679人、重度残疾人护理补贴3461人。投入资金1.56万元,对移民村贫困残疾人30户每户发放应急取暖煤1.5吨;争取资金5万元,为贫困残疾人家庭100户发放取暖补贴;争取宁夏大地循环发展股份有限公司"大地之春"慰问金12.55万元,对生态移民红瑞村残疾人251户实施全覆盖慰问。全县投入资金47.7万元,慰问困难残疾人1004人次。在建党95周年活动中,为残疾党员41名送去慰问金8200元。全县0~14岁儿童720名获得区福利基金会蜜儿餐720袋,实施骨关节患者手术6例,救助30万元。推进政府购买服务。购买残疾人职业技能培训服务,由石嘴山市联合大学对残疾人52名开展计算机技能培训。政府购买阳光家园残疾人日间照料服务,由宁夏平和物业服务有限公司为残疾人120名提供日间照料及家政服务;政府购买残疾人无障碍设施改造服务,由衡水福康达康复器材制造公司,为43户贫困残疾人家庭实施无障碍改造服务。建设残疾人托养中心,争取国家项目建设资金

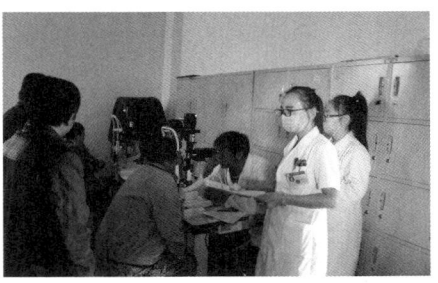
平罗县海勇医院为视力障碍者检查眼疾病试配辅助器具

584万元,地方配套金217万元,总占地面积1.74公顷,建筑面积2667平方米,可容纳寄宿托养床位120张。头闸镇、黄渠桥镇、姚伏镇民办残疾人托养机构从事托养服务。

【扶贫工作】

打造宁夏绿春种业有限公司残疾人就业基

地,扶持102户残疾人调整种植结构13.6公顷,给残疾人提供优质油葵、玉米原种,与残疾人签订高于市场价格回收订单。加快残疾人扶贫攻坚步伐。完善"公司+残疾人+订单"扶贫模式,将整体扶贫与精准脱贫相结合,投入资金19.12万元,依托平罗县绿春种业、平罗县兴隆种业有限公司扶贫基地,对残疾人家庭及适合种植扶持建档立卡贫困残疾人335户实施种植扶贫,每户发放油葵原种1.6公斤、优质玉米种5.5公斤、化肥2袋,签订高于市场价回购协议,减轻残疾人家庭农业生产成本。兑现"助残扶贫·奶牛托养"工程扶贫收益金,为参与"助残扶贫·奶牛托养"工程的农村残疾人140户发放收益金28万元,提高农村残疾妇女家庭经济收入,改善农村贫困残疾妇女生活状况。与农业化企业、合作社和工业企业对接,动员企业吸纳残疾人就业。绿春种业有限公司、盛夏文化产业有限公司吸收残疾人就业32人。建档立卡贫困残疾人就近或外出务工23人。实施产业脱贫计划,投入资金17.8万元,在建档立卡残疾户中开展"脱贫攻坚·百户千羊"工程,为建档立卡残疾户90户发放基础母羊295只,推进贫困残疾人精准扶贫、精准脱贫步伐。开展帮扶解困工作,将贫困残疾人631名纳入最低生活低保障、特惠政策及种植扶贫等保障范围,帮助残疾人增加家庭收入。为残疾人176户贷款贴息资金25.19万元,为4个基地补助贴息资金10万元。

平罗县"助残扶贫·奶牛托养"工程

【残疾人维权】 举办庆祝第二十六次全国助残日暨全县首届自强自立模范颁奖晚会,演出以"关爱孤残儿童,让爱洒满人间"为主题的文艺节目,表彰奖励自强自立残疾人模范56人,发放奖励资金5.6万元;现场由创维集团为贫困残疾人10人、残疾人康复托养机构3家捐赠创维牌全自动洗衣机13台,捐赠公益补贴卡1万张,惠及残疾人73人,优惠资金2.92万元。开辟残疾人便捷服务窗口,创新残联门户网站建设,开展残疾人政策宣传,宣传残疾人自强模范、扶残助残先进集体,自治区残联网站采用85篇,石嘴山日报采用15篇,宁夏残疾人工作要情采用4篇,县委要情周报采用2篇。

县残联组织移民村残疾人参加就业洽谈

加强残疾人信访、维权工作,做好信访接待和调查处理,及时将矛盾化解在基层,消除在萌芽状态。全年接待来访残疾人16人,协调解决各类问题7件,做到"事事有落实,件件有回应";开展残疾人法律服务,协调县司法局法律援助中心,为残疾人9人提供法律服务,办理残疾人法律援助案件4件。落实残疾人燃油补助政策,为残疾人1260人发放燃油补助32.7万元。简化残疾人证办证程序,对部分行动不便残疾人上门办证服务,全年新办残疾人证603名。开展"残疾人文化进社区"活动,丰富基层群众性残疾人文化、体育健身活动,引导残疾人因地制宜参加健身活动。鼓励扶持残疾人参加工艺、美术、书画、摄影等艺术创作活动。组织残疾人25人参加全市"缘来在这里"相亲活动,拓宽残疾人交友相亲渠道。

【组织建设】

健全协会组织建设。夯实残疾人工作组织基础,发挥组织服务作用,提高残疾人组织服务水平,强化残疾人"五大"专门协会建设,配备协会正副主席。残疾人协会主席10人参加残联远程网络培训,提高协会人员素质。完善县、乡、村(社区)三级残疾人工作网络体系,提高残疾人专职委员待遇。加强基层残疾人工作者业务培训,乡镇残疾人专职委员14人及社区残疾人联络员16人参加中残联远程网络培训,基层残疾人工作人员30人和机关工作人员7人通过全国就业清华大学指导员学习,取得合格证书。建立残疾人专职委员绩效考评评价机制,调动残疾人专职委员工作积极性。更新残疾人基本服务状况和需求信息数据动态,专职委员15人、村社区信息采集员165人,入户调查率96.80%,为残疾人工作提供数据支撑。

平罗县归国华侨联合会

【概况】

2016年,学习贯彻中共十八大及中央统战部和区市侨联会议精神,充分发挥侨联桥梁纽带作用,在联接侨心、凝聚侨智、发挥侨力、为侨服务等方面做出努力,开创侨联工作新局面,为县域经济和社会发展做出新的贡献。

【学习教育】

参加市侨联、县政协和县委统战部组织召开的集体学习,参加县委统战部组织"两学一做"学习教育,组织侨联委员集中学习和自学,学习中共统一战线政策、侨法知识、中共十八届六中全会和习总书记重要讲话精神。参加县政协组织的委员培训班和县委统战部组织党外干部培训班,提高思想觉悟、理论水平和参政议政能力。充分领会中共十八届六中全会精神,做好统一战线工作,带领归侨侨眷与党同心同行,为平罗县经济社会又快又好发展献策出力。

【参加活动】

侨联成员参加县委统战部组织的各项活动。与各民主党派、人民团体一同参加扶贫帮困活动、统战系统运动会和文艺比赛活动,运动会上个人项目取得多个好名次,侨台联队夺得统战系统运动会拔河项目第一名,增强交流,增进友谊。

【参政议政】

履行委员职责,建言献策,发挥参政议政作用。提出《关于建立英雄模范人物纪念碑(馆)的建议》《关于制定规划,采取有效措施,治理水资源、土壤、农产品和副食品污染的建议等》等10项提案。其中《对平罗县职业教育发展的思考和建议》被列为县政协大会交流发言材料。县侨联主席余凤强分别被石嘴山市侨联和县委统战部表彰为"提案先进个人"。

【联欢联谊】

春节前,市、县侨联,县委统战部分别慰问侨联干部和生活困难侨眷,送去党和政府的关怀和温暖。9月中旬,为迎接中秋和国庆双节来临,县侨联与台联组织26名侨眷和台属到青铜峡市中华黄河坛和永宁县中华回乡文化风情园参观学习,重温中华民族和宁夏回族发展历史,了解历代仁人志士为民族解放、中华振兴而浴血奋斗可歌可泣英雄事迹,增强侨眷台属对伟大祖国的热爱和赞美之情。12月,县侨联接收爱国华侨魏基成夫妇捐赠10件棉衣,慰问贫困侨眷。

台湾同胞联谊会平罗县小组

【概况】

2016年,在市台联和县委统战部领导下,县台联小组按照《2016年全县统战工作要点》要求,努力完成各项工作任务,在服务台胞台属、建言献策等方面发挥作用。

【思想教育】

参加县政协、县委统战部组织的集体学习,主要学习中共十八大,十八届三中、四中、五中、六中全会精神,习近平总书记一系列讲话精神,《中国共产党统一战线工作条例(试行)》,中央统战会议精神以及区、市、县党委统战工作会议精神等党的统一战线政策,为台联小组做好统一战线工作奠定基础。强化思想、统一认识,领会十八大精神,带领台胞台属与党同心同行,为平罗县经济社会又快又好发展献策出力。

【联谊活动】

1月13日,参加县委统战部举办平罗县统战系统单位文体活动,运动会和文艺演出均取得名次,展示台联小组代表风采,加强同各民主党派交流,增进友谊。2月18日,参加全县统战工作会议。2月20日,参加县统战部党支部"三严三实"专题民主生活会。3月31日,参加县委统战部2015年效能目标考核总结表彰会。9月19—26日,参加全国台联在贵阳举办"2016年全国台联系统专职干部暨优秀中青年台胞培训班"。10月9日,参加全市台联、侨联观摩活动,到宁夏宁羊农牧集团股份有限公司、宁夏大地轮胎生产线参观。11月22日,参加由县委组织部、统战部举办全县统战系统党的十八届六中全会精神培训班。11月24日,列席市台联理事(扩大)会议。12月6日,参加县委统战部举办平罗县统战系统第四届体育运动会,拔河比赛获得第一名。

【参政议政】

参加政协平罗县第十届委员会第四次会议,撰写《推动我县经济转型 突出第三产业发展的思考和建议》在大会交流发言。参加县政协办组织对县交通局工作民主评议监督,实地观摩县交通局道路项目实施情况,召开座谈,参加测评。参加政协平罗县第十一届委员会第一次会议,撰写《关于推动全县旅游业发展的建议与思考》并在大会书面交流。撰写提案《关于在平罗县实施义务教育阶段农村学校学生"营养早餐计划"的提案》,上报县政协办。

【自身活动】

春节前,市委、县委统战部,以及市、县台联小组分别慰问台联小组成员和生活困难台属,送去党和政府的关怀和温暖。为迎接中秋和国庆双节来临,县台联小组、侨联联合组织20名侨眷和台属到宁夏黄河坛、回乡文化园一日游活动,增强对家乡的热爱和赞美之情。

平罗县无党派知识分子联谊会

【概况】

2016年,平罗县无党派知识分子联谊会在县委领导和统战部关心支持下,发挥职能优势,开展联谊交友、凝聚人心、参政议政等各项工作,为县域经济社会发展做出积极贡献。

【主题教育和培训】

学习中共十八大、十八届五中、六中全会，以及区、县统战工作会议精神，理解精神实质和科学内涵，提高思想政治素质，确保会员拥护中国共产党的领导，真诚与党合作，具有良好政治把握力。选派会员参加区、市、县统战部举办党外代表人士培训班、形势报告会、专题辅导班等。组织会员赴汉中、同心、固原等地学习考察，接受爱国主义和革命传统教育，拓宽视野、增长知识，增强政治鉴别力。

【建言献策】

发挥联谊会会员智力密集、联系广泛优势，引导无党派人士围绕跨越发展和全面建设小康社会建言献策。针对群众关心热点难点问题、围绕民生问题以及影响稳定、影响发展问题，在乡镇、社区、企业开展调研，撰写调研报告，促进政府相关工作开展。对全县重点工程项目等专题调研4次。发挥参政议政作用。会员中担任市、县政协委员10名，担任市、县人大代表2名。参加县委统战部召开民主党派、工商联负责人双月座谈会等，提出诸多建设性意见和建议，为党委政府决策提供依据。成立"专题议政"课题组，确定每位副会长分别为相关课题组组长，明确具体调研人员。在市、县"两会"期间，调动广大会员参政议政热情，会中提出提案和议案，会后做好跟踪落实，在市、县两会上立案提案5件。

【社会实践】

发挥自身优势，动员会员积极行动，履行社会职责，感恩回报社会，践行"同心"理念，开展"同心"行动。开展"送科技、送医药、送法律"活动，联谊会与市知联会联系，联合组织会员中医疗卫生人员，赴红翔村、宝丰村开展送医送药义诊活动。在农村为农户提供技术服务和咨询110余人次，发送科技资料1500余份，送医送药5次，受益人数5000人次。元旦、春节期间，发动会员捐资5000元，购米面油，慰问困难群众5户。到头闸中心敬老院、石嘴山市阳光启智中心学校开展慰问活动，送去羊肉、米、面、油、衣服、牛奶、儿童玩具等生活用品。

【自身建设】

做好新会员考察和发展工作，注重推荐优秀人才，严把素质关，推荐考察新会员2名。加大会员培训力度，安排5人次参加区、市、县党委统战部培训学习。加强宣传工作，每项活动结束后，及时将工作动态以信息简讯方式上报区、市、县委统战部，被县委统战部评为信息先进单位。拓宽会员交流，在元旦、春节、三八、国庆节等重大节日，开展联系联谊活动，建立会员微信群、统战党派之家微信群，通过微信平台交流新时期加强自身建设、参政议政、社会服务等方面工作和体会，增进会员凝聚力。坚持送温暖活动，春节、古尔邦节及教师节前走访慰问会员，探望患病住院会员，增进会员之间感情。组织会员参加县委统战部举办民主党派冬季运动会拔河、乒乓球、投篮等项目比赛，获得好成绩。

司法·公安

审 判

【概况】

自2013年第十六届人大一次会议以来，围绕"努力让人民群众在每一个司法案件中感受到公平正义"目标，坚持司法为民、公正司法工作主线，履行宪法和法律赋予的职责，解放思想，务实进取，为全县经济发展和社会稳定做出贡献。全院受理各类案件21442件，审执结19800件，结案标的额26.56亿元。其中：2016年受理各类案件8894件，同比上升16.3%；审执结8170件，同比上升29.8%，结案率91.9%。被评为自治区文明单位、石嘴山市"六五"普法先进集体。

【刑事犯罪】

落实宽严相济刑事政策，适用量刑规范化审结案件446件。依法严惩严重刑事犯罪，审结故意伤害、抢劫、强奸等严重暴力犯罪和盗窃、抢夺、诈骗等多发性侵犯财产犯罪案件365件，审结职务犯罪案件31件。严厉打击涉毒犯罪，审结涉毒刑事案件62件。配合煤炭市场整治活动，审结全区首例非法占用农用地案件。依法对335名被告人宣告缓刑，促使服刑人员改过自新。加大刑事附带民事赔偿案件调解力度，调解率98%，调解到位金额2360.13万元。探索轻微刑事案件快速办理机制改革，刑事案件25%运用快速办理机制审结。

【化解民事纠纷】

妥善处理创新改革中的矛盾纠纷，审结首起网络侵权责任纠纷案件。主动应对经济发展新常态，审结金融借款、民间借贷、融资租赁等案件2693件，维护金融市场秩序。审结工程建设、商品房买卖、消费服务纠纷等案件2539件，帮助企业防范法律风险，促进经济稳定增长。审结劳动争议、劳务合同案件1477件，保护农民工合法权益。妥善审结婚姻家庭、赡养、继承纠纷案件1800件。审结人身损害赔偿等权属侵权案件1532件。

平罗法院被确定为全国家事审判试点法院

坚持"调解优先，调判结合"原则，延伸诉讼调解职能，推动人民调解、行政调解、司法调解有效衔接，民商事案件调解撤诉率51.3%。

【处理行政争议】

审查非诉行政执行案件32件，准予执行21件、经协调和解后撤诉10件。对非诉行政执行案件每案召开听证会，听取双方当事人意见。延伸审判职能，针对案件审理中发现普遍性问题和漏洞，为行政执法部门释法、提供咨询，帮助规范法律文书，完善行政管理制度，提出司法建议 13 件。加强行政机关负责人出庭工作，出庭率 97%。

【创新执行机制】

加强执行工作机制改革，建立执行指挥中心，健全"点对点""总对总"网络执行查控系统，查询被执行人财产 10.18 余万次，查询工商登记 215 次，提高执行效率。加大失信惩戒力度，采取公布失信被执行人名单、限制出境、限制高消费、新闻媒体曝光等措施，构建"一处失信、处处受限"的信用惩戒大格局。对 801 个自然人和 54 个组织被纳入失信被执行人名单，对被执行人起到敦促和震慑作用。开展"一打三反"专项行动，审结拒不执行判决、裁定犯罪案件 8 件 8 人，执行工作基本实现良性循环。

【涉诉信访改革】

推进矛盾问题排查化解，开展远程视频接访工作，减少进京上访，减轻当事人诉累。每月编发《立案信访动态》，完善接访机制，班子成员轮流到县联合接访室和院信访接待室接访。通过定期接访、带案下访、包案化解等措施，推动疑难复杂信访案件化解，四年接待来信来访 7563 人次，化解涉诉信访案件 59 件。

【立案登记制度改革】

从 2015 年 5 月 1 日起，全面推行立案登记制度。开通"12368"诉讼服务热线，完善诉讼费缴费"快捷支付通道"，一次性告知需要补正内容、期限，解决"立案难"，当场立案率 99.2%。拓展诉讼服务平台，设立律师工作室和诉前调解室，加强窗口立案与电话预约立案、巡回立案有效衔接，为群众提供法律咨询、风险告知、诉讼指导、案件查询、诉前调解等"一站式"和"全方位"诉讼服务。

【审判机制改革】

把握"让审理者裁判，由裁判者负责"总体要求，全面落实合议庭和主审法官办案责任制。遴选首批员额制法官 39 人，全院政法编制 35%。修订《审判委员会议事规则》和《裁判文书审签流程》，限缩审判委员会讨论案件范围，审判委员会讨论决定案件同比下降 82.4%，占结案总数 0.6%，案件由合议庭和主审法官依法裁决 99.4%。院、庭长主审案件占结案总数 36.1%，实现办案常态化。

【繁简分流制度】

制定《平罗县人民法院小额诉讼程序适用规范》，对诉讼标的额 1 万元以下、符合条件的案件适用小额诉讼程序快审快结，审结小额诉讼案件 206 件。扩大民事、刑事简易程序适用范围，加快办案流程，缩短审理时间。适用简易程序审结案件 9237 件，占全部案件 76.1%。

【多元解纷机制】

在村、社区建立法官工作室和便民诉讼联系点，法官接待群众咨询 1240 余次，走访群众 1870 余人次，调处矛盾纠纷 297 起。探索、创新巡回审判方式，依托"便民服务流动法庭车"，在田间地头就地审判、现场调解，巡回审判案件 724 件。经验做法被《人民法院报》《宁夏法治报》等新闻媒体专版报道。发挥"全国家事审判改革试点法院"作用，推进家事审判方式和工作机制改革试点各项工作，建立"家事审判庭"，开辟"妇女儿童维权绿色通道"，运用"离婚 100 问"，在使用问卷处理 552 件案件中，52 件调解和好，94 件经调解撤回起诉。被评为石嘴山市维护妇女儿童权益工作先进集体。

【拓展司法公开领域】

推进"三大公开平台"建设，全面实现立案、庭审、执行、听证、裁判文书及审务公开，审判流程公开率100%。在官方网站、微博、微信等媒体平台及室外大屏幕发布审判执行信息810条。推进裁判文书上网，除依法不公开的案件，所有生效裁判文书全部上传至中国裁判文书网，网上公开裁判文书7080份。主动召开新闻发布会、通报会，参与电视、广播法治节目，举行法院开放日43次，邀请机关干部、中小学生、社会群众等旁听典型案件审理73件。

【服务型窗口】

推进立案大厅和5个基层法庭服务型窗口建设"提档升级"，建设设置科学、功能完善、布局合理的诉讼服务中心。结合基层法庭特点，加强法庭文化建设，打造亮点品牌，全面提升窗口服务品质。

石嘴山政法机关领导干部观摩平罗县法院窗口单位建设情况

加强司法救助，对经济确有困难747名当事人缓、减、免交诉讼费60.59万元。将刑事案件受害人、道路交通事故受害人及老、弱、病、残申请执行人作为重点救助对象，依法为109名救助对象发放救助资金214.16万元。

【服务辖区旅游发展】

全区首个旅游景区巡回法庭——沙湖景区巡回法庭成立，建立"电话、接访、巡回、上门"等多种途径快速立案机制和"导诉、立案、调解、执行"一站式便民服务机制，开展法制宣传、法律咨询、诉前调解等工作。审结旅游纠纷案件17件，提供法律咨询450余人次。

【保障农村改革】

出台《关于为平罗县农村改革提供司法保障和法律服务的若干意见》，提出21条具体保障意见。农村产权流转交易案件合议庭成立，在平罗县农村改革服务中心设立法官工作室。联合司法行政、国土、人民调解委员会和农村土地纠纷联合调委会等部门分流调处土地纠纷120起，形成双向互动良好局面。

【监督联络】

邀请人大代表、政协委员参加"七个一"活动和法院开放日，就重点工作进行专题汇报。定期走访代表、委员，邀请代表、委员视察法院工作、旁听庭审130余人次，让代表委员全方位了解法院工作。依法接受检察机关法律监督，加强协调配合，共同维护司法权威。坚持有错必究原则，完善内部监督制约机制，增强对审判权力约束和制衡。受理再审审查和审判监督案件46件，审结45件。

【基层基础保障】

新建、改建数字化法庭14个，实现数字化法庭全覆盖。建设数字化审委会系统，讨论案件全部实现数字化。建立庭审直播、电子签章、公文网络流转、案件流程管理等信息技术平台，投入使用便携式数字法庭系统、执行单兵和车载系统，完善法院内外网、滚动显示屏、触摸屏、案件查询系统，拓展审判管理综合系统和信息化应用，实现办案智能化、管理科学化。新建安检大厅，提升法警处置突发事件和安全保障能力。完善"五小法庭"基础配套设施，新建头闸法庭和陶乐法庭,基层法庭全部配备便民服务流动法庭车,改善办案办公条件。

链接

七个一批:集中公布曝光一批、集中限制消费一批、集中网络拍卖一批、集中司法拘留一批、集中追究拒执罪一批、集中司法救助一批、集中执结一批。

点对点:平罗县人民法院对被执行人在地区银行总行、支行所开账户进行查控。

总对总:平罗县人民法院对被执行人在全国各个银行所开账户进行查控。

一打三反:打击拒执罪,反规避执行、反消极执行、反干预执行。

检 察

【概况】

2016年,围绕工作目标,以深入开展"两学一做"学习教育为重心,以开展"纪律作风提升年"活动为抓手,全面推进检察监督工作,在服务大局、业务建设、队伍管理等方面均取得成效。被石嘴山市委、政府命名为全市"六五"普法先进单位;被石嘴山市人民检察院评为2016年度基层检察院队伍建设工作先进集体;检务大厅被自治区党委政法委员会命名为服务型窗口建设先进单位。

【惩防并举】

查处发生在群众身边、损害群众利益职务犯罪案件。受理涉农、卫生、教育等领域贪污贿赂案件线索11件13人,立案侦查8件9人,侦查终结9件10人,移送起诉10人,有罪判决7人。受理渎职侵权案件线索1件,进行初查;上年办理1件案件作有罪判决(判处3年6个月有期徒刑),进入二审程序。深化职务犯罪预防工作,开展"扶贫领域职务犯罪预防"和"黄河宁夏段二期防洪工程预防"两个专项预防活动,通过签订工作方案、检查专项资金使用情况、制发检察建议等多种形式,做好预防工作。结合执法办案,撰写职务犯罪案例分析8件,预防调查6件,发出检察建议6份,在卫计局、扶贫办、红崖子乡、头闸镇、姚伏镇5个单位推动建立和完善制度28项。在财政、国土、水利等部门及部分乡镇开展警示教育活动47次。

机关干部参观检察院警示教育基地

【宽严相济】

受理审查逮捕案件111件143人,经审查批准逮捕90件111人,不批捕27人;受理移送审查起诉256件341人,经审查提起公诉243件330人,不起诉9件11人。以创建"全国文明接待室"为抓手,规范控告申诉和涉诉信访接待。受理群众信访43件,办理刑事申诉案件8件,国家赔偿案件1件(臧利案),办理市院交办行政赔偿监督案件1件(李文芳案)。完善检察长接访、下访巡访、涉法涉诉联合接访等制度,参与接访74次,接待群众40人次。开展矛盾纠纷排查化解专项行动,化解1起缠访长达10年信访积案(徐长胜案)。加大普法宣传力度。每月安排1名业务骨干参与石嘴山综合广播电台《以案说法》节目直播。开展举报宣传周等活动13次。

【法律监督】

强化刑事诉讼监督。在县公安局设立检察

官监督办公室,形成介入监督长效机制,受理公安机关应当立案而不立案案件6件,不应当立案而立案案件9件。监督撤案17人,纠正漏捕10人,发出纠正违法通知书8份。开展漏犯诉讼监督专项工作,纠正漏诉12人,判决10人。严格掌握抗诉标准,对认为确有错误刑事裁判提出抗诉2件4人,其中1件1人法院采纳抗诉意见,1件3人进行审理。加强民事行政检察监督。以"基层民事行政检察工作推进年"专项活动为契机,夯实民行工作基础。开展人民法院审判程序、民事执行以及行政执法专项监督活动,办理各类民事行政监督案件99件,其中,办理执行监督案件43件,审判监督案件14件,督促履行职责案件36件,支持起诉6件。发出检察建议83件,收到回复76件。

平罗县检察院检察开放日接待群众来访

【规范执法行为】

建立案件管理部门同业务部门之间情况反馈和督促落实机制。加大个案监管和突出问题治理力度,对在案件管理中发现比较集中、不规范问题,案管办督促业务部门及时纠正。建立常态化司法办案质量和效果评估机制。依托流程监控、信息统计和质量评查,加强对案件办理过程实时监督,及时发现纠正违法违规办案情形。加强数据分析研判、重要信息发布机制建设。每月形成《主要检察工作情况分析》及《业务数据通报》,供干警对比参考学习。

【队伍建设】

加强思想政治教育。落实"两个主体责任",开展"两学一做"学习教育、"纪律作风提升年"等专项活动,通过组织党员干警读原著、学原文和专题研讨、汇报交流,加强检察队伍政治纪律、党规党纪、职业操守教育。加强纪律作风建设。创建月度工作实绩报告制度,通过制度化约束、透明化晾晒和精细化考核,强化人才队伍科学管理。加大对涉案财物管理、警车警具管理、接待来访群众、执行上下班及值班纪律等情况督察力度,全体干警没有违法违纪情况发生。加强执法能力建设。开展观摩庭审、笔录制作、法律文书制作等岗位练兵活动。

县检察院干警讨论分析案情

在全区检察业务竞赛中3名青年干警荣获业务标兵、业务能手等称号。加强人才培养力度。鼓励年轻干警参加继续教育,注重发挥人才引领激励和示范带动作用,坚持破格提拔、大胆使用,选拔青年干警担任中层领导职务4名,任命检察员11名。加强检察文化建设。开展"服务型窗口建设""检察长讲党课""道德讲堂""我们的节日"等活动,从优化服务环境,改进服务作风,强化作风养成,形成长效机制。

【检务公开】

通过邀请视察、观摩庭审、通报检察工作、赠阅检察报刊等联络方式,听取、落实人大代表和政协委员意见建议。依托《平罗检察报》、两微一端、门户网站、举办检察开放日等载体,及时公开检察工作情况。利用电子屏、宣传展板,在各乡镇、机关企事业单位、学校展示检务公开内容,广泛接受监督。推行终结性法律文书互联网公开制度,公开案件程序性信息321条、重要案件信息5条、法律文书150份。推进服务型窗口单位建设,强化服务措施,改进服务质量。

公 安

【概况】

2016年,围绕"平安平罗"建设这一主线,紧扣区、市公安工作主业和县委、政府重大决策部署两个重点,稳步推进基础信息化、警务实战化、执法规范化、队伍正规化"四项建设",提升履职尽责和服务发展能力。平罗县被评为全国"无邪教创建示范县"、全国公安机关"210工程建设"先进集体、全区"扫黄打非"先进集体、全区"六五"普法先进集体、石嘴山市文明单位。

【常态化维稳】

建立常态化反恐应急处突、情报信息搜集、突发事件处置、重点人员管控、信访案件化解、多警联勤联防六项机制,开展反恐应急演练4次,搜集上报情报信息542期,查处非法传教、聚会活动9批39人次,建设反邪教育示范点5处,调处化解矛盾纠纷11946起,处置群体闹访、扬言采取极端行为案事件58起,打击处理闹访滋事人员36名,安保警卫任务57场次,平罗县被评为全国"无邪教创建示范县"。

【打击犯罪】

开展涉毒人员"大收戒"专项行动,查获吸毒人员354人,强制隔离戒毒118人,侦破涉毒刑事案件27.5起,缴获毒品海洛因400克;开展"攻命案、打侵财、反诈骗"等"五大战役",全县刑事案件立案数、侵财案件数、通讯诈骗案件数同比分别下降3.4%、1.5%、15%,破案数提升16.9%、45.7%、60%,破案率提升9.7%、18.4%、11.9%,现发命案4起破4起,完成刑事案件破案数、采取强制措施人数、打击跨区域团伙数、五类侵财犯罪起诉人数、判决人数、"一长四必"等三类9项任务指标。

公安干警在案发现场寻找线索

【防控体系建设】

布建县城街面巡逻、城乡社区警务、城乡一体视频监控、特殊行业人群管控、信息网络防控、公共安全防控"六张网",实施城区"N+X"巡防处警一体化警务机制,新建特色化城乡社区警务室8个,建成在线智能图控点位3360路,智能交通管理系统183处,安装互联网无前端特征采集点位200个,全县13家寄递物流业全部落实"三个100%"指标,50家加油站全部安装散装汽油销售登记系统,56名易肇事肇祸精神病人落实管控措施,受理治安案件2209起,查处黄赌案件

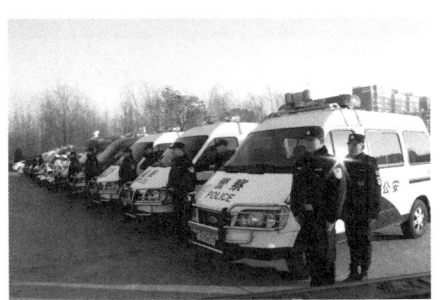
整装待发的平罗公安

74起,查处各类交通违法行为13.5万起,整改各类安全隐患458处,交通事故死亡人数同比减少10人,全县可防性案件下降15%,县局荣获全区"扫黄打非"先进集体,"村警联建"工作在区公安厅做交流发言,全市"一村(社区)一警"社区警务推进会在平罗县召开。

【执法办案体系建设】严格落实案件审核"五级"把关、刑事案件"两统一"等机制,对县局机关、交警大队和8个派出所"两个中心"建设,制定"权责清单"八类324项,个案考评率100%,检察院纠违下降78.9%,98%以上民警取得初级以上执法资格,探索实施执法与法制民警双向跟班学习新机制,县局荣获全区"六五"普法先进集体。

【基础保障】"两实"人口采集录入率68.8%和86.7%,现场勘查率110%,指纹、DNA信息采集率分别104%和121%,利用刑事技术、视频监控破案占比38.9%;组建合成作战室和情报工作委员会,发布各类研判产品434期,合成破获团伙系列案件20余串、310余起;招募21名退伍士兵组建山鹰机动队;

荣获全国公安机关"210工程"建设先进集体

举办各类实战培训19期;采购340兆移动多媒体车载终端9套、接处警车辆6台、摩托车10辆;实施红崖子派出所办公用房、法医解剖室等基建项目,保障室荣获全国公安机关"210工程"建设"先进集体。

【服务管理体系建设】以服务型窗口单位建设为抓手,开展上门、预约服务群众3520余人,异地为群众办理证照2138本,协同劳动

平罗县"交巡合一"警务机制有效运行

监察部门为农民工讨薪3920余万元;推进户籍制度改革,办理城镇户口迁入764人;开通"网上公安局"和"平安平罗"微信公众号,举办警营开放活动25场次;实施四防一体品牌警务室等创意警务工程,筹建开通"96110"民生服务热线平台,群众对公安机关满意度达97.4%。

【队伍管理体系建设】以"两学一做"学习教育暨作风整顿为抓手,组织各类集中学习20场次、党课28场次、警示教育11场次;落实民警调整后警衔津贴、派出所民警伙食补贴,提拔任命正、副科级干部10人,为全局民警协勤购买"双重"意外伤害保险;推进警力下沉,一线执法执勤警力占90%,派出所民警占49%;举办新警入警仪式,启动"我最喜爱的人民警察"评选活动;在各类媒体刊播稿件4634条,县局被评为市级文明单位,有24个集体、94名党员民警立功受奖。

消 防

【概况】2016年,以消防安全大排查,大整治活动及大型活动消防安保为主线,坚持高起点谋划,高质量推进,高标准落实,实现全县火灾形势持

续平稳。

【火灾抢救】

2016年，全县发生火灾636起，直接经济损失25.9万元。同比上年，火灾起数下降19.2%，直接财产损失下降63.9%。消防队接警出动718次（含增援），出动消防车1436辆次，出动人员7180人次，抢救被困人员9人，疏散人员25人，抢救财产价值1576.8万元。

火灾现场

【专项行动】

开展冬春季火灾防控、夏季消防安全检查等专项行动，落实元旦、春节、两会、清明、五一、端午、G20峰会、国庆、中秋等多项消防安全保卫工作任务。检查社会单位1258家次，下发《责令改正通知书》182份，发现并督促整改火灾隐患193处，下发《行政处罚决定书》25份，临时查封单位30家次，罚款18.64万元，办理消防行政审批123项。派出所监督检查出动5921人次，检查单位2889家，发现火灾隐患6处，整改6处，下发《责令改正通知书》3份。提请政府对重大火灾隐患单位2家进行挂牌督办，全部整改完毕。

【整治火灾隐患】

对辖区九类场所排查整治，联合供电局、住建局开展对老旧住宅小区开展电器火灾防范整治；联合商务局、安监局对全县64家易燃易爆危险品场所开展排查整治，隐患单位数11家，全部整改完毕；联合商务局、城关镇对全县集贸市场3家开展排查整治，督促平罗县玉皇阁市场1000平方米以上商家安装简易喷淋装置；联合文广局对全县旅游区3家开展排查整治，督促旅游区建成微型消防站3家；开展"三未工程"排查整治，排查三维工程3处，立案处罚3家，罚款3.7万元；联合农牧局、公安局、城关镇开展城乡结合部可燃原料堆场、彩钢板建筑和"三合一"场所排查整治，排查可燃原料堆场6家，彩钢板建筑7处，火灾隐患得到整改；联合城建局、公安局开展居民区电动车火灾防范工作，排查居民区95个，整改隐患58处，未发生电动车火灾事故。督促重点单位、社区及物业公司建立微型消防站62座，区域联防工作有序开展，单位火灾隐患防范及处置能力明显提升。推广安装独立式感烟探测器193套，简易喷淋装置45套。

【消防安全】

围绕"全民消防"理念，坚持多样化活动平台宣传。开展消防"八进"活动和公益性消防培训工作，发放消防宣传品2万余份，开展公益性消防培训100期，培养消防安全"明白人"1万余人。发展消防微博粉丝500余人、微信关注人群3000余人、短信目标人群5000余人。

整治火灾隐患

【基础设施建设】

对辖区市政消火栓普查2次，专题报政府

争取消火栓维修经费24万,维修消火栓60个,新建消火栓15个,建设率、完好率分别95.5%和100%,建成消防水鹤3座。沙湖旅游区建立专职消防队1座,精细化工基地消防站进行建设。

司法行政

【概况】

2016年,开展"两学一做"学习教育,加强队伍建设,提高整体素质;深化矛盾纠纷机制,开展矛盾纠纷排查;深化社区矫正管理、安置帮教,强化特殊人员稳控监管;深化法治宣传教育,提升全民法治素养;提升法律服务层次,为民服务提质增效,提升规范化建设水平,抓好星级司法所建设,完成年初制定的各项目标任务。

【队伍建设】

开展"两学一做"学习教育和八项规定"回头看",落实党总支理论学习中心组学习制度、"三会一课"制度、干部学习日制度,带动全体党员干部学习;加强党员干部在政治思想、道德品质、廉政勤政、选人用人、生活作风等方面经常性教育,形成和谐团结、干净干事良好风气;加强党员干部党性锻炼,教育干部牢固树立社会主义法治理念,坚定理想信念,弘扬党的优良传统;加强作风养成,加强新形势下干部思想作风、学风、工作作风和生活作风建设,培养顾全大局、勤学善思、作风务实、勤政廉洁、情趣健康干部队伍。

【矛盾纠纷排查】

完善多元化解矛盾纠纷机制,协调公安派出所,建立警、司、民联合调解机制,以平罗县创新"一村一警务"为载体,拓展行政调解、人民调解"大调解"格局,在石嘴山生态经济开发区建立人民调解委员会,配备专职人民调解员,指导企业开展行业性、专业性矛盾问题排查化解工作。对企业人民调解员培训,发挥企业调委会服务民生职能。健全县、乡、村人民调解和司法行政工作网络,把人民调解和司法行政工作触角延伸到村(居),通过完善多元化解机制,采取上门化解、包点化解、部门化解、接访化解、包案化解、引导诉讼等方式,将矛盾问题化解在萌芽,化解在基层,防止矛盾激化,发挥人民调解"第一道防线"作用。全县有人民调解委员会197个、人民调解员906名。全年调处矛盾纠纷3231件,防止群体性上访5起。建立全区首家平罗县婚姻家庭纠纷调解中心等专业性、行业性调解组织6家。聘用专职人民调解员29名,组织各类培训200余场次,发放"以案定补"资金21.85万元。

【矫正管理】

做好矫正人员判前调查评估。根据经常居住地及时分流到各司法所,对社区矫正适用前进行社会调查评估,将评估结果真实地反馈至委托单位;做好社区服刑人员入矫教育。对每一个新接收社区服刑人员开展入矫教育,制作首次谈话笔录,详细告知其在矫正期内应遵守规定,把好入矫关。对6个月以上服刑人员确定担保监督人1名,签订保证人承诺书,发挥监护人、近亲属等监督保证作用,录入信息档案。规范装订服刑人员矫正档案,做到1人1档。为司法所接收人员录入信息打下基础;做好服刑人员和刑满释放人员无缝衔接;杜绝社区服刑人员延迟报到、脱管现象。组织社区服刑人员到石嘴山监狱开展警示教育,通报对矫正态度不端正等问题,警醒社区服刑人员要严格遵守社区矫正相关规定。全年接收委托调查248人,较上年同比增加24%,接收社区矫正人员167人,同比增长25%。发放《社区服刑人员手册》167本、学习笔记146本。全年接收刑满释放人员263人(监所释放146人,社区矫正转安置帮教116人),同比增长0.7%。

【法治宣传教育】

制定《2016年全县普法依法治理工作要点》,抓好"七五"普法规划制定和组织实施,以"法律八进"活动为抓手,整合资源,创新形式,开展法治宣传活动。围绕"依法维护权益,合法表达诉求"法治宣传主题教育实践活动和"守法好公民"推荐评选活动等载体,开展主题宣传周、制作维权电子手册等各类法治宣传教育活动。坚持以领导干部、公职人员、青少年、农民和移民为重点对象,推进学法用法工作。通过平罗县公职人员法治教育基地、城关六小"交通安全暨法治教育示范基地"、城关二小"青少年法治教育基地"、灵沙乡法治之声广播电台等平台,对重点普法教育对象开展法治宣传教育活动50余场次,开展公职人员法治教育讲座3期。创新普法宣传新方法、新途径,协调普法讲师团成员、法治宣传志愿者等力量,结合各项法律法规颁布实施纪念日、"12·4"国家宪法日等重大节假日集中开展各类专题宣传活动300余场次,现场解答法律咨询5000余人次,受教育10.2万余人。以依法治县为契机,增强单位部门依法决策、依法行政、依法执政、依法监督能力,建立县、乡、村(社区)三级联创的依法治县工作格局,推广"民主法治村(居)"创建活动,引导基层自治组织健全村规民约、居民守则等群众自治章程,推进民主选举、民主管理、民主决策、民主监督,完善基层群众自我教育、自我约束、自我管理、自我服务机制。

【星级司法所】

加强基层司法所软、硬件建设,改善服务环境,提高工作人员业务素质和工作能力,便于群众办事和监督,提升司法行政公信力。按照"五化"(组织机构正规化、队伍建设专业化、业务工作效能化、基础设施标准化、所务管理规范化)标准,改扩建新司法所办公场所。指导各司法所参与乡镇综治中心工作,主动承担矛盾纠纷受理登记、排查化解、法治宣传、法律服务和法律援助等职能作用,引导群众通过法律途径理性解决利益诉求。指导人民调解组织开展工作,使司法行政工作和人民调解工作职能发挥最大化,维护社会稳定。督查检查,落实星级司法所"回头看"。通过走访群众、召开座谈会等形式,重点查看五星级司法所在服务人民群众和维护社会稳定等方面模范、示范作用。要求各司法所注重业务工作实效,充分发挥职能作用。全年创建五星级司法所5个(渠口司法所、红崖子司法所、高庄司法所、通伏司法所、头闸司法所)、四星级司法所1个(城关司法所)。

【法律服务】

重视法律援助为民办实事工作,以办实案、办高质量法律援助诉讼案件为标准,严格规范案件立案、受理和指派等办案程序,发挥律师承办法律援助诉讼案件,确保法律援助为民办实事工作落到实处。全年受理法律援助案件575件,免费为群众代写法律文书335份,免费为5700人提供法律咨询服务,为群众挽回经济损失1954万元,免费为群众化解各类矛盾纠纷2479件。办理公证业务1867件,其中国内公证业务1743件,涉外公证业务49件。发挥公证职能作用,围绕精准扶贫工作,开展对困难群众提供免费公证服务。为困难群众628名减免公证费用12万余元,为全县市场经济建设和维护社会稳定提供优质高效的法律服务。

社会管理

政务服务中心

【概况】

2016年,县委、县政府以建设一流服务平台为重要载体,将政务服务中心作为招商引资、加强社会管理先期工程、基础工程优先建设。通过建好政务服务中心,优化政务服务环境,提高政府公信力和诚信度,提升平罗形象,推动招商引资工作。政务服务中心进驻单位27个,窗口工作人员55人。建成涵盖网上办事指南、网上咨询、网上办事、网上监察、网上表格下载等功能的政务公开、网上审批、政务服务、电子监察、政府网站五大服务系统,是全区较为先进、功能齐全电子政务服务大厅。2015年结合"智慧宁夏建设",平罗县被列为自治区政务云平台建设试点县,2016年末实现区市县乡村五级审批联网。

【优化服务】

加强与编办、法制办等部门联动配合,做好国家、区、市取消和下放审批事项对接。精简前置审批,全面清理取消各部门非行政许可审批事项,推行前置审批与项目核准"并联"办理。强化事中事后监管,打造方便快捷、运行有序市场环境。行政许可事项由原来355项精简保留到181项,精简压缩率51%。保留行政确认31项,行政审批13项,其他类服务53项,政务云平台保留事项278项。办理时限由原来6503个工作日压缩到1724个工作日,平均办理承诺时限由原来18.3个工作日,压缩到9.3个工作日,提速50.7%。出台一系列便民工作制度,如双休日预约服务制、延时办结制、限时办结制、一次性告知制、公开承诺制等。规定窗口工作人员必须着装整齐、挂牌上岗、态度热情、耐心细致、文明用语。增强窗口服务意识,规范服务行为,提升服务质量。对进入大厅来办事"老、弱、病、残"人员,设立"无障碍服务绿色通道窗口",对重点工程和招商项目开设全程代办"绿色通道",为推进项目落户、企业入园、项目开工等营造勤廉高效、服务优良的政务服务发展环境。

【多规合一】

根据《自治区人民政府办公厅关于印发〈宁夏回族自治区建设项目多规合一并联审批办法(试行)〉和〈宁夏回族自治区行政审批上下联审联办办法(试行)〉的通知》精神,借鉴银川市行政审批服务局工作经验,由县政务服务中心牵头,会同县发改、住建、国土、水务、环保、工信、商务等部门,

多规合一并联审批协调会

对全县重点建设项目全面清理，再造审批流程、优化审批环节、精简审批材料、压缩审批时限，审批时限由原来169个工作日压缩到84个工作日，时限压缩50.3%，构建"政府统筹、部门协同、信息共享、并联审批、注重监管"项目建设审批管理新机制。县人民政府出台《平罗县建设项目多规合一并联审批试行办法》，对多规合一并联审批工作总体部署，明确相关部门职责、任务、并联审批程序、保障机制和监督管理机制，梳理重点建设项目多规合一并联审批流程图。经政府第七十二次常务会议决议通过，成立平罗县建设项目多规合一并联审批办公室，在政务服务中心大厅设置多规合一并联审批受理窗口，指定专人负责并联审批窗口相关事宜，起草并联审批联系会议制度，形成以服务窗口为主导审批运行、联动新机制。解决"验收难、验收慢"问题，优化审批服务流程，提高审批效率，方便办事群众。

【政务云】

作为自治区"政务云"平台应用试点县，政务服务中心清理清查政务服务及公共服务事项，完善优化事项流程，推进"政务云"应用平台建设工作。将住房城乡建设、环境保护、市场监管、消防等23个部门行政许可事项及服务事项，按照政务云平台建设"三表一图"要求，对电子政务平台上的审批事项、办理

2016年5月26日，召开平罗县建设项目多规合一并联审批暨政务云平台推进会

条件、法律依据、办事流程、岗位设置、人员职责、表格规范、承诺时限等梳理优化，做到科学规范、流程畅通。按照工作进程，对事项信息录入、窗口受理人员和后台审批人员网上审批系统应用培训，召开"政务云"应用平台启动会议，除审批权在自治区、市级和受场地限制事项外，其余行政许可、行政确认和便民服务事项均进入"政务云"应用平台办理受理。

【云惠宁夏·服务城乡】

以"云惠宁夏·服务城乡"为统领，以"政务云"推广应用为抓手，聚焦政务民生云应用深化普及、政务数据开放共享、信息经济提升发展领域，按照打造基层政务服务一张信息网络、一套应用系统、一个便民窗口、一支服务队伍和一套保障制度

平罗县姚伏镇民生服务中心办事大厅

"五个一"要求，依据权力清单、责任清单和相关法律法规，梳理制定27项基层政务服务事项，制定全县统一标准化模板，明确事项办理主体、流程及时限等内容。完善优化"政务云"服务功能，实现服务事项网上统一受理、查询、反馈、办理、监督和全程短讯告知。形成覆盖全县各乡镇、100个行政村政务服务体系，让信息为群众提供便捷服务，实现"数据多跑路，群众少跑路"。建设基层政务服务便民窗口，按照有机构、有牌子、有设备、有经费要求，为13个乡镇、行政村100个配置高拍仪126台、证照打印机20台，县乡村网络贯通、设备全部安装到位、人员

实操培训结束，11月初，平台进入试运行阶段。高质量打造标识统一、职能明确100个村级为民办事全程代办点，规范化建设率100%。村（社区）为民办事全程代办点建设率95%，全部免费提供代办服务。打造优秀的基层政务服务队伍，各乡镇民生服务中心及各试点行政村根据基层政务服务事项确定岗位和职责配备工作人员，承担数据录入、信息审核、业务办理、事项监督等工作。行政村服务窗口工作人员由妇女主任、报账员或大学生村官兼任，具备相应文化程度、熟悉计算机操作、会使用全区电子"政务云"平台，使城乡居民感受到"政务云"平台带来实惠。

【服务方式】

结合行政审批体制改革，做好政务服务标准化建设工作。通过政务服务系统、电子监察系统、平台管理系统等子系统，构建"五个一"标准（受理一站式、审批一条龙、收费一窗口、监管一体化、评价一系统）政务服务体系，按照"窗口受理、后台复核、内部传递、限时办理、窗口出件"程序，促使政务服务阳光化。出台窗口标准化建设工作手册，建立健全审批事项"八公开"办理制、首问负责制、一次性告知制、限时办结制等制度。建立健全窗口工作人员选派、轮换、考勤、学习培训、保密工作、党风廉政建设等制度，结合巩固"三创"工作，中心窗口标准化成效明显，办公设备管理维护、计算机网络及设备管理、物品摆放及卫生保洁、节能管理等制度健全并落实到位。

信访督办

【概况】

2016年，以"五无"创建为抓手，以加强信访规范化建设为目标，畅通信访渠道，依法规范信访秩序，及时调处各类矛盾纠纷，解决群众合理诉求，将大量信访问题消除在萌芽，化解在基层，办结在县内。信访工作保持信访总量、集体上访、信访积案、进京非访连续下降，信访秩序明显好转的"四下降一好转"态势。平罗县信访工作在全市考核第一名，在全区考核第三名，位居全区川区县（区）第一名，获得石嘴山市先进基层党组织、自治区维护妇女儿童权益先进集体、2015年度全区信访工作先进单位荣誉称号。

【非正常上访】

截至12月底，全县非正常上访6批10人次，其中"三跨三分离"、涉法涉诉类问题5批9人次，较上年同期（9批12人次），批次、人次分别下降33.3%、16.7%。

【越级上访】

截至12月底，发生赴银上访20批65人次，较上年同期（15批134人次）批次上升33%，人次下降51%；到石嘴山市上访28批228人次，较上年同期（44批773人次）批次、人次分别下降36%、71%；群众依法逐级走访率92.5%，未发生50人（含50人）以上到自治区、市党委、政府集体上访。

【化解积案】

经梳理整理确定信访积案72件（自治区督办8件，市级交办2件，市级领导包案6件，县级领导包案18件），实行县乡（部门）领导包案化解，年底全部化解，化解率100%，实现信访积案"清仓见底"目标。

【来信来访】

截至12月底，接待群众来信来访、网上投诉987件3834人次（初信初访917件3332人次，占信访总量的92.9%），其中，来访597件3219人次，集体访180批2503人次，占来访总量30%和77.8%，来访总量与上年同比，批次下降45.3%，人次下降57.7%。信访事项受理率、按期办结率100%，群众参评率67.25%，满意率95.25%。

【主体责任】

县委、人大、政府、政协将信访工作列入重要议事日程，多次召开会议听取信访工作汇报，研究安排、部署、调研信访工作；县四套班子领导亲自批阅群众来信，每周一、三、五到信访接待大厅接待来访群众，领导干部面对面听取信访群众诉求，帮助群众排忧解难，解决实际困难。全年开展县级领导信访接待大厅坐班接访92批次，接待来访群众107批643人次。强化信访工作考核，制定下发《平罗县2016年度信访工作责任目标管理考核细则》，对全县13个乡（镇）、31个部门信访工作考核赋分，奖罚分明，压实信访工作主体责任。在全县13个乡镇、31个部门、144个行政村、20个社区创新开展信访工作"五无"（无进京非正常上访、无进京越级上访、无20人以上到自治区、市、县党委、政府集体上访、无初信初访转为信访积案、无因信访问题引发极端恶性事件或群体性事件）乡镇、部门、无上访村（社区）创建活动，创建达标"五无"乡镇2个、"五无"部门8个、无访村61个、无访社区8个。

【基础设施】

加强县级信访投诉受理网络平台建设，实现网上受理流转、网下转办督办、网上解答化解信息化工作机制。信访人可对办理结果查询评价，方便信访群众，提高信访事项办理效率。为全县13个乡镇、15个县直部门信访接待室统一购置电脑、打(复)印机、扫描仪、单兵执法仪等硬件设施，安装红外半球及拾音器等监控设备，上访、处访可全程同步录音录像，信访秩序得到"双向规范"，实现工作范围、工作形式、工作过程"三个全覆盖"，确保组织、人员、经费、措施"四到位"，达到"纵向贯通，横向互联"建设要求。

【信访程序】

信访接待大厅设置"信访文化长廊"和"政策宣传台"，制作《信访人须知》《信访接待服务指南》《依法逐级走访流程图》《依法信访知识漫画》口袋书等各种漫画折页3万余册；制做网上信访办理流程小围裙5000余份，鼠标垫2000余份，让网上信访办理程序快速"走进"千家万户。编制印发《平罗县信访事项规范化建设资料文本汇编》，对信访事项受理办理、信息录入、转送交办、督查督办、考核评估等程序流程进行规范，确保信访事项有来有回、即来即办，杜绝"石沉大海"。按照"法定途径优先"原则，推动分类处理信访投诉请求工作，设立律师接待窗口及涉法涉诉信访接访室，建立"专案陪访"制度，推行信访听证、律师介入信访、信访代理制等做法，召开信访听证会，树立依法维权、依法信访正确导向。全年依法处置违法信访行为128人次，其中，追究刑事责任1人，拘留32人，训诫79人，警告16人，维护信访秩序，坚守信访工作底线。

【完善机制】

建立健全人民意见征集、重大决策社会稳定风险评估、信访工作责任追究、信访听证、信访工作目标管理、领导包案、接访时限责任追究、信访材料归档立案等20多项工作制度；实施"联合接访制""县级领导联系乡镇"等工作机制。自8月起，每期3个月分别从3个乡镇领导班子成员中各抽调1名副科级领导干部到县信访接待大厅接访,通过县级搭台,联合接访,提高乡镇领导及干部接待信访群众、应对风险隐患、驾驭复杂局面和解决疑难问题能力。发挥乡镇、部门、村队、社区预防和化解信访问题"前沿阵地"作用,坚持每月开展矛盾问题排查化解,按照"三抓"(抓重点人员、抓重点部门、抓重大节假日)工作法,落实情报信息每日汇集、每周分析、每月研判和重要敏感期"一日一分析研判"制度,及时跟进处置,最大限度地把问题解决在基层,把人员稳控在属地。

机构编制

【概况】

2016年,围绕和服务全县经济社会发展,以深化改革为主线,强化服务意识,将改革、服务、管理贯穿工作始终,简政放权,加快推进政府职能转变,推进事业单位分类改革和重点领域改革,严格控制和优化配置编制资源,为全县经济社会发展提供体制机制保障。

【机构编制】

截至年末,全县行政机构61个,事业单位206个。机构变化情况为:平罗县纪检监察机关由办公室、党风政风监督室、第一纪检监察室(案件监督管理室)、第二纪检监察室、案件审理室5个职能室调整为办公室(宣教政研室)、党风政风监督室、案件监督管理室(信访室)、纪检监察一室、纪检监察二室、案件审理室6个职能室;平罗县人民政府办公室加挂平罗县人民政府督查室牌子;平罗县法院、检察院上划自治区管理;新设立平罗县网络安全和信息化办公室;撤销平罗县信息中心。

截至年末,自治区核定平罗县行政事业编制7050名(含59名聘用编制),较上年7268名(含聘用编制63人)减少218名(其中法院、检察院上划自治区管理编制减少190人)。实有行政事业人员6416名(含54人占聘用编制人员),较上年6232名(含占聘用编制人员58人)增加184人。其中:行政编制855名(县直机关560人,乡镇机关295人),实有人员777人(县直机关526人,乡镇机关251人);政法专项编制355人,较上年减少178名(法院、检察院上划减少),实有人员317人,较上年491名减少174人;事业编制5840名(全额预算事业编制4723名,定额补助事业编制916名,自收自支事业编制142,聘用编制59),较上年5880名(全额预算事业编制4717名,定额补助事业编制916名,自收自支事业编制184名,聘用编制63名)减少40人,实有人员5322人(全额预算事业编制4437人,定额补助事业编制723人,自收自支事业编制108人,聘用编制人员54人),较上年4990名(全额预算事业编制4111名,定额补助事业编制710人,自收自支事业编制111人,聘用编制人员58人)增加332人。

【行政审批改革】

执行国家、自治区、市关于行政审批事项目录管理办法和实施细则,对下放事项做好承接落实,对保留实施的行政审批事项规范完善,进行动态调整。对涉及平罗县180项行政审批事项进行清单管理,制作行政审批事项目录。按照《国务院关于第二批取消152项中央指定地方实施行政审批事项的决定》文件精神,印发《关于落实国务院取消行政审批事项工作通知》，取消行政审批事项16项，督促各相关部门做好取消行政审批事项落实工作，取消事项全部停止实施，并加强事中事后监管。贯彻落实自治区、市有关精神，印发《县人民政府办公室关于对行政审批制度改革进行阶段性"回头看"的通知》。对自治区、市下放行政审批事项情况进行评估，梳理存在问题的事项，制作《取消行政审批事项情况表》，对应下放未下放8项行政审批事项与自治区、市相关部门对接，及时做好下放和对接工作，对取消事项进行目录式管理，督促各部门认真整改。

县编办召开全体干部会议研究工作

【权力清单制度】把推行建立政府部门及乡镇权力清单制度工作作为推进政府职能转变、改进政府管理方式、巩固政府机构改革成果措施来抓。贯彻落实中央、自治区、市建立权力清单和责任清单相关精神，抓住"清权、减权、制权、晒权"四个主要环节，对政府部门和乡镇权力"大起底"，弄清权力底数。全县审核确定共性行政权力10项、政府部门行政

组织专家对《平罗县政府部门和乡镇权责清单》进行评审

权力事项3015项、乡镇行政权力事项75项、责任事项22062项、追责情形30560项、担责方式17106项，对应责任事项、追责情形和担责方式列出近5万条法律法规党纪条款依据，做到权力依据、责任事项、追责情形、担责方式于法有据、依法合规、权责一致。在《宁夏日报》对审定县政府部门和乡镇的权责事项予以公布，印制《平罗县政府部门、乡镇权力清单和责任清单》110套，分发全县各部门和乡镇，全面落实县权力清单和责任清单制度建立。提请县人民政府印发《平罗县权力清单和责任清单动态管理实施细则》，对全县权力清单和责任清单实行动态管理。通过建立政府部门权力清单制度，明确政府权力"家底"，划清政府部门权力边界和行为界线，为促进政府部门全面正确履行职责奠定坚实基础。

【空间规划】按照全县空间规划(多规合一)改革试点工作安排部署，县编办重点承担行政审批改革。在全县范围内开展建设项目审批梳理，全面梳理建设项目审批事项及与之相关前置后置审批事项、中介服务事项、收费事项及法律法规依据，针对需要提请国家或自治区调整建设项目审批提出意见建议。全县建设项目审批涉及行政审批事项54项，涉及中介服务事项13项。按照平罗县空间规划(多规合一)改革试点阶段工作要求，制定《平罗县空间规划(多规合一)建设项目行政审批改革试点方案》。

【事业单位分类改革】按照中央和自治区安排部署，推进行政职能事业单位改革试点工作。对全县承担行政职能事业单位摸底调查，对承担行政职能事业单

位法律法规依据梳理。摸清事业单位"底数"，起草《平罗县承担行政职能事业单位改革试点工作实施方案》，明确承担行政职能事业单位改革试点范围、指导思想、原则、内容、相关政策及时间表和路线图。印发《关于重新制定全县事业单位机构编制方案的通知》，对25个事业单位机构编制方案初审，理清事业单位功能定位和职责边界，规范事业单位机构编制管理工作。

【专项改革】

按照中央和自治区关于推进司法体制改革试点工作的部署，对县法检两院机构编制上收自治区统一管理。按照自治区纪检体制改革部署要求，印发《关于进一步推进县纪检监察机关内设机构改革工作有关事项的通知》，重新明确县纪检监察机关内设机构设置及职责配置，强化监督执纪人员力量。按照自治区总体部署，整合服务业管理职责，组建新服务业机构，为推动全县服务业发展提供体制机制保障。

【体制改革】

做好卫生、供销、国有林场等行业体制改革涉及体制机制和机构编制调整工作，推进行业体制改革。做好社会保险"五险合一"经办体制改革工作，整合县社会保险事业管理局和县医疗保险事务管理中心，为平罗县社会保险事业管理局，属于平罗县人力资源和社会保障局正科级公益一类事业单位，统一经办养老、医疗、工伤、生育、失业五项社会保险业务，理顺社会保险经办管理体制。

【保障能力】

在坚持机构编制严管严控基础上，通过科学配置机构编制资源，把有限编制资源向经济社会发展重点领域和薄弱环节倾斜，办理一批促发展、保民生机构编制事项，发挥机构编制资源在服务和改善民生中重要保障作用。起草印发《平罗县农村综合改革服务中心主要职责内设岗位和人员编制方案》，为深化农村改革提供机构保障。协调自治区编办，平罗县网络安全和信息化办公室成立，健全全县网络安全工作管理体系。协调自治区编办批准在县人民政府办公室增挂县人民政府督查室牌子，加强督查工作。按照自治区关于统一城乡中小学教职工编制标准要求，结合中小学校布局调整，重新核定全县中小学校教职工编制，做好人员调配工作，严格教职工编制管理，保证中小学校教育教学工作正常开展。加强沟通协调，起草印发《关于规范县政协机构设置和领导职数核定等有关事项的通知》，做好政协机构设置和领导职数核定工作。与石嘴山市编办沟通协调，为全县部分党群部门和政府工作部门核增副科级领导职数11个，将县领导兼任部门正职部门常务副职由副科级领导职数调整为正科级领导职数，核增县非公经济组织和社会组织工委书记1个、县市场监督管理所所长领导职数2个，加强相关部门领导力量。协同人社部门做好空编部门人员补充审核工作，全年审核招录行政事业单位人员316名，改善基层单位人员短缺和专业技术人员匮乏状况。承担全县公务用车改革相关工作，对涉及公车改革相关机构编制和人员严格审核把关，落实全县公车改革。

【机构编制管理】

严格执行各项控编减编措施，各类编制员额严格控制在自治区核定总量内。按照严控总量、盘活存量、优化结构、增减平衡要求,创新管理思路,加强编制动态调整力度,全年动态调整编制70名,坚持日常检查和专项督查相结合,建立健全县政府部门履责评估检查机制,对县安监局等8个县政府部门职责履行情况进行评估检查,增强各部门规范有效履行职责意识,建立有权必有责、用权受监督、失职受追究责任体系。全面做好事业单位法人网上登记管理工作,全年新设立登记法人事业单位3家,变更登记法人9家,网上年度报告法人事业单位185家,报送率100%,通过"事业单位在线"和政府信息网站年度报告公示。开展事业单位法人公示信息抽查,按照"双随机、一公开"原则,从年度报告公示单位中随机抽取7家单位公示信息抽查,加强事业单位法人事中事后监管。

自治区编办机构编制监督处一行来平罗检查机构编制工作

按照中央和自治区信用体系建设有关要求,开展机关、编办直接管理机构编制群众团体和事业单位法人统一社会信用代码工作。对全县185个法人事业单位换发事业单位法人证书,对全县58家机关、编办直接管理机构编制的群众团体进行新版证书转换办理,赋予统一社会信用代码,统一社会信用代码证书发放率100%。

人力资源和社会保障

【概况】 平罗县人力资源和社会保障局是承担全县人事人才、劳动就业和社会保障重要职能部门,职责主要包括:负责全县行政事业单位全体人员工资审核、职称评聘、继续教育、人事制度改革等综合管理工作;负责促进城乡就业创业工作,完善公共就业服务体系,拟订统筹城乡就业发展规划和政策措施,拟订城乡劳动者创业、高校毕业生就业政策,鼓励和支持自主创业;会同有关部门拟订高技能人才、农村实用人才培养和激励政策并组织实施,统筹建立面向城乡劳动者职业培训制度;负责贯彻实施全国统一的社会保险关系转移接续办法和基础养老金统筹办法,拟订和完善机关、企事业单位和城乡居民养老保险、医疗保险政策,拟订社会保险及其补充保险基金管理和监督制度,依法监督基金征缴、支付、管理和运营;负责拟订劳动、人事争议调解仲裁有关制度和劳动关系相关政策,完善劳动关系协调机制,组织实施劳动监察,协调劳动者维权等项工作。下属社会保险事业管理局、就业创业服务局、医疗保险事务管理中心、劳动保障监察大队、劳动人事争议仲裁院5个事业单位。机关内设党政办公室、机关事业单位人事管理办公室、社会保障管理办公室、财务基金管理办公室。

【就业创业】 2016年,全县城镇新增就业4281人,城镇失业人员再就业3516人,就业困难人员实现就业205人;分别是全年目标任务142.7%、117.2%、102.5%;就业困难人员实现就业人数中城镇登记失业人员205人,失业率3.80%,低于年度目标任务0.5个百分点。安排高校毕业生"三支一扶"就业173人,事业单位实习102人,公益性岗位538人。举办各类招聘会12场次,其中"春风行动"暨脱贫攻坚大型专场招聘会1次,全市人力资源和社会保障政策宣传暨大型招聘会1次,脱贫攻坚在行动暨人力资源大型招聘会1次。有290家单位参加招聘,提供岗位10193个,进场参加1万余人,达成就业意向2630人;培育小企业240个,小老板560个,创造新岗位5247个,全民创业带动就业5705个,实现大学生创业引领计划45个,发放创业扶持贷款3159万元;分别是目标任务120%、121%、352%、143%、100%、105%;农村劳动力转移就业2.88万人次,实现工资收入2.77亿元。分别是全年目标任务106.8%、119%。转移就业区域主要集中在平罗县3个工业园区:石嘴山生态经济开发区、平罗县煤炭集中服务区、宁夏精细化工基地以及新疆、内蒙古、陕西等周边省区;举办各类技能及创业培训班70期3007人。其中,城乡劳动力就业技能培训29期1402人(包括生态移民培训14期701人,有建档立卡贫困户学员303人),是目标任务100%;开展工业园区内企业在岗职工岗位技能提升培训12期600人,是目标任务100%;城乡创业人员创业能力培训17期500人,是目标任务100%;城乡创业人员电子商务培训班12期505人。

【社会保障】

2016年,全县参加企业职工基本养老保险人数为68785人(其中:参保职工人数为43633人),是目标任务109.1%(其中参保职工是目标任务34527人的126.4%);全县参加失业保险人数为19286人,是目标任务103.9%;全县参加城乡居民基本养老保险总人数97225人,是全年目标任务100.1%。核定企业职工养老保险费3.16亿元,基本养老保险当期收入2.88亿元(含清理历年欠费1387.2万元),是目标任务169.1%,滞纳金收入572.9万元;核定失业保险1093.8万元,征收失业保险费1045.9万元(含清理历年欠费37.3万元),是目标任务93.9%(因自治区人社厅于2016年5月出台阶段性降低社会保险费率政策,失业保险总费率有2%降至1.5%,失业保险费征收减少部分由自治区社保局在年底做出相应核减)。城乡居民养老保险缴费人数为97124人,缴费金额为1176万元。书面年检参保企业(单位)547家、稽核参保企业(单位)547家,年检率100%,稽核率100%,分别是目标任务数100%和100%。实地稽核参保人数8239人,实地稽核率20.3%,是目标任务数101.5%。1—12月为25289名企业退休人员发放养老金5.95亿元(含取暖费),为19289名城乡居民发放养老金3038万元。6—12月为3906名机关事业单位退休人员发放养老金1.26亿元。支付率和发放率100%。全年应认证领取待遇人员46433人,认证42061人,认证率90.6%,是目标任务数100.7%。截至11月底,城镇职工医疗保险参保26400人,是年度目标任务数107%;生育保险参保1.55万人,是年度目标任务数107%;工伤保险参保3.1万人,是年度目标任务数149%;城乡居民参保25.1万人,是年度目标任务数102.9%。

【人才队伍】

2016年招录公务员86人。其中,招录乡镇机关专项公务员14人;招聘事业单位工作人员206人,其中,招聘高层次人才5人;组织35人农村实用人才到浙江、陕西杨凌、彭阳等地参加电子商务及应用,设施农业种植技术,花卉、果树栽培技术等培训;实施乡土专家基层服务行活动。从全县农、林、畜牧、农技、文化等单位抽调45名专业技术人员组成乡土专家,开展基层服务活动120余场次。实施自治区人才项目2项,2016年入选自治区"塞上英才"1人、青年拔尖人才培养工程2人。加强公务员素质能力建设。根据区市县安排,全县1248名公务员参加公务员素质能力提升班,其中,参加网络培训565人,结业率99.8%。实施评聘分离事业单位人才职称聘任激励制度,对事业单位应聘未聘人员通过设置"特设岗位"予以聘任。做好"313人才工程""351人才工程",区、市政府特殊津贴、自治区特聘专家推荐和选拔工作。开展市级技能大师工作室创建活动,申报符合条件的市级技能大师工作室3个。

【人事制度改革】

按照机关事业单位人员年度考核有关办法,实施机关事业单位人员考核工作,全面推行事业单位公开招聘工作人员制度,规范、完善事业单位公开招聘工作。贯彻落实全区公务员管理工作暨平时考核推进会议精神,坚持从严考录选拔、从严教育培养、从严考核监督,提升公务员管理工作科学化水平,建设高素质公务员队伍。实施全县公车改革参改单位司勤人员分流任务。修改完善《县级公立医院改革人事薪酬制度改革实施方案》。根据国家、区、市县级以下公务员机关公务员职务与职级并行工作要求和安排,对各单位2016年上报55名符合职务与职级并行人员进行梳理和审核(其中晋升正处职级1人,晋升副处职级22人,晋升正科职级10人,晋升副科职级22人)。落实自治区《关于加强乡镇干部队伍建设的实施意见》,突出基层导向,形成人往基层走、力往基层聚的工作局面,引导乡镇干部立足本职、服务群众、勤奋敬业、创先争优。

【劳动关系】

2016年,全县新建项目工程101项,应缴纳农民工工资保证金2918万元,实际缴纳2918万元(政府类工程70个,非政府类工程31个),收缴率100%;受理劳动者举报投诉案件181件,为4401名劳动者追讨工资4213.7万元。主要涉及34号地安置房、大润发商业广场等项目。政府工程农民工工资支付率100%,非政府建设项目农民工工资清欠率98%。以县人力资源和社会保障部门为三级网络,以乡镇和工业园区管委会对应行政区域为四级网格,在全县13个乡镇、3个工业园区管委会各设1个工作站,具体业务由各乡镇民生服务中心代管。每个工作站配备1名劳动保障监察协管员,配备19名专兼职协管员,这部分协管员主要在自治区下达100个公益性指标中安排,全部安排到位。网络化监管依托劳动保障监察信息网络平台,通过摸底调查,输入用人单位信息3096条。

民 政

【概况】

2016年,围绕"以民为本、为民解困、为民服务"工作宗旨,开拓进取,创新发展,各项工作取得较好成绩。平罗县第八次荣获全区双拥模范县称号。县老龄办在全区做经验交流发言,获得全区老龄工作先进集体。

【村级民主治理】

12月23日,对全县144个行政村党支部实施换届选举工作。深入各乡镇开展落实村民代表会议制度专项培训30场次,各乡镇召开村民会议450次，培训9600人次。加强政策教育宣传，编制相关政策、法规、制度手册，发放村民代表会议制度宣传册1000多本，村级民主治理知识读本口袋书1000余本，议定事项流程图144张，基本议定事项指导目录144张。加强村民会议落实，落实村民代表会议制度，明确村民代表会议议定事项程序，全面推进"五步工作法"。加强村级民主治理示范村培育，重点培育典型示范村26个，推广典型经验做法，在全县起到典型示范引领作用。加强村监会建设，与县纪委对接，对村务监督委员会工作移交，指导建立健全相关制度，加大村民监督委员会工作指导力度。加强村级阵地建设，争取到位城乡社区服务站项目16个，项目资金365万元。16个社区服务站均完工。

【和谐社区】

加强社区减负增效，公开社区职责和社区准入事项，对社区出具证明、介绍信进行梳理，清理社区出具证明、介绍信39项，并清理社区内外挂牌、制度、台账和材料报表等，减轻社区负担。将城乡社区治理工作主要内容和工作程序等编印成口袋书，配发到每个社区建设成员单位、社区干部手中。在全县26个社区普遍开展"问需于民大调研"活动，要求各社区详细了解社区居民在就业、创业、教育、医疗、保健、娱乐、商务、物联网、敬老、物业、自治等方面服务需求，增强社区服务针对性。组织社区干部30余名到兴庆区、大武口区观摩学习社区治理工作，拓宽工作思路。开展和谐星级社区创建活动，城关镇和平、金顺社区成功创建为五星级和谐社区。开展综合减灾示范社区创建，城关镇金顺、阳光、新世纪和陶乐镇西街社区成功创建为全国综合减灾示范社区，社区治理工作取得显著成效。

【民政保障】

开工建设第三敬老院和老年活动中心，投资1800万元，实施室外工程建设。推进宁夏银北医养结合养老院、姚伏茗苑养老院等民办养老机构建设。宁夏银北医养结合养老院完成11层主体建设，实施室内外装饰工程，姚伏名苑养老院建成投入使

银北养老院

用。加快推进平罗县光荣院建设，该项目总投资976万元，建筑面积3675平方米。实施招投标和场地三通一平等前期工作。推进姚伏沙湖、陶乐东街、城关和平和头闸、黄渠桥、崇岗6个社区日间照料中心建设。

【社会保障】

制订《平罗县帮扶解困工作方案》，提请县人民政府印发实施。开展城乡低保、农村五保清理核查工作，调整城乡低保保障标准。全县保障城市低保1359户2351人，农村低保11129户12656人，保障城乡高龄老人2007人，供养特困人员692人，保障孤儿143人。全年发放低保、五保、高龄和孤儿救助资金5514万元。实施医疗救助4164人次，发放医疗救助金748.6万元；实施临时生活等救助3058人次，发放临时救助资金210万元。开展"两节"扶贫帮困送温暖活动，县财政及各乡镇、部门等筹资金460余万元，走访慰问困难群众及各行业工作人员1

万余人。做好全县防灾减灾救灾和冬令春荒灾民救助工作，根据灾情分别拨付各乡镇救灾、救助资金460万元、766万元，有效处置"8·22"贺兰山洪灾，指导各乡镇对冬令春荒期间灾民开展生活救助。

【合法权益】

开展老年人意外伤害保险工作。协助保险公司，做好全县机构内养老五保老人参保工作，减轻养老机构在老年人意外伤害发生后经济负担，提高五保老人生活质量。对农村五保老人、城镇"三无"老人，由县政府出资购买2份（每份30元）意外伤害保险，困难残疾老人、重点优抚对象、享受城乡高龄津贴老人、低保老人由政府出资购买一份30元意外伤害保险。出台《县人民政府办公室关于开展老年人意外伤害综合保险工作的通知》，为该项工作顺利推进提供政策支持。为700名老人购买意外伤害险，其他购买意外伤害人群2124人。做好85周岁老年人长寿保健金调查及发放工作。各乡镇对全县符合申报条件老年人摸底调查，确定全县有85周岁以上老年人1159人。按照每人300元标准，敬老月期间发放长寿保健金34.77万元。加大老年文化建设。开展"观家乡变化，赏桃花美景"一日游活动，组织县老年大学、老年活动中心以及社区100余名老年人到陶乐镇庙庙湖湿地公园、陶乐影视城、塞上江南博物馆游览，让老年人走出家门欣赏自然美景，感受家乡日新月异变化，加强老年人之间沟通交流，消除孤独寂寞感。

【基础设施建设】

全县建设社区日间照料中心6个，头闸镇头闸社区、黄渠桥镇黄渠桥社区、陶乐镇东街社区日间照料中心投入运营；姚伏镇沙湖社区、城关镇和平社区日间照料中心准备运营。崇岗镇崇岗社区日间照料中心进入设备购置。加强智能化社区居家养老服务中心管理。发挥智能化社区居家养老平台，与红丰保洁服务公司合作，通过"12349"服务热线等信息手段，为609名60岁以上社区困难老年人、重点优抚对象提供紧急求救、家政服务、物品代购、服务缴费等日常生活服务，以"低成本"吸引社会力量共建社区"便民服务圈"，受到社区老年群体普遍赞誉。县老龄办在全区做经验交流发言，获全区老龄工作先进集体。开展敬老月活动，丰富老年人精神文化生活。敬老月期间，举行敬老模范单位、孝亲敬老之星、最美老人表彰奖励大会，对城关镇中心卫生院、县老年大学等7个单位授予2016年度"孝亲敬老模范单位"称号；表彰奖励王秀连等5名为"孝亲敬老之星"、佘华宇等5名为"最美老人"；1000余名老年人观看夕阳红剧社编排文艺演出。开展走访慰问送温暖活动。到宝丰镇百岁老人马秀英，渠口乡金桥村百岁老人马玉英，城关镇高龄、优抚老人李再新家中，以及头闸镇永福居养老服务中心，为老人送去现金、米、面、油、牛奶等，体现党和政府对老年人关怀。为全县养老机构居住400名老人每人送去100元节日慰问品。

【"双拥"优抚安置】

开展军民共建活动，"两节"和八一期间走访慰问驻市驻平部队，送去慰问金26万元，协调部队解决实际问题，慰问重点优抚对象130人，发放慰问金7万余元。落实复退军人各类优抚安置政策，全年发放重点优抚对象各类补助资金516万元；发放退伍士兵自主就业补助金

492.5万元；发放义务兵家属优待金147万元。对2015年度城乡退役士兵接收报到及职业技能培训工作，接收退役士兵122人，参加创业培训112人。开展2016年度退役士兵接收安置和创业能力培训。平罗县第八次荣获全区"双拥"模范县称号。

【丧葬治理】

制订《平罗县治理乱埋滥葬工作方案》，治理重点区域乱埋乱葬行为，指导各乡镇迁坟598穴。开展红崖子黄河大桥和精细化工基地土地整理项目区内坟墓搬迁。提请县人民政府印发《平罗县殡葬救助管理办法》，落实困难群众殡葬救助政策，发放困难群众殡葬补助2.2万元。加大公墓监管力度，与物价部门配合加强公墓价格监管、强化服务管理。完善新建公墓土地报批手续。对2016年清明节祭祀活动，加强文明祭扫宣传，引导城乡居民文明丧葬，移风易俗。

【救灾减灾】

贯彻执行《国家自然灾害救助条例》，修订完善救灾减灾应急预案和自然灾害应急救助工作流程，建立县乡村三级灾害信息员队伍，完善救灾减灾体系。加强县救灾物资储备管理，建立台账，定期检查防盗、防火、防鼠、防霉变等安全处置。储备各类救灾物资价值250万元。争取自治区救灾资金，拨付各乡镇救灾资金460万元，妥善处置全县大风、雨雪、降温、沙尘暴等灾害。定期组织干部职工开展防灾减灾应急演练，做好国家级减灾示范社区创建工作，加强防灾减灾知识宣传，重点开展"5·12"防灾减灾演练，增强防灾、减灾、救灾能力。

【社会组织】

培育发展社会组织，全县登记社会组织94家，其中：社会团体56家，民办非企业单位38家。抓好社会组织党建，建立党组织41个，党组织覆盖社会组织51家，党组织覆盖率79.8%。开展社会组织年检，社会组织年检率85%。开展社会组织统一社会信用代码制度改革工作，为52个社会组织发放统一信用代码。开展"红顶中介"和公职人员兼职社会组织清理和行业协会商会与行政机关脱钩工作。开展星级社会组织评估，鼓励社会组织积极履行社会责任。"两节"期间，县个体私营企业、沙湖生态渔业协会、计生协会、红十字会等社会组织开展送温暖、献爱心活动，走访慰问1940名困难群众，发放慰问金、慰问品价值近21万元。

【社会福利和慈善事业】

加强福彩宣传，提升销售管理水平，全年销售额950万元。加强福利企业安全检查，保障残疾人权益。落实安全生产责任，加强各敬老院安全工作，争取资金100万元对县中心敬老院、第二敬老院等养老机构安全改造和维修，确保全县福利机构安全、规范运行。落实老年人优待政策，全年办理老年优待证3800本。引导企业、社会组织、各界爱心人士广泛参与慈善救助活动，筹集善款172万，救助困难群众2084人。按照自治区民政厅安排对年度县界联检。协调做好沙湖镇设立工作。

【婚姻登记管理】

加强婚姻登记管理，全年办理结婚登记3345对，离婚登记725对，其中，补发婚姻证件1015对。审核修改历史证件282件，调解矛盾纠纷836件。

【全国地名普查】

实施地名普查技术外包，对县城街路地名

标牌中文、拼音和阿文更新改造。对20个住宅小区街路命名,核发门牌号、门牌启用证4000多个。

审 计

【概况】 2016年,坚持"依法审计、服务大局、围绕中心、突出重点、求真务实"审计工作方针,推进对公共资金、国有资产、国有资源、领导干部履行经济责任情况的审计监督全覆盖,促进领导干部用好权、理好财、尽好责,发挥审计"免疫系统"功能。

【监督职责】 全年安排审计项目49个,实际审计项目118个,其中预算执行审计4个、领导干部经济责任审计10个、政府投资建设项目审计97个、专项审计(调查)7个。核减投资额12653.41万元,核减率9.8%。审计查出主要问题金额55095万元,其中管理不规范金额51590万元,违规金额3504万元。对违纪违规问题及时移送县纪委、发改、住建等执法主体部门30项,向县委、政府提交专题报告5份。

【财政预算审计】 重点围绕宏观政策贯彻落实、财税体制运行、财税政策执行、政府预算体系建设、政府性债务风险管控情况,年度预算调整和追加、结转结余、政府性收支完整性、财政支出进度和专项资金管理等情况,加大审计监督力度。开展县本级预算执行情况和县环保局、交通局、教体局预算执行情况审计,重点揭示预算编制不完整、预算批复率低、专项资金拨付不及时、部门结转结余资金过大等问题。

【经济责任审计】 重点关注领导干部贯彻执行经济工作方针政策和决策部署落实情况,政府性债务举借、管理、使用和风险防范情况,资源环境保护利用、民生改善、社会保障、机构编制管理情况,贯彻落实中央八项规定、厉行节约反对浪费情况,以及遵守廉洁自律,履行党风廉政建设责任制等情况。对灵沙乡、宝丰镇、县中医院、县劳动就业局等10个单位领导干部经济责任审计和单位领导干部10名离任经济事项交接监督工作。研究出台《平罗县党政主要领导干部和国有企业领导人员经济责任审计实施细则》和《平罗县审计约谈制度》,促进领导干部权运行制度化、规范化、科学化建设。

【政府投资审计】 印发《关于进一步做好政府投资项目审计有关事项的通知》,规范政府投资项目施工合同签订、工程款支付、超概算、工程量变更、送审前建设单位对工程造价审核把关等内容。对全县竣工验收,但未审计项目梳理汇总,建立《政府投资审计项目库》,实行倒排工期、清单管理、挂牌督战,提高政府投资审计工作效率。对政府投资审计97个,报审投资总额129.01亿元,审定投资额116.36亿元,核减投资额12.65亿元,核减率9.81%。

【专项资金审计和审计调查】 对精准扶贫、社会保障、"三农"、教育等民生资金和项目审计,遵循资金流向,从政策要求、预算安排、资金拨付追踪到项目个人,开展养老服务体系、保障性住房、生态移民、企业补助、中小学布局、农机补贴、农村环境连片综合整治、基本医疗保险基金等项目专项资金审计和审计调查。揭示保障房违规转租转借,撤并小学校舍处置不规范,企业虚报项目套取补助资金、重复申报项目、资金使用不规范,环保项目管理不规范、资金结余过大等问题,确保稳增长、调结构、惠民生、促发展等各项政策落地生根、发挥实效。

【审计工作重点】

结合"十三五"规划,主动征求上级审计机关、县委、人大、政府、政协的审计需求,建立审计项目中长期规划;采取年度计划与中长期规划相结合,坚持"定必干、干必成、成必优"要求,提高审计项目计划性、科学性、完整性;根据被审计单位复杂性、领导干部岗位重要性等特点,分类分步、统筹安排审计,保证重点部门每3年审1次,其他对象5年至少审1次,推进有深度、有重点、有步骤、有成效审计监督全覆盖。

【审计质量】

推行本级预算与其他审计项目有效结合和信息共享,实现审计成果最大化;实行领导班子成员包抓项目责任制,深入一线、靠前指挥,严把审计实施方案制定、质量控制、线索搜集、审计取证、复核审理、文书档案等关口,确保"审深、审细、审透";对每一个审计项目,要求审计人员深入总结和思考,至少撰写1篇调研文章和多篇信息宣传稿件,促进审计成果的深入加工和转化运用,实现"一花多果"高层次审计目标,打造审计精品项目。

【强化审计整改落实】

将审计整改落实作为提高审计质量重要突破口来抓,建立审计问题整改清单,由政府督查室督促被审计单位限时整改、对账销号;主动与县人大常委会沟通,强化人大监督和审计监督深度融合、同频共振,县人大常委会每年专题听取审计整改落实情况报告,对整改不到位单位质询,督促相关部门落实整改;就审计发现重点性、普遍性、趋势性问题,向政府主要领导报送5期《审计专报》,政府主要领导高度重视,政府常务会议多次研究解决审计发现问题,推动审计整改落实。

【干部教育培训】

结合干部教育培训中长期规划,制定培训目标、培训措施,合理安排奖励措施、约束机制,提升倒逼审计干部能力,有取得研究生学历3人,参加研究生在职教育4人;强化外向型培训,领导干部5人参加审计局长培训班和计算机审计培训班,更新审计人员知识结构,扩展审计发展视野;推行审计实务导师制度,选聘审计业务骨干3人,聘为审计实务导师,结合审计项目安排,与新参加工作审计人员实行"一对一、手把手"培养,每年对培养情况综合考评,促使年轻干部快速成长。

【信息调研】

将全年信息和调研文章任务细化到人,指定专人负责督促检查,对各岗位及个人信息报送情况及采用情况,实行按月检查和按季度通报方式,提高审计干部信息报送积极性。促进审计干部不仅能将问题审深审透,撰写出高质量审计报告,提出合理可行审计意见建议。通过审计理论革新,及时吸收总结审计经验方法,指导审计实践。

统 计

【概况】

2016年,树立"五大发展理念",深化统计改革,狠抓基层基础建设,提高统计数据质量。全县实现地区生产总值150.11亿元,同比增长7.3%;固定资产投资165.41亿元,同比增长3.6%;94家规模以上工业企业实现增加值71.7亿元,同比增长8.2%;实现社会消费品零售总额23.88亿元,同比增长6.9%;地方公共财政预算收入8.02亿元,同比下降6.9%,城乡居民人均可支配收入分别达到22739元、12196元,分别增长7.2%和7.6%。

【专业常规统计】贯彻执行各专业统计报表制度,夯实统计年报、定期报表基础工作,对2015年各专业年报和2016年月度、季度农业、工业、固定资产投资和建筑业房地产、能源、商贸、服务业等各行业数据催报、审核、验收、查询等工作。各专业围绕负责的行业统计报表加强审核力度,不定期主动到报表单位与主要负责人和统计人员沟通交流,指导服务基层统计调查对象依法依规开展统计工作。每月深入各乡镇和园区帮助解决业务难题,指导基层调查对象规范完善电子台账、基础资料等工作。各一套表单位能够按时实事求是填报各类报表,未发生迟报、逾期、未报、漏报等现象,为全面掌握全县经济社会发展奠定坚实基础。

【专项统计调查及监测】对"四众平台企业"专项调查、体育产业专项调查、非公有制人才资源状况抽样调查、省级开发园区情况"三新"专项统计、全县人力资源调查、劳动力抽样调查、1%人口变动抽样调查等专项调查。与县妇联、扶贫办、卫计局等部门沟通对接,对妇女儿童发展规划统计监测、生态移民收支监测、全面建成小康社会统计监测。各专业人员紧密配合,指导调查单位准确如实填报,严格对照报表制度要求,认真审核报表逻辑关系,确保各项调查任务圆满完成。

【主要经济指标预警监测】发挥统计部门参谋助手作用,每月定期做好全县主要经济指标预警监测工作。加强同区、市及相关部门沟通联系,随时掌握动态信息,分析预警全县经济发展现状。每月第一时间将区局反馈主要经济指标情况向县委、政府主要领导汇报,为县域经济保持平稳较快发展提出对策建议。每月按时参加全县经济形势分析会,客观反馈经济发展状况并提出意见建议。每月通过编辑手机短信、印制统计信息手册分发县四套班子主要领导、相关部门,为各级领导、部门提供各类统计数据。全年编印统计信息手册10本、撰写统计信息170篇、分析报告50篇。85篇统计信息在区局网站被采用,44篇分析报告被刊登。

【基层统计】对各乡镇、工业园区统计站、规上企业从机构设置、人员配置、办公设备、制度建设、服务能力、设立电子台账、档案管理等方面不定期检查、督促,帮助规范统计基础工作。加大对调查单位培训力度,分专业召开年报会、业务知识培训会,每季度末联合县工信局开展规上企业统计员业务知识培训班,6月初组织重点服务业企业参加全区服务业培训班。邀请县政府主要领导亲自主持召开企业负责人和统计员座谈会,倾听企业发展现状,为制定政策奠定基础。通过开通流动服务车、热线电话、建立QQ群、微信群等抓好日常统计业务工作指导服务,对基础工作薄弱企业、统计站安排专人实行一盯一查漏补缺。开展统计信息化及信息安全检查工作，对本局及13个乡镇、1个农场行设备运行、计算机安全防护、VPN安全管理、网站更新维护等检查，全年未发生统计信息泄露及其他事件。

【法律法规宣传】

学习贯彻《宪法》《统计法》《统计违法违纪行为处分规定》等法律法规以及习近平总书记、自治区主要领导关于做好统计工作重要批示精神，利用国家宪法日、第十五个法治宣传日，开展以"弘扬宪法精神，建设法治中国"为主题法制宣传活动。开展"数据造假、以数谋私"专项治理工作，全面清理整治违背统计法律法规等行为，查找在数据质量、基础性工作等方面存在的问题。制订《平罗县开展"数据造假、以数谋私"专项治理工作方案》《关于印发平罗县统计局各专业"几不准"的通知》等文件及负面清单，联系县委、政府办公室和县考核办，对近年来文件全面梳理，废止修改文件3份；以开展统计执法大检查活动为契机，制定印发《关于开展统计执法检查工作的通知》，重点对屡次迟报、拒报、经济指标波动比较大13个乡镇和11个单位采取"听、看、查、议"方法检查。要求按期办理或更换统计登记证4家，对上报数据差错率在10%以下3家企业责令当月改正，对存在违法行为企业2家决定立案查处。

【第三次全国农业普查】

按照区、市统一安排部署，县、乡两级普查机构成立；以抓好"人员落实、经费落实、责任落实"为重点，做好农业普查各个环节基础工作。在县社保大楼协调三间固定办公场所，从县发改、农牧、民政等部门抽调11人为农业普查办公室工作人员购置电脑、打印机等办公设备用于业务工作开展；制定并印发工作实施方案，签订目标管理责任书，县财政划拨专项经费用于开展普查工作；制订宣传方案，在县政府信息网站开辟农业普查专栏、在县电视台宣传致农户一封信，制作微视频、宣传画报、展板、纸杯等宣传用品，开通流通宣传车；选聘普查指导员276人、普查员748人，开展普查指导员、普查小区划分和清查摸底、普查方案培训工作。承办自治区第三次全国农业普查综合试点现场会议，做好会务接待、会场布置、氛围营造、培训组织、试点村选取、入户登记等工作，为顺利开展普查入户工作积累经验。12月，分两期对全县13个乡镇、1个国营农场农业普查主管负责人、普查指导员和普查员近900人业务培训，首次将县级普查培训延伸到村、队一级。

国家统计局平罗调查队

【概况】

2016年，坚持改革创新、锐意进取，夯实基层调查基础，狠抓调查数据质量，强化队伍建设，提高服务能力，推进调查工作向前发展。荣获2016年度综合考核先进单位、信息考核先进单位。

【常规调查】

坚持"夯基础、强服务"相结合，提升各专业工作规范化、科学化水平。开展居民收支、农民工监测、农作物产量、主要畜禽监测、规模以下工业、规模以下服务业、限额以下行业、新设立小微企业跟踪调查、农产品生产价格、农户固定资产、中间消耗等各项调查工作，及时、全面、高质量完成各专业报表。

【第三次全国农业普查遥感测量】

全县农作物面积遥感测量14个调查点。开展调查前,通过"理论讲解+实地演练"方式培训调查员,使调查员充分掌握调查技巧;加强组织协调工作,将全队干部职工和辅调员分为6个调查组,为每一组配备充分调查用具,将困难思考在前,提前谋划;严格落实实地调查、直接调查原则,加强审核把关,确保源头数据质量。

【畜禽监测】

按照总队相关文件要求,因地制宜,统筹安排,与地方各部门加强联系,确定最终样本。开展实地摸排,多方式、多渠道核准畜禽摸底数据,为下年调查数据的真实性打下良好基础。

【劳动力调查】

按照总队要求,制订调查方案,明确责任,实施劳动力调查样本轮换样本框核实、摸底调查和绘制抽样框地形图,确定新一轮劳动力调查网点。

【监测调查】

开展农民工市民化进程动态监测调查,严格调查程序,确保数据真实可信;对于PDA提示错误,调查员现场核实,备注登记,以备核查有据可依,在规定时间内对50户农民工家庭现场调查、数据审核,及时上报。

【业务培训】

召开乡镇统计人员、调查点辅调员、调查户、企业统计人员培训会12次,培训720人次,提高基层调查人员素质水平、责任意识和调查技能。坚持访户制度,为记账户讲解记账方法和规则,组织集中培训3次,培训记账户480人次。

【调查工作信息化】

推广城镇电子记账户48户,占城镇记账户88.9%,农村电子记账户9户,占农村记账户9%。创建电子记账户微信交流群,与记账户互动,提醒记账户按时记账,对记账户发现问题,专业人员即时处理。推行联网直报工作,规模以下工业调查、服务业调查、农产品价格调查、中间消耗调查、畜牧业全部实现联网直报。

【依法治统】

全年对各专业基础工作和数据质量实地核查35次,检查调查点60个,记账户830户次,调查企业60余家;对规下7家服务业、工业企业开展统计执法检查。

【农业网格化管理】

将农作物产量、播种面积、农产品生产价格、中间消耗和畜禽监测调查等工作进行整合,以乡镇为单位建立农业网格化工作体制。完善《平罗调查队网格化辅调员考核办法》《平罗县网格化辅调员管理办法》和《平罗县网格化辅调员例会制度》,将辅调员补贴与工作绩效挂钩,提高辅调员整体素质,调动积极性,强化基础工作,达到"减量增质"的目的。

【队伍管理】

修订完善《国家统计局平罗调查队工作人员年度考核办法》和《国家统计局平罗调查队信息考核实施细则》,坚持制度考核机制。坚持月度队务会制度,按月督查通报干部作风、工作完成、考勤情况;加大考核力度,按季度对干部业务、信息等工作进行业绩量化考核。按月评选月度先进个人,提升干部职工工作积极性。

【统计信息分析】

全年撰写各类统计分析36篇,调查信息148篇,重大信息20篇,工作动态69篇,为各级领导决策提供优质统计服务。撰写信息分析被宁夏调查总队内网采用99篇,《统计与经济》杂志采用1篇,平罗县"两办"采用17篇,被县领导批示7篇。工作动态3篇被国家局内网《工作交流》栏目采用;工作动态1篇被《中国信息报》《统计动态专栏》采用;分析1篇被国家局内网采用。

【统计宣传】

协助宁夏广电总台、《新消息报》《华兴时报》和宁夏新闻网等区内主流媒体记者实地跟踪报道"三农普"农作物面积遥感测量工作;以第七届统计开放日为契机,开展"统计宣传进社区,统计调查在身边"活动,印发统计宣传手册2000份,增强统计宣传效应。

平罗县城镇居民可支配收入

2016年,推进企业改革、调整结构、关注民生,提高经济发展效益,为城镇居民收入稳定增长创造有利条件。但由于宏观经济形势持续下行,城镇居民收入增速呈逐步放缓态势,持续增收面临各种压力和挑战。

一、城镇居民收入情况及特点

据居民收支调查资料显示:2016年,平罗县城镇居民人均可支配收入22739元,同比增加1522元,增长7.2%,比2015年下降0.3个百分点。

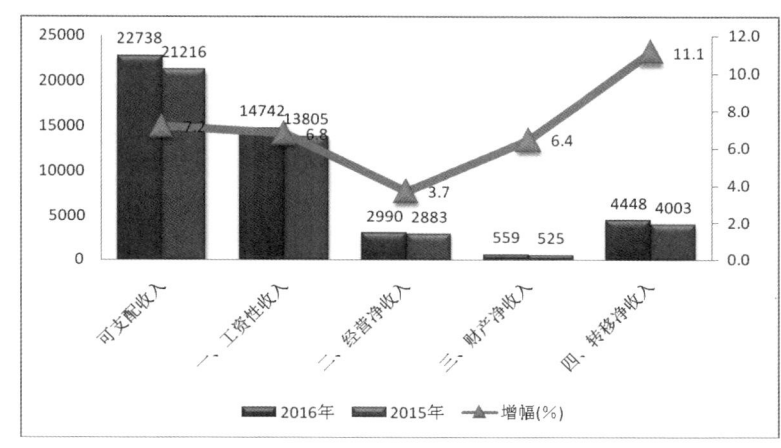

2016年城镇居民人均可支配收入构成图

(一)工资性收入仍然占据主导地位

2016年多项政策性增资措施促使工资性收入快速增长:一是行政事业单位工资标准上调,以及因工资上涨带来的取暖费、应休未休奖额度增长;二是行政单位从6月起兑现公车改革补贴,人均600元/月;三是行政事业单位按照6200元/人的标准提前发放效能奖。2016年,城镇居民人均工资性收入14742元,同比增长6.8%,占可支配收入64.8%,拉动城镇居民收入增长4.4个百分点,工资性收入增长是可支配收入增长的有力保证。

(二)经营净收入增长动力不足

平罗县政府继续加大小微企业政策扶持力度,但在经济新常态背景下,二、三产业经营活动不活跃,发展速度较慢,城镇居民经营净收入增长速度明显放缓。2016年,城镇居民人均经营净收入2990元,同比增长3.7%,增速比2015年下降1.2个百分点。

(三)财产净收入来源单一

平罗县城镇居民财产净收入增长主要依靠房租上涨,各类理财产品收益所占份额过少,城镇居民获得财产净收入渠道较窄。2016

年,城镇居民人均财产净收入559元,同比增长6.4%。

（四）惠民政策推动转移净收入快速增长

2016年,提高养老金、最低生活保障金和高龄补标准,成为转移净收入增长主要原因,但与此同时,养老金提标幅度降低、失地农民低保取消等因素也影响转移净收入增速。2016年,城镇居民人均转移净收入4448元,同比增长11.1%,增速比2015年下降7.7个百分点,其中人均养老金收入4954元,同比增长11.4%,增速比2015年下降4.3个百分点。

二、制约城镇居民收入增长的因素

（一）居民收入增长的领域不宽

从数据结构来看,工资性收入和转移净收入是城镇居民可支配收入主要来源,分别占城镇居民人均可支配收入64.8%和19.6%,而城镇居民财产性收入所占比重非常低,仅占2.5%。城镇居民收入增长渠道有限、领域不宽制约其收入增长速度。

（二）收入增幅受政策影响大

城镇居民收入增长主要依赖政策性措施推动,但近两年,行政事业单位新增资政策过少、增资幅度不大,加上企业效益下降,工资标准降低,福利减少,抑制工资性收入增长,如果没有新政策出台,城镇居民得到政策性收入将维持在一个稳定水平,增量将逐渐减弱。

（三）转移性收入持续高速增长难度加大

2016年以前,宁夏连续第十一年以10%幅度调高企业离退休人员工资待遇,2016年提标幅度调整为6.5%。随着社会老龄化程度加大,增加离退休人员,政府养老金支付将面临很大压力,提高养老金标准难度加大,一旦养老金提标幅度降低,居民转移净收入难以保持高速增长。

三、推动城镇居民收入长效增长的几点建议

（一）加快产业结构转型升级,确保工资性收入稳步增长

加快工业企业转型升级步伐,鼓励传统产业发展循环经济,延长产业链,重组兼并组团发展,加快淘汰落后过剩产能。发展污染小、能耗低、科技含量好新型企业,促进经济平稳发展。发展旅游、电子商务、体育文化、康复养老等新业态,提升现代服务业比重,拓宽居民就业面。

（二）加大创业扶持力度,拓宽居民收入渠道

加大创业培训力度,增强居民创业意识,提高创业能力,加大贷款优惠力度,提高居民自主创业积极性；加大对居民投资、理财能力培养,拓宽城镇居民收入渠道,使居民收入来源更加多元化。

（三）完善社会保障体系,增加居民的转移性收入

加大低收入群体帮扶力度,做好下岗失业人员、城市低保户、特困户、残疾人等特困群体的社会救助、社会福利、社会保障等服务；提高最低工资和最低生活保障金标准,提高低收入群体收入。

平罗县农村居民人均可支配收入

2016年,平罗县主动适应经济发展新常态,以推进农业现代化为目标,以促进农民增收为核心,以深化农村改革为动力,以培育壮大特色产业为主攻方向,调结构、抓改革、惠民生、增活力,为农村居民收入的稳定增长创造有利条件。

一、农民收入情况及增长特征

据居民收支调查显示：2016年，农村居民人均可支配收入12 196元，同比增加896元，增长7.9%，增幅比2015年上升0.3个百分点。从可支配收入的构成来看，经营净收入仍然占据可支配收入的半壁江山，受政策因素推动，转移净收入的贡献最大。

（一）工资性收入是农民增收的重要引擎

2016年，平罗县农村居民人均工资性收入3557元，同比增加250元，增长7.6%，占可支配收入的比重为29.2%，拉动可支配收入增长2.2个百分点。增长因素主要有：

1. 农田水利、农业综合开发、国土整治、盐碱地改良、美丽乡村等建设工程，弥补建筑工地用工不足的缺口，带动农民务工收入增长。

2. 农村土地改革成效显著，全县共培育家庭农场、专业大户、专业合作社、农产品加工企业等新型农业经营主体356个，专业化产业发展方便当地农民务工。

（二）经营净收入是农民收入的第一大来源

2016年，农村居民人均经营净收入5887元，同比增加252元，增长4.5%，其中：农业收入3902元，同比增长4.9%；牧业收入941元，增长6.5%；二、三产业收入1042元，增长6.8%。增长原因主要有：

1. 2016年，平罗县种植结构调整力度比较大，蔬菜制种、麦套苋丝子、瓜菜等种植面积增加，亩收益提高。

2. 粮食价格回升不大，农民大量出售余粮，2016年人均出售粮食3811公斤，同比增长26.1%。

3. 加大畜牧业扶持力度，畜产品价格稳定，玉米等饲料价格下降，降低农户饲养成本，带动农户养殖积极性。

（三）改革红利释放农民财产净收入

2016年，农村居民人均财产净收入426元，同比增加37元，增长9.4%。财产净收入增长主要得益于土地流转租金和房屋租赁收入，2016年全县流转土地2.6万公顷，同比增长5.4%，农民人均承包土地经营权租金收入334元，同比增长9.3%，出租房屋收入131元，同比增长13.3%。

（四）转移净收入对农民增收贡献突出

2016年，平罗县农村居民人均转移净收入2326元，同比增加358元，增长18.2%，增收贡献率39.9%，拉动可支配收入增长3.2个百分点。增长原因主要有：

1. 完善农村社会保障制度，提升养老保险覆盖率，提高养老金、最低生活保障金和高龄补贴标准。

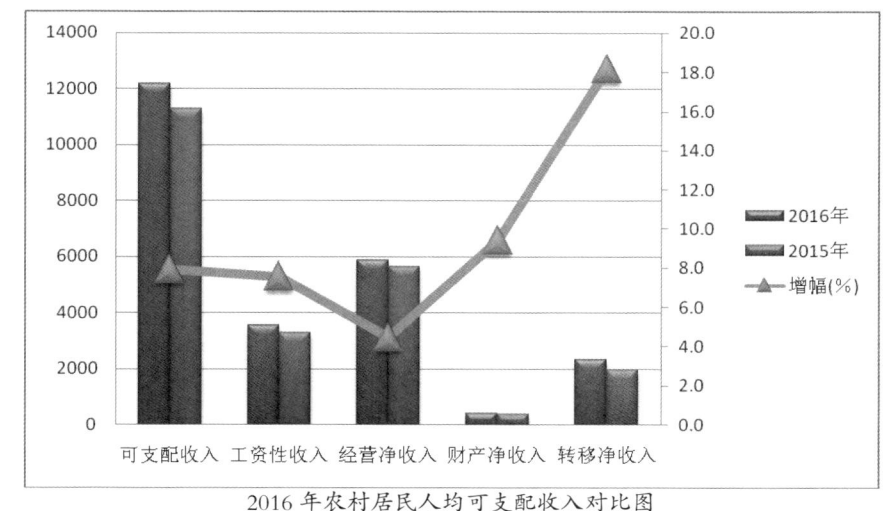

2016年农村居民人均可支配收入对比图

2. 阳光沐浴工程覆盖面扩大，机深松项目落实到位，农业支持性保护政策补贴按时发放，是农民转移净收入增长的有力支撑。

二、农村居民增收面临的挑战

（一）宏观经济增速下滑影响农民外出务工增收

近几年，经济下行成为新常态，经济增长回落导致就业需求增速下降，煤炭、有色金属等行业产能过剩，导致以煤炭工业为主的平罗县压力更大，部分企业难以维持经营，只能通过降薪、减员的方式减少成本，农民工外出务工收入明显减少。

（二）农产品价格不稳，农民经营净收入增长受限

经营净收入是农村居民收入的来源主体，其增长依赖于农产品价格和农资价格，农民收入是否增长与经营净收入息息相关。受信息不畅影响，农民很难根据市场的供求变化合理调整种植结构，盲目跟风加剧农产品供大于求局面，农产品价格持续下降，农资价格投入成本较高，都制约农民收入增长。

（三）新型经营主体发展势头渐缓，影响财产性收入增长

近两年，农产品价格大幅波动，种植大户对农产品价格预期不乐观，加之种植结构单一，抵御市场风险弱，为规避经营风险，部分种植大户主动缩减经营规模，减少流转面积，将部分地退还给农户耕种。经过前几年的高速扩张，种植大户和农业企业流转土地更加谨慎，加上土地流转市场的规范和适度规模经营的推行，全县土地流转速度放缓，影响农民转让土地承包权租金收入增长。

（四）转移净收入增长面临挑战

增长压力较大转移性收入作为农民增收的重要保障，对农民拉动农民增收方面发挥重要作用。但随着财政支农方式由直接补贴向整合贷款改变，以及自治区取消农业规模经营主体流转土地种粮补贴、肉牛肉羊规模养殖场建设补贴、基础母羊补贴，转为金融贷款贴息，农民转移净收入持续增长面临巨大压力。

三、经济新常态下促进农民增收的方向

（一）强化农民工技能培训，拓宽农民就业渠道

以新生代农民工为重点，加大技能培训力度，提高职业培训针对性和有效性，加强与工业园区、建筑工地等农民工输入地对接，协调企业在同等条件下优先解决本地农民工就业；发展农产品加工、休闲农业和乡村旅游等劳动密集型产业项目，推进农业"一二三"产融合发展；鼓励工商资本投资农业，积极发展种养业和农业多种经营，多方位吸纳农民工就业。

（二）完善农业结构调整政策，提高农产品附加值

加强农田水利、农田设施等基础建设，提高农业生产效率；推进农业产业转型和结构调整，构建现代农业产业体系、生产体系、经营体系，推动现代农业提质增效；加强"互联网＋现代农业"工程实施力度，发展农村电子商务，让农产品"上网"，拓宽销售渠道。

（三）健全相关配套机制，促进农村新型主体健康发展

规范农村土地承包及承包合同管理工作，明确合同权利与义务，建立健全土地流转租金调价指导机制，参照主要粮食作物价格走势调

整租金幅度,保障农民土地流转收入增长。通过贷款、贴息、补助等方式对新型农业经营主体和农民的扶持,帮助其解决生产经营中困难,落实农业政策性保险和蔬菜价格政策性保险政策,提高其抵御市场风险能力,促其健康有序发展。

(四)加强农村社会保障建设,促进农民共同富裕

提高城乡基本养老、医疗保障待遇标准和水平,让农村居民无后顾之忧;完善农村社会保障和救助体系建设,加大对困难户帮扶力度,帮助低收入群体早日脱贫。

财政·税务

财 政

【概况】

2016年,面对经济下行压力持续加大的复杂形势,强化财税收入征管,多方筹措资金,通过合理调度,盘活存量,多措并举优化支出结构,加快支出进度,加大保障和改善民生投入力度,全县财政收支运行总体保持平稳态势。"平罗县党政机关事业单位'三公'经费、公务卡使用及政府采购政策执行情况检查"被评为全区优秀财政监督检查项目;县财政局获得2015年度全区财政监督工作先进单位三等奖,被评为全区行政事业资产清查优秀单位、国有资产统计工作先进单位。

【财源建设】

通过综合治税强化税收征管,全面推开"营改增"试点工作,研究"营改增"后税源结构转变新特点,优化征管资源配置和纳税服务,堵塞税收征管漏洞。县本级财政收入9.05亿元,为年度调整预算数100%,下降12.9%。其中,一般公共预算收入8.02亿元,同比下降6.9%;政府性基金收入1.03亿元,同比下降41.66%。财政支出33.53亿元,比上年增长7.5%。其中,一般公共预算支出30.05亿元,增长5.3%。发挥各部门协税护税作用,各单位在支付工程款时协助税务部门税收清欠,对原增值税、营业税、所得税、城镇土地使用税等税种清欠,全年清理欠税5287万元。

【资金争取】

依据自治区2016年项目资金安排及扶持政策,编制印发《平罗县争取资金工作申报指南》,通过争取项目资金、多方融资等方式,争取自治区财政厅教育、医疗卫生、农林水、保障性住房等各类专项资金14.8亿元,争取国家重点项目建设基金3.94亿元,争取国开行和农发行贷款8.43亿元,争取置换债券和新增地方债资金分别为5.9亿元和1.5亿元。落实到位中央、自治区和市级各项专项资金40.56亿元,为年度目标任务104%,确保惠民文化健身公园、城区热电联产集中供热、生态移民和保障性住房等重大项目实施,为县域经济发展提供财力保障。

【支出结构】

坚持保运转、保民生、保重点、优结构,合理调度财政资金,妥善处理拨付资金与规范管理之间关系,提高预算执行效果。县级可用财力34.4亿元,其中公共财政预算可用财力31.4亿元,同比增加2.1亿元。一般公共财政预算支出30.05亿元,为变动预算数96.6%,同比增长5.3%。年底财政预算结转为1.06亿元,结转率为当年财政支出3.37%,低于自治区结转5%以内。基本支出优先安排。争取自治区财力性转移支付补助7.3亿元,保障干部工资、调资、公车改革和政府效能奖等人员基本支出，以及单位正常运转。社会保障全面落实。确保机关事业单位在职人员养老保险政策落实，实行机关退休人员养老保险社会化发放，筹集资金确保被征地农民参加养老保险工作，社会保险制度实现全覆盖。安排养老、失业、医疗保险等各类社会保险基金6.7亿元。全面落实最低生活保障、五保供养救助政策，为城乡低保对象发放生活补贴0.51亿元。强农惠农政策执行到位。安排农村综合改革资金0.71亿元，发展村级公益事业、建设农村道路和小型水利设施；安排资金0.23亿元，在高庄乡威镇村等10个试点行政村，实施扶持壮大村集体经济项目；全年通过"一卡通"发放各类涉农补贴资金2.08亿元，为农业增效、农民增收夯实基础。教育事业均衡发展。完善城乡义务教育保障机制，安排资金1.73亿元，支持崇岗九年制学校迁建，新建乡镇幼儿园，实施义务教育薄弱学校改造计划和现代职业教育质量提升计划，改善全县从学前到高中和职业教育学校的办学条件，全县青少年充分享受教育惠民政策。提升公共卫生水平。安排资金2.32亿元，用于公立医院改革、改善乡村公共卫生条件、更新医疗设备和兑现村医补助，让全县人民享受医疗改革的红利。优化支出结构。推进基本公共服务均等化，重点保障民生领域支出，2016年民生支出23亿元，占公共财政支出的77%，提高广大人民群众福祉，确保社会各项事业和谐健康发展。

【财政监督】

严格财政资金监管和跟踪问效，制定《平罗县财政局廉政风险内部控制制度》，从预算编制、预算执行、风险防控等方面严格管理，完善用制度管人管钱机制。从严"三公"经费管理。落实《党政机关厉行节约反对浪费条例》，以及中央八项规定和区、市、县厉行节约若干规定，公务费用支出实行计划管理，落实"三公"经费指标监控、预警提醒、信息公开和监督检查长效机制。全县党政机关"三公"经费支出1041.34万元，较上年同期减少96.84万元，下降8.51%。积极盘活财政存量资金。发挥财政资金使用效益，加强结余结转资金清理。预算结转资金全部下达预算执行完毕，结转压减率100%；通过督促各部门加快支出进度，清理国库结转资金3.92亿元，压缩率75%。通过预算安排、单位归还、银行贷款等方式，化解财政暂付款2.32亿元，新增暂付款1.85亿元，暂付款绝对数减少0.47亿元，暂付余额6.08亿元，化解率7.2%。开展监督检查工作。完善财政大监督格局，会同纪检、审计部门，借助社会中介机构，开展全县一级预算单位"三公"经费、公务卡使用及政府采购政策执行情况检查；重点工程项目资金管理、使用情况检查；生态移民等项目资金监督检查，查处违规资金142.62万元，追缴资金20.84万元，将检查结果在全县范围内通报。规范预算单位资金支出和核算行为，完善内控、规范管理。

【债务监管】

完善政府性债务管理体制，对全县各类政府性债务进行清理甄别，划分债务类别，将政府性债务纳入财政预算管理，严格执行自治区财政厅关于政府性债务举借、使用、偿还、风险控制和监督管理程序，提高政府性债务风险防控能力，确保财政资金安全运行。通过预算安排、争取自治区资金支持等方式化解各类政府性债务7.35亿元,全县政府性债务在可控范围内。

【财政改革】

加强涉农资金信息公开。完善预算决算公开,涉农资金信息公开,在平罗县政府信息网站开通"涉农资金信息专栏",对农业补贴类、社会保障类、工程建设类等内容公开,公开资金量3.06亿元。规范国有资产管理。对全县156个行政事业单位资产进行全面清查,摸清家底,实行国有资产网络化动态管理,促进资产配置与预算管理有机结合。统筹推进国有企业改革,制订《平罗县国有企业改革工作方案》。平罗县国有资产经营公司注资3600万元,与宁夏水务投资集团有限公司签订《平罗县精细化工基地供水工程建设运营合作协议》,解决平罗县精细化工基地工业用水和居民用水问题。做好公务用车改革工作。制定《平罗县党政机关公务用车制度改革定向化保障公务用车管理办法》《平罗县党政机关公务用车制度改革车辆处置管理办法》等制度,修订《平罗县党政机关差旅费管理办法》。对车辆清查、封存工作,按照规定标准及时兑付公务交通补贴,确保全县党政机关公务用车改革工作顺利推进。全面推广政府购买服务试点。作为自治区财政厅确定的政府购买服务改革试点县,制订《平罗县政府购买服务改革试点实施方案》,开展养老助残、就业创业、扶贫培训、校园安全、公共文化等6类40项服务民生项目,投入资金1.13亿元。

国家税务

【概况】

2016年,以组织收入为中心,以绩效管理为抓手,推进征管体制改革和税制改革,深化国、地税合作和依法治税,开展"两学一做"学习教育和"岗位大练兵、业务大比武"活动,税收工作取得新进展,干部队伍迸发新活力。县局被评为全市"六五"普法先进集体、全区国税系统首批"基层建设示范点",政风行风测评成绩连续五年获得第一名的好成绩。办税服务厅创建自治区级"青年文明号"。城郊党支部被授予全区国税系统先进基层党支部荣誉称号,局党总支被石嘴山市委授予先进基层党组织荣誉称号。

【税收收入】

面对持续低迷经济形势,围绕组织收入工作中心,查找税收征管薄弱环节,把控税源变化情况和发展趋势,深化税收分析,层层落实收入目标责任,加强后续管理,狠抓欠税清缴。全年税收收入6.78亿元,同比增长27.73%,增收1.47亿元,其中,县级收入2.44亿元。落实各项税收优惠政策,小微企业税收优惠面达到100%,办理各类减免退税1.5亿元。

【税收改革】

强化全县重点建设项目管理,加强税收政策宣传辅导,强化建筑业税收管理,异地建筑企业预缴税款5971.90万元,占全市异地建筑企业预缴税款总额1.05亿元的57.01%。开展风险应对,全年风险管理入库税款3925.48万元。通过开展各类专项核查入库增值税391万元,调减留抵税额373万元。强化所得税审核,对风险企业270户次排查及风险应对,调增应纳税所得额1.79亿元,补缴企业所得税2907.86万元,占全市国税系统企业所得税风险应对入库4536.09万元的64%。

【依法治税】

推进税务行政审批标准化建设,强化税收

执法监督，通过执法督察和案卷评查，发现执法不规范问题16项，逐项督促整改，实施执法过错责任追究18人次。对疑点数据核查、执法督察和审计发现问题自查和整改工作，促进税收执法、行政管理、案卷文书、档案资料的规范化、标准化。学习外省市经验，拓宽思路、提高标准，建成法治税务示范基地和普法教育示范基地。开展普法和税收宣传系列活动，提升税务干部执法水平，纳税人税法知晓度、增强遵从度。

【纳税服务】

通过大厅办税、委托代征、定额核定、信息采集和共享、干部挂职交流等多方面、多领域合作，国地税办税服务和税收管理深度融合，提高办税效率，减轻纳税人负担。搭建重点税源企业服务平台，跟进政府招商引资项目，联合县职能部门开展税收优惠政策宣传和涉税事项辅导，促进招商引资项目落地。以"互联网+税务"为依托，推行网上申报缴税、手机APP办税和自助设备24小时办税、涉税事项全区通办、增值税一般纳税人取消发票认证和二维码一次性告知、简化发票代开流程等一系列措施，使纳税服务更为便捷、高效。

【队伍建设】

推行绩效管理4.0版，强化绩效日常监控和过程管理，严格考评结果运用，发挥绩效管理"指挥棒"作用。加强领导班子建设，规范班子成员分工，试点运行数字人事，干部管理更加科学、便捷。开展"岗位大练兵、业务大比武"，提升业务技能，在全区国税系统大比武考试中有7人取得优异成绩，被确定为全区岗位能手。针对任务重、压力大工作现状，采取生日送祝福、生病探望慰问、健康体检等"暖心"措施。在县局办公楼、食堂、基层分局配备净水设备，确保干部饮水安全。开辟菜园，组织干部种植采摘，丰富餐桌食物，促进干部身心健康。建立成长记录、税月写真、离别欢送、定期慰问退休干部管理服务长效机制（四位一体），使离退休干部老有所乐、老有所为、退有所尊。开展"好家风、好家训"主题道德讲堂系列活动，组织干部聆听离退休老干部讲述从税几十年工作经历和教育子女、勤俭持家方面的好家风、好家训，带动良好税风形成。

【学习教育】

开展"两学一做"学习教育，坚持党组中心组理论学习、领导干部带头讲党课等制度，学习贯彻党的十八届六中全会精神，引导和教育广大党员干部学习领会《党章》《准则》和《条例》以及习近平总书记系列重要讲话重大意义，开展"三亮三比"和整治"三不为"活动，解决抓党建责任落实不够到位问题。落实总局构建党建大格局"纵合横通"机制，加强党建和党风廉政建设工作，使抓党建工作更加协调配合。落实教育精准扶贫和帮扶解困工作任务，投入资金5万余元，干部下村走访60余人次，开展结对帮扶，深化服务型党组织建设。

【党风廉政建设】

制定印发2016年《党风廉政建设工作任务分解表》《党风廉政建设主体责任和监督责任清单》，局党组和纪检组定期召开会议，专门听取班子成员和部门负责人落实"两个责任"情况汇报，通过《主体责任和监督责任履职纪实手册》、党风廉政建设"大约谈"、建立廉政档案、廉政风险提醒、落实中央八项规定"回头看"等各种形式，强化执纪监督，严肃问责，推动主体责任落地。落实巡视整改和全面自查自纠工作,严抓问题整改,强化内控机制,引导干部增强政治敏锐性和廉政风险意识。围绕《准则》《条例》《党员问责条例》和身边典型案件,狠抓廉政警示教育,筑牢干部思想防线。紧盯关键环节和重要岗位廉政风险,强化防控措施,坚决防止出现问题。

地方税务

【概况】

2016年,以"两学一做"学习教育为引领,按照"因势而谋、应势而动、顺势而为"工作要求,坚持依法治税、从严治队、优化服务。荣获2016年度全区地税系统"先进集体",被中共宁夏回族自治区地方税务局党组评为"先进基层党组织",被石嘴山市总工会授予2016年石嘴山市劳动竞赛"先进集体"。

【入库收入】

面对县域经济增长下行压力持续加大、减免税因素增多、企业经济效益下滑对收入造成严峻形势,抓住"营改增"税制改革契机,抓好"项目管理",依法加强税收征管,清缴营业税,优化纳税服务,确保"营改增"实施,实现组织收入良好开局。下半年,面对"营改增"后主体税种缺失和征管手段弱化,挖潜增收潜力越来越小,税收收入缺口越拉越大困难局面,围绕石嘴山市地税局"1661"工作思路,

平罗县地税局"大干实干第四季度、确保完成全年任务"誓师大会

开展"大干实干第四季度、确保完成全年任务"活动,突出抓好耕地占用税清缴这个关键,落实局领导分片包干抓收入工作职责,树立"经济决定税源、征管决定税收"组织收入理念,通过落实组织收入目标管理责任制、深化税收分析预测、清缴欠税、加强税费同征同管等措施,提高组织收入质量。全年入库各项收入10.6亿元,其中:税收收入5.1亿元,超收6058万元;社保费收入4.7亿元;教育费附加税2356万元;地方教育费1640万元;水利建设基金2533万元;残疾人就业保障金111万元;工会经费1022万元;机关事业单位职业年金1011万元;罚没收入2万元。

【税收改革】

做好全面推开"营改增"试点工作。通过与国税部门密切配合,移交管户3237户。做好"营改增"过渡阶段发票管理,服务窗口受理纳税人销售不动产和其他个人出租不动产申报缴税、代开增值税发票业务,为5月1日"营改增"实施提供保障。执行各项税收优惠政策,依法落实营业税备案类减免658万元。开展重点建设项目税收清理,征收地方各税4618万元。做好资源税改革工作。按照改革实施时间节点,抓好税收宣传、纳税服务,帮助企业正确申报纳税。结合税收执法风险防控,开展资源税专项检查,确保7月1日资源税改革落实到位。落实税收优惠政策。严格执行《宁夏回族自治区地方税税收减免管理暂行办法》,依法落实减免税8727万元。

【便民办税】

贯彻落实《深化国税、地税征管体制改革方案》,推进"便民办税春风行动"。实行国地税互驻办税服务厅,使纳税人"进一家门办两家事"

成为现实。纳税服务规范、税收执法权力清单和责任清单、"三集中三到位"行政审批制度等便民办税措施在平罗县地税局落地,提高纳税服务效率。依托微信平台向服务对象发送"问需求、优服务、促改革"调查问卷,800多名纳税人关注微信,提交答卷,优化纳税服务措施,促进纳税服务提速提效。利用纳税人学堂,国地税联合举办纳税人培训班,参加培训纳税人1000户。

【夯实基础】

落实《全国税收征管规范》,从税务登记、申报征收等环节加强管理,规范业务流程和表证单书。依托办税服务厅等税企沟通平台,让纳税人了解办税程序和服务举措,提高《征管规范》落实的有效性。开展"抓规范、树导向、创特色、求卓越"活动,结合税收执法疑点信息核查工作,深入查找税收征管工作中存在问题,分类制定详细自查整改台账,实施台账销号管理,夯实征管工作基础。抓好"以地控税"工作,核查土地使用税税源信息,利用测土精灵实际测算862户,查增确认土地面积8112.75平方米,查增税款16.38万元,补征税款16.38万元。紧盯纳税人土地抵押、转让环节土地使用税缴纳情况,比对税务、纳税人、国土部门涉税信息,清缴税款,通过与国土部门配合,让纳税人出具土地使用税完税情况证明147份,清理入库税款滞纳金94.51万元。通过实施清缴欠税目标管理责任制、领导班子分片包干抓清欠等措施,清理欠税4005万元。开展耕地占用税清算工作,与县财政局、国土局共同组成耕地占用税清算小组,对2010年以来平罗县辖区每宗土地耕地占用税缴纳情况进行全面清理,全年清缴耕地占用税7.28亿元。

【队伍建设】

举办"大学习大练兵大比武"活动培训班25批次,培训干部职工2300多人次。坚持以绩效管理总揽全局,把全年重点工作纳入绩效考评,制定9项制度体系,以及"个人实绩考评表"。分解131项机关考评指标、52项税务所考评指标,建立四类工作台账,对绩效管理每个环节翔实记录,坚持绩效考评事前提醒、事中监控、事后通报,落实绩效分析讲评会议制度,季度结束后对绩效考评情况通报,落实绩效管理制度。把绩效考评结果作为推荐评选先进集体、优秀公务员、先进工作者的主要指标。通过开展群众评议机关作风大走访活动、"问需求、优服务、促改革"活动、群众评议机关"五查五看"活动,广泛征求意见建议,查找工作中存在不足,优化纳税服务。纳税人满意度比上年提升8个位次,取得第二名的成绩。开展"重振信心·再创辉煌"大讨论活动,突出学习教育、剖析检查、专题讨论、自查整改"四个导向",增强完成全年任务信心,鼓足干事创业动力。开展学习宣传刘光荣先进事迹活动、"传承好家风好家训"活动、结对帮扶联建等活动,加强思想政治工作,营造干事创业良好工作氛围和社会形象。

【党的建设】

把"两学一做"学习教育作为加强干部职工思想教育和作风建设主抓手,健全学习教育和责任落实机制。开展"两学一做"学习教育"三个

平罗县地税局特色工作小组研究工作

专题"学习研讨,班子成员带头讲党课,参与学习教育干部职工200多人次。通过组织参观预防职务犯罪警示教育基地、举办预防职务犯罪警示教育专题讲座、观看反腐倡廉警示教育片等形式,加强思想道德教育。通过"两学一做"党章党规测试、参加石嘴山党建网在线考试,以及部门集中学习和个人自学等方式巩固学习效果。通过开展"三送一加强""五查五看"活动,营造学习教育的浓厚氛围。抓好作风建设、制度执行,把纪律规矩挺在前面,贯彻《关于新形势下党内政治生活的若干准则》《中国共产党党内监督条例》,召开领导班子民主生活会和党员民主生活会。严格执行中央八项规定、自治区地税局关于改进作风若干规定等党纪条规,坚决防止"四风"反弹。落实党风廉政建设"两个责任",层层签订《党风廉政建设责任书》等570份,健全责任分解、责任考核、责任追究相互衔接、整体推进的责任落实机制。开展落实中央八项规定精神"回头看",查找问题,整改落实。对自治区党委巡视组反馈的问题、2015年度专题民主生活会征求的意见建议,逐一整改落实。对干部职工反映的优化纳税服务方面建议、便民办税春风行动、"问需求、优服务、促改革"活动征求到意见高度重视,落实责任部门,提升班子整体工作效能。

综合经济与经济管理

综合经济

【概况】

2016年，以"保增长、促发展"总揽工作全局，推进各项工作，全县地区生产总值150.11亿元，同比增长7.3%；实现社会消费品零售总额23.88亿元，同比增长6.9%；全社会固定资产投资165.41亿元，同比增长3.6%；规模以上工业企业94家，实现增加值71.7亿元，同比增长8.2%；地方公共财政预算收入8.02亿元，同比下降6.9%。

【项目建设】

全年实施重点建设项目62个，概算总投资211.47亿元，年度计划投资92.25亿元，承担市级重点建设项目21个，年度计划总投资52.27亿元；县级重点建设项目41个，年度计划总投资39.98亿元。截至年底，重点项目投资96.20亿元。其中，市级重点建设项目投资52.79亿元；县级重点建设项目投资43.41元。实施重点项目，为全县固定资产投资提供保障。组织各单位编制2017年全县固定资产投资项目和重点项目，为2017年固定资产投资增长奠定基础。

【转型升级】

落实《平罗县产业转型升级和结构调整工作方案》《平罗县老工业区调整改造实施方案》，抓好21个循环化改造批复项目的落实。全面开展园区循环化改造中期评估，项目评估321个。向自治区发改委上报吉元冶金等8家企业资源节约和环境保护中央预算内储备项目8个，投资28.94亿元。落实招商项目20个，概算总投资111.24亿元，全年计划投资43.09亿元，截至12月，实际投资32.15亿元。

【项目管理】

全年审批备案各类项目204个，概算总投资34.58亿元。上报争取中央和自治区各类投资项目44个，计划总投资8.85亿元，中央预算内补助资金项目32个1.67亿元。编制上报三批建设基金项目34个，落实国家专项基金项目11个，额度5.39亿元，促进重点项目推进。审查项目招标控制价58个，核减金额0.4亿元。招投标工作规范有序，全年审批招标项目133个，概算批复投资1.24亿元，开标项目131个。

【专项改革】

编制《平罗县国民经济和社会发展第十三个五年规划纲要》及全县"十三五"期间240个重点建设项目，经县人代会审议通过，印发各部门、乡镇执行。指导和督促19个部门及园区编制专项规划21个。《纲要》及专项规划编制为全县未来五年经济社会发展指明方向。制定印发《平罗县社会信用体系建设工作方案》和《平罗县社会信用体系建设2015—2017年重点任务及分工》，明确工作目标，细化任务分工，确保社会信用体系建设工作有力、有序开展。指导、协调各部门重点开展行政处罚、行政审批"双公示"工作,归集公开双公示信息883条(许可信息706条,处罚信息177条),涉及全县22家部门和单位;指导各部门完善守信激励和失信惩戒工作机制,建立信息公示机制和企业信用协同监管系统、"双随机"抽查机制、信息互联共享机制、联合惩戒机制、红黑名单机制等,完善对市场主体信用监管机制,提高监管效能,对793起企业和个人失信行为实名信息公示或失信惩戒,以此督促市场主体诚信经营,对营造良好市场诚信环境起到重要作用。履行县车改工作领导小组办公室职责,协调组织各参改单位推进公车改革。制订印发《平罗县县直部门乡镇推进公务用车制度改革实施方案》及相关配套文件,推进全县车改工作。全县58个单位、319辆公车参加车改,落实全县车辆调配、封存与拍卖及司勤人员安置工作。

【科技创新】

围绕主导产业完善科技创新体系,建立多渠道投融资体系,全县科技研发投入6300万元;鼓励支持企业建立技术研发平台,培育国家高新技术企业两家,建立自治区级企业技术创新中心5个,创建自治区科技型中小企业27家;完善产学研合作机制,企业与北京化工大学等28家院校、科研机构建立长期稳定合作关系,设立研究生工作站1个、科研基地1个,开展技术合作项目49个;2016年,全县专利申请量达142件;开展科技攻关,申报各级各类科技计划项目78项,争取区、市科技发展资金545.42万元。整合科技特派员创业队伍,特派员总数193人,有90人成为法人科技特派员,建立专业协会、专业合作社41个,引进新品种、新技术62项;带动就业3200人。

【小微企业】

启动小微企业创业创新示范城市工作,整合小微企业创业创新各类平台资源,提升小微企业信息化水平,健全创业创新培训、信用、监测、评价和人才培养等体系,加快优化小微企业创业创新软环境;创建创业创新基地9个,开展专项行动8项;建立全民创业就业融资服务体系,为小微企业担保贷款1.3亿元,贴息1160万元,全县19家小微企业股权出质47件,担保贷款11.7亿元。争取"两创"示范各类资金400.6万元。石嘴山国际建材城等11家创业园区列入全市首批小微企业创业创新基地;全县新增小微企业805户,城市新增就业人数4281人,小微企业新增就业5809人。

价格监督检查

【概况】

2016年,适应经济发展新常态,以深化价格改革,推进依法行政为抓手,加强价格监管执法、促进价格工作加快转型,以稳定价格总水平为首要任务,"稳增长、调结构、惠民生"为工作目标,服务全县经济持续健康发展、社会和谐稳定。

【价格改革】

县级公立医院医疗服务价格改革。取消公立医院药品加成,破除以药补医机制,加强医疗机构成本核算和内部管理,建立补偿机制,合理调整医疗服务价格,理顺医疗服务比价关系,实现医疗机构不亏损和患者负担不增加的"双赢"改革目标,按20%~84%幅度予以调高五大类851项,包括诊查费10项、护理费18项、床位费17项、部分手术治疗735项和部分中医服务费71项；按5%幅度调低226项，包括CT扫描、磁共振扫描7项、超声检查20项、检验199项，对县人民医院、中医院实施改革。城市生活垃圾处理收费改革。安排专职成本监审人员对平罗县城市公用局城市生活垃圾2013年、2014年、2015年3个年度成本为期2个月成本监审，形成严谨监审结论，召开听证会，经县政府84次常务会通过调整方案，向社会印发调整方案。城市污水处理价格改革。依法对平罗县德渊市政产业有限公司2013—2015年3年污水处理成本监审，形成监审结论，拟定调整方案，召开征求意见会，经县政府常务会通过调整方案。

【价格监测和预警】

做好应急监测与常规监测衔接工作，确保价格监测数据的准确性、及时性和上报率，分析价格运行苗头性、倾向性、潜在性问题，增强监测预警前瞻性。抓好每月4日、14日、20日、24日常规99个品种监测，每周2次平价监测，发现异常，及时向上级报告，提高分析研判准确性，为领导决策提供有价值、全面准确数据支撑和价格预警分析。

【蔬菜政策性价格保险】

推进蔬菜价格政策性保险试点推广，全年对419.62公顷设施蔬菜及露地蔬菜投保，投保期内蔬菜价格低于成本价，启动理赔程序，于8月2日在平罗县姚伏团庄村召开蔬菜价格政策性保险理赔现场会，1044户菜农获得理赔，理赔总额1288.41万元。其中：平安产险公司理赔638.92万元，人保财险公司理赔649.49万元。蔬菜价格政策性保险既保护农民生产成本投入，稳定蔬菜价格，降低设施蔬菜种植户经营风险，稳定蔬菜源头价格。

【平价商店】

把平价商店建设作为控制市场价格抓手，起到平抑市场价格引领作用。全县建成平价商店（超市）15家，其中：清真牛羊肉直销店3家。平价商店粮、油、肉低于市场价5%、蔬菜低于市场价15%销售，执行价格在平罗政府信息网、活力平罗向社会公布，定期对平价商店检查和考核。

【平价农贸市场】

在县城翰林大街与人民西路交会处建设政府投资平价农贸市场，投资4700万元，占地4.43亩，设蔬菜、瓜果、粮油、清真牛羊肉、非清真肉类、调味品、豆制品、禽蛋类、水产品和公共服务区九大功能区域。市场建成后，摊位将通过招商吸纳种植、养殖、加工大户入场经营，政府免收摊位费，补贴水、电、暖等费用，销售农副产品执行平价商店价格，惠及广大市民。此平价农贸市场建设将成为周边地区农副产品集散中心之一，为城区居民提供90%以上鲜活农副产品，拓宽就业渠道，方便县城居民生活，转移农村剩余劳动力，发挥"城乡对接"作用，优化资源配置，起到平抑物价作用。

【民生服务】

在加强民生价格方面探索与实践，创新服务方式，运用互联网+在平罗县政府信息网站开辟"平罗县民生服务价格公开栏"，把涉及民生、贴近民生价格及收费分类进行公示，让社会大众有全面的知情权、消费意识。专题网站将价费分类设计成公开政策指导、农副产品、医药服务、农业生产资料、房地产物业服务、他山之石

6个栏目,开设教育收费、驾校培训、水电暖气、出租车运营、停车收费、有线电视服务、出行旅游、养老服务8个小栏目,不同栏目分类、清晰、公开各类民生价格,确保群众消费公开透明。

【价格监督检查】

开展涉企行政事业性收费和中介服务收费重点检查,在规定时限内抽查14个重点检查单位。为确保国家药品价格改革顺利实施,规范药品价格行为,维护药品价格秩序,开展药品价格专项检查。重点抽查县级公立医疗机构3个、疾病预防控制机构1个、民营医疗机构4个、乡镇卫生院6个、连锁医药企业6个、社会零售药店12个。开展教育收费专项检查。安排全县高中1所、职教管理中心1所、初中学校1所、小学3所、公办幼儿园3所、民办幼儿园24所、九年制学校4所检查。对2015年检查出平罗中学103万元违纪问题进行立案处理,予以没收,并处50万元罚款,实施经济制裁153万元,全部上缴财政专户。针对农资市场分布零散、检查线长面广现实情况,开展涉农收费专项检查。采取巡查、回访、提醒、告诫等多种方式,跟踪化肥、种子、农膜、农药等市场价格动向。向经营者宣传物价法律法规和国家农资价格政策,组织经营者进行价格自律活动,全面推进明码标价工作。与县住建局组成联合检查组,开展商品房销售明码标价专项检查,对部分企业价格虚高标价行为进行纠正。做好"12358"举报平台值守,全年受理群众价格举报和投诉102件,涉及房地产价格、物业服务收费、驾驶员培训收费、停车场收费、药品价格等领域,退还消费者0.76万元。

【收费管理】

对94家经营性收费单位办理服务价格登记备案证,其中,物业公司17家,民办幼儿园18家,民办学校2家,出租汽车公司3家,私人停车场9家,其他单位45个。要求各经营单位必须亮证收费,明码标价,接受群众和社会监督。对纳入涉企和经营服务性收费、中介收费管理收费项目,采取自查和送检办法清理检查,无超标准、超范围、自立项目收费现象违规行为。

【价格认定】

坚持"客观、公正、公平"原则,以"服务司法、服务社会、服务政府、服务系统"为工作方向,坚持认证质量至上,开展各项价格认定工作。全年为公、检、法等司法行政部门出具涉案物价估价结论报告书85起,总标的额1600万余元,保证司法和行政执法工作正常开展,维护司法公正、保护当事人合法权益提供优质高效服务。

【农产品成本调查】

在全县7个乡镇设立135个农产品成本调查户,通过调查,对10个种植业品种、9个养殖业品种成本收益汇总分析,对农民种植意向调查,农户存粮及售粮情况调查,农资购买情况调查,小麦、玉米、粳稻、生猪饲养成本直报,撰写分析报告10篇。

【价格宣传】

撰写的宣传报道、新闻稿件、调研文章、信息247篇,其中被《中国价格监督检查与反垄断》刊登1篇,《宁夏物价》刊登14篇,《石嘴山日报》刊登6篇,《石嘴山决策》刊登1篇,宁夏物价网采用34篇,平罗县政府信息网采用115篇。

安全生产监督管理

【概况】

2016年，围绕"深化安全生产责任落实年"活动，开展安全生产十大专项整治、百日专项整治和打非治违等一系列专项整治行动，强化安全生产责任落实，狠抓隐患排查治理体系建设，加大培训教育力度，夯实安全生产基础，遏制重特大安全生产事故发生，确保全县安全生产形势持续平稳。

【安全生产】

2016年，全县发生各类事故112起，同比减少19起，下降14.5%；死亡34人，同比增加3人，上升9.7%；受伤126人，同比减少9人，下降6.7%；直接经济损失约419万元，同比减少约105万元，下降约25.1%。未发生较大及以上事故。与上年同期相比，安全生产四项主要指标呈现"三降一升"趋势（即事故起数、受伤人数、直接经济损失呈下降趋势，死亡人数呈上升趋势）。分行业看，道路交通领域发生事故103起，同比持平，占事故总起数68.2%；死亡25人，同比持平。工矿企业发生事故9起，同比增加1起，占事故总起数5.3%；死亡9人，同比增加3人，上升33.3%，占总死亡人数26.5%。消防、建筑、特种设备、城市运行等行业领域均未发生死亡事故。

【指标控制】

2016年，自治区下达平罗县亿元GDP死亡率控制指标为0.228%。经测算，全年GDP按150亿元测算，年度全县亿元死亡率0.220%，在控制范围之内。区、市下达平罗县安全生产较大事故控制指标1起、无重特大安全生产事故、安全生产事故死亡人数控制指标18人。全县未发生较大及以上安全生产事故，安全生产事故造成死亡人数为16人，结余指标2人，事故及死亡人数均在控制指标范围之内。

【政府监管责任】

制定《平罗县安全生产"党政同责、一岗双责"行政责任暂行规定》，指导负有安全监管职责的部门制定安全生产"三个清单"，明确各级党委政府、各级领导、各乡镇、各部门工作职责和责任边界，层层签订《安全目标责任书》。建立考核奖惩、警示约谈、隐患督办、一票否决、责任追究等工作机制；将安全生产约束性指标层层分解到各乡镇、部门；县委、政府定期听取安全生产工作汇报，研究解决安全生产工作中存在的问题，安排部署阶段性工作。各乡镇（街道）、各部门、各园区均成立安委会，144个行政村配备安全协管员，落实机构、人员，明确工作职责，按照县安委会安全生产总体部署开展工作，全面履行本地区、本行业安全生产工作职责，四级全覆盖安全生产责任体系全面建立。

【企业主体责任】

督促、指导企业建立安全生产专职机构，实行企业法人安全生产负责制。按照分级化管理要求，建立企业—车间—班组—岗位上下一体安全生产责任体系，配套制定对应安全生产管理制度，从体制、制度上保障企业安全生产。推进风险防控体系和隐患排查治理体系建设。按照企业安全生产分级化管理要求，安全生产专业机构对全县化工、冶金等179家重点企业开展风险辨识，对应制定风险防控措施和隐患排查清单，将风险点管控责任层层分解落实到各车间、班组、岗位，严格实行月查、周查、日查、时查常态化隐患排查工作机制。推进企业安全基础管理。按照自治区落实企业主体责任企业安全生产"六化"工作目标，依托安全生产中介机构，按照行业管理规范要求，从安全生产基础管理入手，对化工、冶金等重点企业日常安全生产管理系统梳理和指导、培训。提升企业安全管理，遏制重特大安全生产事故。

【专项整治】

按照国务院、自治区、市安全生产工作部署和要求，结合本县安全生产工作实际，开展安全生产十大专项整治、百日专项整治、打非治违、岁末年初安全生产大检查等一系列专项整治和安全大检查工作。突出危险化学品、道路交通、油气管道、人员密集场所、建筑施工、特种设备、烟花爆竹等重点行业领域开展集中专项整治。1—12月，全县上下排查整治生产经营单位2286家次，排查各类隐患6760余条，整改隐患6620条，其中责令停产整顿企业21家，依法取缔非法生产经营单位3家。

【基础保障】

为解决政府监管人员不足、技术力量不强，企业管理人才缺乏，想管好、不会管、管不好等突出问题，政府采取向社会购买服务方式，依托安全生产专职机构2家组织专家团队开展安全生产服务工作，将全县重点企业80家纳入检查服务范围，定期开展安全检查和诊断。检查复查企业265家次，排查各类隐患2481条。加强各园区安全生产履职能力建设，增设各园区安全生产管理内设机构，解决人员编制和经费保障问题；投资1031万元为精细化工基地园区建立消防中队，解决精细化工基地应急救援问题。强化道路交通安全隐患整治，投资120余万元对全县道路交通安全隐患专项整治。

【安全宣传教育培训】

坚持将安全教育贯穿于安全生产工作全过程。强化企业安全培训，依托专业院校、评价机构和专家，分层次、分类型，开展教育培训工作。全年举办企业"三岗"人员和隐患排查治理信息员培训班14期，培训1560余人。鼓励重点生产企业聘请专业服务单位和行业专家开展一线员工教育培训8场次，培训人数近4500余人。交通、住建、农牧、教体等职能部门结合各领域实际，开展从业人员安全教育培训，提升职工安全生产意识和安全技能。强化社会宣传教育。以安全生产月活动为契机，开展安全生产文艺演出、事故应急救援演练、安全生产知识竞赛等活动，增强民众应对突发事故和自然灾害应急处置和自我保护能力。"安全生产月"活动期间，全县悬挂横幅26条，发放宣传资料3万余份，接受群众咨询600余人次。利用社区、网络、电视开展社会面安全宣传教育，营造安全生产氛围，增强公民安全意识。

市场监督管理

【概况】

2016年，创新监管模式，加快推进商事制度改革，依法履行市场监管职责，维护市场经济秩序，严厉打击违法经营行为，助力平罗经济社会发展大局。行政审批科荣获全国工商、市场监管部门企业登记工作成绩突出窗口单位；个私协会荣获全国个私协会系统先进集体；成功创建全区首批食品安全先进县；餐饮科荣获全区重大活动保障先进集体；企业成功申创宁夏著名商标12家；明厨亮灶工程推行率96.3%，位于全区第一位；推行"五证合一""两证合一"工作;明厨亮灶、"4D厨房"管理模式全区推广;食品生产企业分级分类监管率和药品经营企业电子化监管率分别达到100%;电梯"黑匣子"安装率22%;加大执法办案力度,查办违法案件310余起,罚没款190万元;受理消费者投诉举报480余件,为消费者挽回损失50多万元,投诉办结率100%。

【商事制度改革】

推进商事登记制度改革,实行"零门槛"市场准入,落实"先照后证"登记制度,采取前置改后置审批、五证合一等多项改革举措,提高审批效率,市场主体数量大幅增长。2016年,全县有各类登记企业4362户,注册资本229.9亿元,个体工商户14190户,资金数额18.6亿元,农民专业合作社592户,注册资本18.1亿元。登记制度改革以来,全县新登记企业1898户,注册资本112.2亿元,新登记注册农民专业合作社290户,注册资本7.03亿元,办理"三证合一、五证合一"企业营业执照2465户,个体工商户"三证合一、一证三码"营业执照6968户。核准企业名称842件,网上名称核准138件。建立"双随机,一公开"抽查机制,推进企业信用监管工作,体现改革激发市场主体活力作用。

颁发首张"三证合一"营业执照

【以服务促经济提升】

发挥股权出质及动产抵押登记积极作用,搭建银企平台,做好企业融资工作,2016年为96户企业融资34.57亿元。企业股权出质登记69件,出质股权14.2亿元,担保融资金额61.7亿元。建立市场主体信用体系。推荐"守合同重信用"企业47家,其中推荐国家级4家,区级13家,市级29家;培育自治区四星级市场1家,为搭建社会信用公示平台奠定基础。做好就业创业工作。2016年培育小企业287户,培养小老板486个,新增就业岗位2448个。全县新登记注册资本50万元以下小微企业占新增企业总数34.85%,同比增长31.2%。

【网格化监管】

制订涉及民生的饮食安全、消费安全、生产安全工作方案和开展监管工作,维护广大群众合法权益。监管食品生产经营户3426户,其中食品生产企业76家,食品生产加工小作坊328家,食品流通环节经营户2106户,餐饮单位979家;各类涉药(械)单位393家,其中药品生产企业3家,药品经营单位112家,医疗卫生机构278家。保健食品销售店119家。使用特种设备的经营主体和企事业单位632家,特种设备安全附件生产企业1家,危险化学品获证企业31家,特种设备3373台(部)。全部实现在册登记,实行网格化监管。

【食品安全监管】

理清全县食品安全监管思路,明确监管重点和目标,全县食品安全工作会议召开,落实县政府绩效目标责任制事涉食品监管相关工作任务,确定网格责任人46人和食品联络员226人监管全县食品监管网格21个;对食品生产企业76家分级分类监管,在食品生产企业71家推行生产食品安全追溯体系;深化食品加工小作坊监管,对全县小作坊328家经营条件和经营资格重新行认定;开展明厨亮灶工作,全县餐饮店明厨亮灶改造943家,实施率96.3%,位列全区第一。开展节假日食品、校园周边食品安全等多项专项检查行动,全年立案查处食品违法行为103起,罚没款74.87万元,没收各类不合格食品1030瓶(袋),价值0.36万元,没收不合格肉品1400公斤。平罗县成功创建为自治区首批食品安全先进县,黄渠桥镇成功创建为食品安全示范乡。

全区明厨亮灶观摩在平罗

【药品、医疗器械市场监管】

构建ADR(药品不良反应)监测网,设立ADR基层监测点90家。实施药品经营企业GSP跟踪检查,检查率40%。开展特殊药品专项整治、医疗器械"冷链"、医疗器械经营单位专项行动,规范药械质量管理,全县乡镇卫生院和民营医院35%药械质量管理达到规范化标准和要求。依靠现有快检设备对保健食品市场检测,实施药品药械98个批次抽检。深入药品经营机构和医疗机构,对不良反应监测人员面对面培训。收集上报药品不良反应报告368例,医疗器械不良事件76例。查处、查办各类药品药械违法经营案件33起,罚没款12.78万元。

【特种设备安全监管】

对全县危险化学品生产企业14家开展专项检查,签订《工业产品生产企业质量安全承诺书》。对电梯、压力容器及气瓶安全专项整治,检查各类特种设备使用单位68家,下达特种设备安全监察指令书28份,消除安全隐患80处,复查整改74处,办理特种设备案件3起,罚没款8万元。结合"美丽中国梦 质监安全行"特种设备安全宣传活动,在新安科技等10家工业企业开展为期3个月特种设备应急救援演练,开展电梯安全培训班,培训企业电梯管理、操作人员500余人,向学校及部分单位赠送科教宣传片。

【执法监管】

加大市场主体监管力度,延伸监管触角。加强农资市场专项检查,与各市场监管所、农资批发企业层层签订《农资经营目标责任书》,对各类农资经营企业"一账通"填写规范情况检查89户。对全县批发企业10家经销化肥品种23个及农资店5家农膜品种10个行抽样送检,经检测,对经营不合格化肥经营者2家和经营不合格农用膜经营者3家立案查处。开展打击传销规范直销工作。全县行政村85%创建"无传销社区(村)",走访指导城关镇社区17个、陶乐镇社区2个和高仁乡,重点指导城关镇7个"无传销社区"创建工作。给予星海社区、饮马湖社区、唐徕社区、沙湖社区、明月社区、和平社区每个社区3000元创建"无传销社区"经费补贴。加强生产和流通领域商品质量抽检,开展农膜质量抽检、墙面漆质量抽检等10项抽检专项工作,抽检产品种类有15类,抽检经营户117家,抽检样品215个样,抽检不合格样品36个。立案15起,办结15起,万元以上案件4起,罚没款12.74万元,总合格率83.3%。开展产品质量监督抽检工作。对辖区内建材、能源化工产品、轻工产品、油品等158个批次产品监督抽检,合格134个批次产品,合格率84.8%,对不合格产品立案查处,将产品抽检结果和案件办理结果予以公示。强化商标广告监管。帮扶企业新申请注册商标58件,将6家企业申报列入驰名商标培育库,实现平罗县驰名商标零的突破。编写《商标动态》10期,接受商标咨询24次,办理商标侵权案件3件,罚款3.6万元,办理广告案件15件,罚没款3.3万元。

县市场监督管理局执法人员检查市场药品

【计量监管】

发挥质计所检验检测作用,开展多项检测工作。检定各类计量器具6300台(件),对全县各乡镇(村)及社区医疗机构和辖区内集贸市场、早市、平价蔬菜店在用计量器具免费检定1000台(件),减免费用2.3万元。开展大米、面粉和植物油出厂检验工作,化验286个样次。对重点用能单位33家能源计量工作情况审查。举办计量检定员资格许可下放县区首次计量检定员培训班。计量监督人员20人及检定人员20人,经过笔试及实际操作合格后获得第一批由平罗县市场监督管理局核发的计量检定员证。推动农业标准化建设,在全县乡镇开展标准化示范项目确认和考核工作发展,下发《2016年平罗县农业标准化工作实施方案》,申报第九批县级农业标准化示范项目,确认9个乡镇示范项目21个。

【依法行政】

推进行政审批和处罚案件"双公开",保证行政审批和执法办案的规范性、公平性。制定《平罗县市场监督管理局行政执法查办案件四分离规定》《平罗县市场监督管理局案件核审制度》等多项规范办案程序制度。开展案件评查工作,全年开展案卷评查2次,评选出案件办理先进集体2个、优秀案卷8卷、办案能手8名。全年查办各类案件313起,罚没款198.7余万元,其中万元以上大案56起。

【消费维权】

开展"3·15"、爱国卫生日、食品药品投诉举报"3·31"等主题宣传活动,通过多种形式宣传活动,开展有针对性的消费宣传教育,引导消费者健康文明消费,促进经营者自觉履行消费维权社会责任。

"3·15"消费维权宣传

发放宣传资料2万余份,现场回答咨询800人次,接受宣传群众2.5万人次。畅通12315、12365、12331投诉举报热线,建成12315消费维权服务站75个、12315消费维权快速通道33个、"一会两站"132个。全年受理消费者投诉380件,举报108件,咨询246件,为消费者挽回经济损失58.5万元,投诉举报办结率100%。

农业·水务·林业

农业

【概况】

2016年,贯彻落实自治区农村工作及扶贫开发工作会议精神,围绕中心,服务大局,应对春旱、H5型禽流感疫情带来的不利影响,强化措施,狠抓落实,各项工作取得阶段性成效。平罗县被国家农业部命名为"全国首批基本实现主要农作物生产全程机械化示范县",执法大队被国家农业部命名为"全国农业综合执法示范窗口"。

【粮食生产】

全县农作物种植面积7.87万公顷,其中粮食作物5万公顷,经济作物2.87万公顷。粮食作物中小麦1.01万公顷,比

2016年6月,自治区农牧厅领导观摩平罗县特色产业

上年增加2467公顷;玉米2.92万公顷,比上年减少2333公顷;水稻面积1.07万公顷。据测产,小麦平均亩产304.6公斤,比上年减少22.2公斤,小麦总产4.61万吨。玉米平均亩产584.8公斤,比上年减少2.3公斤,玉米总产20.47万吨,同比减少10%;水稻平均单产513.2公斤,比上年增加8.5公斤,水稻总产9.99万吨,同比减少18%。粮食产量35.22万吨。粮食生产实现"十三连丰"。

【"一优四特"产业】

按照自治区"1+4"(优质粮食+草畜、瓜菜、枸杞、酿酒葡萄)和全县"一带三路"(河东地区、滨河大道、109国道、京藏高速)区域布局,以优质水稻、

番茄生产基地

草畜、制种、瓜菜、生态水产为主特色农业。在周滨路、姚通路两侧建成66.67公顷优质水稻品质提升园区10个,插秧733.3公顷,保墒旱直播2000公顷,播后上水4133.3公顷;新建、扩建畜禽规模养殖场3个,全县累计128个,牛、羊饲养量分别达17.37万头、221.3万只,实现产值19.6亿元。建成20公顷农作物制种园区15个,制种面积达1万公顷,总产量3700万公斤,实现产值3.5亿元;瓜菜种植1.4万公顷,其中设施农业3233.3公顷,蔬菜总产95.3万吨,实现产值5.93亿元;水产养殖面积6933.3公顷,水产新品种养殖4333.3公顷,占65%,水产

品产量2.7万吨,实现产值3.68亿元。

【平罗沙漠西瓜】

据记载,沙漠西瓜是平罗县特色产品之一,种植历史已有1000多年,1984年开始,地膜覆盖种植西瓜,促进西瓜早熟15天左右,亩产量提高到250公斤左右,随着近年来品种日益增多,每亩产量4000~6000公斤。因独特的优势逐渐打开市场,主要销往内蒙古、四川、天津、北京、沈阳、上海、大连等地,产品已于2013年被评定为"宁夏名牌产品"。

平罗县属于大陆性气候。西靠黄河,沙质土壤,昼夜温差大,光照特别充足,适合西瓜生长,由于夏季炎热、少雨、昼夜温差大、日照时间长,增加了西瓜内葡萄糖、维生素、氨基酸成分,使平罗西瓜形成独特优良品种,平罗沙漠西瓜体大,近于球形或椭圆形,肉质,多汁,果皮光滑,色泽及纹饰各式。种子多数为卵形,黑色、红色,两面平滑,基部钝圆,通常边缘稍拱起,花果期在夏季。平罗西瓜以味甜美、籽小而少、适应性强、耐储运等优点而闻名。

平罗沙漠西瓜每年举办采摘节,每年活动中,瓜农们带着精挑细选的西瓜,前来"打擂",以西瓜的色泽、重量、含糖量等为标准,通过品尝、打分,最终评选出了一二三等奖。随后,大家到采摘园采摘自己中意的西瓜,与大自然零距离接触。

【平罗西红柿】

平罗县地处宁夏平原北部,距银川50公里,是石嘴山市唯一建制县。东衔黄河水,西依贺兰山,具有回、汉、蒙文化底蕴。是西北鱼米之乡,有"塞上小江南"美誉。平罗县四季分明,属于大陆性气候。春旱多风,升温快;夏季炎热,雨量集中;秋季短暂,降温快;冬季干冷,雨雪稀少。日照充足,温差大,蒸发强烈。平罗西红柿是当地特色产品之一,平罗西红柿外形圆滑、美观,蒂周围有些绿色,一般为红色球形,扁球形,捏起来很软,色泽鲜艳,西红柿有红色、黄色和白色三种。黄色西红柿没有红色色素,白西红柿没有色素。红色西红柿籽粒是土黄色,肉质为红色、沙瓤、肉厚汁多,甜酸可口。含有丰富的胡萝卜素、维生素C和B族维生素。平罗西红柿有生津止渴、健胃消食、清热消暑、补肾利尿等功能,可治热病伤津口渴、食欲不振、暑热内盛等病症。有显著止血、降压、降低胆固醇作用,对治疗血友病和癞皮病有特殊功效。

【平罗沙漠枸杞】

沙漠枸杞是平罗县特色产品,全县种植枸杞333.33公顷,6月下旬全面进入采摘期,平均亩产在250公斤左右,1亩地纯收入在5千元以上,远销省内外。

平罗县东衔黄河水,西依贺兰山,具有回、汉、蒙文化底蕴。是西北的鱼米之乡,有"塞上小江南"的美誉。平罗县四季分明,属于大陆性气候。春旱多风,升温快;夏季炎热,雨量集中;秋季短暂,降温快;冬季干冷,雨雪稀少。日照充足,温差大,蒸发强烈。优越自然环境造就平罗沙漠枸杞优秀品质,平罗沙漠枸杞颜色柔和,有光泽,肉质饱满,枸杞尖处大多有小白点,放入水中90%不下沉,平罗沙漠枸杞口感甘甜,吃起来特别甜,但是吃完后嗓子里有一丝苦味。枸杞被卫生部列为"药食两用"品种,枸杞可以加工成各种食品、饮料、保健酒、保健品等等。在煲汤或者煮粥时候也经常加入枸杞。

【农业产业化发展】

培育规模以上农产品加工企业153家,其中,国家级示范企业2家,区级龙头企业26家,市级龙头企业22家。自建原料基地企业28家,面积966.67公顷,订单面积2813.3公顷。农产品加工产值23.2亿元,比上年增长3%。全县企业获得石嘴山市名牌产品12家,企业获得宁夏著名商标13家。

【农业产业】

编制《石嘴山河东现代农业建设规划》,提出"一带、两轴、三组团"发展战略。立足资源优势,实施全县农业脱贫攻坚工作,重点在瓜菜产业和草畜产业、休闲农业上求突破。制订移民区瓜菜产业扶贫实施方案,围绕庙庙湖、红瑞村、红翔村移动棚生产,培育、调运瓜菜种苗290多万株,安排6人驻村驻队开展服务,手把手教给移民干,定植瓜菜2934棚,棚均产值3100元。利用移民群众有养殖牛羊习惯,在原有760座圈舍的基础上,红瑞村、红翔村两个移民村新建标准化圈舍454座,存栏肉牛559头、肉羊7511只;采取母牛人工授精技术配种45头,繁育犊牛30头;建成陶乐镇庙庙湖村肉羊养殖园区,可容纳128户参与肉羊养殖,入园养殖41户,存栏肉羊3000余只,收贮玉米秸秆饲料1200吨。以建设"休闲陶乐、文化陶乐、风情陶乐、养老陶乐"为载体,全面启动全域旅游示范县工作,利用黄河、大漠、草原自然特色,在河东建成5A级生态农业观光园1家(天源复藏),发展主题农庄4家(泉子湾、拉巴湖、欣凯、高英)、农家乐9家。

水产业重点项目观摩

【国家农业科技示范园区建设】

按照石嘴山市科技园区管委会安排,围绕农作物制种、清真羊肉两个产业核心区基础设施和产业基地建设筛查摸底,落实制种核心区基地建设项目13个,其中蔬菜制种基地9个,粮食制种园区2个,基础设施建设项目2个,品牌培育项目1个;依托宁羊农牧集团、鑫伟辉农开发公司等6个核心养殖场,从品种改良、基础设施、饲草料调制、新技术应用、品牌建设等方面突破,打造河东草畜一体化示范区和头石路两侧高端肉羊示范区。

【粮食高产创建项目】

建设水稻品质提升试验示范基地1个,示范面积333.33公顷,核心区面积20公顷。开展缓释肥应用示范3.33公顷,水稻免耕插秧示范3.33公顷,免耕播后上水示范3.33公顷;开展水稻不同栽培方式品种比较、缓释肥应用、旱直播不同肥料运筹、不同收获时间对水稻品质的影响等试验7项,取样测产核心区平均亩产706.5公斤。建设水稻绿色增产模式攻关示范20公顷,开展水稻新品种展示、除草剂筛选等试验6项,邀请自治区水稻专家组、县农牧局、农调队专家实际测产,平均亩产825.58公斤,其中最高亩产843.93公斤,创全县水稻单产最高纪录。建设玉米绿色增产模式攻关示范13.33公顷,开展试验8项。种植冬牧70复种青贮玉米示范13.33公顷,开展青储玉米品种展示示范、不同密度、不同播期试验3项。示范点冬牧4.67公顷,产鲜草3200公斤,亩产值720元,亩纯收入247.5元，复种青贮玉米亩产鲜草5046公斤。

【玉米绿色增产模式攻关项目】

依托宁夏华泰农农业科技发展有限公司在陶乐庙庙湖移民新村建设水肥一体化玉米种植示范20公顷，开展玉米水肥一体化灌溉制度试验研究和玉米水肥一体化施肥方案研究。建设玉米绿色增产模式攻关连片示范13.33公顷，平均亩产892.8公斤；全县玉米平均产量584.8公斤，与全县平均亩产相比增产308公斤，增52.7%。示范应用一次性施肥技术3.33公顷，推广应用病虫害专业化统防统治技术，开展试验研究8项。

【蔬菜产业建设】

以设施瓜菜、永久性蔬菜基地、沙漠瓜菜产业园、蔬菜标准园建设为重点，主抓设施蔬菜、露地沙漠蔬菜示范基地建设，全县新建露地永久性蔬菜基地3个，新增设施蔬菜面积13.33公顷。与自治区农科院结对，开展院地合作技术攻关合作，在沙漠瓜菜产业园，引进瓜菜新品种40多个，开展设施大棚，移动大棚，露地瓜菜新品种、新技术试验示范10多项。实施华泰农产业园建设项目，建成宁夏最大的外销沙漠西瓜种植基地，产品全部销往广州、深圳等南方市场。以外销沙漠西甜瓜交易市场为突破，吸引更多区内外有志之士和优秀移民群众，参与陶乐镇庙庙湖生态移民村农产品物流产业园建设，实现人才培养和产业发展相结合，生态移民和产业扶贫相统一。新建露地永久性蔬菜基地3个，面积227公顷，其中红崖子乡生态移民区73.33公顷，渠口乡交济村80公顷；高仁乡高仁村73.67公顷。使全县永久性蔬菜基地达到17个，总面积1222.53公顷。申报蔬菜标准园创建项目，实施红崖子乡红翔村设施瓜菜标准园，蔬菜种植、新技术示范工作，并通过验收。推广秸秆生物反应堆技术，分别在全县设施瓜菜集中示范区示范500座（棚）66.67公顷，其中，生态移民区庙庙湖村60座，红翔村40座，红瑞村20座。实施精准水肥一体化项目10公顷。实施外销蔬菜及脱水蔬菜基地建设，引进武汉广地集团，新建优质外销露地蔬菜基地253.33公顷，全县优质外销蔬菜面积533.33公顷。全县脱水蔬菜面积2133.33公顷，建设连片20~33.3公顷以上种植园区8个。

【农村能源建设】

争取农村阳光沐浴工程项目15367户，涉及全县12个乡镇82个村，项目总资金2139.5万元。加强农村沼气安全监管与服务工作，与各乡镇签订《农村能源项目安全生产管理目标责任书》，制定和完善农村沼气安全生产事故报告制度和安全事故应急预案；开展农村能源安全生产宣传和培训，提高农户安全防范意识和应急处理能力。

【耕地保护与质量提升项目】

制订《2016年平罗县耕地保护与质量提升项目实施方案》，实施秸秆还田调查、机深翻及物化补贴物资招标工作。抓好国家级和区级土壤肥力长期定位监测、调查、汇总上报工作。根据农业土壤类型、农田肥力等级及障碍因素的分布，全县设置土壤肥力监测点12个，取监测样12个，其中国家级1个，区级11个。每年取土样2次，送交测试中心化验。在全县3个固定监测样方12个重复采样点开展小麦、玉米、水稻田土壤水分监测与长势评价工作，实施土壤水分监测18期，上传监测信息简报10期。

【农机装备总量和作业水平】

全县农机总动力达到69.121万千瓦,同比增长4.87%(其中,购机补贴新增动力3.211万千瓦);主要粮食作物生产机械化快速推进,实施机播5.07万公顷,机收4.87万公顷,机耕7.27万公顷。主要粮食作物耕种收综合机械化水平达到91.8%。

【农机购置补贴】

2016年,区财政厅、农牧厅安排县农机购置补贴资金为2260万元(第一批1660万元,第二批600万元)。其中,中央补贴资金2200万元,自治区补贴资金60万元。2015年剩余补贴资金123.34万元(其中,中央资金107.53万元,地方资金15.81万元)结转至2016年使用,因此2016年实际可用总补贴资金为2383.34万元(其中,中央资金2307.53万元,地方资金75.81万元)。

截至年底,共向821户农户、农机合作社发放1073份农机补贴指标确认书,拟补贴机具1523台,申请补贴资金2382.815万元(其中,中央补贴2308.093万元,省补74.722万元);实际确认兑付819户1520台机具共2378.915万元(其中,中央补贴2304.193万元,省补74.722万元,结余资金4.423万元)。全年购机补贴资金使用同比增长17.84%,其中,中央资金使用率为99.95%,自治区资金使用率为98.56%,资金结算率为99.8%。全县新购进大中型拖拉机464台(其中90马力以上拖拉机135台)、收获机188台、烘干设备62台(套)。其中,大型烘干塔8台,通风除湿设备54套。

【全程机械化推进】

实施区县共建水稻农机农艺融合盐碱地改良全程机械化生产示范园区,建立农机农艺融合,落实"规模连片,技术到位,服务组织参与"推广模式,在通伏乡通城村六队、七队建设水稻农机农艺融合盐碱地改良全程机械化生产示范园区1个,建设面积150.73公顷。在黄渠桥镇通润村7队,建设玉米农机农艺融合水肥一体化全程机械化生产示范园区1个,建设面积50公顷。在头闸镇头闸村建设小麦高产示范园区7.67公顷,核心试验区10.4亩,设置小麦匀播、小麦"井字形"播种、常规播种3种对比试验。实施《2016年新型农业经营主体粮食机械化烘干项目》和《粮食烘干设备试验示范及补助项目》,筛选、确定符合条件种粮大户、家庭农场、粮食流通加工企业等合作组织,推广使用虹晟牌5HDL-500型地笼式粮食通风降温设备54台(套)、5HGJL100型粮食烘干塔1座、日处理200吨社会化粮食烘干服务站1个,为家庭农场、种粮大户,专业合作组织烘干水稻9100吨,补助资金198万元。实施作物秸秆禁烧和综合利用工作,在头闸镇头闸村、黄渠桥镇通润村、姚伏镇小店子村、高庄乡新村村和灵沙乡胜利村建设5个秸秆机械化综合利用示范区,示范面积2166.67公顷。全县全株玉米青贮9.7万吨,黄贮3.3万吨,秸秆综合利用机械作业面积2593.33公顷。开展农用残膜回收利用工作,全县残膜回收面积2万公顷,其中开展机械化残

飞行生物防治器

膜回收作业2000公顷,回收残膜60吨。

【农机作业补助项目】

全县实施农机深松整地,秸秆粉碎还田机深松(翻)作业补助项目21333.33公顷,安排资金1280万元。全县用于深松(翻)项目作业120马力机械182台,配套深松机56台、液压翻转犁106台,深松(翻)面积21426.67公顷,用于秸秆粉碎还田拖拉机31台,配套秸秆还田机31台,秸秆粉碎还田机深翻面积13406.67公顷。

【实施草畜产业农业财政项目】

实施农牧厅草畜产业农业财政项目7个。即肉牛良种液氮补助、犊牛繁育(见犊补母)、节本增效、畜牧养殖物联网技术应用、饲草料秸秆加工收储、畜牧业救灾等,项目均以验收公示并兑付资金。农牧厅肉牛良种补贴1个,1万枚冻精经区级统一招标采购到位。市农牧局畜牧业扶持项目3个。

【草畜产业发展】

以乐牧高仁、盛华阳光、天源复藏、红崖子乡草畜一体化等30个牛、羊规模养殖场(户)建设为主体,河东草畜产业带基本形成。乐牧高仁草畜一体化项目建设初具规模,从澳大利亚购入安格斯母牛500头,人工授精配种210头;红崖子乡草畜一体化养殖示范园种植苜蓿205.33公顷,6个单元养殖牛330头,养羊3500余只。陶乐天源复藏农牧开发有限公司养牛1380头、羊2850只,种植优质苜蓿233.33公顷。盛华阳光牛羊养殖园区入驻12家,建成标准化圈舍20.34万平方米、青贮池2.9万立方米,存栏肉牛2160头、肉羊6530只;种植紫花苜蓿55.33公顷。庙庙湖集中养殖园区建设圈舍134座,建设饲草储备场8000平方米,入园养羊户51户,养羊4104只。以鑫伟辉、宁羊、伊源等38个肉羊规模养殖场、肉牛规模养殖场24个、牛羊规模户439户,扩大河西优质清真牛羊肉示范园区规模,提高养殖水平。壮大鑫伟辉、宁羊、宇泊科技等肉羊繁育基地,加快改良步伐;27个肉牛改良站点改良牛0.98万头;农作物秸秆利用玉米青贮8万吨、黄贮5万吨、打捆收储11.2万吨。

【清真牛羊肉一、二、三产业融合项目】

加强草畜基地建设,补贴红崖子乡草畜一体化示范基地种植优质苜蓿205.33公顷;支持平罗县鑫伟辉农牧开发有限公司收购、加工销售,屠宰羊1.2万只,销售羊肉210吨。鑫伟辉、宁羊为主题开展肉羊品种改良,购进杜泊种羊12只,滩羊种羊20只;胚胎移植158只。为庙庙湖移民养殖园区投放杂代公羊130只。支持物流销售网建设,建设牛羊肉储备冷库6200立方米,在区外大中城市开办牛羊肉直销店2家,区内开办直销店10家,大中型超市建立"农超对接"销售点2家;建立电子商务销售平台2家。

【畜产品质量安全】

加强畜产品质量安全整治,规范养殖场标准化建设,与重点养殖场签订责任书17份;检查奶站、鲜奶运输车辆、养殖企业等68场次,鲜奶抽检2次全部合格;举办畜产品安全知识培训班4期,培训550人次。协助伊源、冉冉、金福来等养殖合作社通过无公害农产品认证,鑫伟辉、福禄等合作社申报无公害农产品认证。

【肉羊核心区建设】

围绕国家农业科技园区肉羊核心区建设,重点支持鑫伟辉、冉冉、宁羊等企业发展壮大。鑫伟辉繁育、饲养、屠宰加工、冷链和电商平台等建成，收购、屠宰羊1.2万只，加工销售210吨；引进湖羊300只，开展胚胎移植158枚；建成秸秆颗粒饲料和有机肥生产线；宁羊集团羊只饲养4600多只，湖羊基础母羊2000只；调入滩羊种公羊18只、杜泊种羊2只。伊源羊产业合作社改建羊舍10栋2.7万平方米，养羊8.2万只。冉冉、嘉宇、文盛养殖合作社建基础母羊核心群3000只以上，购置TMR机、安装自动饮水设备、电子监控设备等。培育宇泊科技、云顺、伊众信等入园企业，建设基础母羊繁育群，开展肉羊改良、开发羊肉新品牌、开设直销窗口。

【动物产地、屠宰检疫】

全县设置动物检疫申报点18个，落实农业部"六条禁令"，执行《动物检疫管理办法》和《畜禽产地检疫规程》要求，规范产地检疫。实施电子出证，全县发放使用动物检疫合格证明575本，产地检疫动物32.13万头（只、羽）、检疫出省动物11.22万头（只）、出省动物产品67.16万公斤、皮张14.9万张。按照宰前、宰中、宰后检疫程序实施检疫，严把"入场关""待宰关""同步检疫关""宰后处理关"。全县4个屠宰场检疫动物2.92万头（只），检出病害动物产品410公斤，无害化处理率100%。

【流通环节监管】

加强流通环节畜禽及其产品监督检查，打击无证运输和经营行为。流通环节监督检查动物27.73万头（只、羽）、动物产品6.63万公斤。

【畜禽规模场监管】

印制《平罗县规模养殖场动物卫生监督检查记录》，修改完善《平罗县畜禽规模养殖场畜产品安全档案》，规范规模养殖场监管。与规模养殖场、养殖园区63个签订《规模养殖场动物卫生监督管理责任书》，明确监管责任，实行奖惩，责任落实到人。新建畜禽规模养殖场、屠宰场3个，并发放动物防疫条件合格证。

【兽药、饲料投入品监管】

印发《平罗县兽药使用专项管理整治活动实施方案》，加大兽药GSP经营企业后续监管力度，与20家兽药经营企业签订《兽药监督管理及安全生产责任书》。印制《平罗县畜产品质量安全档案》和《平罗县兽药监督检查记录》，举办1期全县兽药经营人员培训班，县乡两级监督管理人员对辖区所有兽药经营店开展每月监督检查2次，每季度开展1次集中和专项检查，全方位对GSP制度落实情况行监督检查。对全县畜禽规模养殖场63个、兽药生产企业1个、兽药经营企业20个、饲料生产企业5个、饲料经营户24个日常监管，检查饲料生产企业45余次，检查兽药饲料经营网点120余次，检查规模养殖场160场次，下发责令整改通知书14份。按照《宁夏兽药经营质量管理规范实施细则》和宁夏兽药经营质量管理规范现场检查项目打分表要求，对新开兽药店1家兽药GSP验收，对兽药经营许可证到期的7家兽药经营企业兽药GSP复验，验收合格换发兽药经营许可证。加大畜禽规模养殖场畜禽"瘦肉精"检测工作，抽检尿样110份（其中牛羊80份、猪30份），检测结果全部为阴性。配合自治区药监所开展规模养殖场畜禽畜产品兽药残留检测，落实自治区18份兽药、65份畜产品（牛肉18份、羊肉20份、鸡肉10份、鸡蛋19份）、尿样10份抽捡，检测结果全部为阴性。办理各类违法案件21件，其中一般程序案件11件、简易程序案件10件。没收违法所得332元，罚款3973元，没收不合格兽药12个品种，56袋（盒），打击不法商贩，规范经营秩序。

【动物防疫】

推进集中免疫和平时补针工作，全县羊小反刍兽疫疫苗免疫80.3万只，牛羊口蹄疫免疫分别为8.2万头、78.2万只，猪O型口蹄疫免疫9.5万头，猪A型口蹄疫免疫9.5万头，猪瘟免疫9.5万头，高致病性猪蓝耳病免疫9.5万头，应防数免疫密度及标示率100%。高致病性禽流感免疫251.4万羽，免疫密度100%。秋防对存栏羊进行布鲁氏菌病免疫41.1万只，存栏免疫密度100%。因病设防开展羊梭菌病免疫13.3万只、羊痘免疫19.6万只、狂犬病免疫狗5000条，犬存栏1.13万只，免疫密度45.5%。建立动物免疫档案登记册156本，规模养殖大户档案63本。全年无重大动物疫情发生。开展免疫抗体集中检测，兽医实验室免疫抗体集中检测，采集血液样品1955份，经检测免疫抗体合格率为牛、羊、猪口蹄疫分别为98.8%、96.9%、72.4%，猪瘟97.6%，猪蓝耳病98.6%，高致病性禽流感96.5%，新城疫99.1%，全部符合国家标准。

【疫情监测处置】

开展疫情监测工作，主抓固定监测点63个。全年采集血清样品1955份，开展免疫抗体检测工作，建立监测分析机制，掌握、分析全县疫情风险。开展H7N9流感监测，在家禽养殖场和活禽交易市场采集血液、咽喉和泄殖腔拭子各280份，检测结果全部为阴性。人畜共患病牛布病检测312头、结核病检测287头；采集动物狂犬病监测样品34份、羊脑50份、羊粪便180份、非洲猪瘟监测样品200份、马传贫监测样品50份送区动物疾控中心检测，入户诊断和接收病料40例。5月对发生在渠口乡红旗村鸡高致病性禽流感疫情，启动应急预案，对受威胁区9500只家禽紧急免疫，对全县25.19万只家禽高致病性禽流感补免；开展疫情排查，排查养禽户2.2万户次，家禽372.47万只次；对疫点、疫区2.23万只家禽扑杀和无害化处理；对疫区和受威胁区彻底消毒，消毒面积311.65万平方米；在主要交通路口设立7个动物临时检查消毒站，实行24小时值班，严格检查和消毒，及时控制和扑灭疫情。

【渔业高产高效示范基地】

以平罗县李永新水产业有限公司、平罗县张大华源水产养殖有限公司、平罗县鱼种场等养殖企业为重点，开展高产高效技术示范，建设标准高、效益好、带动力强标准化池塘高产高效养殖示范基地，配套建设进水渠、排水沟、生产道路和电力配套设施、渔业机械等。应用高密度投放、高强度增氧、微生态水质调节、全价饲料科学投喂等新技术，池塘改造320公顷。高产高效养殖示范基地238公顷。平均亩产2100公斤，增强示范效果，促进全县渔业经济再上新台阶。

【名优水产品养殖】

发展名、特、优、新品种的养殖，养殖福瑞鲤、六须鲶、团头鲂、河蟹、草鱼、彭泽鲫、青虾等市场前景好的水产新品种，提高全县渔业发展层次和水平。全县建设标准化名特优新水产养殖示范基地556.1公顷，设施渔业7000平方米，放养河蟹13500公斤、虾300公斤，产河蟹50000公斤、虾4000公斤，产泥鳅2000公斤，斑点叉尾鮰1000公斤。

【水产苗种繁育和检疫】

抓好苗种孵化基础设施建设。重点抓好平罗县鱼种场水产苗种繁育工作,实现名优水产良种繁育技术产业化和生产规模化,为渔业结构调整提供良种支持。全年外调和自繁苗种3700万尾,其中自繁福瑞鲤乌仔500万尾,彭泽鲫乌仔200万尾;外调草鱼水花1500万尾、白鲢水花800万尾、花鲢水花800万尾;共检疫各类苗种4批次,检疫数量700万尾。

【水产养殖物联网技术应用示范基地建设】

在鱼种场、马兰花公司、张大华源公司等基地建设水产养殖物联网技术应用示范基地7个。通过引进水产养殖智能监控系统,集成水体溶氧监控、物联网微信服务、手机智能遥控管理等新技术,对水质环境水温、pH值和溶氧量基本参数监控和自动开启增氧机械控制,通过电脑、手机等现代设备对养殖管理全程监控,实现传统渔业手工操作转向智能自动化操作,降低劳动成本60%,节约电费25%,降低管理成本35%,实现生态效益和经济效益双提高。

【休闲农业】

全县休闲农业庄园挂牌注册33家,农家乐、休闲农庄和休闲农业园区年接待接待休闲观光人员40万人次,实现经营收入4000万元,带动农户3000余户。平罗县被农业部确定为全国休闲农业示范县,宁夏天源复藏农业开发有限公司被农业部评为5A级休闲农业示范点。

【农村改革】

推进农村土地承包经营权确权登记颁证等基础性工作。13个乡镇农村土地承包经营权证书,作业公司发放到乡镇,打印发放证书6.55万本,发放率97.57%;对133个村档案整理归档、数字化扫描。结合农村"三资"管理示范县创建活动,确定10个村开展股份制合作制试点。

石嘴山市农业合作社成员到高仁乡观摩绿色防控示范园区

【重点项目建设】

通过农业招商引资,引进宁夏泰金种业瓜菜产业园、乐牧·高仁草畜一体化等引进农业招商项目15个(养殖项目5个,种植项目3个,农副产品加工流通项目7个),计划引进资金16.7亿元。实际投资11.4亿元。

县农技人员观摩全县农业科技示范园区

通过农业招商项目实施,盘活土地资源,优化农业结构,提升农业经营水平,提升全县"一优四特"产业快速发展和质量效益。

【突破性工作】

创新财政支农方式,拟定《平罗县农业特色优势产业发展基金管理办法(试行)》,确定石嘴山市鑫鼎担保有限公司为担保机构。制定《平罗县优势特色产业发展基金管理办法》,与邮储银行农商行签订合作协议,发放贷款4076万元。启动河东现代农业产业带建设,编制《石嘴山河东现代农业建设规划》，提出"一带、两轴、三组团"发展战略，规划五年内新开耕地9066.67公顷，重点在沙漠瓜菜、草畜产业、休闲观光农业上求突破。争取农业部壮大村集体经济试点项目，坚持村为主导，把集体增实力，农民增收益和产业增效益有机统一，争取农业部扶持资金2000万元，确定村集体产权制度改革项目10个。

农村土地经营管理制度改革

【概况】

2016年，在承担全国农村土地经营管理制度改革试验、全国农村产权流转交易市场建设试点等7项国家级改革试验任务，及农村土地承包经营权退出制度、工商资本租赁农户承包地准入监管和风险防范制度两项农业部办公厅试验任务的基础上，经国土资源部授权，新增农村土地征收制度改革、集体经营性建设用地入市2项改革试点任务。按照落实集体所有权、稳定农户承包权、放活土地经营权"三权分置"总体要求，在坚持土地公有制性质不改变、耕地红线不突破、粮食生产能力不减弱、建设用地总量不增、农民利益不受损的原则下，按照自治区2+4农村改革部署，形成各项农村改革任务统筹推进、成龙配套、互相促进农村改革推进体系。

【农村产权确权登记】

在农村土地承包经营权、农村宅基地使用权、农村集体荒地经营权、农民房屋所有权确权登记颁证基础上，将设施农业用地使用权、连片3.33公顷以上集体荒地、农村集体未利用荒地等纳入产权确权登记颁证范围，允许其作为抵押物抵押贷款。全县颁发农村二轮土地承包经营权证书6.7万本；农村宅基地外业测量6.05万宗，发放证书5.67万本；发放农村房屋所有权证书2.68万本；确权B类地25680公顷，收缴B类地承包费270万元，对49%登记确认连片3.33公顷以上集体荒地306宗3835.55公顷，发证65本；登记确认农村集体未利用荒地101户277.73公顷；实施346宗设施农业用地核实和比对指认，发放设施农业用地使用证51本。

【农村产权流转交易市场建设】

为方便农民就近办理农村产权抵押贷款，简化贷款流程，在各乡镇设立农村产权流转交易服务站，实现县乡两级流转交易网络化管理。通过对农村产权交易网络平台优化更新，平台具备权证管理、信息发布、产权交易、交易公示、抵押贷款、风控管理等功能，完善农村产权流转交易平台建设，扩大农村产权交易平台影响面，为推进金融改革服务创新工作夯实基础。2016年，全县农村产权流转交易额3.31亿元。

【农村土地规范化流转机制】

为带动农民增收，加快现代农业发展，提高经营主体生产经营效益，降低新型农业经营主体在基础设施等方面投入，提高农业经营集约化、规模化、组织化、社会化、产业化水平。建立统种分管、股份化经营等多种形式农业社会化服务组织。全县培育家庭农场、专业大户、专业合作社、农产品加工企业等种植业新型经营主体356个（家庭农场178个，专业大户96个，农产品加工企业65个，专业合作社15个，股份合作社1个，土地托管1个），带动全县土地流转2.6万公顷，占全县耕地面积40%，培育示范性规模经营主体51家，培养新型职业农民2240名。建立统种分管农业社会化服务组织2个和农机专业合作组织65个，统种分管土地666.6

公顷,机械化服务面积2.67万公顷;研究出台《平罗县工商资本租赁土地从事农业生产经营准入监管暂行办法》,对工商资本租赁土地兑付土地流转费、缴纳风险保证金、租赁面积等准入条件、准入程序等规范管理,健全完善工商资本租赁土地风险保障机制,保障流转土地农户权益,降低流转土地风险。对全县新型经营主体拖欠农民土地流转费情况摸底调查和清理催缴工作。经核实,全县有37家经营主体拖欠农民土地流转费1722.3万元,已全面清缴。

【农村产权抵押贷款机制】

为拓宽农户和经营主体融资渠道,激活农村沉睡资本,在办理农村土地承包经营权、土地流转经营权、农民住房财产权抵押贷款基础上,探索将设施农业用地使用权、连片3.33公顷以上集体荒地经营权、农村林权等纳入抵押物范围,赋予其融资权能;将农村产权抵押贷款风险防范基金由300万元增加到500万元,引入政策性担保机构,对100万元以上抵押贷款担保,既控制贷款风险,又激发金融机构参与贷款积极性;建立利率优惠机制,利率按照人民银行公布同档次基准利率上浮最高不超过50%执行,为贷款农民节约利息2000万元,降低农民群众贷款成本。结合2016年承担的全国两权抵押贷款试点,制订印发《平罗县农村两权抵押贷款试点工作实施方案》《关于确定农民住房财产权抵押贷款价值评估基准参考价的通知》《平罗县农村宅基地使用权及房屋所有权评估暂行办法》,完善配套政策体系。建立贷款风险补偿机制,科学制定农民住房财产权评估指导价,为推进试点工作提供坚实保障。全县办理农村产权抵押贷款16025笔7.56亿元,其中:办理农村土地承包经营权抵押贷款1.59万笔6.84亿元,设施农业用地使用权抵押贷款12笔2087万元,流转经营权证抵押贷款76笔3867万元,农村林权抵押贷款3笔1300万元,农民住房财产权抵押贷款6笔20万元。

【农村产权自愿有偿退出转让机制】

结合插花安置移民,鼓励当地农村自愿退出农村产权。依据《平罗县农村集体土地和房屋产权自愿退出收储暂行办法》,在全县13个乡镇开展农民自愿永久有偿退出承包地、宅基地和房屋工作,利用收储承包土地、房屋安置生态移民。2016年,全县实施338户1590人插花安置移民,其中灵沙乡、黄渠桥镇利用存量建设用地和收储闲置宅基地集中建设移民安置房44套。探索将退出闲置宅基地转换为设施农业用地或复垦为耕地,有新型经营主体11个通过转让宅基地32宗改扩建为温棚、晒场等设施农业用地。

【农村土地制度改革三项试点】

研究制订《平罗县统筹协调推进农村土地制度改革三项试点工作实施方案》,经自治区农村宅基地制度改革试点工作领导小组批复同意,报国土资源部备案。对全县农村集体建设用地调查统计工作,核实集体经营性建设用地126宗136.79公顷。在农村宅基地制度改革中始终坚持农村集体建设用地总量不增、新增宅

两证

基地取得必须在镇村体系规划保留村庄中审批。实现超占有偿使用、新增有偿取得、审批县域统筹、转让政府补贴四个突破。实施宅基地外业测量,全县农村宅基地为60557宗,对56694宗宅基地确权登记颁证工作,发证率93%,收取宅基地超占面积有偿使用费657.12万元。加强新增宅基地审批管理,全县村民申请取得规划保留区内新宅基地使用权82户,向村集体经济组织缴纳有偿使用费;清理农村闲置宅基地1001宗41.33公顷,全部复垦。

农业综合开发

【概况】

2016年,把农业综合开发摆到事关全县农村经济发展全局重要位置,统一思想,求真务实,抓住农业综合开发机遇,加强项目和资金管理,实施农业综合开发项目、重点建设项目以及其他各项计划任务,获得石嘴山市先进基层党组织、石嘴山市文明单位荣誉称号。

【2015年度土地治理项目】

实施2015年度土地治理项目。即黄渠桥镇前光村666.67公顷高标准农田建设项目、红崖子乡众鑫禾粮食产销合作社286.67公顷高标准农田建设项目、陶乐镇马太沟村453.33公顷高标准农田建设项目、头闸镇新兵家庭农场300公顷高标准农田建设项目,建设面积1706.67公顷,总投资3420万元。通过自治区农业综合开发办公室检查验收

【2015年度农业综合开发产业化经营项目】

实施2015年度农业综合开发产业化经营项目。即平罗县10000吨秸秆复合颗粒饲料加工新建项目,平罗县10000吨生物颗粒饲料加工新建项目,平罗县13.33公顷设施葡萄种植新建项目,平罗县20000吨炒货食品加工扩建项目,平罗县年产万吨特色蔬菜加工扩建项目,总投资1760万元。按批复任务通过自治区农发办检查验收。

【银北地区百万亩盐碱地改良骨干排水工程】

实施2015年平罗县五一支沟、周城支沟、五二支沟、五四支沟、黑龙沟、高仁干沟、陶乐六大沟7条沟道治理工作。治理沟长84.58千米,项目总投资5036万元。

【2016年度高标准农田建设项目】

自治区农发办批复高标准农田建设项目3个,即红崖子乡红崖子村高标准农田建设项目、红崖子乡五堆子村高标准农田建设项目、高庄乡永海家庭农场高标准农田建设项目,改造面积1800公顷,投资4573万元。红崖子村高标准农田建设项目,砌护渠道53.45千米,新建配套建筑物433座,田口子3962个,埋设暗管93.8千米,投资1713万元;五堆子村高标准农田建设项目,砌护渠道56.7千米,新建配套建筑物453座,田口子3838个,埋设暗管77.1千米,投资1327万元。永海家庭农场高标准农田建设项目,砌护渠道14.5千米,新建配套建筑物55座,田口子344个,新开、清淤沟道12.97千米,投资231万元。因农业综合开发项目跨年度建设,2017年6

渠道砌护

月底全面完成工程建设任务,迎接自治区农发办检查验收。

【2016年度产业化经营项目】

自治区农发办批复产业化经营项目4个,即平罗县年产2万吨蔬菜种植扩建项目、平罗县年产20000吨清真牛羊肉精加工新建项目、平罗县20万只优质蛋鸡标准化养殖扩建项目、平罗县3000只湖羊种羊繁育新建项目,批复总投资1287万元,其中财政补助资金560万元,项目单位自筹资金727万元。以上项目完成批复建设70%。

【银北地区百万亩盐碱地改良骨干排水工程】

按照《银北地区百万亩盐碱地改良骨干排水沟道治理规划》,2016年自治区农发办批复实施五三支沟(上段)、三二支沟、五二支沟、五四支沟治理工程,治理总长度21.85千米,总投资1829.91万元。五三支沟(上段)治理工程格栅基础5.53千米,干砌石护坡5.1千米;三二支沟治理工程干砌石护坡1.41千米,机械清淤1千米;五二支沟、五四支沟治理工程进行招投标,拉运石料,开始开工建设。

装配式建筑物

【实施利用亚洲开发银行贷款农业综合开发项目】

总改造面积1753.33公顷,总投资3290.5万元。一期工程建设面积756公顷,总投资1475.94万元,完成建设任务95%。二期、三期工程建设面积991.33公顷,渠道砌护62.94千米,各类配套建筑物200座,沟道清淤3.5千米,干砌石治理2.5千米,新开挖沟道3.9千米,是建设任务88%。

【加强领导】

落实领导包抓责任机制,实行主要领导负总责,分管领导包片区,技术人员包工程、包项目办法。实施一线工作法,工作在一线指挥,措施在一线落实,问题在一线解决,推动农发项目建设大提速、大推进。严格项目建设管理,对照项目建设时间节点,确保项目建设保质保量完成。

【统筹规划突出重点】

按照"大挖沟、多砌渠、平整田、植林网、整修路"总体要求,采取"整体规划、突出重点、分步实施、逐年推进"措施,调动广大农民群众大搞农业综合开发项目建设积极性,从大局规划,从细微处着眼,不放过农田建设盲点和死角,加大平田整地力度,做到沟、渠、田、林、路综合整治,桥、涵、闸、槽、口统一配套,建成"旱能灌、涝能排、渠相连、路相通、田成方、林成网"高标准农田项目区,确保建设一处、成效一片,提升农发项目建设效益。

【强化监督】

加强项目组织实施、监督检查、竣工验收、建后管护等工作,注重项目全过程管理,强化质量意识,树立质量第一观念,坚持高标准、高质量、高效益,

暗管排水集水管施工

提高工程质量。在工程建设过程中，选派懂业务、技术过硬的干部到项目区做好技术指导工作，下派技术干部、质检人员深入施工第一线，严格监督检查施工质量。严格实行"工程质量责任追究制"，明确责任，奖罚分明。工程竣工后，及时成立管护组织，制定管护制度，落实管护措施和经费，确保工程长期发挥效益。

生态移民安置及扶贫开发

【概况】

2016年，贯彻落实中央、自治区、市脱贫攻坚工作部署，把脱贫攻坚作为最重要的政治任务，坚定不移实施四项脱贫计划，推进5个助力行动，脱贫攻坚工作扎实有效。截至"十二五"末，全县搬迁安置移民5364户27134人，其中：生态移民3764户18045人，插花移民1300户7956人，劳务移民300户1133人。通过多轮建档立卡"回头看"，精准识别建档立一贫困人口2312户11922人，2014—2015年脱贫销号361户1468人，剩余未脱贫人口1951户10454人。"十三五"易地搬迁安置任务338户1590人，全部为建档立卡贫困户。平罗县脱贫攻坚任务2279户12044人，是石嘴山市脱贫攻坚的主战场。

【协调部署】

按照自治区、市党委、政府总体部署和要求，召开脱贫攻坚帮扶解困动员大会，动员全县各单位及广大党员干部落实区市县党委和政府决策部署；县委、政府成立以县委书记任组长，政府县长任副组长，人大、政协主要领导及四套班子分管领导为成员，县直有关部门和各乡镇为成员单位的脱贫攻坚帮扶解困领导小组，加强对全县脱贫攻坚、帮扶解困工作领导，定期召开专题会议，研究解决工作中出现的问题，推动脱贫攻坚和帮扶解困工作。石嘴山市委、市政府对平罗县脱贫攻坚工作高度重视，专题会议研究部署推进，以市委办文件制定印发《关于分解落实〈石嘴山市脱贫攻坚行动计划〉工作任务的通知》，将3个生态移民村1650户8543名建档立卡贫困人口分解到89个市级单位和63个县级单位帮扶，插花移民建档立卡贫困户脱贫任务由所在乡镇落实帮扶责任，形成上下联动、互相配合、举全市之力合力攻坚工作格局。

【产业脱贫】

坚持规划引领、项目带动，加快推进贫困村瓜菜、草畜和林果产业发展。编制《平罗县"十三五"扶贫攻坚实施规划》《石嘴山河东现代农业建设规划》和《平罗县农业产业精准扶贫规划》，制定印发《平罗县脱贫攻坚产业发展扶持办法（试行）》，鼓励和推动贫困户通过发展种养业增收。沙漠瓜菜产业园、枸杞番茄加工、红崖子乡草畜一体化、庙庙湖生态文化旅游等13个扶贫产业项目建成投产，庙庙湖村集中养殖园区入园47户，园区羊存栏4500余只，出栏3000余只，带动全村建档立卡贫困户发展庭院养殖246户，实现牛存栏32头，羊存栏1280只；红崖子乡发展建档立卡贫困户庭院拱棚种植800座，小群多户养殖牛羊259户，实现牛存栏213头，羊存栏2983只，带动全村发展庭院养殖689户。为577户移民兑现补助资金352万元（其中建档立卡户428户302万元），带动全县建档立卡贫困人口人均增收300元。

【就业脱贫】

坚持县内就业和县外转出劳动力相结合，

拓宽就业渠道，推动建档立卡贫困户通过就业增收。发展劳务产业，在3个贫困村村部安装网络智能化求职终端，搭建就业信息平台，成立劳务公司3家，培育劳务经济人11人，带动输出劳动力1617人。开展专业技能培训，开展农业实用技术、电子商务、电焊、挖掘机司机、装载机司机、设施农业、手工制品等技能培训52期2549人次。全县建档立卡贫困户有劳动力4603人，实现就业3230人，务工行业重点以建筑业为主，务工时间保持在6个月左右，月收入1600~3600元。

【自主创业脱贫】

制定印发《平罗县脱贫攻坚创业就业扶持办法（试行）》，完善红瑞、红翔、庙庙湖3个自主创业园配套设施，支持建档立卡贫困户自主创业、用工企业吸纳更多移民就业。在运输、贩运、销售、商贸、建材等领域自主创业72户，直接或间接带动就业126人，兑现脱贫攻坚就业创业补助资金13.12万元。

【社会保障脱贫】

推进贫困线与低保线"两线合一"，农村低保标准由每人每年2400元提高到3150元，确保无劳动能力和无法依靠产业、就业、创业脱贫的贫困人口低保兜底。全县建档立卡贫困户享受低保2218人，发放低保金558.9万元。落实高龄、五保、残疾人生活补贴和护理补贴制度，享受高龄补贴48人，发放高龄津贴12万元；享受五保供养20人，发放五保金5万元；享受残疾人困难补贴137人，发放残疾人困难补贴16万元；享受残疾人护理补贴128人，发放残疾人护理补贴12万元。实行全员登记参保，建档立卡贫困户领取养老金831人129.6万元，医保参保率100%，基本实现养老保险、医疗保险全覆盖。

【基础设施】

按照贫困村"五通八有"建设标准，加大基础设施投入力度，完善贫困村断头路、瓶颈路道路硬化和扩建庙庙湖村卫生室。建设移民区万亩新开沙荒地国土整治项目，黄土梁扬水站及输水渠道扩建改造项目通过自治区项目评审会。红崖子乡、陶乐镇移民安置区新增及完善基础设施项目单项工程招标。为解决一户多代居住难问题，在3个贫困村预留宅基地40公顷。实施环境综合整治，配套建设环保基础设施，配备保洁员和垃圾转运车，改善贫困村群众生产生活环境。

【金融扶贫】

在贫困村开展评级授信工作，评级授信覆盖率50%。注入400万元风险补偿金，按照1∶10比例撬动信贷资金，金融机构为贫困村群众发放扶贫小额贷款2694万元（其中为建档立卡贫困户发放贷款1673万元），为贫困村专业合作社、示范大户、龙头企业发放贷款950万元，解决贫困户、龙头企业产业发展资金需求问题。为398户建档立卡贫困户发放互助资金借款791.5万元，基本满足贫困户家庭经营生产和生活资金需求。实施"脱贫保"工程，为建档立卡贫困户购买家庭意外伤害保险、大病补充医疗保险、优势特色产业保险和借款人意外伤害保险，保障建档立卡贫困户实现脱贫。

【教育扶贫】

制定《平罗县教育扶贫暂行办法》，覆盖所有建档立卡贫困家庭学生。学前603名幼儿享受国家学前两年助学金6.03万元，386名初中学生享受寄宿生生活补助48.25万元，166名高中学生享受国家助学金33.2万元，58名中职学生享受国家中职助学金11.6万元，免除582名建档立卡贫困户及困难家庭高中学生学费18.8万元，为62名大学生办理生源地助学贷款37.2万元，为53名大学生争取助学金21.2万元。庙庙湖幼儿园实施外墙保温工程。实施学生营养餐计划，惠及3733名义务教育阶段贫困学生，其中建档立卡贫困学生1530人。

【社会帮扶】

市、县直各部门按照帮扶目标任务，主动与帮扶户对接，研究帮扶措施，解决贫困户实际问题。市、县部门帮扶贫困户羊1350只、鸡2650只、饲草料40吨，教育资助195万元，医疗救助30万元，发放年老、残疾等慰问金155万元，募集社会捐款捐物300余万元。

【提升素质】

开展健康服务进村活动，定期举办大型义诊及健康知识讲座，建立健康档案，提供健康指导，保障贫困户享受基本卫生服务。坚持扶贫与扶智相结合，培育农民文化大院2个，在红瑞村规划建设电子阅览室，配备电脑、桌椅等设施。开展文化"三下乡"和"送戏下乡"活动12场次，放映农村电影42场次，开展"扶贫日"文艺演出2场、"无冬闲"文艺巡演10场次，举办"我们的中国梦，文化进万家"精准扶贫慰问演出1场，丰富移民群众文化生活。

【"十三五"易地扶贫搬迁】

"十三五"易地扶贫搬迁安置任务338户1590人。收储修缮住房338套，收储土地106公顷，对271户1321人易地扶贫搬迁安置。为加快完善插花移民配套设施，制定《平罗县"十三五"易地扶贫搬迁基础设施完善工程可行性研究报告》。

【建档立卡贫困户脱贫退出】

2016年自治区下达平罗县脱贫攻坚任务为3009人，石嘴山市下达任务为5000人左右。制订《平罗县贫困村、贫困户精准脱贫退出实施方案》，在自治区提出"村民小组提名、村民代表评议、乡镇审核、审定备案"四个步骤基础上，结合实际，创新完善"村民小组提名、逐户核实评估、村三委集体评议、村民代表大会评议、乡镇审核、县级复查公告和评估验收"六个步骤贫困户退出程序。严格退出标准，坚持公开、公平、透明原则，以贫困户年人均可支配收入稳定超过国家扶贫标准，达到"二不愁、三保障"，不愁吃、不愁穿，保障义务教育、基本医疗、住房和安全为标准，精准脱贫退出。建立建档立卡贫困户收支台账，按月入户统计建档立卡户收支、种养殖、务工等情况，为贫困户脱贫退出提供第一手资料。召开村民小组大会、"三委"班子会议和村民代表大会，对脱贫退出对象现场票决、民主评议。对确认签字退出贫困户，分别在村级、乡镇、县级7天公示，全面接受社会监督。由扶贫、农牧、人社、教体、民政、统计、调查队等部门成立工作队，对脱贫退出对象随机抽查和验收，防止"数字脱贫"和"虚假脱贫"，经得起各级检验和评估。2016年全县脱贫总数为1139户6083人，占全县建档立卡贫困人口58.1%，其中陶乐镇庙庙湖村437户2379人，红崖子乡红瑞村580户3074人，红翔新村46户168人，插花移民乡镇76户462人。

水 务

【概况】

2016年,以保障水安全为目标,以发展现代水利为主线,以节水型社会建设为统揽,坚持创新、协调、绿色、开放、共享五大发展理念,加快重点水利工程建设、深化水利改革步伐、强化水法治意识,构建防汛减灾安全、水资源安全、水生态安全、水信息安全的水利保障体系,解决群众最关心、最直接、最现实的水利问题,为全县经济社会发展提供水安全保障。

【重点水利工程项目】

重点水利工程项目建设,投资2.6亿元,实施三排、五排综合治理(二期)工程,宁夏精细化工基地黄河水厂建设,2016年新增千亿斤粮食生产能力建设,中央财政农水建设补助,灌区续建配套等项目建设,提高全县防洪减灾和灌排调控能力,改善项目区农业基础设施条件。

【农田水利基本建设】

开展农田水利基本建设"黄河杯"竞赛活动。制订《平罗县秋冬季农田水利基本建设实施方案》,规划重点水利项目区11个、国土整治项目区10个和农发高标准农田建设项目区3个,在各乡镇建设33个农水建设示范方。实行"整合项目、分级负责、划片实施"农水建设模式,整合项目资金3.6亿元,以水务盐碱地改良、国土耕地占补平衡、农发高标准农田建设等项目为依托,以姚伏镇许家桥、通伏镇通城、渠口乡红阳、黄渠桥镇万家营、城关镇步口桥、红崖子乡红崖子村等六大片区为中心,辐射带动面上农水建设和边缘死角治理。实行网格化施工模式,由水务局、国土局、农发办等涉农部门拉开建设框架,具体负责项目区平田整地,干、支沟道清淤扩整和水利基础设施配套建设,各乡镇以示范方为点,面上农水建设为面,点面结合,具体负责组织机械和干部群众筹工筹劳进行斗农沟道清淤扩整、新开农沟和小型农田水利建筑物维修改造,形成组织有序,分工明确,上下联动农田水利基本建设新局面。

引黄灌区盐碱地改良现场会在平罗召开

【防洪减灾】

投资1亿元,实施2016年黄河宁夏平罗段二期防洪工程,加固改造堤防20千米,新建堤防建筑物25座,提高黄河平罗段防洪防凌能力,确保沿河群众生产财产安全。坚持"安全第一,常备不懈,以防为主,全力抢险"防汛方针,落实防汛抗旱责任,加强水情汛情预警预报,做好防汛抗旱物资储备,强化抢险应急队伍建设,落实各种应对措施,防范后期可能出现冬春旱情,提高全县防洪抗旱能力。"8·2"暴雨洪水造成崇岗镇长青村群众受困、部分道路及农田受淹、跨二农场渠一处渡槽冲毁。汛情发生后,及时启动防汛Ⅱ级应急响应,全县防汛各成员单位干部连夜奔赴抢险一线进行抢险救灾工作,连夜组织干部有序转移长青村受灾群众300余人;与自治区水资源管理局沟通协调,强化水量调度,提前压减西干渠、二农场渠水量,做好承泄洪水准备,安排干部沿渠巡查,有序泄洪。

【抗旱应急保灌】

2016年1—4月，全区分配耗水指标为16.51亿立方米，与上年同期实际耗水21.46亿立方米相比，缺水4.95亿立方米，缺幅23%。是仅次于2003年又一个枯水年。针对黄河严重缺水不利形势，立足抗大旱、防大灾忧患意识，贯彻以供定需、以水定产的水资源配置原则，抓好高效节水灌溉项目建设，发挥井渠结合、沟水补灌以及湖库调蓄作用，算好水账，以水定植，量水而行。姚伏、通伏、崇岗等乡镇压减水稻种植面积5400公顷，清淤、维修支斗渠，对临渠沿沟泵站、抗旱机井维修养护和设施更新配套，确保遇旱时正常启用。河东三乡镇对辖区内各级引水渠道拉网式排查，对影响提水的淤坝、杂物全面清理，对

抗旱机井维修

破损渗漏砌护渠道维修加固，排除各类影响灌溉不利因素。灌溉管理中心制定全县抗旱应急调度预案，做好抗旱物资储备和应急抢险队伍建设，应对各类突发灾情。对陶乐地区扬水泵站进水池和引水渠清淤开挖，降低进水池池底高程，确保最大限度提引黄河，打好抗旱保灌攻坚战。

林 业

【概况】

2016年，围绕"四个平罗"发展战略，加快推进唐徕渠—饮马湖市民休闲公园、文化公园、天河湾湿地公园改造提升工程等重点项目建设，全面开展国有林场改革和空间规划（多规合一）、林地变更工作，提升城市管理服务水平，改善平罗县城乡生态环境、人居环境和投资环境。县财政局、文物管理所、荣达·水印荣庭小区、桥馨家园小区、城关五小、城关七小、宁夏德信恒通管业有限公司7家单位分别被石嘴山市绿化委员会命名为"园林化单位""园林化小区""花园式学校""园林化厂区"。

【农村造林绿化】

实施绿色通道、美丽乡村、黄河护岸林、防沙治沙、林业产业等重点工程，加大植树造林工作力度。全县营造林绿化面积655.19公顷，栽植各类苗木278.9万株。发动全县干部群众广泛参与植树造林，对接、争取、协调武警宁夏总队官兵、市直部门机关干部3000余人支援平罗县造林绿化工作，确保各项重点绿化任务，提高造林绿化工作影响力。确定绿化重点，围绕主干道路、黄河护岸林、美丽乡村、防沙治沙等重点区域，以点带面、统筹推进，高仁、红崖子草畜一体化项目区、灵沙、头闸小城镇等重点绿化工程建设任务。调动社会资本投资林业产业发展积极性，重点在高仁、崇岗等乡镇实施苹果、枸杞等经济林种植

市、县机关干部参加义务植树

227.27公顷，栽植经济林苗木43.75万株，其中，苹果基地建设178.4公顷，枸杞连片栽植40公顷，红树莓等小杂果类15.53公顷，平均成活

率87.7%。选择3处不同土壤类型地块，引种栽植陕西凤丹牡丹4.5万株，栽植面积2.33公顷。通过2~3年引种栽培试验，掌握不同品种的油用牡丹在本县不同土壤的适应性及产出经济价值，最终在全县大面积推广种植。实施平罗县盐碱地造林树种"盐柳1号""鲁梓1号"引种繁育及造林试验项目，引种繁育苗木9.47万株，建设示范林7公顷，种植苗木18.3万株，培训技术人员60人次，农民群众39人次，通过项目实施，掌握两个新品种育苗、盐碱地造林第一手资料，为今后上述树种在全县大面积推广种植提供依据。

【城市绿化】

巩固国家园林县城创建成果，在扩大绿化面积，提升绿化档次和水平上下工夫。实施城市景观绿化改造工程，提升公检法广场绿地、社保广场生态园等城市景观绿化改造工程。绿化改造面积9.2万平方米，栽植各类乔灌木及花卉地被植物99.6万株，提升县城绿化景观效果。实施民族大街、萧公大街、东城区小广场、饮马湖广场等主干道路绿化补植工作，栽植连翘、榆叶梅等花灌木2.67万株，补植竹柳、国槐等乔木6568株、补植常青树4887株、花卉6.76万株、地被小灌木73万株，种草2.18万平方米，提高全县道路、节点绿化档次。对县城绿化带、卫生死角及各街道树池、树坑开展集中整治12次，清理杂草及各种垃圾1200余吨，平整场地8千平方米，换填土方2.3万立方米。推进唐徕渠—饮马湖市民休闲森林公园项目建设，建设面积86.4万平方米，投资2.4亿元；建设宽幅林带6.6千米（两侧），换填土方20.4万立方米，栽植各类苗木150.1万株。硬化铺装休闲广场5.5万平方米，沿线建设城市公厕6座，安装各类休闲和健身设施840个。公园初步形成贯穿县城全境森林氧吧、健身会所。落实苗木灌水、病虫害监控防治、整形修剪、嫁接、除草等绿化管护措施，提高管理水平，提高县城绿化美化水平。

对城市绿化实施药物防治和清洗

【森林资源管理】

加强林地占用和林木采伐限额管理，在全县范围内开展打击非法占用林地、天然林保护等打击涉林违法犯罪专项行动，查处一批涉林违法案件，威慑违法犯罪分子。落实森林防火责任制，与各乡镇、林场、有林单位及林区生产经营户层层签订《森林防火目标管理责任书》，开展全县森林防火实战演练，提高各级指战员及扑火队伍的森林火灾处置能力。在全县范围内开展森林防火隐患大排查活动7次，下发《火灾隐患整改通知书》6份。制定完善《平罗县林木管护办法》，明确管护主体、管护范围和管护责任，定时、定期加强林木管护队伍建设，巩固造林绿化成果。

【森林抚育和有害生物防控】

开展林木灌水、修枝抚育、林带除草等工作。全年林木修枝103.8万株，涂白树木113万株、灌水面积826.67公顷，整修树池及除草480公顷，基本实现全县中幼林抚育全覆盖。开展以臭椿沟眶象为重点林业有害生物防治等工作，推进社会化统防统治工作。以国家级林业有害生物防治中心测报点为基础，在全县设立27个监测点，确定固定调查样株0.13万株，悬挂诱捕器22个。臭椿沟眶象防治作业面积373.33公顷，白蜡木蠹蛾防治作业面积726.67公顷，监测各类林业有害生物4.92万公顷，监测覆盖率99.0%，测报准确率90.3%。

【湿地资源保护与恢复】

以自治区开展保护黄河绿化行动计划为契机，实施天河湾国家级湿地公园建设项目，打造天河湾沿黄湿地保护

林带修枝抚育

示范点。水系疏浚4条、清淤土方10.5万方，植被恢复、生态隔离带及生态廊道造林7公顷，新建、维修林区道路4.5千米，提高重点湿地保护与恢复水平。

【国有林场改革】

落实自治区国有林场改革工作会议精神，成立全县国有林场改革工作领导小组，摸清黄河湿地保护林场、陶乐治沙林场、县苗木繁育中心的机构、人员、财务及经营管理现状，立足实际、分类指导，科学合理制订平罗县国有林场改革方案。实施国有林场调查摸底工作，改革方案上报自治区林业厅审定。

【林业体制改革】

根据有关要求，开展全县森林、林地、湿地、沙区植被、物种保护5条生态红线划定工作，编制《平罗县生态红线专题研究报告》，组织各有关单位、专家召开专家评审会，根据各单位提出意见建议对报告修改。发挥平罗县林权管理服务中心林权登记流转备案、资产评估、流转交易、合同鉴证、抵押贷款、林权纠纷调解等服务功能，协助林农办理林权抵押贷款、森林保险等业务。发展各类林业专业合作社和专业协会，鼓励林业企业、合作社及专业协会发展林下经济、苗木培育、经果林种植等特色产业。

【2017年重点项目谋划】

提前谋划2017年重点项目建设，抽调专业技术人员调查研究，与自治区林业厅、建设厅等各处室对接，编制2017年10个重点工程建设项目的规划方案。2017年林业城管系统计划实施各类重点建设项目10个，投资2.69亿元，以重点项目建设推动2017年林业城管各项工作再上新台阶。

工业·电力

工 业

【概况】 2016年，以落实"三去一降一补"任务为重点，加强工业经济形势分析和运行调度，稳增长、推项目、促转型，工业经济呈现企稳回升、逐月向好态势。全年规上工业企业工业总产值365亿元，同比增长14.1%；实现工业增加值74.66亿元，同比增长8.1%。

【推进项目】 以项目建设为抓手，加快传统产业改造升级，培育壮大新兴产业，推进供给侧结构性改革。解决征地、拆迁、用电等突出问题，推进项目建设进度和投产达效，严把产业政策、节能降耗、环保安全"三道红线"。年内全县确定工业项目78个，投资82.4亿元，审批备案各类工业项目67个。鑫昊缘冶金2×25500千伏安硅锰矿热炉、晟晏能源2×33000千伏安硅锰矿热炉、吉元冶金18万吨矿棉（一期）、峰晟供热站等10个项目继投产达效，成为工业经济增长点；参进宁宇达4×27000千伏安硅锰矿热炉及资源综合利用项目一期、阳光焦化焦炉煤气甲烷化制合成天然气等重点项目调试生产，增强工业经济发展后劲。

【推进存量】 制定节能降耗预警调控方案，实施"三色牌"管理，将节能目标任务压实到各重点用能企业。依法开展节能监管和监察，对列入国家重大工业企业8家开展节能监察，定期跟踪落实。加强企业节能、能源统计人员培训，引导企业用煅煤代替原煤，降低企业能耗。加快落后产能淘汰，淘汰丰华冶金、金海超宇等企业7家落后产能生产线11条，淘汰产能35.33万吨。支持晟晏能源、滨河碳化硅等5家大企业收购兼并福熙化工、天源焦化等8家亏损、停产企业，加快化解过剩产能。实施万顺冶金、鑫昊缘冶金等企业26家循环化改造，循环发展经济效益明显。全年规上工业企业综合能源消费量677.5万吨标准煤，同比增长20.8%；单位工业增加值能耗同比增长11.5%。

【惠企政策】 落实国家、区、市、县惠企政策，帮助企业准确发展定位，鼓励引导企业做优做强。降低企业用电成本，对工业企业参与全区直供电交易28家、企业享受差别化电价优惠38家，享受优惠金额3.06亿元。减轻企业税费负担，开展援企稳岗，为43家企业申请减免2016年土地使用税，为30家企业申报失业保险补贴90.37万元。降低企业物流运输成本，为企业29家申请过路过桥减征凭单6.46万张。加大区、市节能改造、淘汰落后产能、新型工业化、结构调整等惠企资金争取力度，争取到位各类扶持资金3473.5万元。全县工业经济大会召开，兑现奖励资金982万元，落实县委、县政府实施"工业强县"坚定决心。

【增强服务能力】

召开政银企座谈会，落实12家企业与8家金融机构签订授信贷款2.6亿元。对小微企业申报全市创业创新"助保贷"政策，金海新科、龙江化工等企业25家加入小微企业创业创新融资"企业池"。邀请长江证券、宏源证券、自治区金融办等单位加大对平罗县企业负责人融资培训，鼓励企业多渠道融资，协助晟晏能源发行债券12亿元，贝利特化学股份在全国中小企业股份转让系统挂牌。石嘴山科技产业园被认定为国家小型微型企业创业创新示范基地，龙江化工、立达尔生物等企业5家被认定为自治区"专精特新"示范企业。

电　力

【概况】

2016年，售电量92.84亿千瓦时，同比减少9.06%；售电收入34.65亿元，同比减少5.46%。综合线损率2.14%，供电可靠率城镇99.9276%，农村99.8487%，同比城镇供电可靠率提高0.0001%，农村供电可靠率下降0.0024%。实现长周期安全生产3045天。取得平罗县公共服务行业行风评议第一名。

【安全生产】

落实安全生产责任制，全面提高安全管理水平。在安全生产管理隐患排查工作中，开展"三查三强化""农网安全专项检查"，落实农电检修施工现场"三措一案"（组织措施、技术措施、安全措施和施工方案），对各班、所全面自查、整改。成立安全检查组，深入各班、所、工作现场对照检查，确保检查不留死角。加强现场管理和监督，确保施工安全。对各班、所安全管理监督、检查、指导，在工作现场坚持完善"两票三制"，严把工作监护关，纠正和制止违章作业，了解班、所安全状况，解决实际问题，使安全工作真正落实。全年稽查现场384处，下发违章处罚通报8起，处罚班组8个，处罚个人23人。

【配网运维】

加强设备运维管理。针对季节特性、电网运行状况及负荷分配情况，开展春季、秋季安全大检查及农网安全专项检查，对平罗县79条（新投运5条）10千伏线路周期性巡视498条次、特殊性巡视186条次。10千伏线路故障跳闸明显下降，全年八九级跳闸事件9次，低于公司下达47次指标。多措并举降低配电线路事故率，提高供电可靠性。开展配网专项隐患排查，处理10千伏缺陷279处，更换安装10千伏开关141台，大修更换环网柜26面。加大线路设备缺陷处理力度，针对线路存在的缺陷制订消缺计划，严格执行缺陷管理流程，实行闭环管理。加强配电线路故障考核，根据配网线路故障次数、原因和停电时间等对线路维护各班、所考核，以制度为保障降低事故率。加强检修计划刚性执行、管理。按时召开"月度检修平衡会"，对上月执行的计划分析总结，合理统筹安排停电检修计划，避免重复停电、缩小停电范围，确保电网安全、稳定、可靠运行。全年编制检修计划10期677项，执行677项。开展不停电检修作业，每月按计划开展树线矛盾治理、驱鸟器安装等不停电检修作业，改善线路设备运行环境。开展保电工作，各班、所定期对重点地段供电设备进行重点检查，确保设备安全稳定运行；全年故障报修10256次，开展便民服务657次。对春节、全国"两会"、清明、五一等重大节假日及政府各类重要活动保电126次。

【电网建设】

加快平罗城区配电自动化改造，实现配电可观可控，更换智能化环网柜、分支箱、开关设备167台，缩短故障停电时间，缩小故障停电范围，提升故障定位能力，加快配电自动化、实用化水平。配合石嘴山公司对110千伏潮平线、潮平牵线、平线路大修改造工程及35千伏渠口线、五香线、头灵线线路大修改造工程属地化协调配合作，做好110千伏平镇线线路大修改造工程属地化协调配合。保障农业生产用电需求，启动农田抗旱"井井通"工程，对春灌用电线路和配电设备全面巡视检查，巡视配电线路98条、供电台区462个、消除设备缺陷63处、架设机井供电线路53.257千米，新增更换变压器122台，为贫困村集中的平罗县通电机井320眼，解决农田灌溉面积9666.67公顷。

【营销管理】

开展营配贯通工作，对176台小区变在PMS系统的资产建立和营销SG186系统台区转档工作。深化用电信息采集系统应用，低压用户电费自动化发行率98%，专变用户自动化抄表试点取得成功，抄表员工作重点转移为电费催缴和现场检查。新增10千伏专变客户145户，低压客户4536户，业扩报装服务规范率100%，客户回访满意率100%。开展一般工商业用户电价调整工作，对本地费控表电价远程下装不成功用户2148户现场核实及电价调整工作。严把营销工程实施质量关，对台公专变铁质表箱72台、老旧终端303台、老旧表计70块及模块12700块更换。贯彻执行《国网宁夏电力公司关于抓紧做好2016年营销基础管理提升有关工作的通知》《国网宁夏电力公司2016年打击窃电及违约用电专项行动工作方案》，重点开展高损线路、高负损台区专线大用户核查治理。2016年，辖区公变台1445台区线损合理率（0~15%）93.22%，线损合理率（0~10%）87.2%，0.4千伏线损率5.44%。10千伏公网线路线损合理率77.46%（10条手拉手线路互带负荷影响线损合理率），10千伏公网线损率7.03%，综合线损率2.14%。

【优质服务】

深化"塞上电力·为民服务"供电服务提升工程，推进片区服务体系建设，实现客户业务办理"一次临柜、一次办结"。提升"爱心营业厅"和"流动电力门诊"服务效应，发挥信息化平台对业务工作提质增效，让客户与县公司沟通及业务往来更加便捷。对各项重大节假日、政府各类重要活动及高考保电工作，将"你用电·我用心"服务理念落实到供电服务各个环节。开辟绿色通道，协助平罗县水利灌溉管理中心、各乡、镇政府对机井专变25台整改和新增低压抗旱机井动力户97户报装接电，解决农田抗旱灌溉急需。合理安排停电计划，提升客户用电需求满意度。自9月起，平罗县城农网改造进度将加快，为配合电网改造建设，计划停电频次将增多，为解决电网改造与用户对供电可靠性的需求矛盾，合理安排停电计划，采用电视公告，小区公告，移动大数据业务平台，微信宣传，对专变及高危重要用户提前送达计划停电通知书等多种形式，做好停送电信息公告，告知客户提前做好生产、生活用电安排。与平罗县电视台联系，加大电网改造建设新闻媒体宣传和报道，让广大客户了解电网改造建设的改造意义、施工难度，争取客户理解和支持，尽量避免客户误解导致投诉。结合业务需求对窗口人员岗位调整，将原有高低压业务接洽、表计异常工单等业务合并，实行一柜通业务办理。增设大堂经理，主动帮助客户到新建的自助营业厅办理购电业务。加强电能替代（地热电暖）展示区功能展示及资料宣传，引导客户了解掌握地热电暖采暖新模式，推广应用地热电暖等电能替代模式。

石嘴山生态经济开发区

【概况】

2016年，按照"整合资源、融合发展、精准服务"思路，发展循环经济，落实中央"三去一降一补"目标任务，克服各种不利因素，实现经济平稳增长，经济总量位列全区31个工业园区第二，增速位于"五大十特"园区之首。全年规上企业实现工业总产值278亿元，同比增长24%，增产55.4亿元；工业增加值58亿元，同比增长24.2%；工业总产值占全市工业总产值43%，为全市工业经济保增长、促转型做出积极贡献。12月，由事业单位转为参照公务员管理事业单位，被石嘴山市委命名为"先进基层党组织"。

【提升园区发展层次】

围绕国家循环化改造示范试点园区和自治区"五大十特"特色园区建设，以大项目促转型，以新兴产业调结构，打造循环经济产业园，助推工业经济转型。实施开放强园工程，重点推进医药产业园泓升新材料、丰华生物科技、格瑞精细化工、丽珠集团和新安科技等企业投资项目建设。医药产业园重点项目建设进展顺利，重点建设大地循环产业园园中园项目，鼓励支持大地轮胎二、三期项目建设。做好月度产值监测预报和月度经济运行分析，按时报送各类报表，协调做好规模企业产值和重点项目进展情况信息沟通工作，了解项目建设过程中遇到的困难和问题，确保信息对称对标。做好税金、利润对标对本以及网上联网直报监测预控，掌握企业经营第一手资料。对规模企业税金、利润实行网上联网直报情况，做好监测预控，确保预期目标。在做大存量同时，做好进规入库企业培育工作，做到成熟一家，入库一户。打造特色鲜明石嘴山生态经济开发区，

大地公司现代化子午轮胎生产线

加快多元合金、电石化工、碳基材料、装备制造为代表的四大优势产业调整转型和提档升级，扩大生物医药、新能源、其他产业为代表的三大特色产业比重，主导产业占比达到93%以上。其中：电石化工、冶金、生物医药、新材料产业占比95%，比上年提高2个百分点；吉元矿物棉、万顺尾气发电等一批新型工业化项目投产，园区新型工业化占比达到50%以上。以大地循环发展、晟晏能源循环经济、吉元冶金集团循环产

业链等为代表循环经济产业链走在全国前列，推行企业循环式生产、产业循环式组合、园区循环式改造，企业间产业链延伸及配套达到70%以上。全年规上企业实现工业总产值278亿元，同比增长24%，增产55.4亿元；实现工业增加值58亿元，同比增长24.2%；工业总产值占全市工业总产值43%。

【园区招商投资】落实开发区领导包抓项目责任制，把项目建设作为推动经济发展主要抓手，发挥项目投资拉动作用，强化服务协调，层层抓落实，及时解决项目建设

中科协专家现场指导工业生产

中困难和问题。2016年开发区建设工业项目61个，年度计划投资59.5亿元，实际投资62.6亿元，同比增长13.8%。其中：新建项目35个，年度计划投资38.3亿元，实际投资41.5亿元；技改项目20个，年度计划投资15.6亿元，实际投资15.6亿元；续建项目6个，年度计划投资8.6亿元，实际投资5.5亿元。"以商招商、产业链招商"，全年招商24.5亿元，计18个工业项目，落实外出招商项目4个，计划投资5.85亿元，项目进展顺利。

【园区基础设施建设】优化园区外部投资环境，把基础设施建设作为开发区服务企业的主要抓手，多方筹措资金，加大基础设施建设力度，打造低成本园区，为企业发展提供基础保障。2016年，新建宁顺路、经二路、太沙路至宜鑫路连接线、福泉南路拓宽等各类道路2.4千米，方便企业出行；蒸汽管道投资0.4亿元，铺设蒸汽管道4千米；绿化投资0.09亿元，绿化面积15.67公顷，绿化道路6条21千米，栽植各类树木221万株，林木成活率91%。开发区基本实现道路、供水、供电、供气、供暖、排水、通讯和建设用地"七通一平"，提高美化、亮化、绿化、净化工程，增强开发区承载大项目、大企业能力。5月，《石嘴山生态经济开发区总体规划环境影响报告书》通过自治区环保厅审查，《石嘴山生态经济开发区整体安全规划报告》和《石嘴山生态经济开发区整体风险评估报告》通过安监局审批，推动园区提档升级和提升服务水平，助力开发区绿色、低碳、循环、安全发展。

【优化园区发展环境】加大开发区环境综合整治，印发《开发区环境综合整治实施方案》和《关于进一步加强对生态经济开发区建筑施工场地环境卫生管理的通知》，落实中央第八环境督察组要求，推进环境卫生综合治理。按照"六扫""六净"对开发区道路两侧绿化除草、灌水和卫生保洁全过程管理；开展环境卫生综合整治，清理卫生死角36处，清理外运垃圾7152吨，取缔占道经营86起，查处违章建筑213起，清除乱堆乱放38处，处理漏撒车辆284辆，整治维修下水4.3千米，清理违

现场办公实地帮助企业解决实际困难

规设立的宣传牌、路牌73处；与企业签订《环境卫生综合治理责任书》，落实企业现场管理、厂区绿化美化和环境"四包"；加强工业固体废物环境管理，对产生工业固体废物企业按照指定路线，集中拉运到固体废弃物处置场处置。

【园区对外合作】

为加快科技型中小企业发展，提供满足高成长性企业加速发展所需聚焦、专业化和个性化服务，开发区以创新驱动助力工程为抓手，借助"大众创业、万众创新"这一平台，提高企业创业创新能力，制定下发《关于征集中小企业科技人才项目需求的通知》和《人才工作政策选编》，通过实施创新驱动助力工程示范带动作用，帮助企业引智、引才，落实与中国煤炭学会、中国兵工学会签订合作协议，对接沟通开展合作共建，邀请学会专家院士来开发区调研考察，为创新驱动问诊把脉，帮助企业解决关键技术难题，联合开展技术攻关。宁夏焱禄新能源科技有限公司、平罗县翔泰煤化工有限公司、宁夏德信恒通管业有限公司与中国煤炭学会、中国兵工学会分别签订合作协议，巧借专家合作平台解难题、出精品，力促企业转型升级。发挥科技园和孵化园创业就业功能，将"双创"孵化园优惠政策和入驻信息编订成册，帮助孵化园招商。石嘴山科技产业园驻小微企业92家，解决就业人员1583人，为企业减免水电租金等费用582万余元。

【提高园区服务水平】

落实自治区《关于促进工业经济平稳运行的若干意见》"18条"措施、石嘴山市《关于促进工业经济平稳增长的意见》以及淘汰落后产能、差别电价、阶梯水价等扶持政策，推行区域化、网格化管理服务模式，帮助企业协调解决问题，落实扶持资金，帮助企业战胜困难，确保各项保增长措施跟进落实到位，推动工业经济持续稳定增长。培育壮大龙头企业，鼓励停产企业恢复生产，缩小减量，规模以上停产企业由年初9家，减少到6家。为入园企业提供一站式管家服务，为创业者及企业提供创业辅导、信息咨询、政务代理、投融资服务、人员培训、技术支持等专业服务及后勤保障服务，争取政府及相关部门对入园企业政策及资金扶持；推行重点项目包抓责任制，编印《服务企业、项目联系卡》，方便企业在生产和项目建设中及时解决问题。

全区产业发展与重点工作现场会在石嘴山生态经济开发区召开

举办企业家财富沙龙，邀请宁夏股权托管交易中心和兴天云谷投资发展（天津）有限公司金融方面资深专家，开展金融知识讲座，拓展企业家知识面。联系天府金交所对企业融资需求调查摸底，征集到有融资需求企业26家，融资需求额8亿元，抓好融资服务，助力企业发展。

石嘴山生态经济开发区规上企业

四大优势产业（45户）

一、多元合金产业（16户）

1.宁夏吉元冶金集团有限公司

2.平罗县万顺冶金化工有限公司

3.宁夏参进宁宇达冶金有限公司
4.宁夏晟晏实业集团能源循环经济有限公司
5.平罗县恒利冶金化工有限公司
6.平罗县丰华冶金有限公司
7.平罗县宏利达冶金有限公司
8.平罗县金利源冶金化工有限公司
9.平罗县众鑫冶炼有限公司
10.平罗县宁源冶金有限公司
11.宁夏吉鑫合金有限公司
12.宁夏南方化工科技有限公司
13.平罗县恒信冶金有限公司
14.宁夏鑫昊缘特种合金有限公司
15.平罗县昌虹冶金有限公司
16.平罗县泰昌冶金化工有限公司

二、电石化工产业(8户)

1.宁夏大地循环发展股份有限公司
2.宁夏平川化工有限公司
3.宁夏贝利特化学股份有限公司
4.宁夏宝马化工集团有限公司
5.平罗县祥美化工有限公司
6.宁夏凌云化工有限公司
7.平罗县银黔化工有限公司
8.宁夏蓝白黑化工股份有限公司

三、碳基材料产业(18户)

1.宁夏蓝白黑活性炭有限公司
2.宁夏兴凯硅业有限公司
3.宁夏恒辉活性炭有限公司
4.宁夏平罗县凯信活性炭有限公司
5.宁夏天福活性炭有限公司
6.宁夏广华奇思活性炭有限公司
7.平罗县滨河碳化硅制品有限公司
8.平罗县阳光焦化有限公司

9.宁夏伯特利活性炭有限公司
10.宁夏众城煤炭有限公司
11.平罗县平西炭素制品有限公司
12.平罗县国宁活性炭有限公司
13.宁夏宁平碳素有限责任公司
14.宁夏廷远活性炭有限公司
15.宁夏文顺新型炭材制品有限公司
16.平罗县荣昌碳化硅有限公司
17.中钢宁夏耐研滨河新材料有限公司
18.平罗县翔泰煤化工有限公司

四、装备制造产业(3户)

1.宁夏森源重工设备有限公司
2.宁夏德信恒通管业有限公司
3.宁夏南方环保科技有限公司

三大特色产业(18户)

一、生物制药产业(4户)

1.宁夏格瑞精细化工有限公司
2.丽珠集团宁夏新北江制药有限公司
3.丽珠集团宁夏福兴制药有限公司
4.宁夏新安科技有限公司

二、能源产业(2户)

1.宁夏银晨太阳能科技有限公司
2.宁夏中晶光电科技有限公司

三、其他产业(12户)

1.宁夏平罗凌云建材实业有限公司
2.宁夏昊帅粮油有限责任公司
3.宁夏平罗恒达水泥有限责任公司
4.中粮米业(宁夏)有限公司
5.宁夏汇源食品饮料有限公司
6.宁夏平罗县隆昌饲料有限公司
7.宁夏琅峰饲料有限公司
8.宁夏成玉植物油有限责任公司

9.宁夏马兰花生态农业开发有限公司

10.宁夏立达尔生物科技有限公司

11.宁夏金地煤业有限公司

12.宁夏蒙太煤业有限公司

宁夏精细化工基地

【概况】

2016年，解放思想，振奋精神，苦干实干，加压鼓劲，以务实的作风，攻坚克难，持续求进，紧扣加快园区建设和发展目标，努力工作，精准发力，基地经济呈现"低速开局，明显回升"发展态势。截至年底，园区有规模以上工业企业14家，实现工业总产值26.5亿元，固定资产投资22.3亿元，同比增长6.1%。

【招商引资】

树立以商招商、全员招商、环境招商理念，加大园区招商引资工作力度。园区对接洽谈招商项目12个，2016年计划总投资35亿元，大唐火电、黄河水厂等11个项目全部开工建设，实际投资22.3亿元。与自治区、市有关部门对接，争取农发行黄河水厂项目、污水处理厂项目建设基金4000万元，中央水污染防治资金500万元。

【重点项目】

实行重点项目领导责任包抓制，工作落实督查制，加强服务，与项目单位对接，破解建设项目在建设中遇到困难。对已开工项目，按照责任分工制，在做好服务工作同时，协调相关部门，解决项目建设中遇到问题和困难，为企业创造良好建设环境，争取早日投产达效。对进展缓慢项目，实行领导责任承包制、定人、定时限，协调解决供电、供水、环保、土地报批等相关手续办理，确保项目快速推进。对未开工项目，按照并联审批和全程代办要求，帮助解决项目规划、征地、环评、安评等前期手续，争取项目尽快开工建设。5个工业项目中开工建设4个，投资11.3亿元。其中：大唐平罗发电有限公司2×660兆瓦火电项目，投资9.3亿元；宁夏康德权生物科技有限公司年产200吨解毒喹、年产300吨二甲氧基嘧啶及精细化工中间体项目，投资1.3亿元；宁夏金海阳光生物科技有限公司年产1.5万吨氰胺下游衍生物及硫醚三甲胺产品深加工项目，投资5230万元；宁夏思科达生物科技有限公司年产5000吨单氰胺等化工产品项目，投资2000万元。

【基础设施】

优化园区外部投资环境，构建有利于资金、项目聚集洼地，提升园区承载能力和孵化能力，修改完善园区总体规划，编制园区产业规划，以园区总体规划为统领，编写园区环境影响报告，加强园区基础设施项目谋划和可行性论证，做好项目前期各项工作，加强工程质量监管，加快项目推进力度，提质增效。五项基础设施建设项目全部开工建设，计划总投资3.9亿元，实际投资4.4亿元，其中：宁夏精细化工基地土地平整、道路建设、污水管管网工程、污水处理厂项目全部工程建设内容，黄河水厂建设项目。

【安全生产】

把维护稳定、强化安全生产作为工作重中之重，与园区各企业层层签订目标责任书，责任到企业、到人，不定期开展检查活动，查隐患、堵漏洞、抓整改、保安全。全年园区开展安全生产检查12次，专项检查6次，下达整改通知书10份，治理事故隐患，预防园区各类生产安全事故发生。开展平安园区创建活动，做好企业及职工来信来访工作,协调农民工工资拖欠问题,预防和处置各类群体性事件发生,化解和消除不稳定因素,做到防患于未然。

【基层组织】

发挥党工委核心领导作用,加强非公企业党建工作。基地有非公企业党支部15个,其中联合党支部9个,实现党组织对企业45家工作覆盖和组织覆盖。在非公企业党支部中发展党员16人,吸收积极分子30人,在15个支部中开展"强基进位,星级创优"活动,培育二星级6个,一星级9个。在各支部开展"两学一做"学习教育,做到规定动作做到位,落实各项目标任务。建立干部"干事档案"台账,按季度对干部考核测评,激发干部干事创业、创优争先热情;党工委制订《关于开展党员教育积分工作实施方案》,机关支部实行党员教育积分管理,峰晟支部、兴隆蓝天支部、昌茂详支部为试点单位,4个支部均按照计划进行教育积分管理。通过党建项目实施,创建园区"党群服务中心",面积78平方米,中心设立"入园服务平台""入党服务平台""信息发布平台",均正常运作。启动党群教育培训中心,面积156平方米。组织预备党员入党培训、积极分子培养教育、建党95周年知识解答、纪念红军长征胜利80周年知识竞赛、中国革命史和中国建国史党课教育党建活动6场次。

2016年宁夏精细化工基地规上企业情况

企业	项目	主要建设内容	计划总投资(万元)	主要产品	运行情况	全年工业产值(万元)
宁夏金海永和泰煤化有限责任公司	年产255万吨兰炭、240万吨精洗煤、10万吨片碱及120万吨白灰项目	建设生产车间、化验室、成品库房、办公楼、宿舍及相关附属设施等	181120	兰炭、白灰、煤焦油、片碱、精洗煤	正常	95557.2
宁夏金海永和泰冶化有限公司	8×31500千伏安密闭式电石炉及深加工资源综合利用项目	全密闭式31500千伏安矿热炉,精炼炉、生产车间、原料库、成品库等	219080	电石	正常	39506.7
宁夏金海新科化工有限公司	年产20万吨固体氢氧化钠项目	建设年产20万吨固体氢氧化钠生产装置及相应的供电、供排水、生产厂房、办公设施等	4408	片碱	停产	3077.6
	年产1万吨对甲苯磺酸5000吨对甲苯磺酸钠/5000吨高纯对甲酚项目	新建2000平方米钢结构车间,主要包括:磺酸车间、化酸中和浓缩车间、碱熔车间、消化吸滤车间、酸化外中和车间、蒸馏精馏车间等	2588	对甲苯磺酸、高纯对甲酚	停产	

续表1

企　业	项　目	主要建设内容	计划总投资(万元)	主要产品	运行情况	全年工业产值(万元)
宁夏五硅粉有限公司	年产2万吨金属硅粉项目	主要建设生产车间及相关配套设施	3000	金属硅粉	正常	15584
宁夏福泰硅业有限公司	年产4万吨三氯氢硅项目	建设年产4万吨三氯氢硅、四氯化硅项目装置及辅助设施	10600	三氯氢硅、四氯化硅	正常	25887.6
宁夏金海昊越冶金集团有限公司	4×31 500千伏安矮烟罩半封闭硅铁矿热炉项目	建设4台31 500千伏安硅铁矿热炉装置,硅铁矿热炉生产车间、储料场辅助生产设施等	22266	75号硅铁	正常	19282.9
宁夏金海峰晟超阳化工有限公司	4×31500千伏安密闭电石炉及产品深加工项目	全密闭式33 000千伏安矿热炉,精炼炉、生产车间、原料库、成品库等	60852	电石	正常	14617.5
	4×220吨/小时高温高压煤粉煤气供热站项目	项目主要建设4×220吨/小时高温高压煤粉煤气锅炉、尾气供气系统、主蒸汽系统、给水系统、仓库等生产辅助工程	60993	电	正常	
	2×33 000千伏安密闭式硅锰矿热炉及尾气综合利用项目	主要建设生产车间、化验室、成品库房办公楼、宿舍及相关附属设施	46184	硅锰合金、低碳锰铁	未建	
	年产12万吨石灰氮配套3万吨双氰胺项目	主要建设生产车间、化验室、成品库房、及相关附属设施	15000		建成未投产	
宁夏金海峰晟超阳化工有限公司	年产60万吨兰炭、30万吨白灰、3万吨炭黑	建设生产车间、化验室、成品库房、办公楼、宿舍及相关附属设施	15000	兰炭、白灰、煤焦油、	正常	4708.5
宁夏昌茂祥冶金有限公司	2×33 000千伏安铁合金矿热炉及配套余热发电项目	建设2×33 000千伏安硅铁矿热炉生产装置,配料及上料系统、烟气净化系统,供配电、供排水、环保等生产及辅助设施	17860	95号硅铁	正常	25259.5
平罗中电科能源有限公司	中电科平罗一期30MWP光伏电站项目	30个1MWP光伏方阵年发电4581万度	29733	电	正常	10893.9

续表2

企业	项目	主要建设内容	计划总投资(万元)	主要产品	运行情况	全年工业产值(万元)
宁夏金海东泰思源煤化有限公司	年产100万吨兰炭、10万吨泡花碱及20万吨片碱项目	建设生产车间、化验室、成品库房、办公楼、宿舍及相关附属设施等	15000	兰炭、白灰、煤焦油、精洗煤、片碱	正常	3334.6
宁夏新龙蓝天科技股份有限公司	电石法聚氯乙烯新型催化剂生产及回收清洁生产示范项目	建设2座生产厂房、办公楼、宿舍及相关辅助设施	16000	低汞触媒	正常	10008.6
	环保型低固汞触媒原材料生产项目	建设一条氯化汞生产线、原料库、生产厂房、吸收池及其他相关辅助设施	1200	低汞触媒	正常	
宁夏金海永和泰尾气资源综合利用发电有限责任公司	综合利用半焦（兰炭)尾气发电项目	建设2×25MW的尾气发电机组，配套2台130t/h高温高压燃气锅炉和1×C25MW抽凝式汽轮发电机组和2台凝气式发电机组	40851	电	正常	2017年新入库企业
宁夏新加源化工有限公司	年产3000吨精细化工中间体项目	建设生产车间、厂房、仓库、废水处理系统、锅炉供热系统化验室等辅助设施	23833	二苯甲酰酒石酸、噻吩、噻吩乙醇、1-氟萘等	停产	2017年新入库企业
宁夏金海玉隆金属制品有限公司	年产2.5万吨铁艺制品项目	建设车间、厂房、办公楼、宿舍及其他辅助设施	15000	铸造生产各种型号的叉车配重	正常	3095.3

平罗县煤炭集中区

【概况】

平罗县煤炭集中区是1992年由煤炭贩运户自发形成崇岗煤炭市场。经县委、县人民政府批准，于2003年3月成立崇岗工业园区。2010年8月，报经上级部门批准改为平罗县煤炭集中区。集中区现有大小煤炭经营企业（户）500多家，其中，证照齐全企业近300家，其余为无证煤炭生产经营户。主要产品有碳电极、活性炭、碳素、电煅、精洗煤、增炭剂等十余种煤炭产业群。

【提升服务企业水平】

面对经济下行压力，平罗县煤炭集中区强化服务，实行领导、部（室）包抓企业责任制，深入企业了解企业生产情况，帮助企业解决困难和问题。规模以上企业12家实现工业总产值6.89亿元，实现工业增加值3.79亿元。固定资产投资6亿元，实现国、地税收7742.66万元。

【基础设施】

实施煤炭集中区道路改造工程，原110国道（天桥至立交桥段）全长2.9千米改造建设，概算总投资1230.7万元。工程于6月底全部完工，道路绿化带树池、人行步道等附属设施建设于7月下旬通车运行。

【封闭运行管理】

强化封闭运行管理，确保税收应收尽收。加强集中区税控计量站运行管理，组织人员对税控计量站全面检修和环境卫生清理整顿工作，完善、修补计量站安全防护设施，重新制作安装学校出口和向阳出口两个限高门，防止运输车辆偷跑出集中区，造成税收流失。改善计量站工作人员生活条件，筹捐资金对工作人员休息生活场所统一装修，为职工创造良好工作生活条件。加强综合治税，配合税务部门，对未按时交税煤炭经营企业（户），不予领取IC卡，确保依法征税、应收尽收。

【环境综合治理】

在集中区原110国道、银汝路两侧植树，栽植树木4000棵，循环灌水，确保树木成活率80%以上。完善集中区环境卫生保洁长效机制，从严落实商业门店门前"三包"责任制，严肃查处违法乱建、随意倾倒工业废料行为。实行卫生队人员包片包抓责任制，坚持每天一检查、每周一通报、每月一评比，改善集中区环境卫生。

【水源地巡察监管】

强化对大水沟水源地关停取缔煤炭经营户164家，24小时不间断巡查监管，对有疑问煤炭户及时拍照对比分析，防止其"反弹"生产经营。对取缔煤炭经营户建档立卡，电子档案管理。推进巡查监管工作规范化，发挥综合执法队作用，宣传政策，及时督促取缔退出煤炭经营户清理存煤。全年清理存煤15.26万吨。

【招商引资】

2016年，集中区引进招商项目15个，计划投资6.02亿元，实际投资6.02亿元，洽谈和签约的项目6个。

【安全生产】

落实安全生产责任，全面推进平安建设。以"安全生产责任落实年"和"安全生产百日专项整治"行动为契机，推动企业落实安全生产主体责任，层层签订目标责任书，加强督促检查，防止安全事故发生。做好企业来访工作，预防和妥善处置群体性上访事件，及时化解和消除不稳定因素，防患于未然。

【组织建设】

开展"两学一做"学习教育，强化党员干部讲政治、守纪律、讲规矩意识。深化"强基进位 星级创优"工程，量化、细化考评细则，对非公停产企业党组织36个托管，对正常运行党支部评星定级，提升基层党建工作水平。对煤炭集中区党群活动服务中心续建项目和宁夏永威炭业有限公司"关爱职工、感恩企业、反哺社会"特色党建活动项目建设、评估验收。集中区党群活动服务中心项目列为县党建工作观摩点。在党员干部职工中开展"立规矩 转作风 树形象"专题学习教育活动，转变干部职工思想作风、学风、工作作风以及"庸、懒、散、软"等突出问题，培育新的良好风气形象。建全和完善集中区各项规章制度，加大制度执行力，以制度促作风建设。对4名违反制度规定干部职工通报批评，对12名违反制度规定干部职工给予经济处罚，对3名没有落实好"立规矩 转作风 树形象"教育活动的工作人员通报批评并给予经济处罚，以严的制度、好的规矩来转变干部职工作风。

平罗县煤炭集中区2016年规模以上企业

序　号	企　　业	企业地址	主要产品	产值(万元)
1	中煤宁夏增炭剂厂	崇秀路	增碳剂	7163
2	平罗县豫平碳素有限公司	崇秀路	碳素	5412
3	平罗县创达煤制品有限公司	崇秀路	煤炭及煤制品	125
4	宁夏平罗光辉碳炭有限公司	姚汝路	煤炭及煤制品	3502
5	宁夏博宏煤业有限公司	姚汝路	煤炭及煤制品	3286
6	石嘴山市兴云煤业有限责任公司	中耀路	煤炭及煤制品	14593
7	平罗县丰源碳素有限公司	原110国道	碳素	2805
8	平罗县永宝工贸有限公司	中耀路	煤炭及煤制品	4826
9	宁夏懿鑫煤业有限公司	原110国道	煤炭及煤制品	12940
10	宁夏平罗县星昌煤炭有限公司	中耀路	煤炭及煤制品	367
11	宁夏永威炭业有限责任公司	中耀路	炭电极、石墨化电极	1951
12	平罗县中天煤业有限公司	崇秀路	煤炭及煤制品	1351

交通信息产业

交通运输

【概况】

2016年,立足于建设"综合、智慧、绿色、平安"交通要求,以构建"人便于行、货畅其流"交通运输环境,保障服务县域经济社会改革发展为目标,以深化行业改革、推进依法治理进程为动力,打基础、谋长远、强效能、提服务,锐意创新,勤恳履职,在项目建设、公路养管、运输服务等方面取得阶段性成效。

【项目建设】

争取上级部门政策资金支持,按照"安全、环保、耐久、经济"理念,规范、严谨做好项目规划勘测、设计环评、申报审批和招投标等前期工作,严格履行项目建设流程,落实项目管理法人负责制、合同管理制、工程监理制、公开公示制和质量终身负责制等制度,强化项目建设质量、安全及资金使用监管,高标准完成重点项目建设任务。

【农村公路建设】

2015年建设农村公路21.334千米,2016年4月,气温回暖后复工建设,项目于2016年7月全部竣工通车。结合县人代会意见建议、政协提案和全县"美丽村庄"建设项目,争取自治区交通厅项目、资金支持,新建、改建农村公路6条11.55千米,工程于2016年8月开工建设,全部建设完工。实施固定治超检测站建设项目。

【治超检测站建设】

在红陶公路34千米处西侧建设固定治超检测站,项目规划占地面积2.06万平方米,建筑面积476平方米,概算投资375万元,项目全部建成完工。

【同城化公路建设】

抓好同城化平罗至石嘴山(银川公路)工程平西路至包兰铁路段道路工程。全长0.961千米,概算总投资1200万元,项目全面建成通车。

【危桥改造项目】

实施2016年危桥改造项目及公路安全生命防护工程。落实农村公路危桥改造项目空心板安装、桥面铺装层和防撞墙等主体结构建设,由于天气渐冷,为保证工程质量,计划2017年4月铺设沥青混凝土面层,5月全部完工通车;安保工程全部建设完工。

【重点项目建设协调】

协调配合交通厅重点项目建设。协助自治区交通运输厅办理项目勘察设计、土地报批、环评等前期手续,

农村公路施工现场

落实征地拆迁等工作，确保石嘴山红崖子黄河公路大桥、国道244线苦水沟（蒙宁界）至高仁段公路等重点项目顺利推进。国道244线改扩建工程全部完工。红崖子黄河大桥工程，施工单位进行项目部、拌和站和梁厂建设。石银高速公路石嘴山至平罗连接线工程，项目施工路基填方、桥梁下部结构、桩基础、现浇箱梁支架搭设以及空心板预制等工作。

【公路养管】抓好路面病害修补工作。以县乡道路为重点，做好病害调查，严格技术规范要求，投入资金150万元，规范处置沉陷、坑槽、车辙等各类路面病害2.172万平方米，提升各级公路通行能力。实施农村公路危桥（涵）改造工程。投入资金5.5万元，对五星至联丰公路、头闸村8队公路、平黄公路3道涵洞维修、改建工程，提升管养公路安全保障能力。抓好路域环境美化整治工作。落实道路整容"十程序"要求，整修路肩1685.3万平方米，清扫路面（桥面）3316.3万平方米，刷白树木18.18万株，桥涵刷新2318处，刷新沿线设施16215处，清理道路两侧各类堆积物631处（1099平方米），营造平整顺畅、协调美观的公路环境。加强路政管理工作，加大路政法规宣传，出动宣传车4次，人工宣传13人次，发放宣传材料5300余份，开展路政巡查3522人次，依法查处案件10起，保护路产路权。

4月6日，路政执法人员在县城七一广场进行路政法律法规进行宣传

道路运输管理

【概况】2016年，在"抓安全、保稳定、促发展、树形象"的基础上，围绕"四个交通"工作要求，开展新常态下的道路运输管理工作，坚持抓好行业安全维稳检查、业务办理、源头治超等，重视党建和精神文明建设，被评为2016—2019年度自治区文明单位。

【行政管理】强化行业监管，改进运输服务水平。以春运为重点，结合"安全生产责任落实年""平安交通"创建、"安全生产月"等活动，在运输行业开展企业危险源辨识与控制、打非治违专项整治、"挂牌评星"、企业安全生产标准化达标和质量信誉考核等活动，召开安全生产工作会议5次，开展安全生产检查107次，检查出安全隐患54处，下发整改通知书26份，落实整改安全生产隐患26处，确保运输生产安全稳定，规范营运行为，提升服务质量。加大从业人员教育培训工作。安全生产培训150场次，培训人员1.3万人次，通过短信平台向道路运输从业人员发送安全生产短信4万条，借助广场咨询活动向群众发放安全生产宣传材料1.5万份，提高从业人员、各界群众遵章守纪、安全出行的自觉性和主动性。全面做好辖区货运源头单位摸底调查及公示巡查工作，与全县货运源头企业25家签订《源头治超目标责任书》，专项巡查213次，检查各类货运车辆430辆，从源头上制止和预防超限超载对公路危害。加大维修驾培市场监管。调节维修纠纷6起，为车主挽回经济损失10 125

元，对全县注册维修业户337家质量信誉考核，规范维修企业经营秩序。加大驾培市场监管，举办驾驶员培训班115期，培训驾驶员5265人，从业资格证培训214人，继续教育培训420人。严格落实《交通行政许可审批程序规定》要求，依法许可普通货物运输业户206户，转入车辆157辆次1760.58个吨位，转出车辆24辆264.32个吨位，变更车辆192辆2392.872个吨位，许可三类维修业户4家，货物运输公司6家，对营运车辆年度审验1640辆、从业资格证诚信考核1069本，清理货运公司3家，注销班线运输车辆5辆，注销非营运车辆45辆，72.02个吨位，业务办理量7786件。规范办理运政处罚案件309起，维护客货运输、驾培维修市场正常秩序。业务按时办结率及窗口服务群众满意度均达到100%。

【行政处罚】

开展执法稽查428次，出动执法车辆374辆次，办结行政处罚案件309起（其中非法营运车辆处罚225起），较上年同期增加7起。

【安全监管】

开展春运工作，"道路运输平安年""安全生产责任落实年""平安交通""安全生产隐患大排查、大整治""道路旅客运输车辆专项整治""公共安全防范警示教育月""出租汽车市场专项整治""安全生产月""安全生产百日专项行动""安全生产大检查""打非治违"等安全生产专项活动。召开安全生产会议5次，集中开展安全生产大检查10次，开展日常安全生产检查107次，下发整改通知书27份，检查出安全生产隐患121条，落实整改121条，辖区未发生安全生产责任事故。业务骨干和部分企业安全员参加自治区交通厅和区局举办的安全生产培训，监督企业加强从业人员安全培训教育，监督客运企业7家、危货企业4家、规模普货企业4家、驾校和维修行业协会3家开展安全生产培训150场次，培训人员1.3万人次。开展行业应急救援、消防、反恐演练3次。悬挂宣传横幅40条，在各新闻报刊、杂志、运管信息、网络媒体上刊登行业信息160余篇，营造全县道路运输安全生产浓厚氛围。

养护工人进行路面灌缝

【客运管理】

春运期间全县投入客运车辆223辆，发班次1.9万车次，4700客位，运送旅客24.27万人次，同比减少6.4%。处理"12328"投诉43起、"96779"投诉176起，调解客运纠纷8起，办结率100%，为群众挽回经济损失3万元。对全县出租车、班线客运、校车客运从业人员1130名基本情况（是否存在毒驾、酒驾及违法犯罪等行为）摸底调查，排查出隐患人员12名，责令其所属公司复查，劝退处理3名人员，确保隐患及时消除。查处违法违规行为13起，罚款处理。查处客运车辆不按规定使用计价器、非法营运、出租车过户等行为49起。严格把关，对2015年燃油补贴网上申报、资料审核及公示，惠及城市公交车46辆，农村客车185辆，出租车431辆。审核包车、临时加班车资质，全年发放包车牌942张，发放临时加班牌135张。开展"黄标车"集中排查，建立在用营运黄标车明细台账。利用企业安全生产培训例会,向从业人员"黄标车"政策宣传,确保在黄标车淘汰工作中客运市场稳定。对全县出租车改色431辆,白顶蓝底颜色得到广大市民认可。联合县安监局、反恐办、公安局山鹰突击队、公安交警大队、消防中队、电视台、中医院急诊中心及全县所有客运企业,于6月16日在平罗县汽车站院内开展反恐消防应急演练1次,完善各项应急措施,提高各相关部门处置突发事件的应急能力。通过GPS监控,发现客运违规事件7起。11月,平罗锦涛公交公司购置27辆纯电动公交车,同期建设配套设施充电桩,12月投入运营,投资1380万元,为全银北第一家使用纯电动公交车的企业。协调开通汽车站至妇幼保健院环线公交线路,解决群众前往妇幼保健院坐车难问题。

【货运管理】

开展辖区货运源头单位摸底调查及公示巡查工作,与全县15家货运源头企业签订《源头治超目标责任书》。巡查36次,对156家企业,出厂货运车辆检查116辆。对辖区货运企业情况摸底调查,对平罗县金立冶金厂等3家货物运输经营资质不达标和安全生产工作不达标企业公示注销道路运输经营许可证。配合市运管局对规模以上普货公司7家、危货公司4家质量信誉考核。对4家危货公司开展重大安全生产隐患排查2次,随机抽查危货运输车23辆,对出现问题及时反馈和整改。监督4家危货运输企业开展现场应急处置演练1次。监督4家危货企业修订各项安全生产管理制度和突发性应急预案。对县泰安、龙江、双喜、东源4家危货企业268名危货运输从业人员基本情况(是否存在毒驾、酒驾及违法犯罪等行为)摸底调查,调查结果不存在安全隐患。召开企业从业人员安全例会10次。严格落实GPS监控制度,对存在超速、疲劳驾驶、不按规定路线行驶以及72小时不在线车辆,及时告知警告,情节严重要求公司按规定处罚。

【维修管理】

县内机动车综合性能检测站2家检测道路运输车辆2585辆次。调解维修纠纷6起,为车主挽回经济损失1.01万元。3月,为提高维修质量和服务水平,对全县注册三类维修业户质量信誉考核337家,向经营业户发放机动车维修、年审换证等宣传资料1000余份;对二类维修及部分三类维修业户13家在平罗凌云汽修厂开展消防应急演练1次;对全县二类以上维修企业系统学习《道路运输车辆技术管理规定》,讲解存在问题。维修救援故障车辆432车次。

【驾培管理】

监督县内驾校3家启用新驾驶员计时培训管理系统,实现对驾校教学实时监控。对全县机动车驾驶员培训市场存在乱收费、超配学员等不规范经营行为治理整顿,调解驾培纠纷18起,为车主挽回经济损失2.94万元。在全县驾校推行机动车驾培机构培训服务模式改革3家(计时培训、按学时收费、先培训后付费的服务模式),不定期督查,对报名费现场电话暗访,暗访显示各驾校均收费按统一标准,无私自降低学费收费标准,该培训模式报名率稳居全区前列。全县驾驶员培训学校举办驾驶员培训班115期,驾驶员报名培训人数5265人,培训合格人数3444人，合格率65.41%；"先培后付"教学模式报名培训488人，培训合格人数52人，合格率10.7%；从业资格证培训214人；继续教育培训420人。较上年驾驶员报名培训人数减少385人，培训合格人数减少1179人，从业资格证培训减少59人，继续教育培训增加146人。

【党建工作】

开展"两学一做""五大发展理念"、中心组理论学习教育，营造浓厚学习氛围。巩固和深化星级基层服务型党组织建设，建立"四个清单"，推进问题整改，落实十项年度服务项目，让服务型党组织建设变得看得见、摸得着。抓好支部建设工作，按时对党支部换届选举，排查党员党组织关系工作。参加全区道路运输行业"三会一课"观摩学习，坚持"三会一课"制度。贯彻落实中央八项规定精神"回头看"活动，全体党员干部职工撰写自查报告，对查出来问题及时整改。开展第十四个"廉政警示教育月"活动。做好行业非公党建工作，对道路运输企业开展"挂牌评星"工作。辖区内1个企业、3名从业人员、2辆共产党员先锋车受到区党委组织部、交通厅表彰奖励。

交通运输局全体干部职工参观平罗县警示教育基地

【精神文明建设】

开展迎春趣味运动会，开展"三八"国际妇女节系列活动。元旦、春节期间看望退休老干部、老党员，给退休老干部、老党员征订《宁夏日报》《石嘴山日报》。组织女职工学习《反家庭暴力法》《妇女从权益保护法》，落实女职工婚假、产假和哺乳期假相关政策。落实东方明珠社区6位小朋友"微心愿认领"，参加社区"三八"妇女节趣味运动会，六

交通运输局开展文体活动

一儿童节为东方明珠社区困难学生5人送去学习用品，为贺兰县红星村、银星村供港蔬菜基地外来务工人捐赠衣服97件，为市运管局职工义务捐款。连续8年组织客运企业开展"爱心送考"大型志愿活动。举办"学道德模范　做有德之人"社会主义核心价值观主题宣讲活动，挖掘本县道路运输行业内凡人善举，培树可学、可信的道德榜样，营造见贤思齐、崇德向善行业氛围，推进道路运输行业核心价值体系建设。强化政风行风工作，办结政协提案2件，受理回复石嘴山议政网等各类信访举报投诉55起，办结率100%。开展移民结对帮扶工作，对红瑞新村居民摸底调查建立贫困档案45户，新春期间对困难户慰问66户，对长期跟踪，实行精准扶贫12户。对庙庙湖新村帮扶对象实地走访12家，了解记录每家每户出现具体问题，召开专题会议对脱贫攻坚工作进展情况总结，安排下一阶段开展扶贫工作。在区级文明单位复验中被评为2016—2019年度自治区文明单位。

天豹公司平罗汽车站（客运九分公司）

【概况】

2016年，客票营收1708.7万元，是年计划94.9%，差额91.3万元，同比减少210.6万元，下降14.2%。站务设施费57.49万元，是计划95.8%，差额2.5万元，同比减少6.37万元，下降10%。输出旅客184.7万人次，同比减少22.5万人次，下降10.8%。核定计划亏损43万元，实际亏损8.7万元，减亏34.3万元。客运九分公司客运量，实际输送旅客17.58万人次，是年计划97.7%，同比减少0.21万人次。客运周转量，实际1161万人千米，是年计划107.4%，同比增加17万人千米。核定利润亏损11万元，实际亏损5.44万元，减亏2.56万元。车站日均发送旅客5000余人次。

【考核管理】

实行生产经济指标任务与员工工资紧密挂钩考核管理模式，细化工作任务，明确目标奖惩，激励和促进企业员工抓营收，争创佳绩。转变经营理念，从经营管理型向经营服务型转变，针对客运市场变化，站售票客流下降，落实减员增效，降低用工成本及用工风险。减少外聘人员1人，接近退休年龄内退1人，申请辞职1人，减少3人，一次单岗位工作调整由调度员、售票员轮岗兼职，降低用工风险和用工成本。对发往银川方向班线的客车在南查验点附近有旅客乘车需求实际，由查验点工作人员监督定补客票，月增加定补客票收入2万余元，增加车站和经营者收入，杜绝黑车揽客现象。

【组织运力】

以节假日客流高峰期为重点，科学调度，精心组织，加班加点，创收增效。3月，采取延时发班售票，由以往18:30下班调整为19:20，增加站售收入，维护站外客运市场秩序，杜绝黑车运营现象。农村线路班次占比重较大。车站在周末及节假日客流高峰及时增开售票窗口，延长售票时间，做到应收尽收。内勤人员在周末和节假日客流高峰及时增补到车站生产一线支援，重点到三品查验岗位、售票窗口、检票口岗位协助维持秩序、车辆出站查验岗位协助车辆出站查验工作等，避免因客流高峰而降低安全管理和服务质量方面的不足。车站发班和售票采取"扬长避短"原则，在节假日和客流高峰期，站内和宁夏卫校（平罗职教中心）安排公司车辆，利用加班和包租车形式，发往直达银川火车站、吴忠、中宁、固原班次，增加收入。在日常工作中主动联系过往长途线路车辆进站补客，主要以吴忠、中宁、同心、固原、平凉、西安、西峰、靖边、榆林、东胜线路为主。

【开拓市场】

安排公司车辆发往吴忠直达59车次，运送2171人次，收入76310元；发往银川火车站加班22车次，运送1014人次，收入16224元；发往固原加班6车次，运送276人次，收入27620元；发往中宁8车次，运送327人次，收入19620元。开发直达线路4条，安排83车次，运送客源3317人次，收入12.68万元。人均票价由8.2元增长为38.2元。开通旅游直通车业务，利用车站、九分公司车流和人流优势，与中港国际旅行社合作，组织团体游和散客游。5—9月，发送乌海蒙根花景区旅游直通车22车次，运送游客

637人次，实现包租车收入2.08万元。随着客运市场的发展与变化，结合车站所处地理位置（离高速公路出口偏远，给长途班线客车进站补客带来不便），与高速交警和行业部门沟通协调，在京藏高速平罗出口设置临时售票点，方便长途班线客车在高速公路平罗出口安全地带停驶补客，县城站内如有长途客源，安排车辆运送到高速公路临时售票点乘车。这一举措得到长途旅客和车辆经营者认可与赞誉，亦增加运输收入。

【安全管理】

全员参与，建立责任体系。站长、分管安全生产领导、进站参营车辆所属公司、全站员工，逐级签订安全责任书，岗位承诺书，层层落实安全生产责任，实现安全管理全覆盖，建立各负其责、组织严密责任体系，夯实安全生产保障体系。落实汽车站源头管理及"三不进站、六不出站"制度，加强旅客进站行包查验和车辆出站查验管理工作，把好车辆安全运行最后关口。车站出站查验，全年查出不符合规定营运客车180车次。加强管理，杜绝安全事故。加强源头管理，严格执行车辆安检、报班和旅客进站行包安检制度，无企业派车单和安检不合格车辆坚决杜绝不予发放安检合格通知单。车站全年安检车辆4.13万车次，不合格92车次。客运九分公司全年安检车辆3565车次，不合格7车次。严格落实进站旅客行包检查制度，做到严格把关，严查"三品"进站上车违法行为，全年检查旅客行包97.28万件，查出易燃品478瓶，易燃气体2瓶，管制刀具45把，烟花炮竹5.43万响。教育引导乘客自觉系好安全带。加大隐患排查工作，落实平罗至西安长途班线客车运行凌晨2:00—5:00落地休息制度，对存在隐患，要求责任人立即、全面、彻底整改，杜绝行车安全事故。开展专项应急救援知识培训和实战演练，提升从业人员处置突发事件能力和管理水平。车站、九分公司全年未发生安全责任事故和工业安全事故。

【客运服务】

开展"挂牌评星"活动，每季度对员工和车辆考评并公示，规范员工岗位操作、文明服务等，提高员工、驾乘人员爱岗敬业和优质服务水平。加强"文明窗口"建设，同行业监管部门加强协调配合；加强硬件建设和疏导管理；加强站内外环境卫生清扫保洁、劝阻不文明行为（随地吐痰、随处吸烟等）；加强文明公约、道德规范宣传等工作。打击县城及站外黑车非法揽客等违法行为，为进出站旅客营造舒适、洁净乘车环境，为参营车辆经营者创造公平、宽松、有序经营环境。加大服务质量检查，每月对全站员工服务质量开展定期检查或抽查2次，每周对旅客意见簿、旅客意见箱开箱检查并由专人负责整理记录，每季度发放旅客满意度调查表和参营者满意度调查表，通过多种形式，全面查找客运服务中存在问题和不足，完善服务措施，提高服务质量和群众满意度。

【社会治安综合治理】

坚持"预防为主、防消结合、综合治理"原则，与各岗位人员签订《社会治安综合治理目标管理责任书》。把普法教育同业务工作同部署、同安排，把法规学习与企业管理规章制度学习结合起来。定期对办公区、售票厅、候车大厅、出租房等区域电源线路、消防安全检查，发现问题及时纠正、整改。强化车站内外夜间巡查工作，落实车辆进站登记记录制度，未发生治安、刑事犯罪案件。加大科技技防和物防、人防相结合力度,车站安装监控探头19处,驻站运管部门安装监控探头7处,公安部门安装监控探头6处,每月定期对设备检查和维护,发挥实时监控作用。化解售票员与旅客因购票找钱或假币所发生误会3起,为公安部门提供破案线索3起,为群众查找走失儿童和离家出走人员8人,为旅客找回行包和丢失物品7起。

邮　政

【概况】

2016年,贯彻落实区、市公司工作部署,树立7种意识,发扬六盘山精神,转变思路、真抓实干,以项目带动发展、以服务促进发展、以转型提升网点、以产品吸引客户,顺利完成全年生产计划。

【转型发展】

函件业务以转型创新发展为抓手,以项目带动业务发展,向商务、媒体、文化结合方面转型,实现转型发展。通过数据库商函业务、廉政学习笔记本、社保账单业务、供电局用电手册、学生毕业留念册等营销项目,拉动函件业务发展。加大市场开发力度,发挥名址数据库作用。把浪西北和刮刮卡营销发展成一项常态化工作,通过储蓄网点、营业网点、便民店,电商进农村渠道展开销售,带动函件业务发展。

【集邮业务】

集邮市场逐渐复苏,集邮业务发展逐年呈上升趋势,全年集邮业务以"个性化邮票"、集邮进校园、集邮进军营、集邮进社区、集邮品鉴会为抓手,拉动集邮收入。以畅销票品为主题,召开高质量集邮品鉴会,拓展集邮中高端市场。抓好集邮队伍建设,培养更广泛的集邮爱好者。加快项目开发力度,在当地寻找一些投资大、影响力广的项目开展合作,寻求企业形象册开发,在项目开发上有所突破。利用网点电子屏及微信扩大宣传面,回访老客户,通过老客户介绍新客户,通过"以老带新"发展新集邮客户。全年新邮预订套票1500套,小版500套,大版6套,年册380套,封片3套,会员折1222套。

【报刊收订】

全年报刊营业额178.36万元,是计划的86.83%,其中,公费119.84万元,私费58.52万元。其中,行业报刊49.53万元,20种畅销报刊26.43万元,新华社系列12.04万元,重点校园报刊3.89万元。加强欠费回收工作,私费一律不准欠费,公费回收率80%以上。后期加强私费订阅、校园报刊、续订报刊等工作。

【电商进农村】

依托邮乐网平台技术优势及村邮站渠道优势,在全县范围内开展农村电子商务试点工作,推出线上线下一体化便民服务——邮掌柜。系统实现商品批发、线下代购、进销存管理、会员管理、便民服务五大功能。通过邮掌柜,农民购物不出村、销售不出村、生活不出村、金融不出村、创业不出村。沙湖枸杞辣酱和周家八瓜子2个商家进驻邮乐网,全县七镇六乡建立村邮站50家,通过建设50家村邮站和邮掌柜系统带动代理金融和快递包裹业务发展。提高建设50个村邮乐购店销售规模,建设农村电商体验平台100处。推广"四站合一"管理模式,即农村便民服务站、村邮站、农家店、村邮乐购店,以金融+便民+分销+揽投为基本内容,统一管理,统一运行。让村民足不出村即可享受现代化邮政服务。全年建成村邮乐购村级服务站49家,其中,村级服务站42家,龙头企业服务站7家,覆盖县城内各大社区及县域内七镇六乡各村及社区,实现县域内全覆盖。建成村级服务站全部按照政府提出"十个一"标准建设,有统一的门头及邮政标示,安装"邮掌柜"系统,服务站可实现便民缴费、网上代购、包裹收寄和投递,基本实现"六不出村"服务功能,即金融不出村、生活不出村、购物不出村、创业不出村、销售不出村和寄递不出村。村邮乐购安装邮掌柜系统活跃度达到80%以上。线上运营情况良好,邮乐农品·平罗馆于2015年12月24日上线试运行,2016年4月26日正式开馆运营,网站代理运行企业13家,上线特色农产品52种,销售157.43万元。在县商务局资金支持下,开展开馆促销活动,通关"1元秒杀"和"半价促销",为平罗馆开馆打下坚实基础。县级公共服务中心和物流电商孵化中心于3月底施工,交付邮政代运营及管理。

【效能建设】

开展以转变工作作风为主效能建设,明确各部门岗位职责,以服务基层经营服务为出发点,及时解决基层网点出现问题,认真思考职工反映情况,为各经营网点做点实事。坚持局务公开,将单位、网点、职工获得表彰或处罚通报等均在县局公示栏内张贴,起到更好的宣传倡导和教育警示作用。

【成本费用控制】

与各经营网点签订《经营目标管理责任书》,鼓励各网点开源节流,在业务发展方面能够大踏步前进,在成本使用方面从点滴做起,不浪费一滴水、一度电,使网点每个人都能够发挥主人翁作用,提高网点运行质量。

【安全生产】

开展网点"零差错""零投诉"活动,减少差错,各网点对各自出现差错进行分析,找出原因,找出差距,想办法及时解决,在员工之间、班组之间营造比学习、比能力、比干劲、比成效、比贡献竞赛氛围。落实安全生产制度,坚持每月定期检查和随时抽查相结合,将各类隐患消灭在萌芽状态,保障经营发展。

电 信

【概况】

2016年,围绕区公司和分公司工作会议精神,落实2+5+6发展战略,推进划小承包,精耕六大市场,发扬团结拼搏,求真务实的工作作风,抓党建、促发展,攻坚克难,各项业务取得较好成绩,未发生安全事故和重大投诉。公司全业务收入市场份额35.44%;业务收入4807万元,是年度收入预算82.23%。

【提升店面销售】

按照区公司渠道建设要求,拓展渠道网点。新建全网通门店2家,独立店1家,拓展开放渠道,建成开放渠道网点19家,其中移动3家、联通3家代理商已开通电信工号。商圈渠道经理持续跟进,做好服务支撑工作,引领开放渠道代理商发展电信业务。平罗汇融新建通讯商圈投入运营,渠道经理跟进洽谈新建门店。汇融商圈竣工后可新增大型电信专营店2家。开放门店7家,将为2017年平罗分公司业务发展做出贡献。以分公司营销政策、营销路径为导向,开展"移动规模提升战"等各项营销活动,以终端引领带动移动业务发展,坚持开展节假日、周末炒店活动。对各项业务提炼卖点，包装营销。组织代理商成立销售团队，开展小区营销，以融合产品为导向发展业务。全年移动新增客户1.7万户，宽带新增0.5万户，ITV（中国总代理）发展0.7万户。

【融合业务】

完善五级承包考核办法，强化网格店面销售管理，新建网点2个。要求所有网格店全部开通翼支付商超，以翼支付刷卡消费带动进店客流量。紧盯终端上柜和4K高清体验差异化服务，提升店面融合业务发展。各支局将所有小区、沿街店面细分，制订营销计划，结合分公司各季度小区宽带融合提升专项活动，对48个小区开展现场营销，宣传翼支付。5月前让169以上融合用户4000余户零距离体验4K超高清电视，树立电信宽带品牌。下半年城市支局逐户上门开展宽带策反和ITV体验，宣传天翼先锋卡和新融合套餐优势，7月开始，开启"ITV狂发展"战役，借助体验营销抓手，逐级分解日发展目标，每天通报评比，效果明显。

【农村市场发展】

农村支局以信息化入村为切入点，整村推进促发展。按照分公司2016年农村承包办法，对3个支局实施承包，借助光改有利时机，与政府联合，在各乡镇信息化达标基础上，将信息化延伸到村，解决144个行政村上网需求，得到政府部门扶持资金20万元。申请县农牧局为种养殖大户增配专项资金解决农民上网问题。每季度抽调管控和外呼人员与陶乐、姚沙、黄渠桥支局、划小人员、代理商，组成整村推进突击队，抓春季、冬季农闲时机，在平罗庙庙湖、红瑞移民村拓展宽带、ITV业务，挨家挨户上门营销，取得良好效果。各支局利用各村光纤竣工契机，开展现场营销宣传加ITV入户体验发展，将ITV电视带入农户。农村支局开展渠道网点建设，发展渠道网点4家。支局对代理商"赶集营销"，宣传翼支付，以融合、礼包为主发展移动业务，引导农村代理商在发展业务，开展三升四换卡、宽带续约等存量维系工作，销售4G终端，推进用户转型4G业务。

【校园、商客市场】

校园班班通项目开通学校12所；平罗县职教中心秋季迎新办理学生翼支付手机卡700张，套餐保底34元；按照商客春开活动要求，组建商客攻坚团队5人，对城区沿街店铺走访营销，摸排用户2564户，宣传电信业务，发展宽带232部。

【公众客户维系】

针对各划小人员较少、存量保有不到位问题，在VIP（贵宾）星级客户服务团队基础上，组建专业维系队伍2支负责公众客户维系，其中由负责营业商圈7人、农村支局移动单产品维系；负责城市支局所有融合及宽带客户维系8人。围绕分公司存量客户保有管理办法，开展三升四换卡、实名认证、宽带续约、欠费催缴等基础工作，改变以往重结果、轻过程现象，将各项工作目标按日、按人管控。在易信、内网QQ通报每天工作进度，帮扶、督促落后人员改进，提升存量保有基础工作。4G用户渗透率78.97%，宽带续约率90.03%，欠费回收率90.14%。落实四季度剔减欠费回收专项活动，目标分解到五级人员、代理商，责任到人，日管控、周通报、月考核，确保收入流失降到最低。

【网建设维护】

全年对830万投资建设项目：农村FTTH[是指将光网络单元(ONU)安装在住家用户或企业用户处，是光接入系列中除FTTD(光纤到桌面)外最靠近用户的光接入网应用类型]。四期、五期、六期、班班通、公安局智能图控等。实施平罗县平安社区监控光缆接入工程，安装监控摄像头500个、硬盘录像机23套，光缆敷设工程；实施两期政企客户，县城及农村32个学校及县城36户光缆接入工程；实施平罗农村120个自然村FTTH一期至三期的改造工程。实施20000线对千米退铜工作。维护方面：开通光纤互联网电路59条、开通光纤VPN[是在VPN(Virtual Private Network)虚拟专用网络的基础上衍生出来的提高网络访问速度和安全的技术]。它利用VPN的特殊加密通讯协议在因特网位于不同地方的两个结点间临时建立一条穿过混乱公用网络的安全稳定的专用隧道]。业务28条；扩容EPON[EPON(Ethernet Passive Optical Network)以太网无源光网络，顾名思义，是基于以太网的PON技术]设备宽带端口272线、语音226线；装维客户装移机26635户，其中ITV业务12620户、固话业务2327户、宽带业务11688户；累计查修10000障碍工单1843户；查修平安城市故障689件，整理城域网光交23台，实施45个机房标准化整治、实施5家政企单位行业应用支撑工作，走访政企用户32家，排除日常各类政企障碍486件。

移动通信

【概况】

2016年，以各项经营任务为重点目标，以服务为中心，通过创新渠道管理模式，加强团队建设，深化内部管理。新增客户2万户，4G客户4万户，家用宽带1000户。

【4G运营发展】

从拓4G终端销售规模，提升存量及新增客户4G转化率，沉默用户签转三方面开展工作。拓渠道终端销量，利用4G终端达量奖励政策，落实促进渠道战略机型、主推热销机型销售，提升4G客户转换率和终端销售健康度。主抓三类重点市场，分别从集团、农村、商铺拓展4G客户。紧抓与客户触点，引导用户更换4G卡，购买4G终端。对集团客户，按月利用预存赠机及协议赠机及策反终端政策在集团单位针对目标关键客户推广，提升集团重要客户4G占比。深耕农村市场，对4G覆盖乡镇，借低端4G终端，通过定期下乡镇宣传、扫村营销及属地代销商营销，拓增4G客户。针对商铺聚类客户，由家客重点落实，分月梳理目标商铺，利用商铺信息化+4G终端融合模式分行业提供方案。

【拓展家宽市场】

加强小区宽带宣传，通过小区条幅、喷绘、广告栏、物业等方式扩大用户知晓度，对预覆盖小区提前预热，驻店营销，利用广电、铁通各小区住户信息库，与基站下提取各目标小区用户相结合，掌握小区住户信息，对目标客户通过信息群发及微信建组，朋友圈营销宣传。划片发展，常态化营销，定期对于目标营销小区梳理划片，安排责任客户经理，分小组开展小区驻点营销及扫楼，对小区包楼到组扫楼，对扫楼成效及信息登记工作按周整理。利用计件酬金引导，提升各客户经理所负责各单元地区实装率。扶持渠道拓展家宽，发展小区内及周边商铺为直销渠道,通过酬金引导,拓宽发展渠道。拓增和家客户发展规模,利用各区域内社会渠道关系营销,促进发展和家业务。通过培训及酬金引导增加社会渠道代销商宽带推广,拓展宽带发展渠道网络。

【新增市场】

以渠道为主,自有人员为辅,通过策反及销售双卡终端时咨询客户双卡需求,拓展新增客户,抢占新增客户入口。拓展非签约渠道、农村商铺等发展下线,多举措拓展新增市场。通过新增市场份额保有,适配4G套餐,增加4G用户新增来源。

【4G转换】

对三星及以上客户和集团重要客户,通过客户消费习惯,使用终端类型分析,重点对使用超过1年2G、3G终端客户及双卡客户,利用预存及其他终端营销签转。对沉默客户通过套餐折扣优惠等活动开展激活营销,扩大4G客户规模。

【4G套餐占比】

提取下线资费套餐客户明细,根据客户消费习惯配置合理4G套餐进行客户套餐迁移,对新入网客户4G套餐匹配,提升客户满意度及贡献度。

联通通信

【概况】

2016年,贯彻落实公司各项活动方案,加强渠道建设,夯实基础管理,重视维系和服务质量提升,通信服务收入1305万元,其中:移网收入1180万元,新发展用户2.95万户。固网专业收入124万元,新增固网单宽带用户1392户,智慧沃家新发展用户535户。

【农村专项营销】

根据公司"聚类市场"各阶段部署要求,以渠道为单元,将农村目标市场划分,做好摸底调查,将目标市场责任落实到人,制定明确项目实施计划书。摸底各乡镇人口、聚集区情况,与乡镇政府机关人员提前做好沟通,迅速与市分公司沟通,制定可行性活动方案;抓住务工市场特点,对重点目标市场太沙工业园区、陶乐精细化工基地、陶乐移民市场、沙湖周边砖厂及县城周边建筑工地分片分区到代理商,以代理商为主导,网格人员全面配合,分片分区开展农村专项市场活动,发展用户8000余户。

【光纤宽带】

通过小区宣传、上门回访等方式,将任务目标分解到人,全员落实固网目标。针对社会渠道,制定阶段性宽带奖励政策,提高代理商宽大发展积极性。以固网网格、自有营业厅为主导,带动渠道,利用春节促销、5·17电信日促销、端午节促销、国庆节促销、双十一促销,提升宽带业务发展量,单宽带发展用户1392户,智慧沃家用户535户。

【用户保有】

坚持新发展、存量保有两手抓,将部分重心倾向用户保有。结合区、市分公司"存费送业务""宽带续费有礼""老用户网龄优惠购机""9元购机"等政策,做好自有营业厅进厅用户推荐,各网格加大电话回访、上门回访力度,做好老用户保有工作。开展"宽带存量用户续费活动"以来,每月老用户宽带续费率80%以上。

【渠道建设】

做好现有渠道支撑和服务,加强便利渠道、代理点、合作厅、自控厅渠道建设,扩大销售渠道，做好属地用户服务。提升现有渠道发展效能，对"零销量渠道"，一事一议，制定活动政策。实施"缴费达量奖励""业务发展达量奖励"等渠道特殊阶段性奖励，减少渠道零销量情况。对于新建渠道，要求渠道经理、客户经理必须驻店服务指导，使渠道"从无到有""从有到优"业务发展发转。按季度召开专营店、合作厅级以上代销商业务发展交流会，通过交流总结业务发展过程中存在困难，畅谈各自心得经验，为业务发展提供宝贵意见和建议。销量渠道到达90家，其中，30户以上中产渠道34家，百户核心渠道到10家。

【联合促销】

与vivo、oppo、金立等厂家进行洽谈，相互合作，制定并实施"vivo、oppo渠道型厂商联合营销活动""全渠道金立终端订货会"等，与骏海鑫平台商联合开展"跨界整合渠道产品推介会"，将现有市场热销终端及本公司沃4G+产品、大流量卡产品打包，制定符合渠道、市场合约终端。

【岁末冲刺】

第四季度，对移网、固网业务下滑等问题，开展"固网业务发展总动员""营业厅冲刺21天""低产渠道驻店帮扶"等活动，社会渠道发展699元包年智慧沃家30户，营业厅发展号卡52户，全渠道移网月均发展量120户。

商业·贸易

商务经济合作

【概况】

2016年，树立大开放推动大发展理念，围绕做精"一优四特"产业、培育壮大"4+3"工业产业、推进现代服务业扩量提速工作目标，倾力狠抓招商，提升商贸流通、电子商务等工作，使三次产业结构日趋合理。荣获2016年度全区招商引资工作一等奖、全县2016年度效能目标管理考核一等奖等荣誉。

【项目对接】

拓宽招商渠道，以承接沿海地区产业转移为招商引资重点，做深做细做实产业对接和产业配套等基础性工作。通过县领导带队外出招商、部门企业组团招商、带着项目招商及小分队招商等方式，外出开展招商60余次，赴长三角、珠三角、京津冀等区域和20多个省份对接招商。万顺冶金化工有限公司余热发电20兆瓦、石嘴山市通用博天第二水务有限公司污水处理厂等项目投入运营；中国大唐集团2×66万千瓦火电项目、国家铁路总公司平罗铁路综合货场建设、宁夏大地循环发展有限公司年产2010万条高性能子午线轮胎等项目建设。2016年，全县开工招商项目122个，计划总投资182.39亿元，实际投资142.01亿元，占计划总投资77.86%。荣获2016年度全区招商引资工作一等奖。

【节会招商】

参加津洽会、西洽会、厦洽会、南博会等招商活动，宣传推介接洽项目，推进项目进程，组织签约。节会签约项目7个，计划投资9.51亿元，开工项目5个，占签约项目总数的71.43%，到位资金3.27亿元，资金到位率34.38%。

【专项招商】

结合全国工商联暨民营企业助推宁夏创新发展专项招商引资工作，制定专项招商小分队工作方案，成立由县领导任队长、县工信局、发改科技局、商务局、工商联、农牧局、园区管委会等部门负责人为成员的5个专项招商小分队，对筛选出企业进行重点对接。为2017年储备续建项目49个，计划总投资28亿元；签约项目11个，计划总投资260.22亿元；储备重点推进项目10个，计划总投资205.6亿元；储备重点对接招商线索27个。

【项目跟踪】

对重点新建项目和续建项目，实行"领导包抓制""首问负责制""限时办结制"，协调解决项目推进中遇到的困难和问题，促进项目有序推进、按时完工、顺利投产，确保招得来、留得下、发展好；对签约项目，协助企业办理立项、土地、工商注册等手续，尽快消除开工障碍，力促尽早开工建设，培育投资增长点；对重点意向性项目,采取紧盯包抓办法,力争早签约、早落地。

【健全考核机制】

对全县各乡镇、部门征集招商项目,搜集整理县情、优势产业、投资优势、发展方向等资料,编制招商项目册、投资指南、招商推介幻灯片,并将优惠政策、招商项目等信息在平罗政府信息网上发布,既为外出招商提供资料保障,扩大宣传面。对招商引资工作实行月度督查、季度通报、年度考核,促进工作取得实效。

【市场运行监测】

做好元旦、春节等重大节日市场供应及生活必需品、新农村商网、平罗商务预报、百县监测等系统网站信息发布、市场运行分析、市场预测预警工。取得2016年全区市场运行监测工作第四名、县(区)第一名的好成绩。

【市场保障供应】

对各大市场、超市储备商品,实施政府储备蔬菜集中投放工作,在元旦、春节期间分两批在6个投放点投放储备蔬菜644吨,保障市场供应,平抑"菜篮子"商品价格,取得惠民利民良好效果。

【消费结构】

对宏泰商业广场、阳光乐购超市等企业开展音乐美食啤酒节暨商品交易会、首届石嘴山国际美食节、平罗县汇融新天地盛大开业暨十一热卖活动等形式多样的商业促销活动,扩大市场消费需求;联合文化旅游、农牧等部门,开展平罗县"乐海山"西瓜节及瓜菜采摘节、拉巴湖休闲农业沙漠文化旅游节等节会活动,扩大文体休闲服务和旅游消费等新领域消费。抓好特色商贸街区建设,汇融新天地开业运营。宏泰商业广场、沙湖水镇、国际建材城、吉运物流列入首批石嘴山市小微企业创业创新基地。2016年,全县实现社会消费品零售总额23.88亿元,同比增长6.9%。

【物流业】

为平罗县晟元物流等4家企业争取2015年现代物流业发展专项资金350万元;规划编制集铁路、公路、航空为一体的中阿物流园,物流保税区获银川海关批复,项目进行招商;推进中阿物流园(平罗铁路综合货场)项目建设,项目土地预审、选址意见、入园批复、风险评估、环评批复、立项、能评批复、地质勘测及施工图纸设计等前期手续,对1.6千米装卸线路基施工及站场路基土石方9万方。

【电子商务】

建设县级电子商务公共服务中心1个、孵化培训基地1个及仓储物流配送中心1个,建成70个乡村电子商务服务站(点)。通过中国邮政集团"邮乐网"、电信公司"淘翼夏"等网络平台,为农户代销特色农产品和代买生活用品。全县农产品有48个品牌、

9月30日,汇融新天地开业进行安全生产检查

4月26日,平罗县农村电子商务公共服务中心开馆

140多种农产品通过阿里巴巴、京东、邮乐农品、"淘翼夏"电商平台向全国销售。全县电子商务交易额8600万元,线上零售额1500万元,其中农副产品销售额占比90%以上。整合邮政、顺丰、圆通、中通、申通、韵达6家物流快递公司入驻电商物流园,打造覆盖全县乡村快递物流网络体系。

粮食购销监管

【概况】

2016年,围绕全区粮食流通工作要点和"监管创新年"活动,以"规范粮食流通秩序、确保粮食流通安全"为主题,重点围绕粮食收购、成品粮油应急储备、粮食行业安全生产等开展粮食监督检查活动。

【粮食流通】

为全面掌握全县粮食流通情况,准确反映粮食行业发展状况,科学研判供求形势,更好地服务粮食宏观调控,建立覆盖全县粮食流通统计监测网络,按要求及时向国家、自治区和石嘴山市报送各类粮食购销库存、粮食产业经济、粮食仓储设施、粮食价格、粮食从业人员等统计报表。对上年度社会粮油供需平衡调查和夏粮(小麦)、秋粮(玉米和水稻)质量调查扦样工作。

【基础设施】

实施大兴墩粮库危仓老库维修改造工程。争取国家、自治区危仓老库维修改造资金,于7月开工建设,对室外地坪、屋顶换瓦、门窗更换等工程,完成率80%。新增粮食烘干塔8座,新增烘干能力1550吨/日。配合区、市粮食局在通伏乡召开科学储粮仓推广试点会,在平罗县进行科学储粮仓试点;在试点成功基础上,召开全县科学储粮仓现场观摩会,在全县推广科学储粮仓,将惠农政策落到实处。

【市场监管】

加强粮食经营主体资格核查工作。对取得粮食收购资格许可证111家粮食经营主体年度审核,审验合格104家,被取消粮食收购资格7家。新申请办证经营户7户,为具备收购条件经营企业3家办理粮食收购许可证,对不符合收购条件经营户4家下达不予办理或待整改,把住粮食收购市场准入关。加强对夏、秋粮收购全程监管。去粮食企业及农户家中检查和了解粮食收购政策执行情况,给重点收购企业免费送去制作粮食收购公告牌,督促收购企业在收购场所显著位置公示粮食品种、质量标准、收购价格。检查粮食经营者是否执行国家粮食质量标准,按质论价,是否及时向农民及粮食流通经纪人支付售粮款,有无拖欠行为以及是否存在压级压价或抬级抬价等违规行为等。收购结束后,监督粮食经营者妥当储藏和运输粮食等。

【粮油收储】

落实地方粮油储备550吨,其中应急储备大米300吨、面粉200吨、食用油50吨。与中粮米业(宁夏)有限公司签订《标一米承储300吨合同》,与平罗县玉礼面粉有限公司、平罗县保云面粉厂各签订《特二级面粉承储100吨合同》,与宁夏成玉植物油有限责任公司签订《二级植物油承储50吨合同》。将粮食应急储备所需经费纳入年度财政预算中,支付2016年一、二季度承储费用。每月按时对储备粮油从数量和质量例行检查,检查12次,各承储企业按质按量承储任务,确保紧急情况下"调得出、用得上"。

【安全生产】

开展春季粮食安全普查工作。对辖区内宁储粮平罗储备库等粮食流通企业7家，中粮米业等粮油加工企业11家进行春季粮食安全普查工作。开展"深化安全生产责任落实年"活动。从落实粮食企业安全生产主体责任和部门监管责任、消除安全隐患、粮油储藏安全、规范仓储作业和生产现场安全管理、粮食烘干作业安全管理、粉尘防爆管理、施工、装卸作业管理和储粮化学药品使用八个方面加强安全管理，未发生安全生产事故。开展春季安全生产大检查。对全县粮油加工及粮食收购企业20家安全生产检查。对个别企业存在成品库房顶铺设易燃物并出现裂缝塌顶现象、安全生产责任没有落实到一线、处置突发事件应急预案不完善、个别制度没有及时上墙、配电箱灰尘太多、车间卫生脏乱差等安全隐患提出严厉批评和警告，责令企业限期整改。改进和加强粮食库存检查。4月下旬，对中粮米业、玉礼面粉等储粮企业从资格资质、库存粮食储存安全、仓储管理制度标准执行、仓储设施设备和安全生产情况四个方面全面检查，促进安全储粮工作。开展粮食仓储备案企业安全渡汛工作。落实"谁储粮、谁负责，谁坏粮、谁担责"原则，做好仓储设施及粮油货位防雨、防潮、防漏工作，安全度过汛期。开展电气火灾隐患排查工作。对辖区内粮食加工企业及粮油仓储备案单位，采取企业自查自纠和职能部门抽查结合的方式，于8月底开展电气火灾隐患排查工作，提高企业电气火灾防范水平，消除电气火灾隐患，预防和减少电气火灾事故发生。开展秋季粮油安全检查工作。对日月新、昊帅、超娃、玉礼、保云、成玉等重点粮油加工企业重点检查粮油质量、原粮卫生、仓储设备等相关粮食质量安全问题，从源头上杜绝腐烂变质粮油流入市场和餐桌。各责任主体依法依规经营，全县粮油市场平稳有序。

供　销

【概况】

2016年，坚持为"三农"服务办社宗旨，提升为农服务功能；坚持以市场经济为导向，提升企业市场竞争力；坚持稳中求进工作基调，推进供销社综合改革工作。供销社系统商品销售总额8240万元，实现利润总额81.2万元；供应各类化肥3.26万吨；协调专业合作社和行业协会帮助农民销售农产品3.67亿元。

【供销社综合改革】

贯彻落实中发〔2015〕11号和宁党发〔2016〕3号文件精神，广泛听取县社机关、社属企业、基层社、专业合作社对供销社综合改革意见和建议，就县供销社综合改革情况向区、市供销社，县委、政府分管领导做专题汇报，制订、修改实施方案，9月22日，县委、政府以正式文件下发《平罗县供销合作社综合改革实施方案》，上报自治区农改办、供销社审核备案；对县联社事业单位法人登记注册，按照实施方案内容协调相关部门组织实施，综合改革按照既定方案向纵深推进。

供销社农资储备仓库

【农业社会化服务体系建设】

在渠口乡建设农业综合服务中心1个;提升城关供销社、姚伏供销社2家;推进供销社系统电子商务平台建设,在姚伏农资配送中心建设"田田圈"电子商务中心1家,新建水肥一体化液态配方肥服务中心1个。探索大田托管和半托管模式,提供产前、产中、产后系列化服务,构建农业产业化服务新业态。

【项目建设】

县供销社以参股入股形式,入股宁夏塞上春农产品物流有限公司,在原渠口供销社旧址新建总投资1860万元,包括农资配送、农副产品收购、农业技术服务培训、测土配肥站等现代农业综合服务中心,满足广大农民群众及时了解、掌握农资价格、农副产品信息,减少流通中间环节,提供优质、价廉、适时的农业生产所需农资商品。通过农资配送网络,送科技下乡,为农民提供化肥、种子、耕种、技术、统防统治、收购、销售等全托管和半托管式服务,推广名、特、优、新品种。

【提升改造】

2016年,在城关供销社建设农资仓库2座2000平方米,办公楼1座400平方米,收储场地2200平方米,安装电子磅秤、输送机,配备电脑、打印机等办公设备,购置机动喷雾器150台。社会化服务病虫害防治面积1533.33公顷,批发零售化肥1.5万吨、农药50吨、种子150吨、农膜20吨。在城关镇流转土地20.53公顷,用于高标准农田建设。为农户节省农业生产资料支出50余万元。

【电子商务服务平台建设】

由平罗县瑞欣农业生产资料有限公司组织,姚伏供销社参与,同深圳田田圈农业服务有限公司合作,在平罗县设立田田圈农资网站。县城发展经销商1个,发展加盟店14个,分布全县各乡镇,会员人数2360人,全年网购农业生产资料销售1.3亿元。田田圈通过改变农资销售模式入手,以互联网思维重塑农村市场,链接和植入生态农业与智慧农业,打造田田圈独有大三农互联网生态圈,与优秀渠道商深度合作,打造区域服务平台,共同让利于民,造福平罗人民。

【经销网络】

全系统有各类经营服务网点341个,其中农资网点187个,再生资源网点102个,蔬菜直销店22家、烟花爆竹经营网点30家。健全和巩固网络基础。全县供销社系统年化肥供应量3.2万吨,占全县农资需求量70%左右,农资配送率70%左右。供销社所属的农村合作经济组织联合会,下属专业协会7个,各类专业合作社23个,吸纳会员5867余人,培训农民经纪人320人次,带动农户2.36万户,全年帮助农民推销各类农副产品3.67亿元。

烟草专营

【概况】

2016年,围绕基层创优主线,紧盯"缩小差距、追赶发展"目标定位,狠抓卷烟销售、客户服务、市场监管、卷烟打假、队伍建设、基础管理等工作,促进各项工作稳步推进。被平罗县委、政府评为"全县依法治理示范单位""全县六五普法先进集体",通过2016年度"市级文明单位"复验。

【卷烟营销】

按照"稳销量、提结构、增效益"具体要求,全年销售卷烟9368.4箱，是全年计划97.69%，销售毛利5495.03万元，是全年计划目标99.08%。客户平均毛利率15%，户均获利29 324元。

【客户服务】

坚持"优布局、重培育、挖潜力"工作思路，突出重点品牌巩固培育，新品卷烟突出培育。面对经济下行、市场动销较慢、零售客户资金紧张等不利局面，通过订单指导、宣传促销等方式，帮助客户提高利润，缓解客户利润下降的不利局面。落实拜访服务标准，增强拜访频次，提高与客户面对面接触次数，做到"三勤"（勤动嘴，政策宣传到位；勤动手，陈列维护到位；勤动腿，指导监督到位），提升市场基础维护水平。注重对现代终端日常指导监督和维护，终端功能作用显现，建成现代终端130户，占比10.97%。

【市场监管】

针对辖区卷烟市场状态，突出对春节、旅游季节、岁末年初等重点时段监管，强化对毗邻区域、重点区域、旅游区域的监管，以"星海风暴""维权使命""卷烟市场保卫战"系列卷烟市场专项治理行动为抓手，采取"5+2""白加黑"市场检查模式，强化对卷烟市场地毯式集中清理整顿工作。开展与市场监督管理、公安等部门的联合执法检查，突出对物流运输等环节监管。注重与内管、营销协作配合，强化对卷烟销售、订单异常等重点客户监管，准确掌握卷烟流向，对违法违规行为精准打击。

【卷烟打假】

全年查获各类案件112起，查获卷烟38.85万支，案值62.82万元，其中，真烟案件94起，查获卷烟32.13万支，案值39.19万元；假烟案件18起，查获卷烟6.73万支，案值23.63万元。真烟案件中，1~5万元非法流入案件24起，5万元以上非法流入案件1起；假烟案件中，5万元以上假烟案件3起。

盐业专营

【概况】

2016年，强化内外管控，做好企业经营和管理、提质增效工作，规范公司运行机制，解决管理薄弱环节，实现公司经济效益最大化。全年食盐销售1567.10吨，是年计划101.1%。畜牧盐销售381.73吨，是年计划100.46%。小工业用盐销售672.80吨。实现营业收入560.26万元，是年计划100.05%。其中，非盐产品实现销售收入20.87万元，是年计划59.63%；实现利润14.13万元。

【调结构促销售】

提高各种新盐品销量，推进320克深井岩盐、中高档低钠盐、无碘盐、腌制盐市场推广工作。增加食盐经营品种，增加高附加值食盐品种市场供应，形成低、中、高档产品合理搭配格局，满足不同消费者需求。加强对食用盐大户联系与督查工作。通过走访生产企业，建立大客户管理档案，签订盐产品供货合同。开展服务提升年活动，提高服务质量，践行服务承诺，按照客户需求提供所需盐产品，确保企业正常生产用盐及时供应。加强宣传力度，提高营销水平。与平罗县食品安全委员会成员单位共同在县城七一广场开展"3.15"宣传活动，向市民宣传食盐安全相关知识，加大食用合格碘盐宣传力度，促进多品盐推广和销售。抓好畜牧用盐销售旺季供应，合理安排调运计划，提前做好储备，确保市场供应，提高市场销售。与上规模养殖专业户对接,保持良好的合作关系,安排配送,扩大市场份额。配合县疾控中心引进研究项目,与其签订《低钠盐采购运输合同》,为全县脑卒中病高危人群免费发放低钠盐,配送320克低钠盐15.2吨,推进盐品结构调整步伐,为多品盐销售任务顺利完成打下基础。稳定工业盐销量,走访生产企业,加强沟通和交流,给生产企业免装车费和及时提供发票等服务,提高服务质量。关注生产企业发展动态,收集掌握新建企业信息,及时跟进销售。

【盐业市场】

加强对重点地区的整治,查出违法经营。抽调执法人员,重点针对灵沙、宝丰、通伏、崇岗等乡镇开展市场检查活动,4个乡镇均发现私盐,利用盐业专营政策,打击私盐贩销行为。根据自治区发改委、经信委、公安厅、盐业局等八部门联合印发《加强食盐安全管理开展制贩假盐治理专项行动方案的通知》精神,与县市场监督管理局协调,成立联合检查小组,在全县范围内开展盐业市场专项治理活动,查处私盐案件36起,罚没私盐14.47吨。加强工业盐市场管理,确保市场稳定。在太沙工业园区开展市场检查活动,走访生产企业,宣传盐业专营政策。检查32家化工企业,发现其中4家企业使用无任何标示的小工业用盐。执法人员对私盐予以没收,责令其改正违法行为,要求企业保证从正规渠道购进工业盐。全年出动165车次,派出检查人员660人次,出勤165余天,查获私盐51起,罚没私盐16.38吨,防止不合格盐产品流入市场,规范盐业市场管理。

【非盐经营发展】

拓展非盐产品市场,在经营品种上实现突破,增强市场竞争能力。拓展经营范围,遵循市场经济规律,对现有经营品种挑选,适时淘汰市场潜力小、品牌效应差的代理产品,引进酱油醋、小苏打、碱面等适合盐行业自身经营条件优质产品,提高非盐发展质量。清缴中盐兰太集团、石嘴山众力达有限公司、宁夏日盛集团等企业遗留货款。

【提质增效】

根据《宁夏区盐业公司开展提质增效工作实施方案》精神,规范公司运行机制,解决管理薄弱环节,实现公司经济效益最大化。以区公司提质增效总体方案工作部署为指导,围绕年度目标任务为中心,提高运营效率、降低经营成本、增加经济效益,开展提质增效工作,对提质增效目标检查,将检查结果在全公司通报;对活动中暴露的问题、难点,采取措施予以改正,使活动达到预期目标,实现年度目标任务。

金融保险业

人民银行平罗支行

【概况】

2016年，围绕地方政府和上级行各项工作部署，按照年初确定的奋斗目标，努力实现"作风良、基础实、思路活、质效优"工作要求，主动作为，积极履职，强化管理，高效履职，各项工作均有所突破，取得新的成绩。县辖金融机构各项存款余额136.43亿元，同比增长5.34%；各项贷款余额110.04亿元，同比下降2.70%。支行在中支目标管理责任制考核中荣获A级单位，首次实现"三连冠"目标。荣获平罗县"支持地方经济社会发展先进单位"一等奖、"优化发展环境先进单位""改革创新工作先进单位""信息宣传工作先进单位""统计工作先进单位"和"金融支持贡献特别奖"；被评为"2016—2017年度县级文明单位"和"2017—2020年市级文明单位"。

【沟通协调】

创新建立平罗县农业产业发展基金——羊产业发展基金试点，推动政府制定印发《平罗县农业特色优势产业发展基金管理办法(试行)》，协调相关单位和部门签订信贷合作协议，将500万元草牧业发展担保基金存入羊产业发展基金池。通过多方联动，在辖区发放羊产业基金贷款32笔，金额575万元。

【农村产权抵押贷款】

2016年，配合政府部门研究出台《"两权"抵押贷款风险防范和处置预案》，引入担保机构，分散贷款风险。敦促涉农银行机构对"两权"抵押贷款利率限定最高上浮，降低农户贷款成本。截至12月末，辖区6家金融机构发放农村产权抵押贷款1.63万笔，金额7.76亿元，其中发放贷款3523笔，金额2.1亿元，其中最大一笔金额为700万元。"平罗模式"在全国"两权"抵押贷款试点现场推进工作会议上做经验交流。

【农村信用体系】

制定信用评定及授信办法，在全县144个行政村建立"农村征信宣传工作站"并授牌，首批评定出100户信用户，发挥辐射带动效应。做好"平罗县城乡居民信用信息服务平台系统"数据更新和系统升级，督促各银行业金融机构合规使用信息资源。截至年末，查询量逾2万笔，达成信贷交易及中间业务占查询量50%以上。

【金融精准扶贫】

制订《平罗县金融精准扶贫工作实施方案》，出台"金扶工程互助资金"合作协议，引导银行机构给予差别化利率优惠，指导银行机构推出五项特色信贷扶贫措施。截至年底，人民银行发放支农再贷款1.3亿万元，金融机构向430

户贫困户发放小额扶贫信用贷款1097.3万元，向356户建档立卡户发放897.3万元。

【便民支付+农村电商】

利用移民区现有便民支付服务点，培育发展农村地区电子商务，探索建立"便民支付+农村电商"新模式。在辖区红翔新村建立的电商服务点取得阶段性工作成效。截至12月末，发生业务1403笔，交易金额12.57万元。

【农村电子国债】

在农村地区开展四次国债知识宣传和培训，强化农村银行网点柜面宣传。全年九期国债销售量2410万元，较上年销售量增长67.36%。

【人民币反假】

加强反假成员单位间协调配合，深化反假货币网络建设，坚持"打防并举，群防群治"指导思想，建设"农村反假货币工作点"。截至12月末，收缴、没收假人民币3222张（枚），面额合计23.55万元。

【金融知识宣传】

开展进村、社区、农贸市场等系列宣传活动，面向辖区144个行政村金融服务站点开展金融知识技能培训和"金融知识进移民村"宣讲，建立健全金融知识普及工作长效机制，在贫困地区开展金融知识宣传，取得良好宣传效果。

【货币信贷】

加强政银企联系沟通，召开企业融资需求推介会，现场签约贷款2.58亿元。做好辖区银行业金融机构考核评估，管好用好支农再贷款，开展对法人机构存款准备金缴存及管理情况检查。截至12月末，县辖金融机构各项存款余额136.43亿元，同比增长5.34%；各项贷款余额110.04亿元，同比下降2.70%。

【金融稳定】

加强对辖区内地方法人金融机构监测评估，防范和化解区域金融风险。做好对金融机构新增网点开业和重大事项报告管理，维护辖区金融稳定。

【征信管理】

做好机构信用代码推广应用及中小企业和个人信用信息报告查询工作。截至12月末，核发机构信用代码1007户，查询企业信用报告283笔，个人征信2627人次。

【国库核算】

严把税费收入审核和资金出口关，强化账务核对，确保各项资金安全。截至12月末，办理各类会计核算业务587笔，金额158.75亿元；办理国库各级预算收入13.64万笔，金额21.44亿元；支出3.8万笔，金额46.34亿元。

【账户管理】

按照"三证合一"改革要求，强化账户管理，提升行政许可服务水平。截至12月末，核准各类银行结算账户1954户。

【反洗钱工作】

完善金融机构反洗钱工作相关信息，督促未备案保司履行反洗钱义务，开展反洗钱监管走访，构建反洗钱沟通联系长效机制。

【优化支付】

开展打击电信网络新型违法犯罪系列活动，成功防范和堵截电信诈骗案件16起，避免和挽回经济损失近25万元。宣传、打击非法买卖银行卡违法行为。推广"金融超市"成功经验，在移民村建立4家"金融超市"。截至12月末，办理业务3.75万笔，金额1792万元。

【调研信息】

结合平罗县域特色、试点和亮点,加大调查研究力度,促进调研成果转化。截至12月末,支行百余篇调研信息被各级各类主要刊物采用,其中《金融时报》1篇,西安分行《信息专报》8篇,分行《纪检监察简报》1篇,自治区党委《要情汇报》1篇,《宁夏经济》1篇,《宁夏金融》3篇,《宁夏金融调研》2篇,10余篇信息被银川中支处室刊物采用,60余篇信息被石嘴山中支及县委、政府主办刊物采用。

建设银行平罗支行

2016年,坚持全员营销,突出重点,抓好存款工作,全年存款新增实现历史性突破。做好信贷投放存款,支持地方经济建设。全年投放企业贷款1800万元,支持中小企业发展,个人贷款2800万元,支持居民购房。2016年11月1日平罗新区支行正式对外营业(位于平罗县阳光商业广场东南角),改变长期建行在平罗县单一网点局面,服务于全县经济发展和居民金融需求。

农业银行平罗支行

【概况】

2016年,主动适应新常态,稳增长、补短板、控风险,实现强党建、转作风、增活力,坚决打赢"控险""降本"两大攻坚战,各项业务平稳发展。

【拓市场促发展】

针对严峻的经济形势和激烈的同业竞争,研究分析考核指标,厘清任务重点,制定应对措施,开展"春天行动""激情仲夏""赢在金秋"等综合营销活动。各项活动期间,支行领导到网点指导营销技巧,每日通报营销成果,及时调整目标,以各类营销沙龙为契机,开展营销PK赛。采取将考核任务与网点负责人绩效工资挂钩措施,制定客户经理、大堂经理等配套考核办法,做到激励到位,紧盯落实,奖罚适度,发挥考核"指挥棒"作用,调动全体员工拓展市场、营销产品的积极性,实现支行在"激情仲夏"营销活动中全区排名第二名好成绩。

【个贷业务】

树立优先发展个人资产业务的指导思想,做精做细个人资产业务,将信贷业务拓展重点放在小额农户贷款、农村生产经营贷款、"房抵贷""随薪贷"、个人助业贷款等产品上。通过大力清收、主动腾退高风险行业贷款,全面拓展个贷业务发展,截至年末,从贷款对象上看,个人贷款占全部贷款64.5%。

【不良贷款双控】

针对石嘴山地区经济"倚能"特征明显,高耗能、过剩产业占比过高,煤炭、钢贸等行业风险还没有完全见底,很可能发酵,并向其他相关产业蔓延;2014年、2015年新增个别大额不良贷款清收还未见明显转机,房地产、小微企业、农户贷款、信用卡透支等也存在风险隐忧,前清后冒现状,对不良贷款清收处置,合理运用核销、诉讼、拍卖、变卖抵押物等方式,采取邀请平罗县经侦支队办案民警协助清收与客户部负责人及客户经理利用下班时间上门、蹲点清收"双管齐下"。截至年末,不良贷款余额和不良贷款率均在控制计划内。

【服务"三农"】

立足当地经济实际,更加注重服务"三农"工作,从人力资源配置上向"三农"网点倾斜,为"三农"网点调配增加客户经理4名,发挥金融资源配置对"三农"发展促进作用,释放"三农"网点经营活力。对从事规模化的特种养殖户,给予信贷资金支持。响应县妇联号召,投放农村妇女创业贷款,2015—2016年,投放农村妇女创业贷款6129万元,惠及1273户农户。推进"金穗惠农通"工程和"E农管家"试点工作,全年新增服务点66个,变更维护15户。年末,金穗惠农通工程服务点有效率99%,服务"三农"工作再上新台阶。

【支持小微企业】

采取多项措施,降低小微企业融资成本,提升金融服务水平。落实"两禁两限"要求,取消承诺费、资金管理费,严格限制对小微企业及其增信机构收取财务顾问费、咨询费等费用;规范小微企业续贷业务管理,完善支持小微企业发展的内部配套制度,缓解小微企业还贷压力、降低企业融资成本;开发符合小微企业资金需求特点贷款产品,科学运用循环贷款、简式贷、年审制贷款等便利借款人业务品种,合理采取分期偿还贷款本金等更为灵活还款方式,减轻小微企业还款压力。贯彻落实各项监管要求,提高风险管控水平,防范小微企业风险。

【农村支付】

结合人民银行组织"金融知识普及月"、银监会组织"金融知识进万家"、银行业协会"普及金融知识万里行"等活动,通过发放宣传折页、工作人员现场咨询等方式宣讲金融产品,做好保护个人信息、个人征信,打击洗钱犯罪、非法集资、电信诈骗等金融知识普及,引导客户正确使用银行卡和电子机具。加大POS、智付通等电子机具布放,全行安装ATM自助存取款终端及发卡机47台,POS及转账电话500余部。依托"金穗惠农通"工程和"E农管家"视点工作,利用惠农卡和电子渠道有机结合,搭建现代化农村电子化结算网络,实现以电子交易代替现金结算,改善农村支付环境,使农民"足不出村"即可享受现代金融服务。

【内控管理】

坚持稳健经营,强化风险管控,以财会运营"三化三铁"、信贷管理"三化三无"、安全保卫"三化三达标"创建活动为抓手,提高促进基础管理、风险管理、精细化管理水平。姚伏分理处经区分行"三化三铁"验收被确定为"三铁"单位,黄渠桥分理处被评为农总行级"三化三达标"先进单位,全行年度绩效排名逐年攀升,连续多年未发生各类案件和责任事故。

【履行社会责任】

按照平罗县委、政府帮扶解困工作方案要求,成立扶贫托底工作领导小组,头闸镇正闸村现场走访,对帮扶村生产、生活、帮扶户家庭状况等方面详细调查摸底,经与村干部一起商议,根据不同家庭情况把帮扶对象分类,针对性制定帮扶政策。对具有一定劳动能力,农业生产经营较好对象,向其讲解惠农政策、宣传惠农产品,对符合信贷条件给予一定贷款资金支持;对没有丧失劳动能力,生存有困难26户帮扶对象,经支行党委研究并报分行同意,在春节前由分管行长带队将物质慰问亲自送到帮扶对象家中。

工商银行平罗支行

【概况】

2016年,实现拨备前利润919万元,是计划任务76.64%,净利润-1439万元,是计划任务-343.63%。各项存款余额47823万元,较年初增加5591万元。其中,储蓄存款余额26680万元,较年初增加4758万元;对公存款余额21143万元,较年初增加833万元。各项贷款余额34744万元,较年初减少16477万元,其中,公司贷款20590万元,比年初减少15045万元;个人贷款14154万元,较年初减少1431万元。实现中间业务收入381万元,是调整后任务84.12%。

【内控案防和服务管理】

坚持把内控案防工作作为首要重点工作,通过严格强化内部管理,运行核算质量指标均控制在全行平均水平以下,未发生案件及较大风险事件。在对外服务中未发生重大客户服务投诉和声誉事件,提升员工工作精神面貌。

【新型业务发展】

立足于新型业务发展的定位和目标,围绕"以客户为中心、以市场为导向"经营理念,对内丰富业务品类的激励、完善服务机制,对外以品牌特点赢得客户,开展关联营销、捆绑营销、换位营销,根据客户实际情况,向其提供立体化、深层次、一站式综合服务,满足客户日益丰富、多元化的金融业务服务需求。在巩固储蓄存款、对公存款等传统业务基础上,重点开拓新型业务市场空间,发展委托贷款、电子银行、银行卡等新型业务和服务,提高核心竞争力。巩固传统业务,扩大经营效益。在重点抓好各种新型业务同时,加大存款营销力度,在两项存款工作中,针对储蓄存款近几年来发展停止不前局面,对储蓄存款业务发展专题研究分析,出台考核方案,将稳存、增存目标量化分解到各网点,与员工绩效工资进行挂钩,明确奖励办法,提高全行上下齐抓共管储蓄存款的意识和责任心,充分调动全行员工主动开展营销活动,在全行形成一种推动储蓄存款稳步增长的良好氛围。

【完善营销体系】

把建立市场营销新体系、健全市场营销新机制作为重要工作来抓,根据分层、分级、分包工作要求,对不同层级客户,由行长、分管行长、网点负责人、客户经理和员工维护营销,形成主次分层、重轻结合营销体系和坚强有力营销维护力量,为实现良好营销成效提供可靠保障。完善考核办法,建立公平营销激励机制,明确"谁营销谁受益,谁多劳谁多得"薪酬分配原则,激励全员参与营销,发挥全行员工主观能动性和积极性,激发员工营销热情,在全行掀起各种业务产品营销热潮,收到显著成效。

【队伍建设】

开展争先创优活动,通过活动使一批青年员工脱颖而出,投身到支行各项业务发展当中,在全行形成一种浓厚营销、勇于拼搏工作氛围,促进全行各项经营与业务提高。坚持规章制度、业务产品和市场营销知识等方面学习、培训,采取以考促学方法,收到了良好效果,提高了全行员工队伍综合素质。

【内控管理】

在搞好各项内控汇率日常性、基础性工作同时,集中精力,突出抓好飞单、违规销售理财产品等十大领域禁止行为排查、检查工作。召开专题会议,落实分行重点业务自查工作,增强员工自觉主动做好内控案防工作,自觉落实学习各项规章制度,筑起案件防范"大坝",提高内控管理工作水平,为全行经营良好运行提供可靠保障。

农业发展银行平罗支行

【概况】

2016年，全行利润总额1621万元，人均利润为70万元。各项贷款余额4.59亿元，比年初增加1.36亿元；各项存款日均余额6.23亿元，比年初增加4.83亿元。其中：企事业单位存款日均余额5.68亿元，比年初增加4.86亿元；专项存款日均余额1325万元，比年初减少2007万元；同业定期存款日均余额4172万元，比年初增加1768万元。中间业务收入12.89万元，其中：人民币结算手续费收入1.78万元；代理保险手续费收入0.16万元；其他中间业务收入10.95万元。

【粮食收储资金供应】

贯彻落实国家各项粮食调控政策，把支持粮油收储工作作为全行业务工作重中之重，配合粮食部门做好粮食收储资金供应工作，坚持在不打"白条"前提下防控风险，支持宁夏储备粮平罗储备库做好粮食收购工作，维护种粮农民利益。截至12月末，企业库存粮食3675万公斤，库存值4895万元，其中：地方储备水稻库存数量550万公斤，库存值882万元；地方储备小麦库存数量3125万公斤，库存值4013万元。

【扶持地方经济】

紧跟国家宏观政策导向，密切与县委、政府、财政、住建、水利等有关部门的联系协调，建立稳定合作关系，扶持地方经济社会发展。平罗县城关镇城中村棚户区改造项目（一期），合同金额5亿元，发放贷款3亿元。该项目加快城乡统筹发展步伐，改善平罗县区域内2100户居民居住条件，消化县城存量商品房2521套。营销县域公共基础设施贷款项目。平罗县公共服务中心建设项目，贷款金额8000万元，全部发放。该项目建成平罗县公共服务中心地下一层地上十七层综合性服务主体，解决政府对外窗口过于分散、办事人员往返奔波、百姓办事难等问题。

【存款组织营销】

把企事业单位存款、同业存款作为全行工作突破口，开展存款"百日攻坚"活动，发挥团队协作、借力基金、拉动政府部门、优质服务和同业合作等措施，形成"全行、全面、全年"抓存款局面，强化存款组织营销力度。截至12月末，分别与县域内两家金融机构建立稳定合作关系，营销同业存款13笔，金额5.05亿元。营销企事业户50家，存款日均达到2.91亿元，实现存款稳定增长局面。

【项目基金】

发挥政策性银行逆周期调节作用，基金在支持地方经济发展中"稳增长、调结构、惠民生"关键作用。采取设立中国农发重点建设基金专用账户，实行独立核算、专款专用等措施，强化重点基金管理工作。截至12月末，支付重点建设基金5.37亿元，支付比例为84%，按照建设进度及时拨付资金；投放中国农发重点建设基金14笔，金额6.41亿元。

中国银行平罗支行

【概况】

2016年，围绕"担当社会责任，做最好的银行"战略目标，贯彻落实市分行各项工作要求，创新管理理念和营销模式，坚持以客户为中心，以效益为导向，拓展客户基础，主动适应经济发展新常态,发展存款业务。截至12月31日,各项人民币存款时点余额2.18亿元,其中个人存款时点余额1亿元,较上年新增1820万元,对私表内理财时点余额2138万元,较上年新增1106万元;公司存款时点余额7596万元,较上年末增加-458万元;各项人民币日均存款余额1.7亿元,公司日均存款余额7490万元,较上年末增加2191万元,个人存款日均余额9520万元,较上年末新增2974万元;新开单位银行结算账户93户,企业网银交易客户97户,个人网银交易客户1451户,手机银行交易客户新增1072户,信用卡发卡503张,信用卡专项分期103.5万元,个人贷款发放429.7万元,代理保险销售32.76万元,公司授信客户13户,贷款余额1.68亿元。

【代发薪客户营销】

加大力度营销代发薪客户,确保代发薪客户稳定性,做大基础客户群体。营销新开代发薪4户,开立工资卡522张,其中中铁新开立工资卡464张,永华小额贷款公司新开工资卡16张,松海盛华开立工资卡33张,欧亚达开立工资卡9张。加大营销和维护存量代发薪客户,确保代发客户稳定增长,城建局拆迁户开卡557张。截至12月31日,代发工资客户9342户。

【中高端客户】

在立足做大基础客户群体同时,把中高端客户资产质量提升作为重点工作。紧抓中小企业授信客户负责人这个群体,通过公司授信带动,要求客户将结算资金转至本行;利用基金和理财产品利率优势,大力宣传,做好柜台营销,从他行营销部分中高端客户,通过后期营销维护,成为优质客户。

【拓展客户】

加强产品宣传力度,拓展客户群体,做好客户精准营销。通过多种渠道宣传产品,利用OCRM系统做好客户精准营销,尤其是大额存单和理财业务,全年销售大额存单1370万元。截至年末,储蓄存款较上年时点新增1953万元,表内理财较上年新增1096万元。有效客户13558户,较上年新增3132户,全年开立借记卡5450张。5万~20万元客户新增179户,20万以上客户新增35户,个人存款日均余额9520万元,较上年末新增2974万元。

【电子银行】

将电子银行业务作为本年度业务发展重点。按岗位性质给个人分配任务指标,及时督办,增加营销主动性,在大厅安排机动大堂,要求柜员和大堂经理做到无缝连接,确保激活率。紧抓存量客户不放手,增强客户对电子银行黏性。营销柜台新开户客户开通电子银行业务,利用电子银行活动,加大宣传力度,拓展客户群体。截至年末,企业网银交易客户97户,个人网银交易客户1451户,手机银行交易客户新增1072户。

【银行卡业务】

加大信用卡营销力度,增加信用卡客户群体。通过挖掘丽珠、新安科技等授信企业,动员企业员工办理信用卡;加强柜台客户和周边商户营销全年发卡503张。拓展信用卡专项分期业务。全辖第一笔福农卡分期业务,分期金额20万元;上报全辖第一笔农机分期业务,办理分期业务两笔,分期金额5万元;汽车专向分期业务2笔,分期金额64.1万元。

【其他业务】

拓展代理保险业务,与人寿保险、泰康保

险开展6期保险沙龙活动,销售保险32.76万元。联系客户参加市行贵金属品鉴会,现场销售贵金属4.35万元。发展个人贷款业务,发展二手住房按揭贷款,在个人投资贷款、一手住房按揭贷款、抵质押循环贷款上取得突破。成功营销一按揭楼盘并获得按揭准入,对个人贷款业务发展提供支持,为下一年业务发展打下基础。截至年末,发放贷款29笔,金额429.7万元。

【全员营销】

加强与行政事业单位合作,将平罗县住宅专项维修资金账户及款项揽入,转入资金1400万元,为以后行政事业单位存款发展提供基础。加强公司基础客户群体营销,拓展新客户。与县发改委、工信局、工商局等联系获取信息,紧盯现金流量大、存款增长有潜力的招商引资新项目及政府固定资产投资项目,成功对接达成合作意向项目有宁夏欧亚达性能源专用车制造、合普生(宁夏)储能技术有限公司、松海盛华、石银高速公路平罗连接线工程等。加快批量拓展中小企业授信业务,扩大基础客户群。按期评级年审公司客户信用19户,风险分类按季重审23户,大公司授信客户年审以及中小企业年审7户。大唐发电项目已上报分行。营销石银高速平罗连接线项目、红崖子黄河大桥项目,对接庙庙湖生态旅游项目,储备的中小企业项目7户。

【不良贷款清收】

不良贷款清收工作取得实质性突破,解平罗宏盛商贸不良贷款200万元。

邮政储蓄银行平罗支行

【概况】

2016年,全年实现自营收入1497.53万元,同比增长-11.24%,完成市分行下达预算的84.13%。全年实现利润-2.42万元,同比下降100.3%。各项存款余额2.54亿元,各项贷款结余1.91亿元,存款年新增市场占有率在全县9家金融机构中排名第四。年末信贷资产不良率5.23%,拨备覆盖率110.87%,全年未发生资金案件。

【业务转型升级】

利用节日资源提前布局,主抓节日联动营销,开展送鲜花、进门"邮"礼、猜灯谜赢奖品、"浓情端午,礼在其粽"等活动配合日常营销,大堂经理在节日期间身着民族服饰服务于大众,营造良好节日氛围。以转介绍为抓手,通过常联系、多沟通、勤维系,支行长带头营销,定期揽储1700万元,金爱娟揽储800万元,在支行起到带头作用。开展"营销之星"评比活动,对每月"揽储之星"实物奖励,激发全员发展业务主动性。配合分行制定员工挖转奖励政策,引导员工挖转他行储蓄客户。运用支行"积分有礼"活动吸引新客户,将老客户转介绍纳入到积分管理,提升客户贡献度。利用晨夕会时间对储蓄余额下降原因分析,做好储蓄业务营销工作(年末储蓄余额1.35亿元、日均余额1.26亿元,分别净增1287万元、1220万元)。通过全员演练柜员服务七步曲方式,强化柜面人员服务意识,提高服务水平,以优质、卓越服务赢得客户信赖,提升客户满意度。提前部署旺季跨年度营销竞赛活动方案,加大个人客户营销系统使用率,落实客户信息建档工作。

【中间业务】

在信用卡营销力度和寻找客户精准度上下工夫,运用总行及区、市分行开展的各项信用卡优惠活动以及支行开展"19元观影""39元自助火锅"等特惠活动为契机,采取上门拜访、手机短信等方式将活动方案及时宣传出去,激发客户办卡兴趣(全年进件1841张,成功发卡1287张)。通过召开理财沙龙会,提升客户价值贡献率,联系中国人寿保险公司平罗县分公司开展"5月大冲关,梦想特训营"保险营销活动,5天时间营销期缴保费113万元。做好一线员工营销技能培训,对营销话术、沟通技巧、促成技能等方面重点培训,提升员工销售金融产品的积极性与成功率。通过综合理财规划,实现客户投资收益最大化,加强本行理财市场认知度。(本年累计销售理财1.01亿元,年新增保有871.6万元)在电子银行方面,结合"亿路有你"营销活动将指标量化到每一天,每天晨会通过通报与跟进做到当日注册、当日激活(全年累计注册2273户,全市排名第一,电子银行替代率80.83%,较2015年末替代率提高6个百分点)。在贵金属业务营销上,利用晨夕会对当期贵金属产品或新产品向支行员工做销售前再培训,全行员工通过朋友圈、短信、电话等方式,对重点销售的贵金属产品提前预热。12月,销售"鸡年压岁金"13.52万元,全区21家支行排名第一;销售"鸡年贺岁金"15.76万元,全区21家支行排名第三、全市四家支行排名第一;全年销售贵金属113.8万元,全市四家支行排名第一。

【增长点培育】

加强沟通与联系,密切关注政府平台信息,全年财政资金流入1.77亿元,年净增2029万元,实现财政存款营销新突破。开通平罗县医院"银医通"系统,实现办卡就诊、挂号、缴费、打印报告、药品查询、项目查询等功能。在公司理财营销上,宁夏永华宝来中小企业助贷中心(有限合伙)购买公司理财800万元。以"立足辖区、辐射周边"票据营销策略,将辖区内大型企业作为票据贴现主营对象,做到抓大不放小(全年票据贴现4076万元)。

【银政合作】

与县妇联签订《支持农村妇女创业小额担保贷款合作协议》,实现放款159笔708万元;提升再就业贷款放款速度与服务,发放再就业担保贷款556笔4691万元;创新担保方式,引入担保基金模式,成功与平罗县政府、县农牧局对接,开发平罗县农业特色优势产业贷款、羊产业发展基金贷款,其中,羊产业发展基金放款32笔575万元;坚持小额贷款业务基础性地位,围绕新型农业经营主体和特色产业区域开发,深耕农村金融市场,家庭农场(专业大户)贷款实现放款186笔6096万元;做好与县劳动就业局合作,全年发放再就业贴息贷款351笔,金额3094万元。羊产业担保基金贷款发放,标志着支行零售贷款业务走向新起点,凸显邮储银行在支持地方经济建设方面做出贡献。

【不良贷款清收】

成立两个清收小组,分别由行长和副行长任组长,本着先易后难、循序渐进、逐步化解的方法,制订"一户一策"清收计划,逐笔拟定清收措施。在催收方式上,采取"5+2"和"白+黑"无盲点催收，形成"措施得力、依序推进、合力功坚"清收特点。针对钉子户、赖债户，及时协调法院开展法律诉讼工作，对恶意逃债、推托贷款户，申请法院强制执行。通过确定重点，以点带面，创新手段，开展全行清收，全年收回逾期贷款244.71万元，其中，清收核销后贷款58.48万元，清收移交后及30天以上逾期贷款186.24万元。在不良贷款清收"百日竞赛"中，收回不良贷款90.98万元，全市四家支行排名第一。

【风险管控】

强化内部流程管理，加强对营业网点及相关环节安全检查，对存在隐患及时整改，以"十条禁令""两个加强、两个遏制回头看"相关要求为准则。行领导例行常规检查12次，网点负责人不定期检查50次，涵盖内容有公司结算、现金、重要单证、业务印章、反洗钱等，防范案件风险，确保邮政金融资金安全。开展网点自助设备安全检查，加强安全保卫工作，夯实人防、技防、物防基础。

【基础管理】

做好营业人员服务礼仪培训，增强柜面人员主动服务意识。通过量化考核杠杆提高一线员工服务质量。严格落实服务责任制、首问负责制，以神秘人检查为突破口，以服务质量分析会为抓手，寻找差距，提高窗口服务质量。落实关键岗位轮岗制度，全年轮岗率100%。组织员工参加银行业、证券业、保险业等各类从业资格考试，34人次取得银行从业资格证书，19人获得公共基础从业资格证书，通过率为79.17%。完善统计报表质量，按时限、重质量报送相关统计报表，获评当地人民银行金融统计工作先进集体。

【党的建设】

把党的建设与经营发展同部署、同推进，开展"两学一做"学习教育，党支部集中学习12次，开展党员政治生日活动，加强党的思想建设。贯彻"马上就办"精神，从转变作风入手，调整发展理念、发展方式、工作方法，激发全员干事热情，促进党员思想转变。开展廉洁风险防控，紧盯重要岗位、重要节点、关键环节，从思想道德等五方面廉洁风险点排查和等级审定，参与排查岗位100%全覆盖。全体党员参加网络学院开展"五大发展理念集中培训"学习并考试，合格率100%。

平罗农村商业银行

【概况】

2016年，按照"三个银行"战略部署，围绕"班子团结、带好队伍、防范风险、结构转型、走出困境"总体发展思路和确定"结构调整、风险防控、内控管理、营造环境"四条主线，明确经营发展思路、确定经营目标，保证各项工作有条不紊开展。各项业务呈现出"稳中有进，逐步向好"发展态势。

【存款基础】

研究订定专门营销方案，逐项分解任务，层层传导压力，锁定营销重点，细化营销管理，强化组织考核，确保营销工作取得实效。截至年末，单位存款和活期存款较年初增幅较大，存款结构调整明显。

【信贷政策】

秉持服务"三农"、服务小微的市场定位，着重在基础客户拓展和结构调整上做工作。贷款户数大幅增加。2016年末，贷款客户总量24

844户，较年初（18432户）净增6412户，增幅34.79%；其中用信客户数21806户，较年初（16945户）净增4861户，增幅28.69%。涉农贷款实现一个不低于、小微贷款实现三个不低于目标。全行涉农贷款余额39.73亿元，较年初（37.41亿元）增加2.32亿元，增幅6.20%，高于各项贷款增速（不含贴现为6.13%）0.07个百分点。小微贷款户数3191户，较上年同期（3190户）增加1户；申贷获得率99.69%，高于上年同期（99.67%）0.02个百分点；贷款余额38.24亿元，较上年同期（35.14亿元）增加3.1亿元，增幅8.83%，高于各项贷款较上年同期增速（0.05%）8.78个百分点。与县妇联、就业局、扶贫办、农牧局等部门对接，争取各类担保基金项目，建立农村妇女创业贷款担保、创业小额贷款担保、扶贫贷款担保、农业特色优势产业风险补偿四项基金。2016年，办理农村产权抵押贷款3203笔，金额1.71亿元，余额5077笔2.25亿元，其中：办理农民住房财产权抵押贷款3笔4.5万元；办理房屋按揭贷款319笔，金额5055万元，余额1.58亿元；随薪贷业务客户总量为1903户，授信总额为1.3亿万元，其中用信户1096户，用信余额为7763万元；办理妇女创业小额担保贷款18笔74万元。

【金融扶贫】

落实黄河银行系统金融精准扶贫推进交流会精神，加强与县委政府及相关部门沟通，完善精准扶贫机制，开展金融扶贫工作。确定红崖子乡为本行金融精准扶贫示范乡镇，红崖子乡红瑞村、陶乐镇庙庙湖村为本行金融精准扶贫示范村，为贫困人口、扶贫搬迁户和农村创业人员提供资金支持。用活支农再贷款。将支农再贷款作为发放扶贫贷款的主要资金来源，优先支持精准扶贫示范乡镇信贷需求。强化精准扶贫工作落实。把扶贫贷款投量、任务进度、扶贫效果等主要目标作为工作督查重点，加强督办和检查指导，完善金融扶贫工作反馈问题解决机制，建立问题台账，逐级落实责任。截至年末，全县1951户10454人建档立卡贫困户信息采集工作，客户评级授信面80%，投放小额扶贫贷款（仅指建档立卡户）744户1814万元（存量户数726户，余额1618万元）。

【服务水平】

加大电子设备布放力度，2016年新增ATM机9台，总数57台，安装电话终端206户，开通便民自助终端18台，POS机总数1082台，电子机具增设缓解柜面压力，电子银行替代率57.27%。加大社保卡激活力度。年末，本行社保卡激活率56.84%，新拓展激活社保卡16000户。做好便民金融选点和规范门头标识工作，打造便民金融服务点。确定服务点109个，覆盖全县106个行政村。

宁夏银行平罗支行

【概况】

2016年，坚持"服务中小企业、服务城乡居民"的市场定位，以支持地方经济建设和社会发展为已任，各项业务保持稳健发展。支行各项存款余额6.3亿元，各项贷款余额5.7亿元，签发银行承兑汇票4.95亿元，办理贴现2.53亿元，小微贷款"三个不低于"监管指标全面完成。

【信贷结构】

加大对农业以及农产品深加工、农资流通等行业扶持力度，加大两权抵押受理范围，响应政府关于精准扶贫的惠农政策。遵循"依法有序、稳妥推进、风险可控"原则,加强与财政担保基金、风险补偿基金、贴息资金合作,推进农村承包土地经营权和农民住房财产权抵押贷款试点,丰富涉农信贷业务担保方式,对旅游开发、渔业养殖、农产品流通等行业实现投放,调整信贷结构。在金融精准扶贫工作方面,成立专门扶贫贷款小组,签订《金扶工程·互助资金》合作协议,通过对企业扶贫贷款支持,企业和农户签订扶贫帮扶协议方式,将银行、企业和农户金融扶持及项目扶贫支持结合起来。

【支付结算】

开展支付结算"两加强、两遏制"回头看整改工作、账户年检工作、异地客户风险排查工作、季度及重点账户对账工作等。根据星级营业网点评比相关要求,支行对照标准自查和申报,完善营业大厅服务设施摆放,张贴各类便民标识,在柜面实行限时服务,培养柜员"一句话营销"和"发放宣传折页营销意识,开展金融知识到社区主题宣传活动。根据《中国人民银行关于加强支付结算管理防范电信网络新型违法犯罪有关事项的通知》要求,按照总行统一安排,对存量个人账户排查,对身份证过期、账户状态未核实、转不动户个人账户,通过电话及短信通知方式,开展客户身份识别,更新开户资料工作。

【合规文化建设】

坚持一老带一新帮学带制度,坚持每周二、四晚上学习,周三、四、五科室晨会制度。晚上学习主要以实际业务操作为主,晨会主要以汇报工作并提出工作中需要沟通解决的问题。各科室根据部门职责不同,分别制订具体学习和培训计划,通过每周固定学习的制度,强化各科室内控管理,提高支行整体工作面貌和工作纪律。经常邀请总行、分行相关部室人员检查和指导,加强内审、自查和处罚,从思想上坚定合规文化建设,从行动上强化操作风险意识。

【社会责任】

参加当地各项公益活动,落实政府安排植树和农田水利改造工程,投入资金1.25万元。建党95周年期间,关心困难党员生活,支行党支部携手共建单位文苑社区党支部对文苑社区困难党员慰问活动。开展扶贫救困、结对帮扶及送温暖活动,在春节等重大节日,为困难员工送去慰问,向困难小学、家庭和党员捐款、捐物折合人民币1.2万元。

石嘴山银行平罗支行

【概况】

截至年末,实现拨备前利润919万元,是计划任务76.64%,净利润-1439万元,是计划任务-343.63%。各项存款余额4.78亿元,较年初增加5591万元。其中:储蓄存款余额2.67亿元,较年初增加4758万元;对公存款余额2.11亿元,较年初增加833万元。各项贷款余额3.47亿元,较年初减少1.65亿元;其中:公司贷款2.06亿元,比年初减少1.51亿元;个人贷款1.42亿元,较年初减少1431万元。实现中间业务收入381万元,是调整后任务84.12%。

【内控案防和服务管理】

把内控案防工作作为首要重点工作,通过强化内部管理,运行核算质量指标均控制在全行平均水平以下,未发生案件及较大风险事件。在对外服务中未发生重大客户服务投诉和声誉事件。

【新型业务】

立足于新型业务发展的定位和目标，围绕"以客户为中心、以市场为导向"经营理念，对内丰富业务品类的激励、完善服务机制，对外以品牌特点赢得客户的赞誉，开展关联营销、捆绑营销、换位营销，根据客户实际情况，为其提供立体化、深层次、一站式综合服务，满足客户日益丰富、多元化的金融业务服务需求。在巩固储蓄存款、对公存款等传统业务基础上，重点开拓新型业务市场空间，发展委托贷款、电子银行、银行卡等新型业务和服务，推进核心竞争力提高。

【经营效益】

在重点抓好各种新型业务的同时，加大存款营销力度，在两项存款工作中，对储蓄存款业务发展专题研究分析，出台考核方案，将稳存、增存目标量化分解到各网点，与员工绩效工资挂钩，明确奖励办法，提高全行上下齐抓共管储蓄存款的意识和责任心，调动全行员工开展营销活动积极性，在全行形成推动储蓄存款稳步增长良好氛围。

【营销体系】

把建立市场营销新体系、健全市场营销新机制作为重要工作来抓，根据分层、分级、分包工作要求，对不同层级客户，由行长、分管行长、网点负责人、客户经理和员工维护营销，形成主次分层、重轻结合营销体系，为实现良好营销成效提供可靠保障。完善考核办法，建立公平的营销激励机制，明确"谁营销谁受益、谁多劳谁多得"薪酬分配原则，激励全员参与营销，充分发挥全行员工主观能动性和积极性，激发员工营销热情，在全行掀起各种业务产品营销热潮，收到显著成效。

【内控管理】

在搞好各项内控汇率日常性、基础性工作同时，集中精力，突出抓好飞单、违规销售理财产品等十大领域禁止行为排查、检查工作，召开专题会议落实分行重点业务自查工作，增强全行员工自觉主动做好内控案防工作，增强自觉落实学习各项规章制度自觉性，筑起案件防范"大坝"，提高内控管理工作水平，为经营良好运行提供可靠保障。

【队伍建设】

在全行开展争先创优活动，通过活动使一批青年员工脱颖而出，投身到支行各项业务发展当中，在全行形成一种浓厚积极营销、勇于拼搏工作氛围，提高各项经营与业务工作。深化员工培训，坚持规章制度、业务产品和市场营销知识等方面学习、培训工作，采取以考促学方法，收到良好效果，推动全行员工队伍综合素质提高。

沙湖村镇银行

【概况】

2016年，坚持"立足三农、支持小微、服务城乡"市场定位，以"助农致富、助企成长、助民兴业"为宗旨，董事会科学决策，经营层审慎经营，采取有效措施沉着应对金融环境，全面推进结构调整，加强重点领域信用风险管控，稳步降控不良信用贷款，加强人力资源管理，塑造企业文化，从严从实抓党建，全行各项业务稳健运行，主要监管指标符合监管要求。被自治区党委命名为全区先进基层党组织。

【经营指标】

截至年末，资产总额为15.5亿元，较年初减少1.4亿元，减少8.26%；负债总额14.59亿元,较年初减少1.4亿元,减少8.74%;税后利润24万元,同比减少146万元;所有者权益总额9148万元,较年初增加24万元,增长0.26%,其中,实收资本2000万元,资本公积0.9万元,盈余公积2118万元,一般风险准备2079万元,未分配利润2950万元。各项存款余额14.41亿元,较年初减少1.08亿元,下降7%。各项贷款余额11.65亿元,较年初增加1779万元,增长1.55%,存、贷款存量均居全县金融机构第三位,存、贷款增量占比分别居全县金融机构第九位、第三位。其中,核心资本充足率8.74%,资本充足率9.37%,流动性比率139.08%,超额备付率6.27%,存贷比80.81%,贷款损失准备充足率101.02%,拨备覆盖率154.56%。

【信贷结构调节】

按照"两高一剩"行业限控要求及黄河银行信贷系统限控原则,对建筑业、采矿业机构和余额双重管控,限控行业贷款占比较年初下降6.01个百分点;随着信贷人员风险意识和服务意识提高,客户经理主动践行"小、散、农、稳"市场定位,压降贷款户,户均额由年初55.78万元降低至41.05万元,户均明显降低。

【支农支小】

截至年末,农林牧渔业占各项贷款余额比重达17.97%,较年初提升3.79个百分点,加强支农效果。坚持执行现有各项小微企业金融服务政策,提高贷款增量。截至12月末,小微企业(含个体工商户)贷款500户,金额4.41亿元,占比37.84%,较年初增加1719万元,增幅4.06%,小微企业贷款户数较上年同期增加113户,实现涉农"一个不低于"和小微贷款"三个不低于"目标。全部贷款客户数2837户,新增781户;涉农客户数2692户,新增814户;小微客户数500户,新增113户。

【存款产品】

为稳步推进利率市场化改革,根据国家存款管理和利率市场化改革有关规定,推出"增益存""增利存"两款存款产品,优化负债结构,提高客户黏性,保持较高的稳定资金占比,满足客户金融需求。推进自助银行、POS机业务,拓宽市场,吸收新的客户,带动业务发展,全年开通POS机111台。

【不良贷款】

按照逐级上报、重点检查方式,对本行五级分类下存量不良贷款排查摸底,掌握风险底线。出台《平罗沙湖村镇银行不良贷款清收实施方案》,在原有现金清收、借新还旧、诉讼清收等基础上,推出收回再贷、续贷、展期、贷款重组、挂息转本等10项清收化解措施。召开8次不良处置专项会议,根据不良贷款性质,逐笔逐户制定清收政策,下发不良清收计划,由信贷管理部门和纪检监察部门对不良贷款清收情况跟进和督导,确保按进度开展清收计划。建立不良贷款考核机制,对不良压降总体目标层层分解,与各营销部门签订《不良清收目标责任书》,明确清收责任,将不良贷款和挂息清收情况作为重点工作纳入部门和信贷人员月度工资考核中,分配50%权重考核,激发信贷人员清收不良贷款积极性。加强与律师事务所合作,借鉴事务所不良贷款清收方面经验,依法合规清收不良贷款。截至12月末,各项贷款余额11.64亿元,五级不良贷款余额3085万元,不良率2.65%,不良贷款余额较上年减少67.6万元。

【风控能力】

以坚守不发生系统性风险为底线，推进重点领域风险防控。严控风险增量，加强统一授信、统一管理，严格不同层级审批权限。按照"信贷审批、放款审核、信贷管理"三大职能，调整信贷管理部门内部结构设置，分别设置"信贷管理""授信审批中心""放款审核中心"3个职能单位，由信管部统一管理，配合信贷营销部门工作时间实行弹性工作制度，确保贷款办理时效性和规范性。强化制度执行，规范贷后管理，纠正"重放轻管"现象。按照频次、内容、方式等开展贷后检查，采用"实地检查为主、资金流跟踪为辅、电话约谈不定时"等方式，做到"大额多查、小额关注、不良跟进"，掌握借款人动向，强化贷款质量跟踪和资金监控，改变原有覆盖面不足、检查方式单一、检查不深入等问题。审计合规部通过实施日常审计监督，发现易发生风险柜面业务种类及环节，对柜面业务合规管理，为开展柜面业务及反洗钱专项审计提供参考，开展预警监控，对柜面业务实时非现场监控，成为一项基础监督管理工作。全年检测预警信息6326条，发出《风险提示通知书》5份；对重要岗位离岗、轮岗人员73人次审计及监督。检查出问题276条，提出整改要求27条，经济处罚14人。加强与风险处置各方关系人沟通，制定风险处置预案，建立金融风险识别和评价制度，分析评估金融风险预警信息，保障业务平稳运行，未发生案件防控事件。

【人力资源管理】

开展中层干部公开竞聘和员工"双选双聘"活动，优化干部结构，提升管理水平，激发干部工作积极性和创造性，优化员工配置，提高业务发展能力、市场竞争能力及内部管理效率。建立健全二级培训体系，明确培训组织层级归属，规定培训方向、培训内容和培训时段，有计划、有针对性开展培训工作，全年举办各类培训144期，做到"周周有培训，月月有提升，次次有考核"。改进培训方式，注重实战培训，通过总行集中培训、分行分散培训、转培训、再培训等形式，提高员工业务技能、操作风险防范能力，提升各层面人员专业知识和业务技能。采取"走出去"的形式，打破"闭门研究"状态，采取专家讲授、学员讨论、案例分析、实地考察等形式，拓宽中层管理人员视野，强化管理人员系统规划和决策能力、领导管理能力、市场拓展与创新能力、防范化解风险能力。

石嘴山市住房公积金管理中心平罗县管理部

【概况】

2016年，实现住房公积金归集1.25亿元，归集余额4.64亿元。支取住房公积金1590人次，6000余万元，发放公积金贷款281户、6459.60万元，新增单位19户新增人员203人。

【政策宣传】

开展形式多样的政策宣传活动。通过各种形式的宣传，增强职工维权意识，扩展缴存面，提高缴存额，拉动贷款需求，保障职工的合法权益。

【住房公积金归集】

在扩面上，开展多渠道信息收集，重点抓住有条件建立的企业，主动上门开展政策宣传及服务；在增缴上，争取县财政支持，规范并提高财政供给人员缴存基数，鼓励有条件单位在政策范围内提高缴存基数和补缴公积金；在缴存管理上，对连续三个月未缴的单位,进行催缴,通过开展扩面增缴工作,新开户单位19个,新增203人。

【贷款业务】

规范操作程序,严格审批手续、材料,定期检查贷款档案。按照程序审批,各审批环节遵循职责分工和管理权限,履行审批职责。银行初审员加强对贷款人购房合同、身份真实性把关,复审对贷款申请人的贷款额度和年限再确认,最后由负责人全面把关并报送上级审批。开展全区异地贷款工作。

【贷款管理】

加大贷中、贷后管理力度。在职工贷款没有放出前,通过各种渠道,做好贷款人资料真实性核实工作,一旦发现问题,严禁贷款放出。在贷款发放时,严格落实中心要求的本人签字制度,对有些客户因特殊原因不能前来签字,坚持上门服务,核实身份,完善手续。对逾期贷款户,严格落实中心要求,坚持电话催收、短信提醒;对3个月逾期未还的,工作人员上门催还促其还款。截至年末,贷款逾期率0‰,确保资金运行安全完整。

中国人民财产保险公司平罗支公司

【概况】

2016年,按照"发展与市场相适应,盈利优于市场"年度任务目标,对标市场,抢抓机遇,依法合规经营,公司经营管理、业绩指标、盈利能力再上新台阶。全年公司实收保费7301.51万元,其中车险3998.58万元,农险2657.28万元,意外险410.62万元,责任险164.81万元,企财险55.7万元,家财险8.79万元,货运险5.73万元,总增长率为4.01%。

【拓展渠道】

利用公司理赔政策及资源杠杆,提升渠道产能,拓展修理厂渠道。利用银行渠道办理借款人意外险,银保渠道业务发展迅速,依托农商行19个网点,借款人意外险保费收入91.9万元。

【发展农村业务】

发挥农网优势,发展农村业务。利用农网点多、覆盖面广的优势,全面拓展农险业务,全年收取农险保费2657.28万元。利用农险搭建的平台,拓展农村小额意外伤害险,收保费110.8万元。

【提升服务意识】

坚持"服务无小事"理念,推行微笑服务,对签单、理赔人员全员月度评分考核,对连续两周考核倒数第一的员工进行处罚,实行末位淘汰制,提高服务质量。服务质量的提高,为公司业务提高提供良好基础,提高公司在县域市场份额。

中国人寿保险公司平罗支公司

【概况】

2016年,实现总保费收入9918万元,较上年增长32%;首年期交保费2571万元,短期险保费收入1053万元;长险续期保费4654万元。标准保费1124万元,是年度计划189%;新单保费5263万元,是年度计划126%;首年期交2571万元,是年度计划166%,其中10年期及以上首年期交保费1348万元,是年度计划191%。

【个险销售】

统一思想和目标,对标先进,把预算作为底线,逐级督导,以点带面,层层抓落实,强化销售人员展业技巧,借助平台运作,达成保费目标领先。2016年个险渠道实现首年期交保费1972

万元,是年度计划162%,同比增长113%;10年期及以上1127万元,是年度计划168%,同比增长100.45%;实现标准保费收入940万元,是年度计划175%。

【银保渠道】

提前规划,通过先趸交后期交发展思路,短时间内超额完成趸交目标任务。业务方面借助个险销售平台及代理银行销售双管齐下,壮大队伍规模。银保渠道实现保费收入2831万元,同比增长34%;其中:首年期交保费收入587万元,是年度计划的176%;10年期及以上首年期交保费208万元,是年度计划的516%;实现标准保费收入175万元,是年度计划的311%。

【团险渠道】

通过服务企业团体拓展业务,加强与学校及教育部门合作力度,为全县中小学生送去保障;通过服务"三农"、保险下乡活动,为广大农户送去关爱。团险渠道全年实现短险保费收入688万元,是年度计划的111%;其中意外险保费收入503万元,是年度计划的104%。赔款支出300元。

【风险防范】

定期对销售人员非法集资培训,以填写调查问卷、承诺书等形式,做到早预警、早打击,疏堵结合。提升销售人员风险防范意识,保证公司健康发展。

【履行企业职责】

根据国家精准扶贫工作部署,创新思路,实施精准扶贫,为全县2000多户建档立卡贫困户家庭提供4.14亿元风险保障。在陶乐庙庙湖村进行教育帮扶,为15户贫困户中20名在校学生帮扶教育扶贫资金。

安邦保险平罗支公司

2016年,签单保费387.76万元。在编人数8人,其中机构负责人1人,客服部1人,理赔部1人,客户经理5人。

1月,保险业商业车险费率改革并成功通过验收。5月,实施金融业"营改增",配合国税局实施"零点开票"试点。7月,保险宣传日,配合行业协会做好宣传活动,为消费者现场答疑,提高消费者保险意识及自身权益维护意识。9月,参加县金融系统"青联杯"趣味运动会,增强金融单位工作沟通联系,为各项工作开展起到纽带作用。12月,参加金融青联组织敬老院慰问活动,与各位孤寡老人聊天谈心,了解他们的困难以及需求并反馈给相关人员,为孤寡老人解决基本困难。

城乡建设与市政产业

住房和城乡建设

【概况】

2016年，按照县委十三届十次全体会议、县第十六届人代会第四次会议提出各项奋斗目标，加快空间规划（多规合一）改革试点工作，围绕新型城镇化目标任务，推进区域协调发展和城乡一体化发展，实施规划引领、提质扩容、城乡安居、美丽乡村、绿色建筑、质量安全"六大工程"，推进重点项目、棚户区改造、美丽乡村等项目建设。

【空间规划改革试点】

成立空间规划（多规合一）编制工作领导小组，加强对接联系，强化试点工作上下协调。制定工作全体会议和专题会议、工作进度通报和信息周报制度、督查考核等相关制度，制定平罗县空间规划（多规合一）改革试点工作第一阶段任务清单，报送相关资料及图件，分门别类建立全县空间规划编制资料库与数据库，为全面开展空间规划奠定基础。收集整理发改、住建、国土、林业、环保、

惠民生态健身公园施工现场

乡镇及产业园区115个专项规划，建立全县空间规划编制资料库与数据库，梳理各类问题、意见建议208条。技术承担单位对乡镇、园区现场勘查，编制县空间规划工作方案及技术路线图，对上版三规合一成果进行技术检讨。争取国土资源厅1:10000万矢量化地形图及0.5精度卫星影像图，将现有城镇、产业园区、乡镇及部门数据与规划入库，为建设项目精准落地提供基础保障。在上版"三规合一"成果与1:10000矢量化地形图基础上，对土规、城规及林规开展图斑对比，梳理图斑差异362处，差异面积8.6平方千米，制定消除图斑差异工作规则。对土地、水、环境承载力评价和《产业与基础设施布局》《人口、城镇化率与建设用地》《生态与永久基本农田红线》专题研究，与自治区、市相关厅局对接，组织专家对专题研究成果进行评审，将研究成果纳入空间规划大纲。完善平罗县空间规划大纲初步成果，划定"三区三线"，明确产业园区及城镇重新功能定位，广泛征求各部门意见，得到市空间规划改革试点工作领导小组办公室肯定。对照自治区规划办下发《宁夏回族自治区空间规划（2016—2030年）县（市区）第一次上下联动材料（平罗县）》，相关部门对自治区反馈基础评价结果、发展定位、人口规模指引、指标体系、"三区三线"划定分析、论证，按照时间节点要求向自治区空间规划（多规合一）改革试点工

作领导小组办公室提交反馈意见。印发《平罗县建设项目多规合一并联审批办法(试行)》,拟定《平罗县空间规划(多规合一)建设项目行政审批改革试点方案》,全面梳理建设项目行政审批相关事项,审批时限由原来169个工作日压缩到84个,时限压缩49.7%,构建"政府统筹、部门协同、信息共享、并联审批、注重监管"项目建设审批管理新机制。开展政策法规梳理工作,梳理与经济社会发展规划、土地规划、城乡规划、林业规划和环境保护规划等六类规划相关法律法规(文件),从相关法条(规定)中摘录要素法条,提炼要素内容,编辑印发相关法律法规摘编。健全规划保障机制,拟定《空间规划(多规合一)改革试点工作政策保障机制调研方案》,制订《平罗县城市建成区违法建设专项治理工作方案》,成立由住建、国土、林业城管、公安等部门联合执法机构,对县城建成区28起3200平方米违法建筑强制性拆除,维护规划严肃性。

【村庄布局规划】

打破城乡规划分割格局,修编完善村庄布局规划,将全县144个行政村1044个自然村庄调整为109个中心村和137个基层村,实施农村闲置房屋和宅基地收储复垦,促进农民适度集中居住,消除"空心村"和零散村庄。

【新型城镇化】

依据《第二批国家新型城镇化综合试点工作方案要点》《国务院关于深入推进新型城镇化建设的若干意见》及中央城镇化工作会议、自治区城市工作会议精神,按照"一年起好步,两年打基础,三年见成效"目标,围绕做大做强县城、做精做特集镇、做优做美农村工作思路,推进新型城镇化各项试点工作。加快推进户籍制度改革。针对有能力自愿进城农民、失地农民及进城务工人员等,严格按照石嘴山市《关于进一步推进户籍制度改革的实施意见》及实施细则推进户籍制度改革,全县办理户口迁入764人,常住人口城镇化率53.5%,户籍人口城镇化率32%。促进城乡设施发展。投资19.2亿元建设基础设施项目52个,投资17.54亿元,完善道路交通、供气供热、市民休闲、垃圾处理等基础设施。实施热电联产集中供热、体育公园旧城改造、惠民生态文化公园、精细化工基地污水处理厂和黄河水厂等建设项目,改造棚户区及城中村93万平方米10447户,综合整治老旧小区35万平方米7860户,惠及群众1.4万人。

惠景苑小区(34号地块)施工现场

促进统筹发展。调整优化城乡学校布局,新建改造城乡学校15个,撤并规模较小农村中小学16所。发放5.2亿元小额贷款,助力农村妇女、高校毕业生、退役军人、城镇困难人员等群体创业就业。投资3.2亿元完善养老服务体系,建成老年活动中心、农村老饭桌、城乡社区日间照料中心等养老服务机构131个(所),建成启用残疾人康复中心,完善城乡养老服务体系。加快县级公立医院改革,推行"先住院后付费"服务模式,为老百姓节省医药费用8600万元。推进大众创业、万众创新,引导农民进城创业就业新增城镇就业1.91万人,转移农村剩余劳动力22.05万人。投资19.75亿元建成各类保障房、安置房11804套,解决6010户低收入家庭住房问题。

【市政基础设施】

县城区热电联产集中供热二期工程：项目概算投资9600万元，供热面积320万平方米，主要实施南线管网建设,管网铺设沿西环路,途经纬六路、民族大街、纬八路、怀通路至南区热源厂。主要新建管径为1020/720毫米热力管线2×8.3千米，配建换热站9座，改建中继站1座。中继站主体工程,管沟开挖7千米,管网铺设13.8千米,室内安装,投资8500万元。市政道路建设项目：项目概算投资4145.6万元，主要实施德渊路、怀通路南段2条3.17千米城市道路及排水工程,怀通路排水、砂砾换填基层及圆管涵施工,水泥稳定基层、道牙铺设、沥青面层50%，人行道砼垫层浇筑,投资600万元；德渊路北段排水管道安装及沟槽回填，路基砂砾填铺一层30厘米，路床平整60%，投资450万元；德渊路南段主排水工程,路基开挖、砂砾换填,人行道土方回填,路基砂砾填铺一层30厘米，投资300万元。电缆沟建设项目：项目概算投资6600万元，实施新区电缆沟10.47千米，其中政府投资建设3.47千米，国网宁夏电力公司平罗分公司投资建设7千米，配套建设过路拉管、顶管、检查井等配套设。南段沟槽开挖1820米，钢筋混凝土垫层浇筑820米，安装过路拉管290米，打降水井20眼。北段沟槽开挖550米，铺垫砂夹石垫层550米，浇筑钢筋混凝土基础垫层550米，打降水井14眼，安装过路拉管150米，投资680万元。城市垃圾填埋场渗滤液处理建设项目：项目概算投资957万元，总占地面积480平方米，建筑面积415平方米，主要新建渗滤液处理车间及6座处理池,购置配套设备和室外附属工程设施。工程渗滤液处理车间主体、室内外装饰装修及渗滤液设备安装调试，投资957万元。

【城市生态景观设施】

实施惠民生态健身公园建设项目，概算投资9877.27万元，工程位于县城新区31号与32号地块内，用地面积27.67公顷。一标段人工湖、湖岸贺兰山石摆放、假山、观湖广场花坛、防腐木铺装、码头区、沉淀池、木栈桥铺装、平桥、引水渠工程，景观步行桥铺装、台阶铺装，总工程量95%；二、三标段商业和管理用房、室内外保温粉刷等装饰装修工程，景观廊架、景观小品防腐木安装及油漆、广场、园路硬化铺装、园路和运动场地沥青路铺设工程，图书馆基础工程，总工程量90%，投资9000万元。

【棚户区改造】

实施34号地块棚户区改造安置住房配套附属设施工程,项目概算投资1.4亿元,主要配套幼儿园及管理用房、垃圾转运站及公厕、给排水、电气、道路、天然气、绿化等基础设施建设。配套附属设施工程7个标段建设，幼儿园及会所，给排水、采暖、通信等管线敷设，围墙、消防水池、检查井、化粪池、自行车棚及管理用房和换热站机组安装，路灯安装，投资1.37亿元。棚户区改造（房屋征收）项目17个，改造征收户数5120户，改造总建筑面积54.96万平方米。各地块签订房屋征收补偿安置协议1886户，征收房屋建筑面积27.41万平方米。其中：中阿国际物流园项目B区各类被征收人664户，签订房屋征收补偿安置协议571户；2016年其它征收项目签订协议1112户；2013—2015年遗留项目签订征收补偿安置协议203户；实施西线高速连接线建设项目城关镇步口桥段

11户拆迁补偿。

【旧城改造建设项目】

县城老旧小区综合整治：项目概算投资7454万元，综合整治改造县城老旧小区35.6万平方米，涉及县城新世纪家园、西华苑等12个老旧小区，项目分8个片区实施。

老旧小区改造工程现场

主要实施既有居住建筑节能及计量改造、环境整治、基础设施改造，推行物业管理。建筑节能改造和排水、道路院落硬化等附属设施施工，投资7000万元。体育公园旧城改造项目：工程概算投资8亿元，项目规划总用地12.67公顷，规划建设休闲广场、住宅、商业3个功能区，总建筑面积17.4万平方米，实际投资4亿元，2016年计划投资1亿元，实施景观湖整治与休闲广场等基础设施建设工程。房屋征收11户（商业），住宅楼及商业建筑全部完工，景观湖开挖整形及部分休闲广场铺装，投资2950万元。玉皇阁市场沿发行路段旧城改造项目：项目概算总投资2.7亿元，规划总用地面积2.07公顷，建设2幢小高层、1幢商业楼，配套建设相关服务设施，2016年计划投资1.7亿元。两幢商业楼主体已封顶，室内外装饰装修工程，投资1.4亿元。

【房地产开发建设项目】

项目概算总投资6.5亿元，新续建房地产79幢37.3万平方米，新建39号地块、唐华首府、金都家园等9个住宅区47幢24.5万平方米；续建山水名居、千禧合院、金水湖畔等住宅区32幢12.8万平方米。投资6.6亿元，其中：续建项目，投资1.2亿元；新建房地产主体封顶，室内外安装完毕，实施室外给排水、电气等市政管网工程，投资5.4亿元。

【特色小城镇建设项目】

自治区住建厅《关于下达2016年美丽小城镇建设任务的通知》批准宝丰镇、灵沙乡特色小城镇建设，概算投资9590万元，其中争取基础设施补助资金3000万元，引入社会投资5300万元，整治资金480万元，乡镇自筹610万元，县政府自筹200万元。巷道硬化、绿化栽植、拆除违章、清理垃圾、污水处理等基础设施建设，投资7577.33万元。

【美丽村庄建设项目】

自治区住建厅《关于下达2016年美丽村庄建设任务的通知》，概算总投资1612.67万元，其中自治区专项补助资金600万元。批准姚伏镇周城村三、七队，

通伏乡美丽村庄建设

通伏乡金堂桥村二、四、六队，高仁乡六顷地村四、五、六队，崇岗镇暖泉村一、二、三队，黄渠桥镇西润村三、四、七、八队，渠口乡渠口村一、二、三队（2015年启动实施）等6个中心村按照"美丽村庄"建设标准建设。树木栽植、树池整修、巷道及人行道硬化铺装、太阳能及路灯安装、排水管网入户及清理垃圾等基础设施建设，投资1612.67万元。

【农村危房改造工程】

结合农村农户实际情况，尊重农村建房规律，采取"新（翻）建、修缮加固、房屋置换"等措施，推进农村危房改造工作。全县农村危房改造370户，将农村危房改造信息全部录入全国扩大农村危房改造信息系统。

【城市环境卫生】

制定完善32项城市环境卫生配套管理制度，成立8个清扫小组，实行定人、定岗、定时、定路段岗位责任制，按照核定道路，定期开展督查，抓好

县长马莉方调研城市环境卫生

日常保洁工作。基本做到环卫工全天候保洁，垃圾收集车、泔水收集车定时定点、上门收集。坚持每周对各清扫小组所属卫生区域热点、难点问题集中治理1次，确保垃圾无积存，卫生无死角，收集生活垃圾近3.9万吨、餐厨垃圾近4900吨，垃圾无害化处理率97%，清扫保洁率100%。根据清扫路段情况及人流量分布特点，启用清扫车6辆，将城区490万平方米清扫保洁面积划分出5个机械清扫区域，机扫面积167万平方米，机械化清扫率34%。

【市政公共设施】

做好亮化设施日常巡查、维修、防盗工作，根据天气变化适时调整路灯开、关时间。县城47条街道安装路灯3386盏，安装配电柜25个、变压器29个，各广场安装景观灯331盏，改造安装LED路灯1006盏。加强路灯日常巡检维护，做好背街小巷路灯安装，消除县城照明盲区，营造亮丽、安全、环保、节能县城照明环境。加强公厕、垃圾中转站、垃圾箱、下水井盖等市政设施管理，施行网络化管理，定期巡检，做到及时登记造册，及时维修更换，确保各类市政设施完好。全年维修破损路面2460平方米，维修各广场破损区域2984平方米，维修更换垃圾箱、下水盖等公共设施284个，集中清理排水管网10 339米，下水井304个、雨水井947个。

【城市综合管理】

实施分块管理，将县城划分为四大管理区域、25个网格，设立信息采集中队和市容中队，制作《城市管理事件信息采集标准》《信息采集记录本》《网格化管理记录本》和《网格划分平面图》，在原有网格化管理模式基础上，将县城各街道分为2条严管街、21条主干道路、6条次干道路，通过明确管理标准和巡逻时间，实行定人、定岗、定责、定时，信息采集中队按照管理标准发现问题、核查问题处理结果，督查室及时做好督查工作，提高城市管理精细化水平。开展店外经营流动摊点、户外广告等专项整治活动，治理县城区"脏、乱、差、堵"现象，与商户签订门前五包责任书4154份，纠正沿街营业网点店外违章经营点4000余处、占道经营600余处、小广告5000余处，清理跨街条幅234条，宣传广告栏6次、协助清理废品收购站10余次，整治违章建筑2处。对东方明珠早市和西苑街早市集中清理整顿，发放《责令整改通知书》40余份，查扣违章占道经营车辆32辆。对全县门头牌匾、户外大型广告全面清查、摸底、造册，审批户外广告宣传400余次、审批户外广告设置80块、灯箱广告设置35块、督导更换破损、陈旧灯箱广告260余块。采取企业自

查,主管部门抽查、复查三管齐下的方式,对全县范围内3家液化气储备站、2家天然气储配站、9家加气站、41家液化气销售网店定期不定期抽查,发放整改通知单27份,开展集中培训活动2次,确保燃气安全。

城市供热

【概况】

截至年末,县城集中供热入网面积377万平方米,实际供热面积275万平方米,新增入网面积52万平方米,资产总额3.65亿元,供热入网总用户3.3万户10.6万人。全年营业收入5475万元,同期增加555万元,同比增长11.28%。营业总成本5520万元,同期减少474.34万元,同比下降9.17%。职工养老统筹金、住房公积金、医疗保险和生育保险、工伤保险和失业保险是应缴额100%,全年利润亏损45万元,比上年同期减亏350万元。

【热电联产项目建设】

县城区热电联产集中供热项目,一期工程于2016年2月18日全部建设内容投入使用,铺设一级管网11.48千米,投资6388万元。二期工程2016年8月开工建设,管网铺设14.8千米,工程于2017年1月6日切换投入使用,投资8508万元。工程严格按照政府项目建设管理办法和工程建设四制要求及批复内容高标准、高质量建设。切换以来,供热管网、设备运行正常,供热质量稳定,提升供热温度,对西区、南区热源厂425吨燃煤锅炉全部实施关停,显现投资效益、社会效益和环境效益。热电联产实施是平罗县供热市政基础产业发展重大里程碑,也是供热企业改革发展和转型升级重大阶段,城区热电联产集中供热工作走在全区前列,为县域经济发展做出积极贡献。

平罗县城热电联产施工现场

【供热基础设施建设】

实施县城老旧小区管网改造工程。配合棚户区改造、老旧小区综合整治,对南苑小区、西花园、东风路等街区路段DN40-DN250毫米管道1377.6米

平罗县城新区电缆沟建设施工现场

更新改造,投资180万元。实施换热站建设项目。对34号地、八中、公共服务大楼等更换热站土建、机电设备建设工程,热站水、电、机组全部投入运行,投资280万元。燃煤锅炉淘汰工作进展顺利。对淘汰20吨以下燃煤小锅炉52台114.8蒸吨,对南区、西区热源厂425蒸吨燃煤锅炉并网关停。对南区热源厂5台锅炉及辅机设备的维修保养,对城区34座换热站设施设备、一二级管网主控阀门检修保养,更换板片100余片,更换蝶阀80多个,维修检查井20余处,维修保养电机水泵、控制柜200台套,投资235万元。实施既有建筑热计量改造。配合住建局对县城东花园、西花园、世纪花园等7个老旧小区和县城保障性住房2428块33万平方米的热计量表及数据采集自动化远传安装。

【供热收费】

严格规范入网程序。全年对59号地三期保障性住房、34号地保障性住房、康湖水岸、金都家园、卫生大楼、唐华首府、公共服务大楼、桥馨家园等52万平方米入网，收缴增容费和二级管网建设费321万元。加强采暖费收缴工作。强化维修收费人员素质教育，提高维修服务质量，开展缴费"送礼品"活动，2016—2017年度应收采暖费5629万元，截至2017年3月底收费4286万元，是年度收费任务76.14%。

【供用热稽查】

全年核查用热户800余户、停断锁417户5万平方米，查处违规用热193起1.6万平方米，巡查排除安全隐患15处，遏制违规用热行为。

【企业基础管理】

建章立制，规范管理。探索完善各项制度机制及考核奖惩机制，提升企业管理水平。

加强内控制度建设。严格资金支出、工程施工及竣工验收等审批流程，确保公司各项工作规范高效。

规范重点工程建设程序。严格按规定办理工程建设报批手续，确保各项工程严格按照项目建设管理办法进行建设。

加强安全生产管理工作。完善供热预案，开展安全生产检查，落实整改措施，全年安全教育培训4次200多人，开展安全检查12次，整改安全隐患6处，全年无重大安全事故发生。

强化服务意识，改进工作作风。严格落实服务承诺制，提升社会满意度。全年办理议案提案3件，受理"石嘴山议政网""两代表一委员"等各类来信来访和督办件60多起，对存在问题及时予以整改。

加强供热监督检查。强化供热设备及管网巡回检查工作，调整运行参数，提高突发事故快速处置能力，确保安全稳定供热。

强化维修服务工作。严格落实24小时值班制度，做好来电来访接待，全年受理办结各类供热问题360多起。

认真做好材料采购及进出库审核，加强职工劳动纪律、各项保险交费项目及厂务公开等工作，推进企业民主科学化管理。

【争取国家项目资金】

加强与区、市、县发改、财政及环保等部门沟通对接，争取国家项目资金支持。2016年，城区热电联产集中供热项目一、二期工程投资1.49亿元，争取国家，自治区发改委、财政厅，农发行专项建设基金1.37亿元，其中中央预算内资金6216万元、地方政府债券资金2700万元、国家专项建设债券投资4800万元，支付1.09亿元，支付率73.11%。

城市供水与污水处理

【概况】

2016年，公司各类用水67500多户表，供应自来水845.1万立方米，抄见水量7073万立方米，供水回收率

城市供水管网建设

83.7%。出厂水综合合格率达100%，管网水水质合格率98%。收取水费1146.1万元，比上年同期增收278.7万元；实收水资源费140.9万

元,同比增加 29.4 万元;实收污水处理费 129.2 万元,同比增收 18.7 万元。

【安全供水】

对县城供水水源不足、用水需求量大、输水距离长、部分区域水压偏低等问题,优化供水调度,加强供水管网压力实时监测,根据各区域供水管网压力,实时调整出厂水压力,协调石嘴山市第三水厂抓好供水调度,适时平衡区域供水流量。为解决供水管道"瓶颈"问题,确保各区域水压均衡,实施县城新旧管道碰接联通工程,更换北门转盘 DN400 阀门,加装山水大道 DN350 阀门,改造西环路、西一街、建设路等供水管网,改造西区翰泉路供水管道,加装 DN300 阀门,调度石嘴山市第三水厂向生态经济区供水,实现水厂供水区域可控可调 2 个。加强对西区水厂的日常运行管理,执行各项操作规程和供水调度指令;做好水源井、深井泵、加压泵、变频和加氯消毒等系统设施、设备日常维护巡查、检修、维护和保养工作。加大水源地及输水、配水管网、管道阀门井等设施日常巡查、检查力度,加大用水高峰稽查力度,强化对县城绿化、消防及居民小区等绿化用水巡视检查。确保供水设施、设备安全正常运行,保障居民日常生活用水。严格执行国家《生活饮用水卫生标准》,加强水质化验日常检测工作,对出厂水 9 项常规指标每日检测 1 次;对管网水 9 项常规指标每月检测 2 次;对出厂水、水源水、管网水 18 项常规指标每月检测 1 次。委托宁夏城市供水水质监测网银川监测站 106 项指标全面检测与分析 1 次,对 38 项指标抽检 1 次,配合自治区住建厅做好水质督察工作。水厂加氯消毒室根据水质化验自检和县疾控中心、卫生防疫所监测结果及时调整净化消毒剂量,确保出厂水质符合标准。

【服务用户】

坚持以用户需求为导向,以用户满意为标准,及时受理用户申请,按规定办理新增用水手续,严格执行安装施工技术规范和操作规程,具备施工条件及时安排办理,对金都家园、千禧合院(三期)、唐华首府(三期)、金水湖畔东区别墅及湖景楼、34 号地安置房、唐徕水岸小高层、山水名居等小区给水管道安装工程;对中阿铁路物流园项目 φ160 供水管道安装工程;实施大地公司、吉鑫公司、晟晏集团等 12 家园区企业供水安装工作;配合石银高速平罗联接线工程建设,协调沙湖 φ200 供水管道金色河段迁移工程;对南郊粮库、林业小区、北苑小区、三中自建小二楼、十层大楼等室外配水管网维修改造;安装南郊良繁场、简泉碳化硅家属院等小区给水管道。加强值班工作,落实供水服务 24 小时值班制度,确保用户报修、报漏及投诉渠道畅通,按照公开承诺事项和公司规定做好维修服务,做到有求必应,及时到达现场,为用户排忧解难,妥善处理各类应急事故,把损失及影响降到最低。全年铺设 φ50—φ315 给水及消防管道 10 621 米,管道安装及维修产值 78.9 万元,收回款项 163.7 万元(含历年欠款 84.8 万元);有偿维修 562 次,无偿维修及服务 637 次。

【营销管理】

为更好地适应供水经营服务,针对收费管理中存在问题与不足,开发收费管理系统软件,在做好营业收费管理系统设备购置、运行调试、用户基础信息、数据录入、人员培训等前期工作基础上,设置县城西区、东区营业服务大厅,用户可就近选择。整合过去零碎、分散按用水类别分组抄表收费模式，实行网格化管理。对供水区域65个小区、7.9万多块水表再分配、再整理，依据各小区人口密度、入住户数和室内水表用户比例将收费区域划分为12个片区，每片区配备2名抄表员，收费周期定为3个月，采取先抄表后交费模式，向用户送达交费通知单，由用户持通知单到营业厅集中交纳水费，自愿办理水费预存业务，对年老体弱、行动困难与不变用户，委托抄表人员代收代缴。通过抄表收费模式及绩效管理考核改革，减轻收费强度，调动抄表收费人员工作热情和积极性，对漏抄漏收用户，全部建档立卡，催缴欠款。杜绝漏收、错收、收人情水等不良现象，实现对每天收费情况、各类报表、用户用水信息适时掌握、强化管理监督，缩短抄表周期，加快计费频率，提高资金回收效率。2016年，公司收取水费1146.1万元，比上年同期增收278.7万元；实收水资源费140.9万元，同比增加29.4万元；实收污水处理费129.2万元，同比增收18.7万元。

【污水处理】

抓好县城污水收集、处理及排放工作，执行排水泵站、污水处理及中水运行各个岗位安全操作规程和值班管理制度。加强运行设备巡检，定期进行维护保养和安全检查，及时排除隐患；及时采购、储备设备易损件及常用材料和工器具，随时做好抢修设备、线路的准备工作；加大检修力度，对运行过程中暴露出缺陷及存在问题及时维修和整改。修改、完善应急预案，组织应急抢险演练，对排水泵站所有设备全面维修、保养，对泵池及时清淤。在东门排水泵站改造项目竣工前，加装临时排水设备，确保汛期泵站安全稳定运行。对中水车间设备全面检修、维养2次，对曝气池滤帽人工清理，确保中水处理良性运转。保障各项生产设备正常、稳定、持续运行。2016年污水排放量580万吨，集中处理量560万吨，污水处理率96%以上。主要污染物削减量分别为：COD1616吨、$BOD_5$1302吨、SS1348吨、NH_3-N166吨。抓好中水运行管理，提高污水资源化利用率，根据绿化用水需要，回用中水66.5万立方米。

【稽查管理】

加强基建工程项目用水情况稽查，对历年各房地产开发企业管网建设费清查及拖欠催缴工作，追缴上年欠费5万余元。对当年施工金都家园、康佳花园、唐华首府等各个新建小区给水安装工程，规范监督验收，对不符合规范要求给水管线及问题水表井提出整改，责令维修整改不合格水表井56座；抓好用户水表装、换、洗、校表工作，规范安装水表2000多块，抽查校验水表200多块，洗、换水表380多块；做好县城供水管网、阀门井日常巡查，发现碾压毁损井盖58个，及时更换，排除事故隐患，发现和查处各小区明、暗漏水24处，及时维修堵漏。强化对绿化、消防等用水情况监督，对县城17个小区137个绿化用水表井复查，对团结东西路、鼓楼大街、纬三路等道路绿化用水情况复查，查处违章违规用水事件4起，追缴水费8.44万元。对绿化用水查表催费工作，抄收中水18.2万立方米、自来水1.1万立方米。对餐饮、娱乐等特殊行业、企事业单位用水大户及居民入户调查，调查1600余次，对发现问题上报处理，查处居民私自接水1起。稽查收取各类款项178.6万元，比上年减少65.1万元。

【精准扶贫】

对红崖子乡红瑞新村30户生态移民入户登记、调查摸底，收集家庭人员信息，掌握一手资料。对建立普查档案24户，联系民政、人社等部门，对享受低保情况核对24户；投资7450元为每户移民帮扶化肥二铵、尿素各1袋。对渠口村结对帮扶解困户87名调查摸底，协调乡、村干部收集帮扶人员家庭信息，掌握各自具体情况，制定帮扶计划。为东苑、明珠社区、渠口乡和红瑞新村移民帮扶资金3万元。

天然气输配

【概况】

2016年，全县天然气开通用户56116户，其中居民用53984户，公服用户12户，商业用户1971户，商业餐饮用户147户，工业用户2户。全年收入1.05亿元。

【安全生产】

深化安全生产目标责任制，逐级传导压力，落实安全生产主体责任，按层级签订《安全生产目标责任书》和《安全承诺书》，把责任要求具体到部门、个人头上。加大监督检查力度，全年开展重大活动、节假日专项检查6次，日常检查35次。审批、签发动火、用电等作业证59份，签订《燃气管道安全保护协议》8份。

【管网管理】

全年巡视城网728次，大平支线175次，施工盯守59处。全员徒步巡线1次，补栽标志桩95根、扶栽44根、更换101根（1#阀井至宝马化工段）。粉刷亮化标志桩1206根、标志牌15个、电位桩22个、电位井5口。新装小区警示牌344块；新装地标砖1236块，安装总长度12 360米。对中央大道、建设路部分路段和14个小区的中、低压管线测绘定位工作。对11个小区中压管线标示刷漆工作，刻标示箭头510个。确保管网安全、设施完整和标示醒目、警示。

【阀井管理】

保持每月至少巡检2次的力度，对所有阀井巡视检测25遍。对阀井卫生清理104口，积水抽水处理15口，刷漆亮化47口。因塌陷更换井圈井盖6口，重新除锈防腐58口。处置阀井阀体泄漏14口。确保阀井安全和发挥功能。

【设备管理】

以春秋检和专项工作为契机，对平罗站、工商业用户、小区用电、过滤、调压、计量等设备全面保养维护、检测和标定，确保各类设备安全、高效、精准运行。对用气高峰安全需求及数据监控问题，进行平罗站1#撬块温度转换模块、调压器皮膜和疏笼、2#撬块修正仪更换。对监控系统二次开发，加装短信功能，改进合并1#、2#撬块监控画面，使监控简洁、方便，提高工作效率。全年放置调压柜（箱）工作记录本814本，对1244台调压设备除尘、清理垃圾2遍，除草333处。安装调压柜护栏警示牌91块，喷涂小区调压箱（柜）警示标语及管控区域221组，加装电伴热6台，清理部分商业和小区过滤器、指挥器80台。对平罗地区所有调压设备超压切断试验、阀口关闭试验和附属设备漏气等检查，检查调压设备814台，查处设备漏气378处，攀压77处，切断阀口关闭不严35处，阀门内漏25台，安装放空管31处，更换压力表28块，调压箱护栏、门锁、合页等问题98处。

【计量管理】

全年出气量3840万标方，较上年度增加

5%。按规定送检、标定涡轮流量计5台,罗茨流量计6台,校检压力表872块,不合格56块。处置商业、民用计量表具问题106块。

【应急管理及日常抢维修】

贯彻重大节庆安全维稳要求和报告制度,落实24小时领导带班和应急值守制度,全年开展应急抢修31件,其中抢修地埋中压管线12件,地埋低压管线19件。带气碰口作业50处,其中中压12处,低压38处。整改入户管沉降26处,对居民、商业用户改管58件,更换球阀9个,尖嘴阀30个。上门处置稽查、用户电话报修漏气763件,全部第一时间解决,保障安全稳定的供气、用气环境。

【安全隐患消除】

实施七项查改,即孔洞检测、打孔排查、激光检测仪户外排查、入户安全稽查、侵占燃气设施排查、臭剂检测排查、电位桩检查排查,对支线、城网、调压箱及小区中低压管线、用户室内排查,建立完善隐患排查常态化机制。对排查出地埋管线泄漏,用户室内外漏气,管道、燃气具漏气,胶管无喉卡、老化,壁挂炉漏气等问题及时做好督促整改,消除安全隐患。

【安全意识】

开展应急抢修实战演练1次,消防灭火演练2次,实施燃气安装维修、危化品、入户稽查、半军事化、安全驾驶等培训教育,受训人员500余人次。结合入户安全稽查工作,开展星瀚服务进社区工作,协助政府职能部门开展安全检查。在百日安全、3·15、安全生产月等工作中,深入街头小区、用户家中,宣传燃气法规、安全知识,推广金管家手机APP功能,解决用户合理诉求,全年发放各类宣传材料2万余份。提升全员应急处突能力和用户安全防范意识,提高用户满意度,履行公司承担的社会责任和义务。

【市场拓展】

全年签订《居民整体安装合同》15份,7210户,工程建设费2602.86万元;发展商业餐饮用户17户,工程建设费68.18万元;发展锅炉用户2户,工程建设费96.3万元。坚持工程进度与付款同步原则,落实清欠目标,实施对集团公司清欠和营改增清欠。

【工程建设】

新建34#地、唐徕水岸等13个小区天然气庭院工程,对明月新村、光辉城市花园等5个老旧小区和团结路(鼓楼北街—东风路)管网改造。截至年末,对3个小区工程建设,剩余11小区随开发商进度施工。新建商业餐饮用户19户。新建商业门点及车棚35户,锅炉用户1户,全部开通送气。新建城市管网3条,其中唐徕大街(建设路—金都家园)、鼓楼西街(翰林大街—金水湖畔)及翰林大街(前进路—鼓楼西街),全线贯通通气;办理团结西路(民族大街—萧公大道)规划手续,计划2017年施工。2015年因开发商未完工产生续建工程8个,截至年末全部完工。立管安装5924户,集中挂表257块,室内零星挂表230块。

国土·环境·气象

国土资源管理

【概况】

2016年,全力保障重点民生项目、基础设施项目和产业项目用地,被石嘴山市农村工作领导小组评为"石嘴山市农村土地改革创新先进单位",获得石嘴山市耕地保护考核一等奖,获得2016年度石嘴山市国土资源系统重点工作推进先进单位。平罗县被国土资源部评为"节约集约模范县"。

【耕地保护】

落实耕地保护制度,以促进县域经济发展为目标,加强土地开发利用与保护。全县耕地保有量6.04万公顷,超目标任务1973.33公顷,基本农田保护面积4.79万公顷,超目标任务133.33公顷。

【土地征收】

征收国有和集体土地237.8公顷,核算征地补偿费3298.2万元,审核办理失地农民养老保险943名。出台新的征地补偿标准,保障被征地农民权益。

【用地保障】

对15个批次22个项目报批,报批建设用地322.47公顷。

【国有土地出让】

挂牌出让国有土地21宗,面积117.2公顷,收缴出让金9608.82万元,收缴耕地开垦费2835.6万元。

【土地、不动产登记】

依法依规土地登记1723宗,办理土地他项抵押登记761宗;实施不动产登记数据整合,11月,全面开展不动产统一登记,登记受理2394件,核发不动产登记证明237本、不动产权证书1596本;实施数字平罗地理空间框架建设项目。

不动产登记局成立揭牌仪式

【资源节约集约利用】

加强闲置土地信息化监管,处置闲置土地;复垦工矿废弃地104.6公顷;处置僵尸企业,盘活存量建设用地130公顷;实施石嘴山生态经济开发区土地集约利用更新评价;平罗县被国土资源部授予"国土资源节约集约模范县"荣誉称号。

【国土资源执法监察】

实施动态巡查700余次,查处违法占地行为86起,收缴罚款54.2万元。在贺兰山东麓设立平罗县国土资源执法监察大队崇岗中队,打击盗采砂石土资源行为,制止盗采行为8起,查处5起,查扣盗采车辆16辆和设备6台套,收缴罚款8.2万元;关停清理天气沟3家石料厂,治理矿山地质环境;遏制违法占地和盗采矿产资源行为。

【农村土地制度三项改革】

按照《平罗县农村宅基地制度改革试点工作实施方案》既定工作目标、任务、时间表,审慎稳妥、有序推进宅基地制度改革。根据9月21日国土资源部统筹协调推进农村土地制度改革会议精神,组建农村土地制度改革办公室,推进农村土地征收、集体经营性建设用地入市与宅基地制度改革协调同步统筹发展。实施宅基地确权登记发证工作,对13个乡镇136个行政村60557宗农村宅基地确权,面积2802.75公顷,发放证书56694本,确权发证率93.6%。梳理改革目标,分解试点任务,坚守土地公有制性质不改变、耕地红线不突破、农民利益不受损、粮食生产能力不减弱底线,制定相关配套制度,形成程序规范、补偿合理、保障多元土地征收制度,健全同权同价、流转顺畅、收益共享集体经营性建设用地入市制度,完善依法公平取得、节约集约使用、自愿有偿退出宅基地管理制度。落实《平罗县镇村体系规划》,将原有144个行政村和1099个自然村调整为109个中心村和137个基层村,试点编制通伏村《村级土地利用规划》,编制《平罗县农村宅基地自愿有偿退出综合整治实施方案》,利用5~10年时间,整治全县主干道路沿线318个村庄,对空置率50%村庄和耕地范围内零星分散居民点以及遗留未拆土坯房、危房全部列入复垦范围。编制《平罗县统筹协调推进农村土地制度改革三项试点工作实施方案》,经自治区审批、报国土部备案。开展农村集体经营性建设用地调查工作,调查建立集体经营性建设用地数据库。加强配套制度制定,出台《平罗县农村闲置宅基地处置管理暂行办法》

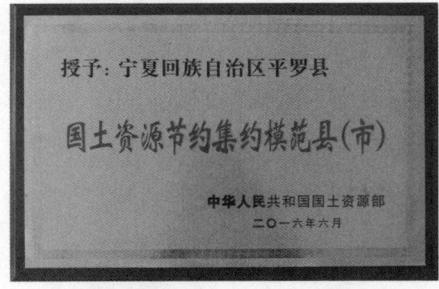

等十项制度;制定《平罗县农民集体土地和房屋产权自愿永久退出收储暂行办法》《平罗县农村集体经营性建设用地入市管理办法》《平罗县农村集体经营性建设用地增值收益管理使用办法》《平罗县土地征收办法》等20项制度办法。

【土地整治和高标准农田建设】

实施藏粮于地战略,以"增加耕地面积、提高耕地质量、改善农业生产条件"为目标,实施高标准基本农田建设,生态移民土地整治、耕地占补平衡项目12个,总建设规模6653.33公顷,新增耕地1400公顷,总投资1.87亿元。全面实施崇岗镇、姚伏镇(一期)高标准基本农田建设项目以及庙庙湖B、C区生态移民土地整治项目的区级竣工验收工作。全面实施姚伏镇(二期)、灵沙乡和黄渠桥镇1513.33公顷高标准基本农田建设项目,总投资3124.06万元。实施红瑞新村生态移民补充工程,建设规模893.33公顷,总投资2129.25万元,是建设任务的90%。实施姚伏镇、灵沙乡和黄渠桥镇以及崇岗镇兰丰村和跃进村1413.33公顷耕地占补平衡项目,新增耕地593.33公顷,总投资2771.13万元。落实姚伏镇、灵沙乡和黄渠桥镇全部建设任务,崇岗镇项目是建设任务45%。实施姚伏镇周城村和沙渠村、黄渠桥镇、崇岗镇

2160公顷高标准基本农田建设项目,新增耕地200公顷,总投资4545.92万元,是建设任务40%。实施红崖子乡673.33公顷沙荒地开发项目,新增耕地600公顷,总投资6096.52万元,进行土方工程施工。

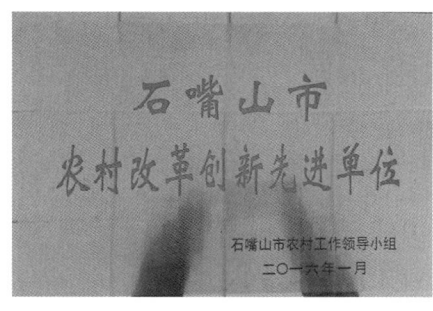

平罗县被评为全市农村改革创新先进单位

【永久性基本农田划定和土地利用总体规划调整】

以强化基本农田管理和保护为根本导向,编制方案,配合技术单位外业调查和内业分析,划定基本农田4.79万公顷,其中清理核查出非耕地118.39公顷,结合"十三五"重点建设项目及规划衔接调出基本农田155.13公顷,调出基本农田273.52公顷;城市周边耕地划入永久基本农田229.13公顷;对城市周边外现有质量高、地力条件好、集中连片耕地补划基本农田592.17公顷。严格按照指标控制、科学安排建设用地,统筹开展规划调整完善工作。调整后全县落实耕地保有量6.138万公顷;落实基本农田保护面积4.79万公顷;建设用地总规模控制在2万公顷;新增建设用地规模4946.67公顷;占用耕地规模1493.33公顷。

环境保护

【概况】

2016年,树立创新、协调、绿色、开放、共享五大发展理念,坚持以改善环境质量为核心,奋力攻坚前行,各项工作取得积极进展,实现"十三五"良好开局。

【大气污染防治】

贯彻落实《平罗县2016年度大气污染防治工作方案》,全面实施行业污染治理。天瑞电厂脱硫脱硝设施建成运行,治理阳光焦化烟气二氧化硫,治理19家28台矿热炉粉尘,治理17家25台工业锅(窑)炉二氧化硫。加大燃煤锅炉治理和淘汰取缔。提标改造丽珠制药、陶乐供热公司等4台20蒸吨以上燃煤锅炉实施烟气脱硫,新能源替代吉青矸石电厂5台75吨燃煤发电锅炉;取缔燃煤锅(茶)炉52台114.8蒸吨。加快实施热电联产项目,利用大地公司余热余气为县城居民提供供热服务,全部停运为县城供热9台425蒸吨燃煤锅炉,每年可减少燃煤15万吨,减轻燃煤污染。推进挥发性有机物综合治理,治理28家加油站和3家危货运输企业油罐车油气回收。加强物料堆场、渣场和建筑工地等重点区域扬尘污染防治。

【水污染治理】

落实《平罗县2016—2020年度水污染防治工作方案》《平罗县2016年度水污染防治工作方案》,从源头、过程和末端推进水污染防治。在源头上,督促新安公司、格瑞化工、丽珠制药等重点企业改进工艺,减少废水产生,对废水深度处理达标排放。实施轻工业园区污水管网项目,将轻工业产业园区废水接入县城区生活污水厂处理;推进绿源污水处理厂第二污水处理厂建设运行,第一污水处理厂提标改造;推进工业园区污水处理厂和集污管网建设,石嘴山经济技术开发区、宁夏精细化工基地与中国通用集团签订PPP合作协议,实施精细化工基地工业污水厂建设，石嘴山生态经济开发区污水处理厂前期手续办理。争取中央水污染专项和农发专项基金5620万元，实施第三排水沟（平罗段）水污染防治——威镇湖截流净化工程项目，将三排水引入威镇湖进行净化处理，开工建设改善三排水质项目。

【农村环保】

争取项目资金，实施宝丰镇、陶乐镇、崇岗镇农村生活污水处理项目；实施全县3个乡镇污水处理设施和15个村垃圾收转运系统维修完善和改造提升项目，实施畜禽养殖污染治理项目。实施城关镇创建国家级生态乡镇、黄渠桥镇创建自治区级生态乡镇、庙庙湖村创建自治区级生态村。制定《平罗县农村环境基础设施运行管理办法》，对乡镇生活垃圾和污水处理设备设施运行使用监督检查，确保污水垃圾处置项目正常运行发挥作用。开展全县农村环境保护专项检查，全面排查规模化养殖场排污口、农村地区"九小"企业，确保农村地区环境安全。

【落实中央环境督察问题】

做好中央环保督查各项工作。自查整改工业园区、县城存在的环境问题，归类整理上报工作资料，安排专人24小时值守，及时接收、转办、查处转办环境问题。对中央环保督察组转办25件35个问题立接立查立改，严格执行责令立即整改、限期整改、停产整改、立案处罚、关停取缔等处罚措施，落实督办事项，对企业责令立即整改12家，限期整改企业15家，停产整改4家，立案处罚11家，关停取缔5家，约谈企业人员12人，及时解决涉及大气污染、水污染、县城噪声油烟污染等群众关心关注的环境问题。

【水源地保护】

踏勘测绘全县农村乡镇集中式18处饮用水源地水源井31眼，重新划定保护范围；实施保护宝丰镇、头闸镇5眼水源井，维修9个乡镇水源地保护设施16处，安装警示牌和标示牌，设置界桩。拆除大水沟水源地工矿废弃地区域内旧建筑及残垣断壁，清理保护区废渣和煤矸石18处4.3万吨，实施生态恢复覆土治理；维修更换大水沟水源地保护区宣传警示标示牌49块，新建警示标示牌41块，筑坝维修铁丝网40米。调查评估大水沟水源地、头闸镇头闸村、姚伏镇高路村、陶乐镇东园村水源地环境。

【环保执法监管】

建立网格化监管体系，开展重点行业环境保护等专项行动，采取专项检查、日常监察、夜间巡查和随机抽查等方式，延伸执法触角，拓展执法深度，加大执法力度。下达限期整改决定书140份，停产整治19家，立案查处违法行为28起，收缴罚款101万元，行政执法约谈25家，查封扣押3家，关停取缔5家。收缴排污费1164.62万元，受理环境信访投诉204件，及时调查处理并答复。加强23家医疗单位、16家产生危险废物企业、23家危险化学品企业、2家涉重金属企业管理，危险废物实行"五联单"转移审批和转移报批及台账管理制度，规范危险废物和危险化学品的存储、使用、处置、转移。开展监督性监测、质量监测，取得监测数据2000多个，升级改造县城区空气自动监测站，为环境管理提供依据。

【环评审批】

以全县重点项目帮办服务为重点，安排专人主动介入，跟踪服务，加强与区市环保部门衔接，协助大唐国际、格瑞化工、贝利特化工等企业通过区环保厅环评和"三同时"验收；简化项目环保审批程序，突出办理效率和质量，全年受理各类新、改、扩建项目117家，审批105家，"三同时"验收49家。梳理各园区企业环评和"三同时"验收情况，现场核查2008年以来审批项目，协助企业完善环保设施，补办环评和验收手续。

【招商引资】

捕捉信息，对接合作项目，上报招商线索12条。谋划申报项目，建立平罗县"十三五"环境污染治理项目储备库，经过筛选比较，储备各类污染治理项目40多个；组织申报三排和三二支沟水污染综合治理项目、大水沟水源地保护、空气自动监测站升级改造项目、热电联产集中项目、工业二氧化硫治理项目等，加大环保专项资金项目争取力度，争取资金7154万元。

气象服务

【概况】

2016年，落实"十三五"气象发展规划，气象助力精准脱贫从气象服务供给侧发力，对接四个痛点，确定四项任务，强化六大支撑，实现五个精准，建立"八有"工作格局，推动宁夏特色气象现代化。

【气象观测】

平罗、陶乐地面观测时数8784小时，农气测报1616.0个基数，生态监测844.1个基数，酸雨观测2531.5个基数，质量均0.0‰。气象台编发《天气预警》136期、《地质灾害预警》3期、《临近天气预报》6期，启动应急响应7次36天。向全县手机用户发送短信528条9.03万人次，通过乡村大喇叭、电子显示屏发送预报预警信息1.56万次。

【气象服务】

全年农业气象观测基数9463个；生态观测工作基数463.2个，质量0.0‰，无错情，编发决策服务材料和为农服务材料313期；接受电视台采访5次；气象灾情调查14次；编写灾情调查报告1篇、重大突发事件报告2篇；农情调查报告2篇；效益评估报告5篇；落实三种作物生育期观测、记录、数据处理等工作；对2015年7月报表查询反馈，均无错情发生；制作、上传三种观测作物生育期、土壤水分报表6份。

【涉农服务】

加强与涉农部门沟通，为县农技中心、植保站提供春潮期分析、适宜播种期气象资料及三大作物生育期旬月气象要素资料；为县农调队提供夏粮、秋粮生育期气象条件分析材料；为科研所提供水稻生长期调查资料。制定业务流程和岗位职责，完善2016年决策气象周年服务方案、农业气象周年服务方案；为头闸镇开具气象证明1次，落实春耕春播服务服务方案、总结。培训气象信息员，中心成员为气象信息员授课，对三农平台2012年、2014—2015年数据录入；开展农业气象服务需求调查，对涉农管理部门、种植大户与生产企业服务需求调查问卷140份，撰写调查报告1篇。

【制度修改】

对《平罗县气象台业务值班及工作流程》《陶乐气象站地面测报应急预案》《平罗气象局地面测报应急预案》等制度修改完善；制定《平罗县气象局气象台2016年学习计划和工作安排》。落实《平罗县气象局开展气象行业标准》及

《平罗县气象局开展气象行业标准实施情况自查报告》。撰写县级综合气象服务系统运行情况报告。

【业务培训】

对地面观测和农气生态监测、气象预警服务等系统性培训。5月16日,开展局部强对流天气应急演练。5月27日,平罗县气象信息员培训会召开,培训气象信息员;针对气象预警服务规定改动比较多的现状,按照年初气象台业务学习计划,坚持每月固定学习时间不少于4次,上级业务部门有新规定,随时组织业务人员学习新规定、新办法,加强基础知识学习。

教育·体育·卫生

教 育

【概况】

2016年,全县有各级各类学校69所,在校学生(包括幼儿)48126人,其中:普通高中1所(平罗中学),在校学生3833名;职业教育中心1所,在校学生3562人;完全中学1所(平罗回民高级中学),高中部学生1805人,初中在校学生348人;义务教育中小学校37所,其中完全中学1所、初级中学6所、九年一贯制学校6所、小学24所,中小学在校生31489人,其中小学生21021人,初中生10468人;公民办幼儿园33所,其中公办园7所、民办园26所,在园幼儿6836人,学前三年毛入园率84%。外来务工人员子女4004名,留守儿童682名,全部就近入学。三类残疾儿童106名,在校就读96名。全县有教职工2738人,专任教师2671人;县级及以上骨干教师909人。

【教育教学质量】

石嘴山市中考600分以上考生较去年减少400人。大武口区600分以上698人,较上年减少179人,平罗县600分以上285人,较上年减少133人,600分以上减少人数少于大武口区。缩小与大武口区差距。全县高考二本以上上线人数744人,比上年增加129人,提高4.43个百分点。

【项目建设】

新建项目单体11个,投资2550万元(包括农村学校体育场地3个、幼儿园2所,崇岗九年制学校迁建项目单体6个);维修改造全县21所中小学幼儿园厕所、围墙、供暖等基础设施,改造3个社区多功能运动场,投入资金1360万元;教学设备投资731万元,学校信息化建设投入经费1624.3万元,光纤网络校校通100%,多媒体班班通90%。实施沙湖小学、宝丰小学、红崖子小学环形运动场工程建设;改造沙湖小学等4所学校厕所;改造陶乐二小、崇岗寄宿制小学浴室。

4月13日,国家督查组到平罗县城关一小检查"两纲"落实情况

【教育公众形象】

行风测评满意度大幅提升。通过印发"为了孩子,让我们携手共进"宣传材料、全面推进"义务教育均衡发展、师德师风建设、课堂教学改革、信息化建设、校园文化建设、家校共育、心理健康调适"等12项工作、县人大代表政协委员调研观摩教育发展现状,提升群众对教育满意度。2016年行风测评在平罗县政府社会管理部

门中名列第五。议政网帖数量大幅下降。2014年5月石嘴山议政网开通后,仅2014年下半年反映教育网帖数量386条,给教育形象带来极恶劣影响。加大教育宣传力度,创办平罗教育公共服务平台、平罗教育微博、平罗教育微信三大网络宣传平台,宣传教育体育工作成绩,传播教育正能量,正确教育,疏通,引导教师、家长,2016年议政网帖下降到180条,内容逐步理性化。

【农村教师队伍】

落实乡村教师支持计划和中高级职称"地方粮票"政策,解决农村教师职称问题,提升农村教师待遇,稳定农村教师队伍,农村教师优惠政策正面效应得到体现。

【教育投资】

投入培训经费500万元(县政府核拨200万元,各学校投入300万元),组织县级及以上各类培训34批3829人次,比上年增加1000多人次,培训实现全系统、全覆盖,提升校园长、教师队伍素质。在参加各级各类技能竞赛中,获部级奖56人次,区级奖励95人次,市级奖励167人次,县级286人次。教师论文获得区级奖励82人次,获得县级奖励260人次。申报课题,国家级立项课题1项,区级立项课题34项,市级立项课题40项。

【教育协调发展】

实施《平罗县二期学前教育行动计划(2014—2016)》,落实幼儿园年鉴工作,强化过程管理,规范幼儿园办园行为。引导扶持民办园办学,对民办园实行分类定级管理,采取奖励措施,激励创建示范园,优化学前教育格局。全县公民办幼儿园33所,其中,公办园7所、民办园26所,在园幼儿6836人,学前三年毛入园率84%。抓好"两基"巩固提高工作,签订《控辍保学目标责任书》,加大控辍保学工作监督检查力度,掌握流失学生情况,劝返流失生返校就读,全县小学辍学率为0,中学辍学率为1.1%。初中毕业生升学率97.27%。实施基础教育质量提升计划,形成"管理互动、教学一体、师资共建、学生互动"教学发展机制。县域内不存在重点校、重点班,通过划片招生、平罗中学招生指标到校等措施缓解择校问题。通过四校联合办学,解决义务教育阶段学校大班额问题。跨区域招生小学4.98%、初中4.12%。完善残疾学生入学保障机制。落实《特殊教育提升计划(2014—2016年)》,将随班就读和送教上门学生生均公用经费纳入县级财政预算,按时足额划拨到各学校。开展残疾儿童少年摸底调查和送教上门工作,建立完善残疾儿童信息登记和跟踪服务制度,保障残疾儿童受教育权利。全县8~14周岁三类残疾儿童106人,在各类学校就读96人,入学率90.6%。加大职业教育宣传力度,将中职招生任务分解到各中学。2016年,自治区教育厅下达平罗县职业教育招生任务1000人,职业教育中心护理、药剂、学前教育、平面设计、汽修、机电、葡萄酒酿造专业招生1051人。区内外其他职业技术学校在平罗县招生421人。高中阶段招生报名3338名,升入高中1820,初中未升入高中接受职业教育、职业培训1472人,达到97.97%。普职比5.5:4.5,达到自治区规定标准。平罗县2016年参加普通高考考生1997人,三本以上录取1139人,高职录取682人。未升入大学176人,其中接受职业培训168人,达到95.45%。

【教育扶贫】

落实国家助学金政策。上半年发放学前两年政府助学金62.25万元,受益幼儿1305名;发放寄宿生生活补助394.66万元,受益学生7462名;发放上半年普通高中国家助学金92.5万元,受益学生925人;发放上半年中职国家助学金84.1万元,受益学生841人;争取大学生资助金115.6万元,资助贫困大学生307人。秋季开始对全县移民学生实施营养餐。

【规范办学行为】

执行自治区《关于进一步加强中小学管理规范办学行为的指导意见》,全面深化教育领域综合改革,落实依法治教、依法治校总体要求,对乱收费、乱补课、乱办班、乱订复习资料、有偿家教、无序择校等违反规范办学行为监督检查和处罚。加强师德师风建设,强化师德教育,规范学校办学行为和教师从教行为。制订《平罗县民办非学历培训机构专项整治工作方案》,对民办非学历培训机构专项检查,规范民办非学历培训机构办学行为。全县各级各类学校办学行为规范,教育教学秩序井然有序,无重大违规违纪事件发生。

【教师队伍】

制定《平罗县城乡交流教师管理办法》,对教师实行动态管理,对城乡名优、骨干教师交流轮岗,均衡城乡教师资源,全县城乡交流校级领导14人,交流教师200人,交流比例分别为21%、11%。按照国家、自治区、市、县级骨干教师每人每月500元、300元、200元、100元标准发放骨干教师津贴;每年安排200万元教师专项培训经费,对全县教师全员培训,加大骨干教师、学科带头人系统培养、培训;农村教师交通补贴根据路程远近按照每月110元和154元两个标准及时核拨发放,生活补贴每人每月发放300元。落实"地方粮票"教师高中级职称待遇,出台《平罗县乡村教师支持计划》。各学校实施"青蓝结对"工程,建立新老教师之间、骨干教师和普通教师之间稳定帮扶机制。

【教育投入】

全县义务教育投入35 209万元,增长比例19.83%。生均预算内教育事业费小学为7035.7元,初中为7927.8元;生均预算内公用经费小学为2895.2元,初中为4251元。教职工工资和学生人均公用经费逐年增长。全县征收的教育费附加全部用于教育,农村税费改革固定性转移支付资金用于教育超过65%。

【安全管理】

建立健全各类学校突发公共事件应急预案13个,落实安全目标责任制,与各校(园)签订《安全管理目标责任书》。各学校按照标准配齐保安人员及安保器材(配保安190名,学生与保安比例300:1,每校配安保器材9种18件)。校校安装电子监控设备与公安部门一键报警联网。校园安全纳入"三级"联防覆盖范围。不定期会同工商、卫生、公安、城管联合执法,及时清理校园周边小食品、小摊点,打击危害学生人身安全行为,杜绝隐患,净化校园周边环境。年内未有发生校园安全责任事故和学生违法犯罪行为。

体 育

【概况】

2016年,围绕推动全民健身活动,加强人才培养和输送,提高体育综合实力为主要任务,创新工作思路,开展各项赛事活动,发展体育产业。获得国家一级运动员称号运动员2名,获得国家二级运动员称号运动员23名;平罗县再次获得自治区高水平后备人才基地荣誉称号。

【全民健身】

采取"与社区体育相结合、与校园体育相结合、与机关体育相结合、与协会体育相结合"方式,利用全民健身活动场地、体育场馆、街道社区体育设施场地,举办平罗县"百乡千村"农民体育活动、教体系统教职工趣味运动会、庆"三八"女职工环城越野赛、庆五一全县职工环翰泉海越野赛、"汇融"新天地杯"舞动平罗"广场舞大赛、校园阳光体育足球联赛、"体彩杯"中小学生田径运动会、个体私营协会第五届运动会、第六届职工联谊运动会、中小学生校园足球联赛、中小学生冬季越野赛等系列活动。组队参加石嘴山市职工环星海湖越野赛、青少年锦标赛、教职工体育联谊赛、社会体育指导员技能大赛、宁夏回族自治区首届学生运动会等活动。与沙湖旅游公司联谊在宁夏沙湖沙滩排球场共同举办《2016年中国体育彩票沙滩排球全民健身中国行(宁夏沙湖站)全国大学生沙滩排球精英赛》,参与人数再创新高。

【基础建设】

投资9877.27万元在县城新区32#与31#地内建设惠民休闲广场,占地面积27.67万平方米(27.67公顷),漫步绿廊长2.1千米,漫步环道长1.2千米,其中球类运动场占地面积10 322平方米,规划标准篮球场4个,网球场6个,羽毛球场11个和一块可容纳乒乓球台8个乒乓球场地。加快唐徕渠两侧"带状公园"拓展项目建设,投资1100万元,规划建设体育运动休闲广场,将唐徕渠两侧全部建成健身步道,唐徕渠两侧"带状公园"建设延伸2千米。与自治区体育局对接,争取社区多功能运动场4个。其中,惠民体育休闲广场和金顺社区多功能运动场分别投资50万元,黄渠桥镇和头闸镇社区多功能运动场各投资30万元。摸排全县13个乡镇、18个社区、126个行政村健身路径1970件。拆除和维修存在安全隐患健身器材。发挥部门、社区、街道监管服务作用,将体育健身器材移交乡镇社区管理,建立健全基础设施档案台账,杜绝重建设轻管理现象。完善场馆设施,提高服务质量。投入经费改造体育场馆内安全设备,对馆内照明、器材、场地、饮水设备及室外篮球场、网球场地面、周边围栏等设施设备维护和维修。绿化周边环境,分时段免费向群众开放,馆内接待各种各项比赛10余次,年营业额10.25万元。

【特色体育产业】

依托沙湖、陶乐镇拉巴湖、瀚泉海丰富的资源和沙漠优势,做好3个项目基地(拉巴湖越野车赛、瀚泉海休闲垂钓度假村和沙湖冰雪项目)建设。拉巴湖越野车赛基地投资3000万元。

10月17日—11月2日,平罗县成功举办首届中小学生足球联赛

5月1日举办全区"会员杯"500千米沙漠越野车大赛,有100多辆越野车参赛,1500余人参与。9月24—26日举办中国·宁夏·平罗拉巴湖天泰万欣杯第三届全国越野车大赛。建成瀚泉湖休闲垂钓度假村垂钓基地,与企业联手开展第三十届全国性垂钓比

赛。沙湖冰雪项目基地规划设计，上报国家体育总局审批，举办"沙湖杯"全县职工冰雪节活动。为鼓励民间体育活动开展，新成立捷安特骑行俱乐部。3月21日，在平罗县城组织100余人参与骑行活动。4月24日，在翰泉海举行骑行比赛平罗县参加200余人。5月28日参加银川市环贺兰山宁夏自行车联谊赛，平罗县组织60余人参加。7月16日，斯柯达杯禧玛诺自行车联赛平罗县组织60人参加。7月28日，第十五届环星海湖国际自行车赛平罗县20人参加。8月18日，参加"沙湖杯"石嘴山市自行车公路赛平罗县组织30人参加。通过开展自行车骑行和极限等活动，促进自行车文化发展，带动平罗县体育产业经济发展。

【全国体育产业普查】

制订《平罗县体育产业专项调查工作方案》，成立专项调查工作小组，明确责任分工。6—9月，深入基层，对平罗县行业规定范围内142个法人单位和50个个体工商户实地调查。核实名录库，入户上门，摸清调查对象基本属性、从业人员、财务状况、生产经营情况等，按要求落实相关数据表册，分级审核、汇总、上报。受到上级主管部门好评，为平罗县体育产业发展奠定良好基础。

【社会体育指导员】

为适应群众体育活动人数增加，特别是农村体育人口快速增长，培育群众健身活动带头人，壮大社会体育指导员队伍建设，引领广大群众科学健身，10月18—21日，举办二、三级社会体育指导员培训班。授予二级社会体育指导员称号72人，授予三级社会体育指导员称号328人。

【社区及健身站点】

体育专职指导员深入基层，与全县健身站点负责人30名沟通，了解各乡镇及健身站点开展群众健身活动情况，建立健全乡镇、健身站点负责人联系花名册，定期做好宣传工作和沟通交流。解决健身活动中存在困难，组织部分负责人参加市、区组织的各项健身活动技能培训，从而拓展健身站点负责人视野，丰富活动内容，发挥骨干组织、引领、示范作用。

【教练员队伍】

针对专职教练员偏少，队伍缺乏年轻新鲜血液，基本上只有1名教练员在单独带队，教练员队伍力量薄弱制约竞技体育发展问题，调整训练项目，打破以往训练模式，走"体教结合"之路。把业余训练与优质资源学校密切结合，发挥学校体育优势特色，把田径、篮球、羽毛球、足球等项目放到学校训练。保证训练时间，增强队员参与训练积极性。使专职教练员与学校体育教师拉手结对，共同制订训练计划、训练目标、训练方式方法，形成教练员和体育教师共同选苗、育苗局面。在工作机制上，通过"选材一体化、育材一条龙"，形成以教育部门为依托，体育和教育部门齐抓共管新局面。重视教练员自身综合素质提升和发展，协调教练员参加各种培训。参加国家级培训18人次，参加区级培训5人次，争取体育教师外出参加培训100名，提升教练员队伍整体素质。

【后备人才培养】

抓好"两集中"和寒暑假集训工作，做好体育后备人才培养储备工作。在年度比赛中对运动员选材、注册、输送和参赛工作，做周密详细安排，参加2016年自治区首届学生运动会比赛

8个项目。以4枚金牌、2枚银牌、5枚铜牌的成绩获得团体第六名,足球U12组获得道德风尚奖。以优异成绩获得国家二级运动员称号23名,获得国家一级运动员称号2名,向自治区体校输送优秀运动员10名,平罗县再次获得自治区高水平后备人才基地荣誉称号。

【学校体育】

开展学校体育达标测试工作,以更高的要求、严谨的测试、真实的成绩实施测试工作。对所有数据上报,做好评估、统计,上传至国家数据库,为体育工作年报做好准备。10月17日—11月1日,举办全县中小学生校园足球联赛,比赛设小学、初中、高中3个组。进行80场比赛,参加人数为420人,参与学校29所,参与率83%。全区首届学生运动会上,平罗县摔跤代表队获得1枚金牌、2枚铜牌、5个第五名;跆拳道获得金、银、铜牌各1枚;武术代表队获得金牌1枚、银牌3枚、铜牌4枚;田径队获得团体总分第六。在石嘴山市第三十九届中小学生运动会上,高中组获得团体第二名,初中组获得团体第一名和第三名,小学组蝉联前三名。

平罗中学

【概况】

2016年,加强教师队伍建设,做好后勤保障,重视饮食卫生安全,搞好校园绿化,被全国绿化委员会授予"全国绿化模范单位"称号;被石嘴山市公安消防支队、石嘴山市教育体育局授予"消防安全示范学校"称号。

【教师队伍】

制订教师培训计划,开展多种形式的校本培训活动,利用本校名师资源和外请专家在校举办讲座方式进行培训。分层次开展教师培训活动。对新教师重点教学常规和教学流程培训。对新任教研组长教研组活动管理专题培训。邀请专家学者来学校讲学,帮助教师转变教学观念,增强教学改革积极性。围绕新课程理念、教学改革等问题展开讨论,在课堂教学中贯彻新课程理念。通过教研组集体备课、听课、评课活动相互学习。选派教研组长和骨干教师到发达地区参加高层次培训。实施"青蓝工程",加强检查考核,强化导师职责,明确培养目标和具体任务。向新教师提出"一年胜任,三年合格,五年成为教坛新秀,八年成为校级骨干教师"目标,举行拜师仪式,落实师徒结对关系。对第一届青蓝工程青年教师考核,对其中胜任高中教学成绩突出教师,终止师徒结对关系。对不达标教师继续培养。开展第21届青年教师优质课比赛活动,掀起研究教学热潮,促进青年教师提高业务水平。成立青年教师培训班,开设"高中课堂教学基本流程""教学艺术"等讲座6次,要求撰写心得体会和教学反思,参加培训的教师积极性高、收获大。分别组织数学、外语、历史、地理、化学教师到市三中观摩学习。委派30名教师到外地学习,回来后向全体教师介绍观后感。发挥骨干教师示范作用,安排名师、骨干教师上观摩示范课,安排青年教师上汇报课。

【后勤队伍】

重新定岗定员定责,核减总务后勤人员。做到分工明确,人尽其才,人尽其责。制定晨巡园、日巡园、供暖期间晚值班制度,制定、细化工作流程,严格劳动纪律,严格按工作流程办事,树立为教育教学服务意识。发扬"积极、主动、热情、周到"总务精神,转变工作态度和工作作风,变等候服务为上门服务,变被动服务为主动服务。提高劳动效率,提升服务水平,增强后勤人员思想素质和业务素质。

【后勤保障】

围绕教育教学中心,做好服务保障工作。加强校产管理,提高使用效率,保证教育教学物资供应。按照一岗双责要求,对安全工作落实到实处。建立月检查、旬检查和日巡查制度,结合每月一次全校安全大检查,对校园内建筑、场馆设施、施工、食品安全及水、电、气、暖线路定期不定期检查,及时、细致填写检查记录,发现问题及时上报,及时整改、维修。维修教师工位、餐厅地面塌陷,报告厅、餐厅、门房屋顶漏雨,道路路面砖、运动场足球门、栏板等,抢修出现故障地下给排水管网、暖网;对宿舍楼各窗户均安装限开器;配置通用技术教室、宿舍楼、自习室及新调入教师住宿、设施设备。与入驻校内施工外来人员签订安全责任书,杜绝一切安全隐患。确保高考、中考、会考及人才招考工作和江苏省教育专家、北京大学学生到校交流及各类在学校开展的校际间教育教学交流后勤保障工作及学校大型会议、文艺演出等会场布置、舞台搭建工作。

【财务管理】

严格执行财务制度和纪律,规范管理,控制支出。按程序采购,按规矩办事,按制度报销,按月审核,及时发放,做到日清月结。落实收费检查工作。所有采购、支出做到先申报再购买,压缩开支,精打细算,厉行节约,尽可能地减少加班,可支可不支的坚决不支。把有限资金向教学一线倾斜,向高三倾斜。对学校财产,发放有依据,领取按规定,报损有批准,建好校产档案,使之正常运转。加强对水、电及相关设施管理,控制水、电及各种低值易耗品消耗,节约资金开支。加大公物管理力度,定期不定期检查,发现问题及时处理,强化责任追究制度。

【饮食卫生安全】

加强餐饮管理,保障食品安全,实施饮食卫生安全工程。加强对超市监督、管理,杜绝三无产品进校。加强对学校食堂管理,不定期组织人员了解市场,掌握食材价格,保安全、降成本。提高餐饮质量,创新菜品花色品种,挖掘潜力,提高服务质量。实施明厨亮灶工程,多次迎接自治区卫生厅、市场监督管理局、市领导、县领导及相关部门对餐饮安全工作大检查及明厨亮灶检查验收,承办全区"明厨亮灶"现场观摩会。

【工程项目建设】

做好工程招标、施工、验收工作。建设高考巡考系统工程;建设宿舍楼、教研楼安防系统;建设校园周防系统;建设录播教室工程;制作安装大门口双面电子屏和3幢教学楼3个小电子屏;改造教研楼供电线路,确保安全用电安全,安装37台热水器;安装充值机,解决学生排队充饭卡拥挤问题;安装教学楼卫生间排风设施,解决通风不利现象;制作安装高一、高二教学楼宣传栏;在西花园池塘周围、3号教学楼至超市间,3幢宿舍楼间投资建设照明系统,解决夜间行路难问题;对实验楼老化线管及排风筒维修、更换;对道路灯、庭院灯更换维修,更换LED灯管、灯柱,节约电力资源,杜绝安全事故。

【校园绿化】

按时节对校园苗木移栽、灌溉、追肥、修剪、整枝及越冬管护等。请绿化专家到校指导,做好绿地植物管理养护和绿化维护工作。在"十三大园"基础上，重点打造核桃园、杏园、枣园三大园。2016年，被全国绿化委员会授予"全国绿化模范单位"称号。

平罗职业教育中心

【概况】

2016年，开展"两学一做"学习教育，做好招生就业及贫困生资助工作，抓好教师培训，提高教师素质，教学秩序井然有序，教学质量稳中有升。校党总支被评为2016年度石嘴山市教体系统先进基层党组织，获得2016年区电大招生先进集体荣誉称号。

【招生】

中职招生：2016年秋季招生1037人，其中，护理和药剂专业招生控制线在419分以上，招生722人。成人春季招生：2016年春开放教育招收481人，其中，本科招收171人，专科招收294人，"一村一名大学生计划"（"一村一名大学生计划"的目的是通过现代远程开放教育方式，将高等教育延伸到农村，尽快为农村第一线培养一批"留得住、用得上"的技术和管理人才）专科招收16人。2016年秋开放教育招生446人，其中，本科招收149人，专科招收281人，"一村一名大学生计划"专科招生16人。在全区电大系统中属于招生数最多的站点之一，获得2016年区电大招生先进集体荣誉称号。2016年医科大成人招生1005人。

【学生实习】

学校和宁夏医科大学附属医院、宁夏回族自治区人民医院、银川市第一人民医院、银川市第二人民医院、银川市第三人民医院、银川市中医院、银川市妇幼保健医院、吴忠市医院、宁夏第五人民医院、青铜峡市医院、平罗县各幼儿园及区内外相关企业洽谈，签订实训基地协议，安排2014级护理专业学生920名、药剂专业学生150名、幼教学生实习96名、汽修专业学生96名、平面设计专业学生23名、机械加工专业学生33名到实训基地实习。

【学生毕业、就业】

4月，由宁夏医科大学组织招聘会，2013级学生与二甲以上医院签订就业合同52份。5月，学校举办校园护理专业毕业生招聘会，邀请北京空军466医院、北京佳美口腔医院、欣天丽美容公司、伊美尔美容院、上海知爱育婴会所、苏州幸福护理院、沙湖卫生院、宁夏国大药房有限公司、宁夏慈济药店等32家医疗机构参加，毕业生参加招聘会900余名，有毕业生签订就业合同359名。6月，举办幼教专业校园招聘会，幼教毕业生78名全部签订就业合同。就业人数489人。

【学生资助】

为贫困学生841名发放国家助学金92.51万元（每人标准为1100元）。其中2014级507人，发放助学金55.77万元；2015级334人，发放36.74万元。为2015级孤残贫困学生30名发放助学金1.5万元（每人标准500元）。对享受"大地助学"资助活动62名评选、公示及建档。

【教学秩序】

完善、修订平罗县职教中心全日制教师岗位责任制考核细则、教学常规管理细则、考试工作规程、实训实验管理细则等教学管理制度，编制《平罗县职教中心教学管理制度汇编》，规范教学纪律、课堂纪律、考风考纪，加强校风、教风和学风建设。制订《平罗县职业教育中心教研组活动方案》。严格落实教学常规管理制度，每月对教师教学常规履行情况检查，期中和期末对全体教师"三本"（教案本、听课记录本、作业本）全面检查。

【教学质量】

在专业教师紧缺的情况下，利用现有专业教师和外聘教师专业结构，科学合理安排各专业任课教师，确保全校各专业开齐课程，开足课时，确保教学畅通。参加全区2016职业院校普通话演讲、硬笔书法、动画片设计与制作、数字影视后期制作、维修电工、汽车维修、护理、幼教技能、舞蹈、钢琴演奏10个大项技能比赛，并取得优异成绩。获奖学生16人，其中二等奖5人，三等奖11人。获最佳指导教师奖和优秀指导教师5人。举办第三届学生校园技能大赛，大赛内容涵盖所有专业，设置竞赛项目12个，参加学生860人，展示各专业学生学习成果，为调控教学计划提供依据。

【教师培训】

选派部分骨干教师参加培训活动，选派护理专业教师4名到自治区重点医院临床实践培训，暑期安排12名教师参加国家级培训。派到外地参加微课、翻转课堂、教材教法、教学设计、说课、现代学徒制试点项目、信息化实践教学能力提升等方面培训50多人次。改善教师知识结构和对专业理论知识拓宽、更新，提高教学能力。开展教师说课和讲课比赛活动，教师代表15名各教研组参加大赛，展现教师教学技能和教师风采。实施"青蓝结对"培训策略，教研组6个结对23对，以老带新，提升青年教师教学水平。

【示范校建设】

推进教育教学模式改革，撰写专业课课程标准40门，编写符合学生理论学习及实践特点校本教材15门，落实自治区级、市级规划课题12项，教师获奖或发表论文60余篇。编辑《平罗县职业教育中心教学管理手册》。实施示范校监控数据中的兼职教师统计表、兼职教师相关证书、兼职教师聘书、工作记录、行业企业引进的兼职教师名单、兼职教师教学任务安排表等。

【技能培训】

对新型（职业）农民培训621人，其中国家级新型农业经营主体带头人241人（培训粮食作物生产141人，畜牧养殖100人），自治区级新型农民380人，开设专业有：设施蔬菜、水稻种植、农作物种植栽培等，举办培训班8期。落实区农业广播电视学校分配《农民手机应用技能》培训任务200人。开展新型职业农民培育实操观摩学习活动。3月10—11日，组织农民30余人到贺兰县、永宁县、银川市、吴忠市等农业、畜牧园区观摩学习，赢得农民好评。完善一班一案资料装订、归档工作。对2014—2015年新型农民培训资料装订、核查、归档1880份。到各乡镇核实签发新型职业农民培训合格证书1330本。做好自治区农牧厅复查验收准备。对农业专业281人，畜牧100人继续教育，签发全县教师继续教育证书2600本。

【财务管理】

依法管理，确保各项资金及时足额上缴财政国库。收取并上缴财政专户626.98万元，其中，中职住宿费0.04万元，电大学费611.53万元，继续教育费1.47万元，其他收入13.93万元。严格执行专项资金管理各项规章制度，及时办理专项资金支付，对工程款按工程进度支付资金，做到资金拨付不耽误工期，不违反规定。遵守财务会计制度，按时对年度财政部门决算及季度财务报表分析，发票专人管理，及时核对、核销；严格执行财政部门预算、国库集中支付和"收支两条线"要求。

【财产管理】

财产管理日趋规范，对新采购设备及时登记建账并形成长效机制。对各班级财产进行全面登记，财产管理逐步走上规范化、明细化，严格班级财产考核制度，奖优罚劣。对各功能室固定资产增减状况逐一登记，做到账、物相符，严防学校财产流失。

【后勤服务】

制定完善各类人员岗位责任制、服务人员行为规范、奖惩制度等管理制度，对餐厅食品卫生、环境卫生、炊事员个人卫生、原材料采购、验收、保管、加工、出售、餐具消毒等各个环节提出明确要求，做到职责明确、管理制度齐全、环环相扣、层层把关、流程合理、操作规范。改造、改建餐厅，添置部分硬件设备和用具，达到布局合理，通风采光，蒸汽及油烟排放良好。成立食品安全领导小组，制订《食物中毒应急预案》和《食物中毒演练方案》，安全通道安装应急灯，门口安装灭蝇灯，各操作间增加紫外线消毒灯，保证每天消毒时间不少于2小时，将原来冰箱、冰柜全部维修利用，做到食材分类存放。

【学校安全】

建立健全隐患整改、保卫值日、防火防盗、器材检查、健康体检等规章制度。签订安全目标责任书，落实责任到人。实行安全责任追究制。普法教育，探索心理、健康教育方法。家庭安全教育、交通安全教育、防火安全教育、防溺水事故教育、防传染病教育以及督导教育等举办安全教育专题活动。加强学生了解安全知识和预防常识，增强学生安全意识，提高防范自护自救能力。加强卫生与饮食安全管理，制定突发事件应急预案，实行疫情报告、疫情分析等特殊制度，对学生卫生与饮食教育，通过举办图片展、演讲赛、观看光盘、写卫生与保健作文等活动，加强体育锻炼，增强学生体质。定时开展安全自救演练，开展防火应急疏散演练活动，邀请县消防队官兵现场讲解防火常识、消防工具操作并做演示，指导学生正确运用消防工具；利用5·12汶川地震纪念日，对全体学生进行地震疏散演练，提高学生自救能力。严格安全检查，每月定期召开一次安全工作会议，布置安全工作重点任务，成立"安全检查"领导小组，专人检查落实安全工作。采用"常查、自查、专项检查、全面排查"方式，开展全方位、多层次"拉网式"检查，对存在问题及时整治，每月一总结，月底进行总评，学期末在学校综合评估工作中进行奖惩。

【硬件设施】

投入资金894万元，对计算机教室更新换代4个和录播室安装项目4个；实施660平方米汽修实训中心改造项目；实施心理咨询室建设项目；实施图书电子管理系统项目建设和餐厅维修改造项目。争取示范校建设发展经费210万元，添置护理、药剂专业教学设备；争取职教中心内涵式发展建设资金872万元，落实教师培训、宿舍水电管网改造、校园文化建设、专业建设、操场改造等项目资金。

卫生计生

【概况】

2016年,以推进县级公立医院改革、依法稳妥实施全面两孩政策、提升基本公共服务能力,创新工作思路,完善工作机制,强化管理服务,统筹推进卫生计生工作健康发展,顺利通过自治区、市政府党政线,部门线和卫生计生线年度综合目标考核。平罗县被评为"全国计划生育药具不良反应监测试点县""全国妇幼健康优质服务示范县";县计划生育协会获"全国计划生育协会工作先进单位"殊荣;平罗县被自治区卫计委授予"自治区卫生应急综合示范县",县疾控中心被自治区文明委授予"自治区文明单位"称号。

【计划生育】

坚持基本国策不动摇,全面落实二孩政策,完善"三项制度",建立计划生育家庭帮扶机制,开展生育关怀和"关爱女孩行动",促进计划生育家庭和谐发展。结合全县脱贫攻坚、帮扶解困工作,将470户计划生育项目户、贫困户分解到40个县直部门(单位)结对帮扶,实现计划生育户政策、产业、就业等全方位帮扶。规范简化计划生育登记服务流程,开通网络信息平台,方便群众办事咨询。加强流动人口服务管理,提供计划生育技术服务、儿童预防接种、传染病防控等技术服务,实现流动人口与常住居民均等化服务。卫生计生、公安、市场监管等部门联合行动,每季度开展打击"两非"专项行动,全面规范B超、妇产从业人员执业行为。落实自治区、市特别扶助资金135.2万元,受益126人,足额兑现独生子女保健费120.7万元,设立避孕药具免费发放点532个,药具应用率达98.37%。全县出生政策符合率96.52%,出生人口性别比101.6,出生缺陷发生率41.61/万,传染病报告发病率309.3/10万。

自治区卫计委考评平罗县卫生计生工作会议

【妇幼保健】

规范妇幼计生服务内容和流程,全面实施妇幼民生项目。新婚夫妇免费婚检率99%,计划怀孕夫妇免费孕前优生健康检查率98.6%;孕产妇系统管理率99.77%,死亡率36.09/10万;5岁以下儿童保健管理率98.59%,3岁以下儿童系统管理率97.23%,婴儿死亡率6.13‰;落实农村住院产妇"七免一救助"补助经费96.04万元,受益2401人,补助率99.58%;新生儿四种疾病筛查率99.1%,听力筛查率95%。开展全国"科学育儿"试点工作。

【公共服务】

制订《进一步加强乡村医生队伍建设实施方案》,建立村医进入退出机制,投入300万元解决377名离岗村医生活补助,安置村医大专毕业生73人。推行县乡村一体化管理和村卫生室"局建院管村用"模式,实行辖区医生责任制和签约式卫生服务,落实年度基本公共卫生服务项目12类52项和居民普惠性健康体检37 741人,实现县乡村医疗单位基本药物制度和药品"三统一"全覆盖。顺利通过国家基本公共卫生服务项目评估，荣获自治区基本公共卫生服务第三方考核第五名。建成国家、自治区、市级群众满意乡镇卫生机构32个，在"基层卫生单位岗位练兵和技能竞赛"活动中，荣获石嘴山市团体一等奖、自治区团体三等奖，全国县级疾病预防控制机构学术年会、全区卫生监督协管服务工作现场会在平罗县召开。

平罗县卫生计生系统开展义诊咨询宣传活动

【县级公立医院综合改革】

县级公立医院管理委员会成立，县长任主任，统筹推进县级公立医院综合改革。县财政安排6191万元保障县级公立医院良性运行，政府补助占医院总支出29.8%，超过自治区规定4.8个百分点。投入736万元实施县级公立医院电子病历、门诊挂号、医院管理等信息化建设，方便群众看病就医。落实医疗服务价格调整，取消药品加成，让利群众1085.8万元，"先住院后付费"诊疗模式受益群众2.32万人，免收住院押金2300万元。以"三医联动"为途径，推进"医疗资源优化配置和分级诊疗服务模式"试点工作，对原发性高血压患者实行"四免"诊疗服务，在陶乐镇、黄渠桥镇中心卫生院开展紧密型医联体工作，基层卫生院门诊、住院服务量分别增加20.13%、19.32%。在全区率先设置二级目录药品专柜，药品品种达33个，解决基层用药不足问题。

【卫生环境】

实施"将健康融入所有政策"策略，落实"爱国卫生日"制度，开展城乡环境卫生整洁及大气、水、土壤污染协同防治和环境保护行动计划，实施"美丽乡村"八大工程，建成特色小城镇6个、美丽村庄示范点6个，对乡镇污水处理设施维修改造3个、村垃圾收转运系统维修改造15个，实现农村安全饮水、垃圾集中处理、村级柏油路、健康路径全覆盖。农村卫生厕所普及率65.41%，无害化卫生厕所普及率42.70%，提升全县城乡人居环境质量。借助云计算信息化手段，推进餐饮业"明厨亮灶"工程和"智慧城管"建设，加大食源性疾病监测，无重大食品安全事故发生。以重点健康场所创建和支持性环境建设为抓手，将健康素养促进行动、爱国卫生行动、健康中国行、全民健康生活方式行动、红十字会急救培训和婚育新风进万家等活动统筹管理，实施"中医治未病"健康工程，投资250万元改造

平罗县红十字会生命健康教育项目主体宣传活动

县医院、中医院"国医堂"和建设卫生院"中医馆"12个，中医药年服务43.6万人次，占医疗服务总量31%；创建健康社区6个、健康村40个、健康家庭100户、健康促进医院7个、健康促进学校10所、健康促进机关50个、健康促进企业5个，县医院、中医院、妇幼保健院被授予自治区级"健康促进医院"称号。

【基础设施建设】

县公共卫生服务中心、妇幼保健院搬迁入住,对崇岗镇、陶乐镇中心卫生院等4所乡镇卫生院、3所社区服务站改扩建,群众就医环境明显改善。探索建立医养结合工作机制,投资3.58亿元建设银北医院养老院,增强社会办医能力,优化医疗服务环境。

文化·旅游·广电·档案·史志

综 述

2016年，抢抓创建国家全域旅游示范县机遇，全面推进文化、旅游、广电事业健康、快速发展。国家公共文化服务体系示范区创建工作顺利通过国家验收。巩固提升公共文化服务体系示范区成果，开展各类文化活动360多场次，丰富群众文化生活。编制《平罗县全域旅游十三五发展规划和三年行动计划》，平罗旅游产业发展委员会成立，提出"着力构建：一心、两带、三廊、四区、五镇（内容见P31页）的"12345"全域旅游大格局发展规划。编制全域旅游重点建设项目22个，争取国家、区、市旅游项目资金1亿元。开展旅游文化系列活动，提升平罗旅游知名度。打造"多彩平罗 神奇宁夏"品牌，全年接待游客210.52万人次，旅游消费收入10.76亿元。县文化馆被评为全国文化科技卫生"三下乡"先进集体；文化市场执法科被评为文化市场管理和"扫黄打非"机构先进集体；文广局被评为全区文化科技卫生"三下乡"先进集体；文化馆、图书馆（含数字图书馆）、社区文化中心、乡镇文化站、文化中心户（文化大院）、黄渠桥镇综合文化站被评为服务农民、服务基层文化建设先进集体；文化馆在第四次全国文化馆评估定级评为一级馆；文广局被评为全区文化科技卫生"三下乡"先进集体。

文 化

【文化阵地】

全县社区28个均建成60平方米以上文化活动室、图书阅览室和室外文化活动广场，达标率100%。实施乡镇综合文化站、社区文化活动室和村文化活动室统一挂牌。建成乡镇电子阅览室13个，完成率100%；社区电子阅览室26个，覆盖率达92.86%。

【文化活动器材】

筹资120多万元，为黄渠桥镇、陶乐镇、姚伏镇配备乡村大舞台设施。为全县17个社区、15个行政村、7个农民文化大院、8个民间社团配备服装、乐器、锣鼓、音响等文化活动器材。

【文化信息资源共享】

建设信息资源共享工程支中心和乡镇基层服务点，形成"县有支中心、乡有基层服务点、实现村村通"格局。行政村实现农家书屋和卫星数字农家书屋全覆盖。

【群众文化活动】

以县文化馆为主体，发挥全县各类文化艺术人才、文艺团队的积极性，全方位、多渠道、多途径地开展各类艺术培训、送文化下乡下基层及广场文化演出等活动，对全县各类民间艺术社团、社区群众性文化活动进行规范管理,提供辅导服务,全年参加各类文化艺术培训1600多人次。县图书馆、文化馆每周免费开放时间56小时以上。

【广场文化】

县文化馆配合、协助、参与、策划、组织广场文化活动42场次。其中,平罗县总工会"唱响中国梦·建工十三五"专场文艺晚会暨2016年广场文化活动开幕式、平罗县2016年"青春的印记"五四青年节文艺晚会,由平罗县文化馆、平罗天河湾演艺有限公司组织、策划、排练,创作主创节目22个,有音乐快板、配乐诗朗诵、小品以及以歌颂党和国家的歌舞类节目。

【"三下乡"】

开展文化科技卫生"三下乡"到全县各乡镇和移民村演出15场次,为全县各族群众送上丰富文化大餐。县文化馆在历年"三下乡"活动中成绩突出,被评为全国"三下乡"先进集体。

【送戏下乡】

开展"自治区文化惠民——送戏下乡"活动和石嘴山市"我为相亲送戏来"活动。平罗县天河湾演艺有限公司,演出150场次,全县10个民间社团演出126场次。

【文化赛事】

参加全区"群星奖"评选活动,选送舞蹈《锦绣飞旋》《次仁拉索》、表演唱《司法为民就是好》、泥哇呜吹奏《生活多美好》、板胡独奏《春城节日》。其中舞蹈《锦绣飞旋》获得三等奖。6月14日,全县5支优秀广场舞代表队参加石嘴山市"幸福舞步"广场舞大赛。平罗县文化馆与平罗县天河湾演艺有限公司联合组建广场舞队获得三等奖。8月29日—9月3日在宁夏举办第十四届中国西部民歌(花儿)歌会,县文化馆选送黄渠桥镇农民歌手马建华参加,获得优秀奖。

文物旅游

【文物保护】

对全县3处国家重点文物保护单位、8处区级文物保护单位(包括长城烽火台)、30处市县级文物保护单位全面安全巡查8次,排查消除重点文物安全隐患。配合区、市文物主管部门对长城专项检查,为长城保护工作上台阶打下良好基础。编制国保单位玉皇阁、田州塔相关保护规划。委托相关资质单位编制《田州塔修缮工程方案》修改稿、《平罗玉皇阁安防规划》《平罗玉皇阁消防工程设计方案》3个保护规划及维修方案文本上报国家及省级业务主管部门,项目总额444万元。

【可移动文物普查】

实施平罗县全国第一次可移动文物普查工作文物认定和文物信息采集录入上报,将列入普查范围的各文物收藏单位,根据国家统一规范和技术标准,开展文物测量、拍摄、信息数据采集和登记,把文物信息通过可移动文物信息管理平台联网上报。县普查办上报257件(套),登录文物257件(套),上报率100%,可移动文物数据信息全面通过审核,落实平罗县第一次全国可移动文物普查。

【古建筑重大险情排查】

根据国家文物局《关于开展古建筑类全国重点文物保护单位重大险情排查工作的通知》工作要求,组织文保专技人员,对县境内钟鼓楼等省级以上古建筑类重点文物保护单位重大险情排查,重点加强田州塔、玉皇阁两处全国重点文物保护单位重大险情排查工作。

【文化遗产保护】

落实"保护为主,抢救第一,合理利用,加强管理"文物保护方针,对国保3处、省保6处、市县级30处文物保护单位。安装平罗县第二批国家级、区级、市县级20处文物保护单位保护标志碑。实施田州塔本体保护维修、玉皇阁防雷和安防项目申报立项工作。争取到国家非物质文化遗产项目资金640万元,规划建设泥哇呜传承保护基地。县文物管理所被自治区文化厅评为非物质文化遗产保护传承基地先进保护单位。

【全域旅游】

平罗县被自治区政府列为全域旅游示范县,平罗县旅游产业发展委员会成立,在组织保障、旅游规划、项目实施和宣传动员四个方面强化措施,狠抓落实,凝聚合力,统筹安排,推动创建国家全域旅游示范县。印发《平罗县创建全域旅游示范县三年(2016—2018年)行动计划》《创建国家旅游标准化城镇的实施意见》;编制《平罗县全域旅游十三五发展规划》,通过专家评审;编制文化旅游项目库,编制全域旅游重点建设项目22个,其中被列入自治区全域旅游重点建设项目9个;宁夏全域旅游特色休闲街区项目4个;宁夏全域旅游特色旅游小镇项目6个。天河湾湿地公园等3个项目被列为国家优选项目库项目。

【基础设施】

加快推进沙湖景区旅游基础设施建设、天河湾湿地植被恢复工程和湿地保护工程、庙庙湖生态旅游区基础设施建设、旅游厕所新改建等基础设施建设,姚伏云乐生态度假村、振进度假村、乐牧高仁产业园等休闲农业建设等项目,投资1.42亿元。

【旅游培训】

举办"平罗县创建全域旅游示范县讲座"和"发展乡村旅游培训班",邀请北京交通大学教授张辉等旅游专家讲授创建国家全域旅游示范县相关知识,拓展旅游发展思路。在京藏高速公路沿线和出口设立宣传牌8块。在平罗电视台开设《多彩平罗 神奇宁夏》专栏节目,制作播出旅游宣传片2部,每天在黄金时段平均滚动播出旅游宣传广告60次,播出全域旅游宣传滚动字幕3000条次,标语口号800余条次,宣传报道创建国家全域旅游示范县工作。建立宁夏平罗文化旅游微信公众平台,区内外200多人参与互动交流。

【旅游活动】

开展平罗休闲一日游、"大漠桃花季 情定庙庙湖""沙湖观鸟节"、瀚泉海"翔洋"杯全国钓鱼大赛、中国·平罗第三届沙漠越野车大赛等文化旅游系列活动,通过宣传和系列文化旅游活动拉动全县旅游业发展。全县重点旅游景区、大型农家乐接待游客160万人次(其中沙湖景区80.74万人次,占总人数49.54%),实现旅游消费收入8亿元(其中沙湖景区实现旅游收入1.2亿元)。

广播电视

【新闻宣传】

围绕县委、政府重点中心工作开展宣传报道工作,做到早策划、早部署、早行动。落实"县委扩大会""两会""重大项目建设"宣传报道,开辟"新春走基层""部门乡镇负责人访谈""践行两学一做""争当时代先锋""坚决打赢扶贫攻坚战"等系列报道,开设栏目、系列报道、专访、专栏节目等形式,对全县重点工程项目全方位宣传。《每周关注》栏目紧扣全县阶段性重点工作,对重点工作和焦点问题深度报读,形成强大宣传阵势,丰富新闻宣传内容,增加趣味性,提高收视率。为推进全县重点工作营造舆论氛围。关注民生问题,围绕2016年10件民生实事和群众关心的热点难点问题开展宣传报道,每周有专人负责采访民生新闻,民生新闻播出量占《平罗新闻》全部播出量三分之一,群众普遍关心民生问题得到关注。制订宣传计划,定期选派记者深入移民村,挖掘鲜活事例,集中力量报道一批脱贫致富典型,营造脱贫攻坚良好舆论氛围,为全县打赢扶贫攻坚战役发挥积极作用。

【对外宣传】

加强外宣工作,向区、市新闻媒体投稿,扩大平罗对外知名度。全年采访播发《平罗新闻》310档2900多条,采访播发《每周关注》50期,创作县域经济观摩专题片,对外宣传稿件110条(篇),其中《宁夏日报》3篇。

【专栏专题】

开办《每周关注》《农村天地》《平安平罗》《城市管理你我他》《多彩平罗 神奇宁夏》5档栏目。全年栏目《城市管理你我他》18期,《农村天地》19期,《平安平罗》21期,《多彩平罗》32期。制作专题片《四网交织铸平安》,移民专题片《迁出来的幸福生活》、双拥专题片、六五普法专题片、安全生产宣传片、创园专题片、助残好人颁奖典礼等20多部。

【广播电台开播】

为发挥广播电台宣传作用,满足人们对车载广播的收听需求,于3月底开通广播电台节目播出。节目每天播出18小时,内容主要有《平罗新闻》《每周关注》和专题类节目等,按时转播中央台、宁夏台、石嘴山台新闻节目;同时引进文艺类节目。广播电台节目运行情况良好。

【微信公众平台】

发挥新媒体作用,利用平罗县广播电视台微信公众平台,扩大自办节目传播面。微信平台发布图文、视频新闻1000余条,点击率80万次,其中,民生新闻《好媳妇撑起一片天》单条点击率3.7万次,时政新闻《自治区主席咸辉调研平罗县环境工作》《平罗县签约25亿元投资协议》单条点击率3000次,11月5日《多彩平罗 神奇宁夏》,点击率1900次,9月26日整档《平罗新闻》点击率600次。

【安全播出】

增强政治意识、大局意识和责任意识,把安全播出各项任务落到实处。加强播出设备维护,落实周检、月检、季检巡查。完善安全播出工作程序,实行24小时技术值班、节目监看制度,加强重大活动、节假日等安全播出保障期电视节目正常播出。加强值机人员培训演练,提高安全播出技术防范。在主要节假日和各重要安全播出保障期,及时传达上级部门关于安全播出工作有关要求,对各项安全播出工作进行部署,完善安全播出指挥系统,规范安全播出工作制度,落实元旦、春节及全国"两会"等重要安全保障期安全播出任务,无安全播出事故发生。

图 书

【读者服务】

采取向读者征集书目,制订采购计划,采购

新书6427册，征订军事、旅游等适合大众口味的各类杂志241种，报纸15种，提高采购质量，提升馆藏利用率。及时对破旧图书及2015年过刊（过期期刊）修补装订，修补图书200余册，装订过刊700余册。落实免费开放制度，每周免费开放56小时，做好读者服务工作，年接待读者13.48万人次，图书流通9.24万册次，外借4.84万人次。

【营造书香氛围】

投入经费2万余元，制作宣传展板4块、宣传袋1500个、宣传单3000份、宣传折页2000份，通过各种活动进行发放展示，扩大图书馆对外知晓率。在馆内一楼到三楼楼道、走廊内布局服务读者图片35块，利用节日在电子屏滚动播放读书学习标语，营造浓厚的书香文化氛围。

【数字化阅读】

推进数字化阅读服务，建立馆藏数字化服务平台，购置宁夏地方文献数据资源2000余种，满足读者数字化阅读需求。在一楼少儿室内安装歌德电子书借阅机1台，读者可以方便快捷的下载到丰富电子图书，享受到全新阅读体验和快乐。

【寒暑期文化】

举办"我爱我家"家风诵读活动，评选出优秀获奖者7人，参与人次70余人；开展"我是小小志愿者"服务活动，招募热心图书服务志愿者50余人，在阅览室参与图书整理、读者引导、阅览环境维护等工作，对表现突出志愿者23名表彰奖励；举办迎新春灯谜竞猜活动，设置谜语1000条，参与人数近千人；开展亲子巧手DIY，30余名小学生和家长参与到活动中，对其中最佳手工制作者表彰奖励；开展优秀少儿电影展播活动，播放电影20场次，观看人数300余人，受到小读者欢迎。

【4·23世界读书日】

4月21日，在七一广场举行读书日宣传活动，发放宣传彩页300余份，手提袋300个，为群众免费发放《平罗县志》《平罗歌谣》《平罗谚语》《平罗民间故事》等图书300余册；制作"阅读，从我做起""让阅读成为伴随我们终身生活习惯"倡议标语，300余名群众参与到签名活动。组织党员走进鑫盛社区，为社区图书室送去图书100册，丰富图书室图书种类。

【文化活动】

以城关一小为基点，在校园中开展读一本好书、写一章读后感、朗诵一篇经典国文、征集一篇好文章等系列读书活动，评选"读书之星"、书香班级、美德少年、优秀家长。开展"欢乐六一，快乐一夏"为主题的亲子制作、手工折纸、跳棋比赛等益智类活动，报名参加活动孩子近40人，评选出一、二、三等奖表彰奖励。

【读书用书活动】

参与全区"书香之家""书香之乡"推荐评选及"我的书屋，我的梦"阅读实践活动。在2015年评选活动中，高仁乡白远志家庭荣获全国首届"书香之家"称号，张海云等6户家庭荣获全区第二届"书香之家"称号，通伏中心小学田梦婷等3名学生征文荣获国家级优秀作品。开展"我的书屋，我的梦"阅读实践活动，鼓励广大农村中小学生走进农家书屋，参与实践活动，撰写读书、服务心得体会，收到征文80余篇，筛选上报27篇；开展全区第三届"书香之家"及首届"书香之乡"推荐评选活动，推荐家庭15户，经材料审查、实地走访、集体讨论等筛选环节，上报候选家庭8户。

【送文化机顶盒】

为全县3个敬老院和3个社区配备中国文化网络电视终端设备——文化机顶盒10台,使群众便捷地享受数字文化服务。

【卫星数字农家书屋】

在城关镇合作村成功举办石嘴山市卫星数字农家书屋培训班,全市农家书屋管理员代表、户户通安装人员等80余人参加培训;制定《关于开展全县卫星数字农家书屋摸底调查通知》下发各乡镇,对设备完好情况、使用情况等摸底;与平罗县网络分公司签订协议,分成6个小组,采取集中对机顶盒升级再逐点安装工作方法,提前对卫星数字农家书屋整改。召开各乡镇文化站站长参加整改验收工作会议,对各改造点整改验收工作安排部署,对各书屋整改情况再核实、再检查,经过努力,得到自治区新闻出版广电局认可。

【农家书屋】

加强对全县各书屋业务辅导,对高仁乡文化站、城关镇文化站、城关镇合作村,规范指导书屋图书登记、分类、上架,整理图书近万余册;配合自治区新闻出版广电局对姚伏镇团庄村、大兴墩村、城关镇合作村书屋管理运行情况调研,为书屋今后规范化运行打好基础。

【图书环流】

开展图书环流进社区、进乡镇文化站、进机关活动。实施城关镇唐徕社区、高仁乡文化站等社区10个、乡镇文化站3个、机关流动服务1个;为城关一小、姚伏镇茗苑养老服务中心免费配送图书1000余册。

档案、史志

【概况】

2016年,推进"两学一做"主题教育,开展档案业务知识学习;加强业务建设,规范档案管理;加强档案资源建设,提升档案管理水平;加强库馆安全管理,推进《平罗县志》《平罗年鉴》《影像平罗》图书编纂出版工作,档案业务及各项工作取得新进展、新成效。

【档案整理培训】

举办文书档案整理培训班。对全县13个乡镇、12个部门文档管理人员集中培训。分散指导整理归档2015年度文件材料,整理档案513盒9020件,发文汇集219卷107盒,对永久档案、30年档案全部扫描。对机构改革中机构有变动部门和单位,按照国家档案局8号令,重新修订审核机关文件材料归档范围和文书档案保管期限表,确保机构改革后机关档案完整与安全。依据《公证档案管理办法》,指导公证处整理移交2009年、2014年公证档案326盒5833卷。

档案规范管理

【农村土地承包经营权确权登记档案】

从2016年3月16日起,启动土地承包经营权确权登记文件材料归档工作,为实现确权档案管理与确权登记工作同步推进、协调开展，确保确权登记工作全过程档案完整、准确、规范和流畅。业务督导室牵头建立县、乡镇、村三级档案资源体系，分级抓好档案收集和归档，明确在土地确权档案管理工作中职责和任务。对各乡镇农经站所、各村档案人员及测绘公司工作人员培训，对确权工作中文件材料收集范围、形成质量、整理方法和档案安全保管等方面知识讲解，全程跟踪全县各乡镇、村确权登记工作进展，落实责任，强化监督检查，确保确权档案的完整、准确、系统。制定下发《乡镇农村土地承包经营权确权登记档案归档范围》《整理村级农村土地承包经营权确权登记档案工作流程》。对全县13个乡镇、133个村指导把关确权登记档案收集、分类、划分保管期限、整理、排序、装订，发现问题及时纠正，安排专职人员指导确权登记档案目录数据库录入、全文扫描、目录打印、数据挂接、确权登记档案卷盒填写、装盒、目录装订等工作，整理乡镇档案26盒653件、行政村档案6874盒，接待查档59人次1428件。确保确权档案内容真实有效，信息齐全完整，整理符合规范，安全接收进馆。

【执法检查】

规范各单位档案工作，年初对17个乡镇、部门《档案法》贯彻执行情况检查，撰写自查报告，接受石嘴山市档案安全专项执法检查。按照《宁夏回族自治区机关档案工作规范化管理评估办法》，从管理体制、基础建设、业务建设、现代化管理、提供利用等方面，指导红崖子乡、残联建立综合档案室。落实《国家重大建设项目文件归档要求与档案整理规范》，参与"十二五"生态移民23个单位51个项目工程验收。按照《平罗县部门、乡镇档案工作考核细则》，对全县立档单位档案归档整理和规范化管理工作考核。

【重大活动档案资料收集】

围绕县委、政府工作大局，对各种重要会议、开幕式、奠基仪式、领导调研、观摩等重大活动全程跟踪拍摄，收集相关档案资料。全年收集、拍摄照片28次，收集资料14余件(套)，拍摄照片200余张。

【档案接收】

2016年，制订档案接收计划，向各单位下发移交档案通知。全年接收中共平罗县委2015年档案永久12盒250件，30年2盒24件；平罗县人民政府2015年档案永久33盒716件；接收档案局2015年档案永久2盒53件，30年2盒10件；平罗县公证处2009—2014年公证档案326盒5833卷；接收全县13个乡镇135个村农村土地承包经营权确权登记档案5468盒134 490件；接收黄渠桥、灵沙乡、通伏乡、高庄乡4个乡镇土地确权档案4盒135件。全部排列上架，投入

馆藏档案

使用，并对接收档案登记造册，做好移交手续，编制移交清册、移交情况说明书。

【档案编研】

编辑公安局、司法局、信访局、地震局、检察院、党校、农牧局、供销社、教育局、粮食局、审计局全宗介绍、组织机构沿革、全宗指南；编写2014年全县副科级及以上领导干部任职情况

目录;编写档案利用典型事例8例。编研材料在解决干部、职工工龄认定、工资调整、编史修志、办理离(退)休、干部职工待遇历史遗留问题等方面发挥不可代替作用。

【档案信息化建设】

馆藏纸质档案数字化加工。按照数字化加工标准要求,建立完善数字化加工流程,严格把关,做好档案全文数据挂接校对工作。馆藏纸质档案数字化加工465.18万页,占馆藏总量扫描任务90%。实现馆藏档案查阅量95%以上全文数据即查即"印",提高档案查询效率。档案信息网维护更新。及时更新网站内容,开辟"两学一做"专题栏目,做到每个子栏目全年更新两次以上。全年更新网站信息49次137篇,网站访问量491.58万人次,单日最高651人次访问量。建立土地确权档案数据库,对土地确权档案目录数据录入全文扫描、目录打印、数据挂接,解决4000余张大幅面图纸扫描难题,节省扫描经费约10万元。

档案数字化加工工作现场

【查档服务】

对全县行政村133个重名重姓农户土地确权档案资料,通过机读目录、全文数据库结合原始档案调阅,身份证号码信息确认,核实全县土地确权档案重名重姓农户60多户。配合县委办对平罗县委成立以来到2012年底期间制定规范性文件全面梳理,利用3000多卷、件档案,复印4000多页,列出清理文件目录。全年利用档案2500多人次,7000多卷、件次,20000多页。

【库馆安全管理】

坚持"安全第一,预防为主"原则,每月定时对库房通风,每天上班后、下班前对库房安全检查,每月对馆藏档案抽样调查1次以上,检查库房内档案是否出现发霉蛀虫现象,记录并采取措施,每月对库房卫生清扫1次,每日观察加湿机出水情况,及时补水,保证加湿机正常工作,每月保存库房内温湿度自动化登记记录转化成EXCEL表格,每日对出入馆库档案登记、检查,确保档案安全管理。

【《平罗县志》(重修)】

2005年启动《平罗县志》编修工作。坚持以编修乡镇志与部门志为先导,指导乡镇、部门编写乡镇志、部门志79本,聘请专业人士编修《平罗县志》。2010年,重修《平罗县志》初稿,下限至2008年。

志书编修成果

二次补充《平罗县志》2009—2013年内容;2014年确定《平罗县志》(重修)初稿。多次聘请老领导、老同志以及专业人士对初稿修改补充,2016年6月正式公开出版发行。全书分上、下两册,共190万字。

【《影像平罗》】

利用档案照片资料,经过对照片资料收集、编辑、补充、完善,借助宁夏金顺集团有限公司资金资助,于2016年6月编辑出版《影像平罗》,全书200页,图片600余张,集中反映平罗县发展历程。

【《平罗年鉴2016》】

《平罗年鉴(2016)》系统汇集2015年各项事业发展状况、重大事件和新成就、新经验,具有"资治、存史、教化"价值,为各级领导和社会各界人士了解平罗、建设平罗提供信息服务。本年鉴采用分类编辑法,坚持年度性、全面性、系统性、层次性原则。以类目、分目、条目组成主体框架,条目是年鉴的基本表现形式。全书有类目32个、分目117个、条目1100余条,60万字。从2月征集资料到9月底完成初稿,10月开始审核修改,10月下旬提交宁夏人民出版社审核,年末公开出版发行。

【脱贫攻坚】

2016年,对精准扶贫陶乐镇庙庙村32户114人,协助民政、社保、残联等部门,对按规定没有享受低保的4人,办理低保救助。办理残疾证1人,协助2人找到工作。协助扶贫户联系就业培训单位,联系养殖创业贷款等事宜。解决32户土地流转费问题。给32户购置32吨块状高质量无烟煤,为6户困难户,每户送去米、面、油,折合现金4.5万元。

民族宗教

民族宗教管理

【概况】

2016年，加强清真食品管理，维护少数民族群众合法权益；依法管理宗教事务，维护宗教领域和谐稳定，营造全县民族团结、宗教和顺、社会和谐良好氛围。

【少数民族发展资金项目】

全年争取少数民族发展资金365万元，实施项目13个。为宁夏沙湖清真食品有限公司等4家企业享受贷款贴息89万元，解决企业融资难问题。

【清真食品管理】

加强清真食品管理，维护少数民族群众合法权益。严把清真食品市场准入关口，依法开展清真食品准营证核发工作，全年办理201家。开展清理整顿和规范清真食品生产经营秩序，检查40多场次、420余家，限期整改45家。加强宣传培训，发放各类宣传资料2000余份，悬挂宣传标语6条，现场接受群众咨询800多人次，举办培训班2场次，培训人员500人次。

1月27日，自治区民委对平罗县清真食品工作进行检查

【少数民族流动人口服务】

做好来平少数民族群众服务与管理，制订工作方案和工作机制。在城关镇综治中心设立少数民族流动人口服务站，建立工作台账，掌握少数民族流动人员情况。在明珠社区等17个社区开通少数民族流动人口服务窗口，解决来平少数民族群众在社会保障、子女教育等诸多方面存在问题。

【宗教事务管理】

制定《宗教活动场所民主管理职责》等制度，依法加强对宗教活动场所和宗教活动管理。落实《宁夏回族自治区宗教活动安全管理暂行办法》，严把大型宗教活动审批，做好协调服务管理工作。实施县城宗教场所建设和规划，落实城关南寺和城关北寺建设审批工作，全县无滥建宗教活动场所现象。登记备案宗教活动场所277处，办理210处。做好朝觐组织服务管理。严把报名关、审核关、体检关，做好统接统送工作，制止零散朝觐，确保朝觐工作安全、有序进行。加强对清真寺和开学阿訇的规范管理，落实清真寺、礼拜点等活动场所建设报批程序和登记制度，杜绝滥建、乱建清真寺现象。举办伊斯兰教教职人员培训班，对全县清真寺阿訇和寺管会主任培训。组织开学阿訇185名参加全市宗教人士培训班，提高伊斯兰教教职人员综合素质。在回族群众相对集中的乡镇举办宗教人士培训班,参训人员1000多人。建立伊斯兰教工作报告制度,对清真寺、开学阿訇及民主管理委员会内部发生新情况、新问题、矛盾纠纷及时上报,对非法宗教活动早发现、早处置,将影响宗教稳定的隐患解决在基层、消除在萌芽状态。建立完善阿訇聘用制度,形成清真寺开学阿訇上任前,必须按照信教群众协商推荐,乡镇全面考察,县伊协发给聘书方可开学长效机制。落实大型宗教活动管理暂行办法,做好大型宗教活动管理服务工作,确保信教群众宗教活动有序、安全,抵御非法宗教渗透,维护宗教领域和谐稳定。

【矛盾纠纷排查化解】

结合"安全年"活动,开展矛盾纠纷大排查10余场次,对全县415处宗教活动场所安全隐患排查,排查安全隐患973处,做好宗教领域维稳工作,引导宗教教职人员树立"团结稳定是福,分裂动乱是祸"的思想。

【桥梁和纽带】

落实伊斯兰教教职人员考核,确保生活补贴发放。对部分清真寺建设早,存在用电线路、设备老化等情况,配合县供电局,对全县所有伊斯兰教场所用电安全检查,排查出存在严重用电安全隐患场所36处。在全县伊斯兰教、信教群众中做团结鼓劲、凝聚人心、排忧解难、理顺情绪、协调关系、化解矛盾、消除隐患、维护稳定工作,确保全县经济发展和社会稳定。

【民主管理】

按照《清真寺民主管理办法》,加强清真寺管理,教育信教群众和宗教界人士,坚持"政治上团结合作,信仰上互相尊重"原则,明白"国法大于教法"道理,决不能只讲爱教不讲爱国,决不能以宗教感情取代国家法律和政策,教育宗教界人士和信教群众增强法制观念,遇到问题要顾大局、识大体、明辨是非。

【中心工作】

配合县委统战部、宗教局中心工作,服务统战和民族宗教工作大局。全面检查全县范围内清真食品加工企业、零售企业、餐饮网点。对假冒"清真"牌子予以取缔,维护清真食品生产经营市场秩序。

伊斯兰教协会

2016年,县伊协高举中国特色社会主义和爱国爱教、团结进步伟大旗帜,始终以"强素质、树形象、促发展"为目标,坚持以"爱国、团结、进步、稳定、发展"为主题,做好伊斯兰教人士和信教群众的思想教育,即突出爱国主义和社会主义教育,又抓好宗教人士和信教群众教育。教育引导宗教界人士在助推经济发展、促进宗教和谐、配合依法管理宗教事务、弘扬宗教文化、反对暴恐和抵御极端、服务社会、推进慈善事业发展七个方面做出新贡献。在清真寺悬挂横幅28幅,刷写标语63条,引导伊斯兰教界人士、广大信教群众参与全国双拥模范县、健康促进县创建活动。在伊斯兰教界开展弘扬社会主义核心价值观的实践活动。利用各种宗教活动场合给信教群众讲政策、讲稳定、讲团结、讲发展、讲新农村建设等等。组织57名阿訇参加自治区经学院大专班招生考试。组织38名寺管会主任到自治区社院进行培训。

【规范化、法制化】

按照讲政策、讲管理、讲适应的工作思路,坚持"强化管理意识、强化管理责任、强化管理网络、强化管理措施"的原则,加强对宗教活动场所的依法管理,推进宗教事务管理规范化、程序化和法制化。

加强对清真寺和开学阿訇的规范管理,严格落实清真寺、礼拜点等活动场所建设报批程序和登记制度,杜绝滥建、乱建清真寺现象。

对伊斯兰教人士的培训。举办伊斯兰教教职人员培训班,对全县处清真寺阿訇和寺管会主任进行培训。组织185名开学阿訇参加全市宗教人士培训班,提高伊斯兰教教职人员的综合素质。参训人员达1000多人。加强他们自觉抵制歪理邪说的能力,以爱国爱教的思想教导人,以团结和平的意识塑造人,以劝善戒恶的精神培养人,全面提高全县穆斯林群众的综合素质。

建立伊斯兰教工作报告制度,完善阿訇聘用制度。落实大型宗教活动管理暂行办法,做好大型宗教活动的管理服务工作,确保信教群众宗教活动的有序、安全,抵御非法宗教对我县的渗透,维护宗教领域的和谐稳定。

【桥梁和纽带】

强化伊斯兰教的自身建设,主动开展各项工作。召开平罗县伊斯兰教六届六次、七次常委会。在全县清真寺开展以"端正教风"为主题"和谐清真寺"创建、评比活动和民族团结进步创建活动。对全县所有伊斯兰教场所进行用电安全检查,排查出存在严重用电安全隐患的场所36处,上报县人民政府安排专项资金整改。

【民主管理】

按照"清真寺民主管理办法"加强对清真寺的管理,教育广大穆斯林群众和宗教界人士,坚持"政治上团结合作,信仰上互相尊重"的原则,明白"国法大于教法"的道理,决不能只讲爱教不讲爱国,以宗教感情取代国家法律和政策,使宗教界人士和信教群众增强法制观念,遇到问题能够顾大局、识大体,明辨是非。

【矛盾纠纷排查】

经常深入清真寺,寺管会和宗教界人士中,及时了解情况,对出现的矛盾和问题,采取讲清政策、说明道理、沟通思想、化解矛盾,配合乡镇认真解决。妥善处理高庄惠威清真寺、渠口东寺、宝丰西寺出现矛盾纠纷。多次接待插花移民群众要求新建清真寺上访问题,理顺情绪,化解矛盾。对可能出现矛盾,提前介入,不等、不靠、不拖,掌握工作主动权。

【移民村宗教工作】

及时摸清移民村宗教格局构成、信教群众数量、构成及教职人员情况,在红瑞村和庙庙湖举办宗教教职人员培训班,配合宗教局、移民办做好宗教场所规划建设工作,理顺情绪,化解矛盾,确保了移民村的宗教和顺和社会稳定。

平罗县佛教协会

1988年12月,平罗县佛教协会筹备小组成立,1989年5月,召开平罗县佛教协会第一届理事会成立大会。2011年10月,召开平罗县佛教协会第二届理事会。会长释宽文,副会长徐新荣、陈义、释心慧、释如晟、释宽净、释湛林,秘书长徐新荣(兼),副秘书长释如晟。推举徐建业为名誉会长。佛教依法登记宗教活动场所63处,主要宗教活动场所有接引寺、田州塔黄禅寺、灵泉寺、迎光寺、法华寺、古台寺。备案登记教职人员22人,信教群众约1万人。

平罗县道教协会

2010年6月,石嘴山市道教协会在平罗县成立、挂牌。孙崇善道长当选为石嘴山市道教协会会长,主持平罗玉皇阁城隍殿教务活动。道教宗教活动场所24处,主要宗教活动场所有平罗玉皇阁、周城玉皇阁、金龙寺道观。全县现有道教信教群众4000多人,主要教职人员3人。

平罗县基督教教会

清末,基督教传入平罗县。1932年,创建基督教内地会平罗分会。1959年,全县有基督教信众50余人。"文化大革命"中教堂被拆毁,宗教活动停止。1990年,平罗县基督教教会成立。杨春秀牧师任县基督教教会主任并主持教堂教务活动。2016年全县有信教群众1400多人,依法登记备案场所5处,主要教职人员5人。

平罗县天主教协会

1929年,平罗县建立天主教堂,"文化大革命"中教堂被拆毁,宗教活动停止。1987年,平罗县天主教堂恢复,至1999年有信教群众300多人。2016年,全县有天主教信教群众800多人,主要分布在城关、高庄、高仁等乡镇,依法登记备案场所2处,主要教职人员1人。2006年,于志祥神父当选为自治区天主教爱国会副会长。2014年9月,由云光亮神父主持平罗天主教堂教务活动。

乡 镇

城关镇

【概况】

2016年，坚持创新、协调、绿色、开放、共享发展理念，适应经济发展新常态，真抓实干，奋力前进，为与全县同步建成全面小康社会奠定坚实基础。金顺社区被列为全国防灾减灾示范社区，明珠社区被自治区党委宣传部评为"全区学雷锋活动示范点"，金顺社区被评为石嘴山市先进基层党组织单位，合作村被评为石嘴山市2016—2019年度文明村镇。

全县农业农村观摩

【农业转型升级】

全年落实各类作物播种面积2073.71公顷，其中经济作物面积373.07公顷。抓好沿河、小兴墩等村永久性蔬菜基地工作，推动200座拱棚建设项目落地开工。立足109国道，完善露地蔬菜种植示范园区2个连片20公顷和瓜菜种植示范园基础设施1个连片20公顷，引进新品种、新技术，发挥家庭农场、种植大户与农民专业合作社引领示范带动作用。引进宁夏泰金种业有限公司征租三闸村耕地18.15公顷，建设瓜菜种子"育繁推广一体化"项目。建设连片70.67公顷玉米机种机收示范园区，辐射推广面积866.67公顷。签订蔬菜良种繁育种植合同136.35公顷，阳光沐浴工程安装1000台，机深松519公顷、机深翻933.33公顷。

【养殖业】

按照"适度家庭规模养殖为基础，规模化养殖为重点"发展思路，发展养殖业。全年羊存栏24492只、牛存栏2335头、猪存栏1783头、禽存栏82569羽，水产养殖面积164.8公顷，改造2个13.33公顷以上池塘点。

【农村综合改革】

落实全镇农村土地承包经营权确权工作，总确权面积2583.59公顷。推进宅基地确权颁证，发证2337本，发证率92%。收缴宅基地超占面积使用费13.37万元，完成率32%。全年办理"三权"抵押贷款39笔，贷款金额1254万元。调查摸底全镇灌溉情况，为农村水利产权制度改革

中央党校宁夏小组到城关镇调研综治工作

【市场体系建设】

开展市场招商，推进利民市场关停和玉皇阁市场安全隐患整治。在富乐民蔬菜批发市场招商200余万元，建设仓储物流库2500平方米，完善市场基础设施。争取自治区项目资金3083万元，新建和平新村公益性标准化菜市场，保障县城居民"菜篮子"工程，解决进城农民就业问题。

【农业基础设施】

实施农业综合开发，推行沟、渠、田、林、路综合治理。春秋两季造林绿化面积7.48公顷，栽植苗木10.77万株；整修树池、除草面积65.93公顷，修枝抚育13.68万株。争取自治区70余万元资金，维修抗旱机井11个村100眼。配合区交通厅对高速公路连接线复沟复渠项目立项和招标，灌溉面积203.2公顷。争取水务局资金27万余元，新建涵洞、渠道维修砌护。全镇新建维修各类配套建筑物46座，在沿河村、步口桥村建设农田水利示范方，平整农田100公顷，机械清淤1.3千米。

【城乡人居环境】

开展环境卫生综合整治，以109国道、301省道、南环、北环路、县城四大出口、村主干道路两侧、各队居民点巷道为整治重点，动用机械450台次，动用人力3250人次，清理垃圾2785吨。强化农村饮用水源地、工业企业和畜禽养殖业的日常环境监察，扩大秸秆禁烧宣传力度，强化污染治理，严格环境执法。

【民生服务】

开展城镇居民统筹医疗保险和养老保险工作，为征地农民办理养老保险3067人。做好社会救助工作，发放临时救助资金11.09万元、优抚费37.5万元、85岁以上老年人长寿金7.95万元。培训各类人员420人，输出农村富余劳动力2000人，实现工资收入1956万元。推进国家免费孕前优生健康检查462对。发放独生子女保健费2015年度46.62万元，2016年度44.1万元。

【社区服务】

以星级和谐社区创建为中心，提升社区服务管理水平。抓好社区委员和网格员队伍建设，面向社会公开招聘专职网格员14人，制定《社区网格员管理考核办法》和错时上班、预约服务办事、延时服务等制度。对西花园、唐槐园和新世纪家园等10个小区3057户热能改造和楼顶防水维修。按照办公场地最小化、活动场所最大化原则，实施"清退转"，清除7项制度牌匾，落实社区准入制度24项，取消部分证明开具和各类活动创建，落实社区"减负"。鼓励社会力量参与社区治理，投资100万元在和平社区建设"日间照料室"，加大社区志愿服务组织培育力度，明珠社区"红马甲"品牌在区、市、县推广。

【基层组织建设】

开展"两学一做"学习教育活动，落实党建工作"四个清单"，实施"强基进位·星级创优"工程，打造星海花园、佳和春天、桥馨家园、金顺花园、鑫盛小区、星和家园、世纪家园和阳光城市花园等小区楼院党小组示范点，和平社区"四抓五

进六访"、金顺社区"双进双联四服务"、明珠社区"五个一线"等党建新型载体。按时对乡镇党委班子换届。夯实党建基础，集中开展党组织关系摸排，推行党员教育积分制，规范流动党员管理。开展"联合党委"活动179场次，慰问困难党员、群众70余户，帮扶共建物资6万元，解决基层实际问题20余件。抓好党风廉政建设，改进"四风"。

【社会治理】

做实村民代表会议制度，落实"五步工作法"，加强村民代表培训，细化村会议环节，确保村民代表会议召开合法、决策事项可靠、代表意见详尽。推行"网格化管理、组团式服务"模式，优化网格规划，加强网格员队伍管理。狠抓"两个中心"规范化建设，完善"法律政策超市"，合理配置中心工作人员。以创建"五无"乡镇、无访村、无访社区为契机，建立"六联动"矛盾纠纷机制，把好信访第一关口。打造和平村"体育健身基地"1200平方米，丰富百姓文化生活。对全镇卫星数字农家书屋设备检修、升级16个村，确保正常运转。落实自治区京剧团、话剧团送戏下乡惠民活动3场次，市、县"文化下乡"活动10余场次。编写文化活动板报82期、画廊19期，弘扬"不到长城非好汉"宁夏精神。加强基层妇女组织队伍建设，按程序改建选举妇委会，申报入户农村妇女创业担保贷款134笔，为农村妇女创业提供资金保障。

陶 乐 镇

【概况】

2016年，围绕"休闲、养生、乡趣、慢城市"主题，打造休闲陶乐、滨河名镇，推进"基础强镇、产业兴镇、特色富镇、生态美镇、和谐建镇"进程，完善小城镇基础设施，做实做好民生工程，加大社会综合治理管理力度，全镇经济、政治、文化、社会、生态文明实现全面协调可持续发展。全镇社会固定资产投资1.4亿元，争取资金1400万元，城乡居民人均可支配收入11388元，增长7.1%。

【农业农村工作】

全年粮食作物播种面积1682公顷，羊饲养量9万只，家禽饲养量17万只，疫病防疫密度100%。依托宁夏华泰农业科技发展有限公司，种植无籽西瓜100公顷、甜瓜14.67公顷、玉米233.33公顷，新建高标准大棚13座2公顷，移动大棚辣椒、甜瓜1620座40公顷。创建庙庙湖移民移动大棚和华泰农瓜菜标准园2个，挖掘河东地区沙漠富硒甜瓜品质优势和潜力。推动制种产业，抓好上海种业西繁基地项目建设，即加工研发、办公一体化综合实验楼和高标准拱棚80多座，占地11.07公顷。推动全镇制种产业快速发展，玉米制种园区2个33.33公顷，带动全镇农作物制种813.33公顷。依托天源复藏农业开发有限公司发展草畜一体化养殖，做大做强清真牛羊肉产业，种植苜蓿266.67公顷，牛饲养量0.15万头，肉羊存栏14万只，带动本地特色优质产业发展，为现代农业发展开辟新途径。完善农村土地承包经营权确权颁证工作，全镇签字确权农户1356户，面积1835.41公顷，签字率为91%；审核办理土地抵押贷款100笔，金额1000万元，在全县率先开展农业设施确权工作，为宁夏华泰农公司设施农业确权，设施抵押贷款400万元，解决公司资金不足问题。收缴宅基地超占面积费用68万元，宅基地发证率95%。实施农田水利、农业综合开发、土地整理和银北地区百万亩盐碱地改良工程,清淤支干沟5条3.7千米;清淤农沟110条52.7千米;整修农路220条长107千米,清淤渠道25.5千米,维修改造各类配套建筑物58座。全年植树造林34.63公顷,栽植各类苗木5.29万株。

【小城镇建设】

以项目建设为依托,推进美丽小城镇建设。引进宁夏天利丰能源有限公司,投资5000万元,新建陶乐天然气加气站及调峰站项目。争取自治区移民产业补助资金785.54万元,在庙庙湖移民村新建养殖园区,新建养殖圈舍150座,庙庙湖养殖园区群众入园养殖63户,羊只存栏量3000余只;投资1500万元建设草畜一体化标准化养殖示范区,依托天源復藏农业开发有限公司新增基础母牛1000头,基础母羊500只,配套养殖场基础设施建设;投资152万元,装修改造原吉兴水利有限公司办公楼,用于镇政府基层政权建设,整合办公区分散群众办事难局面;投资80万元,装修改造原陶乐镇幼儿园,组建陶乐镇东街社区日间照料中心,打造陶乐镇为老服务品牌;争取节能改造项目,配合住建局等单位对陶乐镇建筑节能改造3万平方米。

【民生事业】

完善社会保障体系,改善群众生产生活条件。开展创业就业工作,举办各类技能培训班12期,培训530人,劳务输出2537人次,实现劳务收入2203万元。全面推进社会保险全覆盖,城乡居民养老保险、医疗保险参保率分别为48.6%、55.8%。加大社会救助力度,扩大对低保户、特困户、残疾人、重点优抚对象等群体的救助,发放各类救助款466.83万元。落实粮食及农资综合补贴资金发放工作,核实补贴面积1959.04公顷,发放补贴资金238.02万元;做好"两节"帮扶慰问工作,发放慰问金25.67万元。加强农村养老服务体系建设,新增庙庙湖村农村幸福院1个,实现全镇村级幸福院覆盖率100%。实施农村妇女创业小额担保贷款工程,年内申请小额担保贷款724万元,涉及农户153户。开展计划生育"五星级"乡镇评选创建工作,全镇自然增长率6.4‰,人口出生率8.4‰。

【移民扶贫】

推进养殖业发展。以养殖园区为抓手,采取养殖园区集中养殖和小群多户相结合,入园养殖户63户,羊只存栏量3000余只;带动建档立卡户庭院养殖90户,养羊480只,牛22头,鸡2700余只。举办庭院经济养殖、种植技术培训班两期,培训100人次,全村庭院种植蔬菜231户,解决群众日常生活需要。依托龙头企业带动劳务产业发展。举办各类培训班20期,培训1000人次,就业1051人,稳定就业人数692人,人均月收入2296元。依托产业发展带动就近务工572人。搭建产业资金桥梁。与平罗农商行、沙湖村镇银行等金融机构对接,为农户争取各项贷款280万元,贷款发放总户数140户;协调妇女小额创业贴息贷款30万元。争取党员致富基金20万元。为生态移民发放互助贷款274户253万元,新申请财政扶持集体经济项目和互助资金100万元,支撑移民产业发展。

【社会管理】

推进网格化管理,实现网格化管理全覆盖。网格实行"定人、定岗、定责"工作机制。推行"日巡查、周回访、月分析、季坐诊"和社区民情全掌握、重点居民全走访、困难群众全时帮运行机制。确保每位网格员都有一份自己责任田，成为社区居民发现、受理、处置、协调、报告第一人。构建"全覆盖、无缝隙"网格化管理服务体系，实现社会治理有生力量全部纳入网格统筹管理，为群众办事提供便利，维护辖区稳定和谐。

【社会治理】

做好矛盾纠纷排查调处和信访维稳工作，调解各类纠纷116起，成功113起，调解成功率95%。全面推进社会管理创新工作及平安建设工作，在陶乐镇东街、西街社区推行"456""6310"组团式为老服务模式，高标准建设禁毒康复中心，全面升级庙庙湖村"启家"移民创业就业培训基地，增强为民服务新模式，平安创建取得良好效果。

【文化惠农】

抓好公共文化服务体系建设，高标准建设陶乐镇文化站，打造全镇人民满意的文化活动场所。全年开展广场文化体育活动30场次；农村数字电影放映150场次，受益群众5000余人；开展"道德讲堂"6场次，评选"最美家庭"45户、"五好家庭"25户、"最美农户"11户，选树典型，营造积极向上的道德环境；开展"三下乡"活动50场次、各类民间艺术团体演出33场次，展现中国精神，传递正能量，丰富群众精神文化生活，增强人民群众幸福感。

链接

东街社区"456"服务体系，即社区4支社区志愿者服务队伍：爱心互助服务队、爱心传递服务队、爱心邻里服务队、爱心微服务圈。开展6项便民服务活动：开通爱心服务信息平台、爱心服务电话等预约式服务；开展银龄互助、爱心敲门、聊天、精神慰藉活动；开展在职党员志愿者帮助困难群众、老年人、残疾人实现微心愿服务活动；志愿者特意上门服务；社区工作者上门代办服务；联合党委、社会组织和社工、志愿者开展丰富多彩的文化活动。达到5项便民效果：老年人、残疾人、弱势群体困难有人帮，生活有人照料，每周有人上门服务；每天有人问候，活动有场地。

西街社区"6310"服务体系，即整合辖区各类服务资源，组建6支志愿服务队，即文化服务队、法律服务队、配送服务队、代办服务队、家政服务队。以无偿、低偿、互助3种形式，开展志愿服务、爱心网点配送服务、邻里互助、代理代办等10项服务活动，全力打造"6310"为老服务特色品牌，为老年人提供精细化服务，不断满足老年人的生活和精神需求，促进社会和谐稳定。

黄渠桥镇

【概况】

2016年，以园区建设带动产业结构调整，发展农业特色；加大树木管护力度，畜牧业健康稳步发展；重视环境整治，全面落实小城镇建设配套工作，发展特色旅游；实施农村综合改革，加强社会保障；开展平安建设，做好计划生育、创业就业工作。镇域内形成以清真牛羊肉养殖、制种、红色旅游为主优势的特色产业。被评为自治区"六五"普法先进集体、石嘴山市全国经济普查先进集体、石嘴山市食品安全先进镇；镇文化站荣获"第六届全国服务农民、服务基层文化建设先进集体"称号。

【农业生产】

在西润村、五星村、通惠村建设制种园区4个，落实蔬菜制种核心面积133.33公顷，引进绿春、昊丰、泰金等规模制种生产企业14家，形成以五星、惠北、西润、通惠为核心，辐射周边行政村7个规模化制种、种植面积3333.33公顷，实现收入1000万元,成为全县蔬菜制种面积最大乡镇。落实农机购置补贴政策,全镇补贴资金117.62万元,10台套,52户。开展政策性农业保险工作,小麦、玉米、架豆、番茄等农作物政策性农业保险面积5133.33公顷,收缴保费18万元。为西润村、渠中村、侯家梁村、红光村、前光村、黄渠桥村村民安装太阳能1600户。加强各类专业协会、职业农民、农民经纪人管理,培训支持专业合作社、经纪人扩大经营范围,成为连接农户和市场的纽带。

【畜牧养殖】

全年肉牛饲养量2.8万头,存栏1.63万头,出栏1.17万头;肉羊饲养量29.95万只,存栏15.74万只,出栏14.21万只;生猪饲养量0.8万头,存栏0.4万头;家禽饲养量10万只。重点扶持四渠村蛋鸡场、红光村肉牛养殖场、宏斌家庭特殊养殖场、惠北广润源养殖场、前光种禽养殖场。做好防疫工作,注射牛口蹄疫苗0.85万头,免疫密度100%;羊口蹄疫苗7万只,小反刍疫苗7万只,布鲁氏杆菌疫苗3万只,免疫密度100%;猪瘟、猪口蹄疫疫苗0.25万头,免疫密度100%;猪蓝耳疫苗0.2万头,免疫密度100%,免疫狂犬疫苗0.12万只,免疫密度100%,注射禽流感疫苗20.1万羽,免疫密度100%,全镇畜牧业健康稳步发展。

【生态林业】

春秋两季植树18.62万株,造林面积22.93公顷,抚育修剪林带274条,树木涂刷14.61万株。落实树木栽植、修剪工作,加强树木管护巡查。对主干道路绿化带除草面积95.67公顷,整修树池64.67公顷,实施打孔注药林带30多条,2.1万株,防治面积27.73公顷。加大树木修剪管护力度,防治病虫害,树木成活率87%。

【特色旅游】

启动全域旅游示范镇创建,年接待游客2.6万人。撰写《古今黄渠桥》《黄渠桥史话》,挖掘宣传黄渠桥历史。购回黄渠桥羊羔肉商标,黄渠桥羊羔肉被国家民委等六部委评为"大众口碑奖",打响"爆炒羊羔肉"金字招牌,实现旅游收入500余万元;红光村电商服务站实现正式运营,网上销售糖麻丫、香油等20多种地方特色产品。

【基础建设】

全面落实小城镇建设配套工作,实施学校新居房屋改造49套和文化街绿化、亮化工程。实施文化广场综合整治,建设草坪1500平方米,建设文化体育活动广场即配套设施安装,建设公共厕所1座,面积120平方米,改善小城镇服务功能;实施西润村美丽乡村建设项目;加强养老服务设施和村、社区阵地建设;投资8720万元,解决灌排难问题,高标准实施春秋两季农田水利建设,改造开发土地4533.33公顷,砌护渠道563千米,清理沟道486千米,配套建设建筑物980多座,改善农业灌排设施。

【环境整治】

投资477万元,实施村级道路、"一事一议"奖补、移民项目、民族宗教项目,硬化各村主干道路5.4千米,村庄巷道7千米,方便群众出行。启动实施主干道路大整治、大绿化工程,清理街面广告、乱堆乱放、卫生死角,改善脏乱差现状。

【农村综合改革】

推进全镇农村集体土地确权颁证工作。以二轮土地承包为基础,对照航拍图,按照三榜公示,二次签字确认程序,耕地确权面积

3230.148公顷,荒地2259.144公顷,确权到户率98%,确权发证5550户,发证率96.5%,收费59.2万元。完善农村"三权"抵押贷款机制,办理农村"三权"抵押贷款238笔,贷款金额1162.7万元,为农业增效、农民增收注入新活力。建立完善农村集体"三资"管理制度,开展村级"三资"自查和审计工作,核实"三资"底数,明晰产权关系,完善登记台账,健全管理制度,促进集体资金规范管理、资产保值增值和资源合理利用。

【社会保障】

落实低保动态管理、应保尽保政策,审核最低生活保障对象866户931人。核查取消农村低保72户82人,新增110户121人。全年发放临时救助21.47万元,五保供养到位,节日慰问贫困家庭482户,发放慰问金26.56万元。落实粮食补贴面积3600公顷,发放金额437.57万余元。合作医疗、养老保险投保率位于全县前列。安置插花移民40户,收储房屋20户,集中安置点建设20户。移民安置34户。

【计划生育】

推进"全面两孩"政策落实,刷新标语30条,发放宣传材料4200份,全面开展优质服务工作,对全镇妇女免费检查795人。对全镇计划生育户摸底调查,落实提前五年对接国家奖励扶助制度等优惠政策,国家奖励扶助对象3人;加强流动人口管理和服务,全镇流出育龄人口425人,其中育龄妇女128人,办证125人,办证率97.7%;流入人口61人,流入人口持证率100%,验证率100%。

【平安建设】

推进网格化管理,落实网格社会管理治安防控责任,逐级落实网格分包责任,实行定格、定点、定人、定责,做到"横到边,竖到底,全覆盖,无缝隙";开展村干部进警营(派出所)活动,联合派出所干警化解矛盾纠纷,推动平安建设工作。全镇排查、登记各类矛盾纠纷263起,调解各类矛盾纠纷183起,调解成功183起,接待来访群众225人次;纠纷受理率100%,调处成功率100%。加大消防安全宣传,全年无重大火灾事故发生。开展禁毒万人签名活动,聘请禁毒义务宣传员,开展进村入户宣传禁毒等活动。

【民族宗教】

开展宗教活动场所安全隐患排查,对排查出的14个场所整改,为29个宗教场所免费发放消防器材29个。

【创业就业】

全镇农村劳动力转移2907人,实现工资收入2316万元。对辖区内小企业、小老板等情况摸底调查,培育小老板45个,创办小企业15个,带动就业321人,对搬迁移民58户412人建档立卡户,通过教育、产业、就业等帮扶措施,实行精准扶贫。

【招商引资】

落实招商项目6个,投资1.2亿元,其中,平罗县前光种禽养殖合作社到位资金4530万元,时代聚源科技公司到位资金2581万元,平罗县黄渠桥幸福互助院到位资金850万元,平罗县穆源红家庭农场到位资金1132万元,宁夏泰金种业到位资金980万元,银北医院到位资金2000万元。

姚伏镇

【概况】

2016年,以助农增收为前提,以产业发展为支撑,以完善基础设施建设为保障,依托区域优势,充分挖掘潜力,发展特色农业,促进农业增效、农民增收,促进农业农村工作又好又快发展。姚伏镇被国务院防范处理邪教办公室命名为"全国创建无邪教示范镇";姚伏社区被评为自治区"三星级和谐社区";小店子村、团庄村被命名为石嘴山市2016—2019年度文明村。

【优势特色产业发展】

在永胜、小店子村打造"统种、分管、统收"优质粮生产基地266.67公顷,辐射小店子、沙渠、团庄村种植优质水稻1500公顷。周城村蔬菜综合示范园区1个,核心园区建设面积33.87公顷。建设石嘴山市国家农业科技示范园区平罗县小店子稻麦繁育基地1个,建设规模286.67公顷;建设北营子蔬菜制种示范园区1个。依托龙头带动,推动产业合理布局。按照大户集中规模饲养和群众分户散养相结合方式,全镇羊饲养量6.23万只,牛饲养量0.82万头,生猪饲养量555万头,禽饲养量33.24万只,各类饲草种植面积953.33公顷。支持祥盛养殖合作社和宁夏茂草园牧业有限公司争创自治区级龙头企业。全镇生态水产养殖面积1713.33公顷。

【农村改革】

实施农村土地经营制度改革,全镇核实确权土地面积7306.67公顷,其中农户二轮承包地3760公顷,流转土地1866.67公顷(连片50亩以上集体荒地10户51.04公顷)。实施宅基地改革,全镇确权宅基地5387宗,其中单宗4404宗,共宗983宗。收取土地使用费65.35万元,收费总额率91%。健全完善农村产权流转交易服务站。镇民生服务大厅设立农村产权流转交易窗口,负责农村产权交易信息收集、土地流转审核、登记、报送、产权信息发布、抵押贷款等工作。全镇农村土地承包经营权证抵押贷款办理308笔,贷款金额1348.28万元。

【美丽村庄建设】

按照"田园美、村庄美、生活美"建设目标,坚持因地制宜、梯次推进、群众参与原则,在周城村三、七队打造"美丽乡村"示范点。项目总投资220万元,惠及农户91户325人。主要是道路建设、房屋院落整治、环境卫生综合整治。

【招商引资】

2016年,落实开工建设新续建招商项目6个(建设年加工玉米种子6000吨加工厂、年加工3000吨玉米水稻生产线项目及农药化肥批发项目、沙湖人家生态观光休闲度假村建设项目姚伏镇茗苑养老休闲中心建设项目、种植养殖休闲观光一体化建设项目、粮食机械化烘干项目),投入资金9730万元。招商项目办理前期手续3个,计划投资额7000万元。

【农水建设】

实施农田示范方3个。团庄农田示范方辐射改造面积533.33公顷;清淤支沟4条,长4.8千米;清淤斗沟5条,长5.5千米;清淤农沟70条,长77千米;整修农路134条,长99千米;清淤支渠1条,长7千米;清淤斗渠7条,长7千米;清淤农渠46条,长50.6千米。许家桥农田示范方清淤支沟2条,长5.6千米;清淤斗沟4条,长7.2千米;清淤农沟65条,长27.8千米;新开斗渠2条,长1.33千米;新开农渠42条,长22.7千米;新开斗沟2条,长1.55千米;新开农沟41条,长20.6千米;平田整地200公顷,新建农渠口42座,辐射改造面积333.33公顷。周城农田示范方清淤斗沟1条,长0.95千米;

清淤农沟34条，长27.05千米；整修农路70条，长56千米；清淤支渠8条，长8.16千米；清淤斗渠8条，长5.55千米；清淤农渠50条，长39.1千米，辐射改造面积320公顷。以高速公路沿线、109线、302省道和各村主干道路两侧为重点，清淤支沟11条，长9.3千米；清淤斗沟53条，长54.5千米；清淤农沟747条，长444.8千米；整修农路1553条，长935千米；清淤支渠170条，长167千米；清淤斗渠214条，长197.5千米；清淤农渠1105条，长1104.2千米；新建和维修各类水利配套建筑物36座。

【惠农政策】

落实政策性农业保险工作，保障农民生产积极性。全镇落实各类农作物投保面积5533.33公顷。开展农业技术专题培训，举办各类培训班10场次，培训人数315人次；发放各种技术资料5次，发放1540份；开展咨询活动96人次，受咨询人数198人次。

【精准扶贫】

印发《姚伏镇精准扶贫工作实施方案》，实行"一户一档一策"，精准扶贫；精准实行结对帮扶扶贫；精心组织实施产业扶贫；真心帮助创业就业扶贫；实施社会保障扶贫；采取多项措施，层层落实扶贫任务。

【民生工程】

救助临时生活困难家庭182户，救助资金10万元；落实"五保供养"待遇68人；春节前夕慰问特困户、五保户、军烈属、复退军人、残疾人195户8.8万元；长寿老人登记133人，发放长寿金4万元；实施全镇公益性墓地普查，公益性墓地13处27.38公顷，给86户村民发放迁坟款6.82万元。

【创业就业】

落实劳动力转移就业2140人，实现工资收入1767.2万元；一卡通录入2140人，录入率100%；创办小企业30个，培育小老板45个，创新岗位430个，创建农民工返乡创业园区1个，带动就业400人；大学生引领计划5人。

【安全维稳】

推进平安创建工程，落实安全生产目标责任制，开展安全检查12次。推进社会治安综合治理，加强矛盾纠纷和不稳定因素排查力度，全年成功调解各类矛盾纠纷94起，答复各类信访件26件。完善网格化建设，成功处理网格系统上报事件13起，推进依法治镇工作。

【星级服务型党组织】

以"强基进位·星级创优"工程为总抓手，提升基层党组织服务群众能力。全镇初验四星级党组织1个、三星级党组织6个、二星级党组织9个、一星级党组织2个。对姚伏村、许家桥村2个软弱涣散基层党组织，以问题为导向，加强与县派"第一书记"协调沟通，相互协作，帮助理清村级组织和村干部工作职责，强化村级班子建设，加强党员教育管理，建立完善村规民约，落实便民服务措施。姚伏村张月芳、路金花被评为全区"百孝之星"，许家桥村落实千亿斤粮食农田水利示范区建设。

【基层基础建设】

开展"双培养一加强"活动，严把发展党员入口关，注重在优秀青年、后备干部和回乡创业优秀青年中发展党员。全年转正党员9人，培养预备党员14人，培养积极分子34人；注重从党员中选择有思想觉悟、职业特长和致富带头能力的年轻人作为后备干部人选，培养村级后备干部15人。建立健全全镇村干部干事档案51个，完善村干部个人有关事项报告机制，落实村干部及党支部书记述职考核机制；发挥农村党员干部现代远程教育平台作用，利用QQ群、网站、微信平台等九类党建信息媒体，拓宽党员教育培训形式，线上与线下相互融合，相互促进。对于"在家"的党员，着重培训种植、养殖技术；对于"在外"的党员，着重培训务工技能、商业法规、就业优惠政策等。严肃查处党员违纪违法行为，对严重违纪党员2人，给予开除党籍处分。

【"两学一做"学习教育】

全体党员干部采取个人自学、集中培训、专题辅导、集体研讨等各种形式的学习。开展"三个专题""三个课堂"等规定动作。加强各支部载体提炼并在区市县广泛推广，市委组织部采用1篇，编写"两学一做"学习教育专题简报50余期，微信公众平台宣传10期，发放党章、党建口袋书千余册。结合庆祝建党95周年系列活动，组织优秀党员到六盘山红军长征纪念馆开展革命传统教育、组织党员观看《永远在路上》《筑梦中国》《榜样》等专题教育片13次，开展警示教育和理想信念教育5次。以"抓工作，促发展，做表率"主题实践活动为引领，为无职党员设岗定责，抓"做"这个关键，以为民服务为中心，在村"两委"换届之前开展"下村入户"民情大走访活动，夯实学习教育根基。包村干部60余名利用冬闲时间分赴18个自然村126个村民小组，走进农户家中了解和掌握基层真实情况，征集各类社情民意、意见建议364条，排查化解矛盾纠纷83件，解决群众生活困难75人次，摸排村"两委"班子46人次，全面了解掌握各村实际情况，对症下药，分类施策，为村"两委"换届选举奠定基础。

头 闸 镇

【概况】

2016年，开展"两学一做"学习教育，星级服务型党组织创建活动，落实党风廉政建设"两个责任"，加强党的建设；提质增效，发展特色优势产业。被国务院防范处理邪教办公室授予"全国创建无邪教示范镇"称号；西永惠村被石嘴山市委命名为先进基层党组织。

【特色优势产业】

发展蔬菜制种产业，建成蔬菜制种示范园区20公顷以上5个，打造以西永惠村为核心的特色产业村1个，辐射带动全镇蔬菜制种面积1066.67公顷，解决周边劳动力就业800余人。发展草畜一体化产业，引进并支持宁羊集团、千叶青、丰德牧业有限公司，苜蓿种植面积666.67公顷，羊只存栏6.8万只，建成占地面积23.07公顷，可存栏3.2万只肉羊的规模化养殖标准示范场1个，年产7万吨饲草料加工生产线1条，储草大棚4座。

【小城镇建设】

完善特色小城镇建设项目。总投资2350万元，重点实施修建翰林公园，街道美观绿化、沿街商铺外立面改造，镇区环境整治，建设和改造公共服务设施等工程，改善镇区环境。

【农田水利】

申报盐碱地改造、灌区配套农业综合开发、世界银行贷款、高效节水等重点项目，总投资金额1627万元。实施大王渠等农渠砌护，改善农业生产条件。

【"一事一议"项目】

实施"一事一议"项目5个,修建道路5条长9.02千米;实施太阳能路灯项目1个,为红岗村安装太阳能路灯91盏;实施村村通道路建设项目,修建道路头石路至永丰路1.6千米,裕民村至红岗村1.24千米。

【脱贫攻坚】

全镇建档立卡贫困户14户75人,通过领导包户、党员联户、发展大户带动等方式,采取产业扶贫、就业创业扶贫、电商扶贫等措施帮助脱贫。2016年,房屋及土地收储工作,安置插花移民30户,房屋维修改造项目全面竣工。

【社会服务】

投资187万元,建成社区日间照料中心。提升2015年建成农村老饭桌5个服务功能,建设西永惠村养老互助院,形成老饭桌、日间照料中心、永福居养老

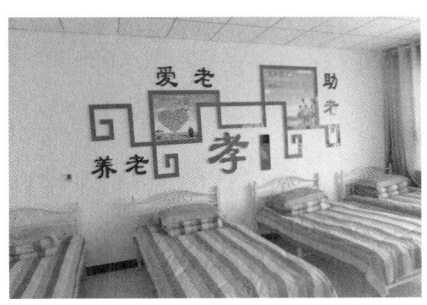
头闸社区日间照料中心

服务中心、养老互助院四位一体综合养老服务体系,多次接受自治区、市、县观摩学习。平罗县老龄工作委员会授予头闸区"2016年度敬老模范单位"称号。

【平安建设】

深化平安建设,规范"两个中心"运行,一站式服务群众。发挥网格员、人民解调员、警员作用,落实领导包案、分流督办、领导接访等制度,维护辖区稳定,全年立刑事案件8起,较上年同期下降50%,社会治安形势良好。国务院防范处理邪教办公室授予头闸镇"全国创建无邪教示范镇"称号。

【党的建设】

开展"两学一做"学习教育,通过党支部会议引导学、交流讨论互相学、手机微课堂传递学、远程教育自主学等多种方式强化党员干部思想教育,开展脱贫攻坚、农业服务、平安建设、志愿服务、党建带动"五大先锋行

9月8日,头闸镇第十六届人民代表大会第一次会议召开

动",让广大党员干部在促进农村经济社会发展中树形象做表率。开展星级服务型党组织创建活动,创建三星级党组织1个、二星级2个、一星级8个。抓好村级基础设施建设,投资120余万元,新建外红岗村、永惠村村级活动阵地。坚持问题导向,全面落实党风廉政建设"两个责任",立案查处村干部违规违纪2人,责任追究3人。

【镇、村党组织换届】

按照县委统一部署安排,制定镇、村党组织换届选举工作实施方案,成立换届选举工作领导小组,召开换届选举工作动员及部署会议,开展多次换届选举工作培训会议,严格按照换届选举程序和步骤,严肃换届选举纪律。各党支部于7月13日召开党员大会选举产生出席镇第十四次党代会代表105人。于7月31日召开镇第十四次党代会,分别选举产生新一届镇党委委员11人、纪律检查委员

会委员3人，选举产生出席中共平罗县第十四次代表大会代表6人。于12月23日召开各村党员大会，选举产生新一届各村党支部班子成员46人。

崇岗镇

【概况】 2016年，主动适应社会经济发展新常态，深化产业结构调整，坚持改革创新，紧贴民生主线，经济和社会各项事业取得新进展。崇岗村获得"国家无邪教村"荣誉称号；镇综合治理中心铁路护路工作获得自治区级"先进集体"荣誉称号。

【规范煤炭集中区】 坚持走新型工业化发展道路，优化产业结构，鼓励有实力企业，采取以大吃小、股份合作等措施，收购兼并相邻煤炭经营户，实现规模化、集约化经营，淘汰落后产能。加强煤炭集中区封闭运行管理，完善内控机制及企业IC卡审批制度，规范审批流程。加强综合治税，配合税务部门加大企业税收征缴力度，确保依法征税、应收尽收。重视水源地退出煤炭经营户遗留问题的解决。以调整工业产业结构、实施节能减排、发展循环经济、保护生态环境为突破口，创新方式，优化环境，提升煤炭集中区规范发展。

【农业生产】 以农业园区建设引领结构调整，建成水稻制种园区12个523.33公顷、小麦制种园区1个70公顷、优质水稻种植园区66.67公顷、水稻品种展示和精量穴播示范园区1个，展示品种9个；建成红树莓引种试验园区、油用牡丹、枸杞、韭菜制种等特色园区133.33公顷。在园区新品种新技术试验示范，扩大政策性农业保险覆盖范围，提高农业抵御自然灾害能力。鼓励农户投保政策性农业保险，全镇农业保险投保4666.67公顷，投保比例100%。

观摩优质品种种植区

提升和改善农村居民生活水平，推进"阳光沐浴"项目，安装太阳能热水器990套。对全镇1623.33公顷耕地实施机深松(翻)作业项目，改善土壤蓄水保墒能力。全年新增流转土地101.68公顷，新成立家庭农场1个。举办新型职业农民培训班2次，培育新型职业农民104人，摸底新型农业经营主体带头人79人。

【生态林业】 抓好主干道路整治绿化，生态绿化面积82.25公顷，栽植各类苗木31.03万株，平均成活率87%，其中绿色通道18.8公顷，栽植各类树木1.32万株，其中新植9.23公顷，栽植各类苗木0.8万株，补植9.57公顷，栽植各类苗木0.52万株；农田林网3.05公顷，栽植各类树木1.79万株。经济林60.4公顷，其中栽植枸杞40公顷、红树莓7.2公顷、丰产苹果4.87公顷、核桃等小杂果8.33公顷，栽植苗木27.91万株。为确保树木成活正常生长，春季对所有新植林带灌水3~5次，抚育踏实2次，秋季对主干道路两侧重点林带树木全面管护，修剪树木5.79万株，涂白6.58万株，新整修林带6条，面积28公顷。对全镇43.33公顷林带除草和冬灌，确保树木安全越冬。为防止臭椿沟眶象危害及蔓延，对所有臭椿林带臭椿沟眶象综合防治，采取人工绑扎防虫隔离裙、树体打孔注药，灌根等措施，防治面积130公顷，防治树木2.3万株。

【农水建设】

按照沟、渠、田、林、路综合整治，统一规划，集中连片，整体推进，建设高标准、高质量、农田节水示范区2个，实施国土整治项目1个，高标准农田建设项目1个。开挖和清淤农沟123条117.4千米、斗沟15条13.4千米。常青渡槽翻建，下庙十队跨二农场渠危桥改造工程，跃进强排站翻建工程，镇朔电排站翻建工程，二农场渠砌护工程，南尖子小型水利维修及镇朔村五队水利维修工程等，实施兰丰村、跃进村饮用水管网改造工程。

【环境整治】

加大作物秸秆、畜禽粪便、农村废弃物等资源化利用。严禁焚烧农作物秸秆，在全镇9个行政村粉刷标语18条，成立秸秆禁烧巡查小组，与各村和种植大户签订秸秆禁烧责任书，每天安排专人在全镇范围内巡查，教育和引导农民群众保护环境。集中开展辖区内规模化畜禽养殖场污染防治，加大农村环境综合整治污水治理工程监管力度，加强农药和化肥环境安全管理，引导农民合理施用化肥和农药。以村庄环境卫生综合整治为重点，狠抓脏乱差治理，集中清理垃圾、杂物，在有条件的村组建环境卫生保洁队伍，定期清洁卫生，改善农村环境面貌。对镇域主干道路沿线环境治理，清除道路沿线及煤炭集中区内道路、树池、绿化带、企业门口及厂区内废弃物，清理各类垃圾2620余吨，改善镇域环境面貌。新镇区污水处理厂验收，崇岗卫生院搬迁，新建崇岗九年制中学教学楼。

【农村综合改革】

突出镇村招商，以村企合作为手段，挖掘和开发利用闲置房产、土地等资源，通过承包、租赁、股份合作等方式，积极引导，稳步推进农村土地经营管理制度改革工作，全面推进农村"三权改革"。全镇农村土地承包经营权确权前期工作和农村宅基地使用权确权地界确认、资料收集、信息录入工作，已颁证；农村房屋所有权确权工作按照相关程序稳步推进。化解因土地确权引发矛盾纠纷，维护群众合法权益。镇产权交易服务站成立并规范运行，推进农村产权流转交易服务工作。新增流转土地408.95公顷，全镇流转土地1726.67公顷。建立国土资源管理日巡查制度，加大土地使用监管力度。

【小城镇建设】

实施新镇区新建项目3个，投资1086万元。实施新镇区东外环路排水工程，铺设排水管道967米。实施新镇区供电项目，新建10千瓦供电线路2.9千米，低压电缆1.6千米，新装变压电台4座。棚户区建设项目A区建成，B区主体工程完善安装工程。棚户区主干道路北环路建成并投入使用，铺设道路781米，铺设排水管道771米，架设路灯43杆。配合市供电部门落实崇岗供电所办公楼建设项目。

【计划生育】

全镇总人口13231人，育龄妇女3312人，其中已婚育龄妇女2207人、未婚育龄妇女1105人，全年出生80人，人口出生率6‰，计划生育政策符合率100%。确定"少生快富"示范户13户，享受奖励扶助18人。

【社会保障】

统筹城乡居民医疗保险完成参保10854

人,参保率86.27%。发放临时救助31人次,发放金额62350元,其中自然灾害救助10人次,发放资金16450元。配合县民政局开展最低生活保障救助审核,核销人户分离享受待遇14户14人。对各村落实村民代表会议制度定期开展督查指导,发挥村民代表会议作用。强化网格化管理工作,对网格员18人、网格监督员10人组织培训4次,对各村(居)开展网格员测评考核,严格落实网格"周报、月评、季考"制度。督促落实全镇2200公顷农田综合整治项目区迁坟工作,整理完善2014—2016年165户487座迁坟档案。

【社会治安综合治理】

做好平安建设基础工作,发挥各村(居)、各业务站所职能作用,实行村(居)、站所联勤、联调,对各类矛盾纠纷按照受理、分流、督办、反馈形式分流转办,妥善化解各类矛盾纠纷和信访案件。排查各类矛盾纠纷96件,化解86件,化解率98%。受理信访网上转送件12件,办理9件,进行办理3件,及时受理率100%;办理县督查室、政法委督办件3件,按时办结率100%。受理石嘴山议政网反映事项4件,按时办理4件。化解信访积案7件,化解率87.5%。开展社会治安重点地区和突出问题排查整治工作。加强流动人口和出租房管理。加强吸毒人员管理。强化刑释解教人员帮扶管控及精神障碍易肇事肇祸管理。加强安全生产管理工作。定期组织相关人员对辖区各单位、各村、社区、学校、宾馆、加油站安全大检查,发现隐患及时整改。年内未发生重特大安全生产事故。

【文化教育】

加强阵地建设,9个村农家书屋达标。以节日为契机,开展丰富多彩的体育文化活动。组织社火拜年活动5场次;接待区、县"送戏下乡"演出2场次;配合县"三下乡"演出1场次;举办艺术团"送戏下乡"演出5场次;举办干部职工运动会2次、流动人口男子篮球赛1场次;组建广场舞蹈队9支。购买村级体育活动器材,对全镇卫星数字农家书屋进行维护,新增书籍1000余册。开展"两学一做"学习教育,举办4场次报告会,解读第十八届六中全会精神和宁夏长征精神,开展依法行政等宣传活动,丰富工作载体,营造文明新风尚。按照"八有"标准规划化开设崇岗镇道德讲堂,开展各类典型人物推荐评选活动,开展文明单位、文明村创建活动。申报市级文明村1个,县级文明村2个、文明单位2个。开展民族宗教政策、法律法规学习宣传,进行"三定"培训1次。残疾人协会、老年协会、计生协会、妇代会、人民调解委员会、社区文体队、关工委成立群众组织7个,社区现有工作人员7人,社区志愿者78人。组建保洁清扫队,开展"俭以养德,人人行动""资源循环利用"和"人人节水"活动。

【招商引资】

实施"以企招商,以商招商,外出招商"战略,抓好镇村招商工作。结合崇岗镇发展优势,挖掘镇域经济发展潜力,做大做强村级产业优势,增加村集体经济收入。全年招商项目5个。分别为:神宁集团汝箕沟无烟煤分公司实施汝箕沟上一上二、阴坡大岭湾及工业广场采区剥离工程,项目投资31317万元;国网宁夏电力公司实施的崇岗镇向阳220千伏输变电工程项目投资19607万元;宁夏绿能环保型煤有限公司实施的扩建50万吨环保型煤项目,计划投资3800万元；石嘴山万象煤业有限公司实施的新建年产50万吨型煤项目，计划投资3500万元；宁夏亿源环保型煤科技有限公司实施的扩建年产60万吨型煤项目投资4800万元。

宝丰镇

【概况】

2016年，突出招商引资和项目建设，加快推进蔬菜产业和清真牛羊肉产业。农民人均可支配收入12 146元，年度增加量1104元，增长率10%。全镇经济快速发展，社会更加和谐，干群精神振奋，人民安居乐业。

【清真牛羊肉】

争取到发改委项目资金130万元、活体羊储备项目资金35万元、核心区项目资金50万元。改造提升伊源、云顺、明辉等养殖场基础设施，增加饲养量，全年羊只饲养量32万只以上，牛饲养量1万只以上。巩固提升丰盛肉牛养殖场、宁新奶牛养殖场，年内肉牛饲养量1000头、奶牛600头。抓小群多户示范村增数量。创建镇关村和宝丰村小群多户示范村，培育肉杂羊100只以上300户。依托深圳百禾园，盘活金福来，引导企业与养殖场、养殖户签订合同，扩大生产，提高胴体销售量，开发分割包装等精深加工。鼓励支持企业在伊源羊产业基地改造10座圈舍，提升饲草料、饮水设施及围墙等设施设备水平，提升养殖效益。加强宝丰牛羊交易市场管理，抓好贩运、流通和市场交易工作，实现年交易量120万只。建设宝丰镇清真羊肉电商交易平台，实现年交易量4000吨。优选年富力强的乡村兽医担任防疫员，签订目标管理责任书，春秋两季防疫密度100%，保证畜牧业健康发展。

牛羊养殖基地

【蔬菜基地建设】

坚持育龙头、建基地、提品质、促调整，采取"2+1"市场发展模式，打造蔬菜基地2个，各66.67公顷，辐射带动群众种植蔬菜近万亩，亩均增收3000余元。引导深圳百禾园建立高标准蔬菜园区。在吴家湾、镇关、陆渠村集中连片流转土地74.58公顷种植菜心，全部销往西安、广东等地。东湾蔬菜合作社建成露地蔬菜基地。在吴家湾六、七队种植莲花菜、芹菜、大白菜、葱、甜菜等"双茬"蔬菜66.67公顷，实现亩均收入2600元。依托三和脱水蔬菜合作社建成石嘴山市永久性蔬菜基地。采取流转土地及订单模式，种植土豆、梅豆、西瓜、菠菜及番茄等蔬菜66.67公顷。

百禾园蔬菜基地

【基础设施建设】

加强乡村道路建设，争取"一事一议"项目资金282万元，硬化吴家湾、新渠、兴胜、渠羊、中方村级道路混凝土硬化7.19千米；争取市少数民族扶持资金20万元，水泥混凝土硬化马家桥村庄巷道1.3千米。

【农田水利】

推进农村小型水利工程管理体制改革。加强农田水利建设,高标准完成春、秋两季农田水利清淤工作,实施宝丰、吴家湾等农田水利示范方4个,

水利清淤

清淤斗沟22条,农沟342条;清淤支渠72条,斗渠48条,农渠1255条,改造中低产田825.67公顷;修整农路660条,维修泵站1座;投资64万元,新修建筑物10座;投资6万元,维修砌护农渠2千米。新建抗旱机井8眼,解决灌溉难问题。对全镇小型水利工程3166件确权颁证,颁证74个。

【林业生产】

以打造"三条绿色长廊"为目标,持续强化林木管护及抚育工作,恢复简滨大道被群众挤占的预留林带,投资投劳50万元,调用义务工1800余人次,动用大型机械8辆,平整林带4.45公顷,栽植乔木11.35万株,栽植灌木11.35万棵,扦插柳插干6.04万枝,造林面积12.88公顷。定期组织各村对林带除草、平整4次,除草面积38.93公顷,修剪主干道路两侧树木2.91万株,涂白4.27万株,整修林带9.73公顷。

【农村土地经营改革】

全镇确权宅基地3694户,其中,纠偏纠错重发395本,最终发证3287户,发证率89%。超占面积47.76万平方米,下达超占面积收费70.25万元,收费52.43万元,收缴率74%。对全镇9个村4820户15810人农村集体经济成员身份认定。实施全镇确权2459.57公顷,4236户,其中A类地1352.76公顷,B类地749.51公顷,集体荒地339.306公顷。

【招商引资】

引进宁夏晟晏实业经济能源循环经济有限公司、平罗县实民农副产品流通专业合作社、宁夏长燃平罗燃气有限公司、宁夏东方宝盛建设有限公司等招商项目4个,投资1.66亿元;引资564万元。

【农村人居环境】

实施美丽小城镇建设项目。以"四区一中心"为重点,以"5+1"为抓手,突出回乡风貌,整合7个项目资金,投资8090万元,实施美丽小城镇、一事一议道路硬化、少数民族特色村寨、基层政权、污水处理、加气站等项目,完善小城镇基础设施建设,提升小城镇服务功能,打造回乡风情商贸重镇。加强环境卫生整治。争取自治区环保厅农村环境综合整治项目资金177.8万元,建成生活污水处理泵站。开展农村环境大整治,投资84万元,动用机械280台次,清除主干道路、集镇周边建筑及生活垃圾1800吨。建立畜禽养殖及农产品加工等企业环境综合治理档案,全面提升辖区内企业内外部环境质量。开展禁烧秸秆工作,采取责任包干、宣传车巡回宣传、定期督查等方

生活污水处理泵站

式,全面做好禁烧秸秆工作。

【社会事业】

加强民生保障工作,开展各类优抚对象、低保户、弱势群体、特困户逐户排查摸底工作,其中,在乡复员老军人41人,伤残军人2人;享受农村最低生活保障对象687户786人;五保户63人,全年新增五保户2人;享受农村高龄补贴161人。宣传养老保险政策工作,新型农村合作医疗参保15769人,参保率100%,新型农村养老保险参保5567人,参保率100%。

加强计划生育工作,全面提升优质服务,巩固计划生育示范单位创建成果,已婚育龄妇女群众术后随访率98%,出生政策符合率98%,综合节育率100%,避孕措施及时率99.8%,流动人口录入率90%以上。

加强创业就业工作,全面落实创业就业优惠政策,实现农村劳动力转移就业1909人,劳务收入1783.9万元。配合做好农村劳动力转移就业"一卡通"数据录入工作,举办驾驶员、创业能力、农村实用人才及经纪人培训班4期,培训300余人次。深入集市、村队宣传务工人员权益保障等法律法规,发放宣传材料2500余份。培育小企业、小老板55人,带动就业300余人。

投资80.46万元,收储房屋18户64间1704平方米,搬迁安置移民18户。做好移民医保、教育、低保救助等后续管理工作,确保"搬得来、住得稳、管得好、能致富"。

重视宣传思想文化工作,开展第五届道德模范、"最美家庭"等评选工作,推荐国家级"最美家庭"1户,区级"最美家庭"2户,县级"最美家庭"10户、"健康家庭"5户,推荐全县第五届道德模范10人,评选区级"最美家庭"1户、十星级文明户18户、"最美农家"28户。开展"我们的节日"活动,文艺演出、集中宣传4场次。开展文明村镇创建,镇政府被命名为县级文明镇,中方村、新渠村、渠羊村、陆渠村被命名为县级文明村。上报宣传信息、报道421篇,其中被区、市、县采纳79篇。宝丰回乡广场舞队,获得县广场舞比赛组织奖、优秀奖。举办第三十四届农民篮球运动会。配合区、县开展"三下乡"文艺表演,开展各类文化活动8场次。

文艺演出

【平安建设】

加强信访维稳工作,实行镇领导接待来访日制度,开展矛盾纠纷和不稳定因素排查12次,排查办理出婚姻、土地流转、邻里纠纷、宅基地、淹田等矛盾纠纷23起,信访总量逐年下降,信访案件办结率100%,矛盾纠纷调处率100%,调处成功率97.7%。加强平安建设,开展平安村、社区及单位创建活动,创评平安乡镇1个,平安单位5个、平安村8个。以"平安宣传月"为重点,向镇村干部、开学阿訇发送宣传短信198条,集市摆放宣传专栏8块,发放宣传资料1400余份。

加强安全生产工作,加大安全隐患排查力度,开展安全生产检查和督查11次,规模以上企业生产安全为主综合检查和专项检查10次,查出突出安全隐患4起,对加油站、在建工程等重点领域排查11次,查出隐患26处,全部限期整改完毕，年内无安全生产事故发生。

【党的建设】

强化党建责任制落实，层层签订《党建目标责任书》，创建党委研究党建定期例会制度、党建指导员和联络员工作制度、季度红旗党支部评比制度、基层党组织月度重点工作清单制度及月查、季评、半年述职、年终考评5项互为支撑、互为联系的检查、考评考核体系，对红旗党支部及优秀党建指导员和联络员实行季度表彰奖励，激发各村党支部主动抓党建的活力。以三会一课为基础，每月定期开展"党建活动日"，开展党员活动日、民主议政日，主要包村领导讲党课、村书记讲革命历史故事、党建指导员讲党务知识"三讲"教育，组织党员观看电教片、观摩学习、道德讲堂、文娱比赛等活动。实行"党建活动体验日"，组织党员代表、村队干部到红旗党支部体验党建活动日。开展"走在前、做表率、争先进、创一流"等主题实践活动，评比"四星模范"36人。开展"两学一做"学习教育，"三带头三结合"、村干部素质提升工程、流动党员"三建一定"等典型经验被市委组织部宣传报道。开展"强基进位，星级创优"工程，争创三星级村2个、二星级村7个、一星级社区党支部1个、一星级机关党支部1个。加强队伍建设。注重从种养大户、返乡创业大学生中培养发展党员，建立"1+2+N"联系对子，建立"双培养一加强三级成长阶梯"信息库，培养入党积极分子19人，发展预备党员8人，预备党员转正8人。全面开展村干部素质提升工程，采取以会代培、集中培训等方式，重点对村干部、党建指导员和联络员，进行党务政策、党章党纪、民主管理、"互联网+"等知识培训，建立农村党员干部教育培训常态机制。开展党员组织关系排查，及时更新党员库数据，建立党员组织关系排查档案。推进党员教育积分管理工作，开展无职党员设岗定责活动，通过实践锻炼和自主赋分，加强对无职党员履职教育管理，增强党员党性。将镇村干部"干事档案"和"两管三评一推优"结合，建立"干事档案"晾晒台、党支部和党员风采展示台，每季度测评推优，激发干部工作热情。严格村干部坐班管理制度。采取定期与不定期督查相结合方式，落实村干部坐班制度，并将督查结果作为年终兑现绩效工资主要依据。

【党风廉政建设】

建立镇党委及班子成员履行党风廉政建设主体责任清单，逐项分解党风廉政建设和反腐败任务，层层签订《党风廉政目标管理责任书》。制定下发《宝丰镇机关干部作风建设事务管理"四项"制度》和《宝丰镇机关干部作风建设事务管理细则》，实行干部指纹签到、领导干部请销假及考勤通报。三落实党员领导干部重大事项报告、"三重一大"集体决策及"一把手五个不直接分管"等制度。开展党风廉政建设大约谈、侵害群众利益排查整治及落实中央八项规定回头看等专项活动。开展党风廉政警示教育。采取专题辅导讲座等形式，培训学习《廉政准则》《纪律处分条例》等党纪法规，组织观看《镜鉴》《永远在路上》等警示教育片。以镇村干部例会为载体，开展"每周一案"警示教育活动，传达"违纪违规典型案例通报"15次69起，职务犯罪警示教育9次11例。在机关楼道内悬挂廉政格言警句23幅，在陆渠村设立廉政教育室、悬挂教育警示展板12块。对5件县纪委转办和群众来信反映的案件核实，立案2件，给予党纪处分2

人,诫勉谈话1人。

【换届选举】

7月31日,中共平罗县宝丰镇第十四次代表大会召开,选举产生中共平罗县宝丰镇第十四届委员会、宝丰镇纪律检查委员会。9月8日,宝丰镇第十六届人民代表大会第一次会议召开,选举产生宝丰镇人大主席团主席、宝丰镇人民政府镇长、副镇长。12月23日,各村党组织换届选举,选举产生村党组织委员45人,其中村党组织书记9人,副书记5人。

通伏乡

【概况】

2016年,以创建星级服务性党组织为目标,以稻米产业发展、环境综合整治、美丽村庄建设、平安通伏建设、提升农村公共服务水平等为抓手,力促各项工作落实。马场村"道德讲堂"被自治区精神文明建设委员会办公室命名为全区"50佳道德讲堂"。

【农村基层服务型党组织建设】

落实基层党建工作责任制,实施"强基进位·星级创优"工程,开展农村基层服务型党组织创建工作,创建三星级党支部1个、二星级党支部12个。落实"双培养一加强"机制,搭建村级干部队伍成长三级阶梯。建立优秀青年信息库,将带动致富能力强和服务群众意识强的青年党员35名纳入后备村干部库,实行动态管理。按时换届乡镇党委班子,村"两委"班子换届全面摸底、个别谈话、村两委班子任期内三资审计阶段。维修改造新潮村、通城村村级活动场所,申请市财政扶持通城村、新丰村、通伏村发展壮大村集体发展资金90万元,每年可增加村集体收入9.9万元。

【培育优势产业】

按照县委、政府"一带三路八园"特色产业规划,结合本乡水稻产业"一枝独秀"实际,实施"企业+基地+种植大户"水稻品质提升工程,以订单、托管、统种分管、流转等模式,在周滨路、姚通路两侧建设万亩优质水稻示范园区,核心示范园区采取机械插秧、保墒旱直播、穴播技术,采用宁粳系列、D10、秋优88、1487等优质品种,种植826.67公顷优质水稻,谷道香、日月新、宁禾谷、超娃、科丰种业5家公司及3家家庭农场参与其中,发挥示范带动效应,加快优质水稻产业发展,带动农户增收致富。探索建设现代农业综合服务体系,引进中农金合现代农业有限公司投资建设现代农业综合服务公司,解决水稻种植技术落后、品种多杂、品质低、效益不高问题。

【农村综合改革】

开展农村土地经营权确权颁证工作。全乡登记确权土地面积7933.33公顷,整理档案资料,保障农民对土地的承包经营权。开展宅基地确权颁证工作。实施全乡符合颁证条件农户5882宗宅基地确权颁证工作。全面做好土地流转。全乡土地流转200公顷,订单农业326.67公顷,托管213.33公顷,统种分管86.67公顷,培育一批种植大户、经营能手。通过规模化、产业化经营,带动全乡优质水稻产业发展。规范农村集体"三权抵押"工作。办理土地经营权抵押贷款829笔,发放贷款4227万元,激活农业发展内生动力。全面做好辖区内河滩地清理调查摸底登记工作。通过清理调查,河滩面积3317.06公顷,涉及行政村8个,种植河滩地农户355户，种植面积1421.37公顷。高标准实施插花移民工作，落实插花移民45户，其中收储房屋37户，新建8户。

【农田水利建设】

实施农田水利示范方3个，633.33公顷。春秋两季清淤支沟12条，长49.4千米；清淤斗沟45条，清淤农沟533条；整修农路1066条，长594千米；新建和维修各类建筑物27座。高标准实施通城村千亿斤粮食生产能力建设项目，项目投资1017万元，其中国家投资813万元，群众自筹204万元。砌护支、斗、农渠126条，长70.05千米；清淤农沟139条，长77.2千米；新开农沟13条，长7.15千米；配套各类渠系建筑物335座，畦田口3653座，入沟尾水109座。机械平整土地186.67公顷，机深翻486.67公顷，修整道路119.9千米，栽植树木3300株。

【生态林业】

植树造林主要以补植为主，补植各类树木5.83万株，其中：滨河大道西侧林带长1.5千米补植红柳4.84万株；109国道新丰段东侧林带长220米补植柳树380株；新丰项目区周五路北侧和新丰西中心路两侧；补植柳树0.9万株，永华路两侧林带补植国槐500株。

【动物疫病防控】

全年免疫生猪1.05万头，肉牛9960头，肉羊4.12万只，家禽17.07万。羊布病免疫2.46万只；犬狂犬病478只；犬包虫病连续5次投药3260只。免疫密度与标识率100%，抗体检测血清采集送检区市县检测210份，全年各项抗体检测结果全部合格。对罗家庄村58户规模养殖场进行兽药使用专项整治，确保动物免疫密度和质量，确保畜牧业健康发展。建立实行"动物防疫责任承包制"，平罗县兴农畜牧兽医技术服务专业合作社挂牌成立，负责全乡范围内畜禽免疫注射、免疫质量和免疫密度，疫情监测与排查，病死畜禽无害化处理等工作，实现创新管理模式，全面提升基层科技推广机构服务能力和服务水平。

【基础设施】

面对黄河来水量减少的严峻形势和群众反映强烈的灌水难问题，多方筹措资金，对宏武渠、新宏武渠、团结渠、毛家渠、二斗渠全部重新砌护，投资约130万元，改善灌水难问题。实施合作渠、三官渠、永华渠、曹家渠等支渠维修，确保2200公顷水稻灌溉难问题。新建泵站3座，购买水泵7台，保证大旱之年农业灌溉和农村稳定。面对群众反映的行路难问题，通过争取"一事一议"项目，争取道路建设资金97万元，对金堂桥村二、四、五队中心巷道和永华四、五、九队中心巷道硬化3千米。自筹资金，对金堂桥、马场、集中、永兴主干道路硬化。

【美丽乡村】

投资250万元，实施"美丽村庄"建设示范点——金堂桥村村庄点绿化、村庄周边环境整治建设及项目建设各项工作，顺利通过验收；实施通伏村一、八队环境综合整治项目，美化乡政府周边环境；探索政府购买社会服务，将全乡环境卫生整治工作外包，节约开支，改善全乡卫生环境。

【农村公共服务】

推进农村文体设施建设，建设完善农家书屋13个，配套体育健身器材4套64件，安装太阳能路灯180盏，太阳能沐浴2460户。开展群众性文体活动，在"两节"期间，举办社火表演，演出15场次,投入资金5万元;举办迎新春文艺联欢会,参与122人,投入资金3万元;开展道德讲堂3场次,开展网络文明传播、学雷锋活动2次,马场村被评为全区"50佳道德讲堂"。加快公共文化服务体系建设,投资23万元维修改造乡文化站,新建金堂桥村乡村大舞台1个,标准化文化活动阵地实现全覆盖;创建县级文明村5个、市级文明村4个、国家级文明村1个。加快农村养老机构建设,在金堂桥村等6个村投资150万元建设老饭桌,解决农村留守老人生活困难问题。

【精准扶贫】

全乡建档立卡户贫困人口为24户120人。对建档立卡贫困户逐户调查摸底核实,做好建档立卡和帮扶台账。做到"四清":核准家庭情况、致贫原因、收入来源、收入水平等基本情况,完善基础档案,做到"底数清";核准脱贫门路、需要解决的主要困难,完善问题台账,做到"问题清";核准以往扶持情况、扶持效果,提出具有针对性的帮扶措施,做到"对策清";确定帮扶干部,实行定户定人定责帮扶、不脱贫不脱钩的"四定两不"帮扶机制,做到"责任清"。以"两学一做"学习教育为契机,开展为困难群众"修房子、收稻子、谋路子"等系列帮扶活动,解决全乡包括24户建档立卡户在内的贫困户、移民户生产生活困难。加大扶贫互助资金和创业担保贷款扶持力度,助力脱贫攻坚工作。

【农村社会治理】

建立村民议事会、党群议事会等民主协商平台,拓宽村民民主权利的实现渠道,构建村党支部领导,村民会议决策,村委会执行,村务监督委员会监督的新型农村基层治理格局,新型村级民主治理机制更加完善。以服务为切入点,开展民生、社保代办、医疗保健、生活上门服务;加强两个中心阵地建设,发挥两个中心便民服务平台作用;建立便民服务、法律政策服务超市,实行周巡查、月会诊、季总结制度,畅通社情民意,"两个中心"服务更加规范。坚持领导信访接待日制度,及时解决群众来信来访。成功化解疑难信访积案4个;解决金堂桥水稻示范园区农民土地流转承包费问题,保障农民利益,避免群体性上访事件发生;处置苗头性及初信初访问题58起,化解率100%;向县信访局报送初信初访案卷12宗,疑难积案卷4宗;辖区内群众到县信访局上访6起,涉及村庄5个,化解矛盾纠纷40起,涉及城乡建设发展纠纷17起,占总数42.5%,问题主要集中在占地、修路、移民房屋质量等方面,矛盾纠纷化解率100%,做到无遗留问题,无因矛盾纠纷处理不当、不及时导致潜在隐患,为全乡和谐社会环境提供保障。整合网格员52人,实行动态管理,严格考核奖惩,调动和发挥网格员在民生事项服务、社情民意收集、矛盾纠纷调处等工作中下情上达、上情下达作用,网格管理效益日益凸现。

【招商引资】

引进各类招商项目6个,投资12 763万元。其中农副产品加工项目4个,均为续建项目。宁夏学林粮油精米有限公司年扩建8万吨稻米加工项目、宁夏超娃米业有限公司年产11万吨稻米加工项目、宁夏宁禾谷米业有限公司年产3000吨精米深加工项目建成投入使用;宁夏玉礼面粉有限公司扩建4万吨小麦加工项目做开工前准备工作。

高仁乡

【概况】

2016年,主动适应经济发展新常态,坚持稳粮增收、提质增效、创新驱动的总要求,立足实际,务实苦干,以增加农民收入为重点,深化农村改革,加快转变农业发展方式,发展特色优势产业,保障和改善民生,推动全乡经济社会平稳健康发展。被中国科协、财政部命名为"全国科普惠农兴村先进单位",被自治区党委组织部、中共宁夏非公经济组织和社会组织工委命名为全区社会组织先进基层党组织,乡团委被共青团石嘴山市委员会命名为"石嘴山市五四红旗团委"。

【特色产业】

依托盛华华阳光牧业专业合作社,加快高仁乡清真牛羊生态产业园建设,带动全乡草畜产业发展。建成

宁夏平罗首届沙漠西瓜开园采摘节开幕式

标准化圈舍20栋,补栏肉牛存栏4500头,肉羊存栏15279只;栽植各种树木22万株,种植优质牧草233.33公顷,瓜菜等46.67公顷。硬化道路6千米。开展乐牧高仁草畜林一体化项目建设。一期项目建成优质肉牛繁育中心,建设牛棚12座,综合办公楼,隔离场牛棚8座,长8.5千米、宽100米经果景观防护林带,植树8500棵,灌、乔木16千米。重点扶持"乐海山"西瓜专业合作社,完善服务体系,带动沙漠西瓜产业发展。2016年7月,举办"平罗县首届沙漠西瓜开园采摘节",带动由平罗县清真牛羊肉生态产业园至六顷地沙漠西瓜种植基地的瓜菜产业带,种植沙漠西瓜800公顷,扩大高仁乡沙漠西瓜知名度,带动农家乐旅游业发展,同时促进农民人均增收600元。

【园区建设】

建立8个园区,其中西瓜园区4个66.67公顷、蔬菜园区2个43.33公顷、青贮玉米园区120公顷和油葵园区133.33公顷,玉米全程机械化园区80公顷。园区以推广优质品种和先进栽培技术为主,为发展规模化种植起到示范推广作用。

【服务体系】

鼓励各类专业合作社加快发展,完善服务职能。引导农户参加政策性农业保险,落实种植业保险2608.4公顷,养殖业保险1661头(只),提高农民在种植业中抵御风险的能力。

【农产品质量安全监管】

定期对上市蔬菜农残检测,全年检测样品25批次208个样本,全部合格,确保消费者食品安全;结合草畜、瓜菜等优势特色产业发展,推行农业标准化生产技术;春季动物防疫工作,免疫密度100%,抗体水平监测全部合格,加强畜产品检疫检测,保证上市产品质量安全。

【农机安全生产】

开展农机安全工作,农机安全培训两期,300余人次,落实农机购机补贴政策,成立农机安全联组,层层落实责任,抓安全,农机作业安全有序推进。

【农田水利】

依托项目支持,加快农业农村基础设施建

设。开展春秋两季农田水利建设工作，清淤支农沟268条120.6千米，新建配套建筑物65座。实施八顷村一、二组小型水利工程，砌护支渠2.53千米，配套建筑物103座；争取自治区发改委"以工代赈"项目，投资198万元，高仁村六、七、八组4条支渠、69条农渠砌护，改善农田面积286.67公顷；实施黄河堤坝三期项目，投资457万元，征地2.41公顷，建设3座人字垛码头；实施库区移民项目，投资113.25万元，砌护六顷地村斗渠0.67千米，东沟0.85千米，新建配套建筑物16座，电排站1座，改善排水面积400公顷。

【农村道路】

配合县交通局对244国道高仁段道路建设工作。争取财政奖补"一事一议"项目3个，硬化六顷地一、二、三、七、八组村庄道路4.8千米、高仁村六组村庄道路2.03千米、东沙村一组村庄道路1.5千米，改善农村居民生活生产出行条件。

【农村生态环境】

实施主干道路大整治、大绿化工程，美丽村庄绿化2个，栽植面积2.29公顷，绿色通道2.6公顷，农田林网9亩，个体造林83.02公顷，全乡造林面积88.5公顷，栽植各类苗木11.15万株，成活率86%以上，营造良好的人居环境，提升农村生态环境质量。

【美丽乡村建设】

整合项目资金，投资257.8万元，打造六顷地村四、五、六组美丽村庄示范点，硬化村庄巷道1千米，安装太阳能路灯90盏，新建围墙800米，安装隔离栅栏683米，植树3000棵，安装太阳能热水器100台，配备垃圾箱100个，粉刷墙面3376平方米，喷绘2579平方米，危旧房屋拆除71间，新建生产桥3座，对村庄巷道残墙断壁、乱堆乱放的杂物及门前生活垃圾等进行全面整治。

【农村改革】

完善农村土地承包经营权确权颁证工作，严把政策细节，严格工作流程，全面推进土地承包经营权确权登记工作。全乡确权土地面积3061.42公顷，涉及A类地1925.252公顷，B类地651.77公顷，集体土地面积451.38公顷，打印颁发土地承包经营权证2039本，发放到户1964本，发放率96%。集中连片3.33公顷以上B类地合同签订和证书颁发工作，涉及9户43.616公顷。安置插花移民14户。落实宅基地确权颁证工作，全乡登记农户2058户，宅基地宗地图确认，签字确认宅基地总户数1757户，占总户数85.4%，发放宅基地确权证书1757户，收缴有偿使用费68.69万元。实施农业灌溉用水水权改革试点工作，对全乡土地面积、取水量、渠系数统计核查，确权11个直开口，分配水权2204万方。于2015年在乡民生中心挂牌成立农村产权交易服务站，方便群众办理土地产权抵押贷款等相关手续，办理农村集体土地抵押贷款210笔1400万元。加强对农村集体"三资"监督管理，对全乡村集体经济组织4个村成员身份认定，实施村集体经济发展项目，指导高仁村、八顷村实行资金入股形式，发展产业，增加集体收入。

【教育卫生】

加大资金投入力度，支持教育均衡性发展。争取项目资金，实施农村居民普惠性体检政策，定期为老年人、育龄妇女、儿童等检查身体。人口增长率0.59‰。

【农民文化活动】

结合三八、五一、七一等节庆日，开展农民体育文化活动5场次，参加群众200余人；开展冬季农民文化系列活动，开展广场舞比赛、文艺汇演、技能大赛等，丰富群众文化生活，加强精神文明建设。

【就业创业服务】

搜集相关就业信息，通过劳务经纪人，有组织输出务工人员，鼓励和引导有基础、有能力青年农民创办实体，利用平罗县清真牛羊肉生态产业园区发展，使农民就近就业。全乡举办劳务技能培训班3期，培训人员60人，培育小老板15个，小企业10个，带动就业1048人。

【社会保障】

推进全民参保登记，登记率85%。提高城乡居民养老保险和医疗保险覆盖面，参保率分别99%、98%以上。加强农村最低生活保障制度规范化管理，清理不符合享受最低生活保障190户200人，严格核查和申请制度。加强对临时救助资金管理，改进农村社会救助工作。高仁村204平方米社区服务站建设，完善相应设施设备，为群众提供更多、更便捷服务。

【生态移民】

收储、改造房屋12套，耕地4公顷，搬迁安置插花移民8户43人，建立和完善贫困户精准扶贫档案系统。

【服务型党组织星级创建】

落实"强基进位 星级创优"工程，开展农村基层服务型党组织星级创建活动，各村组建功能党小组，开展无职党员设岗定责；开展"两学一做"学习教育，党员教育积分工作、党员组织关系排查等7项重点工作，增强基层党组织战斗堡垒作用，发挥服务党群作用。创建三星级党支部2个、二星级党支部2个；重点打造"乐海山"党支部，成立宁夏正好草业有限公司党支部，实行村企合作，创新服务形式，促进农民增收致富。

【民主政治】

落实村民代表议事制度，强化对村级重大事务决策办理过程公开，明确村"两委"和村监会职责，加强对干部行使权力监督制约。规范"两个中心"管理，公开服务事项和服务流程，推行预约服务、延时服务、上门服务、代办服务等方式，提升服务效能。推行矛盾纠纷排查机制和民主治理机制，推行大网格管理，建立干部下乡包村队、服务下乡包产业、接访下乡包积案、文化下乡促民风等工作机制，打造"一岗五责"社会管理模式，抓好平安乡镇创建活动。

【农村普法】

在乡民生服务中心、"综治中心"、各村"农家书屋"等阵地设立专柜，建立"法律政策超市"服务体系。按照归口管理原则，由各业务站所编印配发强农惠农、产业政策以及相关涉农法律法规宣传材料。改造六顷地村人民调解室，开展"平安联防"项目，规范人民调解流程，绘制法治宣传墙670平方米，营造良好社会氛围。

高庄乡

【概况】

2016年，围绕县委、政府各项重点工作，落实基层党建工作责任制，突出特色产业，加快农村经济发展,完善农村基础设施,改善民生,推进社会事业发展,全乡社会生产总值7.02亿元,较上年增长8%;实现农民可支配收入11898.6元,较上年10816.9元增长10%。东胜村被石嘴山市精神文明建设指导委员会命名为2017—2020年度文明村镇。

【特色农业】

加快特色优势产业优化,按照"一优四特"产业发展要求,重点抓好制种、草畜一体化产业和玉米创高产项目。制种面积1333.33公顷,其中零星制种菠菜、韭葱、豇豆、韭菜等1066.67公顷。改扩建养殖场2个,重点发展母畜繁育。引进宁夏千叶青牧草有限公司投资种植优质苜蓿100公顷,全乡牛饲养量4.7万头,羊饲养量27.6万只。建设连片20公顷以上粮食创高产标准化栽培技术示范园区4个,推广种植节能日光温室66.67公顷。

【基础设施】

实施威镇村示范方工程,辐射面积166.67公顷,开垦荒地9.33公顷,配套建筑物10座;砌护新、老广华渠5.65千米,配套建筑物4座;实施"万成源"农牧业专业合作社166.67公顷高标准农业综合开发项目,投入建设资金2000万元;砌护渠道14.5千米,配套建筑物55座,新开挖、清淤沟道12.97千米;实施远景村暗管排水工程,投资86万元,铺设暗管0.46千米;实施"阳光

玉米创高产项目

沐浴"工程,安装太阳能热水器1850户。争取一事一议项目5个,实施乡村主干道路及村庄巷道硬化14千米。

【新农村建设】

投资200多万元建设高庄村、幸福村2个社区服务站;申请财政奖补项目5个,投入资金274万元,硬化村级巷道5.52千米,整治庄点73个,整治乡村主干道路12条,栽植树木1.05万株;争取少数民族发展资金项目2个,投入资金52万元,硬化村级巷道1.56千米;争取基层政权建设项目财政补助80万元,维修乡政府办公楼及基础设施建设;投资25万元实施高庄乡民族大街段节点绿化工程。

整治乡村主干道路

【精准扶贫】

落实30户房屋和9.6公顷承包地收储工作,搬迁移民30户。走访调查建档立卡户54户,建立详细档案,全面做好精准扶贫工作。

【农村改革】

做好土地确权登记颁证工作,农户确认签字8166户,完成率99.7%,确权面积4800公顷,落实土地确权录入扫描、登记、纠错、颁证、收费工作;做好宅基地制度改革试点工作,宅基地确权5637宗7366户,发证5958宗,发证率97.8%,超占面积收费60.3万元;农村产权流转交易窗口运行良好,抵押贷款农户185户,抵押土地108.4公顷,抵押贷款638.1万元。

【社会管理】

通过网格优化整合,将全乡109个网格优化整合为37个,增强整体服务能力。全年排查矛盾纠纷148起,调解148起,调解成功146起。

【公共服务】

加强农村养老服务体系建设,老饭桌建设4个并启动使用。落实农村低保待遇1072户1146人,五保供养45户47人,发放低保资金229万元,五保资金23万元,发放困难群众临时救助款290人次11万元。

【文化事业】

以创建公共文化服务为重点,开展文体活动31场次。连续五年举办民间传统"火龙燎疳节",引导群众参与广场舞、大秧歌等健身娱乐活动。国家公共服务体系示范区创建顺利通过验收。

【党的建设】

开展农村基层星级服务型党组织活动、"两学一做"学习教育,引入党员教育积分管理制度,构建党员教育常态化机制。加强干部队伍建设,规范干部"干事档案"运行机制,结合"两管三评一推优"模式,注重考核结果运用。加强服务型党组织建设,扩大党组织覆盖面,创建三星级服务型党组织2个,新建村级活动场所2个。加强农村党风廉政建设,班子成员带头落实党风廉政建设责任制、"一岗双责"制,率先规范党委议事决策制度。

燎疳节

灵 沙 乡

【概况】

2016年,围绕"农业增效、农民增收、农村稳定"总体目标,加大工作力度,创新服务形式和内容。西灵村创建为"国家级文明村",东润村被列入全国少数民族特色村寨名录。

【特色养殖】

培植嘉宇羊产业专业合作社标准化肉羊养殖场、鑫伟辉农牧开发有限公司等养殖企业,实现养殖良种化、产销一体化、服务社会化、产业链条化、管理科学化;建成平罗县第一家精品小包装羊肉电子销售平台,促进畜牧业全产业链融合发展,为调整产业结构积累经验。

设施温棚蔬菜

【农业产业化】

落实玉米高产园区13个,总示范面积3220公顷,推动全乡玉米高产化发展;玉米全程机械化示范园区1个,面积133.33公顷。

【农民创业】

筹集资金新建1个占地7.09公顷,集物流、仓储、销售为一体的功能完善、区域合理综合性农民创业市场,带动860余户农户自主创业,推动三产服务业蓬勃发展。

【城乡环境整治】

推进农村环境卫生专项整治,在全乡11个

行政村设置垃圾箱780个，开展农村垃圾分类处理；争取环保项目，投资600万元，新建灵沙集贸市场垃圾中转站及污水处理站，铺设排污管道5286米，完善集镇基础设施服务功能。

【新农村建设】

推进"统筹城乡"步伐，实施东润村少数民族特色村寨项目建设，顺利通过国家民委验收，被列入全国少数民族特色村寨名录。

【危旧房屋改造】

按照新型城镇化与美好乡村建设协调推进要求，加快推进全乡危房改造及基础设施和公共服务设施建设，危房改造254户12 446平方米，改善困难群众住房问题。

【农田水利】

农田水利示范方清淤支沟1条长1千米，斗沟2条长1.6千米，农沟22条长11千米，整修农渠28条长2.7千米；对富贵中心沟进行流沙治理，全长2.5千米；新修滨河大道边沟穿五支渠、倒三关渠2座建筑物；加高先锋北五渠部分地段，翻建2座大型阻水建筑物。

【文化惠民】

开通"回乡之声"广播电台，向群众播放惠农政策、法律知识、农业科技、先进事迹等，丰富群众业余文化生活。灵沙乡创建为"区级文明乡镇"，西灵村创建为"国家级文明村"，光明村、富贵村创建为"市级文明村"。

【村级公益事业】

村级公益事业全面开展，实现"农村人饮"工程全覆盖。争取"一事一议"财政奖补资金1500余万元。实施东灵、统一、光明、富贵等村主干道路和巷道硬化项目21个，实施渠道砌护改造项目2个、电排站建设项目1个、环境综合整治项目2个。

【社会保障】

新农合参保率达到83.3%，新农保参保率达到79%。发放各类救灾资金、医疗救助金、慰问金和抚恤补助款300余万元。通过"金秋助学""希望工程"等帮扶资助贫困大学生54人27.4万元。建成东灵社区服务站老饭桌，解决农村空巢、五保、独居和留守老人晚年生活照料问题。

【党的建设】

开展党的群众路线教育实践活动，解决"四风"方面的突出问题。对全乡11个村党支部开展"强基进位·星级创优"星级服务型党组织创建，创建三星级党支部2个，发挥激励和导向作用，推动基层党支部晋位升级、创先争优。胜利村党支部被评为石嘴山市先进党组织。以解决新农村建设等实际问题为抓手，选派"第一书记"到村任职，充实村党组织力量，东润村、田家村等软弱涣散党组织整顿落到实处。制定和完善《干部管理制度》《党委中心组学习制度》《党委民主生活会制度》等规章制度，做到用制度管事管人。建立健全《乡党委议事规则》，对重大问题坚持集体研究，执行"五不分管"制度。执行中央"八项规定"和区市县有关规定精神，支持乡纪委回归主责主业，形成党委履行主体责任、纪委履行监督责任工作格局。组织集中学习新修订《中国共产党廉洁自律准则》和《中国共产党纪律处分条例》，廉政主题教育活动深入开展。

渠 口 乡

【概况】

2016年，按照统筹城乡经济发展方略，以全面建成小康社会总揽农业农村工作全局，奋力拼搏、狠抓重点，突破难点，全乡经济和社会各项事业保持持续、稳定、健康发展良好势头。

【种植业】

结合沿黄区位优势，在交济、红旗等村引进上海西繁种业、绿茵种业、绿春种业发展玉米制种、豌豆制种、蔬菜制种，辐射带动全乡制种1000公顷。在渠口村建设以红花、菟丝子为主的中药材基地35.33公顷，扩大中药材种植规模，辐射带动麦套菟丝子种植1000公顷，亩均增收1000元左右。引进众农蔬菜专业合作社，在交济村采取土地流转形式，建设供港蔬菜基地80公顷，促进农村经济发展、农民增产增收效果明显。

架豆制种基地

【畜牧业】

巩固完善现有规模养殖场5个基础设施建设，提高畜牧养殖业科技含量，加大养殖业培训和新技术推广，全乡畜牧业呈现良好发展态势。全乡羊存栏71 562只，饲养量14.6万只；牛存栏8459头，饲养量1.4万头。金桥村小群多户肉牛养殖产业为全县小群多户肉牛养殖起到示范带动作用，增效明显。发展草畜业，全年做带穗青贮、黄贮饲草6500吨。

【土地经营管理制度改革】

培育新型经营主体，加大土地流转，实现规模种植，提高农业效益。全乡农村土地承包经营权确权颁证工作进展有序，推进宅基地试点改革。土地经营权确权颁证率74.7%，收缴荒地承包费51.45万元，宅基地确权颁证发证率84.2%，宅基地超占面积有偿使用费收缴75.5万元。培育各类经营

红阳村盐碱地改良

主体6个，新增流转土地面积298.614公顷。自愿退出"三权"农户225户，退出宅基地60.7万平方米，退出房屋2.02万平方米，退出耕地75公顷（均为安置插花移民退出）。开展"三权"抵押贷款，为457户种植大户贷款4167万元；实施河滩土地耕种性质摸底、调查、面积丈量以及土地后期承包移交工作。

【农田水利建设】

平罗县盐碱地改良治理项目涉及红阳村、银星村、金桥村土地333.33公顷，平田整地200公顷。清淤支、斗、农沟86条57.5千米；新开支、斗、农沟39条29.8千米；清淤支、斗、农渠70条58.5千米；新开支、斗、农渠20条13.5千米；整修农路30条15千米。投入机械26台，新建配套建筑物48座，总投资250万元。面上清淤支、斗、农沟524条218.6千米；支、斗、农渠1230条503.5千米；整修农路384条196千米；新建建筑物10座，投资28万元。

【生态绿化】

重点以301省道、城滨路、金银路、滨河大道、沿黄公路、农民新居等两侧林地整修、打埂、栽植、涂白、除草为主，全年栽植乔木2.99万株，灌木3.03万株。林木抚育总面积80公顷，修枝10.4万株，涂白12万株，灌水面积80公

顷。全年投入资金 100 万元,动用劳力 8000 人次,机械 6 台,灌水车灌水 57 天,打水井 5 眼。

【基础设施建设】

争取财政"一事一议"奖补项目资金 513 万元,实施交济村、分水闸村巷道及中心路硬化 7 条 15.3 千米;实施六羊村四队渠道砌护 3.5 千米;争取农村社区服务站项目资金 40 万元,新建改造新桥村和六中村社区服务站。

【美丽村庄建设】

美丽村庄建设涉及渠口、永光 2 个村 4 个生产队 1 个农民新居,301 户 1204 人,总投资 690.18 万元。硬化道路 2.1 千米,美化人行道,7200 平方米,安装 LED 太阳能路灯 360 盏,栽植乔木 2000 株,

美丽村庄建设

301 户 2.3 千米铺设排水管网;新建围墙 1.92 千米,粉刷围墙 4820 千平方米,粉刷房屋 1.78 万平方米,硬化文体基础场地 1080 平方米;新建公共卫生厕所 100 平方米,清理排水管网 3.5 千米。

【环境综合整治】

以 301 省道、城滨路、滨河大道、沿黄公路等主干道路两侧环境整治为重点,投工投劳 1500 人次,调用车辆 170 台次,清除垃圾 600 吨,改善人居生活环境。

【招商引资】

招商项目 7 个,投资 1.81 亿元,其中,宁夏鲁奕机械制造有限公司新建 1.3 万吨机械加工项目、平罗县众农合作社蔬菜冷链加工等 5 个项目进展顺利;银川兴旭防水防腐有限公司新建 SBS 防水卷材 800 万平方米、平罗县向日葵农业开发有限公司新建装机容量 5 兆瓦分布式发电项目,2017 年 5 月投产。引资年度任务 480 万元,引资任务 480 万元。

【民生保障】

按照分类施保原则,规范管理农村最低生活保障对象,开展"两节"慰问残疾户、低保户、五保户、贫困家庭 247 户,投入资金 7.41 万元;争取实施"残疾人奶牛托管项目";建立健全领导包片、站所包村、干部包户"四个一"脱贫工程扶贫制度;制订全乡脱贫攻坚实施方案,建立 33 户建档立卡户信息采集、脱贫计划;危房改造 22 户;举办各类技能培训三期 130 人次;养老保险收缴率 90%,医疗保险收缴率 98%。

【计生、文化、妇女】

加强计划生育培训力度,实施"少生快富"工程项目,开展"两癌"普查工作,创建公共文化服务体系,丰富农民群众精神文化食粮。

【思想道德教育】

以思想道德教育、法制教育、文明素质教育、中华民族传统美德教育为载体,开展"慈母、贤妻、孝女""黄河金岸·最美农家"评选活动,提升民风建设。渠口社区"四民"服务中心、六羊村"六福苑"、分水闸村老饭桌等便民服务站点运行良好,惠及孤寡老人、留守老人、残疾人等村民 1500 人。

【社会管理】

开展村警联建,加强社会治安立体化防控体系管理建设新机制,建立"两代表一委员"联系群众工作机制,畅通社情民意表达渠道,实现联系群众工作常态化。全乡排查不稳定因素和

各类矛盾纠纷49起,调解45起,调解成功率91%。全年受理法律援助案件4件,提供法律咨询120人次;办理人民调解案件56件。

【党的建设】

开展"两学一做"学习教育,建立党员干部操行评定实施方案,扭转乡村干部"不作为、不愿为、不敢为"不良风气,提升基层党组织建设。开展星级服务型党组织创建工作,创建台账,分类指导,评定出四星级党支部1个、三星级党支部5个、二星级党支部5个、一星级党支部7个。开展党员积分制管理,为全乡各项事业发展奠基坚实基础。开展村级民主治理,推行"三访四议五监督"机制,增强群众参政议政热情,推动全乡社会和谐稳定。推进农村党风廉政建设,出台《平罗县渠口乡干部操行评定管理办法》《党员积分制管理》等措施,构筑干部安全行驶"隔离栏"深化"勤廉为民"工程,巩固提升"五好乡"成果,规范"村监会"运行,强化村级财务公开工作。抓好村级财务自查及"三资"清理工作专项整治,摸清村级资产、资源、资金及村级债务情况,规范"三资"管理。

红崖子乡

【概况】

2016年,发展草畜一体、沙漠瓜菜、中药材种植等特色产业,产业发展、招商引资、项目建设、文教卫生事业等各方面取得长足进展。全乡人均可支配收入11395元(不含生态移民),红翔新村农民人均纯收入4400人,红瑞村农民人均纯收入3300元。

【龙头企业】

围绕草畜一体、沙漠瓜菜、全域旅游三大产业发展规划,培育壮大红翔沙漠甜瓜合作社,枸杞番茄与枸杞辣椒首次大地栽植33.33公顷,产值突破600万元。建成枸杞番茄果脯加工厂一期,形成"育苗研发+种植基地+合作社+农户+农产品初加工"为一体的产业链。红崖子草畜一体化项目建成圈舍28座,各类料场、储池、冷库32座,实现统一品种西门塔尔基础母牛与肉牛存栏900头、绒山羊6000只。紫花苜蓿516.67公顷(含草畜一体化266.67公顷)、青储玉米433.33公顷、提拉卡尼酿酒葡萄66.67公顷、优质山药33.33公顷。沙荒地开发666.67公顷,实施产业发展规划。

绒山羊养殖基地

【庭院经济】

鼓励移民群众发展庭院经济,部分农户有基础产业支撑。全年发放移民土地流转费274万元及281.25吨小麦。庭院拱棚瓜菜统购统销91.4万元,户均增收506元。红翔新村、红瑞村小群多户养殖749户(建档立卡353户),近四成建档立卡户发展庭院养殖。两村30平方米以上圈舍387座(建档立卡244座),牛存栏544头(建档立卡305头),

移民庭院式大棚蔬菜

羊存栏5219只(建档立卡3640只),兔、鸡存笼5400余只,鸽存笼346对。红瑞村建档立卡户庭院养殖育肥产犊利润251.4万元,户均增收7203元。两村达到产业扶持补偿标准353户,发放圈舍与养殖补贴180.4万元,户均补贴5110元。夯实移民群众长远稳定产业发展基础。

【就业创业】

加强技能培训与劳务输出,打通农户短平快增收路子。两村开展家政、护理、驾驶、缝纫等各类培训班28期,覆盖1300余人次。两村建档立卡户相对

创业育苗基地

稳定就业1326人,户均就业1.42人,其中县外911人,以建筑、工业、餐饮、交通运输为主。乡镇报销往返路费,组织292名群众赴青海、新疆等地季节性采摘,组织85名群众赴内蒙古磴口乳品厂务工,户均增收3000元/月。务工收入成为移民家庭最快、最主要的收入来源。推动周边项目建设,让家庭闲置劳力就近务工。红翔沙漠甜瓜合作社全年6个月以上稳定用工48人,5月枸杞番茄加工厂二期建成解决了40人稳定就业。红瑞手套加工厂解决了39人建档立卡人口稳定务工,月薪1400元。白云食品加工厂解决26人移民群众稳定务工。红崖子草畜一体化项目带动36人稳定用工,6月建成可带动100人稳定就业。移民群众在周边龙头企业、244国道、高标准农田改造等工程项目就近务工达10.1万人次,劳务创收890余万元。发挥劳务经纪人队伍作用,推动务工就业市场化运作。县级出台就业创业扶持办法,鼓励劳务公司和劳务经纪人发展,两村培育劳务公司2家、劳务经纪人10人,在组织群众务工方面发挥较好作用。建档立卡贫困户52户开展自主创业,直接或间接带动就业104人,户均增收超过1万元。结合全域旅游,在移民村周边培育发展农家乐3家。

【社会保障】

对两村残疾人、80岁以上高龄、五保人员等群体进行登记普查,协助落实医疗救助、大病救助、临时救助等政策。将两村男60岁以上、女55岁以上人口全额纳入低保。跟踪关注二村建档立卡低保对象814人、五保供养12人、领取养老金335人、相对重度残疾补贴161人、各类慢性病236名、其他重大疾病等人员27人,逐人建档、定期随诊、医保全覆盖、大病救助适度覆盖,确

自主创业园中的刺绣、剪纸基地

保大病患者尽可能不会因病返贫。

【教育与素质】

注重抓好教育扶贫工作,开展"防辍学行动",积极干预移民儿童义务教育阶段辍学问题,落实"雨露计划",鼓励参与职业教育,抓好"十年树木,百年树人"的大计。推进信息畅通工程,两村有线电视入户1000余户,WIFI进村方案设计,实施"村村响"和"无线大喇叭"工程。对接中央广播艺术团文化精准扶贫慰问、"脱贫

路上一个都不能少"等大型文艺演出8场次，参与群众近1.5万人次。对接科技文化卫生"三下乡"与各类文化素质提升活动11场次。红瑞村移民夜校大课堂有序开展，全年举办83期（含文化扫盲班72期），激发贫困群众脱贫攻坚内生动力。

雨露计划教育基地

【基层组织建设】

完善移民村基层组织架构，提升党建对脱贫的引领和促进作用。红瑞村成立党委，下设4个党支部。实施"三个提升 六项行动"，发挥基层党组织、党员队伍在脱贫攻坚中的核心领导作用，尤其注重发挥村书记和第一书记作用，提升党建带脱贫、促脱贫水平，两个贫困村涌现出穆守旺、穆凤虎、马堆良等一批党员带头脱贫、带头致富典型。两村按时换届党组织，基层组织班子成员更加年轻、结构更加合理，能力得到提升。投入33万元整修两村基层组织阵地，投资30万元解决两村阵地冬季取暖问题，争取壮大村集体经济、三西等项目资金220万元，项目建成后，红翔、红瑞集体年收入可分别为16.52万元、22万元，解决两村"空壳"问题。

【治理与服务机制】

完善治理与服务机制，群众对乡村两级基层组织认可度提高。乡村两级充分协调，解决两村断头路、产业发展配套不足、周边季节性务工欠薪、生活垃圾污染严重等一系列问题。乡村干部按照"一线工作法"要求，在移民社会治理与综合服务方面做大量基础性工作，耐心、细致、负责的工作态度得到群众认可。驻村工作队成员吃苦耐劳、积极谋划、献策献力，在脱贫攻坚中发挥重要作用。在自治区组织的脱贫攻坚第三方抽验中，红瑞、红翔、三棵柳三村群众满意率100%。在1月中西部22省脱贫攻坚交叉考核中，二村群众满意率100%。

【基础设施建设】

实施红瑞移民安置区补充工程。投资2132万元，对红瑞村土地集中整治893.2公顷，回填土方40.52万立方米，清淤开挖支沟8.26千米；投资1447万元，完善红瑞村农田排水工程设施，新建6.6万立方米调蓄水池1座，改善灌溉面积250公顷。实施2016年基层政权项目建设。投资70万元，改造办公楼基础设施，采购一批办公用品，改造办公楼室内卫生间2185平方米、档案室1间，厨房水电改造以及政府院落硬化600平方米。实施乡村环境综合整治。以村庄规划建设和整治脏、乱、差为重点，坚持"因地制宜、合理布局、综合治理、配套建设"原则，对红崖子、五堆子、三棵柳、王家沟、水泉子等5个村开展村庄环境综合整治。开展主干道路大整治大绿化活动。通过争取项目和自筹资金，各村庄主干道路硬化6条，总长4千米；实施村庄绿化、绿色通道、治沙造林80公顷。为各村配备各类环保设施与用具，实施2个移民村环境综合整治项目，投资60万元新建总容量1万立方米垃圾填埋场2座，安装垃圾箱140个。开展移民村环卫综合整治行动，建立环卫整治运行机制，确保村庄美丽洁净，环境综合整治工作成效明显。完善村级阵地建设。争取自治区民政厅基层政权建设项目资金,新建五堆子、王家沟村部,争取部门资金与自筹资金重新整修水泉子、红翔新村村级组织活动阵地,提升打造红瑞村村级组织活动阵地,夯实基层为民服务硬件设施。

【生态林业】

全乡林业工作主要集中在草畜一体化养殖园区绿化。园区位于红瑞村红陶路以东,园区南北长约3千米、东西宽约1千米,项目总占地面积360公顷,分养殖单元8个。整治绿化带总长18.68千米,面积24.49公顷,铺设供水管道7.6千米,为绿化带树木灌水打下基础。4月13—15日,武警宁夏总队官兵700人到草畜一体化养殖园区绿化援建,栽植各类苗木4万株,栽植面积19.17公顷,占整个园区绿化面积78.3%。全体乡、村干部100人,近300余名师生在园区栽植各类苗木1万株,栽植面积5.33公顷。养殖园区栽植各类苗木5.2万株,绿化面积24.49公顷。

先进名录

先进集体

【国家级】

单　位	荣　誉	时　间	表彰单位
县妇联	全国妇联系统先进集体	2016年12月	人社部、全国妇联

【省部级】

单　位	荣　誉	时　间	表彰单位
平罗县	全国创建无邪教示范县	2016年8月	国务院防范和处理邪教问题办公室
	国土资源节约集约模范县	2016年6月	国土资源部
	全国妇幼健康优质服务示范县	2016年12月	国家卫生和计划生育委员会
	全国计划生育药具不良反应监测试点县	2016年11月	国家卫生和计划生育委员会妇幼司
	双拥模范县	2016年12月	自治区党委、人民政府
	2016年度全区招商引资工作一等奖	2017年2月	自治区人民政府
	2015年度全区人口和计划生育目标管理考核二等奖	2016年1月	
姚伏镇	全国创建无邪教示范镇	2016年8月	国务院防范和处理邪教问题办公室
头闸镇			
崇岗镇崇岗村	全国创建无邪教示范村	2016年8月	国务院防范和处理邪教问题办公室
县公安局	全国公安机关"210工程"建设先进集体	2016年6月	公安部
县计划生育协会	全国计划生育协会工作先进单位	2016年5月	中国计划生育协会
平罗中学	全国绿化模范单位	2016年2月	全国绿化委员会
陶乐镇庙庙湖村	第四批美丽宜居村庄	2016年12月	住房和城乡建设部
城关镇金顺社区	全国综合减灾示范社区	2016年1月	国家减灾委员会、民政部
县市场监督管理局登记注册科	全国企业登记工作成绩突出窗口单位	2016年11月	国家工商行政管理总局
县个体私人经济协会	全国个私协会系统先进单位	2016年11月	国家工商行政管理总局、中国个体劳动者协会
黄渠桥镇文化站	第六届全国服务农民、服务基层文化建设先进集体	2016年1月	中央宣传部、文化部、国家新闻出版广电总局

续表

单 位	荣 誉	时 间	表彰单位
农工党平罗总支	先进基层组织	2016年	农工党中央委员会
县教育体育局	教育部主办的全国第五届中小学生艺术展演活动优秀组织奖	2016年4月	全国第五届中小学生艺术展演活动组织委员会
县中医院	"张建义全国基层名医工作室"建设项目	2016年9月	国家中医药管理局
平罗县沙湖村镇银行	"党建领航 积分量化"被评为第四届"双提升"活动精品工作项目	2016年12月	共青团中央金融工作委员会、全国金融系统青年联合会
平罗县农业给开发办公室	2015—2016年度优秀服务县项目办	2016年12月	全国大学生志愿服务西部计划项目管理办公室
陶乐镇	中国慢生活休闲体验村、镇	2016年9月	中国林业产业森林休闲体验分会
县妇联	全国妇女新闻宣传阵地建设"先进单位"	2016年7月	中国妇女报社
平罗县沙湖村镇银行	全区先进基层党组织	2016年6月	自治区党委
平罗县地方志办公室	全区地方志工作创新部门	2016年11月	自治区地方志编审委员会

【地市级】

单 位	荣 誉	时 间	表彰单位
平罗县	平安县	2016年	自治区综治委
	平安铁路示范县	2016年3月	自治区铁路护路联防工作领导小组办公室
	全区信访工作责任目标管理考核先进县	2017年2月	自治区信访工作联系会议
	自治区食品安全县	2016年7月	自治区食品安全委员会
	盐碱地改良和中低产田改造先进县特等奖	2016年1月	自治区农田水利基本建设指挥部
	全市耕地保护工作一等奖	2017年1月	石嘴山市人民政府
	2015年度石嘴山市人口和计划生育目标管理责任制优秀奖	2016年1月	
县民政局	2016—2019年度文明单位	2016年3月	自治区精神文明建设指导委员会
县妇幼保健所			
县道路运输管理所			
通伏乡马农场村	全区"50佳道德讲堂"	2016年	自治区精神文明建设指导委员会办公室
城关镇党委	先进基层党组织	2016年6月	中共石嘴山市委
崇岗镇崇岗村党支部			

续表1

单 位	荣 誉	时 间	表彰单位
灵沙乡胜利村党支部	先进基层党组织	2016年6月	中共石嘴山市委
宁夏银晨太阳能科技有限公司党支部			
县信访督办局党支部			
县农业综合开发办公室党支部			
城关镇金顺社区			
县第一幼儿园党支部			
丽珠集团宁夏福兴新北江制药有限公司联合党支部			
县国家税务局党支部			
石嘴山生态经济开发区党工委			
头闸镇西永惠村			
县公安局城关派出所			
县检察院	全市"六五"普法先进单位	2016年9月	中共石嘴山市委、市人民政府
宝丰镇		2016年8月	自治区依法治区协调小组
黄渠桥镇			
县委宣传部	全区实施《全民科学素质行动计划计划纲要》"十二五"工作先进集体	2016年1月	自治区科协
	新华客户端先进集体	2016年1月	新华社宁夏分社
	党报发行先进单位	2016年9月	宁夏报社报业集团
城关镇明珠社区	全区学雷锋活动示范点	2016年3月	自治区党委宣传部
县检察院检务大厅	服务型窗口建设先进单位	2016年1月	自治区党委政法委
县公安局交警大队	优秀公安基层单位	2017年1月	自治区公安厅
县公安局	全区"六五"普法先进单位	2016年8月	自治区依法治区协调小组
	全区社区戒毒社区康复工作优秀组织单位	2016年6月	自治区禁毒委员会办公室
	2015年度全区"扫黄打非"工作先进集体	2016年1月	宁夏"扫黄打非"工作领导小组
	自治区维护妇女儿童权益先进集体	2016年3月	自治区妇女联合会

续表 2

单 位	荣 誉	时 间	表彰单位
县市场监督管理局	全区重大活动餐饮食品安全保障工作先进集体	2017年1月	自治区食品药品监督管理局
	2015年度全区食品药品安全工作先进单位	2016年1月	自治区食品安全委员会办公室、自治区食品药品监督管理局
县信访督办局	全区农民工工作先进集体	2016年6月	自治区农民工工作领导小组办公室
	自治区维护妇女儿童权益先进集体	2016年3月	自治区妇女联合会
县总工会	建立"两书"+"三结合"劳动保障模式——成立劳动法律监察大队被评为全区工会亮点项目	2017年1月	自治区总工会
县水务局	安全生产先进单位	2016年3月	自治区水利厅
县工业和信息化局	全区中小企业运行监测工作先进单位	2017年1月	自治区非公有制经济服务局、中小企业发展局
	工业稳增长先进工作单位	2017年1月	自治区经济和信息化委员会
县老龄办	2015年度老龄工作先进单位	2016年4月	自治区老龄办
	老年法律维权工作先进集体	2016年3月	自治区老龄办、高级法院、检察院、公安厅、民政厅、司法厅
县扶贫办	全区扶贫系统先进集体	2017年2月	自治区扶贫办
县人民医院	健康促进医院	2016年10月	自治区健康宁夏领导小组办公室
县中医院			
县妇幼保健院			
县卫生计生局	全区基层卫生岗位练兵和技能竞赛活动团体三等奖	2016年10月	自治区卫生和计划生育委员会
	2015年度全区基本公共卫生服务项目考核综合第五名	2016年5月	
姚伏镇中心卫生院	群众满意乡镇卫生院	2016年7月	自治区卫生和计划生育委员会
黄渠桥镇中心卫生院			
陶乐镇中心卫生院			
县人民医院	全区药械规范化管理医院	2016年5月	自治区食品药品监督管理局、卫生和计划生育委员会
县中医院	中医妇产科重点专科项目	2016年9月	自治区中医药管理局
县卫生监督所	2015年度卫生监督机构监督执法办案先进单位	2016年8月	自治区卫生和计划生育局监督局
	2015年度卫生监督机构优秀案卷二等奖		

续表3

单 位	荣 誉	时 间	表彰单位
崇岗镇	2015年度全区铁路护路联防工作先进集体	2016年3月	自治区铁路护路联防工作领导小组办公室
县残联	残疾人工作一等奖	2017年1月	自治区残疾人联合会
	2015年度残疾人事业统计工作先进单位	2016年9月	
姚伏社区	自治区"三星级和谐社区"	2016年3月	自治区社区建设工作领导小组
陶乐镇西街、东街社区	自治区"四星级和谐社区"		
国家统计局平罗调查队	信息考核先进单位	2017年1月	国家统计局宁夏调查总队
县地税局	全区地税系统先进集体	2017年1月	自治区地方税务局
	先进基层党组织	2016年7月	
县财政局	2015年度全区财政监督工作先进单位三等奖	2016年1月	自治区财政厅
	"党政机关事业单位三公经费、公务卡使用及政府采购政策执行情况检查"获2015年度优秀财政监督检查项目	2016年1月	
	2015年度全区财政总决算工作先进单位一等奖	2016年11月	
	2015年度全区部门决算工作先进单位二等奖		
	全区预算执行旬月报及分析工作先进单位三等奖		
	全区行政事业资产清查工作优秀单位	2016年12月	
	企业国有资产统计工作先进单位	2016年12月	自治区国资委
县审计局	平罗县庙庙湖项目区2012年生态移民安置住房工程决算审计获全区审计系统优秀审计项目	2016年1月	自治区审计厅
	平罗县宝丰镇牛羊交易市场一期建设项目竣工决算审计获全区审计系统表彰审计项目		
	平罗县中医院原院长任期经济责任审计获全区审计系统表彰审计项目		

续表4

单 位	荣 誉	时 间	表彰单位
县教育体育局	自治区第六届学生合唱艺术节优秀组织奖	2016年11月	自治区教育厅
	全区青少年U12足球比赛体育道德风尚奖	2016年7月	自治区体育局
	全区青少年田径锦标赛团体总分第六名	2016年8月	
	宁夏迎新春全民健身季三等奖	2016年4月	
平罗县沙湖村镇银行	党建领航 积分量化被评为宁夏第二届金融青年"金点子"创新创效大赛优秀奖	2016年12月	共青团宁夏金融工作委员会
平罗县沙湖村镇银行团结支行	中国银行业文明规范服务二星级营业网点	2016年12月	宁夏银行业协会
平罗县农村商业银行营业部			
邮政储蓄银行平罗支行	宁夏农村青年创业服务站	2016年11月	共青团宁夏金融工作委员会、共青团宁夏回族自治区委员会工农青年部
农业银行平罗支行			
沙湖村镇银行团结支行			
职业教育中心	自治区电大招生先进集体	2016年	自治区电大
县公安局	石嘴山市文明单位(2016—2019)	2016年1月	石嘴山市精神文明建设指导委员会
县烟草专卖局			
县委党校	石嘴山市文明单位(2017—2020)	2016年11月	石嘴山市精神文明建设指导委员会
县农业综合开发办公室			
县总工会			
人民银行平罗支行			
高庄乡东胜村			
渠口九年制学校			
县职业教育中心			

续表5

单位	荣誉	时间	表彰单位
沙湖小学	石嘴山市文明单位(2017—2020)	2016年11月	石嘴山市精神文明建设指导委员会
黄渠桥九年制学校			
红崖子小学			
崇岗寄宿制学校			
姚伏镇小店子村	石嘴山市2016—2019年度文明村	2016年1月	石嘴山市精神文明建设指导委员会
姚伏镇团庄村			
城关镇合作村			
平罗县地方志办公室	石嘴山市地方志工作编纂先进集体	2016年11月	石嘴山市地方志编纂委员会

先进个人

【省部级】

姓名	单位	荣誉	时间	表彰单位
王 萍	宝丰镇宝丰村	全区优秀共产党员	2016年6月	自治区党委
张 伟	头闸镇中心卫生院	全区优秀党务工作者		

【地市级】

姓名	单位	荣誉	时间	表彰单位
任 杰	县公安局	石嘴山市优秀共产党员	2016年6月	中共石嘴山市委
马得元	陶乐镇庙庙湖村			
谭 俊	县动物卫生监督所			
马莲凤	县城关回民中学			
许宗廷	退休干部			
王民武	县地方海事局			
任 剑	宁夏兴润达农机作业有限公司			
田 瑞	县公安局交警大队			
马学军	县委办公室			
周志文	县委党校			
苑雪英	县司法局陶乐司法所			
马学荣	灵沙乡水利站			
邵占东	县人民医院			

续表1

姓　名	单位	荣　誉	时间	表彰单位
李爱玲	城关镇东苑社区	石嘴山市优秀共产党员	2016年6月	中共石嘴山市委
范建军	石嘴山市生态经济开发区			
马美萍	县地税局			
魏香玲	县法院			
代洪山	县煤炭集中区服务中心			
刘　敏	平罗中学			
袁兆荣	渠口乡政府			
李志圣	通伏乡纪委			
马正刚	头闸镇红岗村			
桑晓虎	宁夏大地循环发展股份有限公司			
呼爱忠	城关镇和平村	优秀党务工作者	2016年6月	中共石嘴山市委
张　川	县委组织部			
周　浩	红崖子乡党委			
宋学文	宁夏森源重工设备有限公司			
雷　鸣	石嘴山市生态经济开发区			
殷月星	县审计局			
王利民	宝丰镇党委			
马海忠	县教育体育局			
丁建国	县检察院			
李建军	县城市管理大队			
薛　军	县市场监督管理局			
李全忠	宁夏精细化工基地			
吴志华	姚伏镇	全市"六五"普法先进个人	2016年9月	中共石嘴山市委、市人民政府
吴忠山	县信访督办局	2015年度全区信访工作先进个人	2016年3月	自治区信访工作联系会议办公室、自治区信访局
高云峰	县检察院	首届宁夏检察机关案件管理业务标兵	2016年9月	自治区检察院政治部
李凤花		首届宁夏检察机关网络安全业务能手		
姚　涛		全区侦查监督业务标兵	2016年8月	自治区检察院政治部
马海燕	县总工会	工会会员实名录入优秀操作员	2016年12月	自治区总工会

续表2

姓 名	单 位	荣 誉	时 间	表彰单位
吴银涛	宝丰镇	自治区维护妇女儿童权益先进个人	2016年3月	自治区妇女联合会
宋晓捷	国家统计局平罗调查队	宁夏国家调查队系统优秀共产党员	2016年6月	国家统计局宁夏调查总队
宋晓捷		信息考核先进个人	2017年1月	
王志军	县国土资源局	全区国土资源执法监察先进个人	2016年4月	自治区国土资源厅
吴 哲	县市场监督管理局	2015年度全区食品药品监督管理工作先进个人	2016年1月	自治区食品药品监督管理局
尹志强		全区重大活动餐饮食品安全保障工作先进个人	2017年1月	
张宝华	县财政局	2011—2015年全区财政法治宣传教育先进个人	2016年11月	自治区财政厅
杜艳红	县审计局	全区审计系统审计标兵	2016年1月	自治区审计厅
付 强			2017年1月	
丁万礼	黄渠桥镇通丰大寺主任	第三届全区创建"和谐寺观教堂"先进个人	2016年	自治区党委统战部、自治区宗教事务局
王明安	农业银行平罗支行	宁夏银行业文明规范服务服务标兵	2016年12月	宁夏银行业协会
苏 波	平罗县沙湖村镇银行团结支行			
何博文	平罗县沙湖村镇银行	宁夏金融青年岗位能手	2016年10月	共青团宁夏金融工作委员会
宋 丹	平罗农村商业银行			

石嘴山市"五一"劳动奖状获得者

平罗县万顺冶金化工有限公司

石嘴山市"五一"劳动奖章获得者

刘建涛　宁夏德信恒通管业有限公司

张海波　平罗县滨河碳化硅制品有限公司

王洪兵　平罗县公安局

田　根　宁夏晟晏实业集团能源循环经济有限公司

张庆生　平罗县地税局

重要文献

平罗县2016年国民经济和社会发展统计公报

2016年，面对经济持续下行的压力和挑战，我们主动适应新常态，强化领导，从严从实抓落实，统筹做好稳增长、调结构、促改革、惠民生、防风险各项工作，全县经济社会持续健康发展。

一、综合

经初步核算，2016年全县实现地区生产总值150.11亿元，按可比价格计算，同比增长7.3%。其中，第一产业增加值19.29亿元，增长4.4%；第二产业增加值87.2亿元，增长8.1%；第三产业增加值43.62亿元，增长7%。按常住人口计算，人均GDP达到52 544元。三次产业结构由2014年的13.8∶57.8∶28.4调整为12.9∶58.1∶29，对经济增长的贡献率分别为：8.3%、64.2%、27.5%。

二、农业

全年完成农林牧渔业总产值37.06亿元，比上年增长4.4%，其中，农业总产值26.27亿元，增长3.5%；林业总产值1430.3万元，下降42.9%；牧业总产值5.81亿元，增长8.4%；渔业总产值3.73亿元，增长8.4%；农林牧渔服务业总产值1.11亿元，增长5.3%。

年末耕地面积53726.67公顷，全年农作物总播种面积73552公顷，比上年增长1.79%，其中，粮食作物播种面积52999公顷，减少2.04%；蔬菜播种面积9320公顷，增加6.58%。

全年粮食总产量35.22万吨，比上年减少5.75%，其中，小麦产量4.61万吨，增长32.88%；水稻产量9.99万吨，减少4.52%；玉米产量20.47万吨，减少15.60%；蔬菜产量49.73万吨，减少32.49%。

年末大牲畜存栏3.66万头，减少8.24%，其中，奶牛年末存栏6168头，减少0.26%；年末生猪存栏2.31万头，增长1.8%；羊只年末存栏37.14万只，减少2.74%；家禽年末存栏0.49万只，增长1.1%；肉类总产量1.64万吨，增长1.07%；禽蛋产量0.45万吨，增长4.75%；牛奶产量2.36万吨，增长4.68%；水产品产量3.72万吨，与上年持平。

全年完成造林面积901公顷，下降27.86%；森林抚育面积1200公顷。

农村用电量7100万千瓦小时，增长2.57%；农用化肥施用量(实物量)15.26万吨，增长2.57%。

全县共有7镇6乡、1个区属国营农场，26个社区居委会、144个村民委员会。

三、工业

全县实现工业增加值74.66亿元，增长8.1%，其中，规模以上工业企业增加值71.7亿元，增长8.2%；实现主营业务收入269.4亿元，同比增长4.4%；实现利润总额29.58亿元，下降4.7%,亏损企业64户,亏损额4.22亿元。

主要工业产品产量九成以上呈现增长趋势。增长的产品有:活性炭5.92万吨,同比增长29.1%;电石122.69万吨,同比增长0.7%;石墨及碳素制品15.43万吨,同比增长6.4%;铁合金180.52万吨,同比增长18.2%(其中:硅锰合金163.57万吨,同比增长19.2%;电炉硅铁4.16万吨,同比增长62%);化学药品原药1.62万吨,同比增长32.2%;软饮料8.69万吨,同比增长20.6%;大米2.92万吨,同比增长62.1%、橡胶轮胎外胎194.2万条,同比增长2.6倍;合成氨24.03万吨,同比增长14.4%;合成纤维聚合物(PVA)13.05万吨,同比增长13.1%;化学纤维6362吨,同比增长4.7%;化学农药原药1.91万吨,同比增长66.5%。下降的产品有:饲料2.06万吨,同比下降19.2%;植物油0.03万吨,同比下降56.9%;化学试剂0.3万吨,同比下降12.8%;铸铁件1.53万吨,同比下降63.5%;水泥69.1万吨,同比下降37.3%。

四、固定资产投资和建筑业

全年完成固定资产投资165.41亿元,同比增长3.6%。县属投资完成148.31亿元,增长3.6%。其中,第一产业完成投资13.06亿元,增长20.4%;第二产业完成投资89.47亿元,同比下降8.6%;第三产业完成投资45.78亿元,同比增长32.9%。房地产开发投资完成16.06亿元,同比增长14.6%。国有投资35.38亿元,同比增长82.9%。民间投资112.22亿元,下降9.4%。全年商品房销售面积35.06万平方米,同比下降1.3%;商品房销售额9.8亿元,下降15.7%。

全县共有资质等级的建筑企业7家,全年完成建筑业总产值3.43亿元,比上年下降18.5%;实现利润7552.9万元,增长91.7%;建筑业企业房屋建筑施工面积19.59万平方米,下降7.6%。

五、交通运输业和邮电业

年末,全县铁路营业里程27公里,公路通车里程1566.33公里;高速公路里程数41.2公里;全年旅客运输量184.74万人;载货汽车2824辆,其中:普通载货汽车2601辆,危险货物运输车辆223辆;载客汽车796辆,其中:出租车431辆,公交车68辆,线路3条,校车40辆,班线车257辆。

2016年全年完成邮政业务总量22.59万件;全年订销报刊累计数15.44万份;收寄包件1102件,其中:出口件1102件;收寄特快专递47416件,其中出口件47416件。年末邮政储蓄余额达到3.56亿元。

六、国内贸易

全年实现社会消费品零售总额23.88亿元,比上年增长6.9%。分城乡看,城镇消费品零售总额21.29亿元,增长7%;乡村消费品零售总额2.58亿元,增长6.5%;分行业看,批发业零售总额6.68亿元,增长7.1%;零售业零售总额13.86亿元,增长6.5%;餐饮零售总额3.18亿元,增长8.5%;住宿业零售总额1647万元,增长12.5%。分经济类型看:国有经济零售额2377万元,增长2.9%;股份制经济零售额6.12亿元,增长5.3%;集体经济676万元,增长7.9%;私营经济零售额2.76亿元,增长6.5%;个体经济零售额14.41亿元,增长7.8%。

七、财政、金融、保险

全年实现财政总收入15.39亿元,同比下降6%。地方财政收入9.05亿元，同比下降12.9%，完成地方公共财政预算收入8.02亿元，同比下降6.9%。全年地方财政总支出33.53亿元，同比增长7.5%。公共财政预算支出30.05亿元，同比增长5.3%，其中：用于一般公共服务支出3.22亿元，增长0.2%；用于教育支出4.73亿元，增长9.7%；用于公共安全支出1.44亿元，增长27.4%；用于社会保障和就业支出4.35亿元，增长15.9%；用于医疗卫生与计划生育支出2.68亿元，下降4.9%；用于节能环保支出1.46亿元，下降5.8%、用于城乡社区事务支出2.69亿元，增长42%；用于农林水事务支出5.19亿元，下降10.8%。

年末，金融机构各项存款余额为129.49亿元，同比增长3.9%，其中居民储蓄存款余额94.45亿元，同比下降2.2%。各项贷款余额为104.49亿元，同比下降1.6%，其中短期贷款余额37.23亿元，同比增长10.3%；中长期贷款余额16.22亿元，同比下降13.9%。

全年实现保费收入1.77亿元，同比增长21.9%。其中：财产保险收入7800.75万元，同比增长11.1%；人寿保险收入9888万元，增长31.9%。支付各类赔款及给付总额6895.14万元，同比增长57.5%，其中：人保财险赔付4198.14万元，增长22.7%；寿险赔付2697万元，增长2.8倍。

八、教育、文化、旅游、卫生

年末，全县共有普通中学14所，其中完全中学1所，高级中学1所，初级中学6所，九年一贯制学校6所；在校学生15856人，专任教师1487人。普通小学25所，在校学生21021人，专任教师1400人。全县共有幼儿园3所，其中公办幼儿园13所(其中校中园7所)，民办幼儿园20所；在园幼儿7327人，教职工652人。中等职业教育学校1所，在校学生3600人，专任教师89人。

年末，全县拥有文化馆、档案馆各1个，影院5个，体育场馆7个，博物馆2个，公共图书馆1个，公共图书馆藏书13.2万册。广播电视台1座，广播综合人口覆盖率100%，有线电视数字用户27077户，电视综合人口覆盖率100%。

2016年接待游客215.2万人次（含沙湖）；实现旅游总收入10.76亿元（含沙湖）。

年末，全县共有医疗卫生机构27个，其中，医院7个、乡镇卫生院14个、社区卫生服务站5个、妇幼保健和计划生育服务中心1个。疾病预防控制中心1个、卫生监督所1个、村级卫生室147个。医疗卫生机构共有床位1031张；卫生技术人员1303人，执业医师410人，执业助理医师71人，注册护士538人。

九、人口、人民生活、社会保障

年末全县常住总人口287517人，其中城镇人口137663人，乡村人口149854人，总户数101596户，城镇化率47.88%。全年人口出生率为11.17‰；死亡率为4.08‰；自然增长率为7.09‰；计划生育率为96.49%。

年末，户籍总人口310282人，其中，农业人口237677人，非农业人口72605人；回族人口118032人，占总人口的38%。

2016年，全县城镇居民人均可支配收入22739元，比上年增加1523元，增长7.2%；城镇居民人均消费支出16351元，增长5.1%，城镇居民家庭恩格尔系数为16%。全年用于食品消费支出2621元，同比下降2%；衣着类支出

1477.8元，同比下降0.8%；居住类支出2733元，同比下降7.5%；生活用品及服务支出1061元，同比增长19.1%；医疗保健支出1317元，同比下降20.9%；教育文化娱乐服务支出2489元，同比增长5.1%，交通和通讯支出3085元，同比增长44.8%，其他商品和服务支出419.5元，同比增长14.7%；城镇居民人均居住建筑面积33.2平方米。

全年农村居民人均可支配收入12 196元，比上年增加896元，增长7.6%；农民工资性收入达到3556.6元，同比增长7.6%。农民人均生活消费支出10660元，增长6.2%。其中：人均食品消费支出2714.7元，同比下降1%；农村居民家庭恩格尔系数为25.5%；农村居民人均居住面积58.37平方米。

2016年，全县单位从业人员19910人（不含私营企业），比上年下降1.5%；从业人员劳动报酬总额116467万元，同比增长4.3%；从业人员年平均工资57283元，增长9.8%，其中城镇单位在岗职工年平均工资为58309元，增长9.5%。

2016年，全县参加基本养老保险人数为175804人，其中：企业参保职工68422人（含离退休人员25289人）；城乡居民参保97195人（含60岁以上享受待遇19289人）；机关事业单位参保10187人（含离退休3906人），参加失业保险19250人；城镇登记失业率为3.8%。参加医疗保险人数为277937人，其中参加城镇职工基本医疗保险26416人（含离退休人员10154人），城乡居民参保251521人。

2016年年末，全县拥有养老服务机构6个，其中：公办养老服务机构2个，设置床位210张，供养五保老人149人。全县集中供养183人，散居供养500人。享受城市最低生活保障1304户2351人，全年累计发放城市最低生活保障金和各类补贴1045万元；享受农村最低生活保障12656人，全年累计发放农村最低生活保障金和各类补贴3284万元。

十、物价

全年居民消费价格总水平比上年上涨1.4%。服务项目价格上涨2.6%；商品零售价格上涨0.2%；农资价格下降3%；工业品出厂价格下降0.9%。

十一、全面建设小康社会进程

按照自治区统计局对平罗县全面建成小康社会统计监测制定的统一指标体系、统一评价标准和统一计算方法，2015年全面建设小康社会的实现程度为82.12%，比2014年提高2.23%。

注：

1. 本公报各项统计数据为初步统计数，正式数据以《2016年统计年鉴》为准。

2. 公报中地区生产总值、各产业增加值绝对数按现价计算，增长速度按可比价计算。

关于印发《关于加强领导干部思想理论建设的意见》和《关于加强全县各级党委(党组)中心组学习工作的意见》的通知

平党办发〔2016〕3号

各级党委(党组)、直属总支、支部,驻平区(市)属各单位:

现将《关于加强领导干部思想理论建设的意见》和《关于加强全县各级党委(党组)中心组学习工作的意见》印发给你们,请结合实际,认真贯彻落实。

中共平罗县委办公室
2016年1月8日

关于加强领导干部思想理论建设的意见

为深入学习贯彻党的十八大和十八届三中、四中、五中全会精神及习近平总书记系列重要讲话精神,进一步落实中央、区、市关于加强领导干部思想理论建设有关要求,结合我县实际,提出以下意见。

一、加强领导干部思想理论建设的重要意义和总体要求

1.重要意义。思想理论建设是党的建设的首要任务,是党做好各项工作的前提和基础,领导干部是党的思想理论建设的主体,是党的思想理论的传播者、践行者和引领者。新形势下,加强领导干部思想理论建设是提高领导班子和领导干部整体素质的根本途径,是全面落实"四个全面"战略布局的迫切需要,是提高党的执政能力、保持党的纯洁性和先进性的必然要求,对教育引导全县广大干部群众全面贯彻五大发展理念,加快"四个平罗"建设,与全市同步全面建成小康社会具有重要意义。各级党委(党组)直属总支、支部要从战略和全局的高度,充分认识加强领导干部思想理论建设的重要性、紧迫性,增强自觉性、坚定性,增强责任感、使命感,切实抓紧抓好,抓出成效。

2.总体要求。深入学习贯彻党的十八大和十八届三中、四中、五中全会及习近平总书记系列重要讲话精神，深入贯彻中央和区市党委决策部署，以科学理论武装为根本，以深入学习马克思主义中国化最新成果为重点，以创建学习型党组织为抓手，健全体制机制，创新方式方法，强化阵地建设，努力把各级领导班子建设成为政治坚定、思想解放、作风优良、引领发展的坚强领导集体，把各级领导干部培养成为信念坚定、为民服务、勤政务实、敢于担当、清正廉洁的好干部，为推动"四个平罗"建设，与全市同步全面建成小康社会提供强大的思想保证和精神动力。

二、加强领导干部思想理论建设的重点

1.把学习贯彻习近平总书记系列重要讲话精神作为首要任务。以全县副科级以上实职领导干部为重点，将深入学习贯彻习近平总书记系列重要讲话精神作为理论武装工作的重中之重，坚持全面学、专题学、跟进学，做到学而信、学而用、学而行。把《习近平谈治国理政》《习近平总书记系列重要讲话读本》《全国干部学习培训教材》等重点理论读物作为培训基本教材和各级党委（党组）中心组的必读书目，引导各级领导干部学深学透，把握精髓要义。

2.深化马克思主义基本理论学习教育。坚持用马克思主义哲学武装头脑，引导各级领导干部原原本本学习研读经典著作，把学习运用辩证唯物主义和历史唯物主义作为自己的看家本领，坚定理想信念，坚持正确方向；学习掌握事物矛盾运动的基本原理和唯物辩证法的根本方法，不断强化问题导向，辩证分析我县发展实际，提高战略思维能力、综合决策能力、驾驭全局能力，切实解决世界观、方法论和信仰问题。

3.深化中国特色社会主义和中国梦学习教育。加大对中国特色社会主义和中国梦的学习教育，加大对中国特色社会主义道路、理论体系、制度和党史、国史、社会主义发展史的学习教育，加大对"四个宁夏"建设特别是内陆开放型经济试验区、丝绸之路经济带战略支点、打造"两优"投资发展环境和"两张靓丽名片"等区情市情县情的学习教育，加深对坚持五大发展理念、加快"四个平罗"建设的理解把握，引导全县各级领导干部坚定道路自信、理论自信、制度自信，增强工作的科学性、前瞻性和实效性，切实解决奋斗方向和实现路径问题。

4.深化社会主义核心价值观学习教育。深刻认识"三严三实"与社会主义核心价值观具有共同的价值取向，是核心价值观的升华结晶和作风建设的现实要求，是各级领导干部的行为规范。把领导干部作为践行核心价值观的重点人群，纳入学习教育整体行动方案，以"三严三实"专题教育常态为抓手，加强思想作风建设，严明政治纪律和政治规矩，引导各级领导干部带头践行主流价值，发挥示范引领作用，推动社会主义核心价值观与本部门工作实际深度融合，向社会传导正确的价值取向，形成社会正向效应，切实解决思想道德和工作作风问题。

三、加强领导干部思想理论建设的方法途径

1.发挥党委（党组）中心组的龙头作用。县委宣传部要强化县委中心组理论学习的引领带动作用，进一步规范制度，创新形式，严格考核。要重点改进强化乡镇、部门、单位党委（党组）中心组的龙头作用，进一步完善制度，改进方法，增强学习效果。研究建立定期考核通报机制，要对乡镇、部门党委（党组）中心组制度完善、定期学习、学习内容、基层讲课、工作资料收集整理等工作定期督查,强化指导。将考核结果与单位年度效能目标管理考核挂钩,确保中心组每月至少集中学习1次,全年集中学习不少于12次,确保中心组主要领导全年参加集中学习不少于8次、带头到基层讲理论至少1次,其他成员全年参加集中学习不少于10次、到基层讲理论至少1次,推动中心组学习常态化、实效化。

2.丰富领导干部思想理论建设的形式。以打造"理论大讲堂"和"理论研讨会"为重点,通过请进来、走出去的办法,建立"宣传兴学、制度保学、领导带学、培训强学、检查促学"的模式,围绕不同时期的学习主题,完善培训内容,改进培训方式,优化培训队伍,把集体研讨和个人自学、专题学习和系统学习结合起来,综合运用集中学习、脱产培训、组织培训、网络培训、参观考察、辅导报告、在职自学等学习形式和讲授式、研讨式、案例式、模拟式、体验式等教学方法,组织各级领导干部切实加强思想理论学习。针对全县各个时期的工作需要,每年提出5~6个重点学习题目,各乡镇、各部门、各单位可根据各自实际增加学习题目,制订培训计划、安排辅导授课。

3.加强领导干部思想理论阵地建设。坚持开放办学,以县党校教育为主渠道、主阵地,加强各类讲座、报告、研讨等意识形态领域管理,推动各级领导干部守土有责、守土尽责。运用网络干部学院、党建客户端、新华平罗党政客户端等平台,建立兼容、开放、共享、规范的网络培训体系,提高领导干部思想理论建设信息化水平。

4.健全领导干部学习机制。各级党委(党组)要根据县委的有关要求,结合本单位实际,研究制定领导干部年度理论学习计划和阶段性学习安排,明确学习内容和学习课时。县处级领导干部每5年要参加党校、行政学院、干部学院以及干部教育培训管理部门认可的其他培训机构累计3个月或550学时以上的培训。其他干部参加教育培训每年累计不少于12天或者90学时。建立健全学习考勤、个人自学、集体研讨、学习档案、学习交流、专题调研、学习通报和学习考核等制度,形成领导干部思想理论建设的长效机制。

四、加强领导干部思想理论建设的组织领导

1.强化领导责任。各级党委(党组)要强化领导责任,把加强思想理论建设作为"一把手"工程,加强组织领导,细化工作职责,强化工作措施,列入重要议事日程和党委(党组)目标责任制,完善一级抓一级、层层抓落实的领导责任制和工作机制,研究制定具体措施,实行分类指导和督查考核。县委每年召开一次专门会议,听取汇报,研究部署,抓好落实。

2.加强配合协作。乡镇、部门、各单位要在县委的统一领导下,各负其责,密切配合,形成整体合力。县委宣传部要发挥统筹协调作用,会同县委组织部建立领导干部思想理论建设学习、评价、考核、通报机制,将其与效能目标责任制考核挂钩,增加综合考核赋分比例,并定期推荐配发一批重点理论读物;要利用传统媒体和新兴媒体,开辟专题专版专栏,刊播相关新闻报道。县纪委要将领导干部思想理论建设纳入党风廉政建设和反腐败体系,从思想建党、制度建党等方面,推动各级领导干部保持思想上的纯洁性和先进性。县委组织部要把领导干部思想理论建设与干部教育培训、领导班子和干部队伍建设结合起来,树立正确的用人导向,将领导干部运用思想理论建设成果指导实践、完善决策、推进工作情况纳入各级党组织年度绩效评价、党建工作考核体系和领导干部考核评价机制。县委统战部要发挥统一战线的优势，切实做好民主党派和民族宗教领域领导干部思想理论建设。机关工委要认真谋划安排，采取多种措施，加强县直各部门领导干部思想理论建设。县财政局要加大经费投入，将领导干部思想理论建设经费列入财政预算。工会、园区管委会要加强对企业领导班子的思想理论建设，引导企业学习党的创新理论成果，增强社会责任感。

3.注重示范引领。各级领导干部要率先垂范，带头参加与思想理论建设有关的各类学习教育活动，带头讲理论、讲党课，带头撰写发表理论学习体会文章和调研报告，带动形成良好的学风。建立领导干部上讲台制度，县党政领导班子成员特别是主要领导干部要带头到党校，分管联系部门、乡镇、企业党委授课，部门党委班子主要负责人要到基层总支（支部）、联系扶贫点、帮扶行政村（社区、企业）党组织授课。

各单位党委（党组）要结合实际，认真研究制定具体措施，并将贯彻情况及时报告县委。

关于加强全县各级党委（党组）中心组学习工作的意见

为深入学习贯彻党的十八大和十八届三中、四中、五中全会及习近平总书记系列重要讲话精神，进一步落实中央和区市关于加强党委（党组）中心组学习工作的要求，结合我县实际，提出以下意见。

一、深化认识，增强做好党委（党组）中心组学习工作的自觉性

党委（党组）中心组学习是各级领导班子和领导干部在职学习的重要组织形式，是加强各级领导班子思想政治建设的重要措施，是提高党的执政能力、推进党的理论武装工作、建设学习型政党的重要途径。党的十八大以来，党中央提出了"四个全面"战略布局的治国理政总体框架，对党和国家事业发展提出了新的更高要求，自治区党委第十一届七次全会明确了全面建设开放富裕和谐美丽宁夏，实现与全国同步进入小康社会的奋斗目标。协调推进全面建成小康社会、全面深化改革、全面依法治县、全面从严治党，迫切需要大力加强思想理论建设，用马克思主义中国化最新成果武装头脑、凝聚共识、指导实践。面对意识形态领域的复杂形势，面对改革发展稳定的繁重任务，各级党委（党组）一定要站在全局的高度，深刻认识新形势下党委（党组）中心组学习的重要意义，坚持以各级党委（党组）中心组学习为龙头，以领导干部为重点，不断增强学习的自觉性、系统性、时效性和规范性，不断提高领导班子和领导干部的理论素养、领导水平和执政能力，努力把党委（党组）中心组学习提高到一个新水平，为加快建设"四个平罗"，与全市同步全面建成小康社会提供强有力的思想保证和精神动力。

二、创新形式，增强党委（党组）中心组学习的时效性

1.坚持集体研讨与重点发言相结合。把集体研讨作为改进党委（党组）中心组学习的主要形式，采取集体学习会、交流研讨会、主题报告会、学习务虚会、专题读书会和典型案例分析会等方式，推动党委（党组）中心组全员学习、团队学习、互动学习，努力提高学习质量和效果。集体交流研讨次数应占全年集中学习次数的三分之一以上。

2.坚持自主学习与开门学习相结合。把开门学习作为提高党委（党组）中心组学习效果的重要途径，积极鼓励自主学习。采取"请进来""走出去"等形式，邀请领导、专家、学者做专题辅导报告。探索学习讲堂向基层一线和项目现场的延伸，推动学习过程与决策过程的融合。可根据学习需要适当增加有关人员参加，视情邀请上级领导、"两代表一委员"旁听党委（党组）中心组学习。各级党委（党组）中心组成员每年到基层作宣讲、上讲台至少1次，面对面与群众交流学习心得。

3.坚持理论学习与调查研究相结合。把调查研究贯穿于党委（党组）中心组学习全过程，大力弘扬理论联系实际的马克思主义学风，增强工作的科学性、预见性、主动性。围绕事关发展大局的重大理论问题和实践问题，围绕群众关心、社会关注的热点、难点问题，深入基层、问计于民，努力推动实际问题的解决，促进全县经济社会各项事业全面发展。各级党委（党组）中心组成员每年深入基层开展专题调研不少于2次，撰写并在党报党刊发表调研报告或理论文章至少1篇。

4.坚持传统学习与网络学习相结合。适应现代传播方式和传播手段发展的新趋势，创新新媒体下学习方式，运用网上讲堂、网上党校、网上论坛、网络学院等学习平台，随时随地抓好"微学习"，使网络成为党委（党组）中心组学习的重要渠道，切实提高领导干部学网用网能力。

三、突出重点，强化党委（党组）中心组学习的系统性

1.把深入学习贯彻习近平总书记系列重要讲话作为首要任务。紧密结合贯彻落实中央、自治区、市委和县委重大决策部署，解决改革发展稳定中的实际问题，提高党员干部思想理论水平，坚持全面学、专题学、跟进学，坚持读原著、学原文、悟原理，深刻领会精神要义，准确把握实践要求，切实做到学而信、学而用、学而行，把思想和行动统一到讲话精神上来，自觉用讲话精神推动工作。特别是要把《习近平总书记系列重要讲话读本》和《习近平谈治国理政》两本书作为各级党委（党组）中心组成员的必读书目，把《全国干部学习培训教材》等重点理论读物作为党委（党组）中心组成员研修教材。

2.把系统掌握马克思主义基本理论作为看家本领。老老实实、原原本本学习马克思列宁主义、毛泽东思想，特别是邓小平理论、"三个代表"重要思想、科学发展观。全面系统地掌握马克思主义基本原理、中国特色社会主义理论体系，深刻领会贯穿其中的马克思主义立场、观点、方法，准确把握共产党执政规律、人类社会发展规律，坚定马克思主义、共产主义理想信念，增强道路自信、理论自信、制度自信，提升战略思维、辩证思维、法治思维、系统思维、底线思维和创新思维能力。

3.把储备各种新知识作为修身之道。认真学习党的路线方针政策、国家法律法规、党史国史世界史，深入了解世情国情区情县情，不断增强国家意识、政治意识、法治意识、责任意识。学习经济、政治、历史、文化、社会、科技、军事、外交等方面的新知识，加快知识更新、优化知识结构、开阔世界眼光，不断提高自己的知识化、专

业化水平。要坚持干什么学什么，缺什么补什么，有针对性地学习掌握做好领导工作、履行岗位职责所必备的各种知识，努力使自己真正成为行家里手、内行领导。

四、完善制度，推动党委（党组）中心组学习的规范化

1.进一步健全组织机构。党委（党组）中心组主要由党委（党组）领导班子成员组成。党委（党组）书记任中心组组长，负责审定学习计划，确定学习主题和研讨专题，主持集体学习研讨，指导和检查中心组成员的学习。党委（党组）分管宣传思想工作的同志任中心组副组长，配合组长抓好学习的组织协调等工作。中心组学习秘书由同级党组织办公室、宣传部、机关党委或其他有关部门的负责同志担任，负责做好各项服务工作。党委（党组）中心组组长、副组长、成员及学习秘书名单应报县委宣传部备案。

2.进一步规范学习制度。党委（党组）要根据中央和区市县党委的有关要求，结合乡镇、部门自身实际，研究制定中心组年度理论学习计划和阶段性学习安排，明确学习内容和要求。要建立健全学习考勤、个人自学、集体研讨、学习档案、学习交流、专题研讨、学习通报和学习考核等制度，建立中心组学习的长效机制。党委（党组）中心组每月至少集中学习1次，全年集中学习不少于12次，每次学习后应有学习报告。中心组主要领导全年参加集中学习不少于8次，到基层讲理论至少1次；其他成员全年参加集中学习不少于10次，带头到基层讲理论不少于1次。

五、落实责任，加强对党委（党组）中心组学习的领导

1.明确职责分工。各级党委（党组）要把加强中心组学习纳入重要议事日程，党委（党组）主要负责人作为中心组学习第一责任人，要切实担负起领导责任，以高度负责精神抓好中心组学习，示范带动全党全社会的学习。党委（党组）中心组成员要按照工作分工建立学习联系点，在抓好自身学习的同时，加强对下级党组织学习情况的督促指导。组织部、宣传部及相关部门、单位要按照各自的职能分工，密切配合，共同做好学习服务、指导和督查工作。财政局要落实经费，保证党委（党组）中心组学习正常运行。

2.加强督查考核。县委宣传部要会同组织部适时对各级党委（党组）学习情况进行督促检查，每半年通报一次学习情况。把各乡镇、各部门党委（党组）中心组学习情况纳入年度绩效考核及党建、党风廉政建设工作目标考核内容，重点考核党委（党组）中心组组长履行职责情况，中心组成员坚持学习制度、完成学习任务的情况，党委（党组）领导班子学习理论、加强思想政治建设、运用理论指导实践、完善决策、推进工作等情况。县委组织部要把考核结果纳入领导干部综合评价体系和领导班子建设目标管理体系，作为考核领导班子和使用干部的重要依据。

3.加强宣传推广。县委宣传部要会同组织部适时召开党委中心组学习经验交流会，宣传先进典型，推广成功经验。各级党委（党组）要积极发挥各类媒体的作用，通过内部情况通报或报刊、广播、电视、网络等方式，及时通报和充分反映各级中心组学习的具体举措、典型经验和进展成果，带动广大党员、干部和群众的学习。各级党委（党组）要结合自身实际，制定进一步加强党委（党组）中心组学习的具体实施办法。

关于印发《中共平罗县委履行党风廉政建设主体责任清单》的通知

平党办发〔2016〕26号

各级党委(党组)、直属总支、支部,驻平区(市)属各单位:

《中共平罗县委履行党风廉政建设主体责任清单》已经县委常委会研究同意,现印发给你们,请认真贯彻执行。

中共平罗县委办公室
2016年4月5日

中共平罗县委履行党风廉政建设主体责任清单

一、县委常委会责任

(一)认真贯彻落实中央、中央纪委、自治区党委、自治区纪委、市委、市纪委关于党风廉政建设的部署要求,定期听取有关党组、乡镇、县直各部门党风廉政建设和反腐败工作汇报,分析和研判全县党风廉政建设形势,研究制定工作计划、目标要求和具体措施,及时解决全县党风廉政建设和反腐败工作重大问题、重大事项,每半年向市委、市纪委报告一次主体责任履行情况。

(二)建立健全党风廉政建设责任体系,明确各级党组织领导班子、主要负责同志及班子其他成员履行主体责任的具体内容,形成责任分解、检查监督、倒查追究的责任链条,层层传导压力。

(三)发挥县委的领导核心作用,领导和推动全县各级党组织加强党风廉政建设。督促人大、政府、政协和法院、检察院及各人民团体、驻平区(市)属企事业单位党组织履行党风廉政建设主体责任,推动党的组织、宣传、统战、政法等部门把党风廉政建设融入各自工作,发挥好县党风廉政建设和反腐败工作领导小组职能,形成齐抓共管的工作合力。

(四)严格执行《党政领导干部选拔任用工作条例》,坚持以好干部标准和好的作风开展干部选拔任用工作,深化干部人事制度改革,提高选人用人公信度。严格执行干部选拔任用工作责任追究制度,对干部选拔任用工作实行责任倒查,坚决防止干部"带病提拔"。推行新任领导干部重大事项公示制度。

（五）认真落实《关于加强干部选拔任用工作监督的意见》，严格执行干部选拔任用工作"一报告两评议"等制度，加强对干部选拔任用工作的全程监督，坚决整治和严厉查处选人用人上的不正之风。

（六）坚决贯彻中央、自治区、市关于推进领导干部能上能下的各项规定，着力解决为官不正、为官不为、为官乱为问题，推动形成能者上、庸者下、劣者汰的用人导向和从政环境。

（七）认真落实《进一步从严管理干部规定》、领导干部个人有关事项报告制度和抽查核实制度，以及领导干部经济责任审计制度，加强对领导干部的管理监督，对存在苗头性、倾向性问题的干部及时约谈提醒、诫勉纠正，对问题严重的严肃问责。

（八）深入贯彻落实中央八项规定和自治区、市、县若干规定精神，巩固党的群众路线教育实践活动和"三严三实"专题教育成果，健全作风建设常态化机制，持之以恒纠正"四风"，着力解决群众反映强烈的突出问题，坚决查处和纠正损害群众利益的行为。

（九）把党风廉政宣传教育纳入全县党的宣传工作和干部教育培训总体部署，扎实开展党性党风党纪教育，深入推进廉政文化建设，增强党员干部党的意识和纪律观念，打牢拒腐防变的思想道德防线。健全党风廉政宣传教育长效机制，实现党风廉政教育常态化、规范化、制度化。

（十）认真贯彻落实中央、自治区、市惩防体系五年规划和《平罗县落实〈建立健全惩治和预防腐败体系2013—2017年工作规划〉实施方案》，深入推进全县惩防体系建设。

（十一）健全权力运行制约和监督机制，落实重大事项集体决策制度，落实县委权力公开透明运行工作，细化完善权力清单目录，深化党务、政务等各领域权力和制度公开工作。严格执行自治区《关于党政主要领导干部不直接分管干部人事、财务等工作的暂行规定》，健全党内监督、法律监督、民主监督、审计监督、舆论监督、群众监督机制，充分发挥"电视问政"等媒体监督作用，加强和改进对重要岗位、关键环节特别是"一把手"行使权力的制约和监督。

（十二）领导和支持执纪执法机关依纪依法履行职责，全力支持和保障纪委执纪监督问责，定期听取纪律审查情况汇报，及时协调解决重大问题，做到违纪必查、有腐必惩，始终保持严惩腐败的高压态势。

（十三）高度重视、主动配合自治区党委巡视组开展巡视工作，全力做好巡视发现问题的整改落实。领导和支持开展基层党风廉政建设巡查工作，定期听取巡查工作汇报，注重巡查成果运用，强化巡查工作的震慑、遏制、治本作用。

二、县委书记第一责任人责任

（一）组织召开县委常委会、县委理论学习中心组会议，及时学习传达中央、中纪委和自治区党委、自治区纪委、市委、市纪委有关党风廉政建设和反腐败工作决策部署，组织研究、安排部署全县党风廉政建设和反腐败工作，抓好贯彻落实。

（二）带头履行第一责任人职责，与班子成员签订《党风廉政建设责任书》，督促班子成员履行"一岗双责"，对党风廉政建设的责任分工、任务分解、专项工作报告、述廉述责报告等文件材料把关审核。

（三）了解掌握全县党风廉政建设工作进展情况，分析党风廉政建设工作中存在的突出问题，及时研究提出解决问题的办法，推动问题解决。

（四）加强管理，督促班子成员廉洁从政，了解掌握苗头性、倾向性问题，及时提醒、诫勉纠正。发现班子成员的违纪违法问题，不遮丑、不护短，及时向上级党委和纪委报告。

（五）严格执行《党政领导干部选拔任用工作条例》，坚持用好干部标准和好的作风选人用人。

（六）严格落实中央八项规定和自治区、市、县相关规定，持之以恒抓好作风建设。

（七）对下级党组织落实主体责任不力，责任制检查考核中发现问题较多、民主测评排名靠后、群众来信来访反映问题集中、不正之风问题长期得不到有效解决、发生重大腐败案件的，及时约谈其主要负责人。

（八）支持纪检监察机关履行监督责任，聚焦主责主业开展工作，为纪检监察机关创造必要条件，提供必要保障。重视和加强纪检监察机关干部队伍建设。

（九）加强对纪律审查工作的领导，支持县纪委依纪依规进行纪律审查，坚持重要案件亲自督办，及时排除纪律审查工作中的干扰和阻力，确保案件办理效果。

（十）始终保持清正廉洁，把纪律和规矩挺在前面，带头贯彻落实民主集中制、党内组织生活、"三重一大"集体决策、"五不直接分管"、请示报告制度和领导干部报告个人有关事项制度，管好自己，管好家属和身边工作人员，以身作则，当好表率，主动接受组织和群众监督。

三、县委常委责任

（一）共性责任

1.县委班子成员对分管职责范围内党风廉政建设负主要领导责任，履行"一岗双责"，定期研究、部署、检查分管范围内的党风廉政建设工作情况，指导分管部门研究制定加强党风廉政建设的具体措施，督促分管部门和联系单位把党风廉政建设工作与业务工作有机结合。每年向县委主动报告一次分管范围内的党风廉政建设工作情况。

2.加强对分管部门、分管领域和联系单位党员干部的经常性教育管理和监督检查，对其负责人廉洁从政、改进作风、履行党风廉政建设主体责任等情况进行经常性督促检查，发现苗头性、倾向性问题早提醒、早纠正，发现违纪违法问题及时向县委书记、县委常委会报告，并向县纪委反馈。

3.对分管部门、分管领域和联系单位落实主体责任不力，责任制检查考核中发现问题较多、民主测评排名靠后、群众来信来访反映问题集中、不正之风问题长期得不到有效解决、发生重大腐败案件的，约谈其党政班子成员，督促指导分析原因，查找漏洞和薄弱环节，研究整改措施，提出对策建议，并限期整改、报告结果。

4.自觉践行"三严三实"要求，遵守并督促分管部门、分管领域和联系单位负责人严格执行党的政治纪律、组织纪律、廉洁纪律、群众纪律、工作纪律和生活纪律，贯彻落实党内组织生活、请示报告制度和领导干部报告个人有关事项制度，管好自己，管好家属和身边工作人员，主动接受组织和群众监督。

(二)个性责任

1.县委副书记、县政府党组书记、县长责任

（1）认真贯彻落实中央及自治区、市、县党委关于党风廉政建设和反腐败工作的决策部署，积极参与县委党风廉政建设和反腐败工作的集体领导和民主决策。

（2）认真落实党风廉政建设责任制，抓好县政府党组党风廉政建设主体责任落实，切实履行县政府党组第一责任人职责，组织召开县政府全体会、政府常务会及时研究和安排政府系统党风廉政建设和反腐败工作，听取情况汇报，解决突出问题，促进廉政勤政。对落实主体责任不力的乡镇、县直各部门（单位）主要负责人及时进行约谈。

（3）加强县政府系统政风行风和干部作风建设，认真执行中央八项规定和自治区、市、县若干规定，抓好"群众评议机关和干部作风"及"电视问政"等工作，落实政府权力运行清单、责任清单工作，加快推进服务型政府建设，打造公开透明、廉洁高效的服务平台，创新完善县政务服务中心服务机制，形成依法行政、依法办事的良好氛围。

（4）认真履行"一岗双责"，加强对县政府班子成员的监督，及时组织召开县政府党组民主生活会，将领导班子及成员履行党风廉政建设责任制情况纳入民主生活会对照检查重要内容，开展批评与自我批评。加强对县政府班子成员的平时管理，对有苗头性、倾向性问题的班子成员进行廉政提醒谈话并督促整改。

（5）支持县纪委依纪依法开展纪律审查，及时排除纪律审查工作中的干扰和阻力，重要信访信件亲自阅示、重要环节亲自协调、重要案件亲自督办。加强对县监察局的领导，督促县政府有关部门落实监察建议和监察决定。

（6）坚持问题导向，每年开展两次党风廉政建设专题调查研究，全面掌握清廉政府建设进展。加强对县政府系统落实党风廉政建设责任制情况检查考核工作，总结经验，发现并督促整改存在的问题，推动工作落实。及时全面掌握县政府领导班子成员、政府工作部门（单位）及乡镇主要负责人的廉洁从政情况并作出廉政评价。

（7）把党风廉政建设理论和党纪条规列入县政府党组中心组学习重要内容，每季度至少安排一次专题学习活动，组织政府系统党员干部参加廉政警示教育。每年至少讲一堂廉政党课。支持和参与廉政文化建设，营造廉荣贪耻的良好氛围。

（8）严格遵守党员领导干部廉洁从政有关规定，认真执行《党政领导干部选拔任用工作条例》、党政一把手"五不直接分管""末位表态"以及领导干部个人有关事项报告等制度。

2.县委副书记、政法委书记责任

（1）在县委日常工作中，加强对党风廉政建设工作的组织协调。

（2）重点研究解决群众反映强烈的信访突出问题及群体性事件，督促查处在维护社会稳定工作中发现的违规违纪案件。

（3）在社会管理创新、司法体制改革等工作中，同步推进反腐倡廉建设。

（4）安排部署全县政法系统开展案件评查活动，及时发现、纠正、查处执法中不规范、不廉洁的问题。

（5）对在执法监督、综合治理、维护稳定和

处理涉法涉诉事件中发现的违纪问题,督促将相关线索及时移交纪检监察机关。

(6)督促推进警务、检务、审务公开工作,促进司法公开公正公平。

(7)整治全县政法系统内的"人情案""关系案""金钱案",坚决纠正涉法、涉诉信访问题中损害群众利益的行为。

(8)督促深化预防职务犯罪工作,建立健全预警机制。

(9)督促政法机关积极主动落实《领导干部干预司法活动、插手具体案件处理的记录、通报和责任追究规定》和党员及公务员违法犯罪案件查处情况通报制度。

(10)发挥群团组织在反腐倡廉工作中的职能作用,夯实群众基础。

3.县委常委、人武部部长责任

(1)加强对人武部纪检工作的领导,定期听取人武部纪检工作汇报,及时研究解决党风廉政建设的重大问题。

(2)督促指导人武部做好执纪监督工作。

(3)抓好中央八项规定精神、中央军委十项规定在人武部的贯彻落实。

(4)建立人武部落实党风廉政建设党委主体责任和纪委监督责任清单,并抓好落实。

(5)严格执行廉洁征兵"五条禁令"。

(6)督促抓好全县国防动员和民兵预备役等相关工作中的党风廉政建设。

4.县委常委、政府常务副县长责任

(1)协助县长抓好县政府领导班子的党风廉政建设,定期研究、指导、检查分管部门(单位)抓好党风廉政建设工作。

(2)协助县长组织召开县政府全体会、政府常务会,贯彻落实中央、自治区、市、县党委关于党风廉政建设的部署要求,积极参加县委常委会、县政府党组党风廉政建设和反腐败工作的集体领导和民主决策,抓好政府系统廉政建设。

(3)协助县长建立健全政府监管责任清单,督促开展监管责任落实情况监督检查。

(4)协助县长深化政务公开工作,建立健全政府权力清单和责任清单,推进权力公开透明运行。

(5)督促查处和纠正行政管理、财政管理、投融资、国有资产经营管理以及编制人事管理等工作中的腐败问题和不正之风。

(6)督促落实"收支两条线"各项规定,严格公共资金的管理和使用。

(7)严格控制"三公"经费预算规模,深化"三公"经费公开工作。

(8)加强对节能减排、生态环境保护、安全生产等重大政策措施落实情况的监督检查,对违反规定的行为,严格进行行政问责。

(9)定期汇报党风廉政建设工作开展情况,加强对分管部门(单位)主要负责人的管理。

(10)督促分管部门(单位)落实县监察局提出的监察建议和监察决定。

5.县委常委、县纪委书记责任

(1)领导全县纪检监察工作,建立纪委监督责任清单并抓好各项任务的落实。

(2)维护党章及其他党内法规,加强对党的政治纪律、组织纪律、廉洁纪律、群众纪律、工作纪律和生活纪律执行情况的监督检查,严肃查处违反党纪的行为。

(3)协助县委加强党风廉政建设,推进中央八项规定和自治区、市、县若干规定的贯彻落实。加强"四风"突出问题专项治理,纠正和查处违纪行为,督促建立作风建设长效机制。

(4)协助县委制定年度党风廉政建设和反腐败工作要点和主要任务分工,加强对落实党风廉政建设责任制情况的日常督查和年终考核,强化考核结果运用。加强对各级党组织及其班子成员履行主体责任情况的监督检查。

(5)组织协调反腐败工作,定期召开反腐败协调领导小组会议,加强成员单位办案协作配合,形成纪律审查工作合力,对重要案件亲自参与办理。

(6)以"零容忍"态度查办腐败案件,既严肃查处发生在机关和领导干部中的违纪违法案件,又着力解决发生在群众身边的腐败问题,以实际成效取信于民。

(7)完善纪律审查工作机制,反映领导干部问题线索处置和纪律审查工作在向县委报告的同时向市纪委报告。督促有关部门按干部管理权限将党纪政纪处分决定执行到位。

(8)严格落实"一案双查",对发生重大腐败案件的乡镇、部门和单位,既严肃查处当事人,又倒查追究相关领导责任。

(9)坚持把纪律挺在前面,抓早抓小,对存在苗头性、倾向性问题的党员干部加强约谈、函询和诫勉谈话,防止小问题演变成大问题。

(10)加强对县委常委会成员的监督,落实提醒告知、述责述廉等制度。

(11)加强对干部选拔任用工作的监督,对选拔任用的县管干部进行任前廉政谈话。

(12)会同县委组织部加强纪检监察干部的培养使用,及时调配优化干部结构。加强纪检监察干部教育监督管理,严肃查处纪检监察干部违纪违法案件。

(13)督促各部门、乡镇纪委全面履行监督责任,完成党风廉政建设纪委监督责任清单各项任务。

6.县委常委、统战部部长责任

(1)督促各民主党派加强廉政建设。

(2)组织廉政建设讲座,针对党外代表人士进行廉政建设宣传教育。

(3)定期组织协调向党外代表人士及有关党组织通报党风廉政建设和反腐败工作等情况。

(4)组织党外代表人士对反腐倡廉工作开展调查研究,积极建言献策。

(5)在党外代表人士政治安排、实职安排和社会安排中正确履职,切实做到规范程序不走样,严格标准不变通。

(6)组织各党外人士开展民主监督工作。

7.县委常委、宣传部部长责任

(1)在公共服务和社会事业发展中,同步推进反腐倡廉建设宣传教育工作。

(2)组织安排县委理论学习中心组开展反腐倡廉专题学习活动,加强对各级党组织理论学习中心组反腐倡廉专题学习的检查考核。

(3)强化反腐倡廉舆论引导,组织策划廉政主题宣传教育活动,营造崇廉尚俭的浓厚氛围,加大反腐倡廉对外宣传力度。

(4)加强对新闻媒体舆论监督工作的领导。

(5)强化反腐倡廉舆情管控,加强对涉腐突发舆情的监测、研判与处置,凝聚反腐倡廉网络正能量。

(6)加强廉政文化建设,创作一批具有地方特色的优秀廉政文化作品,组织开展廉政文化研究和廉政文化示范点创建工作。

8.县委常委、公安局局长责任

(1)加强对县公安局纪委工作的领导,定期听取县公安局纪委工作汇报,及时研究解决党风廉政建设的重大问题。

(2)加强法治公安建设,坚决纠正、查处公安执法活动中损害群众利益的行为。

(3)加强公安机关干部队伍管理,严格执行干部选拔任用有关规定,积极营造风清气正选人用人环境。

(4)督促公安机关积极主动落实《领导干部干预司法活动、插手具体案件处理的记录、通报和责任追究规定》和党员及公务员违法犯罪案件查处情况通报制度。

(5)严格落实警务公开,加强执法规范化建设,促进执法公开、公正、公平。

(6)严格执行民主集中制,坚决落实"三重一大"集体决策、"五不直接分管"、重要情况通报和报告等制度。

(7)将党风廉政建设融入社会管理创新各项工作任务中。

9.县委常委、组织部部长责任

(1)坚持好干部标准,不断完善领导班子和领导干部实绩考核办法,牢固树立"清廉为官、事业有为"的选人用人导向。

(2)加强选人用人监督检查,防止和纠正选人用人不正之风,积极营造风清气正的选人用人环境。

(3)完善干部选拔任用工作流程,将从严管理干部的要求贯穿于干部教育培训、培养锻炼、选拔任用和管理监督的全过程。

(4)督促落实党员领导干部报告个人有关事项制度。

(5)畅通干部监督信息渠道,完善干部监督网络,健全多渠道监督管理的联动机制,切实防止干部"带病提拔"。

(6)综合运用任前谈话、提醒谈话、专项函询、诫勉谈话、离任审计等有效手段,动态掌握和了解干部情况,及时向县委提出干部问责与胜任现职干部建议。

(7)贯彻落实中央《党政领导干部选拔任用工作条例》、中组部《关于加强干部选拔任用工作监督的意见》。

(8)组织开展廉政教育课程,对党员领导干部分层分类进行反腐倡廉教育。

(9)会同县纪委加强纪检监察干部队伍建设,及时调优配强纪检干部。

10.县委常委、城关镇党委书记责任

(1)履行好城关镇党委党风廉政建设第一责任人责任,与班子成员签订《党风廉政建设责任书》,督促班子成员履行"一岗双责"。

(2)抓好城关镇党委主体责任落实,指导并抓好城关镇党风廉政建设工作。

(3)切实加强城关镇党委班子管理,发现班子成员的违纪违法问题,不遮丑、不护短,及时向县委和县纪委报告。

(4)全力支持和保障城关镇纪委执纪办案,及时协调解决重大问题,做到有案必查、有腐必惩,始终保持严惩腐败的高压态势。

(5)严格执行民主集中制,坚决落实"三重一大"集体决策、"五不直接分管"、重要情况通报和报告等制度。强化党务政务和村(居)务公开,确保权力公开透明运行。

11.县委常委、政府副县长职责

(1)严格落实中央八项规定精神和自治区、市、县相关规定,持之以恒抓好作风建设。

(2)协助县长抓好县政府领导班子的党风廉政建设。

(3)协助县长建立健全政府监管责任清单,督促开展监管责任落实情况监督检查。

(4)协助县长深化政务公开工作,建立健全政府权力清单和责任清单,推进权力公开透明运行。

(5)加强对分管部门(单位)重大政策措施落实情况的监督检查,督促分管部门(单位)落实县监察局提出的监察建议和监察决定。

关于印发《关于加强政党协商的实施意见》的通知

平党办发〔2016〕35号

各级党委(党组)、直属总支、支部,驻平区(市)属各单位:

《关于加强政党协商的实施意见》已经县委同意,现印发给你们,请结合实际认真贯彻执行。

中共平罗县委办公室
2016年4月29日

关于加强政党协商的实施意见

政党协商是中国共产党领导的多党合作和政治协商制度的重要内容,是社会主义协商民主体系的重要组成部分,是中国共产党提高执政能力的重要途径。为贯彻落实中央《关于加强政党协商的实施意见》(中办发〔2015〕54号)、《中共宁夏回族自治区委员会关于加强社会主义协商民主建设的实施意见》(宁党发〔2015〕31号)、自治区党委《关于加强政党协商的实施意见》(宁党办发〔2015〕55号)、石嘴山市委《关于加强政党协商的实施意见》(石党办发〔2016〕14号)精神,切实加强同各民主党派的政治协商工作,进一步推进我县多党合作事业发展,现就加强我县政党协商提出如下实施意见。

一、政党协商的主要内容

县委同民主党派开展政党协商的主要内容包括:县委的重要文件;政策措施制定的建议;重要人事安排酝酿阶段相关问题;县域经济和社会发展的中长期规划以及年度经济社会发展情况;统一战线和多党合作的重大问题;其他需要协商的重要问题。

二、规范政党协商的形式和程序

(一)会议协商

专题协商座谈会。由县委主要负责同志主持召开,主要就全县重要方针政策、重要文件、事关全局的重大问题进行协商,一般每年不少于2次。

人事协商座谈会。由县委负责同志主持召开,就重要人事安排在酝酿阶段相关问题进行协商。

调研协商座谈会。由县委负责同志或委托

县委统战部主持召开，主要就县委委托民主党派开展的重点课题调研选题、调研成果及工作建议等进行协商，邀请有关部门参加，一般每年两次。

其他协商座谈会。由县委负责同志或委托县委统战部主持召开，通报县委重要会议、重要文件及主要领导讲话精神，经济社会发展重要情况，影响社会稳定的突发事件以及县委认为需要通报的其他情况。

会议协商每年由县委统战部负责提出全年协商计划，商民主党派确定议题、时间、参加范围等，报县委审议通过后，通报各民主党派，由县委办公室会同县委统战部组织实施。会议协商有关事项一般提前5天告知各民主党派负责人，涉及的相关部门一般提前3天提供文件材料。

各民主党派集体研究准备意见建议。会议协商中，县委有关负责同志作情况说明，各民主党派主要负责同志发表意见建议，交流讨论。

（二）约谈协商

县委负责同志或委托县委统战部，不定期邀请民主党派负责同志就共同关心的问题开展小范围谈心活动，沟通情况、交换意见。民主党派主要负责同志可约请县委负责同志个别交谈，就经济社会发展以及民主党派自身建设等重要问题反映情况、沟通思想。

县委负责同志提出约谈的，由县委统战部负责将相关信息提前告知有关民主党派。

民主党派主要负责同志提出约谈的，由县委办公室或县委统战部报送县委。

（三）书面协商

县委就有关重要文件、重要事项书面征求民主党派的意见建议，民主党派以书面形式反馈所提意见和建议。

县委提出的书面沟通协商，由县委统战部负责落实。民主党派的协商意见、调研报告及相关负责同志提出的建议等书面意见，一般由县委统战部汇总整理报送县委，也可由其直接报送县委。

三、完善民主党派直接向县委提出建议制度

建立和完善民主党派直接向县委提出建议的"直通车"制度，民主党派主要负责同志可以从个人名义向县委和县政府直接反映情况、提出建议。县委负责同志牵头开展的考察调研以及重要外事活动，可根据需要邀请民主党派负责同志参加。

四、加强政党协商保障机制建设

（一）完善知情明政机制。县委召开的有关会议视情邀请民主党派负责同志列席。有关部门举行的通报会、报告会，可邀请民主党派参加，并提供相关材料。县法院、检察院和政府有关部门，应积极向民主党派提供所需材料，其他有关部门根据民主党派的需要视情提供相关材料。县委统战部定期组织专题报告会和情况通报会，邀请有关部门介绍情况。

（二）完善考察调研机制。县委每年委托民主党派就经济社会发展重大问题开展重点考察调研，由县委统战部组织实施，并协助民主党派确定调研题目，协调有关部门参与调研，做好组织保障工作，帮助解决困难和问题。支持民主党派结合自身特色开展经常性考察调研。各单位要积极支持配合。

（三）完善工作联系机制。县法院、检察院和政府有关部门应加强同民主党派的联系，视情

邀请民主党派列席有关工作会议、参加专项调研和检查督导工作。

（四）完善协商反馈机制。需要办理的协商意见由县委办公室会同县委统战部交付有关部门，办理情况一般在3个月内向县委办公室、县委统战部报告，由县委统战部反馈给民主党派。县委办公室每年对有关部门办理落实情况进行督查。

五、加强和完善党对政党协商的领导

政党协商必须坚持中国共产党的领导。各单位要深刻认识加强政党协商的重大意义，按照县委要求，切实加强领导，把握正确方向，充分发扬民主，广泛集智聚力，确保政党协商规范有序、务实高效、充满活力地开展。

（一）高度重视政党协商。要充分发挥党总揽全局、协调各方的领导核心作用，把政党协商列入党委重要议事日程，统一领导、统筹安排，切实纳入决策程序。

（二）营造宽松和谐氛围。领导干部要带头发扬民主，形成知无不言、言无不尽的协商氛围。坚持真诚协商、务实协商，鼓励和支持民主党派讲真话、建诤言。坚持求同存异、体谅包容，提倡在协商中加强互动交流，允许不同意见表达，在各种观点交融互鉴中凝聚最大共识。

（三）加强协商能力建设。要强化政党协商意识，带头学习政党协商理论，熟悉政党协商方法，推进政党协商实践。要主动加强与民主党派、无党派人士、工商联的联系，支持民主党派加强领导班子和人才队伍建设，提高民主党派的政治把握能力、参政议政能力、组织领导能力、合作共事能力和解决自身问题的能力。完善民主党派参政议政工作机制，协助民主党派、无党派人士、工商联建立人才储备机制、教育培训机制、课题调研机制和激励机制，全面加强民主党派、无党派人士、工商联的协商能力建设。

无党派人士是政治协商的重要组成部分，工商联是具有统战性的人民团体和商会组织，也要参加政党协商。县委统战部要为无党派人士和工商联参加政党协商做好联络服务。

关于印发《平罗县2016年农村综合改革工作要点》的通知

平党办发〔2016〕74号

各乡镇、县直各部门,驻平区(市)属各单位:

现将《平罗县2016年农村综合改革工作要点》印发给你们,请结合实际认真组织实施。

中共平罗县委办公室
平罗县人民政府办公室
2016年7月26日

平罗县2016年农村综合改革工作要点

2016年是"十三五"开局之年,也是我县深化农村改革的攻坚之年。全县农村综合改革的总体要求是:全面贯彻党的十八大,十八届三中、四中、五中全会,中央、区、市农村工作会议精神,牢固树立创新、协调、绿色、开放、共享发展理念,以增加农民收入为核心,以全面建成小康社会为目标,以推进城乡一体化和农业现代化为方向,以盘活农村资源和培育壮大新型农业经营主体为抓手,全面深化农村综合改革,不断释放改革红利,激发农村发展活力。

一、深化农村产权制度改革

1.全面完成农村各类产权确权登记颁证工作。完成农村土地承包经营权、宅基地使用权和农民房屋所有权确权登记颁证工作。探索开展农村宅基地和农民房屋产权改革,促成"房地一体、两证合一"。全面开展大片集体荒地承包经营权、设施农业用地使用权和农业生产性设施所有权确权登记颁证工作。完善平罗县农村土地产权综合管理信息服务平台。探索开展非基本农田枸杞、红枣等特色经济林确权登记颁证试点。

2.拓展完善农村产权抵押贷款交易机制。制定《农村产权抵押贷款管理办法》,探索开展设施农业用地、农民住房财产权抵押贷款,不断拓宽农村产权抵押贷款范围。建立融资担保机制,对风险防范基金增资扩容,为农民和经营主体各类产权抵押贷款提供担保,拓宽农业融资渠道。探索农业保险保单质押贷款和农户信用保证保险,有效降低贷款风险。

3. 拓展完善农民产权自愿有偿转让机制。完善插花安置移民产权有偿转让机制,增加退出农民财产性收入和集体"三资"收益分配收入。开展移民集体经济组织成员身份确认和产权确权颁证,以农村综合改革促进精准扶贫、精准脱贫。

4. 拓展完善土地规范化流转机制。按照依法自愿有偿的原则,引导农民和农业经营主体通过出租、入股、托管、互换、转包等方式,发展多种形式的适度规模经营,推动家庭经营、集体经营、合作经营、企业经营等共同发展。健全土地流转管理制度,严格规范土地流转行为。健全土地流转服务平台,推进土地流转全程信息化管理。加强土地流转用途管制和风险防范。

5. 培育发展新型农业经营主体。加大对新型农业经营主体的政策扶持力度,进一步发挥财政资金的引导作用,撬动经营主体增加生产性投入。组织开展家庭农场、农民专业合作社、专业大户评星定级活动,使其管理规范、稳步发展。开展新型农业经营主体带头人培育活动,引导有志投身农业建设的农村青年、返乡农民工、农技推广人员、农村大中专毕业生和退役军人等加入职业农民队伍。加快培育新型职业农民。

6. 创新农业社会化服务机制。探索建立支持新型农业服务主体发展的体制机制,支持多种类型的新型农业服务主体开展代耕代种、联耕联种、土地托管等专业化、规模化服务。依托供销合作社、农民专业合作社,在各乡镇建设农业生产和农民生活服务中心,为农民提供农业生产资料、农业技术、土地托管、农机作业、日常生活等服务;大力培育专业服务公司等多种形式的农业经营性服务组织,支持涉农企业、专业合作社等开展农资供应、农机作业、测土配方、统防统治、技术培训等专业化、综合性服务。

7. 健全完善工商资本流转土地准入和监管机制。严格工商资本租赁农户承包地申请报备、资格审核,规范租赁合同,建立风险保证金制度,有效管控和防止农村土地规模经营风险和隐患,保障农民权益。

8. 深化农村信用体系建设试点。建立健全农户和新型农业经营主体信用信息征集服务体系、信息通报与应用制度、信用保障和政策支持体系,完善"平罗县城乡居民信用信息服务平台"系统升级改造,制定《平罗县信用户、信用村、信用乡(镇)评定管理办法》,在全县探索开展信用评级活动,提高借款人诚实守信意识。推行农村各类产权抵押和信用评级"捆绑式"贷款模式。

9. 深化农村水权改革试点。贯彻落实自治区《水权交易管理办法》《农业综合水价改革方案》,制定平罗县具体落实方案。巩固完善国家农村小型水利工程管理体制改革成果,做好水权试点改革工作,探索建立水权交易机制。开展水资源确权登记,建立水资源使用权用途管制制度。

二、推进农村产权流转交易市场建设试点

健全完善产权流转交易市场建设。进一步健全完善县、乡农村产权流转交易市场运行机制,提升县乡农村产权流转交易机构服务功能。开展设施农业用地、林权、大型农机具、生物资产等产权抵押贷款和流转交易。建立风险防范和产权处置机制。结合"两权"抵押贷款试点,开展农民宅基地和农民房屋财产流转交易。探索建立农民产权评估委员会,或建立专业评估机构,完善农村产权流转交易评估制度。规范完善农村产权流转交易网站,为农民群众提供信息服务,年内办理各类产权抵押贷款2亿元。

三、推进农村宅基地制度改革

1.建立多占宅基地有偿使用制度。加快实施镇村体系规划,科学合理布局调整后的109个中心村和137个基层村。按照《平罗县农村宅基地有偿使用管理暂行办法(试行)》规定,解决好前期宅基地测量与现行改革政策衔接问题,开展"一户多宅"和"超占面积"专项清理,于6月底全面完成宅基地确权颁证和原有宅基地超占面积有偿使用收费工作。年内建成宅基地数据库。

2.建立农村新增宅基地取得有偿使用制度。紧紧围绕镇村体系规划,坚持农村集体建设用地总量不增,新增宅基地取得必须在镇村体系规划保留的村庄中审批,实行有偿取得。探索宅基地取得打破乡镇、村界限,在全县农村集体建设用地范围内调剂审批。引导鼓励农民在镇村体系规划保留的村庄,采取依法转让其他农户闲置房屋和宅基地的方式落实新增宅基地,逐步消除零散居民点和"空心村",实现农户适度集中居住,节约农村宅基地资源。

3.探索开展农村宅基地使用权流转和退出收储机制。探索开展农民自愿有偿退出宅基地使用权、房屋财产权,继续保留农村土地承包经营权试点,明确自愿有偿退出条件、退出程序和保障措施。对全县农村宅基地房屋空置率50%以上的村庄进行调查摸底,分类归档,探索宅基地和房屋自愿有偿整队退出收储工作。探索开展农村宅基地出租、互换、抵押、转让、入股等流转交易,盘活农村宅基地资源。

四、开展农村"两权"抵押贷款试点

1.开展农村"两证合一"不动产登记。推进宅基地使用权和农民房屋所有权统一登记,年底实现农村宅基地和房屋"两证合一",并颁发不动产权证。充分利用确权登记网络平台,实现农村承包土地的经营权、宅基地使用权、农村房屋所有权信息化管理,为农村"两权"抵押贷款试点打好基础。

2.开展农村"两权"抵押贷款业务。制定农村"两权"抵押贷款操作流程,在贷款利率、期限、额度、担保、风险控制等方面,加大创新支持力度,简化贷款流程,不断满足各类农业经营主体对金融服务的有效需求。

五、开展农村综合配套改革

1.开展农村集体经济组织成员身份认定。全面开展农村集体经济组织成员身份认定工作,将农村户籍和村集体经济成员身份分离开来,充分保障进城镇农民在农村的土地承包权、宅基地使用权、集体收益分配权。

2.探索开展农村集体"三资"股份制改革。制定《平罗县农村集体"三资"股份制管理暂行办法》,每个乡镇选择1个村,开展农村集体"三资"股份制改革,完成村集体经济组织成员股权配置和证书颁发,探索建立股权流转、转让、退出、抵押等机制。

3.完善政策性农业保险方式。扩大政策性农业保险覆盖范围,健全完善蔬菜价格保险制度,探索开展农业保险向新型农业经营主体倾斜,提高农业抵御自然灾害能力。

4.探索老年农民养老机制。探索建立自愿有偿转让农村土地承包经营权、宅基地使用权和房屋所有权"三权"的农民的养老机制。探索农村失能失智老人、独居老人、贫困老人、五保老人等弱势群体养老补贴、农村老人退出产权养老等机制。

5. 推进国有农林草原土地清理规范工作。加快对责任主体管辖范围的划定工作,全力进行准确勘界,明确管理主体和权属。对突出问题采取专项清理和规范,重点对渠口河滩地、头闸镇、通伏乡林地发包问题和河东"三乡镇"的草原、治沙地域交界问题逐宗专项进行清理和规范,着力解决土地承包租赁合同不规范、面积过大、面积不准、时间过长、秩序混乱、主体不明、无偿使用、价格过低等历史遗留问题。

关于印发《平罗县空间规划(多规合一)改革试点工作实施方案》的通知

平党办发〔2016〕80号

各乡镇、县直有关部门,驻平区(市)属各单位:

《平罗县空间规划(多规合一)改革试点工作实施方案》已经县委、县人民政府同意,现印发给你们,请结合实际抓好贯彻落实。

中共平罗县委办公室
平罗县人民政府办公室
2016年8月2日

平罗县空间规划(多规合一)改革试点工作实施方案

为全面推进全县空间规划(多规合一)改革试点工作,根据《宁夏回族自治区空间规划(多规合一)改革试点工作实施方案的通知》(宁党办发〔2016〕53号),结合我县实际,制定本实施方案。

一、工作目标

深入贯彻党的十八届三中、四中、五中全会,自治区十一届七次、八次全委会议精神,以《宁夏空间发展战略规划》为统领,以主体功能区规划为基础,整合我县农村土地经营管理制度改革试验、农村产权流转交易市场建设、农村宅基地制度改革试点、农村小型水利工程管理体制改革、农村信用体系建设、农村"两权"抵押贷款试点及国家新型城镇化综合试点县7项改革成果,统筹各类空间性规划,编制全县空间规划,构建以空间治理和空间结构优化为主要内容、全县统一、相互衔接、分级管理的空间规划体系,形成与自治区、市空间规划相衔接的全县一个规划、一张蓝图,着力解决空间性规划重叠冲突、部门职责交叉重复等问题,建立空间规划编制、审批、实施、监督的制度规范体系,科学布局生产、生活、生态空间,实现经济发展与生态保护相互统一、相互促进。

二、工作任务

（一）编制县域空间规划

统筹经济社会发展、城乡建设、土地利用、生态环境保护等各类空间性规划，编制全县空间规划。在统一坐标系统下，叠加比对图斑差异，协调解决地块冲突，通过空间调整置换等方式，化解各类用地之间矛盾，确保在单一用地属性基础上，形成一本规划、一张蓝图。

1.科学编制空间规划。根据主体功能定位和自治区空间规划要求，编制全县空间规划，做好试点工作。同时，在编制空间规划的过程中，认真落实县委、政府提出的"一城四镇、一轴一廊、东西生态"空间发展战略，最终形成覆盖全域的规划文本和较高精度的规划图，作为平罗县空间发展的指南、可持续发展的空间蓝图、各类开发建设活动的基本依据。

2.深化"三规合一"及"多规融合"工作成果。开展平罗县资源环境承载力评价，深化"三规合一"及"多规融合"的人口与用地、产业、生态、基础设施四项专题研究成果。明确建设用地规模、增长边界、生态红线、基本农田保护红线、城镇增长边界、基础设施空间廊道等控制线。统筹生产、生活、生态三大布局，统筹地上地下空间，严守基本农田、生态两条红线，明确产业、城镇、农村居民点等开发边界，将用途管制扩大到所有自然生态空间，严禁任意改变土地用途，防止不合理开发建设对生态环境的破坏。

3.统一空间规划技术标准。按照全区统一的规划编制指引和技术规范开展全县空间规划编制。空间规划编制基期年确定为2015年，近期至2020年，远期至2030年。根据自治区整合后的城乡规划、土地利用、林业水利、农牧等规划用地分类标准，编制技术规范、成果入库标准，以第二次土地调查连续变更到2015年的用地现状为基础，整合县域发改、住建、国土、林业城管、环保等各部门数据，按照全区空间规划成果数据统一入库管理的目标要求，完成空间规划成果数据按标准入库。

（二）创新空间规划编制管理制度

探索建立统一规范的空间规划编制机制，明确空间规划立项、编制、审批、实施和监督事权，形成比较完善的空间规划管理制度体系。

1.整合空间规划编制事权。由县住建局牵头、相关部门配合组织开展全县空间规划编制工作，成立由专业人员和有关方面代表组成的规划评议委员会，对全县空间规划进行评议。

2.创新空间规划编制方法。空间规划编制前先进行资源环境承载力评价，并对需要整合的各类规划实施情况进行评估，将评价和评估结果作为规划编制的依据。规划编制过程中广泛征求各方面意见，全文公布规划草案，广泛听取专家学者、人大代表、政协委员和干部群众的意见。规划成果应当在网络和其他本地主要媒体公布，并按照自治区要求的统一标准纳入平罗县规划数据库。

3.规范空间规划编制程序。空间规划经县、市规划评议委员会论证后报自治区规划管理委员会审查，并经县人大常委会审议通过后，报自治区人民政府批准。

4.强化空间规划监督管理。加强人大监督。县人民代表大会及其常委会发挥法律监督职能，加强对空间规划落实情况进行监督，定期听取县人民政府空间规划执行情况报告，开展经常性巡视、视察等活动，依法对政府及其部门违反规划行为进行质询。加强行政监督。县政府要加大行政监督力度,整合县住建、国土、环保、林业城管等部门职能,探索建立联合执法监督机制,开展经常性巡查,及时发现并纠正违法违规建设行为。县住建局要公布举报电话,接受群众对违反规划开发建设行为的举报,并依法依规予以处理。加强公众监督。设立并公布举报电话、举报信箱,鼓励居民对规划执行进行监督,对违反规划的开发建设行为进行举报。

(三)建设规划管理信息平台

由县住建局牵头,对接自治区、市规划管理信息平台,建设全县规划管理信息系统,逐步形成全县统一的空间规划数据库。利用规划管理信息系统开展空间规划的编制、审查、实施、监督等工作,实现全县空间规划数据互联互通、共享共用、联动调整,促使各类空间要素信息在一个平台上叠加融合,实现全县空间规划"一张图"管理。

1.做好系统开发建设配合工作。按照自治区统一的规划管理信息系统和空间规划数据系统建设要求,主动对接区、市相关部门,全力做好系统开发建设和协调配合工作。

2.做好系统对接。县网信办要积极与区、市网信办对接,负责提供电子政务公共云平台相关资源及技术支撑;县住建局要积极与自治区规委办、市规划局对接,做好与区、市规划信息系统的联接对接工作;县发改科技、国土资源、林业城管、环保等有关部门做好本部门已有信息系统与规划管理信息系统的对接,共享规划相关数据资源。县政务服务中心积极联系区、市政务服务中心,进一步完善县政务云系统,将规划管理信息系统接入县政务服务审批系统中,加快建设县直部门间横向连接的空间规划信息管理平台。

3.做好规划数据入库。县住建局要按照统一的规划数据技术标准,将县级空间规划成果全部纳入平台管理。同时,指导县直有关部门将现有规划、新编规划及时更新数据资源,统一纳入平台管理,各相关部门做好配合工作。

4.做好系统管理维护。县住建局负责规划管理信息系统日常管理及后期升级维护工作,制定系统使用管理制度,严格按照保密有关规定,做好数据的安全保护工作。

(四)优化建设项目审批流程和审批系统

1.推进建设领域审批事项清理和流程再造。运用全县空间规划(多规合一)成果,探索建设项目行政审批制度改革,全面梳理建设项目规划审批事项和流程,精简审批事项,压缩审批环节,减少不必要的审批前置条件,推行并联审批,提高行政审批效率。

2.优化建设项目规划审批系统。县政务服务中心要积极与区、市政务服务中心对接,进一步完善政务服务审批系统,建立发改、住建、国土、环保、林业城管等多部门协同机制,在项目前期明确投资、选址、用地指标等审批条件以及环境保护、文物保护等审批监管要求,相互推送、实现共享,为建设项目计划生成、管理和实施提供全过程信息支撑。

(五)探索规划实施保障政策机制

1.建立效能考核机制。县委政研室牵头,依照空间规划确定的空间布局、功能分区和产业定位,科学调整我县效能目标管理考核体系,结合实际,设定各有侧重、目标导向明确的考核体系,对各乡镇、各部门进行效能目标管理考核。

2.探索规划实施保障机制。自治区已安排在现行法律框架内探索改革，我县也要探索创新规划实施的政策保障机制，配合自治区相关部门完善空间规划相关政策法规。

3.建立问责查处机制。强化落实空间规划主体责任，出台问责实施办法。县监察局要强化执纪监督问责，依纪依法严肃查处不履行或不正确履行职责的行为和责任人。县住建局等有关部门要组织开展整治违法违规建筑专项行动，维护规划执行的严肃性、权威性，保障空间规划有效实施。

三、进度安排

2016年6月—2017年6月，完成空间规划（多规合一）的规划编制、信息平台建设和配套机制改革。具体进度安排如下：

（一）工作启动阶段（2016年6月至2016年7月）。

制定试点工作方案，组建工作机构，分解工作任务。

（二）工作推进阶段（2016年8月至2017年4月）。

2016年8月，召开试点工作推进会，确定我县空间规划编制单位与规划管理信息平台建设单位，制定事权调整、机构整合和建设项目审批改革方案。

2016年8月1日至9月30日，开展空间规划编制调研、资料收集，制定编制方案；规划编制管理事权调整、机构整合、建设项目行政审批流程改革方案，经自治区相关部门指导修改完善并报县委、政府研究审定后，开始调整和优化工作。

2016年10月1日至12月31日，在自治区空间规划编制大纲指导下，开始我县空间规划编制工作；对接区、市相关部门完成空间规划纲要，征求相关部门意见，并向县空间规划改革试点工作领导小组作专题汇报。

2017年1月1日至3月31日，完成平罗县空间规划初稿，征求相关部门及社会意见，向工作领导小组专题汇报，修改完善后报自治区空间规划领导小组审议。

2017年4月30日前，编制完成平罗县空间规划，报县规划评议委员会评议，信息平台一期项目试运行，制定二期建设方案；建立一套保障空间规划应用的协调、监督、运行、更新机制。

（三）总结验收阶段（2017年5月至6月）。

空间规划提交县委、政府审议后，报自治区规委办审查，经县人大常委会审议通过后报自治区政府批准；梳理汇总形成试点工作报告、试点工作制度成果汇编、技术成果汇编，总结形成"平罗做法"汇报试点成果。

四、工作组织

（一）健全工作机构。空间规划试点工作是自治区部署的重要改革任务，时间紧、任务重、涉及面广，县直各部门、各乡镇要统一思想，提高认识，通力协作，形成合力，全力推进。为保障试点工作顺利进行，按照时间节点高起点、高标准完成试点工作任务，成立县空间规划（多规合一）改革试点工作领导小组（文件另行），统筹推进试点工作。

（二）加强组织领导。各部门、各乡镇党政主要负责人是试点工作第一责任人，明确一名分管负责人具体负责工作协调和试点推进。各部门、各乡镇要在试点工作框架下大胆创新、锐意改革。领导小组办公室要从有关单位抽调一名业务骨干集中办公,推进试点工作,抽调人员由领导小组办公室统一管理。

（三）加强协作推进

领导小组办公室要加强与自治区规委办、市规划局的协调沟通,引入高水平技术团队开展试点工作。领导小组定期召开会议研究推进试点工作,及时解决试点工作运行中存在的问题,县级层面无法协调的问题,按程序提交区、市联席会议协调解决;建立工作进度通报和信息周报制度,领导小组办公室每月通报工作进展情况,各部门及时上报工作进展情况;定期向市、区空间规划领导小组上报试点工作推进情况,并将试点工作纳入部门年终效能目标管理考核。

（四）强化工作保障

各部门、各乡镇要按照时间进度,进一步细化工作计划,把握试点工作推进节奏,建立工作台账;县财政要保障规划编制、信息平台建设及工作经费,确保试点工作顺利推进。

（五）加强宣传培训

适度开展新闻宣传,为试点工作营造良好的舆论氛围。加强规划人才储备,提升规划专业技术力量;定期邀请区内外知名专家对县直相关单位和人员进行教育培训,提升规划管理队伍业务能力和专业素养。

关于印发《关于健全完善社会治安防控体系进一步深化平安平罗建设的意见》的通知

平党办发〔2016〕106号

各乡镇、县直各部门,驻平区(市)属各单位：

现将《关于健全完善社会治安防控体系进一步深化平安平罗建设的意见》印发给你们,请结合实际,认真贯彻落实。

中共平罗县委办公室
平罗县人民政府办公室
2016年11月21日

关于健全完善社会治安防控体系进一步深化平安平罗建设的意见

为认真贯彻中共中央办公厅、国务院办公厅《关于加强社会治安防控体系建设的意见》(中办发〔2014〕69号)和自治区党委办公厅、人民政府办公厅《关于进一步深化平安宁夏建设的实施意见》(宁党办〔2013〕61号)、《关于健全完善社会治安防控体系进一步深化平安平罗建设的意见》(宁党办〔2015〕36号)文件精神,进一步创新完善立体化社会治安防控体系,依法严密防范和惩处各类违法犯罪活动,全面推进平安平罗建设,现提出如下意见。

一、进一步健全完善基层社会治安防控体系

(一)推动建立乡(镇)村治安防控机制。以"村警联建"为载体,在各行政村或若干行政村集中设立警务工作室,健全防范网络。在居住相对集中的村队,推动建立技防或电话平安联防安全防范机制。充分依靠村委会,组建治安巡防队伍,加强群防群治。在乡镇政府所在地、农村集贸市场、农业设施园区等重点区域推动建立人防、物防、技防相结合的安全防范机制,实行重点巡防。加强对城乡结合部、"城中村"等社会治安重点地区、重点部位存在的各类突出治安问题的排查整治。(县公安局牵头,综治办、民政局等部门配合)

(二)建立重点区域巡防机制。根据人口密

度、治安状况和地理位置等因素,在学校、医院、车站、大型商场、行政中心区域等人员密集场所,科学划分巡逻区域,优化防控力量布局,健全完善网格化巡防模式,实行武装联勤巡逻,建立健全指挥和保障机制。完善早晚高峰等时间节点重点勤务机制,结合视频巡查、网格监控等形式,减少治安死角和盲区,提升社会面动态管控能力。加强专业巡警队伍建设,2016年年底公安机关巡防力量达到总警力的5%。(县公安局牵头,武警县中队、财政局等部门配合)

(三)加强社区警务建设。结合"和谐社区"创建工作,积极推进社区民警专职化,2018年社区民警占派出所警力的比例不低于40%。依托社区居委会,统筹布局设立城乡警务室,实施城乡警务室与社区居委会同址办公,社区干部兼任"警务助理员",民警在社区任职,参与社区公共服务,建立完善考核激励机制。进一步深化社区警务信息化建设,推广应用移动警务终端设备、网上警务室、警务微博等新型警务模式。2016年底前,社区民警配备实现全覆盖。(县公安局牵头,民政局、财政局等部门配合)

(四)深化开展基层平安创建活动。以基层平安创建为载体,深入开展平安县、平安乡镇、平安村(社区)、平安单位创建活动,坚持实行动态考评、达标命名,推动各项工作任务在基层得到全面落实。以行业单位创建为载体,深入开展平安医院、平安校园、平安车站、平安商场、平安寺观教堂、平安旅游景区等平安单位、平安企业创建活动,推动各行业、各领域全面落实各项工作。所有达标命名的基层平安单位要在本辖区以群众便于知晓的方式进行公示,接受群众监督,提高群众对平安创建工作的知晓率和满意度。2016年平安县达标命名,平安乡(镇)达标命名率达到85%以上,辖区平安单位创建达标命名率达到85%以上。(县综治办牵头,民宗局、公安局、司法局、卫生计生局、教体局、交通局、商务局、信访局、文广局等部门配合)

(五)加强基层综合服务管理平台建设。以网格化管理为基础,以社会化服务为方向,以信息化建设为支撑,推动县、乡镇综治中心建设,充分发挥综治中心在矛盾问题排查调处中的枢纽作用,有效整合综治、信访、维稳等资源和力量,建立实体化工作运行机制,实现矛盾问题受理、登记、交办、承办、结案各个环节有效衔接,依托信息平台系统,使矛盾问题排查化解预警、督办、反馈过程可查询、可追溯、可跟踪、可评价。在城乡社区,延伸乡镇综治工作平台、政务服务平台的有关职能,在就业创业、社会保险、社会救助、社会福利、计划生育等方面提供便民服务,并做好矛盾纠纷排查化解、治安防范、流动人口和特殊人群服务管理等工作。(县社工部牵头,网信办、民政局、公安局、司法局、财政局、人社局、信访局等部门配合)

二、进一步健全完善矛盾纠纷多元化调处化解体系

(一)加强人民调解和专业调解组织及人员队伍建设。加强人民调解员队伍建设,组织乡(镇)、村(社区)干部、网格员学习培训,实行人民调解员等级评定制度,落实"以案定补"政策,深入推进人民调解工作。在婚姻家庭、土地确权、交通事故、医疗卫生、劳动保障、物业管理、征地拆迁等矛盾纠纷多发领域,以加强专业性、行业性调解组织建设为重点,深入推进专业调解、行业调解工作。引导、鼓励律师针对环境保

护、拖欠农民工工资、劳动争议等问题引发的突发事件、群体性事件,积极提供公益性法律服务。建立完善调解、仲裁、行政裁决、行政复议、诉讼等有机衔接、互相协调的多元化纠纷解决机制,提高化解矛盾纠纷法治化水平。(县司法局、法院、政府法制办负责)

(二)发挥社会规范在平安建设中的积极作用。积极推进体现社会主义核心价值观的社会规范建设,广泛制定完善市民公约、乡(村)规民约、行业章程、团体章程,把可以通过社会成员民规民约自我规范或解决的问题交由社会规范和契约解决。引导和支持城乡社区基层组织、行业和社会团体通过规约章程自我约束、自我管理,规范成员行为,依法维护成员合法权益。(县委宣传部、民政局负责)

三、进一步健全完善实有人口服务管理体系

(一)加强来平少数民族群众服务管理。健全来平少数民族群众服务领导机构,形成党委领导、部门联动、齐抓共管工作格局,维护少数民族群众合法权益。加强来平少数民族群众流动人口、暂住人口登记管理,建立工作台账,及时解决他们在务工经商、就学、就医、居住等方面的困难和问题。及时排查化解矛盾纠纷,依法打击违法犯罪活动,妥善处理相关案(事)件。(县民宗局牵头,公安局、教体局、民政局、市场监管局、司法局、人社局等部门配合)

(二)依法处理信访活动中的突出问题。坚持以保护合法信访行为、维护信访人员合法权益和正常信访秩序为主导,以"事要解决"为落脚点,以解决信访人员合法合理诉求为总揽,落实"阳光信访、责任信访、法治信访"制度措施,依法规范办理信访事项,推进信访工作规范化建设。对信访事项已依法终结或被认定为无理之后继续缠访闹访,并实施犯罪或者妨害社会管理秩序的人员,到北京和自治区、市非正常访并妨害社会管理秩序的人员,要准确把握违法犯罪的界限,坚持教育与惩处相结合、保护合法与制止非法相结合,通过依法处理信访活动中的违法犯罪行为,切实树立起正确导向,教育引导信访人员依法合规理性表达利益诉求,最大限度地实现法律效果和社会效果的有机统一。(县信访局、公安局牵头,县委政法委、维稳办、法院、检察院等部门配合)

(三)加强肇事肇祸等严重精神障碍患者救治救助。加强县级康复医疗机构建设,在县级医院逐步建立精神病专科门诊,增加医护人员,及时救治救助严重精神障碍患者。加强对严重精神障碍患者日常排查、集中排查、风险评估,对确定的严重精神障碍患者,统一录入国家严重精神障碍患者信息管理系统,加强管理,落实救治救助措施。对家庭贫困的严重精神障碍患者落实政府免费服药制度和住院服药补助措施,为严重精神障碍患者及时转诊治疗建立绿色通道。建立并逐步完善经费保障机制,探索政府购买服务方式,推动落实严重精神障碍患者居家监护、托养、集中收治等措施,预防和减少严重精神障碍患者发生肇事肇祸(事)件。(县卫计局牵头,公安局、民政局、司法局、人社局、财政局、残联等部门配合)

四、进一步健全完善公共安全领域综合治理体系

(一)加强危险化学品和易燃易爆物品管控。严格落实安全生产责任制,加大安全生产监管执法力度,加强对危险化学品、民爆器材、烟花爆竹、非煤矿山、交通运输等安全生产领域的日常排查、动态排查、重点排查，健全预警应急机制，有效预防和处置各类安全生产风险隐患，提高安全生产保障水平。强化生产单位安全生产第一意识，警钟长鸣，落实安全生产主体责任。加强安全生产基础设施和管控能力建设，科学设计规划危险化学品和易燃易爆物品储存仓库、存放场所加大行政监管力度，落实"人防、物防、技防、犬防"等各项安全防范措施，坚决遏制重特大安全生产事故发生。加大安全生产事故多发领域专项排查整治力度，切实做到问题不解决不放过、隐患不排除不放过，彻底扭转安全生产事故多发态势。(县安监局牵头，应急办、公安局、交通局、商务局、市场监管局等部门配合)

（二）加强公共交通安全保卫工作。推进落实交通运输部门行业管理责任和公安部门路面管控责任，强化公共交通运营单位安防主体责任，将治安防范同生产运营管理结合起来，加强人防、物防、技防建设和日常管理，在公共交通行业推广应用安防新技术、新产品。探索在重点线路公交车上配备乘务管理人员，配备消防设施，完善和落实安检制度。加强对车站、渡口等重点部位的安全保卫，通过专群结合、公密结合加强巡查防控，严防针对公共交通工具的暴力恐怖袭击和个人极端案(事)件。(县交通局牵头，公安局、商务局等部门配合)

（三）加强机关、企事业单位内部安全保卫。党政机关、电视台和银行业金融机构等治安保卫重点单位要完善并落实巡逻检查、门卫保安、消防安全、治安隐患排查处理等内部保卫制度，落实保密管理有关规定。重点单位内部要普及入侵报警、视频监控系统应用，重点部位、易发案部位实现视频监控全覆盖。重点大型企业要划定联防区域，加强人防、物防、技防，健全完善企地联防、警企联防工作机制，提高企事业单位内部治安防控水平。(县公安局牵头，各机关和企事业单位负责)

（四）加强民办教育机构安全管理。进一步规范民办教育机构审批、年检、安全管理工作，着力加强民办教育机构安全教育和人防、物防、技防设施建设，建立安全评估考核、学生安全综合保障等制度。规模以上民办教育机构要建立门卫安保制度，完善人防、物防、技防设施，建立上下学高峰期间公安警力执勤机制。加强校园及周边治安综合治理，规模较小的民办教育机构要加强视频监控设施建设，安装一键式报警系统与"110"指挥平台实现联网，纳入重点管理。落实教育行政部门监管责任、民办教育机构主体责任，对资质、安全管理达不到要求的民办教育机构要依法督促整改，非法违规的民办教育机构要坚决依法取缔。(县教体局牵头，公安局、市场监管局配合)

（五）加强寄递和物流业治安管理。进一步推动落实物流、寄递行业行政监管责任、企业安全主体责任、治安管理责任，加强寄递、物流业治安管理，完善禁寄物品目录，建立健全收寄验视、实名寄递联网监控、可疑情况报告等安全管理制度，促使寄递、物流业依法依规经营，有效预防利用寄递、物流渠道实施违法犯罪的行为。(县商务局牵头，公安局、交通局、市场监管局等部门配合)

（六）规范大型群众性活动安全管理。实行大型群众性活动风险评估制度，把握规模预测、风险评估、警力调配、应急处置等关键环节，坚决防止群死群伤事件发生。推行大型群众性活动安保工作社会化运作模式,严格审批监督和主体责任落实,实行积分制管理,对承办大型活动单位、营业性保安公司实行"黑名单"管理制度,对列入"黑名单"的承办单位和保安公司,严格限制其承办大型群众性活动。严格落实规模性宗教活动的申报审批,落实民族宗教部门管理责任、宗教活动场所主体责任,对大型宗教活动的治安管理要有应急预案,严防宗教活动场所发生安全事故和群死群伤事件。(县公安局、民宗局负责)

(七)依法处置涉众型经济纠纷和经济犯罪。加大对涉众型新型经济犯罪打击力度,坚持有案必查,最大限度减少群众财产损失。加强对群众的投资风险教育、防诈骗知识教育、谁投资谁承担责任教育,深入开展打击非法集资宣传月活动,充分利用报刊、电视、互联网等传媒手段,宣传非法集资、诈骗的形式与特点,通报典型案例,提高群众防范新型经济诈骗的意识和能力。定期组织开展专项排查,加强情报信息分析研判,实现对非法集资犯罪的早发现、早预防、早打击。切实做好涉众型经济犯罪相关问题的排查、处置工作,维护社会稳定。(县公安局牵头,人行平罗支行、国税局、地税局配合)

(八)进一步强化禁毒工作。健全完善禁毒工作保障机制,推进社区康复工作社会化,重点加强吸毒人员社区康复治疗,按吸毒人员比例配备禁毒专干,探索对吸毒康复人员实行等级化管理,社区戒毒康复执行率逐年提升。落实禁毒工作社会化责任机制,强化源头预防措施。深入开展"大收戒"工作,查处吸毒人员人数、强制隔离戒毒人数达到规定要求。(县禁毒办负责)

(九)加强和改进见义勇为工作。认真贯彻见义勇为人员奖励保护条例,完善见义勇为行为认定机制,加强见义勇为人员权益保障,建立健全对见义勇为人员的奖励、保护、抚恤、救助工作机制。进一步扩大见义勇为基金规模,加大见义勇为人员的表彰力度,严格按照有关规定落实抚恤待遇。积极争取社会各界对见义勇为人员及其子女在医疗、上学、住房等方面存在的困难给予帮扶解决,切实维护见义勇为人员的合法权益。(县综治办牵头,公安局、民政局、人社局、财政局等部门配合)

(十)加强网络舆情监控和处置工作。加强网络信息安全管理,主动配合区、市建设三级互联网舆情监测指挥调度系统,建立网络舆情监测预警、信息共享通报、会商研判和依法处置机制。加强网络技术手段和管理力量建设,加强重点网站监测,严格实行网上24小时巡查管理,及时发现、上报、引导、研判和处置涉平信息,杜绝有害信息传播。完善信息安全等级保护制度,加强公民个人信息安全保护,加强手机实名制管理。加强和完善网络安全风险监测预警、通报处置机制。落实公共场所无线上网安全管控系统建设,建立网民注册实名制和虚拟身份登记审计制。严厉打击涉网违法犯罪活动,整治和规范网络管理秩序。大力开展网络安全宣传活动,提高群众的自我保护意识和抵制网络违法犯罪活动能力。建立网络舆情统筹协调机制,制定舆情应对处置预案,防止网络舆情导致重特大案(事)件发生。加强对微博名人、网络大V和网评员队伍的建设和管理,充分发挥法学会、律师事务所的积极作用,形成政法新闻舆论引导工作合力。(县委宣传部、公安局牵头,网信办、电

信局等部门配合)

五、工作要求及保障措施

(十一)加强组织领导。乡镇党委、政府要把健全完善立体化社会治安防控体系建设与平安建设工作纳入经济社会总体发展规划,加强研究部署,增加综治经费投入,加大推进力度。要把贯彻落实本意见与贯彻落实平安平罗建设工作衔接起来,对本意见确定的各项工作,制定具体实施细则和工作方案,明确路线图、时间表,建立完善责任制,加强督促检查,有计划、有步骤地推进落实。党政主要负责同志要认真履行第一责任人的职责,把推进工作实绩作为党政领导班子和领导干部考核评价、评先选优的重要依据。要充分发挥基层党组织作用,特别是在农村和社区,党组织要发挥领导核心作用,切实保障推进社会治安防控体系建设的各项任务走完"最后一公里"。

(十二)加强部门指导。要重视发挥基层组织的主观能动作用和自治区有关部门的指导推动作用,形成党委领导、政府主导、各部门齐抓共管、社会力量积极参与的社会治安防控体系建设工作格局。综治组织要在党委和政府领导下,认真组织各有关单位参与社会治安防控工作,加强调查研究和督促检查,及时通报、分析社会治安形势,协调解决工作中遇到的突出问题,总结推广典型经验,统筹推进社会治安防控体系建设。认真落实牵头部门责任,各配合部门要积极协作配合各牵头部门,把牵头配合的工作任务与部门工作同规划、同部署、同检查、同落实,认真制定具体的推进方案,加强对基层工作的具体指导,确保各项工作在部门、在基层得到有效落实。

(十三)完善考评奖惩机制。县综治办要把健全完善立体化社会治安防控体系建设纳入平安建设总体工作,实行统一考评,再继续坚持"针对问题倒查、注重群众公认、部门共同考评、日常累计产生"原则的基础上,进一步完善平安建设考评办法,明确考评标准。参与考评的各牵头部门要积极与自治区业务厅局对接,对每一项工作提出具体考评细则和标准,充分发挥考评的导向作用。在严格落实平安建设考核考评制度、平安县达标命名制度的同时,建立影响社会稳定重大案(事)件"一案双查"制度,对发生重大安全生产事故、50人以上群体性上访事件、重大群体性事件的乡镇和部门实行"一案双查",除按照规定依纪、依法追究责任主体的直接责任外,对问题所在地各级各类组织和人员在排查发现、报告处置、隐瞒不报、延误处置时机等方面的失职行为进行问责。

(十四)强化资金和政策支持。县财政、公安、住建、工信等部门要把社会治安防控体系建设中涉及警力配置、经费投入、基础设施和技防设施建设的工作,列入重要议事日程,认真研究解决。要把社会治安防控体系建设与城乡规划、旧城改造、社区建设、基层综合服务平台建设等工作统筹推进,进一步加大投入力度,将社会治安防控体系建设经费列入年度财政预算,从人力、物力、财力上保证社会治安防控体系建设顺利实施。

二十四节气

二十四节气，是中国人通过观察太阳周年运动而形成的时间知识体系。在国际气象界，它被誉为"中国的第五大发明"。2016 年 11 月 30 日，中国"二十四节气"被正式列入联合国教科文组织人类非物质文化遗产代表作名录。

"春雨惊春清谷天，夏满芒夏暑相连，秋处露秋寒霜降，冬雪雪冬小大寒。"小时候背过的二十四节气歌，现在你还能清楚背出来吗？关于二十四节气的基础小常识，你了解多少呢？一起来划重点吧！

立春

东风化雨逐西风
大地阳和暖气生
万物苏萌山水醒
农家岁首又谋耕

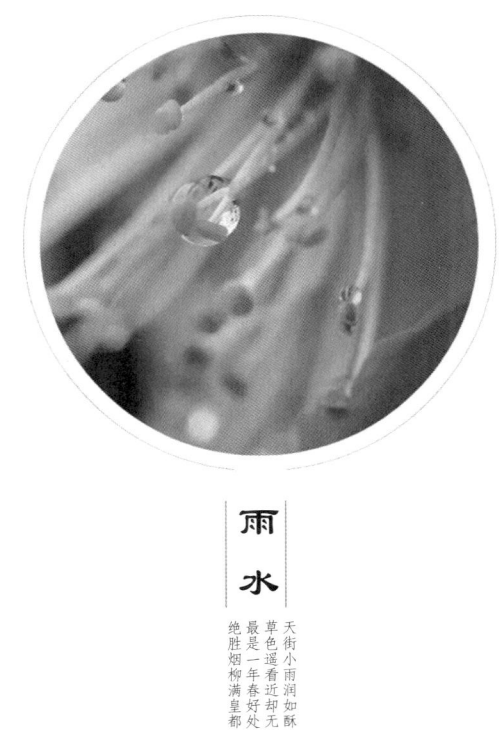

雨水

天街小雨润如酥
草色遥看近却无
最是一年春好处
绝胜烟柳满皇都

立春："寒随一夜去，春逐五更来。"每年的公历 2 月 4 日左右迎"立春"。立是开始的意思，立春就是春季的开始。这一天，我国民间有"迎春""打春"和"咬春"的美好习俗。

雨水："春雨贵如油"。每年 2 月 18 日或 19 日迎"雨水"。此时节，我国正处在"七九河开，八九燕来"的阶段。降雨开始，雨量渐增。

惊蛰

一声霹雳醒蛇虫
几阵潇潇染紫江
九九江南风送暖
融融翠野启春耕

春分

春分雨脚落声微
柳岸斜风带客归
时令北方偏向晚
可知早有绿腰肥

惊蛰："一阵催花雨,数声惊蛰雷。"每年3月5日左右迎"惊蛰"。蛰是藏的意思。惊蛰是指春雷乍动,惊醒了蛰伏在土中冬眠的动物。

春分："吃了春分饭,一天长一线。"每年3月20日或21日迎"春分"。分是平分的意思。春分表示昼夜平分。从春分这一天以后,北半球白昼越来越长,黑夜越来越短。

清明

春城无处不飞花
寒食东风御柳斜
日暮汉宫传蜡烛
轻烟散入五侯家

谷雨

召平瓜地接吾庐
谷雨干时手自锄
昨日春风欺不在
就床吹落读残书

清明："燕子来时新社，梨花落后清明。"每年4月5日前后迎"清明"。此时节，我国南北气温普遍回升，杏花微雨，桃李争艳，天下皆春。

谷雨："帆得樵风送，春逢谷雨晴。"每年4月20日或21日迎"谷雨"。雨生百谷。谷雨时节，正是庄稼生长的最佳时节。

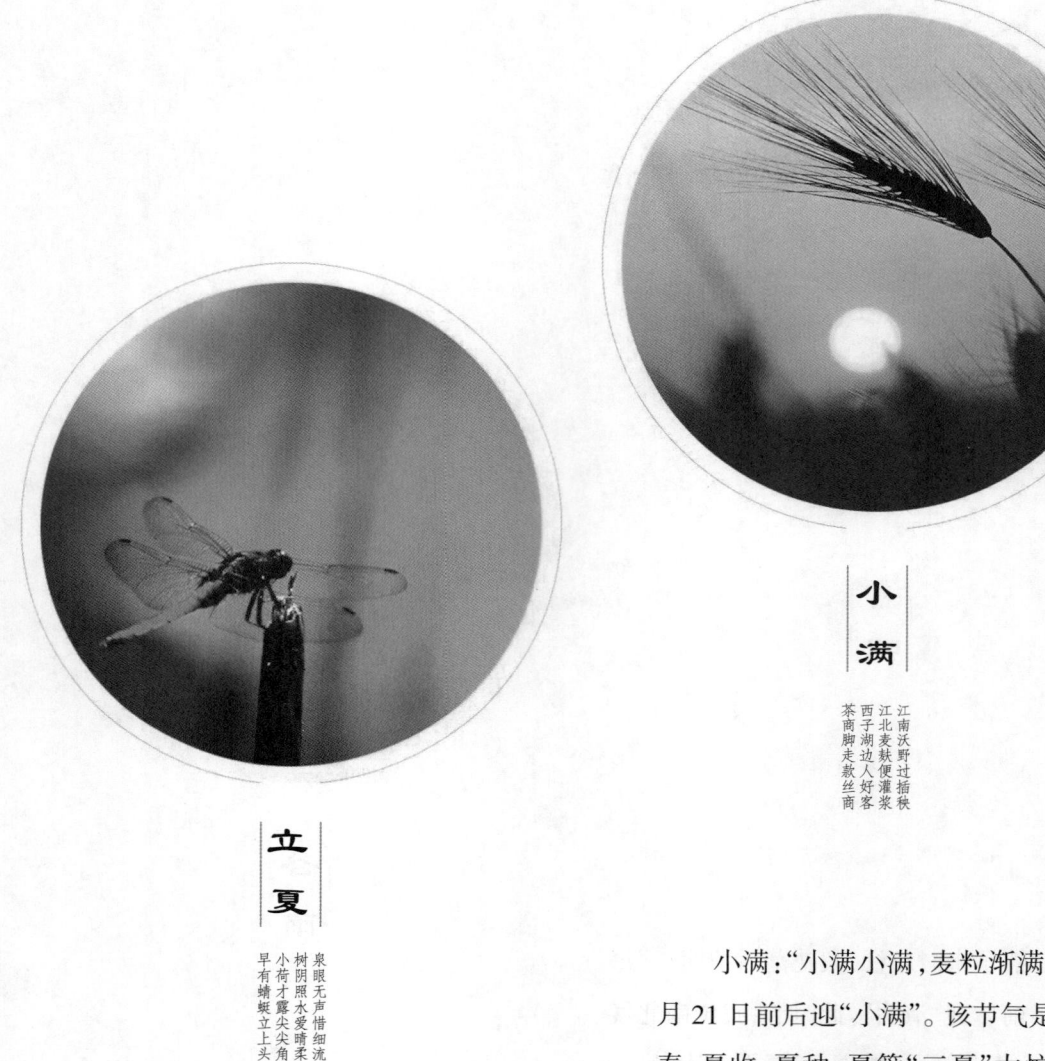

立夏

泉眼无声惜细流
树阴照水爱晴柔
小荷才露尖尖角
早有蜻蜓立上头

小满

江南野过插秧
江北麦麸便灌浆
西子湖边人好客
茶商脚走款丝商

立夏:"立夏前后,种瓜点豆。"每年5月5日或6日迎"立夏"。立夏表示即将告别春天,是夏天的开始。此后,气温开始明显升高,炎暑将临,雷雨增多。

小满:"小满小满,麦粒渐满。"每年5月21日前后迎"小满"。该节气是收获的前奏,夏收、夏种、夏管"三夏"大忙的序幕从此拉开,是农民一年中繁忙的季节。

芒种

河阴萋麦芒愈长
梅子黄时水涨江
王孙但知闲煮酒
村夫不忘禾豆忙

夏至

杨柳青青江水平
闻郎江上踏歌声
东边日出西边雨
道是无晴却有晴

芒种："芒种芒种,连收带种。"每年6月6日前后迎"芒种"。这是一个临近麦收、颗粒归仓的节气,也标志着盛夏时节即将登场。

夏至："昼晷已云极,宵漏自此长。"每年6月21日或22日迎"夏至",它是二十四节气中最早被确定的一个节气,意味着炎热天气正式开始。这一天,也是北半球一年中白昼时间最长的一天。

大暑

去年挥汗对淮流
寒暑那知复一周
土润何妨兼伏暑
火流行看放清秋

小暑

地煮天蒸望雨风
偶得雷暴半圆虹
早南涝北新天壤
总有荷塘色味同

大暑："小暑大暑，上蒸下煮。"每年7月22日或23日迎"大暑"。此时节为一年中最热的时候。

小暑："小暑过，一日热三分。"每年7月7日或8日迎"小暑"。暑是炎热的意思。此时节不仅天气炎热，也多阴天、多下雨。

立秋

乳鸦啼散玉屏空
一枕新凉一扇风
睡起秋声无觅处
满阶梧桐月明中

立秋:"立秋之日凉风至"。每年 8 月 7 日、8 日或 9 日迎"立秋"。"秋"指暑去凉来,立秋意味着秋天的开始。

处暑

尘世未徂暑
山中今授衣
露蝉声渐咽
秋日景初微

处暑:"三伏适已过,骄阳化为霖。"每年 8 月 23 日或 24 日迎"处暑"。处是终止、躲藏的意思。处暑表示炎热的暑天就要结束。

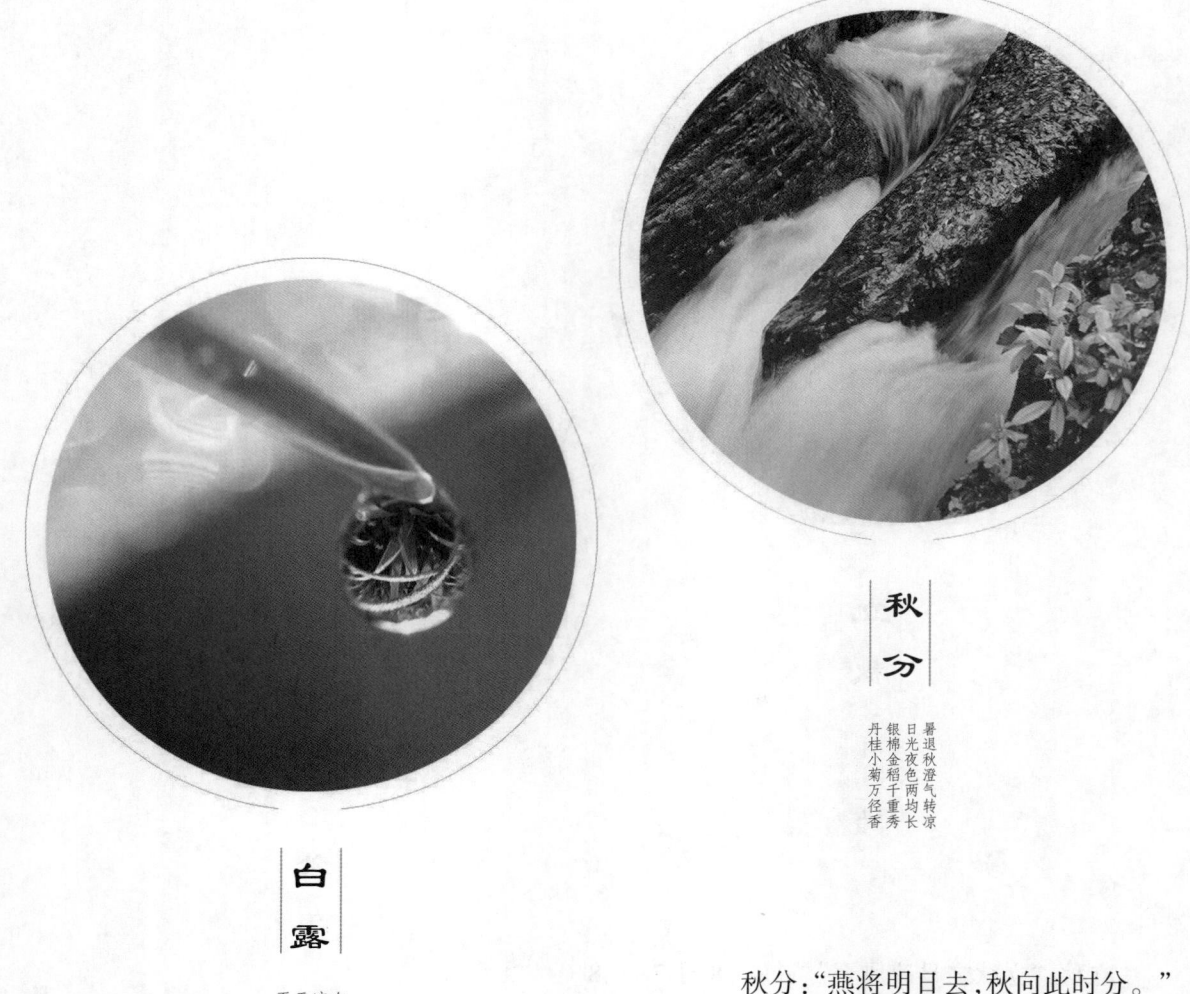

白露

白露溯花花不残
凉风吹叶叶初干
无人解爱萧条境
更绕衰丛一匝看

秋分

暑退秋澄气转凉
日光夜色两均长
银棉金稻千重秀
丹桂小菊万径香

白露："蒹葭苍苍，白露为霜。"每年9月8日前后迎"白露"。这也是全年昼夜温差最大的一个节气。

秋分："燕将明日去，秋向此时分。"每年9月23日前后迎"秋分"。立秋是秋季的开始，霜降为秋季终止，秋分正好是从立秋到霜降90天的一半，故称秋分。这一天，昼夜在春分之后又一次平分。从秋分以后，白昼短于黑夜，日甚一日，直到冬至。

寒露

袅袅凉风动,凄凄寒露零。
兰衰花始白,荷破叶犹青。

寒露:"袅袅凉风动,凄凄寒露零。"每年 10 月 8 日或 9 日迎"寒露"。如果说白露是炎热向凉爽的过渡,寒露则是凉爽向寒冷的转折。

霜降

霜降水返壑,风落木归山。
冉冉岁将宴,物皆复本源。

霜降:"霜降三旬后,蓂馀一叶秋。"每年 10 月 23 日前后迎"霜降"。天气渐冷,开始有霜。作物、草木开始泛黄,进入了"千树扫作一番黄"的暮秋、残秋和晚秋。

小雪

云暗初成霰点微
旋闻萧萧洒窗扉
最愁南北大惊犬吠
兼恐北风鸿退飞

小雪:"久雨重阳后,清寒小雪前。"每年11月22日或23日迎"小雪"。此节气内,气温走低,天气更冷,降水状态由雨变成雪。

立冬

秋风吹尽旧庭柯
黄叶丹枫客里过
一点禅灯半轮月
今宵寒较昨宵多

立冬:"黄花独带露,红叶已随风。"每年11月7日或8日迎"立冬"。立冬与立春、立夏、立秋合称"四立"。此时节,朔风起,地始冻,水始冰,天气一天天变冷。

大雪

大雪江南见未曾
今年方始是严凝
巧穿帘罅如相觅
重压林梢欲不胜

冬至

天时人事日相催
冬至阳生春又来
刺绣五纹添弱线
吹葭六□动浮灰

大雪:"小雪封山,大雪封河。"每年 12 月 7 日或 8 日迎"大雪"。降雪量增多,地面可能积雪。

冬至:"天时人事日相催,冬至阳生春又来。"每年 12 月 22 日左右迎"冬至"。这一天,北半球白昼最短,夜晚最长,所以冬至在我国历代也称为"日短""日短至""日南至"。自冬至开始,我国开始进入"数九寒天",即人们常说的"进九"。

大寒

升山南下一峰高,
上尽层轩未厌劳。
际海烟云常惨淡,
大寒松竹更萧骚。

小寒

冰封万里雪皑皑,
径堵千重港口塞。
昨日剪桃修几树,
忽如一夜李花开。

小寒:"小寒已近手难舒,终日掩门深闭庐。"每年1月6日前后迎"小寒"。这一节气也标志着我国气候开始进入一年中最寒冷的时段。小寒节气中有一项重要的民俗就是吃腊八粥。

大寒:"大寒已过腊来时,万物那逃出入机。"每年1月20日左右迎"大寒"。此节气是农历二十四节气中的最后一个节气,也是冬季即将结束之际,隐隐中已可感受到大地回春的迹象。